EMPREENDEDORISMO

H673e	Hisrich, Robert D.
	  Empreendedorismo / Robert D. Hisrich, Michael P. Peters, Dean A. Shepherd ; tradução: Francisco Araújo da Costa. – 9. ed. – Porto Alegre : AMGH, 2014.
	  xxii, 456 p. : il. ; 28 cm.
	
	  ISBN 978-85-8055-332-1
	
	  1. Administração. 2. Empreendedorismo. I. Peters, Michael P. II. Shepherd, Dean A. III. Título.
	
	  CDU 005.342

Catalogação na publicação: Suelen Spíndola Bilhar – CRB 10/2269

Robert D. Hisrich, PhD
Thunderbird School of Global
Management

Michael P. Peters, PhD
Carroll School of Management
Boston College

Dean A. Shepherd, PhD
Kelley School of Business
Indiana University

EMPREENDEDORISMO

9ª EDIÇÃO

Tradução
Francisco Araújo da Costa

AMGH Editora Ltda.
2014

Obra originalmente publicada sob o título *Entrepreneurship*, 9th Edition
ISBN 0078029198 / 9780078029196

Original edition copyright ©2013, The McGraw-Hill Global Education Holdings, LLC., New York, New York 10020. All rights reserved.

Portuguese language translation copyright ©2014, AMGH Editora Ltda., a Grupo A Educação S.A. company. All rights reserved.

Gerente editorial: *Arysinha Jacques Affonso*

Colaboraram nesta edição:

Editora: *Verônica de Abreu Amaral*

Capa: *Maurício Pamplona*, arte sobre original

Leitura final: *Mônica Stefani*

Editoração: *Techbooks*

Revisão técnica da 7ª edição:
Liliane de Oliveira Guimarães
Doutora em Administração de Empresas pela FGV-SP
Professora do Programa de Pós-Graduação em Administração da PUC Minas

Reservados todos os direitos de publicação, em língua portuguesa, à
AMGH EDITORA LTDA., uma parceria entre GRUPO A EDUCAÇÃO S.A. e McGRAW-HILL EDUCATION
Av. Jerônimo de Ornelas, 670 – Santana
90040-340 – Porto Alegre – RS
Fone: (51) 3027-7000   Fax: (51) 3027-7070

É proibida a duplicação ou reprodução deste volume, no todo ou em parte, sob quaisquer formas ou por quaisquer meios (eletrônico, mecânico, gravação, fotocópia, distribuição na Web e outros), sem permissão expressa da Editora.

Unidade São Paulo
Av. Embaixador Macedo Soares, 10.735 – Pavilhão 5 – Cond. Espace Center
Vila Anastácio – 05095-035 – São Paulo – SP
Fone: (11) 3665-1100   Fax: (11) 3667-1333

SAC 0800 703-3444 – www.grupoa.com.br

IMPRESSO NO BRASIL
PRINTED IN BRAZIL

OS AUTORES

ROBERT D. HISRICH

É professor de empreendedorismo global (Garvin Professor of Global Entrepreneurship) e diretor do Walker Center for Global Entrepreneurship na Thunderbird School of Global Management. É bacharel pela DePauw University e possui MBA e doutorado pela Universidade de Cincinnati.

    Os objetivos da pesquisa do professor Hisrich estão focados no empreendedorismo e na criação de empreendimentos: ética empresarial, empreendedorismo corporativo, empreendedorismo feminino e de minorias, financiamento de empreendimentos e criação de empreendimentos globais. Ele ministra cursos e seminários nessas áreas, bem como em gestão mercadológica e planejamento e desenvolvimento de produtos. Seu interesse em gerenciamento e empreendedorismo global resultou em dois projetos financiados pela Fulbright em Budapeste, Hungria; diplomas honorários na Universidade Estadual de Chuvash (Rússia) e Universidade de Miskolc (Hungria); e na oportunidade de ser professor visitante em universidades na Áustria, Austrália, Irlanda e Eslovênia. O professor Hisrich atua no conselho editorial de vários periódicos importantes, pertence a diversos conselhos de administração e é autor ou coautor de mais de 300 artigos de pesquisa publicados em periódicos, como *Journal of Marketing, Journal of Marketing Research, Journal of Business Venturing, Journal of Small Business Finance, Small Business Economics, Journal of Developmental Entrepreneurship* e *Entrepreneurship Theory and Practice*. O professor Hisrich é autor ou coautor de 28 livros ou suas edições, incluindo *Marketing: A Practical Management Approach, How to Fix and Prevent the 13 Biggest Problems That Derail Business, International Entrepreneurship: Starting, Developing and Managing a Global Venture* e *Technology Entrepreneurship: Value Creation, Protection, and Capture*.

MICHAEL P. PETERS

É professor emérito do Departamento de Marketing na Carroll School of Management, Boston College, PhD pela Massachusetts University, Amherst, e MBA e bacharel pela Northeastern University. Aposentado do magistério, o professor Peters tem atuado como professor visitante na Graduate School of Business da American College of Greece em Atenas, Grécia, onde vem desenvolvendo componentes de planejamento de negócios e empreendedorismo no novo programa de MBA da instituição. Além disso, continua escrevendo, ministrando palestras, atuando em diversos conselhos diretores e auxiliando na administração de empresas familiares. Além de sua paixão por ajudar os empreendedores americanos em novos empreendimentos, ele presta consultorias e ministra seminários e workshops no mundo inteiro, relacionados a empreendedorismo, tomada de decisões internacional e doméstica para o desenvolvimento de novos produtos, planejamento de mercado e estratégia de marketing. Publicou mais de 30 artigos em periódicos como *Journal of Business Research, Journal of Marketing, Journal of Marketing Research, Journal of International Business Studies, Columbia Journal of World Business, Journal of Business Venturing* e *Sloan Management Review*. O professor Peters foi coautor de três livros: *Marketing a New Product: Its Planning, Development and Control; Marketing Decisions for New and Mature Products;* e *Empreendedorismo*, atualmente na nona edição. Atuou como chefe de departamento e diretor do Small Business Institute, na Boston College, por mais de 16 anos. Adora fotografia, tênis, golfe e praticar canoagem na Baía do Cabo Cod.

DEAN A. SHEPHERD

Ocupa a cátedra Randall L. Tobias em liderança empreendedora da Kelley School of Business na Indiana University. Ele fez doutorado e MBA pela Bond University (Austrália). Sua pesquisa se concentra no campo da liderança empreendedora; ele investiga o processo de tomada de decisão envolvido no uso de recursos cognitivos e de outras naturezas no aproveitamento de oportunidades e os processos de aprendizagem a partir da experimentação de maneiras que levam a altos níveis de desempenho para indivíduos e organizações. Dean publicou, ou aceitou para publicação, mais de 100 artigos, em sua maioria nas principais revistas acadêmicas sobre empreendedorismo, administração, gestão estratégica, gerenciamento de operações e psicologia.

Para nossas esposas,
Tina, Debbie e Suzie,
nossos filhos,
Kary, Katy, Kelly, Christa, Kimberly, Jack e Meg,
e nossos netos,
Rachel, Andrew, Sarah e Jack,
por seus solidários espíritos empreendedores.

PREFÁCIO

Fazer um novo negócio começar a funcionar envolve risco e esforço consideráveis para superar a inércia existente contra a criação de algo novo. Ao criar e desenvolver uma nova empresa, o empreendedor assume a responsabilidade e os riscos por seu desenvolvimento e sobrevivência e usufrui das respectivas recompensas. O risco é ainda maior para empreendedores que se expandem para o mercado internacional ou mesmo trabalham nele desde o primeiro momento. O interesse de consumidores, empresários e autoridades governamentais de todo o mundo pelo empreendedorismo revela-se na crescente pesquisa sobre o assunto, nos inúmeros cursos e seminários relacionados ao tema, nos mais de 2 milhões de novas empresas inauguradas a cada ano (apesar da taxa de fracasso de 70%), na significativa cobertura e no foco da mídia e na compreensão de que esse é um aspecto importante das economias desenvolvidas, das que estão em desenvolvimento e até mesmo das controladas.

Quem é o foco de toda essa atenção? Quem está disposto a aceitar todos os riscos e a despender os esforços necessários para criar um novo empreendimento? Pode ser um homem ou uma mulher, alguém de classe alta ou baixa, um técnico ou alguém sem sofisticação tecnológica, um universitário formado ou alguém que abandonou o curso secundário; pode ser inventor, gerente, enfermeiro, vendedor, engenheiro, estudante, professor, dona de casa ou aposentado: porém, é alguém capaz de fazer malabarismos com trabalho, família e responsabilidades civis sem perder de vista a folha de pagamento.

Para explicar como é essa pessoa e o processo de criação e expansão de um novo empreendimento internacionalmente, a nona edição de *Empreendedorismo* está dividida em cinco seções.

A Parte I – A perspectiva do empreendedorismo apresenta o empreendedor e o processo de empreender sob uma perspectiva histórica e de pesquisa. São focalizados o papel e a natureza do empreendedorismo como mecanismo para criar novos empreendimentos e influenciar o desenvolvimento econômico, bem como os aspectos de carreira e o futuro do empreendedorismo. São discutidas as características e o histórico de empreendedores, além de alguns métodos para autoavaliação. Após a apresentação do empreendedorismo corporativo, a primeira parte conclui com uma análise das estratégias de geração e exploração de novas entradas.

A Parte II – Da ideia à oportunidade se concentra nos aspectos da criatividade e inovação e em todos os elementos do processo de empreender que fazem parte da criação do novo empreendimento. A seção também enfoca as diversas fontes de ideias e as tendências que ocorreram durante a última década. Também é dedicada uma atenção especial às diversas tecnologias criativas de solução de problemas, à identificação de oportunidades nacionais e internacionais, à criação de um plano de análise de oportunidade e à proteção da ideia desenvolvida, além de outras questões legais relativas ao processo de formar e lançar o empreendimento.

A Parte II – Da oportunidade ao plano de negócio enfoca o plano de negócio, fundamental para qualquer empreendimento. Primeiro a seção apresenta o plano de negócio geral e seus diversos aspectos. A seguir, um capítulo é dedicado a cada um dos principais componentes do plano de negócio: o plano de marketing, o plano financeiro e o plano organizacional.

A Parte IV – Do plano de negócio ao financiamento do negócio enfoca um dos aspectos mais difíceis da criação e do estabelecimento de uma nova empresa: o levantamento de capital. Primeiro são analisados os aspectos da dívida em comparação com o capital próprio e do financiamento externo em comparação com o interno. Após a discussão sobre fontes alternativas de capital (próprio, familiares e amigos, fornecedores e crédito comercial, subsídios e programas públicos, investimentos privados e bancos comerciais), dá-se atenção especial a três mecanismos financeiros importantes: o capital de risco informal, o capital de risco formal e a abertura do capital.

A Parte V – Do financiamento do negócio ao lançamento, crescimento e encerramento aborda o estabelecimento, desenvolvimento e encerramento do empreendimento. Estão em destaque nesta última parte o desenvolvimento de uma estratégia empreendedora, o estabelecimento de estratégias para expansão, a administração do novo empreendimento durante suas operações iniciais, seu crescimento e sua expansão, e o acesso a recursos externos para o crescimento. Também são incluídas habilidades administrativas importantes para o desempenho e desenvolvimento de um novo empreendimento, bem como métodos para encerrar suas atividades. Tópicos específicos abrangem fusões e aquisições, franquias, *joint ventures* e os recursos humanos e financeiros necessários para o crescimento.

Para tornar a nona edição de *Empreendedorismo* o mais significativa possível para o aluno, cada capítulo começa com os objetivos de aprendizagem e o perfil de um empreendedor cuja trajetória é especialmente relevante para o conteúdo. Diversos exemplos de negócios aparecem ao longo dos capítulos, além de sites importantes para ajudar o leitor a dar os primeiros passos. Resumos de reportagens ("Saiu na *Business News*") servem para ilustrar a análise do capítulo, enquanto os quadros sobre Ética aparecem em todos os capítulos para debater questões éticas. Cada capítulo encerra com atividades de pesquisa e questões para discussão (uma lista de leituras recomendadas para quem deseja mais oportunidades de pesquisa e estudo está no site do livro em **www.grupoa.com.br**).

Ao final do livro há uma seleção de casos que podem ser utilizados em conjunto com qualquer um dos capítulos. Alguns casos estão disponíveis apenas online em **www.grupoa.com.br**. Basta buscar pelo livro e clicar em Conteúdo Online.

Muitas pessoas – estudantes, executivos, empreendedores, professores e equipe editorial – tornaram este livro possível. Foram de grande ajuda os comentários detalhados e ponderados de nossos revisores:

Ted Khoury
Oregon State University

Craig Watters
Syracuse University

Howard Van Auken
Iowa State University

Daniel Bochsler
University of Texas, Dallas

Robert Garrett
Oregon State University

Um agradecimento especial a Carol Pacelli, pela preparação competente do manuscrito, e a Tracy Droessler, David Kralik, Rebecca Knowles e Katie Nehlsen por fornecer material de pesquisa, assistência editorial e colaboração no desenvolvimento de casos para esta edição. Agradecemos a nossos editores – Anke Weekes, gerente de marca, e Laura Hurst Spell, editora de desenvolvimento administrativa. Somos profundamente gratos às nossas esposas, Tina, Debbie e Suzie, cujo apoio e compreensão ajudaram a transformar esse esforço em realidade. Este livro é especialmente dedicado aos futuros empreendedores – nossos filhos Kary, Katy, Kelly, Christa, Kimberly, Jack e Meg, e nossos netos Rachel, Andrew, Sarah e Jack – e à nova geração que representam. Que vocês peçam sempre desculpas, em vez de permissão.

Robert D. Hisrich
Michael P. Peters
Dean A. Shepherd

SUMÁRIO RESUMIDO

PARTE I A PERSPECTIVA DO EMPREENDEDORISMO — 1

1. O empreendedorismo e a mentalidade empreendedora — 3
2. Intraempreendedorismo ou empreendedorismo corporativo — 26
3. Estratégia empreendedora: geração e exploração de novas entradas — 45

PARTE II DA IDEIA À OPORTUNIDADE — 67

4. Criatividade e a ideia da empresa — 69
5. Identificação e análise de oportunidades nacionais e internacionais — 97
6. A proteção da ideia e outras questões legais para o empreendedor — 128

PARTE III DA OPORTUNIDADE AO PLANO DE NEGÓCIO — 151

7. Plano de negócio: criando e dando início ao empreendimento — 153
8. Plano de marketing — 179
9. Plano organizacional — 208
10. Plano financeiro — 231

PARTE IV DO PLANO DE NEGÓCIO AO FINANCIAMENTO DO NEGÓCIO — 251

11. Fontes de capital — 253
12. Capital de risco informal, capital de risco formal e abertura de capital — 275

PARTE V DO FINANCIAMENTO DO NEGÓCIO AO LANÇAMENTO, CRESCIMENTO E ENCERRAMENTO — 313

13. Estratégias de crescimento e gerenciamento das implicações do crescimento — 315
14. Acessando recursos para crescimento em fontes externas — 339
15. Planejamento da sucessão e estratégias para colher os resultados e encerrar as atividades do empreendimento — 363

PARTE VI CASOS — 385

SUMÁRIO

PARTE I A PERSPECTIVA DO EMPREENDEDORISMO   1

1 O empreendedorismo e a mentalidade empreendedora   3

Perfil de abertura: Ewing Marion Kauffman – www.kauffman.org   3
A natureza do empreendedorismo   6
Como os empreendedores pensam   7
    Pensamento estrutural   7
    Bricolagem   8
    Efetuação   8
Saiu na *Business News*: Eu, me preocupar? Como os empreendedores
    inteligentes tiram proveito do poder da paranoia   12
    Adaptabilidade cognitiva   13
Intenção de agir de modo empreendedor   16
Histórico e características do empreendedor   17
    Educação   17
    Idade   17
    Histórico profissional   18
Modelos de conduta e sistemas de apoio   18
    Rede de apoio moral   19
    Rede de apoio profissional   19
Empreendedorismo sustentável   20
Ética: O código de ética da empresa   21

2 Intraempreendedorismo ou empreendedorismo corporativo   26

Perfil de abertura: Robert Mondavi – www.mondavi.com   26
Causas para o interesse no empreendedorismo corporativo   29
Tomada de decisão administrativa *versus* empreendedora   30
    Orientação estratégica e comprometimento com a oportunidade   31
    Comprometimento de recursos e controle de recursos   32
    Estrutura administrativa e filosofia de recompensas   32
Ética: Conduta ética de empreendedores *versus* administradores   33
    Orientação para o crescimento e cultura empreendedora   34
    Estabelecendo uma cultura para o empreendedorismo corporativo   35
    Características de liderança dos empreendedores corporativos   37
Estabelecendo o empreendedorismo corporativo na organização   39
    Problemas e esforços bem-sucedidos   40
Saiu na *Business News*: Quente ou não?   41
    Aprendendo com o fracasso   42

3 Estratégia empreendedora: geração e exploração de novas entradas   45

Perfil de abertura: Justin Parer – www.BSE.net.au   45
Nova entrada   47
Geração de uma oportunidade de nova entrada   48
    Recursos como uma fonte de vantagem competitiva   48
    Criando um pacote de recursos valioso, raro e inimitável   49
    Avaliando a atratividade de uma nova oportunidade de negócio   50

Informações sobre uma nova oportunidade de negócio   50
Saiu na *Business News*: Uma breve apresentação do projeto alabama   51
    Segurança ao tomar uma decisão num ambiente de incerteza   52
    Decisão de explorar ou não um novo negócio   52
Estratégia de penetração para a exploração de um novo negócio   53
    Instabilidade ambiental e (des)vantagens do pioneiro   54
    Incerteza dos clientes e (des)vantagens dos pioneiros   56
Ética: Faça a coisa certa   57
    Tempo de espera e (des)vantagens dos pioneiros   58
Saiu na *Entrepreneur*: Aconselhar um empreendedor sobre como ser mais inovador   59
Estratégias de redução de riscos para exploração da nova entrada   60
    Estratégias do escopo do mercado   60
    Estratégias de imitação   62
    Administrando as empresas novas (novatas)   64

PARTE II DA IDEIA À OPORTUNIDADE   67

4 Criatividade e a ideia da empresa   69

Perfil de abertura: Pierre Omidyar – www.ebay.com   69

Tendências   72
    Tendência verde   72
    Tendência de energia limpa   72
    Tendência de orientação orgânica   72
    Tendência econômica   73
    Tendência social   73
    Tendência de saúde   73
    Tendência Web   73
Fontes de novas ideias   73
    Consumidores   74
    Produtos e serviços existentes   74
    Canais de distribuição   74
    Governo federal   74
Saiu na *Business News*: A velocidade da inovação: o que os grandes podem aprender com os novos   75
    Pesquisa e desenvolvimento   75
Métodos de geração de ideias   76
    Grupos de discussão   76
    Brainstorming   76
    Brainwriting   77
    Análise de inventário de problemas   77
Solução criativa de problemas   78
    Brainstorming   78
    Brainstorming inverso   78
    Método Gordon   79
    Método checklist   79
    Livre associação   79
Saiu na *Business News*: Inovação gandhiana   80
    Relações forçadas   81
    Método de anotações coletivas   81
    Listagem de atributos   81
    Método do *big-dream*   81
    Análise de parâmetros   82

Inovação 82
　Tipos de inovação 82
　　Definindo uma nova inovação (produto ou serviço) 84
　　Classificação de novos produtos 84
Reconhecimento de oportunidade 86
Processo de planejamento e desenvolvimento do produto 87
　Estabelecendo critérios de avaliação 87
Ética: Criação e manutenção da confiança 88
　Estágio da ideia 89
　Estágio do conceito 89
　Estágio do desenvolvimento do produto 91
　Estágio de teste de mercado 91
E-commerce e o início do negócio 92
　Usando o *e-commerce* de modo criativo 92
　Sites da Web 93
　Rastreando informações do cliente 94
　Fazendo *e-commerce* como uma empresa empreendedora 94

5 Identificação e análise de oportunidades nacionais e internacionais — 97

Perfil de abertura: Saloni Malhotra – www.desicrew.in 97
Introdução 100
Reconhecimento de oportunidades e o plano de avaliação da oportunidade 101
Fontes de informações 102
　Auxílio 102
　Informações gerais 103
　Informações do setor e do mercado 103
Saiu na *Business News*: Quando a recessão aparece, opte pela expansão global 104
　Informações sobre empresas e produtos concorrentes 104
　Fontes governamentais 105
　Mecanismos de busca 105
　Associações comerciais 105
　Publicações especializadas 105
A natureza do empreendedorismo internacional 105
A importância dos negócios internacionais para a empresa 106
Empreendedorismo internacional *versus* empreendedorismo doméstico 106
　Economia 106
　Estágio de desenvolvimento econômico 107
　Conta corrente 107
　Tipo de sistema econômico 107
　Ambiente político-jurídico 107
　Idioma 109
Ambiente tecnológico 109
Cultura 109
Ética: Vendendo a responsabilidade social 110
　Estrutura social 112
　Religião 112
　Filosofia política 112

Economia e a filosofia econômica   112
Educação   113
Hábitos e costumes   113
Sistemas de distribuição disponíveis   113
Motivações para se internacionalizar   114
Efeitos estratégicos da internacionalização   115
Escolha do mercado estrangeiro   115
Saiu na *Business News*: Internacionalizando a empresa familiar   116
Estratégias de entrada empreendedoras   118
Exportação   118
Acordos sem participação acionária   120
Investimento estrangeiro direto   121
Parceria empreendedora   123
Barreiras ao comércio internacional   124
Acordo Geral de Tarifas e Comércio (GATT)   124
Blocos comerciais e áreas de livre-comércio   124
Estratégias do empreendedor e barreiras comerciais   125
Implicações para o empreendedor global   125

6 A proteção da ideia e outras questões legais para o empreendedor   128

Perfil de abertura: Salar Kamangar – www.youtube.com   128
O que é propriedade intelectual?   130
Necessidade de um advogado   130
Como escolher um advogado   130
Saiu na *Business News*: Aconselhar um empreendedor sobre o papel da propriedade intelectual em empresas de software iniciantes   131
Questões legais no estabelecimento da organização   131
Patentes   132
Patentes internacionais   133
Solicitação provisória   133
Solicitação de patente   134
Violação de patente   134
Patentes de método de negócio   135
Empresa nova sem patente   136
Marcas registradas   136
Saiu na *Business News*: Aconselhar um inventor empreendedor sobre como lucrar com patentes   137
Registro da marca   137
Direitos autorais   138
Ética: Acordos de não concorrência: Os funcionários têm a responsabilidade ética de não revelar segredos comerciais para um novo empregador?   139
Segredos comerciais e acordos de não concorrência   140
Licenciamento   142
Segurança e responsabilidade pelo produto   144
Seguro   144
Lei Sarbanes-Oxley   146
Contratos   146

PARTE III DA OPORTUNIDADE AO PLANO DE NEGÓCIO 151

7 Plano de negócio: criando e dando início ao empreendimento 153

Perfil de abertura: Belinda Guadarrama – www.gcmicro.com 153
Planejamento como parte da operação empresarial 155
O que é o plano de negócio? 155
Quem deve redigir o plano? 156
Escopo e valor do plano de negócio – quem lê o plano? 157
Saiu na *Business News*: Não espere honorários por fazer apresentações 158
Como os possíveis agentes de financiamento e investidores avaliam o plano? 158
Ética: Protegendo a ideia de sua empresa 160
Apresentando o plano 160
Necessidades de informação 160
    Informações de mercado 161
    Necessidades de informação sobre operações 164
Necessidades de informações financeiras 164
Usando a internet como recurso 165
Redigindo o plano de negócio 166
    Página introdutória 166
    Resumo executivo 168
    Análise ambiental e do setor 169
    Descrição do empreendimento 170
    Plano de produção 172
    Plano operacional 172
    Plano de marketing 173
    Plano organizacional 173
    Avaliação de risco 173
    Plano financeiro 174
    Apêndice 174
Saiu na *Business News*: Uma novata incomum: uma breve apresentação dos saquinhos de café 175
Usando e implementando o plano de negócio 175
    Avaliando o andamento do plano 176
    Atualizando o plano 177
Por que alguns planos de negócio fracassam 177

8 Plano de marketing 179

Perfil de abertura: Russell Rothstein – www.SaleSpider.com 179
Análise do setor 181
    Análise da concorrência 181
Pesquisa de marketing para o novo empreendimento 182
    Primeira etapa: definir o propósito ou os objetivos 182
    Segunda etapa: coletar dados de fontes secundárias 182
    Terceira etapa: coletar informações de fontes primárias 183
Saiu na *Business News*: Aconselhar um empreendedor sobre estratégia de mídias sociais 185
    Quarta etapa: analisar e interpretar os resultados 186
Diferença entre o plano de negócio e o plano de marketing 188
Entendendo o plano de marketing 188
Características de um plano de marketing 189
Ética: Direito à privacidade dos funcionários 191

O *mix* de marketing   192
Etapas na preparação do plano de marketing   192
  Definindo a situação do negócio   192
  Definindo o mercado-alvo: oportunidades e ameaças   193
  Consideração sobre os pontos fortes e fracos   195
  Estabelecendo metas e objetivos   195
  Definindo a estratégia de marketing e os programas de ação   196
  Preço   196
Saiu na *Business News*: Pesquisa de marketing na web: Conselhos para um empreendedor   200
  Estratégia de marketing: mercado consumidor *versus* B2B (*Business-to-Business*)   200
  Orçando a estratégia de marketing   201
  Implementação do plano de mercado   201
  Monitoramento do progresso das ações de marketing   201

9   Plano organizacional   208

Perfil de abertura: Eric Ryan e Adam Lowry – www.methodhome.com   208
Desenvolvimento da equipe administrativa   210
Formas legais de empresas   210
Saiu na *Business News*: Aconselhar um empreendedor: Questões a considerar na delegação de responsabilidades   211
  Propriedade   213
  Responsabilidade dos proprietários   213
  Custos para iniciar uma empresa   214
  Continuidade do negócio   214
  Transferência de participação   214
  Exigências de capital   215
  Controle administrativo   216
  Distribuição de lucros e prejuízos   216
  Atratividade para levantamento de capital   217
Obrigações tributárias para as diferentes formas de empresa   217
  Questões tributárias para a propriedade individual   217
  Questões tributárias para a sociedade   217
  Questões tributárias para a corporação   218
Empresa de responsabilidade limitada *versus* S Corporation   219
S Corporation   219
  Vantagens de uma S Corporation   220
  Desvantagens de uma S Corporation   220
A empresa de responsabilidade limitada   220
Ética: Os advogados explicam os passos necessários caso seu sócio descumpra suas obrigações de negócios   221
  Vantagens de uma LLC   222
Estruturando a organização   222
Construindo a equipe administrativa e uma cultura organizacional bem-sucedida   224
Saiu na *Business News*: Uma breve apresentação para uma empresa de viagens especial   225
O papel de um conselho de administração   226
O conselho de consultores   227
A organização e o uso de consultores   228

10 Plano financeiro 231

Perfil de abertura: Tony Hsieh – www.zappos.com 231
Orçamentos de operação e de capital 233
Ética: Perdão ou permissão? O empregador deve permitir que os funcionários trabalhem em negócios paralelos? 234
Projeções de vendas 235
Demonstrativos de resultados *pro forma* 236
Fluxo de caixa *pro forma* 239
Saiu na *Business News*: Aconselhar um empreendedor sobre como resolver seu problema de fluxo de caixa para manter seu negócio 241
Balanço patrimonial *pro forma* 242
Análise do ponto de equilíbrio 244
Origens e aplicações de recursos *pro forma* 246
Saiu na *Business News*: Uma breve apresentação da Broadcastr.com 247
Pacotes de software 248

PARET IV DO PLANO DE NEGÓCIO AO FINANCIAMENTO DO NEGÓCIO 251

11 Fontes de capital 253

Perfil de abertura: Scott B. Walker – www.epic-aviation.com 253
Uma visão geral 256
    Financiamento por endividamento ou por capital próprio 256
    Recursos internos ou externos 257
Recursos pessoais 258
Familiares e amigos 259
Bancos comerciais 259
Saiu na *Business News*: Start-up Chile 260
    Tipos de empréstimos bancários 260
    Financiamento de fluxo de caixa 261
    Decisões para empréstimos bancários 262
Papel da SBA na concessão de financiamento a pequenas empresas 263
Sociedades com participação limitada em pesquisa e desenvolvimento 264
    Elementos principais 264
    Procedimento 265
    Benefícios e custos 265
    Exemplos 266
Subsídios públicos 266
    Procedimento 267
Saiu na *Business News*: Funcionário dedicado pela manhã, empreendedor à noite 268
    Outros subsídios públicos 269
Investimentos privados 270
    Tipos de investidores 270
    Ofertas privadas 270
    Regulamentação D 270
Financiamento com recursos próprios 272

12 Capital de risco informal, capital de risco formal e abertura de capital   275

Perfil de abertura: Richard Branson – www.virgin.com   275
Financiando a empresa   278
Mercado de capital de risco informal   279
Saiu na *Business News*: Angellist: o futuro do investimento?   280
Capital de risco formal   283
     Natureza do capital de risco formal   283
     Visão geral do setor de capital de risco formal   283
Saiu na *Business News*: As preferências dos empreendedores no mundo do capital de risco   284
     Processo de capital de risco formal   287
     Localizando os investidores de risco   291
     Abordando um investidor de risco   291
Avaliando sua empresa   293
     Fatores em avaliação   293
     Análise de índices   294
     Índices de liquidez   294
     Índices de atividade   295
     Índices de alavancagem   295
     Índices de lucratividade   296
     Abordagens gerais de avaliação   297
     Método geral de avaliação   298
     Avaliação de uma empresa da Internet   299
Estrutura do acordo   300
Abertura de capital   300
     Vantagens   301
     Desvantagens   301
Momento para abertura de capital e seleção de um subscritor   304
     Momento oportuno   304
     Seleção do subscritor   305
Declaração de registro e cronograma   306
     Prospecto   306
     Declaração de registro   308
     Procedimento   308
Questões legais e qualificações contra fraudes   308
     Questões legais   308
     Qualificações contra fraudes   309
Depois da abertura de capital   309
     Apoio pós-mercado   309
     Relacionamento com a comunidade financeira   309
     Requisitos de relatórios   309

PARTE V DO FINANCIAMENTO DO NEGÓCIO AO LANÇAMENTO, CRESCIMENTO E ENCERRAMENTO 313

13 Estratégias de crescimento e gerenciamento das implicações do crescimento 315

Perfil de abertura: Brian e Jennifer Maxwell – olympics.powerbar.com 315
Estratégias de crescimento: onde buscar oportunidades de crescimento 317
    Estratégias de penetração 317
    Estratégias de desenvolvimento de mercado 318
    Estratégias de desenvolvimento de produto 318
    Estratégias de diversificação 319
Saiu na *Business News*: Aconselhar um empreendedor sobre como expandir para novos mercados por meio da internet 320
    Exemplo de estratégias de crescimento 321
Implicações do crescimento para a empresa 321
    Pressões sobre os recursos humanos 322
    Pressões sobre o gerenciamento dos empregados 322
    Pressões sobre o tempo do empreendedor 322
    Pressões sobre os recursos financeiros existentes 322
Ética: Lições extraídas da Enron 323
Superando as pressões sobre os recursos humanos existentes 323
Superando as pressões sobre o gerenciamento de empregados 324
Saiu na *Business News*: Uma breve apresentação da eVest 325
Superando as pressões sobre o tempo do empreendedor 326
    Princípios básicos do gerenciamento de tempo 327
Superando as pressões sobre os recursos financeiros existentes 328
    Controle financeiro 328
Implicações do crescimento da empresa para o empreendedor 334
    Classificação de alguns empreendedores e o crescimento de suas empresas 335

14 Acessando recursos para crescimento em fontes externas 339

Perfil de abertura: Bill Gross – www.idealab.com 339
Uso de partes externas para ajudar a expandir uma empresa 341
Joint ventures 341
    Tipos de *joint ventures* 341
    Fatores para o sucesso de *joint ventures* 343
Aquisições 343
    Vantagens de uma aquisição 344
    Desvantagens de uma aquisição 344
    Sinergia 345
    Estruturando o acordo 345
Saiu na *Business News*: Aconselhar um empreendedor sobre como fazer acordos 346
    Localizando candidatas à aquisição 346

Fusões 347
Aquisições alavancadas 348
Franquias 350
    Vantagens da franquia – para o franqueado 350
    Vantagens da franquia – para o franqueador 352
Saiu na *Business News*: Os empreendimentos favoritos do capital de risco 353
    Desvantagens da franquia 354
    Tipos de franquias 354
    Investindo em uma franquia 355
Ética: Muito justo 357
Superando restrições ao negociar mais recursos 358

15 Planejamento da sucessão e estratégias para colher os resultados e encerrar as atividades do empreendimento 363

Perfil de abertura: David Hartstein – www.kabloom.com 363
Saiu na *Business News*: Conselho para um empreendedor: cuide bem do cartão e preserve seu crédito na praça 365
Estratégia de saída 366
Sucessão da empresa 366
    Transmissão para membros da família 367
    Transmissão para outras pessoas 367
Opções para vender a empresa 368
    Venda direta 368
    Plano de opção de ações para funcionários 370
Ética: Envolvendo funcionários, banqueiros e sócios no problema 371
    Aquisição administrativa 371
Falência – uma visão geral 372
Capítulo 11 – reorganização 374
Saiu na *Business News*: Uma breve apresentação da nPower Personal Energy Generator 375
    Sobrevivendo à falência 375
Capítulo 13 – planos de pagamento com dilatação de prazo 376
Capítulo 7 – liquidação 376
Estratégia durante a reorganização 377
Mantendo o empreendimento 377
Sinais de alerta de falência 379
Recomeçando 380
A realidade da falência 380
Recuperação empresarial 381

PARTE VI CASOS* 385

Caso 1	Turner Test Prep Co.	3W
Caso 2	Jim Boothe, Inventor	5W
Caso 3	A. Monroe Lock and Security Systems	6W
Caso 4	Beijing Sammies	8W
Caso 5	Intelligent Leisure Solutions	387
Caso 6	The Beach Carrier	22W
Caso 7	Gourmet to Go	400
Caso 8A	Intervela d.o.o. Koper – Victory Sailmakers	407
Caso 8B	Intervela Victory Sailmakers	414
Caso 9	A Gril-Kleen Corporation	25W
Caso 10	Masi Technology	416
Caso 11	NeoMed Technologies	31W
Caso 12	Mayu LLC	423
Caso 13	Nature Bros. Ltd.	45W
Caso 14	Amy's Bread	52W
Caso 15	Supply Dynamics	430
Caso 16	Datavantage Corporation	58W
Caso 17	Tire Valet: A Mobile Tire Company	435

Índice 439

---

* Os casos com W após o número de página estão disponíveis apenas online. Busque pelo título do livro no site **www.grupoa.com.br** e clique em Conteúdo Online.

I

A PERSPECTIVA DO EMPREENDEDORISMO

Capítulo 1
O empreendedorismo e a mentalidade empreendedora

Capítulo 2
Intraempreendedorismo ou empreendedorismo corporativo

Capítulo 3
Estratégia empreendedora: geração e exploração de novas entradas

1
O EMPREENDEDORISMO E A MENTALIDADE EMPREENDEDORA

OBJETIVOS DE APRENDIZAGEM

▶ Apresentar o conceito de empreendedorismo e explicar o processo de ação empreendedora.

▶ Descrever como semelhanças estruturais permitem que os empreendedores deem saltos mentais criativos.

▶ Destacar a bricolagem como fonte da criatividade dos empreendedores.

▶ Apresentar a efetuação como um modo de pensar dos empreendedores especialistas.

▶ Desenvolver a ideia de que os empreendedores sabem se adaptar cognitivamente.

▶ Introduzir o empreendedorismo sustentável como uma maneira de sustentar o ambiente natural e as comunidades e desenvolver ganhos para terceiros.

PERFIL DE ABERTURA

Ewing Marion Kauffman – www.kauffman.org

Nascido em uma fazenda em Garden City, Missouri, nos Estados Unidos, Ewing Marion Kauffman mudou-se para Kansas City com sua família aos oito anos de idade. Um fato fundamental em sua vida ocorreu vários anos mais tarde, quando, por um problema cardíaco, lhe foi recomendado passar um ano inteiro de repouso na cama. O menino sequer podia ficar sentado. A mãe de Kauffman, com formação superior, sugeriu uma solução para manter na cama o inquieto menino de 11 anos: a leitura. Segundo Kauffman, ele "lia mesmo! Como não dava para fazer mais nada, eu lia de 40 a 50 livros por mês. Quando se lê tanto assim, você lê qualquer coisa. Então li a biografia de todos os presidentes, li sobre os habitantes da fronteira, li a Bíblia duas vezes, tudo leitura pesada".

Outra experiência infantil importante foi a venda de porta em porta. Como sua família não tinha muito dinheiro, Kauffman vendia 36 dúzias de ovos recolhidos na fazenda ou peixes que ele e seu pai pescavam, limpavam e preparavam. Sua mãe o incentivava muito durante esses anos, dizendo a Ewing todos os dias: "Pode haver pessoas que tenham mais dinheiro no bolso, mas, Ewing, ninguém é melhor do que você".

Durante a juventude, Kauffman trabalhou como entregador para uma lavanderia e foi escoteiro. Além de atender a todos os requisitos para subir na hierarquia do escotismo, conseguiu vender duas vezes mais ingressos para o festival dos escoteiros do que qualquer outra pessoa em Kansas City, um feito que lhe possibilitou frequentar de graça um acampamento de verão dos escoteiros por duas semanas, algo que seus pais não poderiam ter proporcionado. "Essa experiência me fez conhecer algumas das técnicas de vendas que vim a utilizar quando, mais tarde, ingressei no campo farmacêutico", afirmou ele.

Kauffman fazia um curso técnico das 8 da manhã ao meio-dia e depois andava 3,2 quilômetros até a lavanderia, onde trabalhava até as 19 horas. Depois da formatura, começou a trabalhar na lavanderia em tempo integral para R. A. Long, que se tornaria um de seus modelos de conduta. Seu trabalho como supervisor de rotas envolvia coordenar de 18 a 20 motoristas, estabelecendo concursos de vendas, como desafiar os outros motoristas a conseguir mais clientes do que ele poderia obter em uma determinada rota. "Adquiri prática em vendas, e isso veio a ser útil mais tarde na vida". R. A. Long prosperou não só no negócio da lavanderia, mas também em patentes, uma das quais era a de uma forma para o colarinho de camisas que mantinha o bom estado da roupa. Long mostrou a seu protegido que era possível ganhar dinheiro tanto com o cérebro quanto com os músculos. "Ele era um grande homem e teve uma grande influência na minha vida", comentou Kauffman.

A capacidade de Kauffman para vendas também foi útil durante seu tempo na Marinha, na qual se alistou em 11 de janeiro de 1942, pouco depois do ataque a Pearl Harbor. Quando foi designado marinheiro-aprendiz, um cargo que pagava 21 dólares por mês, respondeu: "Sou melhor do que um aprendiz, pois fui escoteiro do mar. Velejei em navios e barcos baleeiros". Sua capacidade para vendas convenceu a Marinha de que ele deveria começar como marinheiro de primeira classe, com um salário mensal de 54 dólares. Kauffman foi designado para a equipe do almirante, na qual se tornou um notável sinaleiro (marinheiro que transmitia mensagens de um navio para outro), em parte porque era capaz de ler mensagens melhor do que qualquer outro devido a suas intensivas leituras anteriores. Com o incentivo do almirante, Kauffman fez um curso de navegador por correspondência, ganhou um posto de convés e foi promovido a oficial de navegação.

Em 1947, após o fim da guerra, Ewing Kauffman começou sua carreira como vendedor de remédios, depois de demonstrar o melhor desempenho dentre 50 candidatos em um teste de aptidão. O emprego envolvia a venda de suplementos de vitaminas e de injeções para médicos. Trabalhando com comissão direta, sem despesas nem benefícios, Kauffman ganhava mais que o presidente da empresa no final do segundo ano; o presidente imediatamente cortou a comissão. Quando Kauffman se tornou gerente de vendas da região centro-oeste, ganhava 3% de todas as vendas de seus vendedores e continuava a ganhar mais do que o presidente. Quando seu território foi limitado, ele finalmente pediu demissão e, em 1950, deu início à sua própria empresa, a Marion Laboratories (Marion é seu nome do meio).

Ao refletir sobre a fundação da nova empresa, Ewing Kauffman comentou: "Foi mais fácil do que parece, pois eu tinha médicos para quem vendia há anos. Antes de pedir demissão, visitei três deles e disse: 'Estou pensando em ter minha própria empresa. Posso contar com seus pedidos se eu lhe garantir a mesma qualidade e atendimento?'. Esses três eram meus maiores clientes e concordaram porque gostavam de mim e de trabalhar comigo".

A Marion Laboratories começou comercializando produtos injetáveis, fabricados por outra empresa, sob seu rótulo. Depois expandiu para outros clientes e outros produtos, até desenvolver seu primeiro item, o complexo vitamínico Vicam. O segundo produto farmacêutico desenvolvido, o cálcio de ostras, também vendeu bem.

A fim de expandir a empresa, Kauffman foi à Commerce Trust Company e pediu um empréstimo de 5 mil dólares. Pagou o empréstimo e a empresa continuou a crescer. Depois de vários anos, investidores externos podiam comprar mil dólares em ações, se emprestassem mil dólares à empresa, a serem devolvidos após cinco anos no valor de 1.250 dólares, sem juros intermitentes. Esse investimento inicial de mil dólares, se mantido até 1993, teria atingido o valor de 21 milhões de dólares.

A Marion Laboratories continuou a crescer e alcançou mais de 1 bilhão de dólares por ano em vendas, devido basicamente ao relacionamento de Ewing Kauffman com os funcionários da empresa, chamados de associados, e não de empregados. "Todos são acionistas. Eles constroem esta empresa e significam muito para nós", disse Kauffman. O conceito de associado também fazia parte de duas filosofias básicas da empresa: quem produz deve compartilhar os resultados ou lucros e tratar os outros como você mesmo gostaria de ser tratado.

A empresa abriu seu capital por meio da Smith Barney, em 16 de agosto de 1965, a 21 dólares por ação. O valor subiu para 28 dólares imediatamente e nunca esteve abaixo desse limite, sendo que, às vezes, as ações eram vendidas com índice preço/lucro de 50 a 60. Era oferecido aos associados da empresa um plano de divisão de lucros em que cada um poderia possuir ações da empresa. Em 1968, Kauffman levou o beisebol profissional da MLB de volta a Kansas City quando adquiriu o Kansas City Royals, o que fortaleceu a base econômica, o perfil e o orgulho cívico da cidade. Quando a Marion Laboratories se fundiu com a Merrill Dow em 1989, a empresa tinha 3.400 associados, 300 dos quais se tornaram milionários em consequência da fusão. A nova empresa, Marion Merrill Dow, Inc., alcançou 9.000 associados e vendas de 4 bilhões de dólares em 1998, quando foi adquirida pela Hoechst, empresa farmacêutica europeia. A Hoechst Marion Roussel se tornou a líder mundial no tratamento de saúde com base em produtos farmacêuticos envolvida na descoberta, no desenvolvimento, na produção e na venda de produtos farmacêuticos. No final de 1999, passou por nova fusão, nesse caso com a Aventis Pharma, uma empresa global de produtos farmacêuticos focada em remédios para seres humanos (vacinas e produtos farmacêuticos com prescrição) e saúde animal. Em 2002, as vendas da Aventis atingiram 16,634 bilhões de dólares, um aumento de 11,6% em relação a 2001, enquanto os rendimentos por ação cresceram 27% em comparação ao ano anterior.

Ewing Marion Kauffman era um empreendedor, proprietário do time de beisebol da liga principal e filantropo que acreditava que seu sucesso era consequência direta de uma ideia básica: tratar os outros como você gostaria de ser tratado. "É o princípio mais feliz pelo qual se deve viver e o mais inteligente pelo qual se deve fazer negócios e dinheiro", afirmava.

As ideias de Ewing Marion Kauffman em relação aos associados, recompensando os que produziam e permitindo autonomia decisória, fundamentam o que agora é denominado *intraempreendedorismo* ou *empreendedorismo corporativo* em uma empresa. Ele foi ainda mais além e ilustrou sua crença no empreendedorismo e no espírito de retribuição quando estabeleceu a Fundação Kauffman, que apoia programas em duas áreas: desenvolvimento de jovens e empreendedorismo. Empreendedor verdadeiramente notável, Mr. K., como era afetuosamente chamado por seus funcionários, criará muitos outros "empreendedores associados" de sucesso.

Como Ewing Kauffman, muitos outros empreendedores e futuros empreendedores frequentemente se perguntam: "Sou mesmo um empreendedor? Tenho o que é preciso para chegar ao sucesso? Tenho vivência e experiência suficientes para iniciar e administrar um novo empreendimento?" Apesar de a ideia de ser dono de uma empresa ser sedutora, os problemas e as armadilhas inerentes ao processo são tão lendários quanto as histórias de sucesso. O fato é que há mais empreendimentos novos que fracassam do que os que alcançam sucesso. É necessário mais do que apenas muito trabalho e sorte para ser um dos poucos empreendedores bem-sucedidos. É preciso raciocinar em um ambiente de alta incerteza, ser flexível e aprender com as derrotas.

A NATUREZA DO EMPREENDEDORISMO

O empreendedorismo tem uma função importante na criação e no crescimento dos negócios, assim como no crescimento e na prosperidade de nações e regiões. Esses resultados em larga escala podem ter princípios um tanto modestos, pois as ações empreendedoras começam no ponto em que uma oportunidade lucrativa encontra um indivíduo empreendedor.[1] As *oportunidades empreendedoras* são "situações nas quais novos bens, serviços, matérias-primas e métodos organizacionais podem ser introduzidos e vendidos por um valor maior do que seu custo de produção".[2] Por exemplo, uma oportunidade empreendedora nasce da introdução de um produto tecnológico existente utilizado em um mercado para criar um novo mercado em outro local. Uma oportunidade empreendedora também poderia ser a criação de um novo produto tecnológico para um mercado existente ou a criação ao mesmo tempo de um novo produto/serviço e um novo mercado. O tema recorrente dessa história é que as oportunidades empreendedoras representam algo novo. Lembre-se, no entanto, de que tais possibilidades exigem que um indivíduo empreendedor (ou grupo de indivíduos empreendedores) reconheça, avalie e explore essas situações enquanto oportunidades possíveis. Assim, o empreendedorismo exige ação, uma *ação empreendedora* por meio da criação de novos produtos/processos e/ou da entrada em novos mercados, que pode ocorrer por meio de uma organização recém-criada ou dentro de uma organização estabelecida.

O empreendedor segue o que acredita ser uma oportunidade. Como as oportunidades existem em (ou criam e/ou geram) um estado de forte incerteza, os empreendedores precisam utilizar seu discernimento para decidir se devem ou não agir. Mas a dúvida também pode minar a ação empreendedora. Assim, o segredo para entender a ação empreendedora é ser capaz de avaliar o nível de incerteza percebido em torno de uma oportunidade em potencial e a disposição do indivíduo de enfrentar essa incerteza. O conhecimento pregresso do indivíduo pode reduzir o nível de incerteza e sua motivação indica a disposição de enfrentá-la.

Na Figura 1.1, o modelo McMullen-Shepherd explica como o conhecimento e a motivação influenciam dois estágios da ação empreendedora. Os sinais de mudanças no ambiente que representam possíveis oportunidades serão percebidos por alguns indivíduos, mas não por outros. Os indivíduos que conhecem os mercados e/ou a tecnologia serão mais capazes de detectar as mudanças no ambiente externo e, se também estiverem motivados, ficarão mais atentos ao processamento dessas informações. Os outros, no entanto, continuarão a ignorar a possibilidade. O resultado do Estágio 1 é a percepção por um indivíduo de que há uma oportunidade a ser aproveitada por alguém. Esse indivíduo precisa então determinar se esta representa uma oportunidade para ele (Estágio 2). O processo envolve determinar a viabilidade de

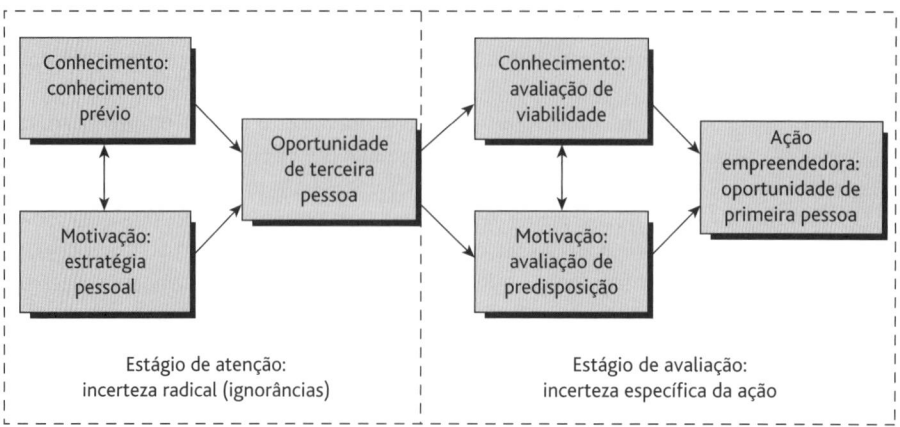

FIGURA 1.1 Ação empreendedora.
Reimpresso com permissão de McMullen, J. and Shepherd, D. A. (2006). Entrepreneurial Action and the Role of Uncertainty in the Theory of the Entrepreneur. *Academy of Management Review*. 31: 132–142.

explorar a oportunidade com sucesso, dado o conhecimento do indivíduo, e a atratividade dela, dado o nível de motivação do possível empreendedor. Em outras palavras, essa oportunidade para alguém (crença na oportunidade de terceira pessoa) representa uma oportunidade para mim (crença na oportunidade de primeira pessoa)? O indivíduo pode agir caso supere suas dúvidas o suficiente para formar as crenças de que (1) a situação representa uma oportunidade para uma pessoa em geral e (2) essa oportunidade para alguém é, na verdade, uma oportunidade para ele próprio.

Assim, ser um empreendedor significa agir diante de uma oportunidade que vale a pena ser trabalhada.[3] Isso envolve o *pensamento empreendedor*, ou seja, os processos mentais com que o indivíduo supera a ignorância para decidir se um sinal representa uma oportunidade para alguém e/ou reduz dúvidas quanto a essa oportunidade.

pensamento empreendedor
Os processos mentais com que o indivíduo supera a ignorância para decidir se um sinal representa uma oportunidade para alguém e/ou reduz dúvidas quanto a essa oportunidade.

COMO OS EMPREENDEDORES PENSAM

Os empreendedores pensam de modo diferente das outras pessoas. Além disso, um empreendedor em determinada situação pode raciocinar de modo diferente do que quando está realizando outra atividade ou quando está em um ambiente de decisões. É frequente os empreendedores tomarem decisões em ambientes extremamente inseguros, com altos riscos, intensas pressões de tempo e considerável investimento emocional. Nesses ambientes difíceis, todos pensamos de uma forma diferente do que quando a natureza de um problema é bem compreendida e dispomos de tempo e procedimentos racionais para solucioná-lo. Dada a natureza do ambiente de tomada de decisões de um empreendedor, às vezes ele precisa (1) pensar estruturalmente, (2) adotar a bricolagem, (3) executar e (4) se adaptar de modo cognitivo.

Pensamento estrutural

Formar crenças sobre oportunidades muitas vezes exige saltos mentais criativos. Esses saltos mentais criativos partem todos da mesma fonte: o conhecimento prévio do indivíduo. No caso das ações empreendedoras, um exemplo de salto mental criativo parte do conhecimento sobre mercados existentes para uma nova tecnologia que poderia levar a produtos/serviços que satisfariam tal mercado. Outro salto mental criativo poderia se originar de conhecimento sobre uma tecnologia até chegar a um novo mercado que se beneficiaria de sua introdução. A realização dessas conexões entre um novo produto (ou novo serviço, modelo de negócios ou tecnologia) e um mercado-alvo no qual ele pode ser introduzido é auxiliada pelas semelhanças superficiais e estruturais entre a fonte (p. ex.: o mercado) e o destino (p. ex.: tecnologia). As *semelhanças superficiais* existem quando os elementos básicos (relativamente fáceis de observar) da tecnologia se assemelham (correspondem) aos elementos básicos (relativamente fáceis de observar) do mercado. As *semelhanças estruturais*, por outro lado, existem quando os mecanismos fundamentais da tecnologia se assemelham (ou correspondem) aos mecanismos fundamentais do mercado. O desafio empreendedor muitas vezes está em realizar saltos mentais criativos com base em semelhanças estruturais. O melhor exemplo desse fenômeno se baseia em um caso real que Denis Gregoire, da Syracuse University, e eu (Dean Shepherd, da Indiana University) utilizamos como parte de um estudo sobre pensamento empreendedor.[4]

O exemplo é uma tecnologia desenvolvida pelos engenheiros espaciais e da computação da NASA no Langley Research Center, que envolve os simuladores de voo, aparelhos enormes e volumosos, utilizados pelos pilotos de ônibus espaciais. Os elementos superficiais da tecnologia são bastante similares ao mercado para simuladores de voo usados por pilotos de companhias aéreas. Por outro lado, os simuladores têm pouca semelhança superficial com um mercado-alvo de estudantes de ensino médio e fundamental e seus pais. A tecnologia por trás das situações superficiais inclui o uso de sensores nos dedos indicadores dos indivíduos para monitorar a condutividade elétrica da pele e enviar sinais a processadores em outro aparelho, com o qual eles interagem. Em última análise, essas relações um-a-um (pele-sensor e sensor-computador) culminam em uma rede

semelhanças superficiais
Existem quando os elementos básicos (relativamente fáceis de observar) da tecnologia se assemelham (correspondem) aos elementos básicos (relativamente fáceis de observar) do mercado.

semelhanças estruturais
Existem quando os mecanismos fundamentais da tecnologia se assemelham (ou correspondem) aos mecanismos fundamentais do mercado.

de relações de ordem superior que refletem as capacidades gerais da tecnologia, suas metas e/ou seus usos. Assim, a tecnologia é capaz de ajudar pilotos de ônibus espaciais (ou pilotos de aviões, ou motoristas adolescentes) a aprimorarem seu foco, prestarem atenção e se concentrarem por períodos prolongados de tempo. Analisada sob um novo prisma, entretanto, a tecnologia possui altos níveis de semelhanças estruturais com o mercado-alvo de pais que buscam alternativas não farmacêuticas ao tratamento do déficit de atenção (TDAH). A oportunidade de aplicar a tecnologia ao mercado de pais que buscam alternativas não farmacêuticas ao tratamento do TDAH não era óbvia para os indivíduos que estavam distraídos pelas diferenças superficiais entre a tecnologia e o novo mercado e não enxergavam as semelhanças estruturais mais profundas.

Assim, os indivíduos que veem ou criam correspondências estruturais entre uma tecnologia e um mercado-alvo, especialmente na presença de diferenças superficiais, têm maior probabilidade de reconhecer as oportunidades empreendedoras. O conhecimento específico a uma tecnologia e/ou mercado pode facilitar essa capacidade.[5] A boa notícia é que essa habilidade pode ser aprimorada com a prática e o estudo.

Bricolagem

bricolagem
Empreendedores que se viram ao aplicar combinações dos recursos disponíveis a novos problemas e oportunidades

Os empreendedores muitas vezes não têm recursos. Por isso, eles buscam recursos com terceiros para criar uma "folga" necessária para experimentar e gerar oportunidades empreendedoras ou então adotam a bricolagem. Por *bricolagem* queremos dizer que alguns empreendedores "se viram ao aplicar combinações dos recursos disponíveis a novos problemas e oportunidades".[6] Isso envolve utilizar recursos existentes (os disponíveis) e experimentar, remendar, reembalar e/ou reenquadrar tais recursos de modo que sejam utilizados de maneiras para as quais não foram projetados ou concebidos originalmente.[7] Os empreendedores conseguem criar oportunidades a partir desse processo de "se virar". Baker e Nelson (2005: 341–42) oferecem o seguinte exemplo de bricolagem.

As propriedades do fazendeiro Tim Grayson eram cheias de minas de carvão abandonadas. Ele sabia que os túneis (um incômodo para os fazendeiros, pois tendem a desabar, o que cria sumidouros gigantescos nos campos) também continham grandes quantidades de metano. O metano é outro incômodo: um gás tóxico que contribui para o aquecimento global, envenena mineiros e persiste em minas abandonadas por diversas gerações. Grayson e um sócio perfuraram um buraco que ia da propriedade do primeiro até um poço de mina, adquiriram um gerador a diesel usado de uma fábrica local e o adaptaram de forma improvisada para queimar metano. Durante o processo de conversão, Grayson foi derrubado várias vezes com explosões desse gás incolor e inodoro. Sua bricolagem produziu eletricidade, a maior parte da qual foi vendida à empresa de energia elétrica local usando comutadores reaproveitados. Como o gerador de Grayson também produzia um calor residual significativo, ele construiu uma estufa para plantar tomates hidropônicos, aquecida com a água do sistema de refrigeração do gerador. Grayson também utilizou a eletricidade gerada fora do horário de pico para alimentar lâmpadas especiais que aceleram o crescimento das plantas. Com a disponibilidade de uma estufa cheia de tanques com água rica em nutrientes aquecidos "de graça", Grayson percebeu que poderia criar tilápias, um peixe tropical que está cada vez mais popular nos Estados Unidos. Ele introduziu os peixes nas águas que banhavam as raízes dos tomateiros e usou seus resíduos como fertilizante. Finalmente, como ainda havia bastante metano à disposição, Grayson começou a vender o excesso para uma empresa de gás natural. Como mostra o exemplo, a bricolagem é uma maneira criativa de pensar e agir que representa uma fonte importante de oportunidades empreendedoras.

Efetuação

Como possíveis líderes empresariais, vocês são treinados a pensar de modo racional e talvez sejam advertidos se não agirem assim. Essa advertência pode ser adequada, em função da natureza da atividade, mas parece que existe um modo alternativo de pensar, que os empreendedores utilizam principalmente quando pensam nas oportunidades. A professora Saras

Sarasvathy (de Darden, University of Virginia) descobriu que nem sempre os empreendedores esmiúçam um problema de modo a começar com um resultado almejado e se concentrar nos meios de gerar esse resultado. Esse processo é conhecido como *processo causal*. Em vez disso, os empreendedores usam, às vezes, um *processo de efetuação*, ou seja, eles fazem uso do que têm (quem são, o que conhecem e quem conhecem) e escolhem entre os possíveis resultados. A professora Saras é uma excelente cozinheira e não surpreende que seus exemplos desses processos de raciocínio girem em torno da culinária.

processo causal
Processo que inicia com um resultado almejado e se concentra nos meios para gerar esse resultado

processo de efetuação
Processo que inicia com o que se tem (quem são, o que conhecem e quem conhecem) e seleciona entre os possíveis resultados

> Imagine um *chef* com a tarefa de preparar um jantar. Há duas maneiras de organizar essa tarefa. Na primeira, o anfitrião ou cliente escolhe um cardápio de antemão. Tudo o que o *chef* precisa fazer é listar os ingredientes necessários, comprá-los e depois preparar a refeição. Esse é um processo da causalidade. Ele começa com um cardápio determinado e se concentra em escolher dentre as maneiras de preparar a refeição.
>
> No segundo caso, o anfitrião pede ao *chef* que verifique nos armários da cozinha os possíveis ingredientes e utensílios e, depois, faça a refeição. Aqui, o *chef* precisa imaginar os possíveis cardápios, com base em determinados ingredientes e utensílios, escolher um deles e depois preparar a refeição. Esse é um processo de efetuação (execução). Ele começa com determinados ingredientes e utensílios e se concentra em preparar com eles uma dentre as diversas refeições possíveis.[8]

Experimento Racional #1 de Sarasvathy: Curry in a Hurry

Neste exemplo, eu (Sarasvathy) rastreio o processo de construir um restaurante indiano hipotético, "Curry in a Hurry". São examinados dois casos: um utilizando a causalidade, e o outro, a efetuação. Para a finalidade desta ilustração, o exemplo escolhido é um processo de causalidade comum que respalda várias teorias econômicas atuais – teorias segundo as quais artefatos, como empresas, são consequências inevitáveis, considerando as ordens preferenciais de atores econômicos e certas premissas simples de racionalidade (implicando raciocínio causal) em seu comportamento preferido. O processo de causalidade utilizado neste exemplo é tipificado e incorporado nos procedimentos declarados por Philip Kotler em *Marketing Management* (1991: 63, 263), uma obra com várias edições, considerada um clássico e muito usada como livro-texto em programas de MBA no mundo todo.

Kotler define um mercado assim: "Um mercado consiste em todos os possíveis clientes compartilhando uma necessidade ou desejo particular, os quais podem estar dispostos ou podem ser capazes de fazer uma aquisição para atender a essa necessidade ou desejo" (1991: 63). Dado um produto ou serviço, Kotler sugere o seguinte procedimento para levá-lo ao mercado (observe que Kotler presume a existência desse mercado):

1. Analisar as oportunidades de longo prazo no mercado.
2. Pesquisar e escolher os mercados-alvo.
3. Identificar as variáveis de segmentação e segmentar o mercado.
4. Desenvolver os perfis dos segmentos resultantes.
5. Avaliar a atratividade de cada segmento.
6. Escolher o(s) segmento(s)-alvo.
7. Identificar os possíveis conceitos de posicionamento de cada segmento-alvo.
8. Selecionar, desenvolver e informar o conceito de posicionamento escolhido.
9. Elaborar as estratégias de marketing.
10. Planejar os programas de marketing.
11. Organizar, implementar e controlar o esforço de marketing.

Esse processo é conhecido no marketing pela sigla STP – *segmentation* (segmentação), *target* (alvo) e *positioning* (posicionamento).

Curry in a Hurry é um restaurante com um novo toque especial – digamos, um restaurante indiano com uma área de *fast food*. O paradigma atual, empregando processos de causalidade, indica que, para implementar essa ideia, o empreendedor deve iniciar com o universo de todos os possíveis clientes. Imaginemos que a preferência seja construir um restaurante em Pittsburgh, Pensilvânia, nos Estados Unidos, que posteriormente se torne o universo ou o mercado inicial do Curry in a Hurry. Presumindo que a porcentagem da população de Pittsburgh que abomina comida indiana seja desprezível, o empreendedor pode iniciar o processo STP.

Podem ser aplicadas diversas variáveis de segmentação relevantes, como dados demográficos, bairros residenciais, origem étnica, estado civil, nível de renda e costume de comer fora de casa. Com base nessas variáveis, o empreendedor pode enviar questionários para bairros selecionados e organizar grupos focais, por exemplo, nas duas principais universidades em Pittsburgh. Analisando as respostas aos questionários e os grupos focais, o empreendedor poderia chegar a um segmento-alvo – por exemplo, famílias abastadas, indianas e outras, que comem fora de casa pelo menos duas vezes por semana. Isso ajudaria na determinação das opções do cardápio, da decoração, do horário de funcionamento e de outros detalhes operacionais. O empreendedor poderia elaborar as campanhas de marketing e venda para induzir o segmento-alvo a experimentar seu restaurante. Também poderia visitar outros restaurantes indianos e de *fast food*, definir algum método de pesquisa para analisar esses concorrentes e, depois, desenvolver projeções de demanda plausíveis para o futuro restaurante.

O processo exigiria muito tempo e esforço analítico, bem como recursos para a pesquisa e, posteriormente, para a implementação das estratégias de marketing. Em resumo, o paradigma atual sugere que partamos de um universo geral maior para um específico – ou seja, para um segmento-alvo ideal a partir de um mercado predeterminado. Para o Curry in a Hurry, isso poderia significar algo como uma progressão da cidade inteira de Pittsburgh até Fox Chapel (um bairro residencial rico), para, digamos, os Jones (perfil de um cliente específico de uma família abastada).

Em vez disso, se nosso suposto empreendedor usasse processos de efetuação para construir seu restaurante, teria de agir no sentido contrário (observe que a efetuação é sugerida aqui como uma alternativa viável e válida em termos descritivos para o processo STP, não como uma alternativa superior em termos normativos). Por exemplo, em vez de iniciar com a pressuposição de um mercado já existente e investir dinheiro e outros recursos para criar o melhor restaurante possível no mercado em questão, o empreendedor começaria com uma análise do conjunto específico de meios ou causas disponíveis. Presumindo que dispõe de recursos financeiros muito limitados (por exemplo, 20 mil dólares), ele deveria pensar de modo criativo de levar a ideia ao mercado com o mínimo de recursos. Para isso, ele convenceria um *restauranteur* já estabelecido a se tornar um parceiro estratégico ou faria uma pesquisa de mercado suficiente a fim de convencer um financista a investir o dinheiro necessário para iniciar o restaurante. Outro método de efetuação seria convencer um restaurante indiano local ou um restaurante local de *fast food* a permitir a inserção de um balcão onde pudesse ser comercializada uma amostra de itens de *fast food* indianos. A escolha de um cardápio e o aprimoramento de outros detalhes relacionados seriam realizados instintivamente e com base em tentativas, talvez um processo de experimentação/aceitação.[9]

É possível elaborar vários outros modos de efetuação. Talvez o que o empreendedor realmente busque seja fazer contato com um ou dois de seus amigos ou parentes, que trabalhem no centro da cidade, e oferecer a eles e a seus colegas de trabalho alguns de seus alimentos para serem saboreados. Se as pessoas do escritório gostarem da comida, ele pode fazer uma proposta para entregar o almoço. Com o tempo, ele pode desenvolver uma clientela suficiente para montar um restaurante ou, até mesmo, depois de algumas semanas tentando montar o negócio de entregas de almoço, talvez ele descubra que as pessoas que disseram ter gostado do alimento na realidade curtiam mesmo era sua personalidade e conversa peculiar, principalmente suas percepções de vida tão incomuns. Nosso suposto empreendedor pode decidir agora desistir do negócio de entrega de almoço e começar a escrever um livro, participar do circuito de palestras e, quem sabe, montar um negócio no setor de consultoria motivacional!

Considerando o mesmo ponto de partida, mas com um conjunto diferente de contingências, o empreendedor pode terminar formando uma de diversas empresas. Para citar rapidamente algumas possibilidades, pense no seguinte: quem comprar pela primeira vez o alimento de nosso empreendedor hipotético do Curry in a Hurry se tornará, por definição, o primeiro cliente-alvo. Ouvindo sempre o cliente e formando uma rede cada vez maior de clientes e parceiros estratégicos, o empreendedor conseguirá identificar um perfil de segmentos-alvo viáveis. Por exemplo, se os primeiros clientes que realmente comprarem o alimento e voltarem para adquirir mais forem mulheres trabalhadoras de diversas etnias, esse será seu segmento-alvo. Dependendo do que o primeiro cliente realmente desejar, ele começará a definir seu mercado. Se o cliente estiver de fato interessado no alimento, o empreendedor poderá começar a visar todas as mulheres que trabalham na região geográfica ou poderá pensar em termos de criar novos pontos de vendas em áreas com mulheres trabalhadoras com perfis semelhantes – uma franquia de "Women in a Hurry" (Mulheres com Pressa)?

Ou se o cliente estiver interessado basicamente na ideia do entretenimento étnico ou exótico, em vez de tão-somente no alimento, o empreendedor poderá desenvolver outros produtos, como serviços de alimentação em eventos, planejamento de festas e outros – "Curry Favors" (Prazeres do Curry), quem sabe? Talvez se os clientes comprarem seu alimento porque realmente curtem conhecer novas culturas, ele possa dar palestras e aulas, possivelmente iniciando com a culinária indiana e avançando para aspectos culturais, inclusive concertos, história antiga e filosofia e a ideia fundamental do alimento enquanto meio de exploração cultural – "School of Curry" (Escola de Curry)? Ou talvez o que realmente lhes interessa sejam turnês temáticas e outras opções de viagem para a Índia e o Extremo Oriente – "Curryland Travels" (Viagens à Terra do Curry)?

Em suma, ao usar processos de efetuação para construir sua empresa, o empreendedor pode formar empresas de vários ramos, em setores totalmente diversificados. Isso significa que a ideia (ou grupo de causas) original não implica a existência de um único universo estratégico para a empresa (ou efeito). Em vez disso, o processo de efetuação permite que o empreendedor crie um ou mais efeitos possíveis, independentemente da meta final generalizada com a qual iniciou. O processo permite não somente a realização de vários efeitos possíveis (ainda que geralmente um ou apenas alguns sejam de fato implementados), como também que um tomador de decisões mude suas metas ou até mesmo as forme e as construa no decorrer do tempo, fazendo uso das contingências à medida que surgirem.[10]

♦♦♦

Usamos citações diretas de Sarasvathy sobre a efetuação não para justificar a sua superioridade em relação aos processos elaborados que envolvem a causalidade; em vez disso, a efetuação representa um estilo ocasional de raciocínio dos empreendedores. A efetuação ajuda os empreendedores a raciocinarem em um ambiente de alta incerteza. Na realidade, as organizações atuais funcionam em ambientes complexos e dinâmicos, cada vez mais caracterizados por mudanças rápidas, substanciais e descontínuas.[11] Devido à natureza desse tipo de ambiente, a maioria dos gerentes das empresas precisa ter uma mentalidade empreendedora para que suas empresas se adaptem com êxito às mudanças ambientais.[12] Essa *mentalidade empreendedora* abrange a possibilidade de detectar, agir e se movimentar rapidamente, mesmo sob condições incertas.[13] Ao desenvolver uma mentalidade empreendedora, os indivíduos devem tentar decifrar as oportunidades no contexto das metas móveis, questionando constantemente a "lógica dominante" no contexto de um ambiente dinâmico e refazendo as "perguntas supostamente simples" sobre o que consideramos verdadeiro sobre os mercados e a empresa. Por exemplo, acredita-se que os empreendedores de sucesso "repensam continuamente as ações estratégicas, a estrutura organizacional, os sistemas de comunicação, a cultura corporativa, a distribuição dos recursos e as estratégias de investimento da atualidade; enfim, cada aspecto do funcionamento e da integridade de longo prazo de uma empresa".[14]

Para serem bem-sucedidos nessas atividades, os indivíduos devem desenvolver uma *adaptabilidade cognitiva*. O major aposentado da Força Aérea dos Estados Unidos, e atualmente professor na Syracuse University, Mike Haynie, em parceria comigo (Dean Shepherd, da Indiana University), desenvolveu alguns modelos de adaptabilidade cognitiva e uma pesquisa para capturá-la, que serão analisados a partir de agora.[15]

mentalidade empreendedora
Abrange a capacidade de detectar, agir e se movimentar rapidamente, mesmo sob condições incertas

adaptabilidade cognitiva
Descreve até que ponto os empreendedores são dinâmicos, flexíveis, autorreguladores e engajados no processo de geração de várias estruturas de decisão focadas na identificação e no processamento de mudanças em seus ambientes para depois se guiar por essas mudanças

SAIU NA *BUSINESS NEWS*

EU, ME PREOCUPAR? COMO OS EMPREENDEDORES INTELIGENTES TIRAM PROVEITO DO PODER DA PARANOIA

Dependendo da pessoa com quem você estiver conversando, a paranoia é: (1) um transtorno psicótico caracterizado por delírios de perseguição, (2) uma desconfiança irracional de outros e (3) um aspecto fundamental no sucesso do empreendedorismo.

Parece loucura? Não para Andrew S. Grove, presidente e CEO da Intel Corp. em Santa Clara, Califórnia, autor de *Only the Paranoid Survive* (Doubleday/Currency). O título do livro de Grove se originou da conhecida citação que se tornou o mantra da ascensão do rei dos *chips* ao topo do negócio da tecnologia.

"Não tenho a mínima ideia de quando disse isso pela primeira vez", escreve Grove, "mas a verdade é que, quando o assunto é negócios, acredito na importância da paranoia". Evidentemente, para aqueles que sofrem de delírios clínicos de perseguição, a paranoia não faz rir, nem ajuda. Contudo, em um contexto empresarial, estar sempre muito preocupado, de graça, com as possíveis ameaças à sua empresa tem algo a ver com o seguinte.

"Se você não é um pouco paranoico, é complacente", diz o empreendedor Dave Lakhani, em Boise, Idaho, que dá consultoria de **marketing** para pequenas empresas. "E a complacência leva à perda de oportunidades e ao fracasso nos negócios".

ESCOLHA A SUA PARANOIA

Para Grove, ser paranoico é uma questão de lembrar que os outros desejam o sucesso que você obteve, prestando atenção aos detalhes de seu negócio e aos problemas que inevitavelmente o aguardam. Isso significa basicamente que ele é paranoico em relação a tudo. "Fico preocupado se os produtos serão danificados e me preocupo com o lançamento prematuro dos produtos", escreve Grove. "Eu me preocupo com as fábricas que não têm um bom desempenho e com o fato de ter fábricas demais".

Segundo Grove, assim como a maioria dos defensores da paranoia, ser paranoico consiste basicamente em duas coisas. A primeira é não descansar sobre as vitórias passadas. Grove chama isso de "atitude guardiã", que ele tenta cultivar em si mesmo e nos funcionários da Intel para rechaçar as ameaças externas à empresa. A paranoia na empresa também é geralmente definida como prestar muita atenção aos mínimos detalhes. "Você precisa ser detalhista quanto aos aspectos mais importantes do negócio", diz Lakhani. "Isso significa não somente garantir a sua participação ativa no negócio, como também estar presente todos os dias, prestar atenção aos clientes".

Como exemplo da importância da paranoia na prática, Lakhani relembra quando as vendas começaram a cair lentamente em uma loja de varejo que ele tinha. Ele poderia ter relegado esse aspecto a uma simples fase de altos e baixos (oscilação). Em vez disso, se preocupou e investigou até encontrar um motivo concreto. "Descobri que um de meus funcionários tinha desenvolvido uma atitude negativa e essa atitude estava afetando meu negócio", afirma Lakhani. "Assim que o demiti, as vendas voltaram a crescer".

Entretanto, os principais focos de paranoia da maioria dos empreendedores não recaem tanto sobre os detalhes internos cotidianos, mas sim sobre as ameaças dos grandes concorrentes e a perda de oportunidades. As situações em que a concorrência e as oportunidades estão no mesmo patamar são denominadas "pontos de inflexão estratégicos" por Grove, e é durante essas fases, geralmente por ocasião de uma mudança na tecnologia, que a paranoia dele se torna mais aguçada.

A paranoia muitas vezes é uma presença bem-vinda nas principais apresentações de clientes para Katharine Paine, fundadora e CEO do The Delahaye Group Inc. No passado, tormentas de preocupações aparentemente infundadas fizeram Paine participar pessoalmente de apresentações de vendas nas quais detectou problemas graves no modo como sua empresa estava fazendo negócios, ela explica. Chefe de 50 pessoas na empresa de pesquisa de avaliação de **marketing** em Portsmouth, New Hampshire, ela remonta seu estilo paranoico à infância, quando fingia ser um índio rastreando presas na floresta. Ao fazer *checklists* mentais sobre o que poderia dar errado ou sobre as oportunidades possivelmente perdidas, ela está sempre atenta ao equivalente do "graveto quebrado" no mundo dos negócios. "Se você for suficientemente paranoico, se for bastante competente para reunir todas essas pistas, não precisará apenas reagir", diz Paine. "Você conseguirá ser proativo e posicionar-se um pouco à frente da curva".

PARÂMETROS PARANOICOS

Obviamente, é possível ser paranoico demais. "Às vezes, não faz sentido", afirma Lakhani. Concentrar-se nos detalhes a ponto de gastar 500 dólares em tarifas contábeis para descobrir um erro de 5 dólares é um exemplo de paranoia equivocada. Preocupar-se obsessivamente com o que cada concorrente está fazendo ou com o que cada possível cliente está pensando também é um sinal de perigo, diz ele. A falta de equilíbrio com interesses fora do negócio pode ser outro. "Se sua vida inteira está voltada para o trabalho e você só pensa nisso 24 horas por dia, isso se torna prejudicial", afirma Lakhani.

Para Paine, deixar de agir é um sinal de que você está cruzando o limite entre a paranoia benéfica e o medo danoso. "Para a maioria de nós, o medo resulta em omissão, que é a morte total para o empreendedor", diz ela. "Se temêssemos a perda de um contracheque ou a entrada em um novo mercado, nenhuma de nossas empresas teria saído do papel".

Tudo isso pode ser especialmente verdadeiro para os proprietários de pequenas empresas. Embora a paranoia seja adequada para os chefes de empreendimentos dispersos, dizem que os empreendedores já são paranoicos demais. É muito fácil para um empreendedor transformar seu desejo de independência e sua autodeterminação em problemas, diz Robert Barbato, diretor do Small Business Institute no Rochester Institute of Technology, em Rochester, Nova York. Geralmente, os empreendedores acham que "ninguém se preocupa com a empresa tanto quanto eu" e exageram até desenvolverem uma paranoia perniciosa contra os funcionários e até contra os clientes, afirma. "Eles veem fantasmas onde não há fantasmas", adverte Barbato.

Isso é arriscado principalmente ao lidar com os funcionários. A maioria das pessoas, não somente os empreendedores, realiza seu trabalho tendo em vista um resultado profissional, e não porque estejam pensando em arrebatar o sucesso de seu empregador, diz Barbato. Para ele, esse pode ser um conceito de difícil entendimento para os empreendedores alucinados com a concorrência, principalmente aqueles que nunca foram funcionários. "As pessoas que possuem empresas não estão necessariamente acostumadas a serem promovidas", observa Barbato. Os empreendedores devem aprender a confiar e a delegar, para que suas empresas cresçam.

PARANOIA PRÁTICA

Apesar de sua possível utilidade, a paranoia pode ser um rótulo pesado demais para alguns empreendedores. Nesse caso, a avaliação crítica ou a análise crítica são os termos preferidos de Stephen Markowitz, diretor de relações governamentais e políticas da Small Business Association of Delaware Valley, um grupo comercial de 5.000 membros. A distinção vai muito além do nome. "Quando digo 'avaliar criticamente', isso significa examinar tudo", explica Markowitz. "Se você é totalmente paranoico, o perigo é não conseguir avaliar tudo de modo crítico".

Por exemplo, Markowitz afirma que um pequeno varejista ameaçado pela chegada iminente de uma megaloja no mercado estaria mais bem servido se analisasse de modo crítico os possíveis benefícios e prejuízos, em vez de apenas se preocupar. "Se você for paranoico", diz ele, "não avaliará de modo crítico como isso poderia ser útil".

Seja qual for o nome atribuído, poucos empreendedores vão parar de se preocupar no futuro próximo. Na realidade, a experiência tende a torná-los mais convictos em sua paranoia com o passar do tempo. Paine se recorda de uma fase em que um medo intangível a convenceu a insistir em participar de uma reunião com um cliente, onde não eram esperados quaisquer problemas. No final de tudo, ela perdeu a conta. "A boa notícia é que minha paranoia se manifestou", diz ela. "A má notícia é que foi tarde demais. Isso me tornou muito mais paranoica a partir de então".

CONSELHO PARA UM EMPREENDEDOR

Um amigo que acabou de se tornar um empreendedor leu este artigo e pede um conselho seu:

1. Eu me preocupo com o meu negócio. Isso significa que sou paranoico?
2. Quais são os benefícios da paranoia? E os custos?
3. Como saber se estou no nível certo de paranoia para administrar de modo eficiente o negócio e não ir parar no hospital com úlcera gástrica?
4. Tentar me obrigar a ser mais paranoico não tira a graça de ser um empreendedor?

Fonte: Reimpresso com permissão de Entrepreneur Media, Inc., "How Smart Entrepreneurs Harness the Power of Paranoia," by Mark Henricks, March 1997, *Entrepreneur* magazine: www.entrepreneur.com.

Adaptabilidade cognitiva

A adaptabilidade cognitiva descreve até que ponto os empreendedores são dinâmicos, flexíveis, autorreguladores e engajados no processo de geração de várias estruturas de decisão focadas na identificação e no processamento de mudanças em seus ambientes para depois se guiar por essas mudanças. As estruturas de decisão são organizadas com base no conhecimento sobre as pessoas e situações utilizadas para ajudar alguém a entender o que está acontecendo.[16] A adaptabilidade cognitiva se reflete na consciência metacognitiva de um empreendedor, isto é, na capacidade de refletir, entender e controlar o pensamento e a aprendizagem.[17] Em termos específicos, a metacognição descreve um processo cognitivo de nível mais elevado, que serve para organizar o que as pessoas sabem e reconhecem sobre si mesmas, sobre as atividades, situações e seus ambientes com vistas a promover o funcionamento cognitivo efetivo e *adaptável* em resposta aos estímulos de ambientes complexos e dinâmicos.[18]

Qual é o seu nível de adaptabilidade cognitiva? Faça o teste da Tabela 1.1 e se compare com os colegas. Uma pontuação mais alta indica que você tem mais consciência metacognitiva, o que, por sua vez, promove a adaptabilidade cognitiva. Independentemente de sua pontuação, a boa notícia é que você pode aprender a ser mais adaptável em termos cognitivos. Essa

TABELA 1.1 "Medida da Cognição Adaptável" de Mike Haynie

Até que ponto você é flexível em termos cognitivos? Em uma escala de 1 a 10, onde 1 é "Não muito a ver comigo" e 10 é "Muito a ver comigo", como você se classificaria nas seguintes afirmações?

Orientação por metas

Geralmente, defino as metas por mim mesmo.	Não muito a ver comigo	1 2 3 4 5 6 7 8 9 10	Muito a ver comigo
Percebo como a realização de uma tarefa se relaciona com minhas metas.	Não muito a ver comigo	1 2 3 4 5 6 7 8 9 10	Muito a ver comigo
Defino metas específicas antes de iniciar uma tarefa.	Não muito a ver comigo	1 2 3 4 5 6 7 8 9 10	Muito a ver comigo
Assim que concluo meus objetivos, questiono a minha eficiência.	Não muito a ver comigo	1 2 3 4 5 6 7 8 9 10	Muito a ver comigo
Sempre avalio meu progresso em relação aos meus objetivos enquanto executo uma tarefa.	Não muito a ver comigo	1 2 3 4 5 6 7 8 9 10	Muito a ver comigo

Conhecimento metacognitivo

Penso em várias maneiras de solucionar um problema e escolho a melhor.	Não muito a ver comigo	1 2 3 4 5 6 7 8 9 10	Muito a ver comigo
Questiono minhas próprias pressuposições sobre uma atividade antes de iniciá-la.	Não muito a ver comigo	1 2 3 4 5 6 7 8 9 10	Muito a ver comigo
Penso em como as pessoas vão reagir às minhas ações.	Não muito a ver comigo	1 2 3 4 5 6 7 8 9 10	Muito a ver comigo
Deparo-me empregando automaticamente estratégias que funcionaram no passado.	Não muito a ver comigo	1 2 3 4 5 6 7 8 9 10	Muito a ver comigo
Obtenho melhores resultados quando já conheço a atividade.	Não muito a ver comigo	1 2 3 4 5 6 7 8 9 10	Muito a ver comigo
Crio exemplos próprios para dar mais sentido às informações.	Não muito a ver comigo	1 2 3 4 5 6 7 8 9 10	Muito a ver comigo
Tento usar estratégias que funcionaram no passado.	Não muito a ver comigo	1 2 3 4 5 6 7 8 9 10	Muito a ver comigo
Reflito sobre as tarefas antes de iniciá-las.	Não muito a ver comigo	1 2 3 4 5 6 7 8 9 10	Muito a ver comigo
Tento traduzir as novas informações com minhas próprias palavras.	Não muito a ver comigo	1 2 3 4 5 6 7 8 9 10	Muito a ver comigo
Tento dividir os problemas em componentes menores.	Não muito a ver comigo	1 2 3 4 5 6 7 8 9 10	Muito a ver comigo
Concentro-me no significado e na relevância das novas informações.	Não muito a ver comigo	1 2 3 4 5 6 7 8 9 10	Muito a ver comigo

Experiência metacognitiva

Penso no que realmente preciso para concluir uma atividade antes de iniciá-la.	Não muito a ver comigo	1 2 3 4 5 6 7 8 9 10	Muito a ver comigo
Uso estratégias diferentes, de acordo com a situação.	Não muito a ver comigo	1 2 3 4 5 6 7 8 9 10	Muito a ver comigo
Organizo meu tempo para atingir meus objetivos da melhor maneira possível.	Não muito a ver comigo	1 2 3 4 5 6 7 8 9 10	Muito a ver comigo
Organizo informações muito bem.	Não muito a ver comigo	1 2 3 4 5 6 7 8 9 10	Muito a ver comigo
Quando enfrento um problema, consigo discernir as informações mais importantes a serem consideradas.	Não muito a ver comigo	1 2 3 4 5 6 7 8 9 10	Muito a ver comigo
Conscientemente concentro minha atenção nas informações importantes.	Não muito a ver comigo	1 2 3 4 5 6 7 8 9 10	Muito a ver comigo
Minha intuição me avisa quando determinada estratégia será a mais eficaz.	Não muito a ver comigo	1 2 3 4 5 6 7 8 9 10	Muito a ver comigo
Conto com minha intuição para me ajudar a formular estratégias.	Não muito a ver comigo	1 2 3 4 5 6 7 8 9 10	Muito a ver comigo

Opção metacognitiva			
Eu me pergunto se considerei todas as opções ao solucionar um problema.	Não muito a ver comigo	1 2 3 4 5 6 7 8 9 10	Muito a ver comigo
Eu me pergunto se existia um modo mais fácil de realizar uma atividade após concluí-la.	Não muito a ver comigo	1 2 3 4 5 6 7 8 9 10	Muito a ver comigo
Eu me pergunto se considerei todas as opções após solucionar um problema.	Não muito a ver comigo	1 2 3 4 5 6 7 8 9 10	Muito a ver comigo
Quando fico confuso, reavalio minhas premissas.	Não muito a ver comigo	1 2 3 4 5 6 7 8 9 10	Muito a ver comigo
Eu me pergunto se aprendi o máximo possível depois que termino uma atividade.	Não muito a ver comigo	1 2 3 4 5 6 7 8 9 10	Muito a ver comigo
Monitoramento			
Faço uma revisão periódica para me ajudar a entender os relacionamentos importantes.	Não muito a ver comigo	1 2 3 4 5 6 7 8 9 10	Muito a ver comigo
Paro e reconsidero as informações que não estão claras.	Não muito a ver comigo	1 2 3 4 5 6 7 8 9 10	Muito a ver comigo
Tenho consciência das estratégias que uso ao participar de uma atividade.	Não muito a ver comigo	1 2 3 4 5 6 7 8 9 10	Muito a ver comigo
Eu me deparo analisando a utilidade de uma dada estratégia quando participo de determinada tarefa.	Não muito a ver comigo	1 2 3 4 5 6 7 8 9 10	Muito a ver comigo
Eu me deparo fazendo uma pausa regular para verificar se estou entendendo o problema ou a situação em foco.	Não muito a ver comigo	1 2 3 4 5 6 7 8 9 10	Muito a ver comigo
Questiono a minha eficiência ao executar uma nova atividade. Quando fico confuso, paro e faço uma releitura.	Não muito a ver comigo	1 2 3 4 5 6 7 8 9 10	Muito a ver comigo

Resultado: Uma pontuação mais alta indica que você tem mais consciência de seu modo de pensar sobre como toma as decisões e, por conseguinte, é mais provável que seja flexível em termos cognitivos.
Fonte: Reimpresso com permissão de M. Haynie and D. Shepherd, "A Measure of Adaptive Cognition for Entrepreneurship Research," *Entrepreneurship, Theory and Practice* 33, no. 3 (2009), pp. 695–714.

capacidade ajudará bastante na maioria das novas atividades, mas particularmente ao criar um novo empreendimento e gerenciar uma empresa em um ambiente de incerteza. Trocando em miúdos, ela pede que "pensemos sobre o pensamento, o que exige e ajuda a propiciar conhecimento e controle sobre nossas atividades de pensar e aprender – precisamos ter autoconhecimento, pensar alto, refletir, ser estratégicos, planejar, ter um plano elaborado, saber o que conhecer, ter autocrítica".[19] Para alcançar tudo isso, podemos nos questionar sobre aspectos relacionados à (1) compreensão, (2) conexão, (3) estratégia e (4) reflexão.[20]

1. *Perguntas de conhecimento* são elaboradas para aumentar, nos empreendedores, o conhecimento da natureza do ambiente antes de começarem a lidar com um desafio empreendedor, seja uma mudança no ambiente, seja a avaliação de uma possível oportunidade. O entendimento surge a partir do reconhecimento da existência de um problema ou de uma oportunidade, da natureza dessa situação e de suas implicações. Em geral, as perguntas que estimulam as pessoas a pensar na compreensão são: do que se trata o problema? Qual é a dúvida? Quais são os significados dos principais conceitos? Especificamente para os empreendedores, muito provavelmente as perguntas devem incluir: do que trata esse mercado? Do que trata essa tecnologia? O que almejamos ao criar essa nova empresa? Quais são os principais elementos para buscar efetivamente essa oportunidade?

2. *Tarefas para conexão* são elaboradas para estimular os empreendedores a pensar na situação atual, em termos de semelhanças e diferenças, em relação às situações anteriormente enfrentadas e solucionadas. Em outras palavras, essas tarefas orientam o empreendedor a aproveitar seu conhecimento e sua experiência sem generalizações excessivas. Normalmente, as tarefas de conexão se concentram em perguntas como: quais são as semelhanças entre esse problema e os problemas que já solucionei? Por quê? Quais são as diferenças

perguntas de conhecimento
Perguntas elaboradas para aumentar, nos empreendedores, o conhecimento da natureza do ambiente

tarefas para conexão
Elaboradas para estimular os empreendedores a pensar na situação atual, em termos de semelhanças e diferenças em relação às situações anteriormente enfrentadas e solucionadas

tarefas estratégicas
Elaboradas para estimular os empreendedores a discernir quais estratégias são adequadas para solucionar o problema (e por que) ou para buscar a oportunidade (e como)

tarefas para reflexão
Elaboradas para estimular os empreendedores a refletir sobre seu entendimento e seus sentimentos ao avançar no processo empreendedor

entre esse problema e os que já solucionei? Por quê? Especificamente para os empreendedores, muito provavelmente as perguntas incluirão: quais são as semelhanças entre o novo ambiente e os outros nos quais já trabalhei? Quais são as diferenças? Quais são as semelhanças entre essa nova organização e as organizações estabelecidas que já administrei? Quais são as diferenças?

3. *Tarefas estratégicas* são elaboradas para estimular os empreendedores a discernir quais estratégias são adequadas para solucionar o problema (e por quê) ou para buscar a oportunidade (e como). Essas tarefas os orientam a raciocinar sobre o motivo e o modo de sua abordagem à situação. Geralmente, essas perguntas abrangem: que estratégia/tática/princípio posso aplicar para solucionar esse problema? Por que essa estratégia/tática/princípio é a(o) mais adequada(o)? De que modo é possível organizar as informações para solucionar o problema? Como posso implementar o plano? Especificamente para os empreendedores, é muito provável que as perguntas englobem: que mudanças na posição estratégica, estrutura organizacional e cultura ajudarão a gerenciar nossa novidade? Como viabilizar a implementação dessa estratégia?

4. *Tarefas para reflexão* são elaboradas para estimular os empreendedores a refletir sobre seu entendimento e seus sentimentos ao avançar no processo empreendedor. Essas tarefas orientam os empreendedores a gerar seu próprio *feedback* (a criar um ciclo de enlace de *feedback* nos respectivos processos de solução) para permitir a mudança. Geralmente, as perguntas para reflexão são: o que estou fazendo? Isso faz sentido? Que dificuldades estou enfrentando? Como me sinto? Como é possível verificar a solução? Posso aplicar outra abordagem para solucionar a tarefa? Especificamente, os empreendedores podem perguntar: que dificuldades teremos para convencer nossos *stakeholders*? Existe uma alternativa mais eficiente para implementar nossa estratégia? Como reconhecer o êxito?

Os empreendedores capazes de aumentar a adaptabilidade cognitiva têm mais possibilidade de (1) se adaptar a novas situações – ou seja, ela propicia uma base por meio da qual o conhecimento e a experiência anteriores de uma pessoa afetam a aprendizagem ou solução de um problema em uma nova situação; (2) serem criativos – ou seja, ela pode conduzir a ideias, soluções ou *insights* originais e adaptáveis; e (3) transmitir o raciocínio por trás de determinada resposta.[21] Esperamos que esta seção do livro tenha proporcionado não somente um conhecimento mais amplo do modo como os empreendedores pensam e agem com grande flexibilidade, como também uma conscientização sobre algumas técnicas para incorporar a adaptabilidade cognitiva em sua vida.

Discutimos como os empreendedores tomam decisões em ambientes incertos e como é possível desenvolver capacidade de ser mais flexível em termos cognitivos. É importante observar que os empreendedores, além de pensar, pretendem agir.

INTENÇÃO DE AGIR DE MODO EMPREENDEDOR

intenções empreendedoras
Fatores motivantes que influenciam as pessoas a buscar resultados empreendedores

autoeficácia empreendedora
Convicção de que é possível executar com êxito o processo empreendedor

Geralmente, a ação empreendedora é intencional. Os empreendedores tencionam buscar certas oportunidades, entrar em mercados novos e oferecer novos produtos – e raramente esse processo é de conduta não intencional. As intenções capturam os fatores motivantes que influenciam um comportamento; elas indicam a intensidade com que as pessoas desejam tentar, o quanto pretendem se esforçar para agir de uma determinada maneira. Em geral, quanto mais forte a intenção de se empenhar em um comportamento, tanto maior será a probabilidade de praticá-lo.[22] As pessoas têm intenções mais fortes de agir quando a ação é percebida como *viável* e *desejável*. As *intenções empreendedoras* podem ser explicadas da mesma maneira.

A percepção da viabilidade tem muito a ver com a autoeficácia de um empreendedor. A *autoeficácia empreendedora* está relacionada à convicção de que é possível pôr em prática, com êxito, o comportamento necessário; as pessoas que acreditarem que podem fazê-lo (autoeficácia alta) tenderão a se sair bem. Portanto, ela reflete a percepção de uma capacidade pessoal de realizar determinado trabalho ou conjunto de tarefas. A autoeficácia alta aumenta a iniciativa e a persistência, logo, melhora o desempenho; a baixa autoeficácia reduz o esforço e, por conseguinte, o desempenho. Na verdade, as pessoas com autoeficácia alta pensam e se comportam de modo diferente das pessoas que possuem baixa autoeficácia.[23] A autoeficácia afeta a escolha de ação da pessoa e a intensidade do esforço exercido. Os estudiosos do empreendedorismo descobriram que a autoeficácia está associada positivamente à criação de uma nova organização independente.[24]

Além de perceber a ação empreendedora como viável para que a intenção empreendedora seja alta, o indivíduo deve também acreditar que esse curso de ação é desejável. A *predisposição percebida* está relacionada à atitude de alguém no sentido de uma ação empreendedora, ou seja, até que ponto sua avaliação dos possíveis resultados empreendedores é favorável ou desfavorável.[25] Por exemplo, provavelmente não surgirão ações criativas, a menos que elas gerem recompensas pessoais percebidas como relativamente mais desejáveis do que os comportamentos mais habituais.[26]

predisposição percebida
Até que ponto uma pessoa tem uma avaliação favorável ou desfavorável dos possíveis resultados empreendedores

Portanto, quanto mais altas forem a predisposição percebida e a viabilidade, mais firme será a intenção de agir de modo empreendedor. Investigaremos a seguir características do histórico dos empreendedores para entender por que algumas pessoas são mais propensas a se envolver no empreendedorismo do que outras, ou seja, examinaremos de que modo características do histórico indicam se determinados indivíduos têm maior ou menor probabilidade de perceber a ação empreendedora como viável e/ou desejável e, por conseguinte, se há maior ou menor probabilidade de pretenderem ser empreendedores.

HISTÓRICO E CARACTERÍSTICAS DO EMPREENDEDOR

Educação

Embora algumas pessoas achem que os empreendedores têm menos educação formal do que a população em geral, as pesquisas indicam claramente que esse não é o caso. A educação é importante na criação do empreendedor. Sua importância se reflete não só no nível educacional obtido, mas também no fato de que continua a desempenhar um grande papel ao auxiliar os empreendedores a lidar com os problemas que enfrentam. Ainda que uma educação formal não seja necessária para iniciar um negócio, como se constata pelo sucesso de pessoas como Andrew Carnegie, William Durant, Henry Ford e William Lear, que não concluíram a escola secundária, ela realmente oferece uma boa experiência, em especial quando tem a ver com a área do empreendimento. Por exemplo, os empreendedores mencionam uma necessidade educacional nas áreas de finanças, planejamento estratégico, marketing (especialmente distribuição) e administração. A habilidade de se comunicar com clareza, oralmente e por escrito, também é importante em qualquer atividade empresarial.

Até a educação sem especialização é importante, pois facilita a integração e o acúmulo de novos conhecimentos, propiciando às pessoas um leque maior de oportunidades (por exemplo, uma base de conhecimento mais abrangente molda uma rede maior para a descoberta ou geração de possíveis oportunidades) e ajuda os empreendedores a se adaptarem a novas situações.[27] Em geral, o capital humano (e as experiências) de um empreendedor cria conhecimento, aptidões e habilidades para solucionar problemas, os quais são transferíveis para várias situações. Na realidade, descobriu-se que, embora a educação tenha uma influência positiva sobre a probabilidade de uma pessoa descobrir novas oportunidades, ela não determina necessariamente se essa pessoa criará um novo negócio para explorar a oportunidade descoberta.[28] Quanto mais os indivíduos acreditarem que sua educação torna a ação empreendedora mais viável, maior a chance de se tornarem empreendedores.

Idade

A relação da idade com o processo de carreira empreendedora também foi cuidadosamente pesquisada.[29] Ao avaliar esses resultados, é importante diferenciar idade empreendedora (a idade do empreendedor refletida na sua experiência) de idade cronológica (anos desde o nascimento). Como veremos na próxima seção, a experiência empreendedora é um dos melhores indicadores para prever o sucesso, especialmente quando o novo empreendimento se situa no mesmo campo da experiência prévia.

Em termos de idade cronológica, a maior parte dos empreendedores inicia sua carreira entre 22 e 45 anos. Embora uma carreira possa ser iniciada antes ou depois, isso não é tão provável, pois um empreendedor precisa de experiência, de apoio financeiro e de um alto nível de energia para lançar e administrar um novo empreendimento com sucesso. Além disso, existem idades marcantes a cada cinco anos (25, 30, 35, 40 e 45), quando um indivíduo se sente mais inclinado a iniciar uma carreira empresarial. É como declarou sucintamente um empreendedor: "Senti que era agora ou nunca o momento de começar um novo empreendimento quando me aproximei dos 30 anos". Geralmente, os homens empreendedores tendem a começar seu primeiro empreendimento importante no início dos 30 anos, enquanto as mulheres empreendedoras tendem a fazê-lo em meados dessa década da vida. Mas as carreiras empreendedoras também são bastante populares em fases posteriores, depois que os filhos saem de casa, as preocupações financeiras diminuem e os indivíduos começam a pensar sobre o que realmente gostariam de fazer com o resto de suas vidas.[30]

Histórico profissional

histórico profissional
A experiência profissional anterior de um indivíduo

O *histórico profissional* pode influenciar a decisão de lançar um novo empreendimento e também desempenhar um papel em seu crescimento e eventual sucesso. Embora a insatisfação com diversos aspectos de um emprego, como a falta de desafios ou oportunidades de promoção, além da frustração e do tédio, muitas vezes motive o início de um novo empreendimento, a experiência técnica e industrial anterior é importante, uma vez tomada a decisão de empreender. A experiência nas seguintes áreas é particularmente importante: finanças, desenvolvimento de produtos ou serviços, produção e desenvolvimento de canais de distribuição.

À medida que o empreendimento se estabelece e começa a crescer, a experiência e as habilidades administrativas se tornam mais importantes. Embora a maioria dos empreendimentos inicie com alguns funcionários (quando muito), quando o número de funcionários aumenta, as habilidades administrativas do empreendedor são cada vez mais exigidas. Além disso, as experiências empreendedoras, como iniciar uma empresa, tomar decisões em condições com alto nível de incerteza, construir uma cultura "do zero", levantar capital de risco e gerenciar altos índices de crescimento, também são importantes. A maioria dos empreendedores relata que seu empreendimento mais significativo não foi o primeiro. No decorrer de suas carreiras empresariais, eles são expostos a muitas oportunidades de empreendimentos novas e coletam ideias para outras tantas.

Finalmente, a experiência da iniciativa anterior pode proporcionar aos empreendedores o conhecimento na administração de uma empresa independente, assim como parâmetros de referência (*benchmarks*) para julgar a relevância das informações, o que leva a um conhecimento da "real" importância das novas oportunidades de entrada, agiliza o processo de criação do negócio e aumenta o desempenho.[31] A experiência da iniciativa anterior é um previsor relativamente bom para o início de empresas subsequentes.[32] Na medida em que a experiência oferece aos empreendedores uma segurança maior na sua possibilidade de alcançar resultados empreendedores, esse aumento da viabilidade percebida fortalece as intenções empreendedoras.

MODELOS DE CONDUTA E SISTEMAS DE APOIO

modelos de conduta
Indivíduos cujo exemplo o empreendedor pode almejar e copiar

Um dos principais fatores que influenciam os empreendedores em sua carreira é a escolha do *modelo de conduta*.[33] Os modelos de conduta podem ser pais, irmãos ou irmãs, outros parentes ou outros empreendedores. Os empreendedores bem-sucedidos costumam ser vistos como catalisadores pelos possíveis empreendedores. É como afirmou sucintamente um deles: "Depois de avaliar Ted e seu sucesso como empreendedor, vi que eu era muito mais esperto e poderia fazer um trabalho melhor. Então, comecei meu próprio negócio". Assim, os modelos de conduta podem fornecer sinais importantes de que o empreendedorismo é viável.

Os modelos de conduta também oferecem apoio, como mentores, durante e depois do lançamento de um novo empreendimento. O empreendedor necessita de um forte sistema de apoio e aconselhamento em todas as fases do novo empreendimento. Esse sistema é muito importante na fase inicial, pois provê informações, conselhos e orientação sobre vários assuntos, como estrutura organizacional, obtenção dos recursos financeiros necessários e marketing. Como o empreendedorismo é uma função social integrada a um contexto social, é importante que o empreendedor estabeleça conexões e, ocasionalmente, redes com esses recursos de apoio logo no início do processo de formação do novo empreendimento.

À medida que se expandem os contatos e as conexões iniciais, forma-se uma rede com propriedades semelhantes às que predominam em uma rede social: densidade (a extensão dos elos entre dois indivíduos) e centralidade (a distância total do empreendedor em relação a todos os outros indivíduos e ao número total de indivíduos na rede). A força dos laços entre o empreendedor e qualquer indivíduo na rede depende da frequência, do nível e da reciprocidade do relacionamento. Quanto mais frequente, profundo e mutuamente benéfico for um relacionamento, mais forte e mais durável será a rede entre o empreendedor e outros indivíduos.[34] Embora a maioria das redes não seja formalmente organizada, uma rede informal para apoio moral e profissional ainda beneficia muito o empreendedor.

Rede de apoio moral

É importante que cada empreendedor estabeleça uma *rede de apoio moral* de familiares e amigos, uma espécie de torcida organizada. Essa torcida tem um papel crucial durante os vários momentos difíceis e solitários que ocorrem ao longo do processo empreendedor. A maioria dos empreendedores indica que seus cônjuges são seus maiores defensores e lhes permitem dedicar a enorme quantidade de tempo necessária para o novo empreendimento.

Os amigos também desempenham um papel crucial na rede de apoio moral. Além de dar conselhos que muitas vezes são mais honestos do que os recebidos de outras fontes, eles oferecem estímulo, compreensão e até assistência. Os empreendedores podem conversar com os amigos, sem medo das críticas. Finalmente, os parentes (filhos, pais, avós, tias e tios) também podem ser fontes importantes de apoio moral, especialmente se forem colegas empreendedores. Como afirmou um empreendedor, "o apoio total que recebi da família foi o segredo do meu sucesso. Ter uma torcida organizada compreensiva me dando estímulo permitiu que eu continuasse, apesar das muitas dificuldades e problemas".

rede de apoio moral
Indivíduos que fornecem apoio psicológico a um empreendedor

Rede de apoio profissional

Além do incentivo moral, o empreendedor precisa de orientações no decorrer do estabelecimento do novo empreendimento. Esses conselhos podem ser obtidos de um mentor, de associados, de associações comerciais ou de filiações pessoais – todos eles membros de uma *rede de apoio profissional*.

Em geral, os empreendedores afirmam ter mentores. Como se encontra um mentor? Essa tarefa parece muito mais difícil do que realmente é. Como o mentor é um treinador, um termômetro e um defensor, em suma, alguém com quem o empreendedor pode compartilhar problemas e sucessos, o indivíduo escolhido precisa ser um especialista no ramo. O empreendedor pode iniciar o "processo de busca de um mentor" preparando uma lista de especialistas em diversos campos – como nas atividades básicas de finanças, marketing, contabilidade, direito ou administração – que estão devidamente capacitados para proporcionar o aconselhamento prático necessário. A partir dessa lista, é possível identificar e contatar o indivíduo que oferecer a maior assistência. Se o indivíduo selecionado estiver disposto a atuar como mentor, deverá ser periodicamente informado do andamento do negócio, de modo que um relacionamento se desenvolva aos poucos.

rede de apoio profissional
Indivíduos que ajudam o empreendedor nas atividades empresariais

Outra boa fonte de aconselhamento é cultivada ao estabelecer uma rede de associados ao negócio. Esse grupo pode ser composto de indivíduos autônomos que tenham a experiência de iniciar um negócio; clientes ou compradores do produto ou serviço do empreendimento; especialistas, como consultores, advogados ou contadores; e os fornecedores. Os clientes ou compradores são um grupo particularmente importante a ser cultivado, pois representam a fonte de ganhos do empreendimento e são os melhores provedores da propaganda boca a boca. Não há nada melhor do que a propaganda feita por clientes satisfeitos para ajudar a estabelecer a reputação de um negócio vitorioso e promover a boa vontade.

Os fornecedores são outro componente importante em uma rede de apoio profissional. Um novo empreendimento precisa delinear um histórico de confiança com os fornecedores para construir um bom relacionamento e garantir a disponibilidade adequada de material e outros suprimentos. Os fornecedores também podem oferecer boas informações sobre a natureza das tendências, bem como sobre a concorrência, no setor.

Além dos mentores e dos associados ao negócio, as associações comerciais oferecem uma excelente rede de apoio profissional. Os membros da associação comercial podem ajudar a manter a competitividade do novo empreendimento. As associações comerciais acompanham as últimas novidades e podem fornecer dados gerais sobre o setor.

Finalmente, as afiliações pessoais do empreendedor também podem ser uma parte valiosa de uma rede de apoio profissional. As afiliações desenvolvidas com indivíduos por meio de *hobbies* comuns, participação em eventos esportivos, clubes, ações cívicas e grupos de ex-colegas de escola são excelentes fontes de referências, conselhos e informações. Cada empreendedor precisa estabelecer uma rede de apoio moral e uma rede de apoio profissional. Esses contatos oferecem confiança, amparo, conselhos e informações. Como declarou um empreendedor, "em uma empresa própria, você está sozinho. É absolutamente necessário estabelecer grupos de apoio para compartilhar problemas e obter informações e apoio para o novo empreendimento".

Por conseguinte, é importante reconhecer que a atividade empreendedora está incorporada nas redes de relacionamento interpessoais. Essas redes são definidas por um grupo de atores (indivíduos e organizações) e por um conjunto de laços entre eles e oferecem às pessoas acesso a diversos recursos necessários a fim de obter resultados empreendedores.[35] Esses recursos podem auxiliar os esforços para descobrir e explorar oportunidades, assim como a criação de novas organizações independentes.[36] A confiança incorporada em algumas dessas redes concede aos possíveis empreendedores a oportunidade de acessar recursos extremamente valiosos. Por exemplo, as redes empresariais são formadas por empresas independentes, ligadas por interesses em comum, amizade, confiança e são particularmente importantes na facilitação da transferência de habilidades difíceis de codificar, as quais envolvem muito conhecimento e cuja obtenção de outra forma seria muito dispendiosa.[37] Essas redes também criam oportunidades para a troca de produtos e serviços que seriam difíceis de obter e garantir por arranjos contratuais, o que facilita a busca de oportunidades.[38] Na medida em que a rede oferece a um indivíduo mais certeza em sua possibilidade de acessar recursos críticos para alcançar com êxito os resultados empreendedores, esse aumento da viabilidade percebida fortalecerá as intenções empreendedoras. Isso pode incluir as intenções de empreendedorismo sustentável.

EMPREENDEDORISMO SUSTENTÁVEL

O desenvolvimento sustentável é uma das questões mais pertinentes da contemporaneidade, e o empreendedorismo pode ter um impacto positivo sobre o problema. Isso significa que as ações empreendedoras podem ao mesmo tempo sustentar e desenvolver. Mais especificamente, o *empreendedorismo sustentável* está focado em preservar a natureza, o suporte de vida e a comunidade (sustentabilidade) em busca de oportunidades percebidas de criar novos produtos, processos e serviços no futuro para gerar ganho (ação empreendedora), sendo ganho definido, em termos gerais, de modo a incluir benefícios econômicos e não econômicos a indivíduos, à economia e à sociedade (desenvolvimento).[39]

empreendedorismo sustentável
Empreendedorismo focado em preservar a natureza, o suporte de vida e a comunidade (sustentabilidade) em busca de oportunidades percebidas de criar novos produtos, processos e serviços no futuro para gerar ganho (ação empreendedora), sendo ganho definido, em termos gerais, de modo a incluir benefícios econômicos e não econômicos a indivíduos, à economia e à sociedade (desenvolvimento)

ÉTICA

O CÓDIGO DE ÉTICA DA EMPRESA

Os escândalos financeiros de 2002 [e 2008] resultaram em uma atitude mais forte por parte dos legisladores e das associações, e muitas empresas estão começando a desenvolver um código de ética para todos os funcionários.

Há muitas vantagens na implementação de um código de ética. Quanto mais seus funcionários se conscientizarem da própria conduta, maior será a probabilidade de fazerem a coisa certa. Eles entenderão melhor suas responsabilidades e expectativas e assumirão o nível adequado de responsabilidade ao identificar e gerenciar os riscos do negócio. Um código de ética é mais do que apenas um documento formal descrevendo as políticas correspondentes: ele versa sobre a integração dos valores positivos em toda a organização. Eis alguns dos principais componentes para um programa eficaz:

OS LÍDERES DÃO O EXEMPLO Geralmente, os funcionários modelam o próprio comportamento em função de executivos, gerentes e outros profissionais bem-sucedidos na empresa. Portanto, todos, em todos os níveis, devem seguir as diretrizes da empresa. O que parece uma atitude insignificante – discutir informações financeiras confidenciais com um colega, por exemplo – pode ter um efeito cascata por toda a equipe. Se os membros da diretoria superior não seguirem os mais altos padrões éticos o tempo todo, não deverão se surpreender quando seus subordinados também não o fizerem.

ÉTICA É UM VALOR FUNDAMENTAL As empresas conhecidas por suas práticas empresariais éticas tornam a ética um elemento fundamental de sua cultura corporativa. Conduzir-se de modo íntegro é tão importante quanto obter lucros. Os padrões éticos são aplicados sempre que uma decisão é tomada ou uma ação é executada, não somente durante as situações controversas. Uma pesquisa recente realizada por nossa empresa descobriu que mais organizações estão considerando a ética ao contratar funcionários. Dos executivos financeiros consultados, 5,8% disseram que, para eles, as qualidades mais importantes nos candidatos, além da competência e da predisposição para o cargo, são a honestidade e a integridade. Foi um aumento significativo em relação aos 32%, em 1997.

OS FUNCIONÁRIOS SENTEM CONFIANÇA AO CONTAR SEUS PROBLEMAS No ambiente profissional, as pessoas devem sentir que podem dar más notícias à gerência sem temer as repercussões. Em uma empresa orientada pela ética, os integrantes das equipes podem informar qualquer tipo de transgressão, quer seja uma informação falsa em um relatório de despesas ou uma grande fraude financeira, e ter certeza de que não sofrerão consequências profissionais negativas. Os supervisores precisam tomar uma atitude imediatamente quando ficam cientes de um possível problema. A inobservância no acompanhamento de problemas irrisórios pode comprometer o êxito de um programa de preceitos éticos.

Ter um código de ética em vigor não impedirá todas as crises, mas garantirá que os integrantes das equipes entendam as expectativas com clareza. Colabore com os funcionários na definição das regras e assegure-se de que todos têm conhecimento das exigências. Em seguida, tome as medidas para implantar os valores fundamentais na organização inteira. Com reforços periódicos, a ética orientará todas as decisões tomadas por sua equipe e se tornará um elemento central do modo como sua empresa trabalha.

Fonte: De Max Messmer, "Does Your Company Have a Code of Ethics?" *Strategic Finance*, April 2003. Excerpted with permission from Strategic Finance published by the Institute of Management Accountants, Montvale, NJ.

Com base no modelo McMullen-Shepherd, sabemos que os motores da ação empreendedora são o conhecimento e a motivação. Os indivíduos com maior conhecimento do meio ambiente (o mundo físico, incluindo a terra, a biodiversidade e os ecossistemas[40]) têm maior probabilidade de perceber mudanças no ambiente que formam crenças sobre oportunidades do que aqueles com menos conhecimento. Entretanto, não podemos subestimar a função do conhecimento empreendedor de mercados, tecnologias e/ou exploração de oportunidades; sem o conhecimento empreendedor, é improvável que as oportunidades de desenvolvimento sustentável se transformem em realidade.

Para que as ações empreendedoras que preservam a natureza sejam consideradas empreendedorismo sustentável, elas também precisam desenvolver ganhos para o empreendedor, terceiros e/ou a sociedade. A ideia tradicional é que os empreendedores geram ganhos econômicos para si, mas seu impacto sobre o desenvolvimento pode ser muito maior. Eles geram ganhos para terceiros de natureza econômica, ambiental e social, incluindo oportunidades de emprego, maior acesso a produtos valiosos e de alta qualidade e receitas para o(s) governo(s).

Com ganhos ambientais gerados para terceiros, teríamos a redução da poluição atmosférica, melhorias na qualidade do ar ou da água potável e outros aspectos da qualidade de vida. Os ganhos sociais incluiriam menores índices de mortalidade infantil, aumento da expectativa de vida, educação de qualidade, oportunidades igualitárias e assim por diante. Por exemplo, indivíduos que conhecem as práticas culinárias dos países em desenvolvimento reconheceram oportunidades para fogões híbridos que reduzem significativamente a emissão de material particulado dentro das residências, mas ainda são consistentes com as receitas tradicionais.[41] Mas não é apenas o meio ambiente que precisa de sustentação: as comunidades também devem ser preservadas. O conhecimento sobre as culturas de grupos indígenas leva à busca de oportunidades que ajudam a sustentar suas culturas.

É verdade que nossa explicação sobre o empreendedorismo sustentável parece extremamente idealista. Entretanto, ela é consistente com a ideia de que a ação empreendedora é uma ferramenta (p. ex.: um martelo) que pode ser utilizada para o bem (p. ex.: construir um centro comunitário) ou para o mal (p. ex.: como arma). Acreditamos que, no mundo de hoje, muitas pessoas estão motivadas a usar a ferramenta da ação empreendedora a fim de sustentar o meio ambiente e as comunidades e desenvolver ganhos para terceiros. Talvez você seja uma dessas pessoas.

◆ ◆ ◆

REVISÃO

RESUMO

O empreendedorismo envolve ação. Antes da ação, os indivíduos utilizam seu conhecimento e motivação para superar a ignorância e formar uma crença de que existe uma oportunidade para alguém. A seguir, eles precisam determinar se essa oportunidade para alguém em geral corresponde a seus conhecimentos e motivação, ou seja, se é uma oportunidade para eles especificamente. Os indivíduos que realizam tarefas empreendedoras pensam de forma diferente daqueles envolvidos com outras tarefas, como as administrativas. O processo exige que o indivíduo e a organização possuam uma mentalidade empreendedora. Começamos nossa discussão dessa mentalidade com os conceitos de pensamento estrutural e efetuação, que questionam as ideias tradicionais sobre o modo como os empreendedores pensam sobre suas tarefas.

Com o pensamento estrutural e a capacidade de não se deixar distrair por características superficiais, os empreendedores conseguem perceber conexões entre uma tecnologia e um mercado que podem não ser óbvias e, logo, identificar oportunidades. Além disso, embora os empreendedores reflitam sobre algumas tarefas de modo causal, provavelmente analisarão outras atividades de modo executivo (e alguns empreendedores mais acentuadamente do que outros). Em vez de iniciarem com o resultado almejado em mente e depois se concentrarem nos meios de alcançá-lo, às vezes os empreendedores abordam as tarefas por meio de uma avaliação do que elas têm (seus meios) e de uma seleção entre os possíveis resultados. Quem sabe dizer se é o "*chef* causal", que inicia com um cardápio, ou o "*chef* executivo", que inicia com o que já existe dentro do armário, que prepara a melhor refeição? Mas sabemos que os empreendedores especialistas pensam nas oportunidades ao estilo efetivo. Pensar de modo executivo ajuda os empreendedores a tomar decisões em ambientes incertos. Os empreendedores costumam estar situados em ambientes com escassez de recursos, mas conseguem se virar com (e recombinar) os recursos à disposição para criar oportunidades.

O ambiente externo também impacta o desempenho. Logo, o empreendedor precisa ser capaz de se adaptar a mudanças no ambiente. Neste capítulo, apresentamos o conceito de flexibilidade cognitiva e destacamos que é possível avaliá-la e assimilá-la. Fazendo perguntas relacionadas à compreensão, associação, estratégia e reflexão, os empreendedores conseguem manter uma consciência de seu processo mental e, com isso, desenvolvem uma adaptabilidade cognitiva mais expressiva.

As pessoas se tornam empreendedoras porque querem. Quanto mais forte a intenção de ser um empreendedor, maior será a probabilidade de que isso aconteça. As intenções se tornam mais fortes à medida que os indivíduos veem uma carreira empreendedora como viável e desejável. Essas percepções de viabilidade e predisposição são influenciadas pela experiência e pelas características de cada um, como educação, valores pessoais, idade e histórico profissional, modelos de conduta e sistemas de apoio e redes.

O resultado da ação empreendedora pode ser ganhos econômicos para o empreendedor e sua família, mas essa talvez não seja a única motivação para a intenção de se tornar empreendedor. Alguns indivíduos exploram oportunidades que sustentam (o meio ambiente e/ou comunidades) e geram ganhos para terceiros. A esse processo chamamos de empreendedorismo sustentável.

ATIVIDADES DE PESQUISA

1. Converse com pessoas de cinco países e pergunte o que o empreendedorismo significa para elas e como suas respectivas culturas ajudam e/ou criam obstáculos para o empreendedorismo.

2. Converse com um empreendedor sobre seu negócio atual e peça a ele que descreva as decisões e a sequência de eventos que levaram o negócio desde o início até sua forma atual. Você classificaria esse processo como causal, executivo ou ambos?

3. Peça a dois empreendedores e a cinco estudantes (não pertencentes a esta turma) para preencher o formulário de Haynie-Shepherd, "Medida da Cognição Adaptável" (consulte a Tabela 1.1). Qual seria a sua classificação em relação aos empreendedores? E em relação aos colegas?

4. Ao realizar um exercício de outra disciplina (principalmente uma análise de casos), faça a si mesmo perguntas sobre compreensão, associação, estratégia e reflexão. Qual foi o impacto disso no resultado da atividade?

5. Qual é o impacto do empreendedorismo sobre o meio ambiente de sua região? Qual é seu impacto sobre a sustentação das comunidades locais? Use dados para respaldar seus argumentos.

DISCUSSÃO EM AULA

1. Liste o conteúdo que, na sua opinião, é necessário para um curso sobre empreendedorismo. Esteja preparado para justificar sua resposta.

2. Você realmente acredita que os empreendedores pensam de modo executivo? E quanto a você, às vezes você também pensa assim? Até que ponto isso é bom? Mas então por que os professores de administração nos ensinam a pensar sempre de modo causal? Há problemas ou tarefas específicas para os quais o pensamento causal seja provavelmente superior à efetuação? Quando a efetuação pode ser superior ao pensamento causal?

3. Parece que, para ser flexível em termos cognitivos, o empreendedor deve estar sempre se questionando. Isso não gera dúvidas, que podem ser percebidas pelos funcionários e financistas, de modo que o sucesso se torna realmente mais difícil de alcançar? Além disso, embora a flexibilidade seja um aspecto positivo, se a empresa sofre alterações contínuas com base em mudanças inexpressivas ocorridas no ambiente, os compradores ficarão confusos em relação à natureza da empresa. A adaptação é sempre boa?

4. Você acredita que o desenvolvimento sustentável deve fazer parte de um curso sobre empreendedorismo ou os autores de livros-texto incluíram uma seção sobre o assunto apenas com o intuito de serem "politicamente corretos"?

5. Ofereça alguns exemplos de saltos mentais realizados por empreendedores.

6. O que o estimula a ser um empreendedor? Quais são suas principais preocupações?

NOTAS

1. S. Venkataraman, "The Distinctive Domain of Entrepreneurship Research: An Editor's Perspective," in J. Katz and R. Brockhaus (eds.), *Advances in Entrepreneurship, Firm Emergence, and Growth* 3 (1997), pp. 119–38 (Greenwich, CT: JAI Press).

2. Scott Shane and S. Venkataraman, "The Promise of Entrepreneurship as a Field of Research," *The Academy of Management Review* 25, no. 1 (January 2000), pp. 217–26.

3. J. S. McMullen and D. A. Shepherd, "Entrepreneurial Action and the Role of Uncertainty in the Theory of the Entrepreneur," *The Academy of Management Review* 31, no. 1 (2006), pp. 132–52.

4. Denis Grégoire and Dean A. Shepherd, "Technology Market Combinations and the Identification of Entrepreneurial Opportunities," *Academy of Management Journal* (no prelo), http://www.aom.pace.edu/amj/inpress.

5. D. A. Grégoire, P. S. Barr, and D. A. Shepherd, "Cognitive Processes of Opportunity Recognition: The Role of Structural Alignment," *Organization Science* 21, no. 2 (2010), pp. 413–31.
6. T. Baker and R. E. Nelson, "Creating Something from Nothing: Resource Construction through Entrepreneurial Bricolage," *Administrative Science Quarterly* 50, no. 3 (2005), p. 329.
7. J. M. Senyard, T. Baker, and P. R. Steffens, "Entrepreneurial Bricolage and Firm Performance: Moderating Effects of Firm Change and Innovativeness," Presentation at 2010 Annual Meeting of the Academy of Management, Montreal, Canada. (2010).
8. S. Sarasvathy, "Causation and Effectuation: Toward a Theoretical Shift from Economic Inevitability to Entrepreneurial Contingency," *Academy of Management Review* 26 (2001), p. 245.
9. H. A. Simon, "Theories of Decision Making in Economics and Behavioral Science," *American Economic Review* 49 (1959), pp. 253–83.
10. Sarasvathy, "Causation and Effectuation," pp. 245–47.
11. M. A. Hitt, "The New Frontier: Transformation of Management for the New Millennium," *Organizational Dynamics* 28, no. 3 (2000), pp. 7–17.
12. R. D. Ireland, M. A. Hitt, and D. G. Sirmon, "A Model of Strategic Entrepreneurship: The Construct and Its Dimensions," *Journal of Management* 29 (2003), pp. 963–90; e Rita McGrath and Ian MacMillan, *The Entrepreneurial Mindset: Strategies for Continuously Creating Opportunity in an Age of Uncertainty* (Cambridge, MA: Harvard Business School Press, 2000).
13. Ireland, Hitt, and Sirmon, "A Model of Strategic Entrepreneurship."
14. M. A. Hitt, B. W. Keats, and S. M. DeMarie, "Navigating in the New Competitive Landscape: Building Strategic Flexibility and Competitive Advantage in the 21st Century," *Academy of Management Executive* 12 (1998), pp. 22–43 (from page 26).
15. M. Haynie, D. A. Shepherd, E. Mosakowski, and C. Earley, "A Situated Metacognitive Model of the Entrepreneurial Mindset," *Journal of Business Venturing* (2009); e M. Haynie and D. A. Shepherd, "A Measure of Adaptive Cognition for Entrepreneurship Research," *Entrepreneurship: Theory and Practice* (2009).
16. Haynie and Shepherd, "A Measure of Adaptive Cognition for Entrepreneurship Research."
17. G. Schraw and R. Dennison, "Assessing Metacognitive Awareness," *Contemporary Educational Psychology* 19 (1994), pp. 460–75.
18. A. Brown, "Metacognition and Other Mechanisms," in F. E. Weinert and R. H. Kluwe (eds.), *Metacognition, Motivation, and Understanding* (Hillsdale, NJ: Lawrence Erlbaum Associates, 1987).
19. E. Guterman, "Toward a Dynamic Assessment of Reading: Applying Metacognitive Awareness Guiding to Reading Assessment Tasks," *Journal of Research in Reading* 25, no. 3 (2002), pp. 283–98.
20. Z. R. Mevarech and B. Kramarski, "The Effects of Metacognitive Training versus Worked-out Examples on Students' Mathematical Reasoning," *British Journal of Educational Psychology* 73, no. 4 (2003), pp. 449–71; e D. Shepherd, M. Haynie, and J. McMullen (working paper), "Teaching Management Students Metacognitive Awareness: Enhancing Inductive Teaching Methods and Developing Cognitive Adaptability."
21. Mevarech and Kramarski, "The Effects of Metacognitive Training."
22. J. Ajzen, "The Theory of Planned Behavior," *Organizational Behavior and Human Decision Processes* 50 (1991), pp. 179–211.
23. A. Bandura, *Self-Efficacy: The Exercise of Control* (New York: W. H. Freeman, 1997); e D. A. Shepherd and N. Krueger, "An Intentions-Based Model of Entrepreneurial Teams' Social Cognition," Special Issue on Cognition and Information Processing, *Entrepreneurship: Theory and Practice* 27 (2002), pp. 167–85.
24. N. F. J. Krueger and D. V. Brazael, "Entrepreneurial Potential and Potential Entrepreneurs," *Entrepreneurship: Theory and Practice* 18 (1994), pp. 91–104.
25. Shepherd and Krueger, "An Intentions-Based Model."
26. C. M. Ford and D. A. Gioia, *Creativity in Organizations: Ivory Tower Visions and Real World Voices* (Newbury Park, CA: Sage, 1995).
27. Ver J. Gimeno, T. Folta, A. Cooper, and C. Woo, "Survival of the Fittest? Entrepreneurial Human Capital and the Persistence of Underperforming Firms," *Administrative Science Quarterly* 42 (1997), pp. 750–83.
28. P. Davidsson and B. Honig, "The Role of Social and Human Capital among Nascent Entrepreneurs," *Journal of Business Venturing* 18 (2003), pp. 301–31. D. R. DeTienne, D. A. Shepherd, and J. O. De Castro, "The Fallacy of 'Only the Strong Survive': The Effects of Extrinsic Motivation on the Persistence Decisions for Under-Performing Firms," *Journal of Business Venturing* 23 (2008), pp. 528–46.
29. Grande parte das informações se baseia em constatações de pesquisas em Robert C. Ronstadt, "Initial Venture Goals, Age, and the Decision to Start an Entrepreneurial Career," *Proceedings of the 43rd Annual Meeting of the Academy of Management*, August 1983, p. 472; e Robert C. Ronstadt, "The Decision Not to Become an Entrepreneur," *Proceedings, 1983 Conference on Entrepreneurship*, April 1983, pp. 192–212. Ver também M. Lévesque, D. A. Shepherd, and E. J. Douglas, "Employment or Self-Employment: A Dynamic Utility-Maximizing Model," *Journal of Business Venturing* 17 (2002), pp. 189–210.
30. Ver também Lévesque, Shepherd, and Douglas, "Employment or Self-Employment."
31. A. C. Cooper, T. B. Folta, and C. Woo, "Entrepreneurial Information Search," *Journal of Business Venturing* 10 (1995), pp. 107–20; e M. Wright, K. Robbie, and C. Ennew,

"Venture Capitalists and Serial Entrepreneurs," *Journal of Business Venturing* 12, no. 3 (1997), pp. 227–49.

32. Davidsson and Honig, "The Role of Social and Human Capital."

33. A influência dos modelos de conduta sobre a escolha da carreira é discutida em E. Almquist and S. Angrist, "Role Model Influences on College Women's Career Aspirations," *Merrill-Palmer Quarterly* 17 (July 1971), pp. 263–97; J. Strake and C. Granger, "Same-Sex and Opposite-Sex Teacher Model Influences on Science Career Commitment among High School Students," *Journal of Educational Psychology* 70 (April 1978), pp. 180–86; Alan L. Carsrud, Connie Marie Gaglio, and Kenneth W. Olm, "Entrepreneurs-Mentors, Networks, and Successful New Venture Development: An Exploratory Study," *Proceedings, 1986 Conference on Entrepreneurship*, April 1986, pp. 29–35; e Howard Aldrich, Ben Rosen, and William Woodward, "The Impact of Social Networks on Business Foundings and Profit: A Longitudinal Study," *Proceedings, 1987 Conference on Entrepreneurship*, April 1987, pp. 154–68.

34. É possível encontrar um desenvolvimento elaborado do conceito de rede em Howard Aldrich and Catherine Zimmer, "Entrepreneurship through Social Networks," in *The Art and Science of Entrepreneurship* (Cambridge, MA: Ballinger, 1986), pp. 3–24.

35. H. Hoang and B. Antoncic, "Network-Based Research in Entrepreneurship: A Critical Review," *Journal of Business Venturing* 18 (2003), pp. 165–88.

36. S. Birley, "The Role of Networks in the Entrepreneurial Process," *Journal of Business Venturing* 1 (1985), pp. 107–17; A. Cooper and W. Dunkelberg, "Entrepreneurship and Paths to Business Ownership," *Strategic Management Journal* 7 (1986), pp. 53–68; e B. Johannisson, "Networking and Entrepreneurial Growth," in D. Sexton and H. Landström (eds.), *The Blackwell Handbook of Entrepreneurship* (Oxford, MA: Blackwell, 2000), pp. 26–44.

37. A. Larson, "Network Dyads in Entrepreneurial Settings: A Study of the Governance of Exchange Relationships," *Administrative Science Quarterly* 37 (1992), pp. 76–104; W. Powell, "Neither Market nor Hierarchy: Network Forms of Organization," in B. Staw and L. Cummings (eds.), *Research in Organizational Behavior* (Greenwich, CT: JAI Press, 1990); e B. Uzzi, "The Sources and Consequences of Embeddedness for the Economic Performance of Organizations: The Network Effect," *American Sociological Review* 61 (1996), pp. 674–98.

38. Uzzi, "The Sources and Consequences of Embeddedness."

39. Dean A. Shepherd and Holger Patzelt, "Sustainable Entrepreneurship: Entrepreneurial Action Linking 'What is to be Sustained' with 'What is to be Developed,'" *Entrepreneurship: Theory and Practice* 1 (2011), pp. 137–63.

40. T. M. Parris and R. W. Kates, "Characterizing and Measuring Sustainable Development," *Annual Review of Environment and Resources* 28, no. 1 (2003), pp. 559–86.

41. C. K. Prahalad, *The Fortune at the Bottom of the Pyramid: Eradicating Poverty through Profits* (Wharton: 2010).

2
INTRAEMPREENDEDORISMO OU EMPREENDEDORISMO CORPORATIVO

OBJETIVOS DE APRENDIZAGEM

▶ Entender as causas para o interesse no empreendedorismo corporativo.

▶ Introduzir o modo "empreendedor" de administrar empresas e diferenciá-lo do modo tradicional.

▶ Apresentar uma medida para avaliar até onde a gerência adota comportamentos empreendedores ou tradicionais.

▶ Discutir como as empresas estabelecidas podem desenvolver uma cultura empreendedora e os desafios envolvidos.

▶ Reconhecer que alguns projetos dão errado e os participantes não gostam disso e introduzir o processo duplo para maximizar a aprendizagem com as experiências de fracasso.

PERFIL DE ABERTURA

Robert Mondavi – www.mondavi.com

Robert G. Mondavi, filho de imigrantes italianos pobres, começou a fabricar vinho na Califórnia em 1943, quando sua família comprou a Charles Krug Winery em Napa Valley, onde trabalhava como gerente geral. Em 1966, com 54 anos, após uma briga pelo controle do lagar* de propriedade da família, Robert Mondavi usou sua poupança pessoal e empréstimos feitos junto a seus amigos para iniciar a matriz da marca Robert Mondavi Winery em Napa Valley, ao lado de seu primogênito, Michael Mondavi. O objetivo de Robert era fabricar vinhos, na Califórnia, que pudessem competir com os melhores vinhos do mundo. Como resultado, a Robert Mondavi Winery se tornou a primeira na Califórnia a produzir e comercializar vinhos *premium* (da mais alta qualidade), que possivelmente concorreriam com os vinhos *premium* da França, Espanha, Itália e Alemanha.

Para alcançar esse objetivo, Robert acreditava que precisaria criar uma marca Robert Mondavi no segmento de mercado de vinhos *premium*. O resultado foi a produção inicial de

---

* N. de R.T.: Lagar: oficina com os aparelhos adequados para espremer certos frutos (uva, azeitona), reduzindo-os a líquido (Dicionário Houaiss).

uma quantidade limitada de vinhos *premium* usando as melhores uvas, o que gerou os mais altos preços no mercado e proporcionou as mais altas margens de lucro por garrafa. Contudo, ele logo percebeu que essa estratégia, apesar de fixar a marca, não permitia que a empresa gerasse um fluxo de caixa suficiente para expandir o negócio. Para solucionar esse problema, Robert decidiu produzir vinhos menos caros, que ele pudesse vender em volumes mais altos. Ele dedicou tempo e esforço para encontrar os melhores vinhedos em Napa Valley para a produção de uvas da empresa. Além disso, ele assinou contratos de longo prazo com cultivadores em Napa Valley e se uniu a cada um deles, em um trabalho para melhorar a qualidade da uva.

Robert Mondavi construiu um lagar de última geração, que se tornou uma instalação de produção de vinhos da mais alta qualidade, além de transmitir uma ideia única dos vinhos Mondavi para os visitantes. Logo, o novo lagar se tornou um local onde eram desenvolvidas práticas consagradas na produção de vinhos premium e que acabaram definindo o padrão no setor de vinhos. Robert Mondavi foi o primeiro produtor de vinhos a reunir especialistas com vários históricos profissionais nos campos da viticultura e produção de vinhos para dar consultoria sobre os novos vinhos. Ele também desenvolveu uma nova tecnologia que permitia o manuseio especial das uvas e a fermentação a frio dos vinhos brancos. Além disso, a empresa de Mondavi criou inovações de processos, como tanques de fermentação de aço, arrolhamento de garrafas a vácuo e envelhecimento dos vinhos em novos barris de carvalho franceses. Dedicado ao cultivo natural dos vinhos, Robert Mondavi lançou um programa agrícola e de conservação natural que permitia melhorar a qualidade da uva, a proteção ao meio ambiente e a saúde do trabalhador. Além disso, a empresa promoveu desde o início a apresentação do vinho como parte de um modo sociável de viver o dia a dia. A Robert Mondavi Winery foi um dos primeiros lagares a apresentar concertos, exposições de arte e programas de culinária.

Em seu livro, Robert Mondavi descreve sua busca por inovação:

> Desde o início, eu queria que meu lagar buscasse inspiração e se espelhasse nos métodos dos tradicionais castelos do Velho Mundo, da França e da Itália, mas também desejava que se tornasse um modelo da tecnologia de ponta, pioneiro em pesquisa, e um local para reunir as melhores mentes de nosso setor. Queria que nosso lagar fosse um refúgio para a criatividade, a inovação, o entusiasmo e aquela energia incrível encontrada em um empreendimento recém-estabelecido, quando todos têm o coração e a alma comprometidos com uma causa e com uma conquista em comum.

Em 1972, o trabalho árduo e a dedicação de Mondavi a seu empreendimento foram oficialmente reconhecidos quando o Evento de Degustação de Negociantes de Vinhos do Los Angeles Times escolheu o Cabernet Sauvignon de 1969 da Robert Mondavi Winery como o vinho de mais alta qualidade produzido na Califórnia.

Apesar dos esforços incessantes de Robert Mondavi, nem sempre as coisas transcorreram conforme o esperado. Uma melhoria perceptível na qualidade e na reputação dos vinhos Robert Mondavi nos anos 1970 não despertou o interesse dos restaurantes cinco estrelas respeitados e das principais lojas de vinho do país. Assim, por mais de uma década, Mondavi viajou pelo país e ao exterior promovendo os vinhos de Napa Valley e o nome da marca Robert Mondavi. Frequentemente, ao jantar sozinho em viagens de negócio, Mondavi oferecia aos empregados dos restaurantes a oportunidade de degustar seu vinho. Aos poucos, Mondavi conseguiu incluir seus vinhos nas cartas de vinhos dos restaurantes cinco estrelas mais importantes dos Estados Unidos. No final da década de 1970, donos de restaurantes, famosos conhecedores de vinhos e críticos do setor estavam ansiosos para conhecer os produtos Robert Mondavi. Mondavi reconheceu o aumento da popularidade de seus vinhos e foi elevando lentamente os preços dos vinhos até o nível cobrado pelos vinhos franceses comparáveis. Em seguida, a empresa expandiu sua capacidade de produção para 500.000 caixas anuais de vinhos *premium*.

Na época, Robert Mondavi começou a formar um portfólio de marcas de vinho *premium* para atender às necessidades dos consumidores nos diversos segmentos de preço e qualidade do mercado doméstico de vinho. Consequentemente, a partir do final dos anos 1970 até a década de 1980, Robert Mondavi diversificou seu portfólio com a aquisição e posterior expansão das marcas Woodbridge, Byron e Coastal de vinho da Califórnia. A maioria dessas aquisições foi financiada com dívidas de longo prazo.

No início dos anos 1990, Robert Mondavi enfrentou dificuldades financeiras decorrentes da rápida expansão, do aumento da concorrência e de uma infestação com filoxera em vários vinhedos da empresa, que precisaram ser replantados. Após refletir sobre a questão por vários anos, Robert Mondavi decidiu levantar capital suficiente para continuar a expansão de sua empresa, mas mantendo o controle familiar. Em 10 de junho de 1993, Robert Mondavi emitiu 3,7 milhões de ações de capital, a 13,50 dólares por ação, e começou a negociar na NASDAQ como MOND. A oferta pública inicial (IPO – *initial public offering*) arrecadou cerca de 49,95 milhões de dólares, levando a capitalização de mercado da empresa a 213,3 milhões de dólares.

A IPO foi estruturada com duas classes de ações: ordinárias da Classe A, emitidas para a família Mondavi, e ordinárias da Classe B, oferecidas ao público. As ações da Classe A conferiam 10 votos por ação, e as da Classe B davam direito a um voto por ação. Essa estrutura permitiu que a família Mondavi detivesse 90% da titularidade da empresa e, assim, mantivesse o controle sobre o destino da empresa. As ações da Robert Mondavi foram negociadas a 8 dólares por ação alguns dias depois da oferta inicial, e a 6,50 dólares por ação seis meses depois, reduzindo à metade o valor da empresa e a fortuna da família Mondavi.

Um fator que afetou a queda no preço das ações foi a dificuldade enfrentada pela comunidade e por analistas de investimento para avaliar a Robert Mondavi devido à falta de informações sobre o setor de vinhos. Apenas duas outras empresas de vinhos tinham ações negociadas publicamente, ambas classificadas nas categorias de vinhos mais baratos. Para ajudar a solucionar esse problema, Robert Mondavi começou a treinar os investidores, na tentativa de convencê-los de que era possível construir uma empresa forte e globalmente reconhecida que vendesse vinhos *premium*. Como parte de sua campanha de formação de conhecimento e conscientização, Robert enviou equipes para Nova York, Boston e Chicago que levaram apresentações de vinhos, recepções e degustações para os investidores. Segundo Robert Mondavi, "tivemos que montar uma verdadeira campanha e levá-la até eles, e não apenas explicar nossa proposta, mas colocar nossos vinhos diretamente nas mãos deles! Deixei que sentissem nas próprias bocas nosso conhecimento e comprometimento com a excelência".

Simultaneamente, a empresa dava continuidade a seus esforços inovadores, criando em 1994 um revolucionário *design* de garrafa sem cápsula e com topo rebordado, amplamente aceito no setor.

Em meados da década de 1990, a empresa começou a fazer algumas parcerias multinacionais com 50% de participação: sua parceria com a Baron Philippe de Rothschild, do Chateau Mouton Rothschild, em Bordeaux, França, resultou na criação do vinho *Opus One*, em 1979; com a família Frescobaldi da Toscana, Itália, a Mondavi lançou os vinhos *Luce, Lucente e Danzante*, em 1995; com a família Eduardo Chadwick, do Chile, foram lançados os vinhos *Caliterra*, em 1996; e com o maior produtor *premium* da Austrália, a Southcorp, a Mondavi começou a produzir e a comercializar novos vinhos da Austrália e da Califórnia, em 2001.

Atualmente, a empresa continua buscando seus objetivos ao redor do mundo, com seu espírito cultural e inovador exclusivo e sua estratégia consistente de crescimento, atingindo receitas de mais de 441 milhões de dólares em 2002. A empresa produz 20 rótulos exclusivos e distintos que representam mais de 80 vinhos individuais da Califórnia, da Itália, do Chile e da França, e vende seus vinhos em mais de 80 países. Alguns dos rótulos mais conhecidos de vinhos finos Robert Mondavi, como Robert Mondavi Winery, Robert Mondavi Coastal Private Selection e Woodbridge Winery, ganharam popularidade entre os amantes de vinhos nos Estados Unidos e no restante do mundo. A empresa continua sendo um negócio familiar fechado.

Reconhecido como representante global de vinhos da Califórnia, Robert Mondavi tem sido de grande expressão ao conduzir o setor de vinhos dos Estados Unidos para a era moderna e tem dedicado sua vida à criação de uma cultura de vinhos finos na América. Com o trabalho árduo e a busca constante por excelência, ele alcançou seu objetivo de posicionar os vinhos da Califórnia entre os melhores do mundo.

CAUSAS PARA O INTERESSE NO EMPREENDEDORISMO CORPORATIVO

O interesse demonstrado por organizações existentes pelo empreendedorismo tem se intensificado devido a uma série de eventos nos níveis social, cultural e empresarial. No nível social, há um crescente interesse em "seguir o próprio caminho" e segui-lo nos seus próprios termos. Os indivíduos que acreditam fortemente em seus próprios talentos com frequência desejam criar algo seu: querem assumir responsabilidades e têm uma grande necessidade de expressão individual e de mais liberdade em seu ambiente de trabalho. Quando essa liberdade não é acessível, a frustração pode tornar o indivíduo menos produtivo ou mesmo fazê-lo deixar a organização para buscar autorrealização em outro lugar. Essa nova busca de significado e a impaciência relacionada vêm causando um descontentamento sem precedentes nas organizações estruturadas. Quando o significado não é encontrado dentro da organização, os indivíduos procuram uma instituição que o ofereça.

O empreendedorismo corporativo é um meio de estimular e, posteriormente, de aproveitar os indivíduos em uma organização que acham que algo pode ser feito de um modo diferente e melhor. A maioria das pessoas pensa na Xerox como uma grande empresa burocrática da lista da Fortune 100*. Embora, em parte, isso seja uma verdade sobre a gigante de 23 bilhões de dólares, a Xerox fez algo único ao tentar garantir que seus funcionários criativos não a abandonassem, como fez Steve Jobs para formar a Apple Computer, Inc. Em 1989, a Xerox criou a Xerox Technology Ventures (XTV), com o propósito de gerar lucros investindo nas tecnologias promissoras da empresa, muitas das quais poderiam ter sido ignoradas.[1] A Xerox espera evitar os erros do passado por meio de "um sistema que impede que a tecnologia vaze da empresa", de acordo com Robert V. Adams, presidente da XTV.

O fundo tem respaldado diversas iniciativas, semelhantes ao Quad Mark, fruto da imaginação de Dennis Stemmle, funcionário da Xerox por 25 anos. A ideia de Stemmle era fazer uma copiadora simples movida a bateria que coubesse em uma maleta junto com um laptop. Por 10 anos, a ideia não foi aprovada pelo comitê de operações da Xerox, mas acabou sendo financiada pela XTV e pela Advanced Scientific Corporation, de Taiwan. Como todas as empresas financiadas pela XTV, 20% de cada empresa são de propriedade do fundador e dos principais funcionários. Isso oferece um incentivo para que funcionários como Dennis Stemmle assumam o risco, saiam da Xerox e formem um empreendimento de base tecnológica.

A XTV oferece benefícios financeiros e não financeiros à sua matriz, a Xerox. As empresas financiadas devolvem os lucros à matriz, bem como aos fundadores e funcionários. Agora os administradores da Xerox prestam mais atenção às ideias dos funcionários e às tecnologias internas. A XTV é um sucesso? Aparentemente sim, se a cópia for alguma indicação. O conceito da XTV contém um elemento de risco devido ao fato de os funcionários da Xerox que formam novos empreendimentos não terem a garantia de obter um cargo administrativo caso o empreendimento fracasse. Isso torna a XTV diferente da maioria dos empreendimentos internos nas empresas. Esse aspecto de risco e a falta de garantia de emprego é a base da AT&T Ventures, um fundo moldado nos padrões da XTV.

O que a Xerox reconheceu é o que centenas de executivos também estão se dando conta em suas organizações: é importante manter ou instigar o espírito empreendedor em uma organização, a fim de inovar e crescer. Essa percepção promete revolucionar o pensamento administrativo. Em uma grande organização, com frequência ocorrem problemas que inibem a criatividade e a inovação, especialmente em atividades sem relação direta com a missão principal. O crescimento e a diversificação que podem resultar da flexibilidade e da criatividade são particularmente importantes, já que as grandes corporações integradas verticalmente e diversificadas são quase sempre mais eficientes em um mercado competitivo do que as empresas menores.

---

* N. de T.: Lista das 100 maiores empresas norte-americanas de acordo com a revista Fortune.

intraempreendedorismo ou empreendedorismo corporativo
Ação empreendedora dentro de uma organização estabelecida

A resistência à flexibilidade, ao crescimento e à diversificação pode, em parte, ser superada ao desenvolver um espírito de empreendedorismo na organização existente, chamado de *empreendedorismo corporativo* (ou *intraempreendedorismo*). O aumento do empreendedorismo corporativo é causado pelo aumento das pressões sociais, culturais e empresariais. A hipercompetição força as empresas a se interessar mais por áreas como desenvolvimento de novos produtos, diversificação, aumento de produtividade e redução de custos, por meio de métodos como a redução do quadro de lotação.

O empreendedorismo corporativo se reflete mais intensamente nas atividades empreendedoras, bem como nas orientações da alta administração nas organizações. Esse empenho empreendedor consiste nos quatro elementos-chave a seguir: novo empreendimento, espírito de inovação, autorrenovação e "proatividade".[2]

O novo empreendimento (às vezes chamado de empreendimento de corporação) refere-se à criação de um novo negócio dentro de uma organização já existente. Essas atividades empreendedoras consistem na criação de algo novo de valor por meio da redefinição dos atuais produtos ou serviços da empresa, do desenvolvimento de novos mercados ou da geração de unidades/empresas mais formalmente autônomas ou semiautônomas. As formações de novos empreendimentos de corporação são as manifestações mais destacadas do empreendedorismo corporativo. O espírito organizacional de inovação se refere à inovação de produtos ou de serviços com ênfase no desenvolvimento e na inovação tecnológica, o que abrange o desenvolvimento de novos produtos, o aperfeiçoamento de produtos e os novos métodos e procedimentos de produção.

A autorrenovação reflete a transformação de uma organização por meio da renovação das principais ideias sobre as quais ela foi construída. Tem conotações de mudança estratégica e organizacional e inclui uma redefinição do conceito da empresa, a reorganização e a introdução de mudanças por todo o sistema para aumentar a inovação. A "proatividade" inclui iniciativa e aceitação de riscos, bem como agressividade e ousadia competitivas que se expressam especialmente nas orientações e atividades da alta administração. Uma organização proativa tende a assumir riscos na condução de experimentos, além de tomar a iniciativa e ser arrojada e agressiva na busca de oportunidades. As organizações com um espírito proativo tentam liderar, e não seguir, os concorrentes nas principais áreas do negócio, como o lançamento de novos produtos ou serviços, tecnologias operacionais e técnicas administrativas.

No capítulo anterior, mostramos que o ato empreendedor é algo que as pessoas optam por fazer com base nas percepções da predisposição e viabilidade de criar um novo empreendimento para realizar uma oportunidade. As empresas já existentes também podem buscar oportunidades, mas isso exige que a administração dessas organizações crie um ambiente que encoraje os funcionários a perceber que o comportamento empreendedor dentro delas é pessoalmente desejável e viável. Isso gera uma forte intenção empreendedora e, como vimos no capítulo anterior, a regra é que quanto mais forte for a intenção de fazer parte de um ato empreendedor, muito maior será a probabilidade de ele acontecer. Criar uma cultura como essa exige uma orientação diferente em relação à administração da empresa, que é o próximo assunto deste capítulo.

TOMADA DE DECISÃO ADMINISTRATIVA *VERSUS* EMPREENDEDORA

Howard Stevenson, professor na Universidade de Harvard, acredita que o empreendedorismo representa um modo de gerenciar uma empresa já existente que difere daquele adotado tradicionalmente. A administração empreendedora difere da tradicional em oito dimensões: (1) orientação estratégica, (2) comprometimento com a oportunidade, (3) comprometimento de recursos, (4) controle de recursos, (5) estrutura administrativa, (6) filosofia de recompensas, (7) orientação para o crescimento e (8) cultura empreendedora.[3] A natureza das diferenças entre essas dimensões é apresentada na Tabela 2.1 e descrita com detalhes a seguir.[4]

TABELA 2.1 Diferenças entre as empresas administradas de modo tradicional e de modo empreendedor

Foco empreendedor	Dimensão conceitual	Foco administrativo
Orientado pela percepção da oportunidade	Orientação estratégica	Orientado por recursos controlados
Revolucionário, de curta duração	Comprometimento com a oportunidade	Evolucionário, de longa duração
Vários estágios com mínima exposição	Comprometimento de recursos	Um único estágio com comprometimento total depois da decisão
Uso episódico ou aluguel dos recursos necessários	Controle de recursos	Posse ou emprego de recursos necessários
Simples, com várias redes informais	Estrutura administrativa	Hierarquia
Baseado na criação de valor	Filosofia de recompensas	Baseado na responsabilidade e no tempo de casa
Crescimento rápido é a prioridade máxima; risco aceito para atingir o crescimento	Orientação para o crescimento	Seguro, lento e firme
Promoção de ampla pesquisa de oportunidades	Cultura empreendedora	Pesquisa de oportunidades restrita pelos recursos controlados; fracasso punido

Fonte: A tabela foi extraída de T. Brown, P. Davidsson, and J. Wiklund, "An Operationalization of Stevenson's Conceptualization of Entrepreneurship as Opportunity-Based Firm Behavior," *Strategic Management Journal* 22 (2001), p. 955.

Orientação estratégica e comprometimento com a oportunidade

Os dois primeiros fatores que ajudam a distinguir as empresas administradas de modo mais empreendedor daquelas administradas de modo mais tradicional estão relacionados a questões estratégicas: orientação estratégica e comprometimento com a oportunidade. Não surpreende que haja uma ênfase em estratégia no desenvolvimento de uma compreensão mais abrangente sobre o empreendedorismo no nível empresarial, pois tanto o empreendedorismo quanto a estratégia têm implicações importantes no desempenho da empresa.

A *orientação estratégica* está relacionada a fatores inseridos na formulação da estratégia da empresa. Podemos interpretá-la como a filosofia da empresa, que orienta sua decisão sobre a estratégia; o seu olhar para o mundo, para si mesma, e essas percepções são os fatores propulsores da estratégia da empresa. A estratégia da gestão empreendedora é orientada pela presença ou geração de oportunidades de novas entradas e está menos interessada nos recursos necessários para buscar essas oportunidades. Obter e organizar os recursos necessários representa uma etapa secundária para a empresa administrada de modo empreendedor e talvez integre a elaboração da implementação das oportunidades descobertas. Os recursos não restringem o pensamento estratégico de uma empresa administrada de modo empreendedor. Ao contrário, a estratégia da gestão tradicional é usar os recursos da empresa de forma eficiente. Portanto, o tipo e o volume de recursos que a empresa possui (ou sabe que pode acessar prontamente) representam um ponto inicial importante para pensar de maneira estratégica sobre o futuro da empresa. Somente as oportunidades que puderem ser buscadas de modo eficiente, por meio dos recursos existentes, serão consideradas no pensamento estratégico.

orientação estratégica
Foco nos fatores inseridos na formulação da estratégia da empresa

Tanto o empreendedorismo quanto a estratégia são mais do que apenas pensar no futuro da empresa, pois também estão atrelados à sua atitude. Uma empresa é julgada por suas ações, geralmente pela análise de seu desempenho financeiro e competitivo. É possível diferenciar as empresas administradas de modo empreendedor e de modo tradicional em termos de seu compromisso com a oportunidade. As empresas administradas de modo mais empreendedor possuem uma *orientação empreendedora à oportunidade*, isto é, elas estão comprometidas com uma atitude sobre as possíveis oportunidades e, por conseguinte, podem buscá-las rapidamente tirando o máximo proveito das janelas de oportunidade. Elas também podem retirar seus recursos de determinada oportunidade de modo rápido, para que, se o *feedback* inicial da busca de uma oportunidade fornecer informações sugerindo que essa talvez não seja a oportunidade certa para a empresa, a gerência possa "desligar a tomada", minimizando as perdas da busca inicial. As empresas administradas de modo tradicional, por outro lado, costumam considerar muito mais as informações; estas procedem da coleta de dados, e sua análise determina, por exemplo, o retorno sobre os recursos a serem distribuídos. Se a empresa admi-

orientação empreendedora à oportunidade
Comprometimento em agir com relação a possíveis oportunidades

nistrada de modo tradicional decidir buscar determinada oportunidade, isso ocorrerá com um investimento inicial muito maior e com a intenção de continuar nesse ramo de negócios por muito tempo.

Comprometimento de recursos e controle de recursos

orientação empreendedora ao comprometimento de recursos
Foco em como minimizar os recursos que seriam necessários na busca de uma oportunidade específica

É importante observar que os empreendedores ainda se preocupam com os recursos a serem comprometidos na busca de uma oportunidade, mas possuem uma *orientação empreendedora ao comprometimento de recursos* que enfoca a oportunidade. As reflexões sobre os recursos privilegiam a análise de como a empresa pode minimizar os recursos que seriam necessários na busca de uma oportunidade específica. Ao minimizar os recursos que a empresa precisa investir para buscar inicialmente uma oportunidade, também será minimizado o volume de recursos em risco se a oportunidade não for bem-sucedida. Por exemplo, as empresas administradas de modo empreendedor podem "colocar o pé na piscina", por assim dizer, comprometendo uma pequena quantidade de recursos em várias etapas, com uma exposição (risco) mínima em cada etapa. Esse processo pequeno e incremental de comprometimento de recursos concede à empresa a flexibilidade de mudar rapidamente de rumo à medida que surgirem novas informações sobre a oportunidade ou o ambiente. Em termos psicológicos, esses custos irrecuperáveis menores ajudam a evitar que as empresas administradas de modo empreendedor fiquem algemadas a um determinado plano de ação, principalmente se esse rumo resultar em perdas. Quando as empresas administradas de modo tradicional decidem comprometer recursos para uma oportunidade, por outro lado, elas o fazem em grande escala. Ou seja, em vez de testar a água com o dedo do pé, elas fazem cálculos com base na temperatura ambiente da semana anterior, na densidade da água e no fato de ter sido utilizada uma capa protetora de piscina ou não. Com base nesse cálculo, se a água for teoricamente considerada quente o suficiente, o gestor tradicional se compromete com a avaliação e mergulha de ponta na piscina. Ao fazer um grande comprometimento de recursos, em geral a empresa se sente na obrigação de justificar a decisão inicial de comprometimento e, com isso, o comprometimento inicial ganha um ímpeto que mantém o *status quo* do comprometimento contínuo de recursos. Portanto, uma empresa administrada de modo tradicional usa a análise detalhada das informações disponíveis para seguir em frente ou não. E quando de fato segue, o investimento de recursos é difícil de reverter.

orientação empreendedora ao controle de recursos
Foco em como acessar os recursos alheios

Além do comprometimento de recursos, as empresas administradas de modo empreendedor e de modo tradicional divergem quanto ao controle dos recursos. As primeiras consideram menos a posse dos recursos e se preocupam mais com o acesso aos recursos alheios, inclusive capital financeiro intelectual, experiências e competências. Essas empresas operam a partir da perspectiva de "por que preciso controlar recursos se posso acessá-los a partir dos outros?", com uma *orientação empreendedora ao controle de recursos*. O acesso aos recursos é possível na medida em que a oportunidade permite que a empresa distribua de modo eficaz os recursos dos outros a favor da empresa empreendedora e do dono dos recursos investidos. Já as empresas administradas de modo tradicional, se concentram na posse e no acúmulo de mais recursos. Elas creem que se controlarem os próprios recursos, serão independentes. Para essas empresas, o controle que vem com a posse significa que os recursos podem ser distribuídos de modo mais eficaz a favor da empresa.

Estrutura administrativa e filosofia de recompensas

orientação empreendedora à estrutura administrativa
Foco mais orgânico, com menos camadas de burocracia entre a alta administração e o cliente e que geralmente dispõe de várias redes informais

A *orientação empreendedora à estrutura administrativa* é orgânica, ou seja, a estrutura organizacional tem menos camadas de burocracia entre a alta administração e o cliente, e geralmente dispõe de várias redes informais de comunicação. Dessa maneira, as empresas administradas de modo empreendedor conseguem obter e transmitir mais informações a partir do ambiente externo e são suficientemente "fluidas" para agir rapidamente com base nessas informações.

ÉTICA

CONDUTA ÉTICA DE EMPREENDEDORES *VERSUS* ADMINISTRADORES

Entender os fatores que contribuem e influenciam a conduta ética de gestores e empreendedores é crucial para o futuro do sistema econômico do mundo inteiro. A importância desses fatores se evidencia ainda mais quando se opera em uma economia global hipercompetitiva. Nesse ambiente, os concorrentes perturbam de modo agressivo o *status quo* e tentam mudar as regras do jogo. Mesmo que as empresas atuais influenciem os padrões éticos dos negócios empresariais, o surgimento de empresas empreendedoras define o tom ético do sistema econômico mundial do futuro.

Embora os Estados Unidos tenham leis rigorosas, como a Lei sobre a Prática de Corrupção no Exterior (Foreign Corrupt Practices Act), de 1977, e promovam o comportamento ético por parte dos gestores e empreendedores, as atitudes éticas desses grupos não são totalmente entendidas. De que modo os gestores e empreendedores reagirão em determinadas situações? Eles terão um padrão altamente ético nas negociações internas e externas? Devido ao ambiente mais burocrático, os gestores terão padrões éticos superiores aos dos empreendedores? Ou devido ao fato de suas práticas empresariais refletirem de modo quase idêntico seus valores pessoais, os empreendedores terão atitudes éticas superiores às dos gestores?

Em um estudo, 165 empreendedores e 128 gestores foram pesquisados por meio de um instrumento de avaliação destacado contendo informações binárias, perguntas e respostas, cenários e dados demográficos abrangentes.

Em geral, os empreendedores e gestores apresentam diferenças mínimas em suas perspectivas relacionadas à ética de diversas atividades e em suas percepções éticas a respeito de outras. Ocorreram poucas diferenças nos dois grupos quanto à avaliação da natureza ética de 12 circunstâncias e 7 cenários. As semelhanças nas atitudes éticas entre os dois grupos de tomadores de decisão parecem ser uma das descobertas importantes, o que pode ser explicado por fatores legais, culturais e educacionais semelhantes que afetam as atitudes éticas nos dois grupos. Algumas diferenças significativas indicam de modo consistente que os empreendedores são mais propensos a defender atitudes éticas.

As descobertas indicam que os gestores precisam sacrificar seus valores pessoais em prol dos da empresa mais do que os empreendedores. Além disso, os empreendedores regularmente demonstram atitudes éticas superiores nas negociações internas da empresa, como não demorar mais do que o necessário para concluir um trabalho e não utilizar os recursos da empresa para uso pessoal. Essas descobertas são consistentes com a teoria da posse, segundo a qual esperamos que alguém seja mais ético ao lidar com seus próprios bens. Essa descoberta sugere que, com o aumento da participação acionária, os gestores possam se sentir motivados a lidar de maneira mais ética com os ativos de suas empresas. Assim, é possível que as empresas que oferecem participação nos lucros (gestores e outros funcionários-chave) reduzam as possibilidades de risco moral e de comportamento oportunista dentro delas, ao usar algum tipo de participação nos resultados. Da mesma forma, os relacionamentos antigos com clientes e comunidade em geral devem constar nos bens da empresa, por meio de atos filantrópicos e contas de passivo diferentes.

Fonte: Branko Bucar and Robert Hisrich, "Ethics of Business Managers vs. Entrepreneurs," *Journal of Developmental Entrepreneurship* 6, no. 1 (2001). Reimpresso com permissão de The Journal of Developmental Entrepreneurship. All rights reserved.

Além disso, as empresas administradas de modo empreendedor são mais estruturadas para usar tanto suas redes internas (por exemplo, os canais de comunicação informais no trabalho) quanto as redes externas (os compradores, os fornecedores e as instituições financeiras), que fornecem informações e outros recursos importantes na descoberta/geração e exploração de oportunidades. Já a empresa administrada de modo tradicional possui uma estrutura adequada às eficiências internas de alocação de recursos controlados. Existe uma hierarquia formalizada com funções e responsabilidades explícitas, um trabalho altamente formalizado em rotinas e camadas de gerência de segundo escalão (de nível médio) para "gerenciar" a utilização dos recursos da empresa pelos funcionários. As empresas administradas de modo tradicional têm estruturas internas em geral focadas na eficiência e não na detecção e na ação rápida diante das mudanças ocorridas no ambiente externo.

As empresas são organizadas não somente por suas estruturas, como também por sua filosofia de recompensas. A empresa administrada de modo empreendedor é focada na busca de oportunidades de nova entrada, que representem um novo valor para a empresa (e, espera-se, para outras pessoas, inclusive a sociedade como um todo). Não surpreende que as empresas administradas de modo empreendedor tenham uma *filosofia empreendedora orientada a*

filosofia empreendedora orientada a recompensas
Orientação de compensar os funcionários com base em sua contribuição à descoberta/geração e exploração de oportunidades

recompensas, que compensa os funcionários com base em sua contribuição para a descoberta/ geração e exploração de oportunidades. Devido à estrutura orgânica descrita anteriormente, em geral os funcionários têm liberdade de testar as possíveis oportunidades e são recompensados adequadamente. A empresa administrada de modo tradicional recompensa a gerência e os funcionários de acordo com suas responsabilidades, as quais são comumente determinadas pelo volume de recursos (ativos e/ou pessoal) que cada gerente ou funcionário em questão controla. A promoção é uma recompensa e concede a esse gerente o controle de ainda mais recursos; com isso, abrem-se mais horizontes para novas recompensas.

Orientação para o crescimento e cultura empreendedora

orientação empreendedora ao crescimento
Foco no crescimento rápido

cultura
O ambiente de uma organização específica

orientação empreendedora à cultura
Foco em estimular os funcionários a gerar ideias, experimentos e a participar de outras atividades que possam produzir oportunidades

Em uma empresa com *orientação empreendedora ao crescimento*, há uma grande aspiração pela expansão acelerada do tamanho da organização. Apesar de as empresas administradas de modo tradicional também almejarem crescer, estas preferem um crescimento mais lento e gradual. Ou seja, dão preferência a um ritmo de crescimento que seja mais "administrável" no sentido de não "desestabilizar a empresa", colocando em risco os recursos que ela controla e, assim, não arriscando os cargos e o poder da alta administração.

A *cultura* também é um fator que diferencia as empresas administradas de modo empreendedor e de modo tradicional. As empresas com *orientação empreendedora à cultura* estimulam os funcionários a gerar ideias, experimentos e a participar de outras atividades que possam produzir um resultado criativo. Esse resultado é altamente valorizado pela gerência empreendedora porque frequentemente é fonte de oportunidades de novas entradas. As oportunidades são o foco da empresa administrada de modo empreendedor.

Já a empresa administrada de modo tradicional inicia com uma avaliação dos recursos por ela controlados, o que se reflete em sua cultura organizacional. Assim, embora uma empresa administrada de modo tradicional ainda se interesse por ideias, ela se interessa principalmente nas ideias que girem em torno dos recursos atualmente controlados. Só com ideias atreladas a esses recursos, o horizonte de oportunidades descoberto e gerado por uma empresa administrada de modo tradicional fica restrito.

É improvável que existam muitas empresas "exclusivamente" administradas de modo empreendedor ou de modo tradicional; a maioria fica em uma faixa intermediária. A Tabela 2.2 apresenta uma escala para determinar o nível de administração empreendedora de uma dada empresa. Quanto mais alta for a pontuação, mais abrangente será a administração empreendedora dessa empresa.

TABELA 2.2 Escala para determinar até que ponto uma empresa é administrada de modo empreendedor

	Orientação estratégica	
Ao definirmos nossas estratégias, nossa preocupação é como utilizar os recursos que controlamos da melhor maneira possível.	1 2 3 4 5 6 7 8 9 10	Não nos prendemos aos recursos que estão (ou não estão) disponíveis.
Limitamos as oportunidades que buscamos de acordo com nossos recursos atuais.	1 2 3 4 5 6 7 8 9 10	Nossa principal atividade é buscar as oportunidades que consideramos importantes e depois obter os recursos para explorá-las.
Os recursos de que dispomos influenciam muito nossas estratégias de negócios.	1 2 3 4 5 6 7 8 9 10	As oportunidades controlam nossas estratégias de negócios.
	Orientação para recursos	
Como nosso objetivo é usar nossos recursos, em geral investimos muito e de maneira rápida.	1 2 3 4 5 6 7 8 9 10	Como não precisamos de recursos para iniciar a busca de uma oportunidade, nosso comprometimento de recursos pode ser feito em etapas.
Preferimos controlar e deter totalmente os recursos que utilizamos.	1 2 3 4 5 6 7 8 9 10	Tudo o que necessitamos dos recursos é a possibilidade de utilizá-los.

Preferimos usar apenas os recursos próprios em nossos empreendimentos.	1 2 3 4 5 6 7 8 9 10	Gostamos de empregar os recursos que tomamos emprestados ou alugamos.
Ao explorar as oportunidades, o acesso ao capital é mais importante do que apenas ter a ideia.	1 2 3 4 5 6 7 8 9 10	Ao explorar as oportunidades, ter a ideia é mais importante do que apenas ter o capital.
	Estrutura administrativa	
Preferimos um controle rígido dos fundos e das operações por meio de sistemas sofisticados de controle e de informações.	1 2 3 4 5 6 7 8 9 10	Preferimos um controle informal, menos rígido. Dependemos de relações informais.
Damos muita ênfase à conclusão de tarefas por meio de processos e procedimentos formais.	1 2 3 4 5 6 7 8 9 10	Damos muita ênfase a concluir as tarefas, mesmo que isso signifique desconsiderar os procedimentos formais.
Damos muita ênfase a se ater a princípios administrativos e normas industriais tradicionais e comprovados.	1 2 3 4 5 6 7 8 9 10	Damos muita ênfase a nos adaptarmos livremente a circunstâncias oscilantes, sem muita preocupação com as práticas anteriores.
Há uma forte insistência em um estilo administrativo uniforme na empresa inteira.	1 2 3 4 5 6 7 8 9 10	Os estilos operacionais dos gerentes podem alternar livremente do muito formal para o muito informal.
Há uma forte ênfase em convencer o pessoal administrativo e da linha de produção a seguir regiamente as descrições formais de seus cargos.	1 2 3 4 5 6 7 8 9 10	Há uma forte tendência de permitir que as necessidades da situação e a personalidade da pessoa determinem a conduta adequada ao cargo.
	Filosofia de recompensas	
Nossos funcionários são avaliados e compensados de acordo com suas responsabilidades.	1 2 3 4 5 6 7 8 9 10	Nossos funcionários são avaliados e compensados de acordo com o valor que agregam à empresa.
Em geral, nossos funcionários são recompensados com promoções e aumentos anuais de salário.	1 2 3 4 5 6 7 8 9 10	Procuramos compensar nossos funcionários com a criação de maneiras para que se beneficiem com a valorização da empresa.
O *status* de um funcionário se baseia na responsabilidade que assume.	1 2 3 4 5 6 7 8 9 10	O *status* de um funcionário se baseia no valor que ele agrega.
	Orientação para o Crescimento	
O crescimento não é necessariamente nosso principal objetivo. A sobrevivência de longo prazo pode ter, no mínimo, a mesma importância.	1 2 3 4 5 6 7 8 9 10	A empresa inteira sabe que o crescimento é nosso principal objetivo.
A empresa inteira sabe que o crescimento firme e seguro é a melhor maneira de expandir.	1 2 3 4 5 6 7 8 9 10	A empresa inteira sabe que nossa intenção é crescer muito e o mais rápido possível.
	Cultura empreendedora	
É difícil encontrar ideias suficientemente promissoras nas quais aplicar todos os nossos recursos.	1 2 3 4 5 6 7 8 9 10	Temos muito mais ideias promissoras do que tempo e dinheiro para tentar realizá-las.
As mudanças ocorridas na sociedade em geral raramente conduzem a ideias comercialmente promissoras para nossa empresa.	1 2 3 4 5 6 7 8 9 10	As mudanças ocorridas na sociedade em geral frequentemente nos dão ideias para novos produtos e serviços.
É difícil para nossa empresa encontrar ideias que possam ser convertidas em produtos/serviços lucrativos.	1 2 3 4 5 6 7 8 9 10	Nunca enfrentamos uma falta de ideias que possamos converter em produtos/serviços lucrativos.

Fonte: A tabela foi extraída de T. Brown, P. Davidsson, and J. Wiklund, "An Operationalization of Stevenson's Conceptualization of Entrepreneurship as Opportunity-Based Firm Behavior," *Strategic Management Journal* 22 (2001), Appendix.

Estabelecendo uma cultura para o empreendedorismo corporativo

Como é possível estabelecer uma cultura para o empreendedorismo corporativo em uma organização? Ao estabelecer esse ambiente, certos fatores e características de liderança são imprescindíveis.[5] As características globais de um bom ambiente intraempreendedor são apresentadas na Tabela 2.3. A primeira delas é que a organização deve operar nas fronteiras da tecnologia. Como a pesquisa e o desenvolvimento são fontes cruciais para o sucesso de ideias de novos produtos, a empresa deve operar na vanguarda da tecnologia de seu setor, estimulando e apoiando novas ideias, em vez de desencorajá-las, como ocorre com tanta frequência em empresas que exigem retorno rápido sobre o investimento e um grande volume de vendas.

TABELA 2.3 Características de um ambiente empreendedor

- A organização opera nas fronteiras da tecnologia
- Novas ideias são estimuladas
- Incentivo para tentativa e erro
- Fracassos são permitidos
- Sem parâmetros de oportunidade
- Recursos disponíveis e acessíveis
- Abordagem de equipe multidisciplinar
- Horizonte de longo prazo
- Programa de voluntariado
- Sistema de recompensa adequado
- Patrocinadores e defensores disponíveis
- Apoio da alta administração

A segunda característica, a experimentação, ou seja, a tentativa e erro, é incentivada. Novos produtos ou serviços bem-sucedidos em geral não aparecem já completamente desenvolvidos. Pelo contrário, eles evoluem. Levou tempo e houve alguns produtos que fracassaram antes que o primeiro computador comercializável aparecesse. A empresa que deseja estabelecer um espírito empreendedor deve proporcionar um ambiente que permita erros e fracassos no desenvolvimento de produtos inovadores. Embora isso seja contrário ao sistema de carreira e promoção estabelecido da organização tradicional, sem a oportunidade de fracassar em uma organização, poucos empreendimentos empreendedores corporativos, quando muito, serão desenvolvidos. Quase todo empreendedor já passou, pelo menos uma vez, pela experiência do fracasso em um empreendimento. A importância e a dificuldade de aprender com a experiência serão discutidas na última seção deste capítulo.

Em terceiro lugar, a organização deve assegurar-se de que não haja obstáculos organizacionais inibindo a criatividade no desenvolvimento de um novo produto. Frequentemente, vários "territórios" são protegidos em uma organização, frustrando as tentativas dos novos empreendedores de estabelecer novos empreendimentos. Em uma certa empresa da Fortune 500*, uma tentativa de estabelecer um ambiente empreendedor apresentou problemas e acabou fracassando quando os possíveis empreendedores foram informados de que o novo empreendimento e o produto proposto não eram viáveis porque estavam no domínio de outra divisão.

Em quarto lugar, os recursos da empresa devem estar disponíveis e ser facilmente acessíveis. Como afirmou um empreendedor corporativo: "Se minha empresa realmente quer que eu tenha tempo, que eu me esforce e assuma os riscos da carreira para estabelecer um novo empreendimento, ela precisa fornecer o capital e os recursos necessários". Frequentemente, fundos insuficientes são alocados não para criar algo novo, mas sim para resolver problemas que têm um efeito imediato nos resultados. Algumas empresas, como Xerox, 3M e AT&T, reconheceram esse problema e estabeleceram áreas separadas de capital de risco para financiar novos empreendimentos internos e externos. Mesmo quando os recursos estão à disposição, muitas vezes as exigências de informações se tornam obstáculos para obtê-los.

Em quinto lugar, deve ser incentivada uma abordagem de equipe multidisciplinar. Essa abordagem aberta, com a participação das pessoas necessárias, sem importar a área, é a antítese da estrutura organizacional corporativa típica. Uma avaliação dos casos bem-sucedidos de empreendedorismo corporativo indicou que um dos segredos para o sucesso era a existência de "times" reunindo pessoas indicadas. O desenvolvimento da equipe necessária para um novo empreendimento fica ainda mais complicado pelo fato de que a promoção e a carreira de um membro da equipe dentro da corporação estão relacionadas ao desempenho no cargo atual, e não à sua contribuição para o novo empreendimento que está sendo criado.

---

* N. de T.: Lista das 500 maiores empresas norte-americanas de acordo com a revista *Fortune*.

Além de incentivar o trabalho em equipe, o ambiente corporativo deve estabelecer um horizonte de longo prazo para avaliar o sucesso do programa como um todo, bem como o sucesso de cada empreendimento do programa. Se uma empresa não está disposta a investir dinheiro sem garantia de retorno em um prazo de 5 a 10 anos, então não deve tentar criar um ambiente empreendedor. Essa atitude paciente em relação ao dinheiro no ambiente corporativo não é diferente do horizonte de tempo investimento/retorno usado pelos investidores de risco e outros nesse mercado quando investem em um empreendimento.

Em sexto lugar, o espírito do empreendedorismo corporativo não pode ser forçado; ele precisa se desenvolver de modo voluntário entre as pessoas. Há uma diferença entre o pensamento corporativo e o pensamento empreendedor (discutida anteriormente e resumida na Tabela 2.1), com certos indivíduos tendo desempenho muito melhor em um ou em outro lado desse contínuo. A maior parte dos gerentes de empresas não consegue ser um empreendedor corporativo bem-sucedido. Aos que realmente emergem desse processo de autosseleção, deve-se permitir o espaço para levar adiante um projeto até que esteja completo. Isso não é coerente com a maioria dos procedimentos corporativos para o desenvolvimento de novos produtos, em que diferentes departamentos e indivíduos participam de cada estágio do processo de desenvolvimento. Uma pessoa disposta a despender mais horas e esforço para criar um novo empreendimento precisa da oportunidade e da compensação correspondente pelo término do projeto. Um empreendedor corporativo se apaixona por um empreendimento interno recém-criado e faz o possível para garantir seu sucesso.

A sétima característica de um bom ambiente empreendedor é um *sistema de recompensa*. O empreendedor corporativo precisa ser adequadamente recompensado pela energia, pelo esforço e pelos riscos relacionados à criação do novo empreendimento. Essas compensações devem estar baseadas no alcance das metas de desempenho estabelecidas. Uma participação nas ações do novo empreendimento é um dos melhores métodos para motivar e promover as atividades e os esforços necessários para o sucesso.

Em oitavo lugar, um ambiente corporativo favorável ao intraempreendedorismo tem patrocinadores e defensores em toda a organização, que não só apoiam a atividade criativa, como também têm a flexibilidade de planejamento para estabelecer novos objetivos e direções quando necessário. Como disse um empreendedor corporativo: "Para que um novo empreendimento tenha sucesso, o empreendedor corporativo precisa ser capaz de alterar os planos à vontade e não estar preocupado com o quanto se aproximaram dos objetivos previamente estabelecidos". As estruturas corporativas frequentemente avaliam seus gerentes em relação à sua capacidade de se aproximar dos objetivos, não importando a qualidade do desempenho refletida nessa realização.

Por fim, e talvez o mais importante, a atividade empreendedora deve ser totalmente apoiada e aceita pela alta administração, tanto no que se refere à sua presença física quanto à garantia de que os recursos humanos e financeiros estarão pronta e facilmente disponíveis. Sem o apoio da alta administração, não é possível criar um ambiente empreendedor bem-sucedido.

Características de liderança dos empreendedores corporativos

Dentro desse ambiente corporativo, foram identificadas certas características individuais de um empreendedor corporativo de sucesso. Como resume a Tabela 2.4, temos as capacidades de conhecer o ambiente, ser visionário e flexível, criar opções administrativas, encorajar o trabalho em equipe, estimular a discussão aberta, construir uma coalizão de patrocinadores e ser persistente.

O empreendedor deve conhecer todos os aspectos do ambiente. Parte dessa capacidade é resultado do nível de criatividade do indivíduo, que em geral tende a diminuir com a idade e com a educação na maioria das pessoas. Para estabelecer um empreendimento corporativo de sucesso, o indivíduo deve ser criativo e conhecer muito os ambientes internos e externos da corporação.

TABELA 2.4 Características de liderança de um empreendedor corporativo

- Conhece o ambiente
- É visionário e flexível
- Cria opções administrativas
- Encoraja o trabalho em equipe
- Estimula a discussão aberta
- Constrói uma coalizão de patrocinadores
- É persistente

A pessoa que vai estabelecer um novo empreendimento nessas condições também deve ser um líder visionário, uma pessoa que sonha alto. Embora haja muitas definições de liderança, a que melhor descreve a que é necessária para o empreendedorismo corporativo é: "Um líder é como um jardineiro. Quando você quer um tomate, pega uma semente, coloca em solo fértil e a rega cuidadosamente. Você não fabrica tomates, você os cultiva". Outra boa definição é que "a liderança é a habilidade de sonhar coisas grandes e transmiti-las de modo que as pessoas aceitem participar do sonho". Martin Luther King Jr. disse "Eu tenho um sonho" e articulou aquele sonho de tal modo que milhares o seguiram em suas iniciativas, apesar dos obstáculos opressores. Para estabelecer um novo empreendimento de sucesso, o empreendedor corporativo deve ter um sonho e superar obstáculos para sua concretização, vendendo seu sonho para os outros.

A terceira característica necessária é que o empreendedor corporativo deve ser flexível e criar opções administrativas. Um empreendedor corporativo não é "estático"; muito pelo contrário, ele se mostra aberto e até mesmo incentiva mudanças. Ao desafiar as crenças e os pressupostos da corporação, o empreendedor corporativo tem a oportunidade de criar algo novo na estrutura organizacional.

O empreendedor corporativo deve ter uma quarta característica: a capacidade de incentivar o trabalho em equipe e de usar uma abordagem multidisciplinar. Isso também viola as práticas e as estruturas organizacionais ensinadas na maioria das escolas de administração, evidentes nos planos das corporações estabelecidas. Ao formar um novo empreendimento, o recrutamento dessas habilidades geralmente exige que se atravesse a estrutura departamental e os sistemas de informações existentes. Para minimizar o efeito negativo de qualquer ruptura causada, o empreendedor corporativo deve ser um bom diplomata.

Deve-se incentivar a discussão aberta a fim de desenvolver uma equipe para a criação de algo novo. Muitos administradores de empresas esqueceram as discussões francas e abertas e os conflitos que fizeram parte de seu processo educacional. Em vez disso, passam o tempo construindo barreiras protetoras e isolando-se em seus impérios corporativos. Um novo empreendimento bem-sucedido dentro de uma empresa estabelecida só pode ser formado quando a equipe envolvida tem liberdade para discordar e criticar uma ideia na busca da melhor solução. O grau de abertura entre os integrantes da equipe depende do grau de abertura do empreendedor corporativo.

A abertura leva também ao estabelecimento de uma forte coalizão de defensores e incentivadores. O empreendedor corporativo deve estimular e respaldar cada membro da equipe, principalmente nos momentos difíceis. Esse incentivo é muito importante, uma vez que os motivadores habituais, isto é, o plano de carreira e a estabilidade no emprego não funcionam no estabelecimento de um novo empreendimento. Um bom empreendedor corporativo transforma todos em heróis.

Por último, mas não menos importante, está a persistência. No decorrer do estabelecimento de qualquer novo empreendimento, a frustração e os obstáculos vão existir. Somente com a persistência do empreendedor corporativo um novo empreendimento será criado e terá sucesso na comercialização.

ESTABELECENDO O EMPREENDEDORISMO CORPORATIVO NA ORGANIZAÇÃO

Além da criação de uma cultura organizacional e das características de liderança descritas anteriormente, uma organização que deseja estabelecer um ambiente empreendedor deve implementar um procedimento para sua criação. Embora isso possa ser feito internamente, em geral é usar alguém de fora para facilitar o processo. Isso ocorre particularmente quando o ambiente da organização é muito tradicional e tem um histórico de poucas mudanças e de poucos lançamentos de novos produtos.

O primeiro passo nesse processo é assegurar um comprometimento com o empreendedorismo corporativo na organização nos níveis alto, superior e intermediário. Sem o *comprometimento da alta administração*, a organização nunca será capaz de passar por todas as mudanças culturais necessárias para a implementação. Uma vez que a alta administração da organização tenha se comprometido com o empreendedorismo corporativo por um período de tempo suficiente (pelo menos três anos), o conceito poderá ser introduzido em toda a organização. A maneira mais eficaz de alcançar esse objetivo é por meio de seminários, nos quais são apresentados os aspectos do empreendedorismo corporativo e desenvolvidas estratégias para transformar a cultura organizacional em uma cultura empreendedora. Devem ser definidas diretrizes gerais para o desenvolvimento do empreendimento corporativo. Uma vez implantada a estrutura inicial e adotado o conceito, os empreendedores corporativos deverão ser identificados, selecionados e treinados. O treinamento precisa se concentrar na identificação de oportunidades viáveis e de seus mercados e no desenvolvimento do plano de negócio adequado.

comprometimento da alta administração
Os gerentes em uma organização apoiam firmemente o empreendedorismo corporativo

Em uma segunda etapa, devem ser detectadas as ideias e as áreas gerais que a alta administração se interessaria em apoiar, além do volume de capital de risco disponível para desenvolver o conceito. É necessário estabelecer as expectativas globais quanto ao programa e os resultados almejados em cada empreendimento. Tanto quanto possível, esses têm de especificar as exigências de tempo, volume e rentabilidade para o novo empreendimento, bem como o impacto na organização. Em conjunto com o treinamento empreendedor, é preciso estabelecer um sistema de mentores/patrocinadores. Sem patrocinadores ou defensores, há pouca esperança de que a cultura da organização possa ser transformada em uma cultura empreendedora.

Em terceiro lugar, a empresa deve usar a tecnologia para se tornar mais flexível. A tecnologia foi utilizada com sucesso na última década por pequenas empresas que se comportam como se fossem grandes.[6] De que forma um pequena empresa, como a Value Quest Ltd., poderia competir com grandes empresas administradoras de capital, se não com um computador pessoal sofisticado e acesso a grandes bancos de dados? De modo semelhante, as grandes empresas podem usar a tecnologia para se tornarem ágeis e flexíveis como as empresas menores.

Como quarto passo, a organização deve ser um grupo de gerentes interessados que treinarão os funcionários e compartilharão suas experiências. As sessões de treinamento devem ser conduzidas um dia por mês por um determinado período de tempo. Itens informativos sobre o empreendedorismo corporativo em geral e sobre as especificidades das atividades da empresa no desenvolvimento de ideias para produtos ou serviços comercializáveis, que são a base de novas unidades de negócios, devem ser divulgados. Isso exigirá que a equipe empreendedora desenvolva um plano de negócio, conheça a reação do cliente e algumas intenções iniciais de compra e aprenda a coexistir dentro da estrutura organizacional.

Quinto, a organização precisa desenvolver maneiras de se aproximar dos seus clientes, o que pode ser feito com o uso do banco de dados, a contratação de profissionais de concorrentes menores e o auxílio ao lojista.

Sexto, a organização que deseja se tornar mais empreendedora deve aprender a ser mais produtiva com menos recursos. Isso já ocorreu em muitas empresas que diminuíram seu porte. As grandes organizações estão desatualizadas no atual ambiente hipercompetitivo. Para acomodar os grandes cortes na gerência média, é preciso distribuir muito mais controle aos subordinados em todos os níveis na organização. Não é de surpreender que a amplitude de controle possa chegar a 30 para 1 nas divisões dessas empresas. O conceito de empresa "magrinha" precisa existir para que o empreendedorismo corporativo prevaleça.

Em sétimo lugar, a organização precisa estabelecer uma forte estrutura de sustentação para o empreendedorismo corporativo. Isso é de especial importância, uma vez que o empreendedorismo corporativo geralmente é uma atividade secundária na organização. Como as atividades empreendedoras não afetam as bases de forma imediata, elas podem ser facilmente ignoradas e assim receber pouco financiamento e apoio. Para alcançar sucesso, esses empreendimentos exigem comportamento flexível e inovador, com os empreendedores corporativos tendo total autoridade sobre os gastos e acesso a recursos suficientes. Quando o empreendedor corporativo precisa justificar despesas diariamente, isso não é, na verdade, um novo empreendimento interno, mas apenas uma extensão operacional da fonte de financiamento.

Oitavo, a sustentação também deve envolver a ligação das recompensas ao desempenho da unidade empreendedora. Isso estimula os membros da equipe a trabalhar com mais afinco e a competir com mais eficiência, uma vez que serão diretamente beneficiados pelos seus esforços. Como esse tipo de empreendimento faz parte de uma organização maior e não é uma unidade totalmente independente, a relação entre investimento e retorno é particularmente difícil de administrar.

Finalmente, a organização precisa implementar um sistema de avaliação que permita que as unidades empreendedoras bem-sucedidas se expandam e que as fracassadas sejam eliminadas. A organização pode estabelecer restrições para garantir que essa expansão não seja contrária à missão corporativa. Da mesma forma, os empreendimentos corporativos inviáveis não devem ser preservados apenas por causa do capital investido.

Problemas e esforços bem-sucedidos

O empreendedorismo corporativo, que é também chamado de intraempreendedorismo, não existe sem problemas. Um estudo concluiu que os novos empreendimentos iniciados dentro de uma corporação não tinham um desempenho tão bom quanto os iniciados de modo independente por empreendedores.[7] As razões citadas foram a dificuldade da corporação em manter um comprometimento de longo prazo, a falta de liberdade para tomar decisões autônomas e um ambiente restritivo. Em geral, os empreendimentos independentes com base em capital de risco feitos por empreendedores tendem a se sair significativamente melhor do que os empreendimentos corporativos. Em média, os independentes não só se tornaram lucrativos duas vezes mais rápido, como também vieram a ser duas vezes mais lucrativos.[8]

Essas constatações não devem impedir que as organizações comprometidas com o empreendedorismo corporativo iniciem o processo. Há inúmeros exemplos de empresas que, tendo compreendido as características ambientais e intraempreendedoras necessárias, adotaram sua própria versão do processo de implementação previamente discutido para lançar novos empreendimentos com sucesso. Uma das empresas mais conhecidas é a Minnesota Mining and Manufacturing (3M). Após muitos esforços intraempreendedores bem-sucedidos, a 3M na prática permite que os funcionários dediquem uma parte de seu tempo a projetos independentes. Isso possibilita que as divisões da empresa atinjam uma meta importante: gerar uma porcentagem significativa de vendas a partir de novos produtos lançados nos últimos 5 anos. Uma das mais bem-sucedidas dessas atividades intraempreendedoras foi o desenvolvimento dos Blocos de Post-It (Post-It Notes) pelo empreendedor Arthur Fry. O esforço teve como ponto de partida a irritação de Fry quando os pedaços de papel que marcavam o hinário da igreja constantemente caíam enquanto ele estava cantando. Como engenheiro químico da 3M, Fry sabia da descoberta de um cientista, Spencer Silver, de um adesivo com poder de aderência muito baixo, o que, para a empresa, significava uma característica de baixa qualidade. Entretanto, essa característica era perfeita para o problema de Fry; um marcador com um adesivo de pouca aderência, fácil de remover, era uma boa solução. Obter a aprovação para comercializar a ideia se revelou uma tarefa monumental até que amostras distribuídas para secretárias da 3M, bem como para outras empresas, deram origem a uma demanda tão grande que a empresa finalmente começou a vender o produto sob o nome de Post-It.

SAIU NA *BUSINESS NEWS*

QUENTE OU NÃO?

EM SUA OPINIÃO, A TECNOLOGIA DA GELADEIRA DIGITAL REPRESENTA UMA OPORTUNIDADE?

Por que os funcionários devem parar de trabalhar só porque estão almoçando ou se enchendo de cafeína? Eles não farão isso se o refeitório estiver equipado com o Multi-Media Refrigerator (8.000 dólares) da LG Electronics (www.lgappliances.com). Um refrigerador de 722 litros conectado à Internet e com LCD integrado, essa geladeira digital permite que os trabalhadores continuem pesquisando projetos na web e lendo mensagens de e-mail enquanto fazem um lanchinho. A geladeira dispõe de TV, câmera e rádio da web integrados, para que você estique as videoconferências até os intervalos para o café. Eis uma ideia para elevar a moral: alterne fotos do gerente de seu escritório com aqueles vídeos de treinamento de requisição a lápis no LCD da geladeira.[a]

EM SUA OPINIÃO, ESSA TECNOLOGIA DE *SMALL TECH* REPRESENTA UMA OPORTUNIDADE?

Rick Snyder, CEO do grupo empresarial Ardesta em Ann Arbor, Michigan, tem um mantra: "Menor, mais rápido, melhor, mais barato". Ele está falando de *small tech*, um termo que descreve a nanotecnologia, a microtecnologia e os sistemas microeletromecânicos (MEMS – MicroElectroMechanical Systems). A nanotecnologia, em específico, tem recebido muita cobertura, uma vez que grandes empresas, como a Hewlett-Packard e a Intel, começaram a introduzir a nano na computação. É difícil especificar o que é exatamente a *small tech*, pois ela tem uma enormidade de aplicações diversificadas. "Diria que é mais uma revolução do que uma evolução", afirma Snyder. Por exemplo, a nanotecnologia lida com a matéria em nível atômico e molecular, ou seja, com a matéria geralmente tendo uma largura inferior à de um fio de cabelo humano. Ela aparece em tudo, desde o revestimento à prova de oxidação para tecidos até o revestimento resistente a arranhões para óculos e circuitos minúsculos de *chips* de computador da HP Labs.

O financiamento para pesquisa de *small tech* é enorme. A Ardesta se dedica a investir e a ajudar a lançar vários empreendimentos de *small tech* com o objetivo final de levar produtos reais ao mercado. Muitas empresas nessa nova área tecnológica são pequenas iniciativas empreendedoras e *spin-offs** de instituições de pesquisa. As biociências e a fabricação de materiais são dois setores que efetivamente sentirão os primeiros efeitos do mercado cada vez maior de *small tech*. Entretanto, em algum momento, a *small tech* estará presente em quase tudo. Snyder chama a *small tech* de disseminada e transparente.

Algumas aplicações já estão sendo utilizadas no seu ramo, bem embaixo do seu nariz. A microtecnologia está integrada aos cartuchos de impressoras a jato de tinta e aos projetores portáteis. Na SmallTimes.com, uma central de informações sobre *small technology*, a seção dedicada às aplicações é um espanto: uma visita recente ao *site* revelou artigos sobre o uso da nanotecnologia em produtos como raquetes de tênis e monitores de LCD, entre outros.

Há milhões de motivos microscópicos para ficar entusiasmado, mas é importante manter todos eles em perspectiva. Snyder prevê uma curva de crescimento acentuado nos próximos cinco anos, à medida que a *small tech* entrar nos mercados da vida real. Mas não espere que as empresas gritem "Nano" ou "MEMS" na publicidade de seus produtos. Você saberá que a *small tech* chegou ao seu negócio quando o mantra de Snyder entrar em ação: "menor, mais rápido, melhor, mais barato".[b]

[a]Fonte: Mike Hogan, "Employees Can Munch and Work on the Web at the Same Time with This Time-Saver," *Entrepreneur* (February 2003), pp. 18–22.
[b]Fonte: Reimpresso com permissão de Wright's Media, "Employees Can Munch and Work on the Web at the Same Time with This Time-Saver," by Mike Hogan, February 2003, *Entrepreneur*, pp. 18–22.

Outra empresa comprometida com o conceito de intraempreendimento é a Hewlett-Packard (HP). Depois de deixar de reconhecer o potencial da proposta de Steven Wozniak para um computador pessoal (que foi a base para a Apple Computer Inc.), a Hewlett-Packard tomou medidas para garantir seu reconhecimento como líder em inovação e não deixar passar futuras oportunidades. No entanto, a estrada intraempreendedora na HP não é fácil. Foi o caso do engenheiro Charles House, que foi muito além de seu dever intraempreendedor ao ignorar uma ordem de David Packard para parar de trabalhar em um monitor de vídeo de alta qualidade. O monitor, uma vez desenvolvido, foi utilizado nas aterrissagens tripuladas da NASA na Lua e em transplantes de coração. As projeções originais indicavam que ele não venderia mais de 30 unidades, mas os monitores de tela grande obtiveram boa vendagem e lucros.

---

* N. de T: Produtos de empresas desenvolvidos a partir de outros mais importantes.

A IBM também constatou que o intraempreendedorismo ajudaria a impulsionar o crescimento da corporação. A empresa desenvolveu o conceito de unidade de negócios independente, em que cada uma é uma organização separada, com seu próprio miniconselho de diretores e autoridades para decisões autônomas em relação a muitas questões de produção e marketing. As unidades de negócios desenvolveram produtos como caixas eletrônicos para bancos, robôs industriais e o computador pessoal da IBM. Essa última unidade recebeu um cheque em branco com o encargo de lançar a IBM no mercado de computadores pessoais. O intraempreendedor Philip Estridge liderou seu grupo no desenvolvimento e na comercialização dos PCs por meio da força de vendas da IBM e do mercado de revenda, rompendo algumas das regras operacionais mais rígidas da empresa na época.

Essas e outras histórias de sucesso indicam que os problemas do intraempreendedorismo não são intransponíveis e que sua implementação pode levar a novos produtos, ao crescimento e ao desenvolvimento de um ambiente e de uma cultura corporativa inteiramente novos.

Aprendendo com o fracasso

As ações empreendedoras estão envoltas em incerteza porque as oportunidades existem em (ou criam) ambientes dessa natureza. Elas são basicamente experimentos com resultados desconhecidos. Independentemente de estarmos lidando com um novo projeto, uma nova empresa ou um novo modelo de negócios, às vezes as iniciativas empreendedoras não produzem os resultados esperados. Elas não alcançam seus objetivos e, logo, são encerradas. O fato representa uma oportunidade de aprendizagem. Ao aprender por que uma iniciativa empreendedora fracassou, os empreendedores podem evitar os mesmos erros no futuro e/ou administrar melhor as incertezas associadas à ação empreendedora. O ditado informa que aprendemos mais com nossos fracassos do que com nossos sucessos, mas, na prática, essa aprendizagem pode ser muito difícil. Ela é especialmente difícil quando a perda sentida pelo fracasso gera emoções negativas intensas. Quanto mais importante o empreendedor considera a iniciativa empreendedora, maior será sua reação emocional negativa à perda de tal iniciativa.[9] Essas emoções negativas podem interferir no processo de aprendizagem,[10] mas os indivíduos que se recuperam mais rapidamente das emoções do fracasso conseguem aprender de forma mais rápida e eficaz com a experiência e muitas vezes são estimulados a tentar mais uma vez.

Os indivíduos que utilizam um *modelo de processo duplo para lidar com emoções negativas* ou recuperação do luto são mais rápidos em se recuperar das emoções negativas geradas pelo fracasso de uma iniciativa empreendedora. Esse modelo de processo duplo envolve a oscilação (movimento para a frente e para trás) entre duas abordagens alternativas à perda. A primeira é a *orientação pela perda*, que envolve enfocar o evento de perda para criar uma narrativa (ou seja, uma história plausível) sobre o fracasso. Os empreendedores com orientação pela perda podem procurar amigos, familiares ou psicólogos para conversar sobre o evento e suas emoções negativas. À medida que o indivíduo se aprofunda nos motivos por trás do fracasso, ele consegue romper os laços emocionais com a perda da iniciativa. Mas, ao focar o evento de fracasso por um período prolongado, seus pensamentos podem passar para as emoções em torno do evento, piorando ainda mais a situação atual, ou seja, ampliando o sentimento de luto. Esse ciclo negativo pode ser quebrado com a adoção da segunda alternativa: uma *orientação restaurativa*. A orientação envolve distrair-se do fracasso e focar as energias em enfrentar outros problemas (secundários) resultantes do fracasso. A "distração" reduz o nível das emoções negativas no curto prazo, enquanto a proatividade em relação a problemas secundários ajuda a diminuir a "monstruosidade" do fracasso em si. Mas sem alocar atenção aos eventos em torno do fracasso, não há oportunidade para a aprendizagem. Assim, a oscilação entre as duas orientações significa que o empreendedor pode se beneficiar de ambas as orientações ao mesmo tempo que minimiza os custos de manter uma ou outra por muito tempo.

O processo duplo de aprendizagem com o fracasso tem algumas implicações práticas. Primeiro, saber que os sentimentos e as reações enfrentados pelo empreendedor são normais

modelo de processo duplo para lidar com emoções negativas
Envolve a oscilação entre a orientação pela perda e uma orientação restaurativa

orientação pela perda
Abordagem às emoções negativas que abrange superar e processar algum aspecto da experiência de perda e, como resultado desse processo, quebrar os laços emocionais com o objeto perdido

orientação restaurativa
Abordagem às emoções negativas baseada na prevenção e proatividade no sentido de encontrar fontes secundárias de tensão oriundas de uma perda importante

para quem está lidando com uma perda dessa magnitude ajuda a diminuir os sentimentos de culpa e vergonha. Por sua vez, isso estimula o empreendedor a articular seus sentimentos, possivelmente agilizando o processo de recuperação. Segundo, há sequelas psicofisiológicas causadas pelos sentimentos de perda associados. Perceber que esses são "sintomas" pode reduzir as fontes secundárias de tensão e também auxiliar na escolha do tratamento. Terceiro, há um processo de recuperação do luto que oferece aos empreendedores algum alívio no sentido de que seus sentimentos atuais de perda, tristeza e desamparo diminuirão em algum momento. Quarto, o processo de recuperação e aprendizagem pode ser aprimorado por certo grau de oscilação entre uma orientação por perda e uma por restauração. Finalmente, a recuperação da perda permite aumentar o conhecimento sobre o empreendedorismo, o que traz benefícios para a pessoa e para a sociedade.

♦ ♦ ♦

REVISÃO

RESUMO

As empresas estabelecidas podem criar condições ambientais para motivar as pessoas de suas organizações a agir de modo empreendedor, isto é, que permitam aos integrantes da organização perceber os resultados empreendedores como viáveis e desejáveis. Nas estruturas corporativas existentes, esse espírito e esforço empreendedores são denominados *empreendedorismo corporativo*.

O empreendedorismo corporativo exige uma abordagem administrativa empreendedora. Para demonstrar essa mentalidade, comparamos as empresas administradas de modo empreendedor com as empresas administradas de modo tradicional em oito dimensões: (1) orientação estratégica, (2) comprometimento com a oportunidade, (3) comprometimento de recursos, (4) controle de recursos, (5) estrutura administrativa, (6) filosofia de recompensas, (7) orientação para o crescimento e (8) cultura empreendedora. Felizmente, três destacados pesquisadores suecos desenvolveram uma escala que permite avaliar as empresas, segundo seu posicionamento na escala, entre gestão empreendedora e gestão tradicional.

As organizações que desejam ter uma cultura empreendedora precisam encorajar novas ideias e esforços experimentais, eliminar os parâmetros de oportunidade, disponibilizar recursos, promover uma abordagem de trabalho em equipe de empreendedorismo corporativo voluntário e arregimentar o apoio da alta administração. O empreendedor corporativo também deve ter características de liderança adequadas. Além de ser criativo, flexível e visionário, o empreendedor corporativo deve conseguir trabalhar dentro da estrutura corporativa. Os empreendedores corporativos têm de estimular o trabalho em equipe e o esforço diplomático em todas as estruturas já estabelecidas. O debate aberto e o apoio firme dos integrantes da equipe também são necessários. Por último, o empreendedor corporativo deve ser persistente para superar os obstáculos inevitáveis.

Estabelecer o empreendedorismo corporativo dentro de uma organização existente requer o comprometimento da administração, principalmente da alta administração. A organização deve escolher cuidadosamente os líderes, desenvolver diretrizes gerais para os empreendimentos e delinear as expectativas antes de iniciar o programa empreendedor. As sessões de treinamento são uma parte importante do processo. Quando os modelos de conduta e os negócios empreendedores são apresentados, a organização deve criar um sistema de apoio organizacional forte, aliado a um sistema de incentivos e recompensas para estimular os integrantes das equipes. Finalmente, a organização deve estabelecer um sistema para expandir os empreendimentos bem-sucedidos e eliminar aqueles que fracassarem.

É importante que os indivíduos (e as organizações) aprendam com os projetos encerrados. Mas quando se trata de aprender com os projetos fracassados, falar é fácil. Quem investiu seu tempo e energia nos projetos tende a se sentir mal quando o projeto é encerrado, e as emoções negativas podem obstruir a aprendizagem. O processo duplo de lidar com emoções negativas ajuda os indivíduos a se recuperar mais rápido e a aprender com suas experiências.

ATIVIDADES DE PESQUISA

1. Entreviste três pessoas empregadas nos departamentos de pesquisa e desenvolvimento (P&D) de empresas grandes e estabelecidas. Na entrevista, descubra o que a empresa faz para incentivar o empreendedorismo corporativo, o que faz para inibi-lo e o que poderia estar fazendo melhor para otimizar ainda mais o empreendedorismo na organização como um todo.
2. Procure na Internet quatro relatos sobre empreendedorismo corporativo bem-sucedido. Quais são os fatores cruciais para o sucesso comuns a todas essas empresas? Quais são os exclusivos? Se uma empresa consegue incentivar um ambiente empreendedor dentro de uma organização existente, o que impede outra empresa de copiar seu processo e se apossar da vantagem inicial?
3. Solicite a participação de gerentes de duas empresas e peça a eles que preencham uma escala de "gestão empreendedora" (consulte a Tabela 2.2). Com base na escala, que empresa é administrada de modo mais empreendedor? Isso coincide com sua intuição sobre as empresas?
4. Entreviste três funcionários que trabalharam em projetos que foram encerrados. Pergunte como eles se sentiam com relação ao projeto, como se sentiram quando ele foi encerrado e como se sentem hoje. Como eles lidaram com a perda do projeto?

DISCUSSÃO EM AULA

1. O "empreendimento corporativo" não é uma contradição em termos? As características de uma organização estabelecida, como suas rotinas e estruturas, aumentam a eficiência, mas, ao mesmo tempo, eliminam qualquer espírito empreendedor? Existe alguma maneira de uma empresa obter o melhor dos dois mundos?
2. Melhorar a orientação empreendedora de uma empresa é *sempre* um aspecto positivo? Ou existem circunstâncias ou ambientes em que a busca ainda maior de oportunidades pode reduzir o desempenho da empresa?
3. O que significa dizer que algo é importante para você? Quem perdeu algo que era importante para si? Como essa pessoa se sentiu? O que ela fez para se recuperar da perda?

NOTAS

1. Para uma discussão da XTV, consulte Larry Armstrong, "Nurturing an Employee's Brainchild," *BusinessWeek/Enterprise* (1993), p. 196.
2. Para uma discussão dos elementos do empreendedorismo corporativo e suas medidas, consulte G. T. Lumpkin and G. G. Dess, "Clarifying the Entrepreneurial Orientation Construct and Linking It to Performance," *Academy of Management Review* 12, no. 1 (1996), pp. 135–72; e B. Antoncic and R. D. Hisrich, "Intrapreneurship: Construct Refinement and Cross-Cultural Validation," *Journal of Business Venturing* 16, no. 61 (September 2001), pp. 495–527.
3. H. H. Stevenson and D. Gumpert, "The Heart of Entrepreneurship," *Harvard Business Review* 63, no. 2 (1985), pp. 85–94.
4. Baseado em T. Brown, P. Davidsson, and J. Wiklund, "An Operationalization of Stevenson's Conceptualization of Entrepreneurship as Opportunity-Based Firm Behavior," *Strategic Management Journal* 22 (2001), pp. 953–69 (table on page 955).
5. Para uma discussão abrangente dos fatores importantes no empreendedorismo corporativo, consulte R. M. Kanter, *The Change Masters* (New York: Simon & Schuster, 1983); e G. Pinchot III, *Intrapreneuring* (New York: Harper & Row, 1985).
6. Para obter uma discussão desse aspecto, consulte Peter Coy, "Start with Some High-Tech Magic...," *BusinessWeek/Enterprise* (1993), pp. 24–25, 28, 32.
7. N. Fast, "Pitfalls of Corporate Venturing," *Research Management* (March 1981), pp. 21–24.
8. Para obter todas as informações sobre o desempenho relativo, consulte R. Biggadike, "The Risky Business of Diversification," *Harvard Business Review* (May–June 1979), pp. 103–11; L. E. Weiss, "Start-Up Business: A Comparison of Performances," *Sloan Management Review* (Fall 1981), pp. 37–53; e N. D. Fast and S. E. Pratt, "Individual Entrepreneurship and the Large Corporation," *Proceedings, Babson Research Conference,* April 1984, pp. 443–50.
9. D. A. Shepherd and M. Cardon, "Negative Emotional Reactions to Project Failure and the Self-Compassion to Learn from the Experience," *Journal of Management Studies* 46, no. 6 (September 2009), pp. 923–49.
10. D. A. Shepherd, "Learning from Business Failure: Propositions about the Grief Recovery Process for the Self-Employed," *Academy of Management Review* 28, no. 2 (2003), pp. 318–29.

3
ESTRATÉGIA EMPREENDEDORA: GERAÇÃO E EXPLORAÇÃO DE NOVAS ENTRADAS

OBJETIVOS DE APRENDIZAGEM

▶ Entender que a ação básica do empreendedorismo abrange uma nova entrada.

▶ Ser capaz de refletir sobre como a estratégia empreendedora pode primeiramente gerar e, depois, explorar uma nova entrada com o passar do tempo.

▶ Entender como os recursos estão envolvidos na geração de oportunidades.

▶ Conseguir avaliar a atratividade de uma nova oportunidade de negócio.

▶ Reconhecer que o empreendedorismo envolve tomadas de decisão sob condições de incerteza.

▶ Avaliar as vantagens de ser pioneiro e ponderá-las em relação às desvantagens do pioneirismo em um mercado.

▶ Saber que existem riscos associados às novidades, mas que também há estratégias para o empreendedor reduzir esses riscos.

PERFIL DE ABERTURA

Justin Parer – www.BSE.net.au

Desculpe-me pela demora em lhe dar um retorno. Acho que, de alguma maneira, eu estava evitando isso porque não sabia se realmente podia lhe dar as respostas que você queria. Algumas vezes, você termina justificando o motivo de seus atos depois.

Esse comentário é do empreendedor australiano Justin Parer, em resposta a minhas perguntas diretas sobre o plano seguido por ele para seu sucesso empreendedor. Sua história traz uma série de passos, e passos em falso, que se tornaram uma estratégia de sucesso pessoal e empresarial – uma estratégia que pode ser mais óbvia para o observador objetivo por meio de uma perspectiva de longo prazo do que para o ator imerso nos detalhes cotidianos de uma situação sob pressão tomando decisões "intuitivas".

O primeiro negócio empreendedor de Justin fracassou. A história não é bonita. Aos 18 anos, ele abriu uma pizzaria sobre rodas. "Na verdade, a ideia da van foi de outra pessoa. Eu estava trabalhando em uma pizzaria como motorista de entregas, tentando decidir o que eu queria fazer na vida. Eu tinha sido expulso da universidade e estava a ver navios. Um dos outros rapazes da loja disse: 'por que eles não vendem pizzas do lado de fora das casas noturnas?' Na época, o mercado era atendido por diversos vendedores de cachorros-quentes nada higiênicos, que trabalhavam em barracas móveis questionáveis". Em parte, o negócio de Justin fracassou porque, entre outros fatores, as autoridades locais suspenderam as permissões para esse tipo de negócio alimentício móvel.

Quando solicitado a responder sobre o fracasso do negócio, Justin comentava primeiramente que havia sido a melhor experiência de aprendizagem de sua vida. Depois, comentava que fora uma excelente motivação. Tudo isso lhe dava motivação "para evitar aquele sentimento doentio que corrói por dentro quando você sabe que as coisas não vão bem e você não tem como pagar as contas", para "enfrentar a realidade" e, quando necessário, "parar enquanto é tempo" e cair fora.

Ele continuou: "Não estou certo de que imediatamente após o fracasso eu estivesse assim tão motivado para voltar a todo vapor. Eu sabia que gostava do negócio e estava me sentindo frustrado pelo fato de que não consegui fazê-lo funcionar, mas me senti mais como um fracasso do que como um 'sucesso esperando o momento de acontecer'. Minha confiança se partira e eu buscava um pouco mais de segurança. Como eu poderia comprar uma casa algum dia? Ter uma família? Eu tinha poucas opções e nenhuma visão clara, e quando houve uma chance de voltar para a universidade, agarrei-a com unhas e dentes. Com o fracasso da van de pizzas, eu sabia que poderia trabalhar como um cachorro e não chegar a lugar algum. Eu precisava de uma vantagem competitiva, e a universidade me deu opções".

A segunda tentativa de Justin na universidade foi muito diferente da primeira. Ele se tornara um estudante excepcional, apaixonado por aprender e aplicar o conhecimento. Ele se formou em contabilidade, e seu primeiro trabalho fora da universidade foi na Ernst & Young (empresa de consultoria de contabilidade). A formação em contabilidade e a sua experiência propiciaram um conhecimento importante sobre o funcionamento interno de uma empresa (com o departamento de auditoria) e sobre os números que refletiam o processo de tomada de decisão empreendedora (nos serviços comerciais e no departamento de tributos). Muito além da oportunidade de formar um conhecimento importante, Justin também escolheu a contabilidade como base para recomeçar sua carreira empreendedora, pois isso lhe permitiria ser aceito pelos outros na comunidade empresarial (inclusive os possíveis *stakeholders*), o ajudaria a formar uma grande rede de relacionamentos com pessoas influentes e funcionaria como alternativa de renda, caso o negócio desse errado.

Um dos clientes de contabilidade de Justin era uma rampa de lançamento (estaleiro para a construção e o reparo de navios). Nesse trabalho, ele conseguiu adquirir muito conhecimento específico do setor e formar uma rede também específica do setor. Essa rede recém-formada propiciou as primeiras informações sobre o negócio que poderia surgir no mercado, e esse novo conhecimento sobre o setor permitia que ele avaliasse a importância dessa oportunidade. Ele comprou a empresa e está expandindo-a enquanto aumenta simultaneamente sua eficiência. O sucesso do negócio foi muito além dos sonhos que tinha no momento da compra.

Ele fez recentemente uma sociedade com seu irmão, Warwick, e comprou outra empresa, uma metalúrgica. O novo negócio possui muito potencial por si só, mas tem o benefício adicional das sinergias com as rampas de lançamento. Esse negócio também está a caminho do sucesso. Quando penso no empreendedor "ideal", lembro-me de Justin. Justin é um empreendedor otimista e carismático, que dá conta de suas tarefas e de sua vida com confiança e paixão (à exceção de responder a perguntas sobre seu sucesso). Ele controla a faceta financeira de suas empresas, mas também tem a flexibilidade de deixar suas estratégias surgirem.

NOVA ENTRADA

Uma das ações básicas do empreendedorismo é a nova entrada. Uma *nova entrada* está relacionada a (1) oferecer um novo produto a um mercado estabelecido ou novo, (2) oferecer um produto estabelecido a um mercado novo ou (3) criar uma nova organização apesar de o produto ou o mercado ser novo para concorrentes ou clientes).[1] Quer esteja associada a um novo produto, novo mercado e/ou nova organização, a "novidade" é como uma faca de dois gumes. Por um lado, a novidade representa algo raro, que pode ajudar a diferenciar uma empresa de suas concorrentes. Por outro, a novidade gera alguns desafios para os empreendedores. Por exemplo, a novidade pode aumentar a incerteza dos empreendedores quanto à importância de um novo produto e colocar uma tensão maior sobre os recursos necessários para uma exploração bem-sucedida.[2]

A *estratégia empreendedora* representa o conjunto de decisões, ações e reações que primeiramente geram e, depois, exploram, com o passar do tempo, uma nova entrada, de modo a maximizar os benefícios da novidade e minimizar seus custos.

A Figura 3.1 ilustra os componentes importantes de uma estratégia empreendedora, que possui três estágios principais: (1) a geração de uma nova oportunidade de entrada, (2) a exploração de uma nova oportunidade de entrada e (3) uma malha de realimentação de informações sobre a geração e a exploração de uma nova entrada voltada para o estágio 1. A geração de uma nova entrada resulta de uma combinação de conhecimento e outros recursos em um pacote que seus criadores esperam que seja valioso, raro e de difícil imitação. Se a decisão de que a nova entrada é suficientemente atrativa para merecer a exploração, o desempenho da empresa dependerá da estratégia da entrada, da estratégia de redução de riscos, do modo como a empresa está organizada e da competência do empreendedor, da equipe administrativa e da empresa.

Embora o restante deste capítulo se concentre nos estágios 1 e 2, não devemos subestimar a importância da malha de realimentação do estágio 3, pois um empreendedor não pode contar com a geração e a exploração de apenas uma entrada nova; pelo contrário, o desempenho de longo prazo depende da possibilidade de gerar e explorar diversas novas entradas. Se a empresa conta apenas com uma nova entrada, à medida que o ciclo de vida útil do produto entrar na maturidade e decair, o mesmo acontecerá com o ciclo de vida da organização.

nova entrada
Oferecer um novo produto a um mercado estabelecido ou novo, oferecer um produto estabelecido a um mercado novo ou criar uma nova organização

estratégia empreendedora
Conjunto de decisões, ações e reações que primeiramente geram e, depois, exploram uma nova entrada

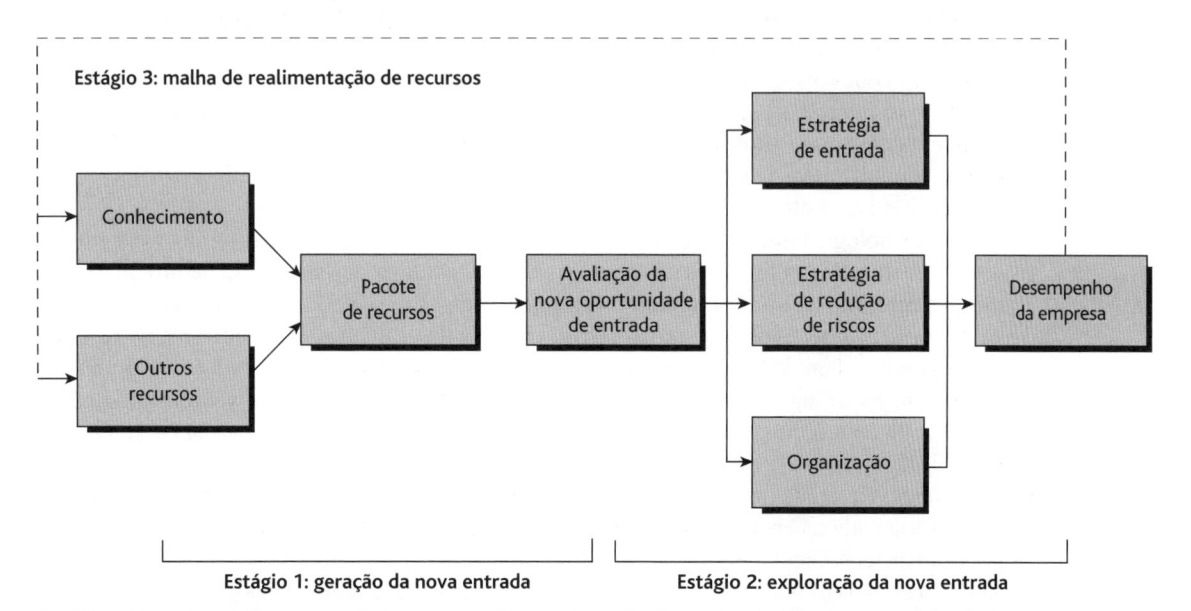

FIGURA 3.1 Estratégia empreendedora: a geração e exploração de oportunidades de novas entradas.

GERAÇÃO DE UMA OPORTUNIDADE DE NOVA ENTRADA

Recursos como uma fonte de vantagem competitiva

Quando uma empresa se empenha em um novo negócio, espera-se que este ofereça à empresa uma vantagem competitiva sustentável. Conhecer a origem de uma vantagem competitiva sustentável permitirá uma análise do modo como os empreendedores poderão gerar novas entradas que, provavelmente, propiciarão a base para um alto desempenho da empresa por um período de tempo prolongado. Os *recursos* são os componentes básicos para o funcionamento e desempenho de uma empresa. Os recursos da empresa são apenas os insumos para o processo de produção, como a maquinaria, os recursos financeiros e os empregados experientes.

recursos
Insumos para o processo de produção

Esses recursos podem ser combinados de várias maneiras, e é esse pacote de recursos que propicia à empresa a capacidade de alcançar um desempenho superior. Por exemplo, uma equipe altamente experiente representa um recurso importante, mas o impacto desse recurso sobre o desempenho é ampliado quando ele é combinado com uma cultura organizacional que otimiza a comunicação, o trabalho em equipe e a capacidade de inovação. Para realmente entender o impacto de um recurso, é necessário considerar o pacote, e não apenas os recursos que o integram.

Para que um pacote de recursos seja a base para um desempenho superior de uma empresa em relação aos concorrentes durante um período de tempo prolongado, os recursos devem ser valiosos, raros e inimitáveis (inclusive insubstituíveis).[3] Um pacote de recursos é:[4]

- Valioso quando permite que a empresa busque oportunidades, neutralize ameaças e ofereça produtos e serviços valorizados pelos clientes.
- Raro quando é possuído por poucos (ou por nenhum dos) possíveis concorrentes.
- Inimitável quando a réplica dessa combinação de recursos seria difícil e/ou dispendiosa para os (possíveis) concorrentes.

Por exemplo, parecia que a Breeze Technology Incorporated tinha um pacote de recursos valioso, raro e inimitável. Ela havia inventado uma tecnologia para ser aplicada à ventilação de calçados para atletismo a fim de reduzir a temperatura dos pés. É muito provável que um calçado ventilado para atletismo seja muito valorizado pelos clientes, pois as pessoas enfrentam problemas com seus calçados para atletismo: seus pés esquentam e suam, o que, por sua vez, gera bolhas, infecções por fungos e odor (sei que minha mulher ficaria feliz se eu usasse sapatos que reduzissem o odor dos pés). O produto também era importante para a recém-formada equipe administrativa da Breeze Technology, pois propiciava um meio de entrar em um mercado grande e altamente lucrativo.

A tecnologia também parecia rara e inimitável. Rara porque os outros não conseguiram ventilar adequadamente os pés das pessoas. Alguns tentaram soprar ar para dentro do sapato, mas descobriram que isso só aumentava a temperatura dos pés. Os calçados atuais tentavam ventilar passivamente os pés, mas o cabedal poroso dos calçados era relativamente ineficaz em sua tarefa, além de tornar os sapatos vulneráveis à entrada de água – isto é, se você pisasse em uma poça d'água, seus pés ficariam molhados. A Breeze Technology bombeava ar para fora do calçado, o que era uma novidade e uma abordagem não evidente para a ventilação dos calçados.

Tendo em conta que essa tecnologia era considerada importante para os clientes, nova e não evidente, ela recebeu a concessão de uma patente. O objetivo da patente é proteger o proprietário da tecnologia contra a sua imitação. Junto com outras proteções de propriedade intelectual, como os direitos autorais e as marcas comerciais, a Breeze Technology tinha um novo produto que poderia ser protegido contra a concorrência (pelo menos durante algum tempo). Portanto, a Breeze Technology tinha um pacote de recursos valioso, raro e inimitável. Então, as perguntas relevantes são: (1) de onde vem esse pacote de recursos valioso, raro e difícil de imitar? (2) Como explorá-lo da melhor maneira possível?

Criando um pacote de recursos valioso, raro e inimitável

A possibilidade de obter e, em seguida, recombinar os recursos em um pacote valioso, raro e inimitável representa um *recurso empreendedor* relevante. O conhecimento é a base desse recurso empreendedor, que em si mesmo é valioso. Esse tipo de conhecimento é formado com o passar do tempo, por meio da experiência, e reside na mente do empreendedor e na mente coletiva da gerência e dos funcionários. Em grande parte, essa experiência é diferenciada, ou seja, única na vida da pessoa, e, por consequência, é considerada rara. Além disso, é complicado transmitir esse conhecimento para os outros, o que torna mais difícil para os (possíveis) concorrentes replicá-lo.

recurso empreendedor
A possibilidade de obter e, depois, recombinar os recursos em um pacote valioso, raro e inimitável

Portanto, o conhecimento é importante para gerar um pacote de recursos que permita a criação de um novo empreendimento com vida longa e próspera. Isso significa que apenas os gerentes experientes e/ou as empresas podem gerar essas novas oportunidades de entrada? Ao contrário, as evidências indicam que as pessoas externas ao sistema são as que apresentam as inovações mais radicais. Por exemplo, os pioneiros das *mountain bikes* adoravam andar de bicicleta, e demorou muito tempo até que os gigantes do setor, como a Schwinn e a Huffy, reagissem à tendência.[5]

Aparentemente, os fabricantes de bicicletas da época tinham dificuldade de "pensar de modo diferente" ou pouco incentivo para fazê-lo. Convém observar que aqueles que realmente inventaram a *mountain bike* eram fãs de bicicletas. Eles conheciam a tecnologia da época e os problemas que os clientes (inclusive eles mesmos) enfrentavam com ela sob certas circunstâncias. Esse conhecimento era único e se baseava na experiência pessoal. Foi exatamente esse conhecimento que propiciou a base para a inovação.

Aqueles que desejam criar algo novo devem examinar as experiências pessoais e o conhecimento existente em si mesmos e em suas equipes. É improvável que esse tipo de conhecimento seja assimilado de um manual ou em uma sala de aula. Se isso fosse possível, todos o teriam, e o que haveria de exclusivo nisso? O conhecimento particularmente relevante para a geração de novas entradas é aquele relacionado ao mercado e à tecnologia.

Conhecimento do mercado O *conhecimento do mercado* está relacionado ao fato de o empreendedor possuir informações, tecnologia, *know-how* e competência para analisar um mercado e seus clientes. O conhecimento do mercado e dos clientes permite que o empreendedor faça uma análise profunda dos problemas enfrentados pelos clientes com os produtos atuais do mercado. Em termos básicos, o empreendedor compartilha uma parte do conhecimento que os clientes têm sobre o uso e o desempenho dos produtos. A partir desse conhecimento compartilhado, os empreendedores conseguem reunir recursos para oferecer uma solução à insatisfação dos clientes.

conhecimento de mercado
Estar de posse de informações, tecnologia, *know-how* e competência para analisar um mercado e seus clientes

Nesse caso, o conhecimento do mercado por parte do empreendedor é mais abrangente do que aquele que poderia ser assimilado por meio da pesquisa de mercado. A pesquisa de mercado tem uma eficiência limitada porque geralmente é difícil para os clientes apontar os problemas básicos enfrentados com um produto ou serviço. Os empreendedores que não têm esse conhecimento próprio do mercado e das atitudes e dos comportamentos dos clientes têm menor probabilidade de reconhecer ou criar oportunidades atrativas para novos produtos e/ou novos mercados.

A importância desse conhecimento para a geração de uma nova entrada é ilustrado de modo mais eficiente se voltarmos ao exemplo da invenção da *mountain bike*. Aqueles rapazes adoravam bicicletas, logo, conheciam os problemas que eles mesmos e seus amigos enfrentavam ao usar as bicicletas dependentes da tecnologia da época. Pode ser que esses indivíduos estivessem usando suas bicicletas de uma forma jamais prevista pelos fabricantes do produto, levando-as para fora da estrada e explorando terrenos irregulares.

Provavelmente, a pesquisa de mercado não teria revelado essas informações sobre deficiências na tecnologia da época. As pessoas têm dificuldade de articular que sentem necessidade de algo que não existe. Além disso, é possível que os fabricantes tenham rejeitado as informações que recebiam. Por exemplo, "É claro que a estrutura se quebrou, esse idiota estava descendo a 50 quilômetros por hora em uma trilha acidentada e cheia de pedras". Foi porque esses fãs de bicicletas tinham conhecimento próprio do mercado e das atitudes e dos comportamentos dos clientes que conseguiram reunir recursos de modo a oferecer uma solução para a insatisfação dos clientes. A *mountain bike* representava uma solução e abria um novo mercado.

Conhecimento tecnológico O *conhecimento tecnológico* também é uma base para gerar novas oportunidades de negócio. Ele está relacionado ao fato de o empreendedor dispor de informações, tecnologia, *know-how* e competência que permitem analisar formas de criar novo conhecimento. Esse conhecimento tecnológico pode levar a uma tecnologia que será a base de uma nova entrada, mesmo que a sua aplicabilidade no mercado não seja óbvia.

conhecimento tecnológico
Estar de posse de informações, tecnologia, *know-how* e competência para analisar formas de criar novo conhecimento

Por exemplo, o laser foi inventado há mais de 30 anos e favoreceu muitas novas oportunidades de negócio. Quem conhece a tecnologia do laser tem mais possibilidade de adaptá-la e aprimorá-la e, no processo, abrir um mercado possivelmente atrativo. O laser tem sido adaptado à navegação, medição com precisão, gravação de música e fibra óptica. Na cirurgia, o laser tem sido utilizado para corrigir deslocamentos de retina e reverter quadros de cegueira. Esses novos usos se originaram do conhecimento da tecnologia, e a aplicabilidade no mercado quase sempre foi apenas um aspecto secundário.[6]

Da mesma forma, a reação inicial à invenção do computador foi que o mercado era limitado. Se investigarmos a aplicação do computador a um único setor, vamos constatar a gama de novos mercados surgidos a partir da continuidade do desenvolvimento da tecnologia do computador. Os computadores são usados no setor de aviação para fazer pesquisa sobre aerodinâmica, procurando *designs* eficientes de aeronaves; na automatização da navegação e das funções de voo dos pilotos, como o piloto automático; no sistema de radar utilizado pelo controle do tráfego aéreo; os simuladores de voo utilizados pelas linhas aéreas para treinar os pilotos em novas aeronaves; e no sistema de rede de computadores para emitir tíquetes e rastrear bagagens (se bem que minhas malas continuam a se perder).[7]

Portanto, o conhecimento tecnológico tem conduzido ao avanço tecnológico que, de muitas maneiras, criou novos mercados em vez de gerar uma tecnologia para satisfazer a uma necessidade não atendida do mercado. Em geral, essas tecnologias foram criadas por pessoas que desejavam um avanço no conhecimento, sem considerar a aplicabilidade comercial. Outras vezes, uma tecnologia foi inventada para um propósito específico e restrito e somente mais tarde se descobriu que a tecnologia tinha implicações mais amplas. Por exemplo, o Tang, o café liofilizado, o Velcro e o Teflon foram produtos inventados para um programa espacial, mas revelaram ter aplicações mais abrangentes.

Em suma, um pacote de recursos é a base de um novo negócio. Esse pacote é criado a partir do conhecimento de mercado, do conhecimento tecnológico e de outros recursos por parte do empreendedor. A nova entrada pode ser uma fonte para o desempenho superior e sustentável da empresa se o pacote de recursos que respalda o novo negócio for valioso, raro e inimitável.

Avaliando a atratividade de uma nova oportunidade de negócio

Após criar uma nova combinação de recursos, o empreendedor deve verificar se, de fato, essa combinação é valiosa, rara e inimitável, avaliando se o novo produto e/ou novo mercado é suficientemente atrativo para compensar sua exploração e desenvolvimento. Isso dependerá do nível de informações sobre uma nova entrada e da predisposição do empreendedor em tomar uma decisão sem informações perfeitas.

Informações sobre uma nova oportunidade de negócio

Conhecimento prévio e pesquisa de informações O conhecimento prévio do mercado e da tecnologia utilizada para criar um possível novo negócio também contribui para a avaliação da atratividade de uma oportunidade específica. Ter mais conhecimento prévio significa que o empreendedor iniciará em uma posição de menos ignorância sobre a tarefa de avaliação em

SAIU NA *BUSINESS NEWS*

UMA BREVE APRESENTAÇÃO DO PROJETO ALABAMA

Uma amiga rica lhe pediu que ficasse de olho nas empresas atrativas nas quais ela pudesse investir. Sua amiga rica é muito ocupada, e você só deseja lhe apresentar as empresas realmente interessantes. Após ouvir a seguinte apresentação, você indicaria Enrico e Natalie à sua amiga rica?

Empreendedores Natalie Chanin (41) e Enrico Marone-Cinzano (39), cofundadores do projeto Alabama em Florence, Alabama

Descrição Empresa de vestuário que utiliza, em sua grande maioria, materiais reciclados

Custo inicial da empresa 2000 por 20.000 dólares

Vendas Projeção de 1,5 milhão de dólares em 2003

Mãos que ajudam A caminho de uma festa certa noite, Chanin costurou uma camiseta à mão e foi "fisgada". Com sua experiência como estilista de moda e *designer* de trajes, Chanin uniu suas forças com o cofundador Marone-Cinzano, empresário com experiência no setor financeiro e em marketing. Ela não conseguiu encontrar um fabricante em Nova York para desenvolver o trabalho manual, mas o fato de sua coleção ser parecida com uma colcha de retalhos inspirou Chanin a voltar à sua terra natal, o Alabama, e procurar "círculos de tecido para colchas" que ajudariam bastante (atualmente, ela vive entre Nova York e Alabama, mas passa a maior parte do tempo no Alabama).

Mercadorias recicladas Para crescer, o projeto Alabama necessitava se diversificar de modo a incluir novos materiais, mas o núcleo da coleção era formado por camisetas de jérsei de algodão reciclado. Com preços de varejo de 250 a 4.000 dólares, o alvo do Alabama sempre foi sofisticado. "Fizemos um esforço consciente para contatar esse tipo de loja" explica Chanin. "Felizmente, desde o início, algumas das melhores lojas do mundo são nossos compradores, como a Barneys de Nova York e a Browns de Londres".

Suprimentos necessários "O Projeto Alabama consiste em dois componentes: o uso de materiais reciclados e a qualidade do trabalho manual", afirma Chanin, demonstrando orgulho das 120 mulheres subcontratadas para o trabalho manual dos remendos. "O orgulho que elas têm e dedicam a cada peça é raro".

Fonte: Reimpresso com permissão de Entrepreneur Media, Inc., "Natalie Chanin and Enrico Marone-Cinzano," by April Y. Pennington, February 2003, *Entrepreneur* magazine: www.entrepreneur.com.

---

questão. Ou seja, será necessário obter menos informações para atingir um limiar onde o empreendedor se sinta seguro para tomar uma decisão de explorar ou não o mercado.

É possível aumentar o conhecimento, pesquisando informações que esclareçam a atratividade da nova oportunidade de negócio. É interessante observar que quanto mais conhecimento o empreendedor tiver, mais eficiente será o processo de pesquisa. Por exemplo, os empreendedores que têm uma grande base de conhecimento em uma área específica saberão onde procurar informações e poderão transformá-las rapidamente em conhecimento útil para a avaliação.

O processo de pesquisa em si mesmo é um dilema para o empreendedor. Por um lado, um período mais prolongado de pesquisa concede ao empreendedor mais tempo para obter informações sobre se a nova oportunidade realmente representa um pacote de recursos valioso, raro e de difícil imitação. Quanto mais informações o empreendedor tiver, mais alta será a precisão com a qual avaliará a possibilidade de gerar demanda suficiente do produto e protegê-lo contra imitação por parte dos concorrentes.

Contudo, há custos associados à pesquisa dessas informações: custos financeiros e de tempo. Por exemplo, em vez de decidir explorar um novo produto, um empreendedor pode decidir pesquisar mais informações para fazer uma avaliação mais exata sobre se o novo produto é atrativo; mas enquanto esse empreendedor continua com a pesquisa de informações, talvez a oportunidade se torne indisponível.

Janela de oportunidade A natureza dinâmica da viabilidade de um novo negócio específico pode ser descrita em termos de uma *janela de oportunidade*. Quando a janela se abre, o ambiente é favorável para os empreendedores explorarem determinado produto novo ou para entrarem em um novo mercado com um produto já existente; mas a janela de oportunidade pode se fechar, deixando desfavorável o ambiente de exploração. Um exemplo de fechamento

janela de oportunidade
Período de tempo em que o ambiente é favorável para os empreendedores explorarem determinada oportunidade de negócio

de janela de oportunidade ocorre quando outro empreendedor tiver entrado no setor e erigido obstáculos consideráveis à entrada e à imitação. Embora seja desejável uma quantidade maior de informações, o tempo gasto na obtenção de informações adicionais aumenta a probabilidade de que a janela de oportunidade se feche.

Segurança ao tomar uma decisão num ambiente de incerteza

O conflito entre a obtenção de mais informações e a probabilidade de que a janela de oportunidade se feche é um dilema para os empreendedores. Diante desse dilema, é necessário escolher o erro que eles preferem cometer: é preferível cometer um erro de comissão a um erro de omissão, ou vice-versa?[8] Um *erro de comissão* ocorre a partir da decisão de buscar essa nova oportunidade de entrada só para descobrir, mais tarde, que o empreendedor tinha superestimado sua possibilidade de gerar demanda do cliente e/ou proteger a tecnologia contra imitação por parte dos concorrentes. Os custos para o empreendedor derivam de seguir a oportunidade percebida.

Um *erro de omissão* ocorre a partir da decisão de não seguir uma nova oportunidade de entrada só para descobrir, posteriormente, que o empreendedor subestimou sua possibilidade de gerar demanda do cliente e/ou proteger a tecnologia contra imitação por parte dos concorrentes. Nesse caso, o empreendedor nunca esquecerá que deixou uma oportunidade atrativa escapar entre os dedos.

erro de comissão
Resultado negativo da atuação

erro de omissão
Resultado negativo da falta de atuação

Decisão de explorar ou não um novo negócio

Como ilustra a Figura 3.2, a decisão de explorar ou não a nova oportunidade de entrada depende de o empreendedor dispor ou não de informações suficientes para tomar uma decisão e de a janela ainda estar aberta para essa nova oportunidade de entrada. Uma determinação por parte de um empreendedor de que possui informações suficientes depende do estoque de informações (acumuladas por meio de pesquisa e a partir do conhecimento prévio) e do grau de segurança desse empreendedor ao tomar a decisão sem informações perfeitas (o que depende de uma preferência por um tipo de erro ao outro).

É importante perceber que a *avaliação da atratividade de uma nova entrada* está menos relacionada ao fato de que essa oportunidade "efetivamente" exista ou não e mais com o fato de que o empreendedor acredita que pode fazê-la funcionar, ou seja, gerar a demanda do mercado, produzir o produto de modo eficiente, formar uma reputação e desenvolver a fidelidade do cliente e outros custos de transferência. O funcionamento depende, em parte, das estratégias empreendedoras.

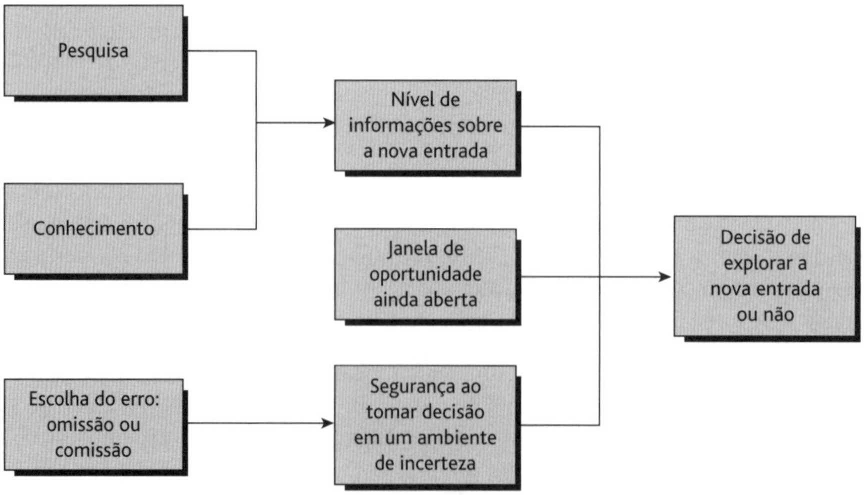

avaliação da atratividade de uma nova entrada
Determinar se o empreendedor acredita que pode fazer o novo negócio proposto funcionar

FIGURA 3.2 A decisão de explorar ou não a nova oportunidade de entrada.

ESTRATÉGIA DE PENETRAÇÃO PARA A EXPLORAÇÃO DE UM NOVO NEGÓCIO

O lema que os empreendedores usam quando solicitados a responder sobre a origem de sua vantagem competitiva é: "Nossa vantagem competitiva está em sermos os primeiros. Somos os pioneiros". Se forem os primeiros a lançar um novo produto e/ou os primeiros a criar um novo mercado, essas afirmações têm algum mérito. Ser o primeiro pode trazer algumas vantagens que otimizam o desempenho, incluindo:

- *Os pioneiros desenvolvem uma vantagem de custo.* Ser os primeiros a oferecer e a vender determinado produto para um mercado específico significa que os pioneiros podem iniciar o movimento descendente da "curva da experiência". Essa curva expressa a ideia de que, à medida que a empresa produzir um volume maior de determinado produto, o custo de produzir cada unidade desse produto cairá. Os custos são reduzidos porque a empresa pode distribuir seus custos fixos entre um número maior de unidades (economias de escala), além de aprender por tentativa e erro, com o passar do tempo (curva da aprendizagem), a fim de aprimorar os produtos e processos.[9]

- *Os pioneiros enfrentam menos rivalidade competitiva.* Embora os primeiros possam ter no início apenas alguns clientes, se tiverem avaliado corretamente a oportunidade, o mercado crescerá rapidamente. Mesmo que os concorrentes entrem nesse mercado em crescimento, a fatia do mercado perdida para os novos concorrentes será mais do que compensada pelo crescimento do mercado. Na realidade, no estágio de crescimento do mercado, as empresas se concentram mais em acompanhar a demanda do que em tomar atitudes, como redução de preço, para abocanhar a fatia de mercado dos outros.

- *Os pioneiros podem garantir canais importantes.* Os pioneiros têm a oportunidade de escolher e desenvolver relacionamentos sólidos com os fornecedores e canais de distribuição mais importantes. Isso pode representar um obstáculo para os que estiverem analisando uma entrada e obrigar aqueles que ocasionalmente entrarem a usar fornecedores e pontos de distribuição inferiores.

- *Os pioneiros estão em melhor posição para atender aos clientes.* Os primeiros têm a chance de (1) selecionar e garantir os segmentos mais atrativos de um mercado e (2) de se posicionarem no centro do mercado, aumentando a possibilidade de reconhecer e se adaptar às mudanças ocorridas no mercado. Em alguns casos, eles podem até (3) fixar seus produtos como padrão do setor.

- *Os pioneiros adquirem conhecimento por meio da participação.* Os primeiros têm a oportunidade de (1) aprender com a primeira geração de produtos e aperfeiçoar, por exemplo, o *design* do produto, a produção e o marketing; (2) monitorar as mudanças ocorridas no mercado, que sejam difíceis ou impossíveis de serem detectadas pelas empresas não atuantes nesse mercado; e (3) aumentar suas redes de relacionamento, o que pode fornecer as primeiras informações sobre oportunidades atrativas. Essas oportunidades de aprendizagem podem estar disponíveis somente para os atuantes no mercado. Nesse caso, o conhecimento é adquirido pela aprendizagem prática (direta), e não pela observação das práticas dos outros (aprendizagem indireta).

Nem sempre os pioneiros prosperam. Vários pioneiros com novos produtos em novos mercados foram superados por empresas que entraram depois. Por exemplo, no mercado de gravadores de vídeo, as pioneiras foram a Ampex e a Sony, mas elas foram suplantadas pela JVC e a Matsushita. Do mesmo modo, no mercado de canetas esferográficas, as pioneiras (Reynolds e Eversharp) desapareceram, enquanto as que entraram por último (Parker e Bic) foram muito bem-sucedidas.

Como ilustram as escalas na Figura 3.3, algumas forças impulsionam as vantagens dos pioneiros, mas existem também condições ambientais que podem levar um pioneiro a ter desvantagens de desempenho. Ao considerar a entrada pioneira com um novo produto e/ou em um novo mercado, os empreendedores devem determinar se as vantagens de ser o pioneiro supe-

```
                    ┌─────────────┐              ┌─────────────┐
                    │  Vantagens  │              │ Desvantagens│
                    │  do pioneiro│              │  do pioneiro│
                    └─────────────┘              └─────────────┘
```

| Vantagens dos custos |
| Menos concorrência |
| Garantia de canais importantes |
| Posição privilegiada para os clientes |
| Experiência adquirida com a participação |

| Instabilidade ambiental |
| Incerteza dos clientes |
| Prazo mais curto |

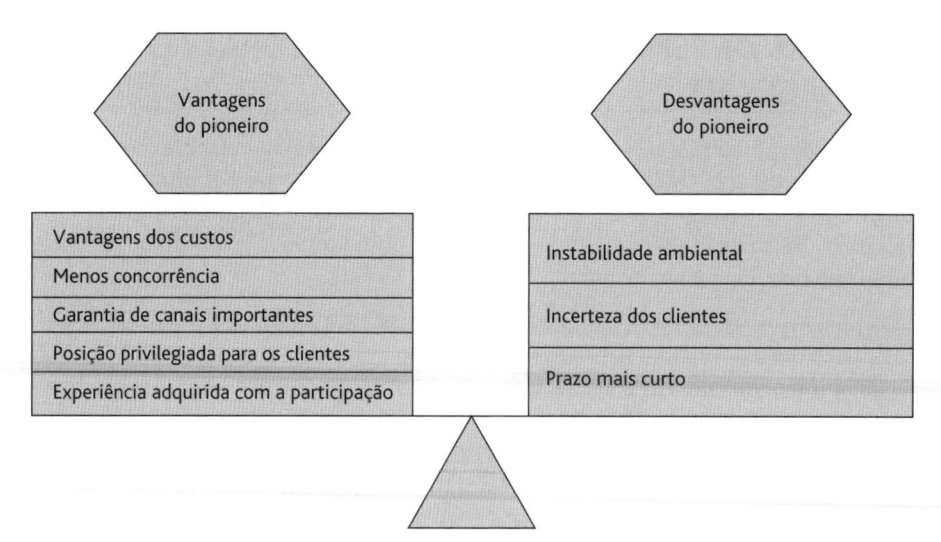

FIGURA 3.3 Fatores que influenciam a decisão de entrar no mercado imediatamente ou esperar um pouco mais.

rarão as desvantagens. Essa avaliação depende (1) da estabilidade do ambiente que envolve a entrada, (2) da possibilidade de o empreendedor treinar os clientes e (3) da possibilidade de o empreendedor dificultar a entrada e a imitação para ampliar o tempo de espera da empresa. Examinaremos a seguir cada uma dessas influências.

Instabilidade ambiental e (des)vantagens do pioneiro

O desempenho de uma empresa depende da adaptação de seu pacote de recursos ao ambiente externo. Se houver um bom encaixe entre os recursos e o ambiente externo, a empresa terá como recompensa um desempenho superior; porém, se o encaixe for deficiente, o desempenho também será. Por exemplo, se o empreendedor oferecer um novo produto que possui atributos não valorizados pelo mercado, o encaixe entre as atuais ofertas do produto dessa empresa e o ambiente externo será problemático, e o desempenho sofrerá com isso.

fatores-chave para o sucesso
As necessidades às quais uma empresa deve atender para concorrer com êxito em determinado setor

Para se acomodar ao ambiente externo, o empreendedor deve determinar primeiro os fatores-chave para o sucesso no setor em que se almeja a entrada. Os *fatores-chave para o sucesso* são as necessidades às quais a empresa deve atender para ser bem-sucedida em um setor específico. Por exemplo, é possível que um fator-chave para o sucesso em um setor seja um atendimento superior, ou a confiabilidade, ou o preço mais baixo, ou ter sua tecnologia adotada como padrão do setor. Contudo, o pioneiro não conhecerá esses fatores-chave para o sucesso de antemão; em vez disso, ele comprometerá os recursos da empresa com base na melhor suposição sobre os fatores-chave para o sucesso. Se a suposição for correta e se o ambiente permanecer estável, a empresa terá uma chance de alcançar o sucesso. Entretanto, se o ambiente mudar, esses fatores também mudarão e, consequentemente, o comprometimento anterior de recursos feito pelo empreendedor será menos eficiente e poderá até reduzir a possibilidade de a empresa reconhecer e se adaptar ao novo ambiente.

setores emergentes
Setores recém-formados e em fase de crescimento

Existe uma alta probabilidade de mudanças ambientais nos *setores emergentes*. Esses setores são aqueles recém-formados. Por isso, as regras do jogo ainda não foram definidas. Isso indica que o empreendedor tem liberdade considerável quanto ao modo de alcançar o sucesso, podendo inclusive estabelecer as regras do jogo do setor para que a empresa tenha uma vantagem competitiva. Até que essas regras sejam estabelecidas e o setor tenha amadurecido (envelhecido), o ambiente de um setor emergente muda com frequência. Quase sempre é difícil para o empreendedor saber se ocorrerá uma mudança e qual será a natureza dessa mudança, pois há muitas incertezas em relação à tecnologia e à demanda a serem enfrentadas. Mesmo que a mudança seja detectada, é difícil reagir de modo eficaz.

Incerteza quanto à demanda Os pioneiros têm poucas informações para prever o possível tamanho do mercado e a rapidez de seu crescimento. Essa *incerteza quanto à demanda* dificulta uma estimativa da demanda futura, o que tem implicações importantes sobre o desempenho do novo empreendimento, uma vez que a demanda superestimada ou subestimada prejudica o desempenho. Ao superestimar a demanda, o empreendedor sofrerá os custos associados à supercapacidade (não havia necessidade de construir uma fábrica tão grande, por exemplo) e descobrirá que o mercado pode ser tão pequeno a ponto de não sustentar sua empresa. Ao subestimar a demanda do mercado, o empreendedor sofrerá os custos da deficiência de capacidade, como não conseguir atender os clientes atuais e novos e perdê-los para os concorrentes, ou arcará com os custos adicionais de aumentar a capacidade gradativamente.

> **incerteza quanto à demanda**
> Dificuldade de prever com exatidão o possível tamanho do mercado, a rapidez de seu crescimento e as principais dimensões do crescimento desse mercado

A incerteza quanto à demanda também dificulta prever as principais dimensões em que o mercado crescerá. Por exemplo, as necessidades e preferências dos clientes podem mudar em função do amadurecimento do mercado. Se o empreendedor não tiver consciência dessas mudanças (ou se não conseguir se adaptar a elas), os concorrentes terão uma oportunidade de agregar mais valor para os clientes. Por exemplo, com o amadurecimento do setor de computadores pessoais, os principais fatores para o sucesso mudaram de reputação pela qualidade para preço mais baixo. A Dell conseguiu criar um modelo de negócio que lhe permitiu vender os computadores pessoais a um preço baixo. Quem demorou muito a se adaptar à mudança na demanda dos clientes e continuou contando basicamente com sua reputação associada à qualidade foi superado pela Dell.

Os empreendedores que retardam a entrada têm a oportunidade de aprender com as ações tomadas pelos pioneiros sem precisar incorrer nos mesmos custos. Por exemplo, a Toyota retardou a sua entrada no mercado de carros pequenos nos Estados Unidos e conseguiu reduzir a incerteza quanto à demanda pesquisando os clientes da líder do mercado (Volkswagen) e usando essas informações para produzir um produto mais satisfatório para os clientes.[10] Portanto, os seguidores têm a vantagem de possuir mais informações sobre a demanda do mercado. Eles também têm mais informações sobre as preferências dos clientes, uma vez que, paralelamente a esse tempo adicional para entrar, o mercado também amadurece mais, e as preferências dos clientes ficam mais estáveis. Por conseguinte, quando a demanda fica instável e imprevisível, as vantagens do pioneirismo podem ser superadas pelas desvantagens, e o empreendedor deverá considerar um atraso em sua entrada.

Incerteza tecnológica Geralmente, os pioneiros devem se comprometer com uma nova tecnologia. Há diversas incertezas em relação a uma nova tecnologia, por exemplo, se o desempenho dessa tecnologia será conforme o previsto e se será lançada uma tecnologia alternativa que avançará sobre a tecnologia atual. Se o desempenho da tecnologia não for conforme o esperado, o empreendedor incorrerá em vários custos que afetarão o desempenho, como denegrir sua reputação (e da empresa), além dos custos adicionais de P&D e produção para fazer as mudanças necessárias na tecnologia.

Mesmo que a tecnologia funcione conforme o previsto, existe a possibilidade de que uma tecnologia superior seja lançada e propicie uma vantagem competitiva àqueles que entrarem depois. Por exemplo, a Docutel fornecia praticamente todos os caixas eletrônicos em 1974. Mas quando surgiu uma tecnologia com a qual os clientes podiam transferir fundos eletronicamente, empresas como Honeywell, IBM e Burroughs estavam em posição de adotar a nova tecnologia e atender melhor às demandas dos clientes. Consequentemente, a fatia de mercado da Docutel caiu para 10% em apenas quatro anos.[11]

O adiamento da entrada concede aos empreendedores a oportunidade de reduzir a *incerteza tecnológica*. Por exemplo, uma maneira de reduzir essa incerteza seria aprender com o programa de P&D do pioneiro. Isso poderia abranger atividades como fazer uma engenharia reversa dos produtos do pioneiro. Essas ações seriam fontes de conhecimento tecnológico que serviriam para imitar o produto do pioneiro (a menos que exista uma proteção de propriedade intelectual) ou aprimorar a tecnologia. O atraso na entrada também dá oportunidade de observar e de aprender com as ações (e erros) do pioneiro. Por exemplo, um pioneiro pode entrar em determinado segmento de mercado para só então descobrir se há demanda insuficiente para

> **incerteza tecnológica**
> Dificuldade de avaliar com precisão se a tecnologia terá bom desempenho e se tecnologias alternativas surgirão e avançarão sobre as atuais

sustentar a empresa. Quem entrar depois pode aprender com esse erro e evitar os segmentos de mercado comprovadamente não atrativos. Portanto, diante de uma alta incerteza tecnológica, as vantagens do pioneiro podem ser superadas pelas desvantagens, e o empreendedor deve considerar o adiamento de sua entrada.

Adaptação Mudanças na demanda do mercado e na tecnologia não indicam necessariamente que os pioneiros não podem prosperar, mas sim, que o empreendedor deve se adaptar às novas condições ambientais. Essas mudanças são difíceis. É provável que o empreendedor enfrente dificuldade na migração das pessoas e dos sistemas que propiciaram o sucesso inicial para novas configurações que exijam mudanças nas funções e responsabilidades dos empregados, além de alterações nos sistemas. Em outras palavras, a organização tem uma inércia, que representa uma força para a continuidade que resiste à mudança. Por exemplo, a Medtronics era líder do mercado em marcapassos cardíacos, mas perdeu sua posição porque demorou a migrar da tecnologia atual para uma nova tecnologia, baseada em lítio. Uma nova entrante nesse mercado, sem ser limitada pela inércia organizacional, conseguiu explorar e penalizar a Medtronics por sua demora.[12]

Além disso, as características empreendedoras de persistência e determinação, tão benéficas quando o empreendimento está no "caminho certo", podem inibir a possibilidade de um empreendedor detectar e implementar a mudança. Por exemplo, há uma tendência de os empreendedores redobrarem os compromissos; ou seja, quando estão diante de uma nova tecnologia, o empreendedor compromete mais recursos para sua tecnologia atual e reforça o direcionamento da estratégia inicial, em vez de adotar a nova tecnologia e mudar o direcionamento estratégico,[13] o que termina acelerando o fim da empresa. Portanto, a adaptação às mudanças ocorridas no ambiente externo é importante para todas as empresas (principalmente para as pioneiras), mas em geral é uma tarefa de difícil execução.

Incerteza dos clientes e (des)vantagens dos pioneiros

incerteza dos clientes
Os clientes podem ter muita dificuldade de avaliar com exatidão se o novo produto ou serviço agrega valor para eles

A entrada traz consigo um elemento de novidade, seja ao lançar um novo produto em um mercado já estabelecido, seja ao lançar um produto já estabelecido em um mercado novo. Incorporada a essa novidade, encontra-se a *incerteza dos clientes*. Eles podem não estar seguros quanto ao modo de uso do produto e se ele atenderá às suas expectativas. Mesmo que esse desempenho seja comprovado, os clientes poderão questionar até que ponto esse desempenho oferecerá vantagens maiores e melhores que os produtos atualmente em uso. Como a maioria das pessoas, os clientes são avessos às incertezas, ou seja, mesmo se os possíveis benefícios do novo produto forem superiores aos dos produtos existentes, é possível que os clientes não mudem do velho para o novo por causa das incertezas descritas anteriormente. Portanto, não basta oferecer um produto superior para que um pioneiro realize vendas; o empreendedor também deve reduzir as incertezas da clientela.

Para isso, é aconselhável que o empreendedor disponibilize anúncios informativos, fornecendo aos clientes informações sobre o desempenho do produto e articulando seus benefícios. O empreendedor pode até usar o marketing de comparação para destacar de que maneira os benefícios de seu produto superam os da concorrência. Se essa abordagem funcionar, haverá maior probabilidade de os clientes mudarem de produto. Os canais de "home shopping" (compras em casa) pela televisão apresentam diversos exemplos desses anúncios informativos. Por exemplo, um anúncio publicitário descreve um grupo de sacolas plásticas nas quais é possível colocar roupas (ou outros itens) e cujo ar dentro delas é esvaziado (usando um aspirador), o que reduz bastante o volume das roupas e permite acomodar mais coisas dentro de uma mala (tanto que o peso da mala excede a possibilidade de alguém levantá-la, como verifiquei por experiência própria).

Contudo, fornecer aos clientes informações sobre um novo produto nem sempre funciona. Quando o novo produto é altamente inovador, como os produtos que criam um novo mercado, os clientes podem não ter uma estrutura de referência para processar essas informações.[14] Por exemplo, os produtos desenvolvidos para defesa nacional e para outros objetivos governamentais de alta tecnologia até propiciam uma oportunidade de nova entrada, mas exigem que

ÉTICA

FAÇA A COISA CERTA

EMPREENDEDORES ESPERTOS SÃO BEM-SUCEDIDOS AO FAZEREM A COISA CERTA

Charlie Wilson está tentando administrar uma empresa com ética. Ele incorporou a responsabilidade social na declaração de missão na sua empresa de salvamento de 1,6 milhão de dólares, com sede em Houston, a SeaRail International Inc. E também tornou a "autorrealização", não a riqueza, sua meta mais importante como empreendedor.

Mas não confunda Wilson com algum retrógrado moralista. Isso tem tudo a ver com sucesso. "A ética pilota o nosso crescimento", afirma Wilson. "Ela gera um componente de confiança, familiaridade e previsibilidade na empresa. Estamos em um setor onde muitas pessoas usam atalhos e fazem o que é mais fácil. Não acho que isso seja bom para o negócio. Não se conquista uma boa reputação agindo assim. E em algum momento os clientes não vão fazer mais negócio com você".

Durante anos, a ética e os negócios tiveram um casamento problemático. Se os empreendedores fossem solicitados a falar sobre ética, as respostas variavam do desdém ao ridículo. Eles são pessoas que, por definição, gostam de violar as normas. Sugerir que os empreendedores deveriam seguir um conjunto predefinido de leis era quase tão grotesco quanto pedir que abrissem mão da eletricidade. Mas isso pode estar mudando. Quer as pessoas ainda estejam atreladas aos desenfreados anos 1980, quer estejam refletindo sobre o novo milênio, conversar sobre valores, integridade e responsabilidade está não somente se tornando aceitável na comunidade empresarial, como também é quase obrigatório.

"Isso faz lembrar o movimento em prol da qualidade, 20 anos atrás", diz Frank Walker, presidente da Walker Information Inc., com sede em Indianápolis, uma empresa de pesquisa e consultoria que monitora a satisfação dos clientes e a ética empresarial. "Os clientes precisam distinguir uma empresa da outra". Há muitos anos que o aspecto dominante de diferenciação é a qualidade. Atualmente, diz Walker, "todos podem oferecer qualidade, de modo que as empresas devem passar para um plano superior".

Os empreendedores do país estão preparados para atingir novos níveis de consciência ética e conformidade? Bem, até certo ponto. Embora a maioria dos empreendedores ainda não esteja tentando destituir pessoas como Sócrates e Platão, muitos refletem bastante para melhorar seu padrão ético, na esperança de que fazer uma empresa boa será um bom negócio também.

Fonte: Reimpresso com permissão de Entrepreneur Media, Inc., "Do the Right Thing," by Gayle Sato Stodder, August 1998, *Entrepreneur* magazine: www.entrepreneur.com.

---

os clientes estejam inseridos em um contexto para entender sua aplicação. O Teflon, desenvolvido para uso na construção de ônibus espaciais, exigiu que os clientes desenvolvessem uma nova estrutura de referência para entender seu desempenho como uma superfície antiaderente em frigideiras e para perceber as vantagens que teriam com essa superfície.[15] Assim, os empreendedores conseguirão enfrentar a tarefa desafiadora de criar uma estrutura de referência dentro dos possíveis clientes antes de veicular anúncios informativos.

A incerteza dos possíveis clientes muitas vezes também se origina de um contexto mais amplo no qual o produto deve ser usado. Por exemplo, mesmo que os possíveis clientes entendam o desempenho do produto, é improvável que o comprem antes de se convencerem de sua consistência, seus sistemas e suas vantagens. Por exemplo, um cliente pode saber que um novo pacote de software oferece funções de planilha eletrônica mais poderosas e a um preço inferior, mas ainda relutará a comprar esse novo produto antes de saber quanto tempo será necessário para aprender a usá-lo. Nessa circunstância, o empreendedor precisa treinar os clientes por meio de demonstrações e da documentação sobre como usar o produto, o que pode envolver um amplo tutorial como parte do pacote de software e uma "teleajuda" gratuita.

Aqueles que decidirem entrar mais tarde encontrarão um mercado mais amadurecido, no qual as incertezas dos clientes já foram bastante pulverizadas pelos pioneiros. Em suma, ao adiar a entrada em um mercado que exige muito conhecimento, o empreendedor pode pegar uma "carona grátis" nos investimentos feitos pelos pioneiros.

Entretanto, ainda compensará ser um pioneiro nesse tipo de mercado se o esforço instrutivo puder ser utilizado a favor da empresa, em vez de ser uma vantagem do setor como um todo. Por exemplo, a instrução orienta as preferências dos clientes de modo a proporcionar à empresa uma vantagem sobre os possíveis clientes (isto é, cria um padrão na indústria em torno dos produtos da empresa); permite ao empreendedor formar uma reputação de "fundador", estimulando a fidelidade dos clientes; e beneficia a empresa ao colocar novos obstáculos contra outras entradas e contra a imitação. Examinaremos a seguir a função dessas barreiras à entrada e à imitação em influenciar o desempenho da estratégia de entrada de um empreendedor.

Tempo de espera e (des)vantagens dos pioneiros

Ser o primeiro no mercado até traz algumas vantagens inicialmente, mas, a menos que o empreendedor consiga refrear ou retardar a entrada dos possíveis concorrentes no mercado ou a oferta de produtos semelhantes, a vantagem inicial desaparecerá rapidamente, reduzindo o desempenho da empresa. Dificultar as entradas oferece ao pioneiro (e a ninguém mais) a oportunidade de trabalhar no setor por um período de carência sob condições de concorrência limitada (embora a empresa ainda possa brigar pelos clientes de outras empresas que oferecem produtos alternativos). Esse período de carência representa o tempo de espera do pioneiro.

tempo de espera
Período de carência durante o qual o pioneiro trabalha no setor sob condições de concorrência limitada

O *tempo de espera* propicia ao empreendedor um período de concorrência limitada a fim de preparar melhor a empresa para quando a concorrência realmente aumentar. Essa preparação pode abranger um esforço orquestrado para influenciar a direção na qual o mercado se desenvolverá a favor do pioneiro. Por exemplo, durante o tempo de espera, o empreendedor pode usar o marketing para definir a qualidade nas mentes dos clientes atuais e potenciais – uma definição de qualidade altamente consistente com os produtos do empreendedor.

O tempo de espera pode ser prolongado se o empreendedor conseguir dificultar outras entradas. Barreiras importantes à entrada são oriundas dos relacionamentos com os principais *stakeholders*, o que tende a dissuadir a entrada de (possíveis) concorrentes. Isso pode ser feito:

Conquistando a fidelidade dos clientes. Os pioneiros precisam fixar suas empresas e seus produtos nas mentes dos clientes e, com isso, conquistar sua fidelidade. Essa fidelidade tornará mais difícil e oneroso, para os concorrentes, entrar no mercado e tomar os clientes dos pioneiros. Algumas vezes, a fidelidade acontece quando os clientes associam o setor ao pioneiro. Por exemplo, os consumidores de cerveja japonesa associaram a "cerveja *super dry*" ao pioneiro de um novo tipo de cerveja, a Asahi. Essa fidelidade dos clientes tornou as coisas ainda mais difíceis para os outros, inclusive para o produtor da cerveja líder (Kirin), entrar no mercado das cervejas *super dry* e ganhar uma fatia do mercado.

custos da migração
Custos para os clientes caso parem de comprar no fornecedor atual e passem a comprar em outro

Gerando custos para a migração. Os pioneiros precisam desenvolver os *custos da migração* como um esforço para travar os clientes atuais. Trata-se de um mecanismo que aumenta a fidelidade do cliente. Programas de recompensas, como as costumeiras milhagens de voo junto a determinada empresa aérea, definem para o cliente uma conexão financeira ou emocional com o pioneiro, o que torna oneroso para o cliente mudar para um concorrente.

Protegendo a exclusividade do produto. Se a exclusividade do produto for a origem da vantagem em relação aos possíveis concorrentes, os pioneiros deverão tomar uma atitude para preservar essa exclusividade. A proteção da propriedade intelectual pode assumir a forma de patentes, direitos autorais, marcas registradas e segredos comerciais (descritos em detalhes no Capítulo 6).

Garantindo o acesso a importantes fontes de suprimento e distribuição. Os pioneiros capazes de desenvolver relacionamentos exclusivos com as principais fontes de suprimento e/ou canais de distribuição obrigarão os possíveis entrantes no mercado a usar menos alternativas atrativas ou até mesmo a desenvolver suas próprias. Por exemplo, a Commercial Marine Products foi a primeira a detectar uma infestação de um tipo especial de algas na Tasmânia, Austrália. Essa alga é chamada *wakame* e é a base da alimentação de japoneses e coreanos. A Commercial Marine Products conseguiu obter uma

SAIU NA *ENTREPRENEUR*

ACONSELHAR UM EMPREENDEDOR SOBRE COMO SER MAIS INOVADOR

Quando Neil Franklin começou a oferecer atendimento telefônico ininterrupto, em 1998, os clientes adoraram a ideia. A oferta veio ao encontro do direcionamento estratégico que Franklin tinha em mente para a Dataworkforce, sua agência de recrutamento de engenheiros de telecomunicação sediada em Dallas, de modo que ele investiu em um sistema telefônico para rotear as chamadas feitas após o término do expediente para as casas e os telefones móveis de seus 10 empregados. Atualmente Franklin, 38 anos, tem cerca de 50 empregados e continua explorando maneiras de aprimorar o serviço da Dataworkforce. O serviço telefônico 24 horas vingou, mas outras tentativas, não. Um dos erros foi desenvolver *sites* para cada cliente. "Fomos longe demais e gastamos 30.000 dólares, depois abandonamos", lembra Franklin. Também foi feita uma tentativa de estender a marca globalmente, anunciando nas principais cidades do mundo. "Funcionou muito bem", diz Franklin, "até calcularmos o quanto custou".

Os esforços de Franklin são semelhantes aos de uma abordagem chamada estratégia de "carteira de iniciativas". A ideia, segundo Lowell Bryan, diretor na McKinsey & Co., empresa de consultoria de Nova York que a desenvolveu, é sempre ter alguns esforços em andamento para oferecer novos produtos e serviços e atacar novos mercados ou, de outra forma, implementar estratégias e gerenciar ativamente esses experimentos para que você não perca uma oportunidade ou se comprometa demasiadamente com uma ideia improcedente.

A abordagem da carteira de iniciativas soluciona um ponto fraco dos planos de negócio convencionais: eles fazem pressuposições sobre desenvolvimentos futuros incertos, como tendências de mercado e tecnológicas, respostas dos clientes, vendas e reações dos concorrentes. Bryan compara essa estratégia às frotas de navios usadas na Segunda Guerra Mundial para levar suprimentos ao outro lado do oceano. Ao formar grupos de navios militares e de transporte e enviá-los em um grupo de apoio mútuo, os planejadores poderiam contar que pelo menos alguns alcançariam seus destinos. Da mesma maneira, os empreendedores com uma carteira de iniciativas podem esperar que algumas delas darão certo.

CRIANDO UM PLANO

Três etapas definem a abordagem da carteira de iniciativas. Primeiro, procure iniciativas nas quais você obtenha ou possa adquirir uma vantagem de familiaridade, ou seja, em que você conhece o negócio mais do que os concorrentes. É possível obter a vantagem da familiaridade usando programas piloto e experimentos de baixo custo ou tornando-se parceiro de aliados com mais conhecimentos. Evite os ramos nos quais você não possa obter uma vantagem competitiva, diz Bryan.

Após identificar as iniciativas com vantagens de familiaridade, comece a investir nelas usando uma abordagem dinâmica e disciplinada. Fique atento ao modo como as iniciativas estão relacionadas entre si. Elas devem ser suficientemente diversificadas, de modo que o fracasso de uma não coloque em risco as demais, mas todas devem se enquadrar no seu direcionamento estratégico global. Os investimentos, representados pelos esforços de desenvolvimento de produtos, programas piloto, testes de mercado e outras atividades correlatas, devem começar por baixo e só aumentar quando forem testados e aprovados. Evite superinvestimentos antes da validação dessas iniciativas. A terceira etapa é descartar as iniciativas que não estão funcionando e passar a investir em outras. Uma carteira de iniciativas funcionará em uma empresa de qualquer tamanho. Franklin está sempre buscando de 20 a 30, ciente de que 90% delas não darão certo. "A ideia principal é manter essas iniciativas funcionando", diz ele. "Caso contrário, você estará desacelerando".

CONSELHO PARA UM EMPREENDEDOR

Um empreendedor que deseja que sua empresa seja mais inovadora leu este artigo e pede um conselho seu:

1. Parece que essa ideia de experimentação faz sentido, mas todos esses pequenos fracassos podem se somar, e se ocorrerem muitos deles, poderá resultar em um grande fracasso. Aí o negócio se esvai pelo ralo. Como obter as vantagens da experimentação, do modo mais eficiente em termos de inovação, e ainda reduzir os custos para que eu não corra o risco de perder minha empresa?

2. Meus empregados, compradores e fornecedores gostam de trabalhar para minha empresa porque temos muitas vitórias. Não tenho certeza sobre como reagirão quando nossa empresa começar a apresentar um monte de falhas (mesmo que sejam pequenas). É uma questão psicológica. Como lidar com esse conflito?

3. Mesmo se todos aceitarem a situação, não estou certo sobre como a enfrentarei. Quando os projetos fracassam, isso mexe muito com meu lado emocional. Será que eu simplesmente não sou talhado para esse tipo de abordagem?

Fonte: Reimpresso com permissão de Entrepreneur Media, Inc., "Worth a Try. Who Knows What's Going to Work? So Put as Many Ideas as You Can to the Test," by Mark Henricks, February 2003, *Entrepreneur* magazine: www.entrepreneur.com.

licença exclusiva para administrar e cultivar essa área da costa da Tasmânia, a única localização conhecida na Austrália (e possivelmente do Hemisfério Sul) onde a wakame estava crescendo. Por ter sido a pioneira, a Commercial Marine Products garantiu o acesso à única fonte desse suprimento.

Essas barreiras à entrada podem reduzir a concorrência enfrentada pelo pioneiro. Como a concorrência geralmente derruba os preços e eleva os custos de marketing, ocorrem normalmente uma redução nas margens de lucro e uma queda na lucratividade geral. Contudo, nem sempre a concorrência é ruim; às vezes, ela aumenta o desempenho da empresa. A concorrência dentro de um setor pode surtir um efeito positivo sobre o crescimento desse setor. Por exemplo, a concorrência entre empresas estimula a sua eficiência e inovação, agregando ainda mais valor a seus produtos para os clientes. Os aumentos no valor para o cliente (seja pela melhoria na qualidade dos produtos, por redução de preços ou ambas) significarão que mais clientes entrarão no novo mercado. É possível aumentar a clientela quando se entra em mercados internacionais.

Assim, os pioneiros devem se lembrar de que é possível vencer a batalha, reduzindo o nível da possível concorrência dentro de um setor por meio da criação de obstáculos à entrada de concorrentes, mas também é possível perder a guerra, porque clientes insuficientes estão predispostos a migrar para um novo setor. Sob essas condições, o pioneiro deve permitir alguns concorrentes no setor, para dividir os custos do pioneirismo e trabalhar em conjunto a fim de criar barreiras à entrada subsequente de possíveis concorrentes.

ESTRATÉGIAS DE REDUÇÃO DE RISCOS PARA EXPLORAÇÃO DA NOVA ENTRADA

risco
Probabilidade e magnitude da perda negativa

A nova entrada envolve um risco considerável para o empreendedor e sua empresa. Nesse caso, o *risco* está associado à probabilidade e à magnitude da perda negativa,[16] que pode resultar em falência. O risco da perda negativa se origina, em parte, nas incertezas do empreendedor em relação à demanda do mercado, ao desenvolvimento tecnológico e às ações dos concorrentes. É possível aplicar estratégias para reduzir uma parte ou todas essas incertezas e, por conseguinte, diminuir o risco da perda negativa. Duas dessas estratégias são o escopo do mercado e a imitação.

Estratégias do escopo do mercado

escopo
Escolha dos grupos de clientes a serem atendidos e de como atendê-los

Escopo é a escolha, por parte do empreendedor, dos grupos de clientes a serem atendidos e de como atendê-los.[17] A escolha do escopo do mercado varia desde uma estratégia de escopo limitado a uma estratégia de escopo abrangente e depende do tipo de risco cuja redução o empreendedor considera mais importante.

Estratégia de escopo limitado Essa estratégia oferece uma pequena faixa de produtos para um pequeno número de grupos de clientes a fim de atender a uma necessidade específica. O escopo limitado reduz, de várias maneiras, o risco da empresa ao enfrentar a concorrência com empresas maiores e estabelecidas.

- Uma estratégia de escopo limitado foca a empresa na produção de produtos personalizados, em operações comerciais localizadas e em altos níveis de qualidade do produto. Esses resultados fornecem a base para diferenciar a empresa dos concorrentes maiores, mais voltados para a produção em massa e para as vantagens oriundas desse volume. Uma estratégia de escopo limitado de diferenciação de produto reduz a concorrência com as empresas estabelecidas maiores e permite que o empreendedor cobre preços diferenciados.

- Ao se concentrar em um grupo específico de clientes, o empreendedor acumula experiência e conhecimento especializados que proporcionam uma vantagem em relação às empresas que estão concorrendo de modo mais amplo. Por exemplo, o empreendedor que adota uma estratégia de escopo limitado está em melhor posição de oferecer um produto de qualidade superior devido a seu conhecimento profundo das características do produto mais desejadas pelos clientes.

- O topo de linha do mercado em geral representa um nicho altamente rentável, muito adequado às empresas que podem produzir produtos personalizados, em operações comerciais localizadas e com altos níveis de qualidade do produto. Com base no primeiro aspecto citado, sabemos que as empresas que adotam uma estratégia de escopo limitado têm maior probabilidade de oferecer produtos e serviços com essas características do que as empresas maiores, mais interessadas no volume.

Contudo, nem sempre uma estratégia de escopo limitado oferece proteção contra a concorrência. Por exemplo, a empresa oferece um produto que, para o empreendedor, é de qualidade superior, mas os clientes podem não valorizar os aperfeiçoamentos implementados no produto ou, caso não percebam essas melhorias, podem não estar propensos a pagar um preço mais alto por eles, dando preferência aos produtos oferecidos, no momento, por empresas maiores. Ou seja, o limiar do segmento de mercado almejado pelo empreendedor não está suficientemente definido em relação ao do mercado de produção em massa, e isso propicia pouca proteção contra a concorrência.

Além disso, se o nicho do mercado for atrativo, haverá um incentivo para as empresas maiores e estabelecidas (e para todas as empresas) desenvolverem produtos e operações voltados para esse nicho. Por exemplo, uma empresa maior e mais voltada para o mercado de produção em massa pode criar uma subsidiária para concorrer nesse segmento de mercado atrativo.

Mesmo que uma estratégia de escopo limitado ocasionalmente reduza os riscos associados à concorrência, ela estará vulnerável a outro tipo de risco: o risco de que a demanda do mercado não se materialize conforme o previsto e/ou de que mude com o passar do tempo. Por exemplo, uma estratégia de escopo limitado concentra-se em um único grupo de clientes (ou em um pequeno número de grupos de clientes), mas se o mercado mudar e reduzir bastante o tamanho e a atratividade desse segmento, a empresa correrá um alto risco de perda negativa. Ter uma estratégia de escopo limitado é como colocar todos os ovos em uma única cesta. Se a cesta rasgar, todos os ovos cairão e se partirão. Uma estratégia de escopo amplo, por outro lado, oferece uma maneira de gerenciar a incerteza da demanda e, assim, reduzir um aspecto do risco do empreendedor.

Estratégia de escopo amplo Considere essa estratégia como usar uma abordagem de "portfólio" para lidar com as incertezas em relação à atratividade dos diversos segmentos do mercado. Ao oferecer uma variedade de produtos em diversos segmentos de mercado, o empreendedor adquire conhecimento do mercado como um todo, detectando quais produtos são os mais lucrativos. Os produtos (e segmentos de mercado) sem êxito podem ser descartados, e os recursos devem ser concentrados nos mercados de produtos que demonstram ser os mais promissores. Basicamente, o empreendedor enfrenta a incerteza do mercado ao aplicar uma estratégia de escopo amplo para conhecer o mercado por meio de um processo de tentativa e erro.[18]

A estratégia definitiva do empreendedor surgirá como resultado das informações fornecidas por esse processo de aprendizagem. Uma estratégia de escopo limitado, no entanto, exige que o empreendedor tenha certeza suficiente sobre o mercado para que ele possa focar seus recursos em uma pequena parte do mercado, com poucas alternativas caso a avaliação inicial sobre o produto tenha sido incorreta. Oferecer uma variedade de produtos em diversos segmentos do mercado significa que uma estratégia de escopo amplo está abrindo a empresa para diversas "frentes" de concorrência. O empreendedor talvez precise concorrer com empresas mais especializadas, dentro de nichos de mercado limitados, e, simultaneamente, com produtos de grandes volumes no mercado de produção em massa.

Portanto, uma estratégia de escopo limitado oferece uma maneira de reduzir alguns riscos relacionados à concorrência, mas aumenta os riscos associados às incertezas do mercado. Uma estratégia de escopo amplo, por sua vez, oferece uma maneira de reduzir os riscos associados às incertezas do mercado, mas se depara com uma exposição maior à concorrência. O empreendedor deve escolher a estratégia de escopo que reduza os riscos do aspecto mais preocupante. Por exemplo, se a nova entrada for destinada a um mercado já estabelecido, os concorrentes terão posições firmes e estarão prontos para defender suas fatias no mercado. Além disso, a demanda do mercado é mais estável, e a pesquisa de mercado dará informações ao empreendedor sobre a atratividade do novo produto junto a um grupo específico de clientes. Nessa situação, em que o risco da concorrência é grande e as incertezas do mercado são mínimas, uma estratégia de escopo limitado tem mais sucesso em reduzir os riscos.

Contudo, se a nova entrada envolve a criação de um novo mercado ou se é uma entrada em um mercado emergente, os concorrentes estarão mais preocupados em satisfazer os novos clientes que estão entrando no mercado do que em abocanhar a fatia do mercado de outros ou em fazer uma retaliação contra os novos ingressantes. Além disso, geralmente há muita incerteza no mercado sobre quais produtos serão os vencedores e quais serão os perdedores. Diante desse cenário, uma estratégia de escopo amplo reduz o risco principal, ou seja, o risco associado às incertezas em relação às preferências dos clientes.

Estratégias de imitação

Por que fazer isso? A imitação é outra estratégia para minimizar o risco da perda negativa associada à nova entrada. A imitação abrange copiar as práticas de outras empresas, quer essas outras empresas estejam no setor-alvo, quer pertençam a setores relacionados. No início, parece que a ideia de usar *estratégias de imitação* para melhorar o desempenho da empresa é inconsistente com o argumento apresentado no começo do capítulo, segundo o qual o desempenho superior se origina nas qualidades de ser valioso, raro e inimitável. Uma estratégia de imitação não pode ser rara ou inimitável.

estratégias de imitação
Copiar as práticas de outras empresas

Apesar disso, uma estratégia de imitação também pode otimizar o desempenho de uma empresa porque uma nova entrada bem-sucedida não precisa ser valiosa, rara e inimitável em relação a cada aspecto das operações da empresa. Em vez disso, a imitação das práticas dos outros, que são periféricas à vantagem competitiva da empresa, oferece alguns benefícios.

Os empreendedores podem simplesmente achar mais fácil imitar as práticas de uma empresa bem-sucedida do que passar por todo o processo de uma pesquisa sistemática e dispendiosa, que ainda exige uma decisão baseada em informações imperfeitas.[19] Basicamente, a imitação representa uma alternativa para a aprendizagem individual e é ilustrada pela seguinte citação do presidente da Rexhaul Industries (uma empresa que vende veículos recreativos mais baratos do que seus concorrentes): "Nesse setor, chamamos isso de P&C: pesquisar e copiar".[20]

Imitar algumas práticas de empresas estabelecidas e bem-sucedidas ajuda o empreendedor a desenvolver as aptidões necessárias para obter êxito no setor em vez de tentar desvendar quais aptidões são necessárias e desenvolvê-las desde o início. Esse uso da imitação permite que o empreendedor adquira rapidamente as habilidades que serão recompensadas pelo setor sem necessariamente ter de determinar primeiro quais são realmente os principais fatores do sucesso. Trata-se de um mecanismo que permite ao empreendedor saltar uma etapa nos estágios da resolução de um quebra-cabeça (ou pelo menos atrasar a necessidade e a importância de solucionar essa etapa específica).

A imitação também concede legitimidade organizacional. Se o empreendedor atua como uma empresa bem-estabelecida, provavelmente será percebido pelos clientes como bem-estabelecido. A imitação é um meio de ganhar *status* e prestígio. Os clientes se sentem mais seguros ao negociar com empresas que eles percebem como estabelecidas e de prestígio. Esse é particularmente o caso das empresas de prestação de serviços. Por exemplo, uma nova empresa de consultoria precisará mostrar envergadura para dar a impressão de uma empresa estabelecida e de prestígio, embora alguns de seus símbolos (como um escritório em localização privilegiada, cadeiras e sofás de couro e uma indumentária impecável) compliquem a disponibilidade dos recursos e sejam secundários para a qualidade do atendimento.

Tipos de estratégias de imitação O uso de franquias é um exemplo de uma nova entrada baseada na imitação com vistas a reduzir o risco da perda negativa para o franqueado. Um franqueado adquire do franqueador o uso de uma "fórmula testada e aprovada" para uma nova entrada. Por exemplo, um empreendedor pode entrar no setor de *fast food* adquirindo a franquia de uma loja McDonald's em uma nova região. Esse empreendedor está imitando as práticas gerenciais de outras lojas McDonald's (na verdade, a imitação é obrigatória) e usufruindo os benefícios da demanda de um mercado estabelecido; explorando um nome e produtos protegidos por propriedade intelectual; e tendo acesso ao conhecimento de questões financeiras, de marketing e administrativas.

Essa nova entrada é exclusiva porque é a única loja McDonald's em uma determinada região geográfica (embora deva concorrer com Burger King, KFC, etc.). Em termos mais abrangentes, essa loja McDonald's é diferenciada dos possíveis concorrentes no mesmo espaço geográfico. Grande parte do risco da nova entrada para o empreendedor foi reduzida por meio dessa estratégia de imitação (o Capítulo 14 discute o uso de franquias em mais detalhes).

A franquia não é a única estratégia de imitação. Alguns empreendedores tentarão copiar empresas de sucesso. Por exemplo, uma nova entrada pode envolver a cópia de produtos já existentes e a tentativa de criar uma vantagem por meio de pequenas variações. Essa forma de imitação é geralmente citada como *estratégia do "eu também"*. Em outras palavras, a empresa bem-sucedida ocupa uma posição privilegiada nas mentes dos clientes, e agora o imitador também estará lá, esperando receber a consideração dos clientes. A variação geralmente se relaciona a proceder pequenas mudanças no produto lançado, a levar um produto ou serviço existente (que não é protegido por direitos de propriedade intelectual) para um novo mercado que não está sendo atendido na ocasião ou a entregar o produto aos clientes de outra maneira.

estratégia do "eu também"
Copiar produtos já existentes e tentar criar uma vantagem por meio de variações mínimas

As sorveterias são um exemplo da estratégia de imitação do "eu também", por meio da qual novos ingressantes imitaram lojas bem-sucedidas, mas conseguiram se diferenciar daquelas já existentes no setor ao oferecer algum tipo de variação. Constatamos sorveterias concorrentes imitando umas às outras, apresentando projetos de loja e locais semelhantes (por exemplo, dentro de *shoppings*), a mesma variedade de sabores e casquinhas (por exemplo, cones de *waffle*) e estratégias promocionais parecidas (como "Prove antes de comprar"). Geralmente, a variação recai apenas sobre a localização da loja.

No setor de varejo de sorvetes, temos observado que os novos ingressantes contam com níveis cada vez mais altos de imitação para terem a necessária vantagem competitiva – um número cada vez maior de ingressantes está celebrando um acordo de franquia com a Baskin-Robbins, a Häagen-Dazs ou com outros franqueadores internacionais, que lançaram um nome de marca e uma reputação nacional ou global (antes, apenas regional) e padronizaram procedimentos operacionais, comunicação entre lojas e economias de escala no marketing.[21]

Contudo, uma estratégia de imitação do "eu também" pode ser mais difícil de ser implementada com êxito do que se imagina no princípio. O sucesso da empresa copiada pode depender de seu conhecimento organizacional e da cultura corporativa. As atividades periféricas talvez não produzam os resultados almejados quando utilizadas em outro contexto organizacional. Além do mais, em geral os empreendedores são legalmente impedidos em relação a outras vias de imitação, como o uso de marcas registradas e de nomes comerciais.

É possível que uma estratégia de imitação reduza os custos do empreendedor associados à pesquisa e ao desenvolvimento, diminua a incerteza do cliente em relação à empresa e faça a nova entrada parecer legítima desde o primeiro dia. Ao adotar uma estratégia de imitação para a nova entrada, o empreendedor deve se concentrar em imitar os elementos da empresa mais importantes para a sua vantagem competitiva. Esses aspectos centrais da vantagem devem ser valiosos, raros e inimitáveis para a empresa atingir um alto desempenho durante um período de tempo prolongado.

Administrando as empresas novas (novatas)

A nova entrada pode ocorrer por meio da criação de uma nova organização, o que impõe alguns desafios não enfrentados pelos empreendedores que administram empresas estabelecidas. Essas *desvantagens da novidade* se originam das seguintes condições únicas.

desvantagens da novidade
Implicações negativas decorrentes do caráter de novidade de uma organização

- As novas organizações enfrentam custos ao aprender novas atividades. Isso pode exigir algum tempo e treinamento para adaptar as habilidades dos empregados às novas tarefas que deverão executar.

- À medida que as pessoas são designadas às funções da nova organização, ocorrerão algumas sobreposições ou lacunas nas responsabilidades. Geralmente, isso provocará conflitos até que as fronteiras que delimitam funções específicas estejam mais formalmente definidas (tão logo a diretoria tenha conhecimento suficiente para fazê-lo) e/ou até que sejam negociadas informalmente pelas partes em conflito.

- A comunicação dentro da organização ocorre por meio de canais formais e informais. Uma nova organização ainda não teve a oportunidade de desenvolver estruturas informais, como amizades e cultura organizacional. Leva algum tempo para uma empresa estabelecer essas estruturas informais.

Administrar uma nova empresa exige atenção especial para educar e treinar os empregados, para permitir que seus conhecimentos e habilidades se desenvolvam rapidamente e atendam às necessidades de suas atividades, para dirimir os conflitos em relação às funções e para cultivar atividades sociais que, por sua vez, fomentarão rapidamente relacionamentos informais e uma cultura corporativa funcional. Se essas desvantagens da novidade forem superadas, o empreendedor se beneficiará de algumas das *vantagens da novidade*. Esses recursos confirmam as vantagens de uma organização nova em relação a uma amadurecida, principalmente nos ambientes que estão em constante mudança.

vantagens da novidade
Implicações positivas decorrentes do caráter de novidade de uma organização

Embora as organizações amadurecidas tenham rotinas, sistemas e processos fixos que aumentam a eficiência de suas operações, tais rotinas, sistemas e processos podem se tornar um problema quando essas empresas têm necessidade de se adaptar às mudanças ocorridas em seu ambiente. As práticas anteriores geram um ímpeto ao longo do mesmo caminho, e o redirecionamento é difícil. As empresas maduras também enfrentam dificuldades para obter novos conhecimentos porque seus raciocínios estão atados ao que já vem sendo realizado e àquilo no qual eles são eficientes, e não ao ambiente externo e ao que é necessário fazer.

As novas empresas, por sua vez, consideram que a falta de rotinas, sistemas e processos fixos significa que elas podem começar do zero, o que lhes concede vantagens de aprendizagem em relação às empresas mais antigas.[22] Elas não precisam "desaprender" os conhecimentos e hábitos antigos para aprender novos conhecimentos e criar novas rotinas, sistemas e processos mais sintonizados com o ambiente modificado.

A maior capacidade de aprender novos conhecimentos representa uma fonte importante de vantagem competitiva que deve ser cultivada pelo empreendedor. Isso é vantajoso principalmente em um ambiente que está em constante mudança, pois a empresa necessita criar gradativamente sua estratégia enquanto assimila informações ao atuar. O planejamento estratégico anterior não será bem-sucedido nesses ambientes porque o desenvolvimento desses ambientes não é conhecido de antemão (a menos que o empreendedor tenha muita sorte).

Assim, embora os empreendedores devam estar cientes dessas desvantagens e administrá-las, nem tudo está perdido. Ao contrário, os novos empreendimentos têm uma vantagem estratégica importante em relação a seus concorrentes amadurecidos, principalmente nos ambientes dinâmicos, em constante mudança. Os empreendedores devem se capitalizar com esses recursos das novatas, criando uma organização de aprendizagem, flexível e capaz de acomodar esse novo conhecimento em suas futuras ações. Isso muda a ênfase no conhecimento e no desempenho da empresa, que passa de uma dependência excessiva dos planos estratégicos para uma ênfase maior na aprendizagem estratégica e flexibilidade do empreendedor e de sua equipe administrativa.

REVISÃO

RESUMO

Uma das ações básicas do empreendedorismo é a nova entrada, ou seja, a baseada em um novo produto, novo mercado e/ou nova organização. As estratégias empreendedoras representam o conjunto de decisões, ações e reações que primeiramente geram e, depois, exploram, no decorrer do tempo, uma nova entrada, de modo a maximizar os benefícios da novidade e minimizar seus custos. A criação de pacotes de recursos é a base para novas oportunidades de entrada. Um pacote de recursos é criado a partir do conhecimento do mercado, do conhecimento tecnológico e de outros recursos que o empreendedor possui. A nova entrada pode vir a ser a fonte de um desempenho superior e sustentável da empresa se o pacote de recursos que a respalda for valioso, raro e inimitável. Portanto, quem deseja gerar uma inovação deve examinar as experiências exclusivas e o conhecimento existente de si mesmo e de suas equipes.

Após criar uma nova combinação de recursos, o empreendedor precisa determinar se ela é, de fato, valiosa, rara e inimitável, avaliando se esse novo produto e/ou novo mercado é suficientemente atrativo para compensar a exploração e posterior ação com base nessa decisão. A decisão de explorar a nova oportunidade de entrada ou não depende de o empreendedor possuir informações suficientes para tomar uma decisão e depende de a janela ainda estar aberta para essa nova oportunidade de entrada. A determinação das informações suficientes por parte do empreendedor depende do estoque de informações e do nível de segurança do empreendedor ao tomar essa decisão sem informações perfeitas.

O êxito da nova entrada exige que a empresa do empreendedor tenha uma vantagem em relação às concorrentes. Geralmente, os empreendedores argumentam que sua vantagem competitiva é decorrente do fato de eles serem os primeiros a entrar no mercado. O pioneirismo até resulta em algumas vantagens, como otimização do desempenho, vantagens financeiras, redução da concorrência, garantia de fontes importantes de suprimentos e distribuição, obtenção de uma posição privilegiada no mercado e aquisição de experiência com a entrada antecipada. Mas os pioneiros nem sempre prosperam, e, na realidade, há condições que podem trazer desvantagens para o desempenho, como a alta instabilidade do ambiente envolvendo a entrada, a falta de habilidade entre os membros da equipe administrativa no sentido de treinar os clientes e de criar barreiras à entrada e à imitação para prolongar o tempo necessário à consolidação da empresa.

Uma nova entrada abrange um risco considerável para o empreendedor e sua empresa. Esse risco de uma perda negativa se origina parcialmente das incertezas do empreendedor em relação à demanda do mercado, ao desenvolvimento tecnológico e às ações dos concorrentes. É possível usar estratégias para reduzir algumas ou todas essas incertezas e, com isso, reduzir o risco de uma perda negativa. Duas dessas estratégias são o escopo do mercado e a imitação. O escopo é uma escolha, feita pelo empreendedor, dos grupos de clientes que serão atendidos e de como atendê-los; por exemplo, a escolha entre um escopo limitado e um escopo amplo. A imitação abrange copiar as práticas de outras empresas, quer pertençam ao setor em questão, quer a setores relacionados; por exemplo, "eu também" e a franquia são estratégias de imitação.

O empreendedorismo também pode envolver a criação de uma nova organização que imponha alguns desafios para os empreendedores, não enfrentados por aqueles que administram empresas estabelecidas. Esses desafios, citados como suscetibilidades das novatas, refletem os custos mais altos de uma nova organização ao aprender novas atividades, com o aumento de conflitos relacionados às funções e responsabilidades recém-criadas e a falta de uma malha de comunicação informal bem-desenvolvida. Contudo, as novas organizações também podem ter alguns recursos diferenciadores, e o mais importante deles é o aumento da possibilidade de assimilar novos conhecimentos, o que concede uma vantagem estratégica importante em relação aos concorrentes maduros, principalmente em ambientes dinâmicos, em constante mudança.

ATIVIDADES DE PESQUISA

1. Escolha três invenções importantes que conduziram a produtos de sucesso. Quem foram os inventores? Como eles inventaram a tecnologia? Por que você acredita que eles foram os primeiros a inventar essa tecnologia?

2. Encontre três exemplos de empresas pioneiras de um novo produto em um novo mercado que conseguiram atingir um sucesso duradouro com base nessa entrada. Dê três exemplos de em-

presas que não foram as pioneiras, mas que entraram posteriormente para, em algum momento, assumir o pioneirismo como líderes do mercado. Em sua opinião, por que as empresas bem-sucedidas alcançaram o sucesso e o que ocorreu para que as outras empresas não obtivessem êxito?

3. Qual é a taxa de fracasso de todas as empresas novas? Qual é a taxa de fracasso de todas as novas franquias? Que conclusões você pode tirar a partir desses números?

DISCUSSÃO EM AULA

1. Dê cinco exemplos de empresas que utilizaram a imitação como uma maneira de reduzir o risco de entrada. Que aspectos do risco a imitação se propõe a reduzir? Isso funcionou? Que aspectos da empresa não foram gerados por imitação, tornaram a empresa especial e representaram uma possível fonte de vantagem em relação aos concorrentes?

2. Dê dois exemplos de empresa com um escopo amplo, duas com um escopo limitado e duas que iniciaram de modo limitado e tornaram-se mais amplas no decorrer do tempo.

3. É perda de tempo descrever a estratégia da empresa no plano de negócio quando o público desse plano (por exemplo, os investidores de capital de risco) sabe que as coisas não sairão conforme previstas e, como resultado, dá muita importância à qualidade da equipe administrativa? Por que não enviar apenas os currículos dos integrantes da equipe administrativa? Se você fosse um investidor de capital de risco, gostaria de examinar o plano de negócio? Como você avaliaria a qualidade de uma equipe administrativa em relação à outra?

NOTAS

1. G. Lumpkin and G. G. Dess, "Clarifying the Entrepreneurial Orientation Construct and Linking It to Performance," *Academy of Management Review* 21, no. 1 (1996), pp. 135–72.

2. F. H. Knight, *Risk, Uncertainty and Profit* (New York: Houghton Mifflin, 1921); E. M. Olson, O. C. Walker, Jr., and R. W. Ruekert, "Organizing for Effective New Product Development: The Moderating Role of Product Innovativeness," *Journal of Marketing* 59 (January 1995), pp. 48–62; H. J. Sapienza and A. K. Gupta, "Impact of Agency Risks and Task Uncertainty on Venture Capitalist-Entrepreneur Relations," *Academy of Management Journal* 37 (1994), pp. 1618–32.

3. J. B. Barney, "Firm Resources and Sustained Competitive Advantage," *Journal of Management* 17 (1991), pp. 99–120.

4. Esta lista é adaptada de M. A. Hitt, R. D. Ireland, and R. E. Hoskisson, *Strategic Management: Competitiveness and Globalization,* 3rd ed. (London: South-Western Publishing Co., 1999).

5. S. P. Schnaars, *Managing Imitation Strategies: How Later Entrants Seize Markets from Pioneers* (New York: Free Press, 1994).

6. Nathan Rosenberg, "Trying to Predict the Impact of Tomorrow's Inventions," *USA Today* 123 (May 1995), pp. 88ff.

7. Ibid.

8. J. McMullen and D. A. Shepherd, "A Theory of Entrepreneurial Action," in J. Katz and D. A. Shepherd (eds.), *Advances in Entrepreneurship: Firm Emergence and Growth* (vol. 6) (Greenwich, CT: JAI Press, 2003), pp. 203–48.

9. D. A. Shepherd and M. Shanley, *New Venture Strategy: Timing, Environmental Uncertainty and Performance* (Newburg Park, CA: The Sage Series in Entrepreneurship and the Management of Enterprises, 1998).

10. M. B. Lieberman and D. B. Montgomery, "First Mover Advantages," *Strategic Management Journal* 9 (1988), pp. 127–40.

11. D. F. Abell, "Strategic Windows," *Journal of Marketing* 42, no. 3 (1978), pp. 21–26.

12. D. A. Aaker and G. S. Day, "The Perils of High Growth Markets," *Strategic Management Journal* 7 (1986), pp. 409–21; Shepherd and Shanley, *New Venture Strategy*.

13. Shepherd and Shanley, *New Venture Strategy*.

14. S. F. Slater, "Competing in High Velocity Markets," *Industrial Marketing Management* 24, no. 4 (1993), pp. 255–68.

15. Shepherd and Shanley, *New Venture Strategy*.

16. T. W. Ruefli, J. M. Collins, and J. R. LaCugna, "Risk Measures in Strategic Management Research: Auld Lang Syne?" *Strategic Management Journal* 20 (1999), pp. 167–94.

17. J. D. Teplensky, J. R. Kimberly, A. L. Hillman, and J. S. Schwartz, "Scope, Timing and Strategic Adjustment in Emerging Markets: Manufacturer Strategies and the Case of MRI," *Strategic Management Journal* 14 (1993), pp. 505–27.

18. Shepherd and Shanley, *New Venture Strategy*.

19. Ibid.

20. Schnaars, *Managing Imitation Strategies*.

21. Shepherd and Shanley, *New Venture Strategy*.

22. B. B. Lichtenstein, G. T. Lumpkin, and R. Shrader, "A Theory of Entrepreneurial Action," in J. Katz and D. A. Shepherd (eds.), *Advances in Entrepreneurship: Firm Emergence and Growth* (vol. 6) (Greenwich, CT: JAI Press, 2003).

II
DA IDEIA À OPORTUNIDADE

Capítulo 4
Criatividade e a ideia da empresa

Capítulo 5
Identificação e análise de oportunidades nacionais e internacionais

Capítulo 6
A proteção da ideia e outras questões legais para o empreendedor

4
CRIATIVIDADE E A IDEIA DA EMPRESA

OBJETIVOS DE APRENDIZAGEM

▶ Identificar várias fontes de ideias para novos empreendimentos.

▶ Discutir os métodos disponíveis para a geração de novas ideias de empreendimentos.

▶ Discutir a criatividade e as técnicas para a solução criativa de problemas.

▶ Discutir a importância da inovação.

▶ Conhecer um plano de avaliação de oportunidades.

▶ Discutir aspectos do planejamento e do processo de desenvolvimento de produtos.

▶ Discutir aspectos do *e-commerce* e o início de um negócio de *e-commerce*.

PERFIL DE ABERTURA

Pierre Omidyar – www.ebay.com

Quem já assistiu a *Antiques Roadshow* ou *The Collectors* sabe que não somente o lixo de um é o tesouro de outro, mas que esse tesouro pode valer uma fortuna. Pense naquele vaso horrível herdado de sua tia-avó Mildred 20 anos atrás e que não sai do fundo do armário desde então. Talvez ele valha 5.000 dólares. A parte mais interessante do "valor" é que algo vale apenas o que outra pessoa está disposta a pagar por ele. Se nenhum outro ser humano achasse que o vaso da Tia Mildred vale alguma coisa, então ele seria insignificante. Mas se um pequeno grupo de pessoas, talvez colecionadores fanáticos, dá valor ao objeto, este se torna "valioso".

Foi esse fenômeno sociológico interessante que chamou a atenção de Pierre Omidyar e levou à fundação do eBay. A famosa história de origem do eBay começa com uma conversa entre Omidyar e sua namorada durante o jantar, quando ela lamentou sobre os problemas com sua coleção de tubos de bala Pez. Ela reclamou que não havia colecionadores suficientes de Pez na sua região do mundo com os quais fazer negócios, o que deu a Omidyar a ideia de transcender a geografia e reunir compradores e vendedores de todo o mundo pela Internet. A história é simpática e fácil de lembrar, mas não é 100% verdadeira. Em 2000, durante uma entrevista na Academy of Achievement, Omidyar descreveu a história como "midiatizada", e assessores da eBay posteriormente disseram que era "invenção de um relações públicas".[1] A namorada da história era Pamela Wesley, hoje sua esposa, e noiva na época. Ela odeia a história sobre o Pez, pois preferiria ser mais conhecida por seu sucesso como consultora de administração e seu mestrado em biologia molecular do que por sua coleção de tubinhos.

A história é que Omidyar sempre foi fascinado pelo mundo da alta tecnologia e sua capacidade de reunir pessoas. Nascido em Paris em 1967, seus pais eram um casal de sucesso e alto nível educacional; o pai era cirurgião, e a mãe, linguista. Omidyar não foi um aluno especialmente brilhante, mas estudou na Tufts University e se formou em ciência da computação.[2] Sempre fascinado pela tecnologia de software, ele aprendeu a programar computadores bem cedo e escrevia aplicativos simples desde o ensino médio. Sobre seus anos de formação antes do advento da World Wide Web, Omidyar afirma: "Cresci no mundo do software. Cresci em um ambiente de tecnologia, mas tudo girava em torno de criar um software que resolvesse os problemas das pessoas e mudasse o mundo".[3]

Depois da faculdade, ele trabalhou em uma empresa que desenvolvia software para computadores Macintosh, e também na Claris, uma subsidiária da Apple. Ele fundou seu primeiro empreendimento em 1991, a empresa de software Ink Development, com três amigos. Como parte do negócio se dedicava ao *e-commerce*, eles trocaram o nome da empresa para eShop Inc.; a empresa seria vendida à Microsoft posteriormente.[4] Fascinado pelos desafios humanos do *e-commerce*, durante as horas de folga, Omidyar continuou com o desenvolvimento de protótipos para ampliar o comércio por meio da Internet enquanto trabalhava em tempo integral na General Magic. Omidyar ficou espantado quando sua primeira venda na Internet não foi um tubo de Pez, mas sim uma impressora a laser estragada. Essa transação esquisita foi o ponto de partida de uma enorme transição do mercado, que passou das lojas físicas aos cliques virtuais.

Omidyar não inventou a ideia do comércio na Internet, mas ele a revolucionou. Enquanto construía o eBay, ele reconheceu a importância da transação humana que ocorria por trás das telas e dos teclados. Para entender a base de como os negócios bem-sucedidos são realizados, ele refletiu em termos de como o comércio era realizado até mesmo nas primeiras civilizações. O princípio fundamental que ele descobriu, e que tornou o eBay um sucesso, é que as pessoas precisam *confiar* umas nas outras para que o comércio ocorra. Foi esse raciocínio que o levou a produzir um sistema de pesos e contrapesos que o eBay usa até hoje, um sistema que foi recriado milhares de vezes em inúmeros *sites* de varejo. Todo o mundo que vende, compra e troca no *site* pode avaliar uns aos outros, assim como enviar reclamações e opiniões quanto a sua experiência com os outros usuários. Dessa maneira, a confiança pode ser construída e destruída e a reputação *online* se torna o fator crucial para o negócio. Sua crença firme na bondade intrínseca das pessoas ajudou Omidyar a criar uma fórmula vencedora que muita gente considerava impossível. Foi assim que ele criou a gigante que hoje conhecemos como "O Mercado Online do Mundo".

Em se tratando de empreendedorismo, Omidyar acredita que o sucesso depende da coragem de fracassar. Muitas pessoas com boas ideias, até ótimas ideias, não alcançam o sucesso porque têm medo de avançar, presas na mentalidade de que seus sonhos não podem se tornar realidade. Citando a incerteza interna como o maior obstáculo a ser superado, Omidyar diz que tem sorte de nunca ter sido convencido a não tentar algo novo. Sempre que tinha uma nova ideia, ele pensava "... puxa, sabe, por que não? Vou tentar".[5]

Além de ter coragem e experimentar novidades, parece que ter paixão pelo que se está fazendo é o próximo grande tema para o sucesso de Omidyar. Seu interesse natural por computadores e software, além de sua curiosidade instintiva sobre a condição humana, tornam o eBay o objeto perfeito para seus esforços empreendedores. Sua paixão o ajudou a superar os momentos difíceis, as horas extras, as críticas ferozes. O eBay foi atacado pelos críticos em seus primeiros anos, pois ajudava o comércio de itens controversos, como armas de fogo e pornografia. Em vez de entrar em pânico, Omidyar examinou as questões de forma analítica, ponderando os prós e contras da censura e da decência. No final, as armas de fogo foram banidas e a pornografia foi isolada do resto do *site*. Omidyar trabalha para oferecer acesso apenas a usuários maiores de idade. Enquanto autointitulado "líder de torcida" do eBay, sua paixão e crença no sistema de comércio que criou o motivaram nas épocas difíceis e o ajudaram a perseverar.

Conhecido como um dos "caras legais" do mundo dos negócios, o empreendedor considera que os valores pessoais são o segredo da operação de um negócio bem-sucedido. Um elemento essencial do eBay é a crença fundamental de que as pessoas são basicamente boas, e aquelas que não merecem confiança são a exceção, não a regra. Seu mercado é marcadamente diferente dos outros ambientes de varejo, pois a empresa em si não possui controle da situação. O eBay controla o *design* do *site*, mas todos os produtos são inseridos pelos clientes que utilizam o espaço. Não há vendedores a serem treinados, *layouts* a projetar ou qualquer uma das maneiras tradicionais que os varejistas utilizam para impactar a experiência do cliente. Parece assustador, mas, no eBay, os usuários controlam suas próprias experiências ao interagir uns com os outros, com intervenções limitadas por parte da empresa. A consequência é que um usuário do eBay pode nunca utilizar o serviço novamente devido a uma experiência ruim com outro cliente. Em vez de tentar controlar a transação, a flexibilidade de Omidyar na administração do negócio parece ajudá-lo a evoluir e prosperar por conta própria. Dar o benefício da dúvida a todos os clientes é fundamental para o progresso desse modelo de negócio. Omidyar toma uma posição firme em defesa de sua crença inabalável nas pessoas, defendendo o mesmo princípio internamente por toda a organização. Ele acredita que, como não podemos controlar as ações dos outros, "... a única coisa que podemos fazer é estabelecer um determinado conjunto de valores que encorajamos as pessoas a adotar, e a única maneira de os clientes adotarem esses valores é se vivermos eles também".[6] Como sempre ocorreu com todos os bons gerentes e administradores, Omidyar transforma essa filosofia em ações pessoais. O resultado é uma carreira lucrativa e, mais do que isso, uma reputação invejável.

Com uma fortuna estimada em 6,2 bilhões de dólares, o que lhe garante um posto alto na lista Forbes 400 das pessoas mais ricas dos Estados Unidos, Omidyar continua a inspirar confiança nos outros com os imensos projetos filantrópicos da Omidyar Network. Estabelecida em 2004 por Pierre e Pamela, sua esposa, o foco da organização é oferecer capital de investimento em áreas necessitadas. Com base no mesmo princípio do eBay de que as pessoas são basicamente boas, eles utilizam o *slogan* "todos têm o poder de fazer a diferença" para comunicar sua ideia. Com investimento de capital em microfinanças, empreendedorismo e direitos de propriedade, além de uma iniciativa que envolve mídia, mercados e transparência, seu objetivo é ajudar empreendimentos de maior escala a prosperar para promover mudanças cataclísmicas de baixo para cima. Inspirados pelo precedente estabelecido pelo eBay, sua ideia é nivelar a competitividade da economia global da mesma maneira que fizeram com o setor de varejo. Como está escrito no *site* da fundação: "Como somos inspirados pela criatividade das pessoas, suas ideias e sua capacidade de resolver os problemas mais desafiadores do mundo, acreditamos que, independentemente do ponto de partida econômico, social ou político, as pessoas do mundo todo merecem os recursos e a capacidade de melhorar suas próprias vidas e as vidas a seu redor".[7]

Pierre Omidyar é uma inspiração para o empreendedorismo e continua a deixar uma marca positiva no mercado global. Ele provou sua capacidade como inovador, empreendedor, empresário e, acima de tudo, como humanitário no sentido fundamental da palavra. Sua crença na bondade humana o levou longe, e ele continua a ser uma fonte de inspiração com sua bondade, altruísmo e, acima de tudo, fé inabalável na humanidade.

No âmago da história de sucesso de Pierre Omidyar está a criatividade e a exclusividade do conceito inicial da empresa. Essa parte do processo de criação do novo empreendimento seja talvez a mais difícil de realizar. Quais são as características específicas necessárias do novo produto ou serviço? Uma ampla variedade de técnicas pode ser usada para obter a ideia do novo produto. Para alguns, como Bob Reis, da Final Technology, Inc., e Frank Perdue, da Perdue Chickens, a ideia veio da experiência profissional. Enfim, não importa como ela ocorre, mas uma boa ideia para um novo produto (ou serviço), adequadamente avaliada, é essencial para o lançamento bem-sucedido de um novo empreendimento. Ao longo desta avaliação, ou desta análise de oportunidades, o empreendedor deve se lembrar de que a maioria das ideias *não* oferece a base para um novo empreendimento; em vez disso, é importante examinar e identificar as ideias que *podem* fornecer essa base, para que sejam o foco do empreendedor. Uma boa maneira de fazê-lo é analisar as tendências que ocorrerão durante a próxima década.

TENDÊNCIAS

As tendências muitas vezes representam as melhores oportunidades para iniciar um novo empreendimento, especialmente quando o empreendedor pode estar presente no princípio de uma tendência duradoura. Sete tendências oferecem oportunidades, indicadas na Tabela 4.1: tendência verde, tendência de energia limpa, tendência de orientação orgânica, tendência econômica, tendência social, tendência de saúde e tendência Web.

Tendência verde

O setor verde está repleto de oportunidades para empreendedores de todo o mundo. Os consumidores da atualidade estão bastante cientes de seus gastos, mas um número cada vez maior está disposto a pagar mais por produtos verdes, ou seja, ambientalmente corretos. A água é um aspecto dessa tendência verde que oferece oportunidades, especialmente na área da irrigação, como programas de recuperação para campos de golfe e parques, sistemas de irrigação inteligentes e consultoria para aumentar a eficiência do uso da água. Outras áreas de negócios que valem a pena ser analisadas incluem impressão ambientalmente correta, reciclagem e serviços de limpeza verdes. Por exemplo, um empreendedor está testando o uso de minhocas para reciclar detritos alimentares e produzir fertilizantes, enquanto outro usa o mesmo processo como fonte de combustível.

Tendência de energia limpa

Uma das preocupações ambientais mais urgentes dos consumidores é a energia limpa. Muitos acreditam que a energia do século XXI virá de fontes solares, eólicas e geotérmicas. Um fator significativo que acelerará esse movimento, abandonando o carvão (a energia do século XIX) e o petróleo (a energia do século XX), ocorrerá quando os custos da energia solar forem iguais aos da eletricidade gerada por outras fontes, seja por reduções de custos e aumentos de eficiência na capacidade de conversão solar, seja por subsídios fiscais para seu uso e produção. Pequenas empresas e residências representam um mercado potencial gigantesco nessa área. Diversos empreendedores instalam painéis solares em casas a baixos custos ou obtêm receitas com a economia em suas contas de energia.

Tendência de orientação orgânica

A tendência orgânica está aumentando significativamente, com força especial no setor alimentício, estimulada pela redução da diferença de preço entre os alimentos orgânicos e os não orgânicos. O crescimento médio das vendas de todos os alimentos orgânicos, incluindo carne, laticínios, frutas, legumes, pães e lanches, chega a 25% ao ano. O total das vendas de não alimentos orgânicos também está crescendo, especialmente no setor de vestuário. A Oscar and Belle, criada em 2007 por Anna Gustafson, vende roupas orgânicas para bebês. O vestuário para bebês, com tamanhos de recém-nascidos até 2 anos, é distribuído em lojas de varejo e pela Internet (oscarandbelle.com).

TABELA 4.1 Tendências da próxima década

- Verde
- Energia limpa
- Orientação orgânica
- Econômica
- Social
- Saúde
- Web

Tendência econômica

O impacto da crise de crédito, das falências bancárias, da queda dos preços dos imóveis e da execução de hipotecas forçou os consumidores a tomar mais cuidado com seus gastos. Esse aumento na frugalidade oferece oportunidades significativas em áreas como produtos de jardinagem, *coaching* de negócios, lojas com descontos, gestão de crédito e endividamento, reuniões virtuais, terceirização e todo o movimento do "faça você mesmo". Contudo, muitos produtos de luxo não sofreram efeitos negativos consideráveis.

Tendência social

A tendência social está evidente em todo o mundo, com cada vez mais eventos e oportunidades de *networking* ocorrendo todas as semanas, incluindo redes sociais populares como Facebook, MySpace, LinkedIn, entre muitas outras, além de redes sociais para negócios. Também há oportunidades em áreas relacionadas como planejamento financeiro e viagens, pois os indivíduos desejam a capacidade de preservar sua saúde financeira no longo prazo, levando em conta expectativas de vida maiores, e aproveitar os benefícios de viajar com seus filhos e netos. A Longevity Alliance, por exemplo, é um serviço de aconselhamento centralizado que oferece assessoria de planejamento financeiro e cuidados de longo prazo.

Tendência de saúde

A manutenção da saúde e as preocupações com a prestação de serviços de saúde representam uma das maiores tendências da atualidade, e continuarão a ganhar importância na próxima década à medida que a população mundial envelhece. O fato oferece muitas oportunidades para os empreendedores, incluindo procedimentos cosméticos, expansão intelectual (como a "academia cerebral" Vibrant Brains), portais de saúde pessoais, sistemas de testes, academias, brinquedos para exercícios (como os mais recentes Fit Flops e periféricos de Wii Fit), alimentos saudáveis, clínicas de saúde em locais convenientes e assessores de bem-estar. A Green Mountain Digital está desenvolvendo uma plataforma de rede social para amantes da natureza e era líder na venda de aplicativos móveis sobre pássaros.

Tendência Web

A tendência Web está criando muitas novas formas de comunicação e consumo, o que abre oportunidades incríveis para os empreendedores. A tendência é motivada pela Web 2.0. As oportunidades, com poucas barreiras à entrada, são quase infinitas em áreas como consultoria de Web 2.0, *blogs*, vídeo *online*, aplicativos móveis (*apps*) e aplicativos Wi-Fi. Plataformas como o Apple iOS e o Google Android permitem que os empreendedores criem e vendam aplicativos, mantendo 70% da receita gerada. Os *videogames* se tornaram um setor com altos índices de crescimento, e jogos novos e mais interativos surgem todos os dias.

O empreendedor deve monitorar essas tendências cuidadosamente para determinar se alguma delas produzirá ideias e oportunidades que fazem sentido, sem esquecer de analisar muitas outras fontes.

FONTES DE NOVAS IDEIAS

Entre as fontes de ideias mais produtivas entre os novos empreendedores estão consumidores, produtos e serviços existentes, canais de distribuição, governo federal e pesquisa e desenvolvimento.

Consumidores

Os empreendedores em potencial devem prestar muita atenção aos possíveis consumidores. Essa atenção pode tomar a forma de monitoramento informal de ideias e necessidades em potencial ou de criação formal de oportunidades para que os consumidores expressem suas opiniões. É necessário ter cuidado para garantir que a ideia ou necessidade represente um mercado suficientemente grande para sustentar um novo empreendimento.

Produtos e serviços existentes

Os possíveis empreendedores também devem estabelecer um método formal para monitorar e avaliar produtos e serviços concorrentes no mercado. Frequentemente, essa análise revela maneiras de melhorar as ofertas, o que resulta em um produto ou serviço novo, com maior apelo de mercado e potencial de vendas e lucros superiores. Até as empresas existentes precisam fazer isso. Sam Walton, o fundador da Walmart, gostava de visitar as lojas da concorrência. Ele não se concentrava no que os concorrentes faziam mal, mas no que faziam muito bem, para que pudesse implementar a ideia na Wallmart. A Jameson Inns estabeleceu uma política na qual o gerente de cada um de seus hotéis elabora um relatório semanal sobre a concorrência e seus preços em seus mercados locais.

Canais de distribuição

Os membros dos canais de distribuição também são excelentes fontes de novas ideias devido à sua familiaridade com as necessidades do mercado. Muitas vezes, essas pessoas não só têm sugestões de produtos completamente novos, como também podem ajudar a comercializar os produtos recém-desenvolvidos do empreendedor. Por exemplo, um empreendedor descobriu junto a um vendedor que o motivo pelo qual suas meias não estavam vendendo era a cor. Prestando atenção à sugestão e fazendo as mudanças de cor adequadas, sua empresa se tornou uma das principais fornecedoras de meias sem marca naquela região dos Estados Unidos.

Governo federal

O governo federal é uma fonte de ideias para novos produtos de duas maneiras. Primeiro, os arquivos do órgão de registro de patentes (Patent Office) contêm inúmeras possibilidades de novos produtos. Embora as próprias patentes não sejam viáveis, muitas vezes elas sugerem ideias de produtos comercializáveis. Várias agências e publicações governamentais são úteis para monitorar as aplicações de patentes. O *Official Gazette*, publicado semanalmente pelo U.S. Patent Office, sintetiza cada patente concedida e lista todas as patentes disponíveis para licença ou venda. Além disso, o Government Patents Board publica listas de resumos de milhares de patentes do governo; uma boa fonte de tais informações é o *Government-Owned Inventories Available for License*. Outras agências governamentais, como o Office of Technical Services, auxiliam os empreendedores a obter informações sobre produtos específicos.

Segundo, as ideias de novos produtos podem evoluir em resposta a regulamentações governamentais. O Occupational Safety and Health Act (OSHA), cujo objetivo é eliminar condições de trabalho perigosas na indústria, exigiu que *kits* de primeiros socorros estivessem disponíveis em estabelecimentos comerciais que empregassem mais de três pessoas. O *kit* deveria conter itens específicos, que variavam de acordo com a empresa ou indústria. Por exemplo, o *kit* de primeiros socorros à prova de desastres climáticos, necessário em uma construtora, tinha que ser diferente daquele de uma indústria de creme facial ou de uma loja. Em resposta à OSHA, empreendimentos já estabelecidos e outros recém-criados comercializaram uma ampla variedade de *kits* de primeiros socorros. Uma empresa nova, a R&H Safety Sales Company, obteve sucesso no desenvolvimento e na venda de *kits* de primeiros socorros que possibilitavam às empresas ficar em conformidade com os padrões da lei sem despender muito tempo ou esforços.

SAIU NA *BUSINESS NEWS*

A VELOCIDADE DA INOVAÇÃO: O QUE OS GRANDES PODEM APRENDER COM OS NOVOS

Em um período que parece ter sido de poucos anos, Google, Facebook e Groupon revolucionaram o modo como as empresas sempre pensaram nas necessidades dos clientes e no ciclo de inovação do produto. No ambiente de negócios da atualidade, sempre em mutação, a inovação disruptiva superou a abordagem mais lenta e tradicional de pesquisa e desenvolvimento na criação de produtos e serviços. E não há volta. O sucesso das empresas não se baseia mais em tamanho ou carteira de produtos e serviços, mas em sua capacidade de equilibrar comprometimento e consistência, incerteza e oportunidades, riscos e retornos, desejos e necessidades dos clientes e, acima de tudo, sua rapidez em se adaptar, inovar e manter sua atratividade.

Como Google, Facebook e Groupon conseguiram e como outras empresas podem seguir o mesmo caminho? A lista a seguir apresenta algumas estratégias fundamentais que esses inovadores disruptivos dominaram e com as quais outras empresas, de todos os tamanhos, podem aprender. A maneira como você integra essas estratégias à sua empresa determinará suas chances de produzir uma vantagem competitiva verdadeira.

1. **Ache a tendência e crie o mercado.** A inovação disruptiva envolve responder a uma necessidade não atendida e preencher a lacuna. Afastar-se de uma mentalidade centrada no produto faz a criatividade atingir um novo nível e permite que as empresas utilizem seus múltiplos recursos (ou sua falta) para criar, no sentido mais amplo da palavra.

2. **Funda empresa e cliente.** Os novos líderes da inovação estreitaram consideravelmente a distância entre os clientes e si mesmos. Os clientes se tornaram uma parte essencial dos fatores que inspiram produtos e serviços. A interação com os clientes é constante, seja em testes beta, seja em conversas informais. Os inovadores da atualidade não se limitam a produzir e entregar novos produtos. Eles mesmos são usuários dos produtos, o que os motiva a continuar levando o produto a novos níveis de inovação.

3. **Construa uma equipe classe "A".** Os empreendimentos bem-sucedidos com certeza admitirão que seus investimentos e ativos mais valiosos continuam a ser as pessoas que empregam e com as quais trabalham, e a cultura corporativa que criam em sua coletividade. Com o ritmo rápido das mudanças do momento, é importante possuir processos de raciocínio e uma organização interna harmoniosos. A diversidade de pensamento e de experiências é muito importante, mas são a coordenação e a união da equipe que determinam o sucesso ou o fracasso de uma empresa e de seus produtos.

4. **Enfoque e entregue.** As empresas não podem mais se dar ao luxo de ser tudo para todos. Uma estratégia ao mesmo tempo ágil e enfocada ao desenvolvimento de produtos permite que a empresa solidifique sua liderança de produto em uma área específica e se prepare para evoluir e expandir quando necessário.

5. **Tenha fracassos bem-sucedidos.** Todos já ouvimos que o importante não é a queda, mas as lições que aprendemos enquanto estamos caindo. Raramente isso é mais verdadeiro do que na inovação de produtos. Nesse campo, as lições aprendidas são cruciais, pois é nelas que estão as novas oportunidades.

6. **O primeiro que chegar ao mercado vence.** Os inovadores devem manter em mente que sua concorrência também está trabalhando a todo vapor para identificar tendências e aproveitar as oportunidades. Para ter sucesso, o inovador deve ser o primeiro a levar o novo produto ou serviço ao mercado e então continuar a aprimorá-lo rapidamente para se manter à frente da concorrência.

Fonte: Para mais informações sobre o tema, consulte J. Engel, "Accelerating Corporate Innovation: Lessons from the Venture Capital Model," *Research Technology Management* (serial online) 54, no. 3 (May 2011), pp. 36–43.

Pesquisa e desenvolvimento

A maior fonte de novas ideias são os esforços de "pesquisa e desenvolvimento" do próprio empreendedor, o que pode ser um empenho formal conectado com o atual emprego de alguém ou um laboratório informal no porão ou na garagem. Um cientista pesquisador em uma empresa da Fortune 500 desenvolveu uma nova resina plástica que se tornou a base para um novo produto, uma palheta modular em plástico moldado, bem como para um novo empreendimento, a Arnolite Pallet Company, Inc., quando a empresa da Fortune 500 não demonstrou interesse em desenvolver a ideia e a liberou para o empreendedor.

MÉTODOS DE GERAÇÃO DE IDEIAS

Mesmo com uma ampla variedade de fontes à disposição, o surgimento de uma ideia para servir de base a um novo empreendimento ainda pode ser um problema, especialmente quando lembramos que a ideia é a base para o negócio. O empreendedor dispõe de vários métodos para ajudar a gerar e a testar novas ideias, inclusive grupos de discussão, *brainstorming* (tempestade de ideias) e análise de inventário de problemas.

Grupos de discussão

grupos de discussão
Grupos de pessoas fornecendo informações em um formato estruturado

Os *grupos de discussão* são usados para uma série de finalidades desde a década de 1950. Neles, um moderador lidera um grupo de pessoas em uma discussão aberta e aprofundada em vez de simplesmente fazer perguntas solicitando a resposta dos participantes. Para a área de um novo produto, o moderador concentra a discussão do grupo de um modo dirigido ou não. O grupo de 8 a 14 participantes é estimulado, por comentários de outros membros do grupo, a conceitualizar e a desenvolver, de modo criativo, a ideia de um novo produto para atender a uma necessidade do mercado. Uma empresa interessada no mercado de chinelos femininos recebeu o conceito de seu novo produto como um "novo chinelo quentinho e confortável que entra no pé como se fosse um velho par de sapatos" de um grupo de 12 mulheres de diversos históricos socioeconômicos. O conceito foi desenvolvido em um novo chinelo feminino que se tornou sucesso de mercado. Até a base para a mensagem publicitária foi construída a partir dos comentários das participantes do grupo de discussão.

Além de gerar novas ideias, o grupo de discussão é um excelente método para, inicialmente, fazer uma triagem de ideias e conceitos. Usando um de vários procedimentos disponíveis, os resultados podem ser analisados de modo mais quantitativo, tornando o grupo de discussão um método útil para a geração de ideias de novos produtos.[8]

Brainstorming

brainstorming
Método de grupo para obter novas ideias e soluções

O método do *brainstorming* estimula as pessoas a serem criativas ao se encontrarem com outras e participarem de experiências organizadas de grupo. Embora a maior parte das ideias geradas no grupo não tenha condições de desenvolvimento futuro, às vezes surge uma boa ideia. Isso tem maior possibilidade de ocorrência quando o esforço de *brainstorming* se concentra em um produto ou área específica de mercado. Quando se utiliza esse método, devem ser observadas as quatro regras a seguir:

1. Nenhuma crítica é permitida a qualquer elemento do grupo – nenhum comentário negativo.
2. A improvisação é estimulada – quanto mais fantástica a ideia, melhor.
3. Incentiva-se o maior número possível de ideias – quanto mais ideias, maior a probabilidade do aparecimento de sugestões úteis.
4. São estimuladas combinações e aperfeiçoamento de ideias; ideias de outros podem ser usadas para produzir outra ideia nova.

A sessão de *brainstorming* deve ser divertida, sem ninguém dominando ou inibindo a discussão.

Um grande banco comercial utilizou com êxito essa técnica para desenvolver uma revista que fornecesse informações de qualidade para seus clientes industriais. O *brainstorming* entre executivos financeiros concentrou-se nas características do mercado, no conteúdo das informações, na periodicidade das edições e no valor promocional da revista para o banco. Quando foram determinados o formato geral e a periodicidade das edições, formaram-se grupos de discussão de vice-presidentes de finanças de empresas da Fortune 1000 de três cidades – Boston, Chicago e Dallas – para discutir o formato da nova publicação e sua relevância e valor para eles. Os resultados desses grupos de discussão serviram de base para um novo periódico financeiro que foi bem recebido pelo mercado.

Brainwriting

O *brainwriting* é uma modalidade de *brainstorming* escrito. Criado por Bernd Rohrbach no final dos anos 1960, com o nome de Método 635, o *brainwriting* se distingue do *brainstorming* clássico por conceder aos participantes mais tempo para pensar do que nas sessões de *brainstorming*, onde as ideias são expressas espontaneamente. O *brainwriting* é a geração de ideias silenciosa e por escrito, realizada por um grupo de pessoas. Os participantes (geralmente 6) escrevem suas ideias em formulários ou fichas especiais que circulam no grupo. Cada integrante do grupo gera e anota três ideias novas e assim sucessivamente, até que todos os formulários tenham passado por todos os participantes. Um líder monitora os intervalos de tempo e pode diminuir ou aumentar o tempo concedido aos participantes, de acordo com as necessidades do grupo. Os participantes também podem estar separados geograficamente, com as planilhas circulando de forma eletrônica.

Análise de inventário de problemas

A *análise de inventário de problemas* utiliza os indivíduos de maneira análoga à dos grupos de discussão para gerar ideias de novos produtos, mas, em vez de gerar ideias novas, os consumidores recebem uma lista de problemas em uma categoria geral de produtos, sendo, então, solicitados a identificar e a discutir produtos dessa categoria que tenham um determinado problema. Esse método costuma ser eficaz, uma vez que se torna mais fácil relacionar produtos conhecidos com problemas levantados e chegar a uma ideia de um novo produto do que gerar uma ideia totalmente nova. Também é possível usar a análise de inventário de problemas para testar a ideia de um novo produto.

análise de inventário de problemas
Método para obter novas ideias e soluções concentrando-se nos problemas

Um exemplo dessa abordagem no setor de alimentos está ilustrado na Tabela 4.2. Uma das dificuldades, nesse exemplo, era desenvolver uma lista extensa de problemas, como peso, gosto, aparência e custo. Uma vez desenvolvida uma lista completa de problemas, as pessoas geralmente conseguem associar produtos ao problema.

TABELA 4.2 Análise de inventário de problemas

Psicológico	Sensorial	Atividades	Uso da compra	Psicológico/social
A. Peso • Engorda • Calorias vazias B. Fome • Satisfeito • Ainda com fome depois de comer C. Sede • Não mata a sede • Dá sede D. Saúde • Indigestão • Ruim para os dentes • Causa insônia • Acidez	A. Gosto • Amargo • Sem gosto • Salgado B. Aparência • Cor • Não dá vontade de comer • Forma C. Consistência/textura • Duro • Seco • Gorduroso	A. Planejamento de refeições • Esquecer • Ficar cansado B. Armazenagem • Esgotamento • A embalagem não cabe C. Preparação • Muito trabalho • Potes e panelas demais • Nunca dá certo D. Cozimento • Queima • Gruda E. Limpeza • Deixa o forno sujo • Deixa cheiro na geladeira	A. Portabilidade • Comer longe de casa • Levar almoço B. Porções • Não há o suficiente na embalagem • Deixa sobras C. Disponibilidade • Fora da estação • Não tem no supermercado D. Deterioração • Mofa • Azeda E. Custo • Dispendioso • Leva ingredientes caros	A. Servir para convidados • Não serviria para convidados • Muita preparação de última hora B. Comer sozinho • Muito trabalho cozinhar só para uma pessoa • Deprimente quando prepara para só uma pessoa C. Autoimagem • Feito por um cozinheiro preguiçoso • Não é servido por uma boa mãe

Fonte: De *Journal of Marketing* by Edward M. Tauber. Copyright © 1975 by American Marketing Association (AMA-Chicago). Reproduzido com autorização da American Marketing Association via Copyright Clearance Center.

Os resultados da análise de inventário de produtos devem ser cuidadosamente avaliados, pois talvez não reflitam realmente uma nova oportunidade de negócio. Por exemplo, a introdução de uma caixa de cereais menor, feita pela General Foods em resposta ao problema das caixas existentes, que não cabiam direito nas prateleiras, não foi bem-sucedida, uma vez que o problema do tamanho das embalagens teve pouco efeito sobre o real comportamento de compra. Para assegurar os melhores resultados, a análise de inventário de problemas deve ser empregada basicamente para identificar ideias de produtos para avaliação posterior.

SOLUÇÃO CRIATIVA DE PROBLEMAS

solução criativa de problemas
Método para obter novas ideias concentrando-se nos parâmetros

A criatividade é um importante atributo de um empreendedor de sucesso. Infelizmente, a criatividade tende a decair com a idade, educação, falta de uso e burocracia. A criatividade decai em etapas, a partir do momento em que a pessoa passa a frequentar a escola. Ela continua a se deteriorar na adolescência e a diminuir progressivamente com as idades de 30, 40 e 50 anos. Além disso, o potencial criativo latente de um indivíduo pode ser sufocado por fatores perceptuais, culturais, emocionais e organizacionais. Mas a criatividade pode ser desbloqueada, e as ideias e inovações criativas podem ser geradas com o emprego de qualquer técnica de *solução criativa de problemas*, como as apresentadas na Tabela 4.3.[9]

Brainstorming

A primeira das técnicas, o *brainstorming*, é provavelmente a mais conhecida e a mais usada tanto para a solução criativa de problemas quanto para a geração de ideias, como vimos anteriormente. Na solução de problemas criativa, o *brainstorming* gera ideias sobre um problema, dentro de um período de tempo limitado, por meio de contribuições espontâneas dos participantes. Uma boa sessão de *brainstorming* inicia com a colocação de um problema que não é nem muito amplo (o que poderia diversificar demais as ideias, de modo que nada específico aparecesse) nem muito restrito (o que tenderia a limitar as respostas). Assim que o problema é exposto, de 8 a 12 indivíduos são selecionados para participar. Para evitar a inibição nas respostas, nenhum membro do grupo deve ser um especialista reconhecido no âmbito do problema. Todas as ideias, não importando o quanto possam ser ilógicas, devem ser registradas, sendo proibido aos participantes criticar ou fazer avaliações durante a sessão de *brainstorming*.

Brainstorming inverso

brainstorming inverso
Método de grupo para obter novas ideias concentrando-se nos aspectos negativos

O *brainstorming inverso* é semelhante ao *brainstorming* comum, exceto pela permissão de críticas. Na verdade, a técnica se baseia na descoberta de falhas com a colocação da pergunta: "De que modo essa ideia pode fracassar?". Como o foco está nos aspectos negativos de um produto, serviço ou ideia, é preciso tomar cuidado para manter o moral do grupo elevado. O *brainstorming* inverso pode ser usado de forma eficaz antes de outras técnicas criativas, a fim

TABELA 4.3 Técnicas criativas de solução de problemas

• *Brainstorming*	• Relações forçadas
• *Brainstorming* inverso	• Método de anotações coletivas
• *Brainwriting*	• Método de lista de atributos
• Método Gordon	• Método do *big-dream*
• Método checklist	• Análise de parâmetros
• Livre associação	

de estimular o pensamento inovador.[10] O processo costuma envolver a identificação de tudo o que há de errado com uma ideia, seguido de uma discussão sobre as maneiras de superar esses problemas. Quase sempre o *brainstorming* inverso produz alguns resultados compensadores, pois é mais fácil ser crítico em relação a uma ideia do que apresentar uma nova.

Método Gordon

O *método Gordon*, ao contrário de muitas outras técnicas criativas para a solução de problemas, começa sem que os membros do grupo saibam a exata natureza do problema. Isso garante que a solução não seja afetada por ideias preconcebidas e por padrões de comportamento.[11] O empreendedor começa mencionando um conceito geral associado ao problema. O grupo responde, expressando diversas ideias. Desenvolve-se, então, um conceito, seguido de conceitos relacionados, por meio da orientação do empreendedor. O verdadeiro problema é, então, revelado, possibilitando que o grupo faça sugestões para implementar ou aperfeiçoar a solução final.

método Gordon
Método para desenvolver novas ideias quando as pessoas desconhecem o problema

Método checklist

No *método checklist*, uma nova ideia é desenvolvida por meio de uma lista de questões ou sugestões relacionadas. O empreendedor usa a lista de perguntas ou afirmações para guiar o desenvolvimento de ideias inteiramente novas ou se concentrar em áreas específicas de "ideias". A checklist pode assumir qualquer forma e ter qualquer tamanho. Um exemplo de checklist é apresentado a seguir:[12]

método checklist
Desenvolver uma nova ideia por meio de uma lista de questões relacionadas

- Usar de novas maneiras? Novas formas de uso do jeito que é? Outros usos se for modificado?
- Adaptar? O que mais é assim? Que outras ideias isso sugere? O passado oferece um paralelo? O que eu poderia copiar? Quem eu poderia imitar?
- Modificar? Nova mudança? Mudar significado, cor, movimento, cheiro, forma, formato? Outras mudanças?
- Aumentar? O que acrescentar? Mais tempo? Maior frequência? Mais forte? Maior? Mais espesso? Valor extra? Mais um ingrediente? Duplicar? Multiplicar? Exagerar?
- Diminuir? O que substituir? Menor? Condensado? Miniatura? Mais baixo? Mais curto? Mais leve? Omitir? Simplificar? Dividir? Suavizar?
- Substituir? Quem mais? O que mais? Outro ingrediente? Outro material? Outro processo? Outra potência? Outro lugar? Outra abordagem? Outro tom de voz?
- Reorganizar? Intercambiar componentes? Outro padrão? Outro *layout*? Outra sequência? Transpor causa e efeito? Mudar de direção? Mudar o cronograma?
- Inverter? Transpor positivo e negativo? Encontrar os opostos? Virar para trás? Virar de cabeça para baixo? Inverter papéis? Mudar os suportes? Virar a mesa? Dar a outra face?
- Combinar? Que tal uma mistura, uma liga, um agrupamento, um conjunto? Combinar unidades? Combinar propósitos? Combinar atrativos? Combinar ideias?

Livre associação

Um dos métodos mais simples e, ainda assim, mais eficazes que os empreendedores podem empregar para gerar novas ideias é a *livre associação*. Essa técnica é útil no desenvolvimento de uma visão totalmente nova do problema. Primeiro, uma palavra ou expressão relacionada com o problema é escrita, depois outra e mais outra, com cada nova palavra tentando acrescentar algo novo aos processos mentais em funcionamento, criando uma cadeia de ideias que resultam no aparecimento da concepção de um novo produto.

livre associação
Desenvolver uma nova ideia por meio de uma cadeia de associação de palavras

SAIU NA *BUSINESS NEWS*

INOVAÇÃO GANDHIANA

Devido à crise econômica mundial e ao *boom* de uma nova classe econômica, mais atenta a custos e ao meio ambiente, as escolhas dos consumidores são inegavelmente motivadas por dois fatores principais: preços acessíveis e sustentabilidade. Além disso, o surgimento de 2-3 bilhões de novos consumidores de classe média, especialmente na China e na Índia, dá o tom para um novo tipo de inovação, aquele de criar mais com menos e atender uma base mais ampla de consumidores. Como Prahalad e Mashelkar observaram, essa nova tendência tem uma relação estreita com os ensinamentos de Mahatma Gandhi sobre inclusão, por exemplo, "valorizo todas as invenções da ciência criadas para o benefício de todos". Chamada de "Inovação Gandhiana" por Prahalad e Mashelkar, esse novo modelo, no qual a inovação se concentra no valor para o cliente, e não apenas nos lucros, está alcançando sua expressão máxima na Índia.

Nos últimos anos, a Índia dominou a arte de desenvolver produtos e serviços para resolver problemas aparentemente impossíveis, tudo com preços incrivelmente baixos, e o país continua a abrir fronteiras com inovações que evocam a ideia de "Inovação Gandhiana". As empresas ocidentais têm muito a aprender com esse novo tipo de inovação, e a pressão para tanto está se intensificando à medida que o ambiente de consumo se altera: os ricos, os pobres e os jovens, nos países desenvolvidos e em desenvolvimento, exigem produtos e serviços mais confiáveis, práticos, econômicos e social e ambientalmente conscientes. Da saúde às telecomunicações e ao setor automotivo, a pressão por inovações radicais se dissemina por todos os setores e mercados. Para produzir "inovações gandhianas", é preciso enfocar as necessidades e exigências dos clientes. Duas variáveis devem ser consideradas:

1. **Criar ou adquirir novas capacidades para resolver problemas.** As empresas indianas bem-sucedidas e inovadoras em geral enfrentam os problemas com uma abordagem menos sistêmica e tradicional que suas contrapartes ocidentais. Um exemplo disso é a abordagem de "farmacologia inversa" utilizada pela Lupin, uma empresa farmacêutica indiana, para desenvolver um tratamento fitoterápico para a psoríase. Em vez de seguir o processo tradicional de pesquisa e desenvolvimento, que abrange desenvolvimento, testes em laboratórios e testes com consumidores, a Lupin partiu de uma colaboração com um profissional da medicina indiana tradicional para desenvolver o produto no campo, depois coletou dados clínicos e finalmente obteve a aprovação da Controladoria Geral de Medicamentos da Índia para realizar testes de laboratório. Esse método de desenvolvimento custa uma fração mínima do que seria necessário para o desenvolvimento utilizando as abordagens tradicionais. A Lupin repassou essa economia para os clientes e cobra apenas 100 dólares pelo tratamento dos pacientes, em comparação com os 15.000 dólares para um desenvolvimento farmacológico comparável utilizando os métodos tradicionais nos Estados Unidos.

2. **Utilizar tecnologias e modelos de negócio atuais para atender uma necessidade a custos menores.** As empresas inovadoras e bem-sucedidas da Índia também dominaram o processo de reduzir os produtos a seus elementos básicos para oferecer aos clientes apenas os serviços que desejam, a custos muito menores do que os de produtos similares repletos de acessórios que quase nunca são utilizados. O exemplo mais chocante desse fenômeno é a criação do Nano, carro de 2.000 dólares da Tata Motors. Para criar o Nano, a Tata Motors trabalhou dentro de suas restrições contextuais, especialmente a sensibilidade a preços, para oferecer ao mercado indiano um automóvel seguro, funcional e de boa relação custo-benefício. Para tanto, a empresa integrou a experiência e o conhecimento de inúmeras empresas indianas e estrangeiras para construir componentes que atendessem as especificações de segurança e desempenho do Nano, mas sempre dentro dos limites de preço exigidos. O Nano pode ter apenas duas portas e um porta-malas que não se abre, mas os consumidores indianos ficam contentes em abrir mão desses recursos em troca da possibilidade de comprar um automóvel por um preço tão baixo.

À medida que as empresas continuam avançando, a pergunta que os inovadores sempre devem fazer a si mesmos é como fazer mais com menos e vender aos clientes por preços menores. Quando uma empresa inova com esses objetivos em mente, elas abrem os corações e as carteiras de pessoas do mundo todo que desejam produtos e serviços mais baratos e sustentáveis.

Fonte: Para mais informações, consulte C. Prahalad and R. Mashelkar, "Innovation's Holy Grail," *Harvard Business Review* (serial online) 88, no. 7/8 (July 2010), pp.132–41.

Relações forçadas

Relações forçadas, como o nome indica, é o processo de forçar relações entre algumas combinações de produtos. É uma técnica que faz perguntas sobre objetos ou ideias, na tentativa de desenvolver uma nova ideia. A nova combinação e o conceito eventual são desenvolvidos mediante um processo de cinco etapas:[13]

1. Isolar os elementos do problema.
2. Encontrar as relações entre esses elementos.
3. Registrar as relações entre esses elementos em ordem.
4. Analisar as relações resultantes para descobrir ideias ou padrões.
5. Desenvolver novas ideias a partir desses padrões.

A Tabela 4.4 ilustra o uso dessa técnica com papel e sabonete.

relações forçadas
Desenvolver nova ideia examinando combinações de produtos

Método de anotações coletivas

No *método de anotações coletivas*, é distribuído um pequeno caderno, que cabe facilmente em um bolso, contendo uma afirmação do problema, páginas em branco e dados históricos pertinentes. Os participantes consideram o problema e suas possíveis soluções registrando as ideias pelo menos uma vez, mas preferivelmente três vezes, por dia. Ao final de uma semana, faz-se uma lista das melhores ideias, junto com as sugestões.[14] Essa técnica também pode ser utilizada com um grupo de indivíduos que registram suas ideias e dão seus cadernos para um coordenador principal, o qual sintetiza todo o material e lista as ideias por ordem de frequência. O resumo se torna o tema de uma análise final do grupo de discussão feita pelos seus participantes.

método de anotações coletivas
Membros de um grupo desenvolvendo uma nova ideia, registrando ideias regularmente

Listagem de atributos

A *listagem de atributos* é uma técnica para gerar ideias por meio da qual o empreendedor deve listar os atributos de um item ou problema e, então, observar cada um deles sob vários pontos de vista. Com esse processo, objetos originalmente sem relação são reunidos para formar uma nova combinação e novos usos possíveis que melhor satisfaçam uma necessidade.[15]

listagem de atributos
Desenvolver uma nova ideia examinando os aspectos positivos e negativos

Método do *big-dream*

Para apresentar uma nova ideia, o *método do big-dream* exige que o empreendedor "sonhe" com o problema e com sua solução – em outras palavras, que ele pense grande. Todas as possibilidades devem ser registradas e investigadas sem levar em conta os pontos negativos envolvi-

método do *big-dream*
Desenvolver uma nova ideia pensando sem restrições

TABELA 4.4 Ilustração da técnica de relações forçadas

	Elementos: papel e sabão	
Formas	Relação/combinação	Ideia/padrão
Adjetivo	Sabão empapelado	Flocos
	Papel saponáceo	Útil em viagens
Substantivo	Sabonetes de papel	Papel rígido impregnado com sabão próprio para superfícies laváveis
Correlatos verbais	Papéis ensaboados	Blocos de folhas de sabonete
	Sabão "molha" papel	Em processos de cobertura e impregnação
	Sabão "limpa" papel	Sugere limpador de papel de parede

Fonte: Reimpresso de William E. Souder and Robert W. Ziegler, "A Review of Creativity and Problem Solving Techniques," *Research Management* (July 1975), p. 37, com permissão do Industrial Research Institute.

dos ou os recursos necessários. As ideias devem ser conceitualizadas sem quaisquer restrições, até que uma delas seja desenvolvida de uma forma viável.[16]

Análise de parâmetros

análise de parâmetros
Desenvolver uma nova ideia concentrando-se na identificação de parâmetros e na síntese criativa

Um último método para o desenvolvimento de uma nova ideia, a *análise de parâmetros*, envolve dois aspectos: identificação de parâmetros e síntese criativa.[17] Como indica a Figura 4.1, o primeiro passo (identificação de parâmetros) abrange a análise das variáveis da situação para determinar sua importância relativa. Essas variáveis tornam-se o foco da investigação, com outras variáveis sendo isoladas. Após a identificação das principais questões, são examinadas as relações entre parâmetros que descrevem as questões subjacentes. Por meio de uma avaliação dos parâmetros e de seus relacionamentos, uma ou mais soluções são desenvolvidas; o desenvolvimento de soluções chama-se síntese criativa.

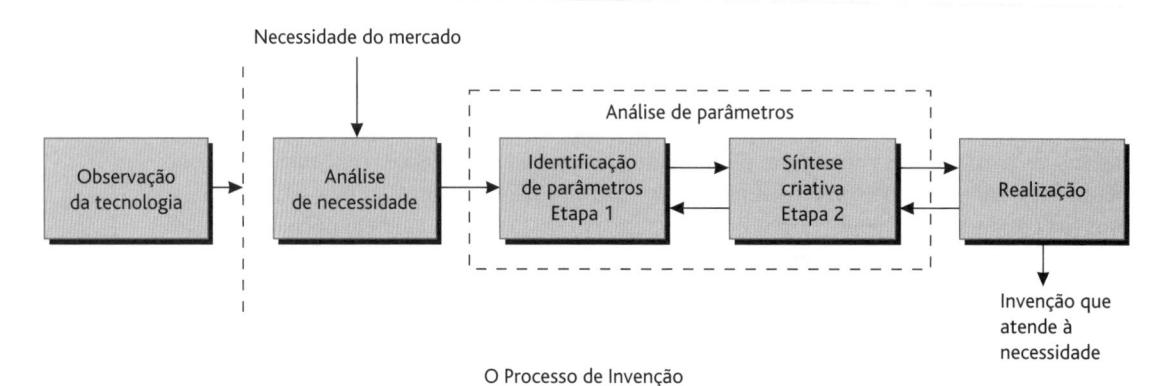

FIGURA 4.1 Ilustração da análise de parâmetros.

INOVAÇÃO

A inovação é o segredo do desenvolvimento econômico de uma empresa, de uma região ou do próprio país. Com o avanço das tecnologias, diminuem as vendas dos antigos produtos e minguam as antigas indústrias. As invenções e inovações são a base do futuro de qualquer unidade econômica. Thomas Edison dizia que o gênio inovador tem 1% de inspiração e 99% de transpiração.

Tipos de inovação

Há vários tipos de inovação, de acordo com a exclusividade da ideia. A Figura 4.2 mostra três tipos principais de inovação, em ordem decrescente de exclusividade: inovação revolucionária, inovação tecnológica e inovação comum. Como você supõe, as inovações mais raras são as do tipo revolucionário. Em geral, essas inovações extremamente exclusivas definem a plataforma sobre a qual as futuras inovações de uma área serão desenvolvidas. Partindo da premissa de que são, frequentemente, a base para a inovação futura em uma área, essas inovações, quando possível, são protegidas por patentes, segredos comerciais e/ou direitos autorais (consulte o Capítulo 6). As inovações revolucionárias abrangem ideias como a penicilina, a máquina a vapor, o computador, o avião, o automóvel, a Internet e a nanotecnologia. Uma pessoa no campo da nanotecnologia que inventa soluções para problemas de engenharia é Chung-Chiun Liu, professor e diretor do Center for Micro and Nano Processing, na Case Western Reserve University. O Dr. Liu é um especialista de renome internacional em tecnologia de sensores e inventa e constrói sistemas de nanossensores para aplicações automotivas, biomédicas, comerciais e industriais. Mesmo já tendo publicado a maioria de suas invenções, o Dr. Liu detém

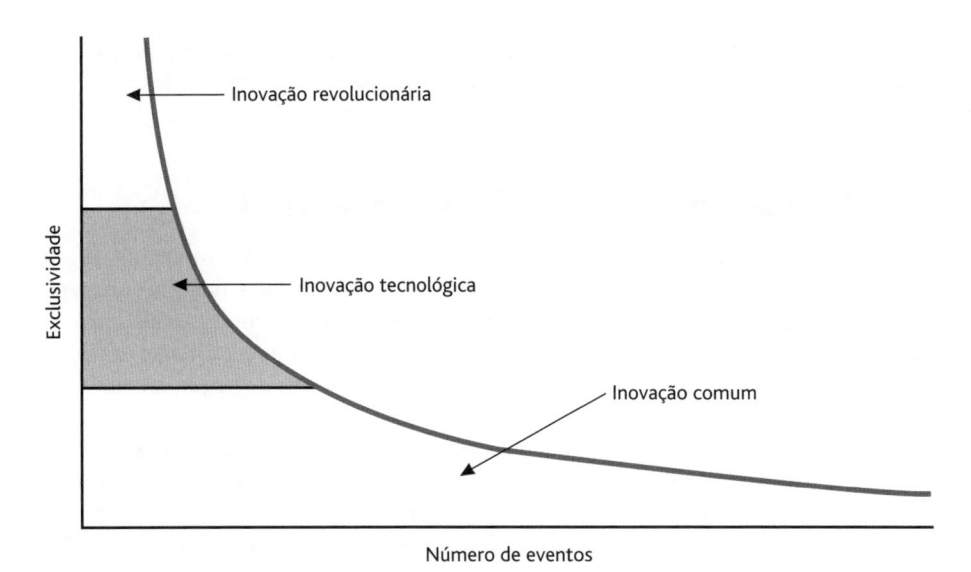

FIGURA 4.2 Gráfico da inovação.

inúmeras patentes em tecnologia eletroquímica e de sensores, muitas das quais foram licenciadas. Uma de suas invenções é a tecnologia de sistema de sensor eletroquímico, que transmite resultados para um receptor próximo. Um de seus nanodispositivos analisa a condição do óleo dentro do motor. Outro mede os níveis de glicose no sangue. Outro ainda detecta mofo preto nas casas, bombas escondidas, drogas ilícitas e cupins.

O tipo seguinte de inovação, a inovação tecnológica, ocorre com mais frequência do que a inovação revolucionária e, em geral, não está no mesmo nível da descoberta e dos avanços científicos. Mesmo assim, são inovações muito importantes, porque trazem avanços na área de produto/mercado. Por isso, em geral elas necessitam de proteção. Inovações como o computador pessoal, o relógio inteligente para conter fotos, mensagens de voz e texto e o avião a jato são exemplos de inovações tecnológicas.

A empresa Hour Power Watch se baseava em um processo patenteado pelo qual o relógio se abria para revelar uma cavidade, que seria utilizada para fotos, pílulas, anotações e até nanodispositivos de distribuição e de áudio. A Analiza, Inc., uma empresa de biociência, inventou, desenvolveu e vende um sistema que permite aos fabricantes de medicamentos selecionar rapidamente os componentes químicos mais adequados para os novos remédios. Essa estação de trabalho para descobertas automatizadas testa simultaneamente diversos compostos de drogas diferentes, identificando os mais adequados para um novo medicamento com base na provável reação do corpo humano ao composto. A empresa continua a explorar outras inovações tecnológicas, como um produto avançado para exames de sangue para diagnóstico de câncer, um produto para aumentar a durabilidade das plaquetas sanguíneas e um teste de gravidez para vacas.

O último tipo de inovação – a inovação comum – ocorre com mais frequência. Essas inovações mais numerosas costumam estender uma inovação para um produto ou serviço melhor, ou para um produto/serviço que tenha um apelo comercial diferente, geralmente mais eficaz. Essas inovações com frequência nascem da análise e da demanda do mercado (*market-pull*), não da pressão por oferta de tecnologia (*technology-push*). Em outras palavras, o mercado tem um efeito mais forte sobre a inovação do que a pressão por oferta de tecnologia. Uma inovação comum foi desenvolvida por Sara Blakely, que queria se livrar das horríveis costuras da meia-calça. Para isso, ela cortou o pé de sua meia-calça modeladora para fabricar uma meia-calça sem pés. Investindo todo o seu capital disponível (5.000 dólares), Sara Blakely criou a Spanx, uma empresa com sede em Atlanta que, em cinco anos, apresentava ganhos anuais de 20 milhões de dólares.

De modo semelhante, Martha Aarons, a segunda flautista da Sinfonia de Cleveland, pratica um sistema hindu de exercícios físico-espirituais de 5 mil anos de existência. Um dos exercícios, o Cachorro Olhando para Baixo, exige um "tapete colante" para evitar que as luvas e pantufas escorreguem. Para não carregar o tapete junto ao seu instrumento durante suas viagens, Martha Aarons inventou luvas e pantufas com uma substância aderente.

Definindo uma nova inovação (produto ou serviço)

Um dos dilemas enfrentados pelos empreendedores é definir um "novo" produto ou identificar o que é realmente novo ou exclusivo (único) em uma ideia. Os jeans da moda se tornaram muito conhecidos, ainda que o conceito do blue jeans não fosse novo. A novidade era o uso de nomes como Sassoon, Vanderbilt e Chic nos jeans. A Sony tornou o Walkman um dos mais populares novos produtos da década de 1980, embora o conceito dos equipamentos de fita cassete já existisse há anos.

Nesses exemplos, a novidade estava no conceito do consumidor. Outros tipos de produtos, não necessariamente com conceitos novos, também foram definidos como novos. Quando as empresas de café lançaram o café naturalmente descafeinado, que era a única mudança no produto, as primeiras campanhas promocionais realmente usavam a palavra *novo* em seus materiais.

Outros produtos antigos foram apenas comercializados em embalagens ou recipientes novos, mas foram definidos como novos. Quando os fabricantes de refrigerantes lançaram a bebida em lata, alguns consumidores consideraram o produto uma novidade, embora a única diferença em relação aos produtos anteriores fosse o recipiente. A invenção da lata com aerosol é outro exemplo de uma mudança de embalagem ou recipiente que acrescentou um elemento de novidade a produtos já existentes e antigos, como creme de barbear, desodorante e *spray* de cabelos. As latas *flip-top* (com abertura articulável na parte superior), as garrafas plásticas, as embalagens assépticas e a bomba também contribuíram para a percepção de uma imagem de novidade em produtos antigos. Algumas empresas, como fabricantes de detergentes, apenas mudaram as cores das embalagens e acrescentaram a palavra *novo* na embalagem e no material promocional.

A meia-calça é outro produto submetido a mudanças significativas na estratégia de marketing. A L'eggs (uma divisão da Hanes Corporation) foi a primeira a se beneficiar com a venda em supermercados, a embalagem especial, os preços mais baixos e um novo expositor.

No mercado industrial, as empresas chamam seus produtos de "novos" quando ocorrem apenas pequenas mudanças ou modificações na apresentação do produto. Por exemplo, melhorias em técnicas metalúrgicas modificaram a precisão e a resistência de diversas matérias-primas usadas em produtos industrializados, como a maquinaria. A melhoria dessas características levou as empresas a comercializarem como "novos" os produtos contendo os metais aprimorados. De modo semelhante, cada versão nova do Microsoft Word contém apenas pequenas melhorias.

No processo de expansão do volume de vendas, várias empresas acrescentam produtos já comercializados por outras empresas à sua linha de produção. Por exemplo, um laboratório de medicamentos, que incluiu comprimidos antigripais em sua linha de produtos, e um fabricante tradicional de barras de sabão, que entrou no mercado de detergente de lavadora de louças, anunciaram seus produtos como novos. Nos dois casos, o produto era novo para o fabricante, mas não para o consumidor. Com maior ênfase sobre a diversificação na economia mundial, esse tipo de situação é muito comum. As empresas estão sempre em busca de novos mercados nos quais possam entrar para aumentar os lucros e usar seus recursos de modo mais eficiente. Outras empresas estão apenas mudando um ou mais elementos do *mix* de marketing para dar aos velhos produtos uma cara nova.

Classificação de novos produtos

É possível classificar os novos produtos do ponto de vista do consumidor ou da empresa. Ambas as perspectivas devem ser utilizadas pelo empreendedor para facilitar o sucesso ou o fracasso de qualquer produto novo.

Do ponto de vista do consumidor   Há uma grande divergência de interpretação sobre o que é um produto novo sob a perspectiva do consumidor. Uma tentativa de identificar novos produtos classifica o grau de novidade de acordo com quanta mudança de comportamento ou nova aprendizagem é exigida do consumidor para usar o produto. Essa técnica interpreta a novidade em termos de seu efeito sobre o consumidor, e não se o produto é novo para uma empresa, se está embalado de modo diferente, se mudou a forma física ou se é uma versão aprimorada de um produto antigo ou já existente.

O contínuo mostrado na Figura 4.3 contém três categorias baseadas na influência perturbadora do uso do produto sobre os padrões de consumo estabelecidos. A maioria dos novos produtos tende a se enquadrar no final das "inovações contínuas" do contínuo. Exemplos são as mudanças anuais nos estilos dos automóveis, mudanças de estilo da moda, mudanças na embalagem ou mudanças no tamanho ou na cor do produto. Produtos como CDs, o Sony Walkman e o iPod tendem para a parte "dinamicamente contínua" do contínuo. Os produtos realmente novos, denominados "inovações descontínuas", são raros e exigem do consumidor muita aprendizagem nova, porque executam uma função ainda não preenchida, ou uma função existente mas de modo diferente. A Internet é um exemplo de uma inovação descontínua que mudou radicalmente o estilo de vida de nossa sociedade. Outra seria a digitalização e as mídias digitais. A base para identificar novos produtos de acordo com seus efeitos sobre os padrões de consumo do consumidor é coerente com a filosofia de marketing, segundo a qual "atender às necessidades do consumidor" é fundamental para a sobrevivência de um empreendimento.

Do ponto de vista da empresa   O empreendimento inovador, além de reconhecer a percepção de novidade do consumidor, deve classificar seus novos produtos em algumas dimensões semelhantes. A Figura 4.4 mostra uma maneira de classificar os objetivos dos novos produtos. Nesse sistema de classificação, ocorre uma distinção importante entre novos produtos e novos mercados (ou seja, desenvolvimento de mercado). Os novos produtos são definidos em termos da quantidade de tecnologia aperfeiçoada, enquanto o desenvolvimento de mercado se baseia no grau de nova segmentação.

A situação em que existe uma nova tecnologia *e* um novo mercado é a mais complexa e difícil, tendo o mais alto grau de risco. Como o novo produto envolve uma nova tecnologia e clientes que ainda não estão sendo atendidos, a empresa precisará de uma nova e cuidadosa estratégia planejada de marketing. As substituições, extensões, melhorias de produto, reformulações e novo *merchandising* abrangem estratégias de desenvolvimento de produtos e mercados que variam em termos de dificuldade, considerando se a empresa já teve experiência com um produto semelhante ou com o mesmo mercado.

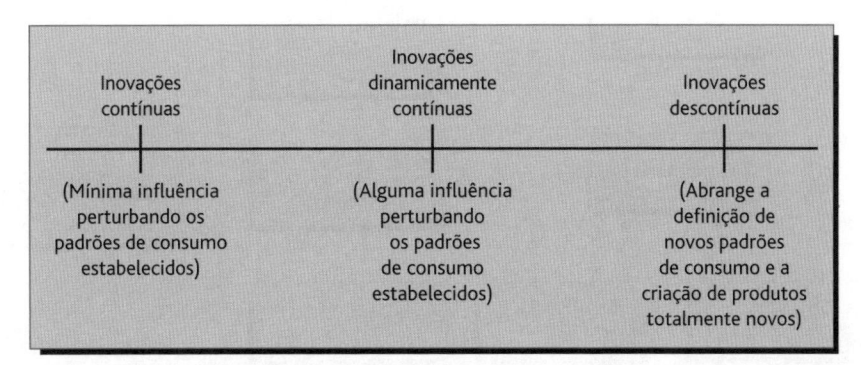

FIGURA 4.3   Contínuo para classificar novos produtos.

Fonte: Adaptado de Thomas Robertson, "The Process of Innovation and the Diffusion of Innovation," *Journal of Marketing* (January 1967), pp. 14–19 com permissão da American Marketing Association.

	Novidade tecnológica			
Objetivos do produto	Nenhuma mudança tecnológica	Tecnologia aprimorada	Nova tecnologia
Sem mudança no mercado		**Reformulação** Mudança na fórmula ou no produto físico para otimizar custos e qualidade	**Substituição** Substitui produto existente por um novo, baseado na tecnologia aprimorada
Mercado fortalecido	**Novo merchandising** Aumenta as vendas para os clientes atuais	**Produto aprimorado** Melhora a utilidade do produto para os clientes	**Aumento da vida útil do produto** Acrescenta novos produtos semelhantes à linha; atende a mais clientes com base na nova tecnologia
Novo mercado	**Novo uso** Acrescenta novos segmentos que podem usar os produtos atuais	**Ampliação do mercado** Acrescenta novos segmentos modificando os produtos atuais	**Diversificação** Acrescenta novos mercados com novos produtos desenvolvidos com a nova tecnologia

(Novidade do mercado — eixo vertical)

FIGURA 4.4 Sistema de classificação de novos produtos

RECONHECIMENTO DE OPORTUNIDADE

Alguns empreendedores precisam da capacidade de reconhecer uma oportunidade de negócio, o que é fundamental para o processo empreendedor e para a expansão de uma empresa. Uma oportunidade de negócio representa uma possibilidade para um empreendedor atender com êxito a uma necessidade insatisfeita suficientemente grande, o que resulta em vendas e lucros. Há muita pesquisa sobre o processo de reconhecimento de oportunidade, e vários modelos foram desenvolvidos.[18] Um modelo que identifica claramente os aspectos desse processo é mostrado na Figura 4.5.

Conforme indicado, o reconhecimento de uma oportunidade em geral é consequência do conhecimento e da experiência do empreendedor individual e, onde for pertinente, da empresa empreendedora. Esse conhecimento prévio resulta de uma combinação de educação e experiência, e a experiência relevante pode ser o trabalho relacionado ou o resultado de diversos eventos ou experiências pessoais. O empreendedor deve estar consciente desse conhecimento e dessa experiência e ter vontade de entendê-los e de usá-los. Os outros fatores importantes nesse processo são a atenção empreendedora e as redes empreendedoras. Há um efeito de interação

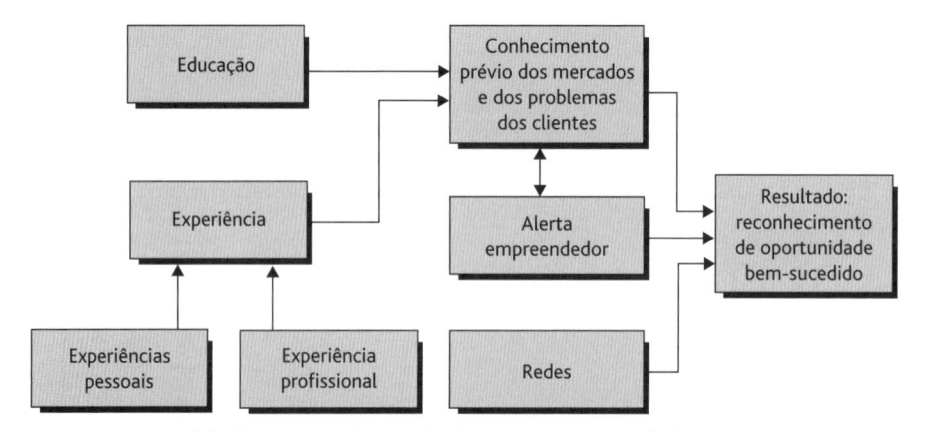

FIGURA 4.5 Um modelo de processo de reconhecimento de oportunidade
Fonte: Alexander Ardichvili and Richard N. Cardozo, "A Model of the Entrepreneurial Opportunity Recognition Process," *Journal of Enterprising Culture* 8, no. 2 (June 2000). p. 103–119. Reimpresso com permissão da World Scientific Publishing Co, Inc.

entre a atenção empreendedora e o conhecimento prévio dos mercados e dos problemas do cliente por parte do empreendedor. Os empreendedores que conseguem reconhecer oportunidades significativas de negócio se encontram em uma posição estratégica para concluir com êxito o processo de planejamento e desenvolvimento do produto e lançar novos empreendimentos com sucesso.

Absolutamente todas as oportunidades e ideias inovadoras devem ser avaliadas com cuidado pelo empreendedor global. Uma boa maneira de fazer isso é desenvolver um plano de avaliação de oportunidades, analisado no Capítulo 5.

PROCESSO DE PLANEJAMENTO E DESENVOLVIMENTO DO PRODUTO

Após emergirem das fontes de ideias ou da solução criativa de problemas, as ideias devem ser desenvolvidas e aprimoradas. Esse processo de aperfeiçoamento, o processo de planejamento e desenvolvimento do produto, é dividido em cinco estágios principais: estágio da ideia, estágio do conceito, estágio de desenvolvimento do produto, estágio de teste de mercado e comercialização; isso resulta no início do *ciclo de vida do produto* (ver Figura 4.6).[19]

Estabelecendo critérios de avaliação

Em cada estágio do *processo de planejamento e desenvolvimento do produto*, é necessário definir os critérios de avaliação. Esses critérios devem ser amplos, mas suficientemente quantitativos para permitir uma triagem cuidadosa do produto no estágio específico de seu desenvolvimento. Devem ser desenvolvidos critérios para avaliar o novo produto em termos de oportunidade de mercado, concorrência, sistema de marketing, fatores financeiros e fatores de produção.

Deve existir uma oportunidade de mercado, na forma de uma necessidade nova ou atual, para a ideia do produto. A determinação da demanda de mercado é sem dúvida o principal critério para uma ideia de um novo produto. A avaliação da oportunidade e do tamanho do mercado precisa considerar as características e atitudes dos consumidores ou setores que podem comprar o produto, o tamanho desse mercado potencial em termos financeiros e quantitativos, a natureza do mercado em relação ao seu estágio no ciclo de vida (em crescimento ou em declínio) e a fatia do mercado que seria razoável esperar que o produto obtenha.

Os atuais produtores concorrentes e os preços e as políticas de marketing também devem ser avaliados, principalmente em termos de seu impacto na fatia de mercado da ideia em questão. A nova ideia precisa concorrer com êxito com produtos/serviços já existentes no mercado, ao apresentar características que atinjam ou superem a concorrência atual e futura. A nova ideia deve ter alguma vantagem diferencial única, segundo uma avaliação de todos os produtos/serviços concorrentes que atendem às mesmas necessidades dos consumidores.

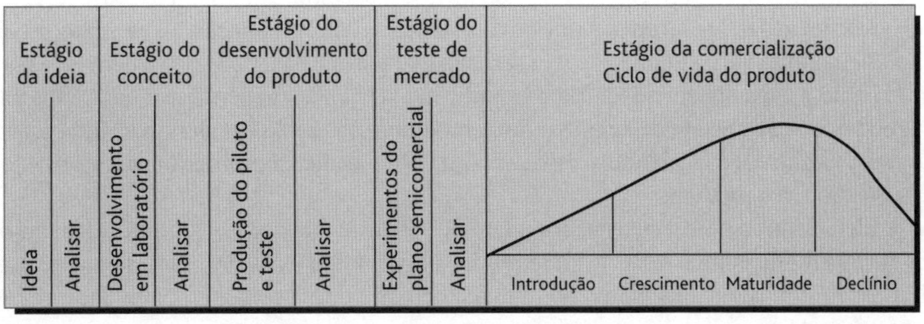

ciclo de vida do produto
As etapas percorridas pelo produto, desde o seu lançamento até o seu declínio

processo de planejamento e desenvolvimento do produto
Os estágios do desenvolvimento de um novo produto

FIGURA 4.6 Processo de planejamento e desenvolvimento do produto.
Fonte: De Hisrich, Robert, *Marketing Decisions for New and Mature Products*, 2nd edition, © 1991. Reimpresso com permissão de Pearson Education, Inc., Upper Saddle River, NJ.

ÉTICA

CRIAÇÃO E MANUTENÇÃO DA CONFIANÇA

A confiança é uma ferramenta poderosa de influência e administração. As pessoas não respondem à autoridade pelo desejo de seguir ordens, mas porque confiam no líder para guiá-las na direção certa e cumprir sua palavra. Para ser bem-sucedido, o empreendedor do século XXI deve seguir as regras da confiança e dar o exemplo na hora de liderar. Além de uma necessidade ética e moral, cultivar a confiança é uma necessidade prática de negócios, pois os ambientes de trabalho alicerçados na confiança são mais produtivos. Isso ocorre porque as pessoas que estabelecem confiança e uma relação genuína com seus funcionários são mais capazes de motivá-los a serem mais eficientes e esforçados. Como múltiplos estudos demonstram, os funcionários se esforçam mais por empreendedores, gerentes e empresas nos quais acreditam. Os elementos fundamentais do cultivo da confiança em sua empresa são:

1. **Seja honesto.** Por mais que seja um clichê, a honestidade é mesmo a melhor política para alinhar o comportamento dos funcionários com a missão e visão da empresa. Se você for desonesto, estará dando o tom para a organização, gerando desonestidade e deslealdade por parte dos funcionários em toda a empresa.
2. **Seja consistente no que faz.** Defenda e respeite as regras de sua empresa. Quando quebra as próprias regras, você sabota a si mesmo e perde a confiança dos funcionários.
3. **Jamais siga atalhos.** Todo empreendedor enfrenta, em algum momento, pressões incríveis para seguir o caminho mais fácil, mas os comportamentos antiéticos, mesmo em épocas de alta tensão, sabotam a confiança e criam precedentes para novas violações no futuro.

Por mais que a confiança seja uma ferramenta poderosa, ela também é extremamente frágil, pode ser destruída com facilidade e é difícil, se não impossível, de reconstruir. A confiança também pode ser utilizada da maneira errada, como em tentativas de manipular ou tirar vantagem de uma pessoa ou situação, o que teria consequências devastadoras para a organização. Um exemplo de como a confiança pode ser abusada é o Experimento de Milgram de 1961, conduzido por Stanley Milgram, psicólogo da Universidade de Yale. Nesse experimento, Milgram observou até que ponto os participantes infligiriam choques elétricos a outros participantes caso fossem instruídos a fazê-lo por um cientista "confiável". Os resultados foram chocantes: 62,5% dos participantes seguiram as instruções do cientista "confiável" e, nesse ambiente simulado, infligiriam um choque letal de 450 volts aos participantes. O estudo demonstrou claramente até que ponto as pessoas são capazes de seguir um líder ou fonte de autoridade. Do ponto de vista gerencial, as implicações do estudo são importantes. Empreendedores, gerentes e empresas precisam garantir que estão levando a empresa e os funcionários na direção certa. Para evitar possíveis abusos, o melhor conselho é construir, cultivar e manter um ambiente de confiança na organização como um todo, desde os primeiros momentos. Garanta que você e sua equipe administrativa são honestos e coerentes em palavras e ações e que jamais seguem atalhos, independentemente da situação. Ao incorporar esses valores à cultura da empresa desde o princípio, você se estabelece como um empregador e parceiro de negócios de confiança por muitos e muitos anos.

Fonte: Para mais informações sobre o tema, consulte J. Hamm, "Trust Me," *Leadership Excellence* (serial online) 28, no. 6 (June 2011), pp. 9–10.

A nova ideia deve gerar sinergia com as capacidades administrativas e com as estratégias de marketing atuais. A empresa deve ser capaz de utilizar sua experiência de mercado e outros conhecimentos nesse esforço com o novo produto. Por exemplo, a General Electric teria muito menos dificuldade em acrescentar um novo dispositivo de iluminação à sua linha do que a Procter & Gamble. Vários fatores devem ser considerados na avaliação do grau de adequação: até que ponto a capacidade e o tempo da atual força de vendas podem ser transferidos para o novo produto; a capacidade de vender o novo produto pelos canais de distribuição já estabelecidos da empresa; e a capacidade de aproveitar a publicidade e a promoção necessárias para a introdução do novo produto.

A ideia de produto/serviço sugerida tem de ser sustentada por, e contribuir para, o bem-estar financeiro da empresa. O custo de produção por unidade, as despesas de marketing e o capital devem ser calculados junto com o ponto de equilíbrio e com a probabilidade de lucros a longo prazo do produto.

A compatibilidade dos requisitos de produção do novo produto com a fábrica, o equipamento e o pessoal existentes também deve ser determinada. Se a ideia do novo produto não pode ser integrada aos processos de produção existentes, mais custos, como de fábrica e equipamentos, incidirão, e esse aspecto também deve ser considerado. Todos os materiais necessários à produção do produto devem estar disponíveis e acessíveis em quantidade suficiente.

Quando se trata de concorrência e de situações competitivas, com frequência surgem preocupações quanto à ética e ao comportamento ético, conforme apresentado no quadro "Ética".

Os empreendedores devem se preocupar com a avaliação formal da ideia no decorrer de sua evolução. Tome cuidado para garantir que o produto seja a base para um novo empreendimento. Isso é feito por meio de uma análise cuidadosa que resulte em uma decisão positiva ou negativa em cada estágio do processo de planejamento e desenvolvimento do produto: o estágio da ideia, o estágio do conceito, o estágio do desenvolvimento do produto e o estágio de teste de mercado.

Estágio da ideia

Devem ser identificadas ideias promissoras de novos produtos/serviços; as impraticáveis serão eliminadas no *estágio da ideia*, permitindo a máxima utilização dos recursos da empresa. Um método de avaliação empregado com êxito nesse estágio é a *checklist* de avaliação sistemática do mercado, em que cada nova ideia é expressa em termos de seus principais valores, méritos e benefícios. Apresentam-se aos consumidores grupos de valores de novos produtos/serviços para determinar, se for o caso, quais alternativas de novos produtos devem ser buscadas e quais devem ser descartadas. Várias alternativas de novas ideias podem ser avaliadas com esse método; as ideias promissoras serão posteriormente desenvolvidas, o que evita o desperdício de recursos em ideias incompatíveis com os valores do mercado.

estágio da ideia
Primeiro estágio no processo de desenvolvimento de um produto/serviço

Também é importante determinar a necessidade da nova ideia e seu valor para a empresa/empreendedor. Se não há qualquer necessidade do produto sugerido, seu desenvolvimento tem de ser interrompido. De modo semelhante, a ideia do novo produto/serviço não deve ser desenvolvida se não apresentar algum benefício ou valor para a empresa. Para determinar com precisão a necessidade de uma nova ideia, convém definir as necessidades potenciais do mercado em termos de momento, satisfação, alternativas, benefícios e riscos, expectativas futuras, custo-benefício do produto, dimensão e estrutura de mercado e condições econômicas. Uma forma de auxiliar a determinação dessa necessidade é apresentada na Tabela 4.5. Os fatores indicados na tabela devem ser avaliados não só em termos das características do possível novo produto/serviço, mas também do poder competitivo do novo produto/serviço em relação a cada fator. Essa comparação com os produtos/serviços concorrentes indicará os pontos fortes e fracos da ideia proposta.

A determinação da necessidade deve se concentrar no tipo de necessidade, no seu momento, nos usuários envolvidos na experimentação do produto/serviço, na importância de variáveis de marketing controláveis, na estrutura global do mercado e nas suas características. Cada um desses fatores deve ser avaliado em termos das características da nova ideia sendo considerada e dos aspectos e das capacidades dos atuais métodos para satisfazer uma necessidade específica. Essa análise indicará a extensão da oportunidade disponível.

Ao determinar o valor do novo produto/serviço para a empresa, a programação financeira – como entrada/saída de recursos, contribuição para o lucro e retorno sobre o investimento – precisa ser avaliada em relação a outras ideias de produtos/serviços, bem como quanto às alternativas de investimento. Empregando-se o formulário indicado na Tabela 4.6, o valor financeiro de cada uma das considerações importantes para a ideia do novo produto/serviço tem de ser calculado com a maior exatidão possível. Os números resultantes serão revisados posteriormente, à medida que informações mais decisivas se tornem disponíveis e que o produto/serviço continue sendo desenvolvido.

Estágio do conceito

Depois que a ideia de um novo produto/serviço é identificada como viável, ela deve ser desenvolvida e aperfeiçoada por meio da interação com os consumidores. No *estágio do conceito*,

estágio do conceito
Segundo estágio no processo de desenvolvimento do produto/serviço

TABELA 4.5 Determinando a necessidade da ideia de um novo produto/serviço

Fator	Aspectos	Capacidades competitivas	Capacidade da ideia do novo produto
Tipo de necessidade Necessidade contínua Necessidade decrescente Necessidade emergente Necessidade futura			
Tempo e extensão da necessidade Duração da necessidade Frequência da necessidade Ciclo de demanda Posição no ciclo de vida			
Modos concorrentes de satisfazer a necessidade Passar sem Uso do modo atual Modificação do modo atual			
Benefícios/riscos percebidos Utilidade para o cliente Características de apelo Gostos e preferências do cliente Motivos para comprar Hábitos de consumo			
Características de preço *versus* desempenho Relação preço-quantidade Elasticidade da demanda Estabilidade do preço Estabilidade do mercado			
Dimensão e potencial do mercado Crescimento do mercado Tendências do mercado Exigências de desenvolvimento do mercado Ameaças ao mercado			
Disponibilidade financeira do cliente Condições econômicas gerais Tendências econômicas Renda do cliente Oportunidades de financiamento			

Fonte: De Hisrich, Robert, *Marketing Decisions for New and Mature Products*, 2nd edition, © 1991. Reimpresso com permissão de Pearson Education, Inc., Upper Saddle River, NJ.

a ideia aperfeiçoada é testada para determinar a aceitação do consumidor. As reações iniciais ao conceito são obtidas dos clientes em potencial ou dos membros do canal de distribuição, quando apropriado. Um método para medir a aceitação do consumidor é a entrevista em que participantes selecionados são expostos a afirmações que refletem as características físicas e os atributos da ideia do produto/serviço. Onde existirem produtos (ou serviços) concorrentes, essas afirmações também compararão suas principais características. Características favoráveis e desfavoráveis do produto existente serão descobertas pela análise das respostas dos consumidores, incorporando as características favoráveis ao novo produto/serviço.

Características, preço e promoção devem ser avaliados quanto ao conceito sendo examinado e em relação aos principais produtos concorrentes com as seguintes perguntas:

Como o novo conceito se compara aos produtos/serviços concorrentes em termos de qualidade e confiabilidade?

O conceito é superior ou deficiente, quando comparado com os produtos/serviços atualmente disponíveis no mercado?

Esta é uma boa oportunidade de mercado para a empresa?

Avaliações semelhantes devem ser feitas para todos os aspectos da estratégia de marketing.

TABELA 4.6 Determinando o valor de uma ideia de novo produto/serviço

Consideração de valor	Custo (em $)
Saída de caixa	
Custos de P&D	
Custos de marketing	
Custos de meios de produção (equipamentos)	
Outros custos	
Entrada em caixa	
Vendas do novo produto	
Efeito sobre vendas adicionais de produtos existentes	
Valor residual	
Fluxo de caixa líquido	
Exposição máxima	
Tempo para exposição máxima	
Duração da exposição	
Total do investimento	
Ganho líquido máximo em um ano	
Lucro	
Lucro com o novo produto	
Lucro afetando as vendas adicionais de produtos existentes	
Fração do lucro total da empresa	
Retorno relativo	
Retorno sobre o patrimônio do acionista (ROE)	
Retorno sobre o investimento (ROI)	
Custo de capital	
Valor presente (VP)	
Fluxo de caixa descontado (FCD)	
Retorno sobre ativos empregados	
Retorno sobre vendas	
Comparação com outros investimentos	
Comparação com outras oportunidades de produto	
Comparação com outras oportunidades de investimento	

Fonte: De Hisrich, Robert, *Marketing Decisions for New and Mature Products*, 2nd edition, © 1991. Reimpresso com permissão de Pearson Education, Inc., Upper Saddle River, NJ.

Estágio do desenvolvimento do produto

No *estágio do desenvolvimento do produto* é determinada a reação do consumidor ao produto/serviço físico. Uma ferramenta muito utilizada nesse estágio é o painel de consumidores, em que um grupo de possíveis consumidores recebe amostras do produto. Os participantes registram o uso do produto e fazem comentários sobre suas virtudes e deficiências. A técnica é mais aplicável a ideias de produto, funcionando somente para algumas ideias de serviço.

O painel de clientes em potencial também pode receber uma amostra do produto e de um ou mais produtos concorrentes simultaneamente. Um dentre vários métodos, como comparação de diversas marcas, análise de risco, nível de compras repetidas ou intensidade da análise de preferência, serve para determinar a preferência do consumidor.

estágio do desenvolvimento do produto
Terceiro estágio no processo do desenvolvimento do produto/serviço

Estágio de teste de mercado

Embora os resultados do estágio do desenvolvimento do produto forneçam a base do plano de marketing final, é aconselhável fazer um teste de mercado para aumentar a certeza do sucesso na comercialização. Essa última etapa no processo de avaliação, o *estágio de teste de mercado*, apresenta resultados de vendas reais, os quais indicam o nível de aceitação dos consumidores. Resultados positivos nesse teste indicam o grau de probabilidade de êxito do lançamento de um produto e da formação de uma empresa.

estágio de teste de mercado
Último estágio, antes da comercialização, do processo de desenvolvimento do produto

E-COMMERCE E O INÍCIO DO NEGÓCIO

Em todo o processo de avaliação de uma possível ideia nova, assim como no desenvolvimento da estratégia de marketing, a função do comércio eletrônico (*e-commerce*) deve ser continuamente avaliada. O *e-commerce* oferece ao empreendedor a oportunidade de ser criativo e inovador. Sua importância cada vez maior é indicada no volume de vendas sempre crescente de *e-commerce*, *business-to-business* (negócios entre empresas) e *business-to-consumer* (negócios entre empresas e consumidores). O *e-commerce* (gastos na Internet) continua crescendo ano após ano. De acordo com a comScore Networks, apesar da incerteza econômica, 2011 foi um ano forte para o *e-commerce* de varejo. Os gastos totais com *e-commerce* nos EUA chegaram a 256 bilhões de dólares em 2011, um aumento de 12% em relação a 2010. Desses 256 bilhões, o *e-commerce* de viagens cresceu em 11%, chegando a 94,5 bilhões, enquanto o *e-commerce* de varejo (excluindo viagens) saltou 13%, alcançando 161,5 bilhões de dólares no ano.

A categoria de *e-commerce* de varejo que mais cresceu em 2011 foi a de conteúdo e assinaturas digitais, composta principalmente de *downloads* de conteúdo digital como música, filmes, programas de TV e livros eletrônicos, a um índice de 26%. Os aparelhos eletrônicos foram a segunda categoria que mais cresceu em 2011, com índice de 18%, impulsionada por TVs de tela plana baratas, *tablets* e leitores de livros digitais; joias e relógios cresceram 17% e também tiveram um bom ano com a recuperação econômica depois da recessão.

Os fatores que facilitaram o alto crescimento do comércio em termos de *business-to-consumer* ou *business-to-business* incluem o amplo uso de computadores pessoais, a adoção de intranets nas empresas, a aceitação da Internet como uma plataforma de comunicação empresarial e sistemas mais velozes e mais seguros. Inúmeros benefícios, como acesso a uma clientela maior, menos custos de difusão de informações, menos custos de transação e a natureza interativa da Internet, continuarão a expandir o volume do *e-commerce*.

Usando o *e-commerce* de modo criativo

O comércio eletrônico está sendo cada vez mais usado pelas corporações existentes para ampliar seus canais de marketing e vendas, além de ser a base para alguns empreendimentos novos. A Internet é importante principalmente para as pequenas e médias empresas, pois lhes possibilita minimizar os custos de marketing ao atingir mercados mais abrangentes. O empreendedor que inicia um empreendimento pela Internet precisa abordar as mesmas questões estratégicas e táticas de qualquer outro empreendedor. Além disso, algumas questões específicas dos negócios *online* devem ser consideradas devido à nova tecnologia permanentemente em evolução usada no comércio pela Internet. O empreendedor tem que decidir se administrará as operações da Internet dentro da empresa ou se terceirizará essas operações para especialistas em Internet. No caso de operações internas (dentro da empresa), devem ser mantidos servidores de computadores, roteadores e outros componentes de hardware e software, além de serviços de suporte, como informações sobre *sites* na Web. Por outro lado, existem incontáveis possibilidades de terceirizar os negócios pela Internet. O empreendedor pode contratar Web *designers* para criar as páginas da empresa e carregá-las no servidor mantido pelo provedor de serviços de Internet. Nesse caso, a principal tarefa do empreendedor é atualizar regularmente as informações contidas nas páginas da Web. Outra opção é usar os pacotes para *e-commerce* disponibilizados por diversas empresas de software. A decisão acertada entre operações internas ou terceirização depende da dimensão dos negócios a serem conduzidos na Internet, principalmente quando as operações na Internet forem o principal negócio da empresa, e dos custos relativos de cada alternativa.

Os dois principais componentes do comércio pela Internet são as operações de *front-end* e *back-end*. As operações de *front-end* dizem respeito à funcionalidade do *site* da Web. Capacidades de busca, carrinho de compras e segurança do pagamento são apenas alguns exemplos. O maior erro de muitas empresas na Internet é acreditar que um *site* atraente e interativo garantirá o sucesso, o que os leva a subestimar as operações de *back-end*. É preciso desenvolver a integração perfeita dos pedidos do cliente com os canais de distribuição e com as capacidades de produção, procurando ser flexível o suficiente para lidar com qualquer desejo específico do cliente. A integração das operações de *front-end* e *back-end* representa o maior desafio para fazer negócios na Internet e, ao mesmo tempo, oferece a oportunidade de desenvolver uma vantagem competitiva sustentada.

Sites da Web

O uso de *sites* da Web por empresas empreendedoras tem aumentado significativamente. Atualmente, cerca de 90% das pequenas empresas dispõem de *sites* em funcionamento. Entretanto, a maioria das pequenas empresas e dos empreendedores acredita que não tem a capacidade técnica para construir e operar *sites* com qualidade.

Um dos segredos de um bom *site* é a facilidade de uso. Em uma classificação de 2008 que avaliava a utilidade, facilidade de uso e prazer, realizada pela Forrester, de 114 *sites*, a Barnes & Noble foi a primeira colocada, seguida por USAA, Borders, Amazon, Costco e Hampton Inn/Suites.

No processo de desenvolvimento de um *site*, o empreendedor deve se lembrar de que um *site* é um veículo de comunicação e precisa responder às seguintes perguntas: Quem é o público? Quais são os objetivos do *site*? O que você deseja dos consumidores quando visitarem o *site*? O *site* faz parte do programa total de comunicação do empreendimento? Ao responder essas perguntas, o empreendedor deve estruturar o *site* e organizar as informações para efetivamente atingir o mercado-alvo. Isso exige que o material seja atual e que novos materiais sejam incluídos periodicamente. O material deve ser interativo para estimular e envolver os usuários. É evidente que o *site* deve se tornar conhecido e ter o máximo de visibilidade possível.

Uma das mais importantes características de todo *site* é a capacidade de busca. Deve ser fácil encontrar informações sobre os produtos e serviços que uma empresa oferece pela Internet. Essa função é realizada por meio de uma ferramenta de busca avançada, de um mapa do *site* ou da pesquisa por assunto. Outras funções que devem estar disponíveis em todos os *sites* de *e-commerce* são o carrinho de compras, uma conexão segura com o servidor, o pagamento com cartão de crédito e um espaço para *feedback* do cliente. Carrinho de compras é um software que aceita pedidos de produtos e calcula automaticamente o total dos pedidos dos clientes com base nas informações de disponibilidade de produtos. Pedidos e outras informações sigilosas do cliente devem ser transferidas somente por meio de servidores seguros. Outro recurso importante do *site* é um sistema de resposta de e-mail que permita que os clientes enviem seu *feedback* para a empresa.

Os *sites* bem-sucedidos têm três características: velocidade, velocidade e velocidade. Além disso, o *site* deve ser fácil de usar, personalizado para grupos específicos do mercado-alvo e compatível com diferentes navegadores. A facilidade de uso anda junto com a velocidade; se os visitantes acharem fácil navegar pelas páginas da Web, poderão encontrar rapidamente produtos, serviços ou informações. Uma das maiores vantagens da Internet é a simplicidade de personalização do conteúdo do *site* para diferentes segmentos de mercado. O empreendedor também deve ter em mente a natureza internacional da Internet, além de quaisquer outros segmentos que não o segmento-alvo. Por exemplo, se uma empresa não está planejando vender produtos além das fronteiras dos Estados Unidos, deverá indicar claramente no *site* que seus produtos serão enviados apenas para endereços dentro dos Estados Unidos. Se, por outro lado, a empresa também tem como objetivo os mercados internacionais, as questões de tradução e adaptação cultural devem ser consideradas. Quanto aos aspectos técnicos, o criador deve garantir que o *site* funcione adequadamente em diferentes navegadores e plataformas usados por visitantes da Internet. Assim que o *site* estiver funcionando, é importante incluí-lo em todos os materiais de marketing, inclusive nos cartões de visita e no papel timbrado da empresa e, evidentemente, na sua publicidade.

Um bom exemplo de desenvolvimento e operação de *site* é o LinkedIn (http://www.linkedin.com/). A empresa, baseada em Santa Monica, Califórnia, é uma rede social de negócios utilizada principalmente para fins de *networking* entre profissionais. Os objetivos do *site* são promover o crescimento do número de usuários, ser uma fonte essencial de ideias profissionais, aumentar a monetização ao mesmo tempo que cria valor para os membros e se expandir internacionalmente. Para alcançar esses objetivos, o *site* permite que seus membros se conectem eficientemente a uma enorme quantidade de profissionais de todos os setores, com seu mecanismo de busca fácil de usar e seus recursos de filtro. Para produzir crescimento viral, o *site* recorre à otimização de mecanismos de busca e se integra com diversos aplicativos externos. O LinkedIn investe pesado em capacidades de *targeting* e análise de dados para identificar, com eficiência e eficácia, os candidatos para uma oportunidade específica, o que produz benefícios para os membros e os clientes. A plataforma também está sendo disponibilizada em mais idiomas para expandir a marca internacionalmente.

Existem soluções de hospedagem gratuita de *sites* disponíveis para empreendedores, incluindo:

- Microsoft: http://www.microsoft.com/office/olsb/OLSB%20Home%20US.htm
  Seis meses de hospedagem de sites e e-mail gratuitos; uma ótima opção.
- 000Webhost: http://www.000webhost.com/features
  Outra empresa de hospedagem com serviços totalmente gratuitos.
- Zymic: http://www.zymic.com/free-web-hosting/
  Um *site* de hospedagem gratuita.
- Webs: http://www.webs.com/
  Um construtor gratuito de *sites* com aparência profissional.

Rastreando informações do cliente

Os bancos de dados eletrônicos sustentam a estratégia do marketing individual personalizado. O banco de dados não só rastreia a atividade do setor, do segmento e da empresa, como também sustenta o marketing direcionado a clientes individuais. A motivação para rastrear informações dos clientes é atrair a atenção do cliente com o marketing individual personalizado. Ao fazer isso, deve-se tomar cuidado para seguir as leis que protegem a privacidade dos indivíduos.

Fazendo *e-commerce* como uma empresa empreendedora

Atualmente, a decisão de desenvolver um *site* da empresa e um *site* de *e-commerce* para seu negócio é essencial. Diversas características de produto/serviço são necessárias para que o projeto dê certo e as transações sejam facilitadas. Primeiro, deve ser possível entregar os produtos de forma econômica e conveniente. Segundo, o produto precisa interessar um grande número de pessoas e poder ser distribuído fora de sua localização geográfica. Terceiro, as operações *online* devem ter boa relação custo-benefício e ser seguras e fáceis de usar. Uma aluna desejava realizar seu sonho de ajudar as mulheres pobres de um vilarejo peruano a distribuírem seus produtos, e sua empresa começou com a venda das mercadorias em um *site* recém-criado.

O conflito entre os canais de marketing tradicional e *online* (conflito de canais) surge devido a desacordos entre fabricantes e varejistas, o que acaba por levar a uma posição hostil e competitiva entre empresas que, antes, tinham relações de parceria. Os parceiros nas cadeias de suprimento têm que se concentrar em suas principais competências e terceirizar as atividades secundárias. Ao lançar canais de distribuição concorrentes, as empresas devem pesar os custos e benefícios dessa decisão enquanto levam em conta a perda do negócio existente.

REVISÃO

RESUMO

O ponto de partida para qualquer novo empreendimento bem-sucedido é o produto ou serviço básico a ser oferecido. Essa ideia pode ser gerada interna ou externamente por meio de diversas técnicas.

As possíveis fontes de novas ideias variam de comentários dos consumidores a mudanças nas regulamentações do governo. Monitorar os comentários de pessoas conhecidas, avaliar os novos produtos oferecidos por concorrentes, familiarizar-se com as ideias contidas em patentes já concedidas e participar ativamente em pesquisa e desenvolvimento são técnicas para chegar à ideia de um bom produto. Além disso, há técnicas específicas que os empreendedores podem usar para gerar ideias. Por exemplo, é possível conhecer melhor as verdadeiras opiniões do consumidor a partir de um grupo de discussão. Outra abordagem orientada para o consumidor é a análise de inventário de problemas, na qual os consumidores associam determinados problemas a produtos específicos e desenvolvem um novo produto que não apresenta as falhas identificadas.

O *brainstorming*, uma técnica útil na geração de ideias e na solução de problemas, estimula a criatividade, permitindo que um pequeno grupo de pessoas trabalhe em conjunto em um ambiente aberto não estruturado. Outras técnicas úteis para otimizar o processo criativo são as listas de questões relacionadas, a livre associação, os cadernos de ideias e a abordagem do *big-dream*. Algumas técnicas são muito estruturadas, enquanto outras são planejadas de forma mais livre. Todo empreendedor deve conhecer as técnicas disponíveis.

Após a geração da ideia ou do grupo de ideias, começa o processo de planejamento e desenvolvimento. Cada ideia deve ser selecionada e avaliada para determinar a sua adequação ao desenvolvimento posterior. As ideias com maior potencial passam para os estágios do conceito, do desenvolvimento do produto, do teste de mercado e, finalmente, para a comercialização. O produto ou ideia pode então servir de base para um empreendimento de sucesso.

ATIVIDADES DE PESQUISA

1. Escolha um produto ou tecnologia. Entreviste cinco pessoas que compram esse produto e pergunte a elas quais são os principais problemas que enfrentam ao lidar com ele (ou quais são os principais motivos pelos quais não gostam dele). Em seguida, peça-lhes que descrevam os atributos do "produto perfeito" que satisfaria todas as suas necessidades e substituiria o produto existente. Depois, entreviste representantes de cinco empresas que oferecem o produto e pergunte a eles quais são, na opinião deles, os principais problemas enfrentados pelos clientes com o produto. Apresente algumas soluções futuristas.

2. Obtenha uma patente de uma tecnologia (por exemplo, acesse o *site* do escritório de patentes na Web) e apresente 10 usos criativos para essa tecnologia.

3. Escolha três produtos que você possa estar interessado em comprar e que são vendidos na Internet. Para cada produto, visite três *sites* da Web e percorra todo o processo como se você fosse realmente comprar o produto. Que *site* foi o melhor? Por quê? Qual foi o pior? Por quê? Se você pudesse criar o *site* perfeito, que recursos ele teria?

DISCUSSÃO EM AULA

1. Utilize a declaração de problema e as soluções do *brainstorm* a seguir. Prepare-se para apresentar as três soluções mais "criativas". Declaração de problema: "Com muita frequência, os clientes usam uma linha de transportes aéreos e, quando chegam ao destino, descobrem que sua bagagem não chegou".

2. Escolha um produto e use o método de *checklist* para desenvolver novas ideias. Prepare-se para discutir seu produto e as três ideias mais criativas geradas.

3. Em sua opinião, a Internet pode trazer vantagens para uma empresa em relação às outras ou é uma necessidade mínima para quem pretende competir? Prepare-se para justificar sua resposta.

NOTAS

1. P. Omidyar, "The World's Online Marketplace," Academy of Achievement, Interview, October 27, 2000.
2. J. Viegas, *Pierre Omidyar: The Founder of eBay* (Rosen Publishing Group, 2006).
3. Academy of Achievement, "Biography: Pierre Omidyar," 2000, Achievement.org: http://www.achievement.org/autodoc/page/omi0bio-1, retrieved September 23, 2011.
4. A&E Television Networks, "Pierre Omidyar Biography," 2011, Biography.com: http://www.biography.com/articles/Pierre-Omidyar-9542205, retrieved September 23, 2011.
5. Omidyar, "The World's Online Marketplace."
6. Ibid.
7. Omidyar Network, "About Us: Evolution," 2011, Omidyar.com: http://www.omidyar.com/about_us, retrieved October 2, 2011.
8. Para uma apresentação mais detalhada das entrevistas de grupos de discussão em geral e aplicações quantitativas, ver "Conference Focuses on Focus Groups: Guidelines, Reports, and 'the Magic Plaque,'" *Marketing News*, May 21, 1976, p. 8; Keith K. Cox, James B. Higginbotham, and John Burton, "Application of Focus Group Interviews in Marketing," *Journal of Marketing* 40, no. 1 (January 1976), pp. 77–80; e Robert D. Hisrich and Michael P. Peters, "Focus Groups: An Innovative Marketing Research Technique," *Hospital and Health Service Administration* 27, no. 4 (July–August 1982), pp. 8–21.
9. Uma análise de cada uma dessas técnicas é encontrada em Robert D. Hisrich and Michael P. Peters, *Marketing Decisions for New and Mature Products* (Columbus, OH: Charles E. Merrill, 1984), pp. 131–46; e Robert D. Hisrich, "Entrepreneurship and Intrapreneurship: Methods for Creating New Companies That Have an Impact on the Economic Renaissance of an Area," in *Entrepreneurship, Intrapreneurship, and Venture Capital* (Lexington, MA: Lexington Books, 1986), pp. 77–104.
10. Para uma discussão dessa técnica, ver J. Geoffrey Rawlinson, *Creative Thinking and Brainstorming* (New York: John Wiley & Sons, 1981), pp. 124, 126; e W. E. Souder and R. W. Ziegler, "A Review of Creativity and Problem-Solving Techniques," *Research Management* 20 (July 1977), p. 35.
11. Esse método é discutido em J. W. Haefele, *Creativity and Innovation* (New York: Van Nostrand Reinhold, 1962), pp. 145–47; Sidney J. Parnes and Harold F. Harding (eds.), *A Source Book for Creative Thinking* (New York: Charles Scribner's Sons, 1962), pp. 307–23; e Souder and Ziegler, "A Review of Creativity and Problem-Solving Techniques," pp. 34–42.
12. Alex F. Osborn, *Applied Imagination* (New York: Scribner Book Companies, 1957), p. 318.
13. Rawlinson, *Creative Thinking,* pp. 52–59.
14. Para uma discussão completa do método de anotações coletivas, ver Haefele, *Creativity and Innovation,* p. 152.
15. Parnes and Harding, *A Source Book for Creative Thinking,* p. 308.
16. Para uma discussão dessa abordagem, consulte M. O. Edwards, "Solving Problems Creatively," *Journal of Systems Management* 17, no. 1 (January–February 1966), pp. 16–24.
17. O procedimento de análise de parâmetros é discutido de forma abrangente em Yao Tzu Li, David G. Jansson, and Ernest G. Cravalho, *Technological Innovation in Education and Industry* (New York: Reinhold, 1980), pp. 26–49, 277–86.
18. Para alguns exemplos dessa pesquisa e dos modelos, consulte Lenny Herron and Harry J. Sapienza, "The Entrepreneur and the Initiation of New Venture Launch Activities," *Entrepreneurship: Theory and Practice* (Fall 1992), pp. 49–55; C. M. Gaglio and R. P. Taub, "Entrepreneurs and Opportunity Recognition," Babson Research Conference (May 1992), pp. 136–47; L. Busenitz, "Research on Entrepreneurial Alertness," *Journal of Small Business Management* 34, no. 4 (1996), pp. 35–44; S. Shane, "Prior Knowledge and Discovery of Entrepreneurial Opportunities," *Organizational Science* 11, no. 4 (2000), pp. 448–69; Hean Tat Keh, Maw Der Foo, and Boon Chong Lim, "Opportunity Evaluation under Risky Conditions: The Cognitive Process of Entrepreneurs," *Entrepreneurship: Theory and Practice* (Winter 2002), pp. 125–48; e Noel J. Lindsay and Justin Craig, "A Framework for Understanding Opportunity Recognition," *Journal of Private Equity* (Winter 2002), pp. 13–25.
19. Para uma descrição detalhada desse processo, ver Robert D. Hisrich and Michael P. Peters, *Marketing Decisions for New and Mature Products* (Columbus, OH: Charles E. Merrill, 1991), pp. 157–78.

5
IDENTIFICAÇÃO E ANÁLISE DE OPORTUNIDADES NACIONAIS E INTERNACIONAIS

OBJETIVOS DE APRENDIZAGEM

▶ Entender os aspectos e a importância de identificar boas oportunidades nacionais ou internacionais.

▶ Conseguir identificar essas oportunidades

▶ Conseguir criar um plano de avaliação de oportunidades.

▶ Apresentar os problemas e as barreiras à entrada em mercados globais.

▶ Conseguir selecionar um mercado global.

▶ Entender as opções de entrada em mercados estrangeiros.

PERFIL DE ABERTURA

Saloni Malhotra – www.desicrew.in

Como diz o ditado, a necessidade é a mãe da invenção, e em nenhum lugar existe mais necessidade do que nos mercados emergentes e subdesenvolvidos. Os empreendedores sociais do mundo inteiro estão competindo ferozmente para encontrar maneiras de aumentar a qualidade de vida nessas regiões. Um deles é Saloni Malhotra, uma jovem indiana que sonha em criar avanços sustentáveis para o povo do país que tanto ama.

Com sua transformação recente em competir em escala global, a Índia causou *frisson* na economia mundial. Atualmente a nona maior economia do mundo, e quarta em paridade do poder de compra, a Índia tem um papel crucial na globalização e na ascensão dos mercados emergentes desde a liberação econômica em 1991.[1,2] Com quase 1,2 bilhão de habitantes, não surpreende que a população indiana tenha se tornado o ativo mais importante do país. Quando a terceirização começou a se tornar popular entre as empresas ocidentais, a Índia enfrentou o desafio e garantiu que seria líder em oferecer mão de obra qualificada para setores lucrativos, como software e tecnologia de informática, telecomunicações e engenharia. Contudo, a disparidade demográfica que existe há séculos entre o povo da região se tornou mais óbvia com a emergência da prosperidade nas zonas urbanas. O mercado de trabalho crescente nas grandes cidades, como Nova Délhi, Mumbai, Balgalore, Kolkata e Chennai, causou uma forte migração do campo para a cidade. As cidades, entretanto, já superlotadas, não tinham como sustentar toda a população, quanto mais oferecer uma qualidade de vida superior, o que apenas ampliou o abismo social.

A diferença entre campo e cidade não é exclusiva da Índia, mas a população gigantesca do país torna essa desigualdade mais destacada do que em outras regiões do mundo. Com apenas 30% da população total nas cidades, incríveis 360 milhões de pessoas moram em zonas rurais da Índia que oferecem poucas opções de geração de renda além da simples agricultura, mesmo para cidadãos com mais escolaridade. Isso significa que o equivalente a toda a população dos Estados Unidos, e ainda quase 50 milhões a mais, vive na pobreza no interior da Índia.

Foi esse fenômeno, combinado com o sonho de fundar sua própria empresa, que convenceu Saloni Malhotra a correr o risco e adotar o que, na época, era considerado um modelo de negócio difícil. Com a ajuda de seu mentor, o professor Ashok Jhunjhunwala, do IIT Madras, Malhotra propôs um empreendimento com fins lucrativos que enfrentaria problemas sociais da atualidade.[3] Em vez de enxergar os habitantes dos vilarejos rurais como simples fazendeiros ignorantes, ela acreditava que estes representavam um novo recurso, ansiosos por uma oportunidade de transformar seu potencial em realidade. Para utilizar essa mão de obra, ela propôs levar ao interior um dos modelos de negócio que criara tanta prosperidade nas zonas urbanas. Assim, em 2007, após alguns anos de pesquisa, superação de obstáculos e eliminação de barreiras, surgiu a DesiCrew, o primeiro BPO (*business process outsourcing*, terceirização de processos de negócio) rural com motivação social.

Malhotra tinha apenas 26 anos quando fundou seu negócio. Com o apoio da Rural Technology and Business Incubator do IIT Madras, ela conseguiu transformar sua pequena empresa em uma entidade viável e lucrativa, mas não sem antes superar diversos desafios.[4] Por definição, o BPO é um método pelo qual certas operações ou processos de negócios são transferidas para terceiros. No passado, o método foi utilizado pelas indústrias, pois era mais barato instalar fábricas em regiões com salários baixos e então transportar os bens para venda em outros mercados. Mais tarde, os BPOs mais populares eram os *call centers* no estrangeiro, que se tornaram famosos com o surgimento das empresas indianas. Quando Malhotra gerou sua ideia, os BPOs eram sinônimos de operações de alta tecnologia, como desenvolvimento de software e análise de negócios.[5]

À medida que os BPOs foram avançando na cadeia de valor, seu sonho de criar centros rurais parecia cada vez menos possível. Como seu pessoal poderia programar software quando não havia eletricidade ou Internet? Por que um cliente contrataria uma empresa para fazer análise de negócios quando os funcionários não falam inglês direito? Para responder essas perguntas, Malhotra precisou começar pela base. Primeiro foi preciso estabelecer algum nível de infraestrutura para permitir o transporte até os centros de negócios, montar sistemas de telecomunicação e garantir que os centros estariam ligados a fontes de energia confiáveis. O processo foi lento, mas ela conseguiu criar um modelo de operações de distribuição; a matriz em Chennai atuaria como conduíte entre o cliente e os centros rurais. Dessa forma, o BPO ficaria acessível para as grandes corporações nas cidades, mas conduziria suas operações em regiões de baixo custo. O custo fixo de capital humano menor seria, então, repassado para o cliente. É uma situação em que todos saem ganhando: o cliente tem serviços a custos menores, enquanto a população dos vilarejos rurais aproveita a oportunidade de ganhar mais dinheiro e gerar renda com trabalho do conhecimento e não somente com a agricultura.

Os primeiros centros rurais que Malhotra montou se concentravam em tarefas mais simples, como entrada e conversão de dados. Contudo, à medida que os centros se tornaram mais estruturalmente seguros, seu trabalho ficou mais significativo. Com a adoção de programas abrangentes de capacitação dos funcionários em gestão básica de escritórios, práticas de RH, utilização de computadores e entrada de dados, a DesiCrew conseguiu alcançar o ponto crucial em que seu trabalho atingia o mesmo padrão de qualidade dos concorrentes urbanos.

Malhotra afirma que um de seus maiores desafios ao fundar a empresa foi alterar a mentalidade da população urbana da Índia, que não acreditava que "o trabalho pudesse ser feito no interior e com a mesma qualidade".[6] Depois de demonstrar a competência de sua equipe, a validade de seu modelo de negócio começou a dominar. Com cinco clientes estabelecidos pagando anuidades e 21 clientes no total, a DesiCrew continua a se expandir para outras regiões rurais da Índia.[7]

Um impacto social produzido pela DesiCrew foi a migração reversa. Ao criar empregos locais para trabalhadores do conhecimento, oferecer capacitação em habilidades transferíveis e ajudar os funcionários a economizar e ganhar mais dinheiro, o modelo de negócio remove a necessidade de a população rural se mudar para zonas urbanas. No passado, quem nascia no campo e não desejava se tornar fazendeiro e/ou queria a chance de uma vida melhor fora de sua vila precisava se mudar para a cidade mais próxima e tentar se tornar trabalhador do conhecimento. Os empregos na cidade pagavam bem, mas o custo de vida era significativamente maior do que no interior, então os migrantes tinham muito menos dinheiro para mandar para suas famílias. A DesiCrew paga menos do que os BPOs tradicionais, mas permite que seus trabalhadores fiquem em suas cidades natais, onde o custo de vida é baixo. Dando continuidade ao ciclo de crescimento econômico, o dinheiro poupado é gasto no vilarejo, não na cidade, o que ajuda a estimular o crescimento econômico na comunidade como um todo. Manter as rúpias em circulação dentro da vila é uma mudança que gera a oportunidade de aumentar a qualidade de vida de quem mora e trabalha no interior.

Quase 70% dos funcionários da DesiCrew são mulheres. O que explica a disparidade de gênero? Culturalmente, as mulheres tendem a morar com os pais até casarem, quando se mudam para a casa do marido. Nos últimos anos, as mulheres começaram a sair de casa para estudar ou trabalhar nas cidades, onde podem gerar mais dinheiro para suas famílias. Quando casam, no entanto, elas costumam ir morar com os maridos, geralmente em um vilarejo. A educação, o treinamento ou a experiência de trabalho que obtiveram antes do casamento é desperdiçada devido à falta de empregos apropriados fora das cidades. Quando uma empresa como a DesiCrew se estabelece em uma dessas regiões rurais, ela encontra muitas mulheres dispostas e capazes de fazer o serviço. Além de fortalecer a segurança financeira da família, o empreendimento aumenta o *status* social das mulheres. Por sua vez, as mulheres conquistam maiores níveis de autoconfiança, o que as motiva a trabalhar mais, aprender mais e se desenvolver mais.

Malhotra pretende continuar a construir sua empresa. Ela tem esperança de alcançar 1.000 funcionários nos próximos anos. Além da expansão física, ela imagina a empresa avançando na cadeia de valor em termos dos serviços que oferece. Malhotra acredita que se pessoas qualificadas recebem os recursos certos, como educação e treinamento, elas podem fazer tudo, independentemente de virem da cidade ou do interior.[8] Ensinar inglês correto à população rural é uma prioridade fundamental, pois Malhotra acredita que a empresa não consegue progredir e competir por trabalho com mais valor agregado sem a capacidade de se comunicar diretamente com as empresas contratantes. Além disso, considerando que a Índia é um país com 15 idiomas oficiais, os centros rurais abrangem diversos dialetos regionais. Para eles, falar inglês é fundamental porque este é "o idioma mais importante para comunicações nacionais, políticas e comerciais", como a CIA descreve no World Factbook, mas também porque permite a comunicação interna da empresa.[9]

O sonho de Saloni Malhotra de transformar o mundo em um lugar melhor não é só dela, mas foi importante que ela tentou transformá-lo em realidade. Contrariando o desejo dos pais, que queriam vê-la se tornar engenheira (ou médica), Malhotra decidiu se arriscar. Ainda há quem diga que seu modelo de negócio é pura maluquice, apesar de a empresa estar gerando lucro, ainda que pouco.[10] Para ela, a adversidade é bem-vinda para quem tem o apoio e a orientação de uma boa equipe e de bons amigos. Com um rosto tão jovem na liderança, a DesiCrew continua a levar esperança e prosperidade a quem mais necessita.

INTRODUÇÃO

Ao contrário de Saloni Malhotra, muitos empreendedores acham difícil identificar uma oportunidade de mercado e expandir o empreendimento para novos mercados. Para iniciar e expandir um empreendimento, o empreendedor precisa identificar oportunidades de expansão nacional e internacional. À medida que um novo empreendimento cresce e amadurece, talvez surja uma necessidade de mais habilidades de administração, bem como de uma nova infusão do espírito empreendedor (intraempreendedorismo), como discutimos no Capítulo 2. Alguns empreendedores tendem a esquecer um axioma básico nos negócios: a única constante é a mudança. Os empreendedores que entendem esse axioma, como Saloni Malhotra e Mal Mixon, CEO da Invacare, administrarão com eficiência as mudanças, ao adaptar continuamente a cultura, a estrutura, os procedimentos, a direção estratégica e os produtos da organização a uma orientação doméstica e internacional. Os empreendedores em países desenvolvidos, como Estados Unidos, Japão, Grã-Bretanha e União Europeia, devem vender seus produtos em uma variedade de áreas novas e diferentes de mercado logo no início do desenvolvimento de suas empresas ou, como no caso da Invacare de Mal Mixon, devem determinar como produzir, vender e prosperar em mercados internacionais.

Nunca antes na história mundial houve oportunidades empresariais internacionais tão interessantes e animadoras. A abertura das economias anteriormente controladas da Europa Oriental e Central, da ex-República Soviética, da República Popular da China e do Vietnã aos empreendimentos orientados para o mercado e o avanço dos países do Círculo do Pacífico são apenas algumas de uma série de possibilidades para os empreendedores que desejam se lançar ou crescer em um mercado estrangeiro.

À medida que cada vez mais países se tornam orientados para o mercado e se desenvolvem, reduz a distinção entre os mercados doméstico e estrangeiro. O que era produzido apenas domesticamente hoje é produzido em nível internacional. Essa mescla de identidades nacionais continuará a se acelerar à medida que mais produtos são levados para fora das fronteiras domésticas logo no início da vida das empresas empreendedoras.

As organizações têm tentado se redefinir como verdadeiras organizações globais nos últimos 10 anos. A pressão para se internacionalizar se reflete em praticamente todas as organizações: sem e com fins lucrativos, públicas e privadas, grandes e pequenas. Essa necessidade de se internacionalizar está se acelerando devido ao interesse das próprias organizações, assim como ao impacto de diversos eventos e forças externos. Quem acreditaria há uma década que, hoje, 7/8 dos mercados mundiais estariam submetidos a alguma forma de economia de mercado? Quem imaginaria que, um dia, surgiriam acordos comerciais como os que ocorrem hoje? E quem pensaria no surgimento do poder econômico chinês, que se tornaria uma das maiores economias do mundo?

Essas mudanças são reconhecidas pelas organizações, que investem trilhões de dólares em uma economia mundial que apresenta os mercados emergentes como os veículos de crescimento futuro e com necessidade de grandes investimentos no desenvolvimento de infraestrutura. Basta perguntar aos plantadores de batatas na República de Chuvash da Rússia, que viram parte de sua colheita apodrecer devido à distribuição e estocagem incorretas, se há necessidade de investimento em infraestrutura. Ou pergunte a um professor de economia de um país em desenvolvimento, que precisa abandonar a universidade e procurar outro emprego para sobreviver devido aos baixos salários pagos pela instituição, se é necessário um investimento massivo. É evidente que esses países em desenvolvimento precisam de treinamento, educação e infraestrutura para sustentar seu desenvolvimento e crescimento no próximo século.

Há novas oportunidades de mercado nas Américas Latina e do Sul, na África, no Círculo do Pacífico, no Vietnã, no Iraque e em outros países em transição espalhados pelo mundo. Essas áreas estão se tornando importantes atrativos para empresas multinacionais que desejam crescer e obter uma forte posição de mercado à medida que essas economias mudam e se submetem à privatização e à desregulamentação.

A internacionalização do empreendedorismo e dos negócios gera riqueza e emprego que beneficiam as pessoas e as nações no mundo todo. O empreendedorismo internacional é um tema interessante, pois combina diversos aspectos do empreendedorismo doméstico com outras disciplinas, como antropologia, economia, geografia, história, direito e linguística. No mundo hipercompetitivo da atualidade, com a tecnologia mudando rapidamente, é essencial para um empreendedor considerar, pelo menos, entrar em mercados além das fronteiras nacionais de sua empresa.

RECONHECIMENTO DE OPORTUNIDADES E O PLANO DE AVALIAÇÃO DA OPORTUNIDADE

O segredo do sucesso no empreendedorismo doméstico e internacional é desenvolver uma ideia direcionada a um mercado que necessita da ideia de produto ou serviço concebida. O processo de geração de ideias explicado no Capítulo 4 precisa ser pensado em termos de satisfazer uma necessidade de mercado específica ou, nas palavras de um empreendedor, "aumentar a lucratividade do cliente, seja ele um negócio, um consumidor ou um governo".

O que se considera "lucrativo" varia de acordo com a ideia de produto/serviço, especialmente se a ideia for referente a um produto industrial (mercado *business-to-business*) ou um produto para consumidores diretos (mercado *business-to-consumer*). A melhor maneira de determinar esse fator é com o desenvolvimento de um plano de avaliação da oportunidade.

O plano de avaliação da oportunidade *não* é o mesmo que um plano de negócio. Em comparação com o plano de negócio, ele:

- É mais curto.
- Enfoca a oportunidade, não o empreendimento.
- Não possui planilhas eletrônicas.
- Serve de base para a tomada de decisão, seja ela de aproveitar a oportunidade ou de esperar o surgimento de outra melhor.

O plano de avaliação da oportunidade é dividido em quatro seções, sendo duas principais e duas menores. A primeira seção principal desenvolve a ideia de produto/serviço, analisa os produtos e empresas concorrentes e identifica a exclusividade da ideia em termos de suas proposições de venda exclusivas. A seção inclui:

- Uma descrição do produto ou serviço.
- A necessidade de mercado do produto ou serviço.
- Os aspectos específicos do produto ou serviço.
- Os produtos concorrentes que atendem essa necessidade e seus recursos.
- As empresas nesse espaço de mercado do produto.
- As proposições de venda exclusivas do produto ou serviço.

Algumas fontes de dados que servem para determinar as dimensões da concorrência e do setor serão analisadas em uma seção posterior deste capítulo.

A segunda seção principal do plano de avaliação da oportunidade enfoca o mercado: seu tamanho, suas tendências, suas características e seu índice de crescimento. Ela inclui:

- A necessidade de mercado atendida.
- A condição social por trás dessa necessidade de mercado.
- Quaisquer dados de pesquisa de mercado disponíveis para descrever essa necessidade de mercado.
- As dimensões, tendências e características do mercado doméstico e/ou internacional.
- O índice de crescimento do mercado.

A terceira seção (uma das menores) enfoca o empreendedor e a equipe administrativa em termos de histórico, educação, habilidades e experiência. Ela deve incluir respostas para as seguintes perguntas:

- Por que essa oportunidade o anima?
- Como a ideia de produto/serviço se encaixa no seu histórico e na sua experiência pessoal?
- Quais são suas habilidades de negócios?
- Quais habilidades de negócios são necessárias?
- Você conhece alguém que tenha essas habilidades?

A última seção do plano de avaliação da oportunidade desenvolve uma linha do tempo para indicar os passos que precisam ser dados para lançar o empreendimento com sucesso e transformar a ideia em uma entidade de negócios viável. Essa sessão menor deve se concentrar em:

- Identificar cada etapa.
- Determinar a sequência de atividades e colocar essas etapas críticas em uma ordem sequencial.
- Identificar o que precisará ser realizado em cada etapa.
- Determinar o tempo e o dinheiro necessários em cada etapa.
- Determinar o total de tempo e dinheiro necessários.
- Identificar a fonte desse dinheiro necessário.

FONTES DE INFORMAÇÕES

Diversas fontes de informações sobre empresas e produtos/serviços concorrentes e sobre dimensões e características de mercado estão disponíveis para os empreendedores que buscam identificar uma oportunidade apropriada. Essas fontes serão analisadas em termos de auxílio, fontes de informações gerais, informações do setor e do mercado, informações sobre empresas e produtos concorrentes, fontes governamentais, mecanismos de busca, associações comerciais e publicações especializadas.

Auxílio

Os empreendedores têm informações e auxílio à sua disponibilidade, especialmente quando estão dando início a um novo empreendimento. A SCORE (www.score.org) é uma organização sem fins lucrativos que oferece auxílio *online* e presencial em cerca de 400 filiais espalhadas pelos Estados Unidos. O auxílio é prestado na forma de treinamento, consultoria e mentoramento, oferecido principalmente por executivos e empreendedores aposentados.

Os Small Business Development Centers (sba.gov/aboutsba/sbaprograms/sbdc/sbdclocator/index.html) possuem centros de desenvolvimento de pequenas empresas em mais de 1.100 locais nos Estados Unidos. Os centros oferecem assessoria, treinamento e assistência técnica em todos os aspectos da fundação e administração de um novo empreendimento. Cada local possui sua própria biblioteca de recursos. Os centros fazem parte de uma entidade maior do governo americano, a SBA (*Small Business Administration*, Administração de Pequenas Empresas) (sba.gov), que oferece uma ampla variedade de recursos e ferramentas para empreendedores. Um dos itens mais valiosos da biblioteca de recursos da SBA é o Small Business Planner, um guia detalhado de como iniciar seu novo empreendimento. A SBA também possui centros para mulheres e minorias, o Women's Business Center e o Minority Business Center, respectivamente.

Informações gerais

O U.S. Chamber Small Business Center (uschamber.com/sb) oferece auxílio para novas iniciativas, especialmente por meio de ferramentas e recursos via Internet. O *kit* de ferramentas para novos empreendimentos é muito útil para quem deseja fundar uma nova empresa, pois enfoca tudo, desde a avaliação da ideia até o desenvolvimento de um plano de negócio, o acesso a capital e o lançamento do negócio. Sob a seção "Ferramentas", o usuário também encontra outras ferramentas úteis para diversos documentos comerciais, como modelos de planilhas e outros formulários do governo.

Outros *sites* que oferecem informações úteis e valiosas incluem:

1. *National Association of Small Business Investment Companies (nasbic.org).* Oferece um banco de dados *online* de membros de pequenas empresas de capital de risco e um guia de como obter financiamento SBIC (empresa de investimento para pequenas empresas).
2. *National Venture Capital Association (nvca.org).* Oferece informações sobre o setor de capital de risco, além de acesso a empresas de capital de risco em âmbito estadual e regional.
3. *National Business Incubation Association (nbia.org).* Oferece informações sobre o papel das incubadoras, como selecionar a incubadora certa e uma listagem de incubadoras nacionais e internacionais.
4. *FastTrac (www.fasttrac.org).* Financiado pela Kauffman Foundation, oferece programas educacionais para empreendedores nos Estados Unidos.
5. *Active Capital (ACE-Net, activecapital.org).* Oferece uma oportunidade para que os empreendedores estabeleçam conexões com investidores credenciados nos Estados Unidos. Também oferece assessoria, mentoramento e capacitação.
6. *Collegiate Entrepreneurs' Organization (CEO, c-e-o.org).* Oferece informações sobre programas de empreendedorismo em nível de graduação em diversas faculdades e universidades.
7. *Consortium for Entrepreneurship Education (entre-ed.org).* Oferece informações sobre educação e programas de empreendedorismo nos Estados Unidos.
8. *Ewing Marion Kauffman Foundation (kauffman.org).* Oferece recursos para educação e pesquisa sobre empreendedorismo e lista grupos de investidores-anjos (investidores privados) nos Estados Unidos.

Informações do setor e do mercado

Uma ampla variedade de bancos de dados oferece informações significativas sobre setores e mercados, incluindo:

1. *Plunkett.* Oferece dados de setores, pesquisa de mercado, tendências e estatísticas sobre mercados, bem como projeções.
2. *Frost and Sullivan.* Oferece informações bastante específicas de determinados setores, como aeroespacial e defesa, química/materiais, telecomunicações/TI, produtos para consumidores, eletrônica, energia, saúde, automação industrial e transporte.
3. *Euromonitor.* Disponibiliza dimensões de mercados consumidores e parâmetros de marketing, além de informações sobre empresas e marcas.
4. *Gartner.* Oferece informações sobre mercados de tecnologia.
5. *Gale Directory Library.* Oferece estatísticas de setores e um diretório de associações e organizações sem fins lucrativos.

SAIU NA *BUSINESS NEWS*

QUANDO A RECESSÃO APARECE, OPTE PELA EXPANSÃO GLOBAL

Desde a crise econômica de 2008, muitas empresas assistiram a seus mercados locais se contraírem e as receitas diminuírem. Em resposta a essa redução drástica nas vendas, as empresas começaram a buscar oportunidades de expansão em mercados internacionais, onde o desejo por produtos e serviços ocidentais continua com crescimento firme, apesar da recessão nos Estados Unidos e na Europa. Os principais responsáveis por esse aumento na demanda incluem os países do BRIC (Brasil, Rússia, Índia e China) e os do Oriente Médio, como Arábia Saudita, Kuwait, Bahrain e Emirados Árabes. Esses países possuem duas características que os tornam atraentes para o investimento estrangeiro direto: crescimento do PIB acima de 4% anuais e uma classe média em expansão com poder aquisitivo cada vez maior. A expansão internacional produz benefícios estratégicos para as empresas empreendedoras ao oferecer novas fontes de receitas, ao diversificar o portfólio de investimentos para reduzir a dependência do mercado internacional e ao aumentar o valor de marca para todos os *stakeholders*. A decisão de expandir internacionalmente não pode ser leviana. Como muitas empresas descobrem, a expansão internacional adiciona novas complexidades às operações, exige recursos financeiros significativos e obriga a empresa a customizar seus produtos e serviços para alinhá-los a culturas e preferências locais. Mesmo com os melhores planos, sempre é possível que uma má experiência internacional afete negativamente as operações da matriz. Assim, selecionar o país certo para a expansão é de suma importância e requer pesquisas e análises cuidadosas.

Devido à crise financeira de 2008, uma das empresas que decidiu entrar no mercado internacional foi a Wing Zone, uma rede de restaurantes com sede em Atlanta. Com as oportunidades de crescimento nos Estados Unidos limitadas pela redução significativa da demanda, além da incapacidade das instituições financeiras de estender linhas de crédito, Matt Friedman, CEO e cofundador da empresa, decidiu explorar oportunidades de expansão internacional. Com sua pesquisa de mercado, a Wing Zone descobriu que os restaurantes de *bufffalo wings* (asas de galinha apimentadas) não eram muito conhecidos internacionalmente, apesar de o frango e a pimenta serem itens populares em todo o mundo. A Wing Zone identificou essa lacuna como uma vantagem competitiva, permitindo que ela entrasse no mercado internacional e se estabelecesse rapidamente como marca global e líder do setor. Após pesquisas significativas sobre mercados consumidores e preferências culturais, a Wing Zone decidiu abrir sua primeira franquia internacional na Cidade do Panamá. Abrir um restaurante no Panamá demorou 18 meses. Friedman admite que a empresa encontrou muitos problemas inesperados nesse período, o que exigiu a adoção de mudanças em relação a seus procedimentos operacionais normais. Alguns desses problemas incluíram a expansão do espaço físico para acomodar o estilo panamenho de refeições e a superação de problemas logísticos relativos à importação do famoso molho da empresa. Apesar desses obstáculos iniciais, a loja do Panamá foi um sucesso imediato quando abriu em novembro de 2010. Com uma semana de trabalho, a loja do Panamá era a campeã de vendas da Wing Zone em todo o mundo. Com as operações panamenhas a todo vapor, a Wing Zone decidiu se concentrar em outros locais e continuar sua expansão internacional. A empresa já assinou contratos para abrir lojas nas Bahamas, em El Salvador, na Inglaterra, na Irlanda, no Japão, na Arábia Saudita e na Escócia.

A expansão global não estava nos planos da Wing Zone antes de 2008, mas a crise financeira levou Matt Friedman a explorar outros mercados. O resultado é que a Wing Zone agora tem novas fontes de receitas, um portfólio de investimentos mais diversificado e uma marca global que ajudará a empresa a sobreviver a crises econômicas futuras.

Fonte: Para mais informações sobre o tema, consulte J. Daley, "No Boundaries," *Entrepreneur* (serial online) 39, no. 5 (May 2011), pp. 98–103.

Informações sobre empresas e produtos concorrentes

Além de observar as diversas opções oferecidas hoje para satisfazer a necessidade de mercado, de modo a investigar pessoalmente o que está disponível, diversas fontes oferecem informações significativas sobre produtos/serviços concorrentes e suas empresas:

1. *Business Source Complete.* Oferece informações sobre empresas e setores obtidos com a análise dos relatórios da Datamonitor.
2. *Hoovers.* Oferece informações sobre grandes e pequenas empresas, com *links* para empresas na mesma categoria NAICS (North American Industrial Classification System).
3. *Mergent.* Oferece informações detalhadas sobre empresas e produtos referentes a empresas americanas e internacionais.

Fontes governamentais

O governo americano disponibiliza inúmeras de fontes de informações, incluindo:

- Relatórios de recenseamento
  - factfinder.census.gov
  - www.census.gov/ipc/www/idb
  - www.census.gov/econ/census/ (estatísticas)
- Autoridade de exportação/importação
  - UN Comtrade
  - www.business.gov/expand/import-export
- Códigos do North American Industrial Classification System (NAICS) e do Standard Industrial Classification (SIC)
  - www.naics.com/info.htm
  - www.osha.gov/pls/imis/sic_manual.html
  - Os governos de outros países também fornecem informações semelhantes.

Mecanismos de busca

Existem muitos termos-chave para a realização de buscas por informações sobre setores, mercados e concorrência. Alguns dos melhores são:

- Busca: _____ e estatísticas
- Busca: _____ e participação de mercado
- Busca: _____ e setor
- Busca: _____ e associação

Associações comerciais

As associações comerciais dos Estados Unidos e de todo o mundo também são uma excelente fonte de dados sobre os setores de um país específico. Algumas associações comerciais realizam levantamentos das atividades domésticas e internacionais de seus membros e se envolvem estrategicamente em questões relativas a normas internacionais que afetam seus respectivos setores.

Publicações especializadas

Existem inúmeras publicações, nacionais e internacionais, que tratam sobre setores específicos e representam boas fontes de informações. O conteúdo editorial dessas revistas oferece informações interessantes e ideias sobre tendências, empresas e eventos, pois apresentam uma perspectiva mais local sobre o mercado específico e suas condições. Em alguns casos, as publicações especializadas são a melhor fonte de informações, se não a única, sobre os índices de concorrência e crescimento em um determinado setor.

A NATUREZA DO EMPREENDEDORISMO INTERNACIONAL

O *empreendedorismo internacional* é o processo de realização de atividades empresariais por um empreendedor além das fronteiras nacionais, o que pode consistir em exportação, em licenciamento, na abertura de um escritório de vendas em outro país ou em algo simples, como

empreendedorismo internacional
Um empreendedor realizando negócios além de suas fronteiras nacionais

a colocação de um anúncio classificado na edição parisiense do *International Herald Tribune*. As atividades necessárias para determinar e satisfazer as necessidades e os desejos dos consumidores-alvo ocorrem em mais de um país. Quando um empreendedor realiza negócios em mais de um país, trata-se de empreendedorismo internacional.

Com uma história comercial de apenas 300 anos, os Estados Unidos são um integrante relativamente novo na arena do comércio internacional. Logo que as colônias foram estabelecidas no Novo Mundo, as empresas norte-americanas começaram um comércio internacional ativo com a Europa. Os investidores estrangeiros ajudaram a construir grande parte do comércio inicial com a Europa, bem como as primeiras bases industriais dos Estados Unidos. A futura força comercial norte-americana dependerá da capacidade dos empreendedores dos Estados Unidos e de empresas estabelecidas no país de trabalhar em mercados além de suas fronteiras nacionais.

A IMPORTÂNCIA DOS NEGÓCIOS INTERNACIONAIS PARA A EMPRESA

Os negócios internacionais se tornaram cada vez mais importantes para as empresas de todos os portes, principalmente nos dias atuais, em que toda empresa agora compete em uma economia global hipercompetitiva. Não há dúvida de que o empreendedor de hoje deve ser capaz de se movimentar no mundo dos negócios internacionais, compreendendo como os negócios internacionais diferem dos negócios puramente domésticos e conseguindo responder de acordo, "globalizando-se" de fato.

EMPREENDEDORISMO INTERNACIONAL *VERSUS* EMPREENDEDORISMO DOMÉSTICO

Embora tanto os empreendedores internacionais quanto os domésticos estejam preocupados com vendas, custos e lucros, o que diferencia o empreendedorismo doméstico do internacional é a variação na importância relativa dos fatores envolvidos em cada decisão. As decisões empresariais internacionais são mais complexas devido a fatores incontroláveis, como economia, política, cultura e tecnologia (ver Tabela 5.1).

Economia

Em uma estratégia comercial doméstica, um único país, em um nível específico de desenvolvimento econômico, é o foco dos esforços empreendedores da empresa. Todo o país está organizado sob um único sistema econômico e tem a mesma moeda. Criar uma estratégia de negócios para vários países significa lidar com diferenças nas seguintes áreas: níveis de desenvolvimento econômico; valorização da moeda; regulamentações governamentais; e sistemas bancários, de capital de risco, de marketing e de distribuição. Essas diferenças impactam todos os aspectos do plano de negócio internacional e os modos de fazer negócios do empreendedor.

TABELA 5.1 Empresa internacional *versus* empresa doméstica

- Economia
- Estágio de desenvolvimento econômico
- Conta corrente
- Tipo de sistema econômico
- Ambiente político-jurídico
- Idioma

Estágio de desenvolvimento econômico

Os Estados Unidos são uma nação industrialmente desenvolvida com variações regionais. Embora precise ajustar o plano de negócios em função das diferenças regionais, o empreendedor que atua somente nos Estados Unidos não tem que se preocupar com a falta significativa de infraestruturas fundamentais, como estradas, eletricidade, sistemas de comunicação, sistemas bancários, sistemas educacionais adequados, sistema jurídico desenvolvido e ética e normas comerciais estabelecidas. Esses fatores variam muito em outros países, o que tem um grande impacto sobre a capacidade de uma empresa se engajar com sucesso nos negócios internacionais.

Conta corrente

Com o atual sistema de taxas de câmbio flexíveis, a *conta corrente* de um país (a diferença entre o valor das importações e exportações de um país ao longo do tempo) afeta a valorização de sua moeda. Por sua vez, a valorização da moeda do país afeta as transações comerciais entre países. Ocorreram divergências na taxa de câmbio para os fabricantes de automóveis japoneses e vários produtos fabricados por empresas da China, inclusive aço e ligas de aço.

conta corrente
Status comercial das importações/exportações entre países

Tipo de sistema econômico

A Pepsi-Cola já pensava na possibilidade de vender seus produtos na extinta União Soviética em 1959, quando o vice-presidente americano Richard Nixon visitou o país. Quando o primeiro-ministro Nikita Khrushchev aprovou o sabor da Pepsi, as lentas rodas do comércio Leste-Oeste começaram a se movimentar, com a Pepsi entrando na ex-União Soviética 13 anos mais tarde. Em vez de usar seu tipo tradicional de franquias de engarrafamento, a Pepsi utilizou um arranjo do tipo permuta, que satisfazia tanto o sistema socializado da ex-União Soviética quanto o sistema capitalista dos EUA. Em troca da tecnologia e do xarope da Pepsi, a ex-União Soviética fornecia vodka soviética e o direito de distribuição do produto nos Estados Unidos. Muitos desses *arranjos de terceiros* ou de *permuta* foram adotados para possibilitar atividades em outros países em diversos estágios de desenvolvimento e transição.

arranjos de terceiros
Pagamento indireto de mercadorias, por meio de outra fonte

permuta
Forma de pagamento que utiliza itens diferentes de dinheiro

Ambiente político-jurídico

A variedade de ambientes políticos e jurídicos no mercado internacional cria problemas comerciais diferentes, abrindo algumas oportunidades de mercado para os empreendedores e eliminando outras. Um evento significativo no cenário político-jurídico abrange flutuações de preço e aumentos e quedas significativos no preço do petróleo e de outros produtos de energia.

O ambiente jurídico de um país influencia todos os elementos da estratégia de negócios do empreendedor. As decisões referentes a preços em um país que tem um imposto sobre valor agregado (IVA) são diferentes das decisões tomadas pelo mesmo empreendedor em um país sem esse tipo de imposto. O imposto sobre valor agregado pode aumentar o preço acima de um determinado limite e/ou distorcer a vantagem de terminá-lo com 79, 89 ou 99 centavos. As estratégias publicitárias são afetadas pelas diferenças culturais em relação ao que pode ser dito ou ao apoio necessário a afirmações publicitárias em países diferentes. As medidas relativas a produtos são afetadas por exigências legais com relação a rótulos, ingredientes e embalagens. Os tipos de propriedade e formas organizacionais variam enormemente no mundo todo. As leis que controlam os contratos comerciais também variam muito nos mais de 150 sistemas legais e legislações nacionais diferentes.

Embora a maioria dos empreendedores prefira negociar nos países estáveis e de governo livre, as boas oportunidades de negócio frequentemente ocorrem em condições diferentes. É importante avaliar as diretrizes e a estabilidade de cada país. Essa avaliação é conhecida como *análise de riscos políticos*. Apesar de existir sempre um risco político em todo país, a

análise de riscos políticos
Antes de negociar com outro país, uma avaliação das diretrizes políticas do país e de sua estabilidade

variação de um país para outro é significativa, e até mesmo em um país com um histórico de estabilidade e coerência essas condições podem mudar. Há três tipos importantes de riscos políticos que podem se manifestar: risco operacional (risco de interferência nas operações do empreendimento); risco de transferência (risco ao tentar transferir os ativos ou outros fundos para fora do país); e o maior risco de todos, o risco da propriedade (risco de que o país assuma o controle da propriedade e dos funcionários do empreendimento). O conflito e as mudanças na solvência financeira do país são riscos importantes para o empreendedor que trabalha em um determinado país. Isso pode assumir a forma de guerrilhas, conflitos civis e até terrorismo, quando a empresa e os funcionários do empreendedor são o alvo.

O sistema jurídico do país, composto das normas e legislações que regulam comportamentos e os processos pelos quais as leis são impostas, também afeta o empreendedor. As leis de um país controlam suas práticas comerciais, o modo como as transações comerciais são realizadas e os direitos e as obrigações referentes a qualquer transação comercial entre partes.

O empreendedor deve ter um conhecimento geral do sistema jurídico de um país, mas precisa contar com uma assessoria jurídica ao lidar com as especificidades. Em um mundo ideal, essa assessoria jurídica seria sediada nos Estados Unidos, com um escritório no país-alvo. Até certo ponto, várias áreas são cruciais para o empreendedorismo global: (1) direitos de propriedade, (2) legislação contratual, (3) segurança de produtos e (4) responsabilidade de produto.

Nos diversos países, há muita variação quanto ao grau de proteção oferecido pelo sistema jurídico aos direitos de propriedade das pessoas físicas e jurídicas. Os direitos de propriedade de uma empresa são os recursos que ela possui, o uso desses recursos e o rendimento gerado a partir deles. Além da proteção de edifícios, equipamentos e terrenos, a proteção da propriedade intelectual representa uma preocupação relevante, principalmente para os empreendedores de tecnologia. A propriedade intelectual, como um livro, um software de computador, uma partitura de música, um vídeo, uma fórmula de um novo produto químico ou remédio ou alguma outra ideia protegida, é fundamental para uma empresa e deve ser protegida quando sai dos Estados Unidos. As questões legais e a proteção da propriedade serão discutidas no Capítulo 6. Poucos países têm leis e procedimentos jurídicos que protegem a propriedade intelectual como nos Estados Unidos. Provavelmente, você já deve saber como os vídeos são comprados na China por 10% do preço praticado nos Estados Unidos, às vezes até mesmo antes de seu lançamento oficial. Inclusive este livro, que tem edições legais em vários idiomas, como árabe, chinês, húngaro, russo, esloveno e espanhol, possui uma edição ilegal no idioma iraniano, uma vez que o Irã não reconhece a legislação mundial de direitos autorais. Antes de entrar em um país, o empreendedor deve avaliar a proteção da propriedade intelectual de seu empreendimento nesse país e os custos das cópias ilegais.

Outra área de interesse jurídico é a legislação contratual no país *e* o modo como ela é imposta. Um contrato especifica as condições de uma troca, bem como os direitos e as obrigações das partes envolvidas nessa troca. A legislação contratual varia muito de um país para outro, refletindo em parte os dois tipos de tradição legal: o direito consuetudinário e o direito civil. Os países que operam sob o direito consuetudinário, também conhecido como *common law*, englobam o Reino Unido, os Estados Unidos e a maioria das ex-colônias britânicas. Os países operando sob o direito civil são França, Alemanha, Japão e Rússia. O direito consuetudinário costuma ser relativamente não específico, de modo que os contratos regidos por essa legislação são mais longos e mais detalhados, com todas as contingências estipuladas. Como o direito civil é muito mais detalhado, os contratos sob essa legislação são mais curtos.

Além da legislação em si, o empreendedor precisa saber como a lei pode ser imposta e qual é o sistema judicial que respalda essa imposição. Se o sistema jurídico do país não tiver um bom histórico de cobrança judicial, o contrato poderá conter uma cláusula segundo a qual todas as disputas contratuais devem ser dirimidas nos tribunais de outro país. Como cada empresa pode ter certa vantagem em seu país de origem, em geral outro país é escolhido. Esse aspecto é muito importante para os empreendedores operando nas economias em desenvolvimento com pouca ou até mesmo uma péssima história de cobrança judicial. Uma empresa exportadora de vinhos húngaros para a Rússia, por exemplo, estipulou que todas as disputas relacionadas ao teor de seus contratos russos seriam dirimidas nos tribunais finlandeses, não nos russos.

A última área geral de interesse jurídico está relacionada à legislação do país quanto à segurança dos produtos e à responsabilidade. Mais uma vez, essas leis variam muito entre os países, desde a mais alta responsabilidade e ressarcimento de prejuízos nos Estados Unidos, até níveis muito baixos na Rússia e na China. Essas legislações também levantam uma questão ética para o empreendedor, principalmente para os americanos: ao negociar em um país onde as leis de responsabilidade e segurança dos produtos forem muito inferiores às do país de origem, você deve seguir os padrões locais mais liberais ou obedecer aos padrões mais rigorosos de seu país de origem e arriscar não ser competitivo e perder o negócio?

Idioma

Às vezes, um dos maiores problemas para o empreendedor é encontrar um tradutor e obter uma tradução adequada da mensagem. Como demonstra a Tabela 5.2, podem ocorrer problemas sérios com uma tradução descuidada. Para evitar esses erros, tenha o cuidado de contratar um tradutor cuja língua-mãe seja o idioma de trabalho e cuja experiência corresponda à dos autores originais.

TABELA 5.2 Perda da ideia original no processo de tradução

Até mesmo os planos de negócio mais bem-estruturados podem ser prejudicados por um tradutor descuidado. Veja como algumas das maiores empresas americanas conseguiram embaralhar as coisas:

Kentucky Fried Chicken	Inglês: "Bom de lamber os dedos"		Chinês: "Coma todos os seus dedos"
Adolph Coors Co.	Inglês: "Solte-se"		Espanhol: "Beba uma cerveja Coors e tenha uma diarreia"
Otis Engineering Corp.	Inglês: "Equipamento completo"		Russo: "Equipamento para orgasmo"
Parker Pen Co.	Inglês: "Evite o constrangimento"		Espanhol: "Evite a gravidez"
Perdue Farms Inc.	Inglês: "É preciso um homem forte para fazer um frango tenro"		Espanhol: "É preciso um homem sexualmente excitado para fazer uma mulher se apaixonar"

Anton Piech, "Speaking in Tongues," *Inc.* magazine, June 2003. Reimpresso com permissão de Mansueto Ventures LLC.

AMBIENTE TECNOLÓGICO

A tecnologia, assim como a cultura, varia muito entre os países. As variações e a disponibilidade de tecnologia são muitas vezes surpreendentes, em especial para um empreendedor de um país desenvolvido. Embora as empresas americanas façam produtos mais padronizados e relativamente uniformes que podem ser manejados para atender aos padrões industriais, esse não é o caso em muitos países, inviabilizando um nível consistente de qualidade.

Novos produtos em um país são criados com base nas condições e na infraestrutura operantes nesse país. Por exemplo, os projetistas de automóveis nos Estados Unidos podem considerar estradas mais largas e gasolina mais barata do que os *designers* europeus. Quando esses mesmos projetistas trabalham com veículos de transporte para outras partes do mundo, seus parâmetros precisam refletir as condições dos outros países.

CULTURA

Provavelmente, o principal problema que o empreendedor deve enfrentar ocorre quando ele atravessa culturas. Mesmo que a cultura tenha sido definida de várias maneiras, em geral esse termo se relaciona aos modos comuns de pensar e se comportar, transmitidos dos pais para os filhos

ÉTICA

VENDENDO A RESPONSABILIDADE SOCIAL

No últimos anos, uma tendência em empresas de todos os tamanhos, em todo o mundo, é se posicionar como socialmente responsável. O conceito de responsabilidade social existe desde a década de 1960 e descreve a capacidade de uma empresa de operar de maneira sustentável e ecologicamente correta, a fim de beneficiar acionistas, funcionários e a comunidade em geral. Nos últimos anos, a responsabilidade social se tornou um elemento esperado de todos, em grande parte devido a ações legislativas, como o Companies Act de 2006 britânico, pelo qual as empresas são obrigadas a publicar relatórios com suas políticas ambientais. A introdução da norma ISO 26000 em 2010 deu mais credibilidade ao movimento ao oferecer orientações sobre como operar de maneira socialmente responsável empresas de todos os tamanhos, tipos e estados econômicos. Além disso, novos estudos mostram que os clientes estão respondendo a iniciativas verdes e cada vez mais esperam que as empresas se comportem de maneira responsável. Os funcionários também informam cada vez mais que o alinhamento pessoal com os programas de responsabilidade social de suas empresas é um critério importante em seus planos de carreira. Com as expectativas cada vez maiores de políticos, clientes e funcionários por responsabilidade social, é mais importante do que nunca que as empresas comuniquem e vendam abertamente suas iniciativas nesse aspecto.

O primeiro passo para o desenvolvimento de uma campanha de marketing de responsabilidade social é assegurar que a empresa possui políticas socialmente responsáveis estabelecidas e operantes em todos os seus locais. Essas políticas devem refletir corretamente os procedimentos operacionais atuais, ter escopo de longo prazo, ser valorizadas por clientes e funcionários e ser rentáveis para a empresa em sua execução. Muitas empresas tiveram êxito em implementar políticas de responsabilidade social e desenvolveram campanhas de marketing de muito sucesso, que se transformaram em vantagens estratégicas em si, diferenciando-as dos concorrentes. Algumas das empresas de mais sucesso são aquelas cujos fundadores possuem valores sustentáveis fortes e desenvolveram declarações de missão e culturas organizacionais que defendem e reafirmam esses valores nas operações cotidianas, orientando as decisões de longo prazo e a direção da empresa. Exemplos desse tipo de empresa incluem a produtora de laticínios orgânicos StonyField Farm, a empresa de cuidados pessoais Tom's of Maine e a fabricante de vestuário para atividades ao ar livre Patagonia.

Contudo, à medida que as empresas desenvolvem sua estratégia de marketing de responsabilidade social, logo fica claro que os procedimentos operacionais da empresa devem estar alinhados com a imagem socialmente responsável apresentada para os consumidores em suas campanhas de marketing. Como os escândalos dos últimos anos deixaram claro, incluindo a crise do mercado de serviços financeiros em 2008, os *recalls* de segurança da Toyota em 2009 e a catástrofe da plataforma Deepwater Horizon da BP em 2010, quando os procedimentos operacionais cotidianos de uma empresa não estão alinhados à imagem socialmente responsável veiculada em seus materiais de marketing, o resultado pode ser desconfiança e raiva entre os clientes e uma imagem corporativa desastrosa. O caso do Deepwater Horizon, da BP, serve de modelo para as ocasiões em que a imagem de marca e a realidade estão desalinhadas. A BP começou seu programa de responsabilidade corporativa no início da década de 2000, desenvolvendo a estratégia de ser uma empresa verde; a empresa adotou um sol amarelo e verde como logotipo e posicionou suas iniciais significando "Beyond Petroleum" ("Além do Petróleo") em anúncios. Desde 2002, no entanto, os críticos afirmavam que as iniciativas verdes da BP não eram tão proativas quanto a campanha de marketing sugeria aos clientes. A tendência continuou até 2010, quando, em meio ao maior derramamento de petróleo da história, a imagem socialmente responsável da BP foi questionada em múltiplas frentes. O frenesi midiático global resultou em um prejuízo significativo à marca e reputação da BP. Se a empresa tivesse sido mais proativa na implementação das políticas socialmente responsáveis que vendia com tanto afinco, talvez o desastre de mídia que se seguiu ao derramamento não teria sido tão grave e a marca e a reputação da empresa não teriam sido tão impactadas.

À medida que a relevância de implementar programas socialmente responsáveis continua a aumentar no mundo inteiro, é importante que as empresas desenvolvam políticas e programas de responsabilidade social e trabalhem de maneiras sustentáveis e ambientalmente corretas que beneficiem acionistas, funcionários e a comunidade em geral. Para essas empresas, o marketing de seus comportamentos sustentáveis gera uma boa impressão entre políticos, clientes e funcionários, oferecendo uma vantagem em relação à concorrência e impulsionando os negócios.

Fonte: Para mais informações sobre o tema, consulte J. Balmer, S. Powell, and S. Greyser, "Explicating Ethical Corporate Marketing: Insights from the BP Deepwater Horizon Catastrophe: The Ethical Brand That Exploded and Then Imploded," *Journal of Business Ethics* (serial online) 102, no. 1 (August 2011), pp. 1–14; e J. Balmer, "The BP Deepwater Horizon Débâcle and Corporate Brand Exuberance," *Journal of Brand Management* (serial online) 18, no. 2 (October 2010), pp. 97–104.

ou pelas organizações sociais, desenvolvidos e posteriormente reimpostos por meio de pressão social. A cultura é a conduta assimilada e a identidade de uma pessoa e de uma sociedade.

A cultura abrange diversos elementos, como idioma, estrutura social, religião, filosofia política, filosofia econômica, educação e hábitos e costumes (ver Figura 5.1). O idioma, às vezes considerado o espelho da cultura, é formado de componentes verbais e não verbais. Mensagens e ideias são transmitidas pelas palavras faladas, pelo tom de voz e por ações não verbais, como posição corporal, contato visual e gestos. Um empreendedor ou alguém de sua equipe deve dominar o idioma do país em que o negócio está sendo realizado. Esse aspecto é importante não somente para a obtenção e análise das informações, mas também para a comunicação entre os participantes e, ocasionalmente, para a campanha publicitária desenvolvida. Embora o inglês em geral seja o idioma comercial aceito, lidar com outros idiomas quase sempre exige assistência local, na forma de um tradutor, uma empresa de pesquisa ou uma agência de publicidade da região.

Um empreendedor norte-americano estava enfrentando momentos difíceis ao negociar um contrato de importação de um novo microscópio de alta tecnologia de uma pequena empresa empreendedora de São Petersburgo, Rússia. Os problemas foram solucionados quando o empreendedor percebeu que as traduções não estavam corretas e contratou um novo tradutor.

Igualmente importante para a linguagem verbal é a linguagem não verbal ou oculta da cultura. Isso pode ser colocado em termos de diversos componentes: tempo, espaço e relações comerciais. Em grande parte do mundo, o tempo é muito mais flexível do que nos Estados Unidos. Por exemplo, devido à variabilidade no trânsito e na possibilidade de um enorme congestionamento, é difícil marcar horários de compromissos exatos em Pequim ou Hong Kong. Pelo "horário irlandês", uma reunião normalmente começa entre 15 e 30 minutos depois do horário agendado, o que um professor americano em uma universidade da Irlanda descobriu quando estava em uma sala de reunião na hora de início marcada e ninguém apareceu antes de 10 minutos depois do horário. A reunião começou de fato 15 minutos depois.

O segundo aspecto da linguagem não verbal é o espaço, particularmente o espaço existente entre os indivíduos enquanto conversam. Os alemães preferem ter mais espaço do que os americanos, mas os árabes e os latino-americanos gostam de ficar mais perto ao conversarem.

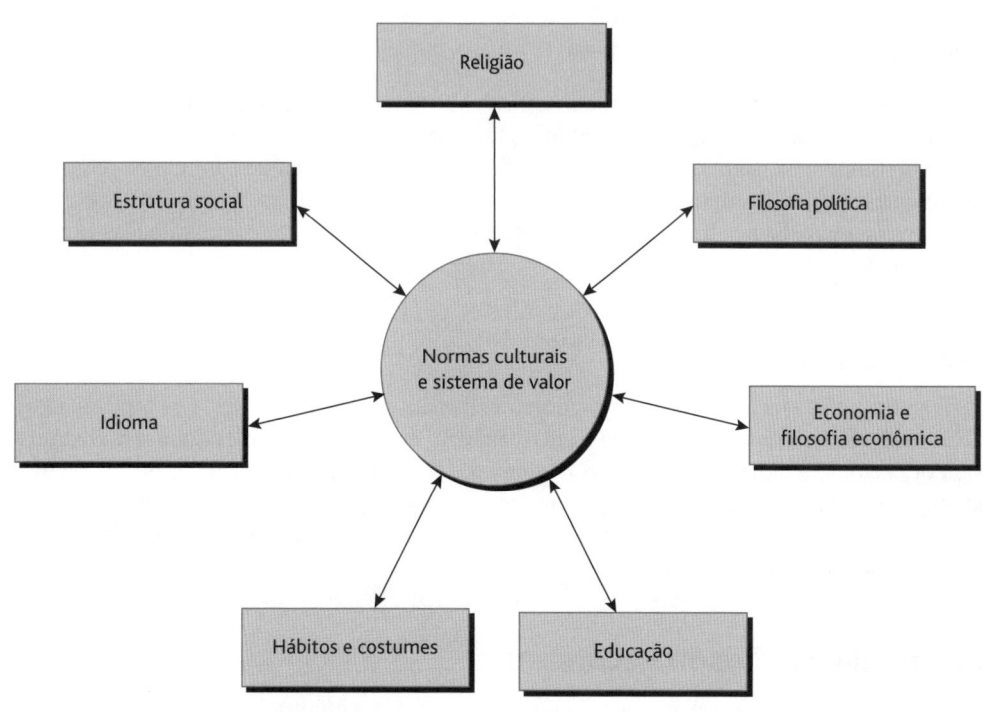

FIGURA 5.1 Diversos aspectos da cultura

Além disso, em algumas culturas, como a húngara, a russa e a eslava, as pessoas se abraçam e até se beijam quando cumprimentam parceiros comerciais conhecidos, independentemente do gênero dos participantes.

É imprescindível que o empreendedor conheça o último aspecto da linguagem não verbal: as relações comerciais. Na maioria dos países, é muito mais importante interagir com um possível parceiro de negócios em um nível pessoal antes que ocorra alguma transação ou, até mesmo, para permitir que qualquer negócio seja discutido. Um empreendedor na Austrália se reunia com o presidente, a equipe administrativa e suas respectivas famílias, em diferentes ocasiões sociais, antes que qualquer negócio entre as duas empresas fosse discutido.

Estrutura social

A estrutura e as instituições sociais também são aspectos da cultura. Enquanto a unidade familiar nos Estados Unidos em geral consiste em pais e filhos, em muitas culturas ela se estende de modo a incluir avós e outros parentes. É evidente que isso afeta os estilos de vida, os padrões de vida e os padrões de consumo.

A estratificação social pode ser muito forte em algumas culturas, afetando muito o modo como as pessoas em uma camada social se comportam e consomem. Por exemplo, a Índia é conhecida por seu sistema de classes sociais hierárquico e relativamente rígido.

Em toda cultura, os grupos de referência fornecem os valores e as atitudes que influenciam o comportamento. Além de proporcionar a sociabilização geral, os grupos de referência desenvolvem o conceito de uma pessoa sobre si mesma e propiciam a linha de base para a conformidade com as normas do grupo. Por isso, afetam muito a conduta e os hábitos de consumo de uma pessoa.

O empreendedor também precisa reconhecer que a estrutura e as instituições sociais de uma cultura interferirão nas funções de gestor e subordinado e no modo como os dois se relacionam. Em algumas culturas, a cooperação entre gestores e subordinados é suscitada por meio da igualdade, enquanto em outras, os dois grupos são separados.

Religião

A religião em uma cultura define as ideias para a vida que se refletem nos valores e nas atitudes dos indivíduos e da sociedade como um todo. O impacto da religião sobre o empreendedorismo, o consumo e os negócios em geral varia de acordo com a força dos princípios religiosos dominantes, e esses dogmas afetam os valores e as atitudes da cultura. A religião alicerça até certo nível da semelhança transcultural existente nas crenças e atitudes compartilhadas, conforme constatado em algumas das religiões dominantes do mundo.

Filosofia política

A filosofia política de uma área também interfere em sua cultura. As normas e os regulamentos de um país afetam consideravelmente o empreendedor e o modo como ele administra a empresa. Por exemplo, embargos ou sanções comerciais, controles de exportações e outros regulamentos comerciais talvez impeçam que um empreendedor negocie em uma cultura específica ou, na melhor das hipóteses, afetem as atitudes e os comportamentos das pessoas dessa cultura quando o negócio for realizado.

Economia e a filosofia econômica

A economia e a filosofia econômica de um país afetam sua cultura e o empreendedor. Se o país é a favor do comércio ou das restrições comerciais, suas atitudes em relação ao balanço de pagamentos e à balança comercial, sua moeda conversível ou não conversível e sua política comercial geral, tudo interfere não somente na decisão de ser vantajoso ou não trabalhar em um determinado mercado, mas também nos tipos e na eficiência das transações em andamento. Alguns países usam impostos de importação, tarifas, subsídios a exportações e outras restrições para proteger a própria indústria, com o objetivo de gerar mais exportações do que importações. Imagine como seria difícil negociar em um país que restringisse a exportação dos lucros de sua empresa.

Educação

A educação formal e a informal afetam a cultura e o modo como ela é transmitida. O empreendedor precisa estar atento não somente ao nível educacional e índice de alfabetização de uma cultura, como também à ênfase atribuída a determinadas aptidões nas trajetórias profissionais. A China, o Japão e a Índia, por exemplo, destacam as ciências e a engenharia mais do que muitas outras culturas.

O nível tecnológico dos produtos da empresa pode ser muito sofisticado, dependendo do nível educacional da cultura. Isso também influencia se os clientes conseguirão usar os produtos ou serviços de modo correto e se entenderão a publicidade ou outras mensagens promocionais da empresa.

Hábitos e costumes

Conhecer os hábitos e costumes, o último aspecto da cultura, é muito importante para o empreendedor nas negociações e na doação de presentes. Nas negociações, o empreendedor talvez chegue a uma conclusão incorreta porque suas interpretações se baseiam em seu quadro de referência, não no quadro de referência da outra cultura. Por exemplo, o silêncio dos chineses e japoneses tem sido usado de modo eficiente ao negociar com empreendedores americanos, que interpretam isso (incorretamente) como um sinal negativo. Os acordos nesses países, bem como em outros países da Ásia e do Oriente Médio, demoram mais tempo porque há um desejo de conversar sobre questões não relacionadas. Exigir mudanças de última hora usando um estilo agressivo é uma prática muito utilizada por negociadores russos.

Provavelmente, a área que exige a mais alta sensibilidade é a doação de presentes. Dar presentes pode ser uma parte importante do desenvolvimento de relações em uma cultura, mas tenha muito cuidado no sentido de assegurar-se de que é adequado dar um presente, que tipo de presente deve ser dado, como embalar o presente e a maneira como o presente deve ser ofertado. Por exemplo, na China, um presente é ofertado com as duas mãos e geralmente não é aberto nessa ocasião, mas em um momento de privacidade de quem o recebe.

SISTEMAS DE DISTRIBUIÇÃO DISPONÍVEIS

Mesmo que o empreendedor atual não precise se preocupar tanto com a logística mundial devido aos meios de transporte modernos e às reduções de custos resultantes, um dos maiores desafios para o empreendedor está relacionado aos canais de distribuição no país-alvo. Os canais de distribuição variam muito de um país para outro; o canal de distribuição em qualquer país é uma posição estratégica e muito poderosa, crucial ao sucesso da empresa global.

Ao determinar o melhor canal de sistema de distribuição de um país, o empreendedor deve considerar vários fatores: (1) o potencial global de vendas; (2) o volume e o tipo de concorrência; (3) o custo do produto; (4) o tamanho e a densidade geográficos do país; (5) as políticas de investimento do país; (6) as taxas de câmbio e todos os controles cambiais; (7) o nível de risco político e (8) o plano de marketing global. Cada um desses fatores afeta a escolha do sistema de distribuição que propicie os melhores resultados em termos de vendas e lucros no país.

MOTIVAÇÕES PARA SE INTERNACIONALIZAR

A menos que tenham nascido com uma mentalidade global, a maioria dos empreendedores, especialmente aqueles oriundos dos Estados Unidos, relutará em buscar atividades internacionais. Como indica a Tabela 5.3, diversas motivações induzem o empreendedor a se envolver em negócios internacionais. É evidente que o lucro é um dos motivos mais importantes para entrar em mercados estrangeiros. A rentabilidade prevista com a internacionalização em geral não se reflete nos lucros reais obtidos. A rentabilidade é prejudicada pelos custos da preparação para a internacionalização, pela subestimativa dos custos pertinentes e pelas perdas resultantes dos erros. A diferença entre os resultados planejados e reais pode ser particularmente significativa na primeira tentativa de internacionalização do empreendedor. Tudo o que o empreendedor supõe que não acontecerá provavelmente ocorrerá, incluindo mudanças significativas nas taxas de câmbio internacionais.

A oportunidade de lucro é uma forte motivação para a venda para outros mercados. Para uma empresa empreendedora norte-americana, os 95% da população mundial que vivem fora dos Estados Unidos representam uma oportunidade de mercado enorme. Essas vendas podem ser inclusive necessárias para cobrir custos altos de pesquisa e desenvolvimento e de produção inicial incorridos no mercado doméstico. Sem as vendas para os mercados internacionais, esses custos precisariam ser distribuídos somente entre as vendas domésticas, resultando em menos lucros. Isso pode gerar problemas, principalmente nos mercados sensíveis a preços.

As vendas para outros mercados indicam outro motivo para a internacionalização: é possível que o mercado doméstico esteja estagnado ou até em queda. Isso está ocorrendo em vários mercados nos Estados Unidos devido, em parte, a alterações demográficas.

Ocasionalmente, um empreendedor entra em mercados internacionais para evitar os maiores níveis de regulamentação ou preocupações societárias referentes aos produtos ou serviços da empresa. As empresas de cigarro, como a Philip Morris, que enfrentam a intensificação de regulamentos governamentais e de atitudes antitabagismo, têm buscado vendas fora dos Estados Unidos, principalmente nas economias em desenvolvimento. Às vezes, isso assume a forma de aquisição de empresas existentes nesses mercados estrangeiros, o que ocorreu na Rússia.

Quando a tecnologia do empreendedor se torna obsoleta no mercado doméstico e/ou o produto ou serviço se aproxima do final de seu ciclo de vida útil, talvez existam oportunidades de vendas nos mercados estrangeiros. Um empreendedor descobriu uma veia de novas vendas na União Europeia para os produtos de sua empresa, lentes de contato rígidas gás-permeáveis e soluções, quando o mercado doméstico nos Estados Unidos foi impactado pelas lentes macias altamente competitivas. A Volkswagen continuava vendendo seu VW Beetle original na América Latina e do Sul, também conhecido como Fusca, por anos após ter interrompido suas vendas nos Estados Unidos; depois de muitos anos, a VW voltou ao mercado americano.

Geralmente, os empreendedores internacionalizam suas empresas para tirar vantagens dos custos mais baixos em outros países, incluindo mão de obra, custos indiretos de produção e matérias-primas. O "Flip Watch" (relógio reversível) da HourPower nunca poderia ser comer-

TABELA 5.3 Motivações para se internacionalizar

- Lucros
- Pressões competitivas
- Produto(s) ou serviço(s) único(s)
- Capacidade de produção excedente
- Quedas das vendas internas
- Oportunidade única do mercado
- Economias de escala
- Vantagem tecnológica
- Benefícios fiscais

cializado a seu preço nas lojas Things Remembered e JCPenney se não tivesse sido produzido na China. A Waterford está produzindo alguns produtos em Praga para ajudar a compensar os custos mais altos de mão de obra na Irlanda. Frequentemente, existem vantagens de custo quando se tem, pelo menos, um escritório de distribuição e de vendas em um mercado estrangeiro. A empresa de software húngara Graphisoft constatou um aumento significativo nas vendas nos Estados Unidos quando abriu um escritório de vendas em Los Angeles, Califórnia.

Outras motivações particulares, além de vendas e lucros, motivam um empreendedor a se internacionalizar. Uma das motivações mais predominantes é o desejo de estabelecer e explorar uma presença global. Quando um empreendedor entra em um mercado estrangeiro, várias operações da empresa podem ser internacionalizadas e alavancadas. Por exemplo, o empreendedor estabelecerá um sistema de distribuição global e uma capacidade de produção integrada. A Apple Computer teve muito sucesso com essa estratégia, estabelecendo margens de lucro consistentes em toda a cadeia de suprimentos. A estratégia propicia às empresas empreendedoras uma vantagem competitiva, pois não somente facilita a produção e a distribuição bem-sucedidas dos produtos atuais da empresa, como também ajuda a impedir a entrada de produtos concorrentes. Internacionalizando-se, um empreendedor consegue oferecer diversos produtos a preços mais atrativos.

EFEITOS ESTRATÉGICOS DA INTERNACIONALIZAÇÃO

Enquanto a internacionalização da empresa propicia uma grande variedade de novos ambientes e estilos de trabalho, ela também traz um conjunto inédito e diversificado de problemas. Fazer negócios em nível internacional inclui novos documentos, como faturas comerciais, conhecimento de embarque, certificados de inspeção e declarações de exportação do transportador, além da necessidade de atender a um conjunto de regulamentos nacionais e internacionais.

Um efeito importante da internacionalização envolve a ideia da proximidade com os clientes da empresa e com os portos. A ausência de proximidade física e psicológica com o mercado internacional afeta o modo como os negócios ocorrem. A proximidade geográfica com o mercado estrangeiro não necessariamente proporciona uma aproximação percebida com o cliente estrangeiro. Algumas vezes, variáveis culturais, idioma e fatores legais fazem um mercado estrangeiro, geograficamente próximo, parecer psicologicamente distante. Por exemplo, alguns empreendedores americanos veem o Canadá, a Irlanda e o Reino Unido como mais próximo psicologicamente, devido às semelhanças na cultura e no idioma, do que o México, quando a distância até este último é menor.

Três questões estão envolvidas nesse distanciamento psicológico. Primeiro, a distância vislumbrada pelo empreendedor pode se basear mais na percepção do que na realidade. Alguns empreendedores canadenses, e até australianos, privilegiam as semelhanças que compartilham com o mercado americano, perdendo de vista as imensas diferenças existentes, até certo ponto, em todo o mercado internacional, que devem ser consideradas para evitar erros onerosos. Segundo, uma maior proximidade psicológica realmente facilita ainda mais para a empresa do empreendedor a entrada no mercado. Talvez seja vantajoso para o empreendedor escolher um mercado mais próximo psicologicamente para começar a se internacionalizar, adquirindo assim experiência, antes de entrar nos mercados psicologicamente mais distantes. Finalmente, o empreendedor também deve se lembrar de que há mais semelhanças do que diferenças entre os empreendedores individuais, independentemente do país. Cada qual se submeteu ao processo empreendedor, assumiu os riscos, batalhou para obter sucesso e ama sua ideia de negócio.

ESCOLHA DO MERCADO ESTRANGEIRO

Com tantos países possíveis disponíveis, as questões críticas para o empreendedor são a escolha do mercado estrangeiro e as estratégias de entrada. Você deve entrar no mercado mais pro-

SAIU NA *BUSINESS NEWS*

INTERNACIONALIZANDO A EMPRESA FAMILIAR

A decisão de se internacionalizar é igualmente difícil para as grandes corporações e as empresas familiares. Muitos fatores devem ser considerados, incluindo a economia nacional, os mercados locais, os ambientes políticos e jurídicos e as diferenças em idioma e cultura. A decisão de expansão global pode ser um desafio ainda maior para empresas familiares, devido ao interesse adicional que possuem em manter o controle familiar do empreendimento durante o processo de expansão. Isso limita o uso de métodos de entrada mais tradicionais, como *joint ventures* e aquisições. Contudo, muitas empresas familiares demonstraram que a expansão ainda é possível. Essas multinacionais familiares têm origem em diversos países e setores, incluindo empresas como Cargill (EUA), Heineken (Holanda), Michelin (França), Samsung (Coreia do Sul) e SC Johnson (EUA). Com base em sua pesquisa, Casillas, Moreno e Acedo sugerem que três fatores cruciais determinam se uma empresa familiar adotará a expansão internacional: as perspectivas internacionais das pessoas envolvidas ativamente com a empresa, o conhecimento e a exposição internacional obtidos pela empresa e fatores ambientais, como os recursos e as capacidades da empresa.

As perspectivas internacionais das pessoas ativamente envolvidas com a empresa são fundamentais para determinar se a empresa familiar se tornará uma multinacional. Esse grupo de pessoas influentes inclui o fundador, familiares, funcionários, conselho e consultores e assessores externos. As perspectivas internacionais desses indivíduos se baseiam em sua exposição a culturas internacionais, ocorrida com intercâmbios estudantis, atuação em grandes multinacionais e experiências de viagem pessoais. Quanto mais experiências internacionais positivas elas têm, mais provável que sua perspectiva em relação à internacionalização seja positiva, o que influencia a visão da empresa e determina como ela reage a oportunidades internacionais. Em algumas empresas, a visão original do fundador era a de uma empresa global, de modo que a expansão global foi uma progressão natural do crescimento do negócio. Um exemplo de empresa desse tipo é a Heineken, cujo fundador imaginava uma presença global desde o princípio e a transformou em um empreendimento global ao longo de três gerações. Muitas empresas começam com uma visão local, mas desenvolvem uma perspectiva mais global à medida que as gerações subsequentes injetam novas ideias e perspectivas no negócio. Em ambas as situações, possuir uma equipe aberta à ideia de operações globais é o primeiro fator para se transformar em empresa global.

Obter conhecimento e experiência internacionais dentro da empresa é outro fator crucial no desenvolvimento de uma estratégia internacional. Ambos podem ser obtidos de inúmeras fontes, incluindo o fundador, funcionários, consultores, líderes do setor e colegas empreendedores. À medida que o conhecimento e a experiência internacionais crescem dentro da empresa, a liderança passa a ficar mais confortável com os riscos da expansão global e desenvolve estratégias para se contrapôr a tais riscos de maneira apropriada. Quando a empresa começa a entrar em mercados estrangeiros, ela expande seu entendimento do modelo operacional e obtém uma experiência valiosíssima em termos de operação em uma arena global, ajustando seu próprio modelo de negócio para alinhá-lo a ambientes de negócio e culturas locais.

Além de ter uma perspectiva internacional, conhecimento e experiência, a empresa precisa de recursos financeiros e capacidades organizacionais suficientes para manter o mercado doméstico enquanto se expande em nível global. Os recursos alocados atualmente ao mercado doméstico precisarão ser realocados para apoiar a estratégia de expansão global. No processo, a empresa corre o risco de dispersar seus recursos e não conseguir mais oferecer o apoio adequado a seus clientes nacionais e suas respectivas necessidades de negócios. Além disso, é essencial que a empresa possua as capacidades necessárias para manter um comprometimento de longo prazo com a expansão global. A empresa não pode se expandir globalmente por um breve período e depois voltar a trabalhar apenas em seu mercado original. A expansão global deve ser mantida para alcançar um sucesso duradouro. Essa visão de longo prazo deve ser incluída no processo de sucessão, para garantir que quando os líderes da nova geração subirem ao poder, a visão da empresa como um todo permanecerá consistente.

Em suma, as empresas familiares podem se tornar multinacionais sem perder o controle familiar da organização. Para tanto, a empresa precisa de uma equipe de liderança com perspectiva internacional, receptiva à ideia de explorar oportunidades globais, com conhecimento e experiência internacionais suficientes para desenvolver e executar uma estratégia internacional e um nível adequado de recursos financeiros e capacidades organizacionais para enfocar o mercado global, sem perder de vista o ambiente doméstico. Com todos esses elementos, a empresa familiar local pode crescer rapidamente e se transformar em uma grande multinacional familiar.

Fonte: Para mais informações sobre o tema, consulte J. Casillas, A. Moreno, and F. Acedo, "Internationalization of Family Businesses: A Theoretical Model Based on International Entrepreneurship Perspective," *Global Management Journal* (serial online) 2, no. 2 (December 2010), pp. 16–33.

missor ou usar um foco mais regional? Deve escolher o maior mercado possível ou aquele que é mais fácil de conhecer e explorar? É preferível um mercado estrangeiro mais desenvolvido a um mercado ainda em desenvolvimento?

Essas são apenas algumas das perguntas enfrentadas pelo empreendedor ao decidir em qual mercado deseja entrar. A decisão da escolha do mercado deve se basear nas vendas anteriores e no posicionamento competitivo, assim como em uma avaliação de cada alternativa de mercado estrangeiro. Devem ser obtidos dados de modo sistemático, em nível regional e nacional. Uma região pode ser um conjunto de países, como a União Europeia, ou uma área dentro de um país, como o sudeste da China.

É necessário um processo sistemático para definir um *ranking* dos mercados estrangeiros sob análise. Por que classificar os mercados é tão importante? O *ranking* ajuda a evitar o equívoco de tantos empreendedores: errar feio na hora de estabelecer um processo rigoroso de seleção de mercados e depender muito das pressuposições e da intuição. Há diferenças significativas entre os mercados doméstico e global, e todo o processo de decisão global exige que o processo de escolha dos mercados seja baseado no máximo de informações possível. Esses dados devem incluir pelo menos 3 anos, para permitir a identificação das tendências. Os dados obtidos e analisados para a seleção dos mercados também serão usados ao desenvolver a estratégia de entrada e o plano de marketing adequados.

Embora existam vários modelos de seleção de mercados disponíveis, um método eficiente usa uma abordagem em 5 etapas: (1) desenvolver indicadores corretos; (2) obter dados e convertê-los em indicadores comparáveis; (3) definir um peso adequado para cada indicador; (4) analisar os dados; e (5) selecionar o mercado adequado nos *rankings* de mercados.

Na etapa 1, são desenvolvidos indicadores adequados com base em vendas anteriores, pesquisa da concorrência, experiência e discussões com outros empreendedores trabalhando em escala global. Devem ser desenvolvidos indicadores específicos para a empresa em três áreas gerais: indicadores gerais do tamanho do mercado, indicadores do crescimento do mercado e indicadores de produtos. Geralmente, os indicadores do tamanho do mercado envolvem: (1) a população, (2) a renda per capita, (3) o mercado para o produto específico (para produtos ao consumidor) e (4) os tipos de empresas e suas vendas e lucros de produtos específicos (para produtos industriais). No que diz respeito ao crescimento do mercado, são determinados o crescimento global do país (PIB) e a taxa de crescimento para o mercado específico do empreendimento. Por último, são definidos os indicadores dos produtos pertinentes, como a dimensão da exportação da categoria de produto específica para o mercado, a lista de possíveis clientes e o nível de interesse.

A etapa 2 abrange a obtenção de dados para cada um desses indicadores e sua transformação para permitir as comparações. Devem ser obtidos os dados primários (informações originais obtidas para a necessidade específica) e secundários (dados publicados já existentes). Em geral, são obtidos primeiramente os dados secundários para definir quais informações ainda precisam ser coletadas por meio da pesquisa primária. Ao obter os dados secundários internacionais, ocorrerão alguns problemas que variam, até certo ponto, em função do estágio do desenvolvimento econômico do país, incluindo: (1) comparabilidade (os dados de um país não serão idênticos aos de outro); (2) disponibilidade (alguns países têm muito mais dados do que outros, dependendo do estágio de desenvolvimento econômico); (3) precisão (os dados podem ser obtidos com padrões mais ou menos rigorosos, ou até mesmo serem tendenciosos, devido aos interesses do governo do país); e (4) custo (somente os Estados Unidos dispõem da Lei da Liberdade das Informações, que torna todos os dados coletados do governo, exceto aqueles relacionados à defesa e segurança, disponíveis para todos). Um empreendedor estava interessado em estabelecer a primeira academia de ginástica ocidental em Moscou. Seriam cobrados dois preços: um em moeda forte, mais elevado, para os estrangeiros, e um mais baixo, em rublos, para os russos e outros cidadãos de países da antiga União Soviética. Ao determinar a melhor localização, ele queria identificar áreas da cidade em que residiam a maioria dos estrangeiros. Após uma intensa pesquisa e um alto grau de frustração, finalmente ele conseguiu adquirir os dados necessários junto à antiga KGB (a agência de segurança da União Soviética).

Ao pesquisar os mercados estrangeiros, o empreendedor normalmente desejará dados financeiros e demográficos, como população, PIB, renda per capita, inflação, taxa de alfabetização, níveis educacionais e de desemprego. Há diversas fontes para essas e outras informações internacionais em agências do governo, *sites* e embaixadas. Uma importante fonte de dados é o NTDB (National Trade Data Bank), administrado pelo Departamento de Comércio dos Estados Unidos. O banco de dados tem boas informações, o que se deve, em parte, ao grande número de agências do governo que contribuem com informações. Cada país possui seu próprio banco de dados, cobrindo as categorias que compõem seu Produto Interno Bruto (PIB). Isso gera inúmeros relatórios internacionais, como Relatórios do País, Country Analysis Briefs (CABs – Resumos Analíticos do País), Country Commercial Guides (CCG – Guias Comerciais do País), Food Market Reports (Relatórios do Mercado de Alimentos), Relatórios e Exames Internacionais, Notas Informativas do Departamento de Estado e Relatórios de Importação/Exportação.

Outras boas fontes de dados são as associações comerciais e as embaixadas norte-americanas e estrangeiras. Embora as associações comerciais sejam boas fontes de dados domésticos e internacionais, é possível obter, às vezes, informações mais específicas ao entrar em contato com o agente do setor no Departamento de Comércio dos Estados Unidos ou com o adido financeiro na embaixada norte-americana ou estrangeira pertinente.

Os dados obtidos para cada indicador selecionado devem ser convertidos em uma escala de pontos para permitir que cada indicador de cada país seja classificado numericamente em relação aos outros países. Para isso, podem ser usados vários métodos, cada qual envolvendo algum critério por parte do empreendedor. Outro método é comparar os dados de cada indicador do país com padrões globais.

A terceira etapa é definir os pesos adequados para os indicadores de modo a refletir a importância de determinado indicador ao rever o potencial do mercado estrangeiro. Para um fabricante de leitos hospitalares, o número e os tipos de hospitais, o tempo de existência dos hospitais e de seus leitos, o gasto do governo em tratamentos de saúde e seu sistema socializado seriam os melhores indicadores do país ao escolher um mercado estrangeiro. Com esse procedimento, cada indicador recebe um peso que reflete sua importância relativa. A atribuição de pontos e pesos, assim como a seleção dos indicadores, variam muito de um empreendedor para outro e, na verdade, é até certo ponto arbitrária. Entretanto, isso exige avaliação criteriosa e discussão interna; como consequência, são tomadas decisões de escolha de mercado muito mais eficientes.

A etapa 4 abrange a análise dos resultados. Ao examinar os dados, o empreendedor precisa analisá-los criteriosamente e questionar os resultados. Também é necessário procurar os erros, pois é muito fácil cometê-los. Além disso, é interessante fazer uma análise de hipóteses do tipo "e se...", alterando alguns pesos e observando a variação dos resultados.

A quinta e última etapa envolve a seleção de um mercado para a entrada do empreendedor e dos mercados subsequentes, para permitir a escolha da estratégia de entrada adequada e o desenvolvimento de um plano de mercado.

ESTRATÉGIAS DE ENTRADA EMPREENDEDORAS

O empreendedor pode comercializar produtos em nível internacional de várias maneiras. O método de entrada em um mercado e o modo de operação internacional dependem dos objetivos do empreendedor e dos pontos fortes e fracos da empresa. Os modos de entrada ou participação em negócios internacionais são divididos em três categorias: exportação, acordos sem participação acionária e investimento direto estrangeiro. A Tabela 5.4 apresenta as vantagens e desvantagens de algumas estratégias.

exportação
Venda e envio de produtos fabricados em um país para um cliente localizado em outro país

Exportação

Com frequência, um empreendedor começa a fazer negócios internacionais por meio da exportação. A *exportação* normalmente abrange a venda e o envio de produtos fabricados em um

TABELA 5.4 Alguns modos de entrada

Modo de entrada	Vantagem	Desvantagem
Exportação	Capacidade de capitalizar experiências na seleção de locais	• Altos custos de transporte • Barreiras comerciais • Problemas com agentes de marketing locais
Contratos do tipo *turn-key*	Capacidade de ganhar retornos de aptidões em tecnologia de processo, nos países em que o FDI (Investimento Estrangeiro Direto) é restrito	• Criação de concorrentes eficazes • Falta da presença de mercados de longo prazo
Licenciamento	Baixos custos de desenvolvimento e riscos	• Falta de controle sobre a tecnologia • Incapacidade de realizar economias de curva de localização e experiência • Incapacidade de participar da coordenação estratégica global
Franquias	Baixos custos de desenvolvimento e riscos	• Falta de controle sobre a qualidade • Incapacidade de participar da coordenação estratégica global
Joint ventures	• Acesso ao conhecimento do sócio local • Custos de desenvolvimento e riscos divididos • Politicamente aceitável	• Falta de controle sobre a tecnologia • Incapacidade de participar da coordenação estratégica global • Incapacidade de realizar economias de curva de localização e experiência
Subsidiárias integrais	• Proteção da tecnologia • Capacidade de participar da coordenação estratégica global • Possibilidade de realizar economias de curva de localização e experiência	• Altos custos e riscos

país para um cliente localizado em outro país. Há duas classificações gerais de exportação: direta e indireta.

Exportação indireta *Exportação indireta* significa ter um comprador estrangeiro no mercado local ou usar uma empresa exportadora. Para determinados *commodities* e produtos manufaturados, os compradores estrangeiros buscam ativamente fontes de suprimento e dispõem de escritórios comerciais em mercados espalhados por todo o mundo. O empreendedor que deseja vender para um desses mercados internacionais pode negociar com um desses compradores. Nesse caso, toda a transação é resolvida como uma transação doméstica (interna), embora as mercadorias saiam do país. Esse método de exportação envolve o menor nível de conhecimento e risco para o empreendedor.

As empresas exportadoras, outra via de exportação indireta, estão localizadas na maioria dos centros comerciais. Essas empresas cobram uma taxa por representação em mercados estrangeiros. Em geral, elas representam um grupo de fabricantes não concorrentes do mesmo país, que não têm interesse em se envolver diretamente com o processo de exportação em si. A empresa exportadora lida com todo o processo de venda, marketing e entrega, bem como os problemas técnicos do processo de exportação.

Exportação direta Se o empreendedor desejar se envolver mais, mas sem qualquer comprometimento financeiro, a *exportação direta* por meio de distribuidores independentes ou do escritório comercial próprio da empresa no exterior é uma maneira de participação em negócios internacionais. Geralmente, os distribuidores internacionais independentes lidam com os produtos para as empresas, buscando uma entrada relativamente rápida em muitos

exportação indireta
Nos negócios internacionais, significa ter um comprador estrangeiro no mercado local ou usar uma exportadora

exportação direta
Envolve o uso de distribuidores independentes ou de escritório comercial próprio da empresa no exterior na condução da negociação internacional

mercados estrangeiros. Em troca de uma comissão, o distribuidor independente contata diretamente os clientes estrangeiros e os possíveis clientes e se encarrega de todos os detalhes técnicos relacionados à obtenção da documentação para exportação, financiamento e entrega.

Os empreendedores também podem abrir escritórios comerciais próprios no exterior e contratar uma equipe de vendas própria para fazer a representação no mercado. Para começar, o empreendedor designa um representante comercial doméstico como representante no mercado estrangeiro. Quando o volume de negócios aumenta no escritório comercial no exterior, geralmente são abertos depósitos, seguidos por um processo de montagem local quando as vendas atingem um nível suficientemente alto para compensar o investimento. A operação de montagem talvez evolua para o estabelecimento de operações de fabricação no mercado estrangeiro. A partir de então, os empreendedores podem exportar a saída dessas operações de fabricação para outros mercados internacionais.

Acordos sem participação acionária

Quando as condições financeiras e do mercado respaldarem a mudança, o empreendedor poderá entrar no mercado internacional por meio de um dos três tipos de *acordos sem participação acionária*: licenciamento, projetos do tipo *turn-key* e contratos de gerenciamento. Cada um desses tipos permite que o empreendedor entre em um mercado e obtenha vendas e lucros sem investimento direto do patrimônio líquido no mercado estrangeiro.

acordo sem participação acionária
Método no qual um empreendedor pode entrar em um mercado e obter vendas e lucros sem investimento direto do patrimônio líquido no mercado estrangeiro

licenciamento
Conceder a um fabricante estrangeiro o direito de usar uma patente, uma tecnologia, um processo de produção ou um produto em troca do pagamento de royalties

Licenciamento O *licenciamento* envolve um empreendedor fabricante (licenciado) que concede a um fabricante estrangeiro (licenciador) o direito de usar uma patente, uma marca comercial, uma tecnologia, um processo de produção ou um produto em troca do pagamento de *royalties*. O acordo de licenciamento é mais adequado quando o empreendedor não pretende entrar em determinado mercado por meio de exportação ou investimento direto. Como o processo é de baixo risco, mas ainda oferece uma alternativa para a geração de renda incremental, um acordo de licenciamento pode ser um método eficiente para o empreendedor entrar em negócios internacionais. Infelizmente, alguns empreendedores celebraram esses acordos sem uma análise cuidadosa e descobriram mais tarde que ofereceram uma licença a seus maiores concorrentes no negócio ou que estavam investindo muito tempo e dinheiro ajudando o licenciador a adotar a tecnologia ou o *know-how* sendo licenciado(a).

projetos do tipo *turn-key*
Método de fazer negócios internacionais no qual um empreendedor estrangeiro fornece a tecnologia ou infraestrutura de fabricação para uma empresa e, depois, a passa para os proprietários locais

Projetos do tipo *turn-key* Outro método de um empreendedor fazer negócios internacionais sem muito risco é por meio de *projetos do tipo turn-key*. Os países subdesenvolvidos ou menos desenvolvidos do mundo têm reconhecido sua necessidade de tecnologia e infraestrutura de produção, mas ainda não estão predispostos a abrir mão de uma parte substancial de sua economia para a propriedade estrangeira. Uma solução para esse dilema é um empreendedor estrangeiro construir uma fábrica, ou outra instalação, treinar os trabalhadores e a gerência e depois passá-la para os proprietários locais, assim que a operação começar a funcionar – daí o nome operação do tipo *turn-key* (em inglês, "chave na mão" ou "entregar a chave").

Os empreendedores descobriram que projetos do tipo *turn-key* são alternativas atrativas. É possível gerar os primeiros lucros com esse método, bem como outras rendas com a exportação. O financiamento é fornecido pela empresa ou pelo governo local, com pagamentos periódicos ao longo do projeto.

contrato de gerenciamento
O método de fazer negócios internacionais sem participação acionária, no qual um empreendedor oferece suas técnicas e capacidades de gerenciamento a uma empresa estrangeira adquirente

Contratos de gerenciamento O último método sem participação acionária que o empreendedor pode utilizar na negociação internacional é o *contrato de gerenciamento*. Vários empreendedores têm tido êxito ao entrar no comércio internacional oferecendo suas técnicas e capacidades de gerenciamento. O contrato de gerenciamento permite que o país comprador adquira *know-how* estrangeiro sem conceder a propriedade de seus recursos a um estrangeiro. Para o empreendedor, o contrato de gerenciamento é outra maneira de entrar em um mercado estrangeiro sem um grande investimento com capital próprio.

Investimento estrangeiro direto

A subsidiária estrangeira integral tem sido o modo preferido de propriedade para os empreendedores que usam o investimento estrangeiro direto para fazer negócios em mercados internacionais. As *joint ventures* e as posições de participação acionária minoritária e majoritária também são métodos para fazer investimentos estrangeiros diretos. A porcentagem de participação obtida no empreendimento estrangeiro pelo empreendedor está relacionada ao montante investido, à natureza do setor e às normas do governo receptor.

Participação minoritária As empresas japonesas têm usado frequentemente a posição de participação minoritária no investimento estrangeiro direto. Uma *participação minoritária* propicia à empresa uma fonte de matérias-primas ou um mercado relativamente cativo para seus produtos. Os empreendedores têm utilizado posições minoritárias para obter uma posição segura ou adquirir experiência em um mercado antes de contrair um compromisso importante. Quando o acionista minoritário tem algo de grande valor, a capacidade de influenciar o processo de tomada de decisão em geral é muito maior do que o valor da participação.

participação minoritária
Modalidade de investimento estrangeiro direto em que o empreendedor-investidor mantém uma posição de propriedade minoritária no empreendimento estrangeiro

Joint ventures Outro método de investimento estrangeiro direto utilizado pelos empreendedores para entrar em mercados estrangeiros é a *joint venture*. Embora uma *joint venture* possa assumir várias formas, em sua modalidade mais tradicional, duas empresas (por exemplo, uma empresa americana e outra alemã) se unem e formam uma terceira empresa, cujo patrimônio líquido é compartilhado.

joint venture
A união de duas empresas a fim de formar uma terceira, cujo patrimônio líquido é compartilhado

As *joint venture* têm sido utilizadas por empreendedores com mais frequência em duas situações: (1) quando o empreendedor deseja adquirir conhecimento local e um aparato de produção já estabelecido e (2) quando é necessário entrar rapidamente em um mercado. Ocasionalmente, as *joint venture* são dissolvidas, e uma das partes assume 100% da participação.

Embora o uso de uma *joint venture* para entrar em um mercado estrangeiro seja uma decisão estratégica, os segredos de seu sucesso não são bem entendidos, e os motivos para formar uma *joint venture* hoje são diferentes dos do passado. Antigamente, as *joint ventures* eram consideradas sociedades e geralmente incluíam empresas cujas ações pertenciam a várias outras empresas.

As *joint ventures* nos Estados Unidos foram utilizadas pela primeira vez por empresas mineradoras e por ferrovias no início de 1850. O uso de *joint ventures*, principalmente as verticais, começou a aumentar muito na década de 1950. Por meio da *joint venture* vertical, duas empresas absorvem o grande volume de saída quando nenhuma delas conseguiria suportar as deseconomias associadas a uma fábrica menor.

O que causou esse grande aumento no uso das *joint ventures*, principalmente quando várias delas não deram certo? Estudos que examinaram o êxito e o fracasso das *joint ventures* detectaram diversos motivos para a sua formação. Um dos motivos mais frequentes para um empreendedor formar uma *joint venture* é a divisão dos custos e dos riscos de um projeto. Os projetos com tecnologia onerosa geralmente necessitam compartilhar os recursos. Esse aspecto é importante principalmente quando um empreendedor não dispõe dos recursos financeiros necessários para participar de atividades que exigem muito investimento de capital.

A sinergia entre empresas é outro motivo pelo qual um empreendedor forma uma *joint venture*. A sinergia é o impacto qualitativo, sobre a empresa adquirente, ocasionado pelos fatores complementares inerentes à empresa sendo adquirida. A sinergia na forma de pessoas, clientes, estoque, fábrica ou equipamentos alavanca a *joint venture*. O grau de sinergia determina os benefícios da *joint venture* para as empresas envolvidas.

Outro motivo para formar uma *joint venture* é a obtenção de uma vantagem competitiva. Uma *joint venture* pode afastar os concorrentes para que um empreendedor tenha acesso a novos clientes e expanda a base do mercado.

Os empreendedores frequentemente utilizam as *joint ventures* para entrar em mercados e economias que dificultam a sua entrada ou para compensar a falta de experiência internacional da empresa. Esse tem sido o caso das economias em transição da Europa Oriental e Central e da antiga União Soviética Não surpreende a facilidade maior de estabelecer uma *joint venture* na Hungria, pela quantidade bem menor de exigências de registro, do que para abrir uma nova empresa nesse país.

Participação majoritária   Outro método de participação pelo qual o empreendedor pode entrar em mercados internacionais é a compra de uma participação majoritária em um negócio estrangeiro. Pelo prisma técnico, qualquer número acima de 50% de participação em uma empresa é uma *participação majoritária*. A participação majoritária permite que o empreendedor obtenha controle administrativo e ainda preserve a identidade local da empresa adquirida. Ao entrar em um mercado internacional volátil, alguns empreendedores assumem uma posição menos expressiva, que pode alcançar 100% em função de vendas e lucros.

Fusões   Um empreendedor pode obter 100% da propriedade para assegurar controle total. Muitos empreendedores americanos almejam a posse e o controle total nos casos de investimentos estrangeiros. Se o empreendedor tiver o capital, a tecnologia e as aptidões de marketing necessários para entrar com êxito em um mercado, talvez não haja motivo para dividir a propriedade.

As fusões e aquisições têm sido muito utilizadas em negócios internacionais e dentro dos Estados Unidos. Durante os períodos de intensa atividade de fusão, os empreendedores podem investir muito tempo procurando uma empresa para ser adquirida e, então, concluir a transação. Embora toda fusão deva refletir os princípios básicos de uma decisão de investimento financeiro e representar uma contribuição positiva líquida para o patrimônio dos acionistas, geralmente é difícil avaliar os méritos de uma fusão específica. Não somente os benefícios e os custos de uma fusão devem ser determinados, como também os problemas contábeis, legais e tributários especiais têm de ser solucionados. Portanto, o empreendedor precisa ter um conhecimento geral dos benefícios e dos problemas das fusões como uma opção estratégica e da complexidade de integrar uma empresa inteira nas operações atuais.

Há cinco tipos básicos de fusões: horizontal, vertical, extensão de produto, ampliação de mercado e atividade diversificada. Uma *fusão horizontal* é a combinação de duas empresas que produzem um ou mais dos mesmos produtos ou de produtos relacionados na mesma área geográfica. A fusão é motivada por economias de escala em marketing, produção ou vendas. Um exemplo de fusão horizontal é a aquisição da cadeia de lojas de conveniência Southland Stores pela rede 7-Eleven Convenience Stores.

Uma *fusão vertical* é a combinação de duas ou mais empresas em estágios sucessivos da produção que geralmente inclui a relação entre comprador-vendedor. Essa forma de fusão estabiliza a oferta e a produção e propicia mais controle dessas áreas críticas. Exemplos desse tipo de fusão são o McDonald's adquirindo as franquias de suas lojas e a Phillips Petroleum adquirindo as franquias de seus postos de gasolina. Em cada caso, esses pontos de venda se tornam lojas de propriedade da empresa.

Uma *fusão voltada para a extensão de produto* ocorre quando as empresas adquirente e adquirida têm atividades relacionadas de produção e/ou distribuição, mas não possuem produtos concorrendo diretamente entre si. Exemplos desse tipo de fusão são as aquisições da Miller Brewing (cerveja) pela Philip Morris (cigarros) e da Western Publishing (livros infantis) pela Mattel (brinquedos).

Uma *fusão voltada para a ampliação do mercado* é uma combinação de duas empresas produzindo os mesmos produtos, mas vendendo-os em mercados geográficos diferentes. A motivação é que a empresa adquirente pode combinar economicamente suas aptidões administrativas, a produção e o marketing com aqueles da empresa adquirida. Um exemplo desse tipo de fusão é a aquisição da Diamond Chain (varejista da Costa Oeste) pela Dayton Hudson (varejista de Mineápolis).

O último tipo é a *fusão de atividades diversificadas*, que é uma fusão de conglomerados envolvendo a consolidação de duas empresas basicamente não relacionadas. Em geral, a em-

---

participação majoritária
A compra de mais de 50% da participação em um negócio estrangeiro

fusão horizontal
Um tipo de fusão combinando duas empresas que produzem um ou mais dos mesmos produtos (ou de produtos relacionados) na mesma área geográfica

fusão vertical
Um tipo de fusão combinando duas ou mais empresas em estágios sucessivos da produção

fusão voltada para a extensão de produto
Um tipo de fusão segundo o qual as empresas adquirentes e adquiridas têm atividades de produção e/ou distribuição relacionadas, mas não têm produtos que concorram diretamente entre si

fusão voltada para a ampliação do mercado
Um tipo de fusão combinando duas empresas que produzem os mesmos produtos, mas os vendem em mercados geográficos distintos

fusão de atividades diversificadas
Uma fusão de conglomerados abrangendo a consolidação de duas empresas basicamente não relacionadas

presa adquirente não tem interesse em usar seus recursos de caixa para expandir o patrimônio dos acionistas nem em administrar ativamente a empresa adquirida. Um exemplo de uma fusão de atividades diversificadas é a Hillenbrand Industries (fabricante de sarcófagos e mobília hospitalar) adquirir a American Tourister (fabricante de malas).

As fusões são uma opção estratégica interessante para um empreendedor quando existe sinergia. Vários fatores contribuem para a sinergia e fazem duas empresas terem mais valor juntas do que separadas. O primeiro fator, as economias de escala, é provavelmente o motivo mais comum para as fusões. As economias de escala podem ocorrer na produção, na coordenação e na administração e no compartilhamento de serviços centrais, como administração do escritório e contabilidade, controle financeiro e diretoria de nível superior. As economias de escala melhoram a eficiência operacional, financeira e administrativa, o que gera mais ganhos.

O segundo fator é a tributação ou, em termos mais específicos, os benefícios fiscais não utilizados. Às vezes, uma empresa teve uma perda no passado, mas não lucrou o suficiente para se beneficiar da transferência de prejuízos fiscais ao período seguinte. Os regulamentos para imposto de renda corporativo permitem reduzir dos prejuízos operacionais líquidos de uma empresa o rendimento tributável da outra quando elas forem combinadas. Ao combinar uma empresa com prejuízos a uma empresa com lucros, é possível utilizar a transferência dos prejuízos fiscais ao período seguinte.

O último fator importante para as fusões está relacionado aos benefícios recebidos ao combinar recursos complementares. Muitos empreendedores farão fusões com outras empresas para assegurar uma fonte de abastecimento de ingredientes fundamentais, obter uma nova tecnologia ou impedir que o produto da outra empresa seja uma ameaça competitiva. Em geral, é mais rápido e mais fácil para uma empresa fazer uma fusão com outra que já tem uma nova tecnologia desenvolvida, combinando a inovação com a engenharia e o talento comercial da empresa adquirente, do que desenvolver a tecnologia desde o início.

Seja qual for o modo de entrada, o êxito da estratégia de entrada e do crescimento em um mercado global exige o desenvolvimento de um plano de negócio global, que é um pouco diferente do plano de negócio doméstico, discutido no Capítulo 7. Uma descrição do plano de negócio global característico é apresentada no Apêndice 5A, ao final deste capítulo.

PARCERIA EMPREENDEDORA

Um dos melhores métodos para um empreendedor entrar em um mercado internacional é fazer uma parceria com um empreendedor do país em questão. Os empreendedores estrangeiros conhecem o país e a cultura e, por conseguinte, facilitam as transações comerciais ao manter o empreendedor atualizado sobre as condições empresariais, financeiras e políticas do país em questão. Essa parceria é facilitada quando se conhece a natureza do empreendedorismo no país.

Um bom parceiro tem várias características. Ele ajuda o empreendedor a alcançar suas metas, como acesso ao mercado, divisão de custos ou obtenção da competência básica. Os bons parceiros também compartilham a visão do empreendedor e é improvável que tentem explorar a parceria de modo oportunista, para benefício próprio.

De que modo um empreendedor pode selecionar um bom parceiro? Primeiro, ele precisa obter o máximo de informações sobre o setor e sobre os possíveis parceiros no país em questão. Essas informações são obtidas junto a representantes de embaixadas, membros da câmara de comércio do país, empresas que negociam no país e clientes do possível parceiro. O empreendedor também deverá participar de feiras e exposições pertinentes. As referências de cada possível parceiro têm de ser verificadas; além disso, devem ser solicitadas outras referências a cada referência. Por último, é muito importante que o empreendedor se reúna várias vezes com um possível parceiro para conhecer a pessoa e a empresa bem antes de assumir qualquer compromisso.

BARREIRAS AO COMÉRCIO INTERNACIONAL

Há atitudes diferentes por todo o mundo no que se refere ao livre-comércio. Tendo início por volta de 1947, com o desenvolvimento de acordos gerais de comércio e com a redução de tarifas e de outras barreiras comerciais, tem existido uma atmosfera positiva global relacionada ao comércio entre os países.

Acordo Geral de Tarifas e Comércio (GATT)

Um dos acordos de comércio mais antigos é o Acordo Geral de Tarifas e Comércio (GATT), estabelecido em 1947 sob a liderança dos Estados Unidos. O GATT é um acordo multilateral cujo objetivo é liberar o comércio, eliminando ou reduzindo tarifas, subsídios e quotas de importação. Mais de 100 nações fazem parte do GATT, que já teve oito rodadas de redução de tarifas, uma das quais foi a do Uruguai, que vigorou de 1986 a 1993; a outra foi a Rodada de Desenvolvimento de Doha, que está ativa desde 2001, com uma nova rodada marcada para a década de 2010. Em cada rodada, reduções mútuas de tarifas entre os países participantes são negociadas e monitoradas por um sistema mutuamente acordado. Se um país-membro acredita que houve uma violação, este pode solicitar uma investigação pelos administradores do GATT, com sede em Genebra. Se a investigação identificar uma violação, os países-membros talvez sejam solicitados a pressionar o país violador para que ele mude sua política e fique em conformidade com as tarifas e os acordos estipulados. Às vezes, essa pressão não é suficiente para fazer o país transgressor mudar de atitude. Embora o GATT ajude a desenvolver um comércio menos restrito, o fato de a participação ser voluntária lhe dá pouca autoridade para garantir a ocorrência desse tipo de comércio.

Blocos comerciais e áreas de livre-comércio

Nações de todo o mundo estão formando grupos para aumentar o comércio e o investimento entre os participantes do grupo e excluir os não pertencentes ao grupo. Um acordo pouco conhecido entre os Estados Unidos e Israel, assinado em 1985, estabelece uma Área de Livre-Comércio entre as duas nações. Todas as tarifas e cotas, exceto em certos produtos agrícolas, foram eliminadas gradualmente durante um período de 10 anos. Em 1989, uma Área de Livre-Comércio entrou em vigor entre Canadá e Estados Unidos, eliminando gradualmente as tarifas e cotas entre os dois países, que são os maiores parceiros comerciais um do outro.

Muitas alianças comerciais evoluíram nas Américas. Em 1991, os Estados Unidos assinaram um acordo comercial com Argentina, Brasil, Paraguai e Uruguai para apoiar o desenvolvimento de relações comerciais mais liberais. Os Estados Unidos também assinaram acordos comerciais com Bolívia, Chile, Colômbia, Costa Rica, Equador, El Salvador, Honduras, Peru e Venezuela. O Acordo de Livre-Comércio Norte-Americano (NAFTA) entre Estados Unidos, Canadá e México, muito debatido na mídia, tem o objetivo de reduzir barreiras e cotas comerciais e estimular o investimento entre os três países. De modo semelhante, as Américas, a Argentina, o Brasil, o Paraguai e o Uruguai operam sob o Tratado de Assunção, que criou a zona de comércio do Mercosul, uma área de livre-comércio entre esses países.

Outro bloco comercial importante é a Comunidade Europeia (CE). Ao contrário do GATT e do NAFTA, a Comunidade Europeia está fundamentada no princípio da supranacionalidade, com as nações-membros não podendo realizar acordos comerciais por conta própria se estes não forem consistentes com as regulamentações da CE; além disso, as nações-membros têm uma moeda em comum – o euro. À medida que mais nações ingressam, o bloco comercial da CE se torna um fator cada vez mais importante para os empreendedores que atuam em nível internacional.

Estratégias do empreendedor e barreiras comerciais

Evidentemente, as *barreiras comerciais* criam problemas para o empreendedor que deseja se envolver em negócios internacionais. Primeiro, as barreiras comerciais elevam os custos de exportação de produtos, acabados ou semiacabados, para outros países. Se o aumento do custo coloca o empreendedor em desvantagem competitiva em relação aos produtos concorrentes desse país, talvez seja mais econômico estabelecer uma infraestrutura de produção nesse país. Segundo, restrições voluntárias de exportação limitam a capacidade do empreendedor de vender produtos para um país estrangeiro a partir de instalações de produção em seu próprio país, o que também levará ao estabelecimento de infraestrutura de produção no país estrangeiro para fins de concorrência. Finalmente, o empreendedor talvez tenha que estabelecer uma infraestrutura de produção ou de montagem em um país estrangeiro para se adaptar às regulamentações locais desse país.

barreiras comerciais
Bloqueios impostos a negociações internacionais

IMPLICAÇÕES PARA O EMPREENDEDOR GLOBAL

Os sistemas cultural, político, econômico e de distribuição de um país influenciam sua atratividade como um mercado potencial e como uma possível oportunidade de investimento. Os custos e os riscos políticos em geral são menores nos países orientados para o mercado, que são mais avançados em termos políticos e econômicos. Contudo, os benefícios de longo prazo para um empreendedor são o crescimento e a expansão futuros do país. Na realidade, essa oportunidade pode ocorrer em países menos desenvolvidos e menos estáveis. O empreendedor deve analisar os países com cuidado para determinar qual é o melhor (ou quais são os melhores, se for o caso) para sua entrada e posteriormente desenvolver uma estratégia de entrada.

REVISÃO

RESUMO

Identificar oportunidades de mercado nacionais e internacionais está se tornando cada vez mais importante para um número crescente de empreendedores e para a economia de seus países. O empreendedorismo internacional, ou seja, a realização de atividades empresariais por um empreendedor além das fronteiras nacionais, está ocorrendo muito mais cedo no crescimento de novos empreendimentos à medida que as oportunidades se abrem na arena global hipercompetitiva. Vários fatores (economia, estágio de desenvolvimento econômico, balanço de pagamentos, tipo de sistema, ambiente político--jurídico, ambiente cultural e ambiente tecnológico) tornam as decisões do empreendedorismo internacional mais complexas do que as do empreendedorismo doméstico.

Quando um empreendedor decide participar de negócios internacionais, devem ser considerados três modos gerais de entrada no mercado: exportação, acordos sem participação acionária e acordos com participação acionária. Cada modo contém algumas alternativas que oferecem graus variáveis de risco, controle e propriedade.

Os empreendedores nos Estados Unidos encontram suas contrapartes em diversas economias. O empreendedorismo está crescendo de Dublin a Hong Kong, oferecendo novos produtos, novos empregos e novas oportunidades de parcerias.

ATIVIDADES DE PESQUISA

1. Entreviste três gerentes de empresas multinacionais para constatar os benefícios gerados com a participação em negócios internacionais, assim como alguns desafios (problemas).
2. Escolha um país. Pesquise e prepare-se para fazer um relatório sobre (a) o estágio de desenvolvimento econômico, (b) o ambiente político-jurídico, (c) o ambiente cultural e (d) o ambiente tecnológico desse país. Se você estiver aconselhando um empreendedor que estava pensando em

entrar nesse país para vender seus produtos, o que você diria sobre as principais questões estratégicas? (Seja específico para o país escolhido.)

3. Escolha uma economia em transição. Pesquise esse país e seu recente progresso econômico. Em sua opinião, a economia desse país florescerá ou ficará estagnada? Por quê? O que o governo desse país pode fazer para ajudar a economia a florescer?

4. Escolha um setor específico em um país específico. Qual modo de entrada foi o mais utilizado pelas empresas estrangeiras penetrando nesse setor, nesse país? Explique o(s) motivo(s), dando exemplos de entradas bem-sucedidas e malsucedidas.

DISCUSSÃO EM AULA

1. Se possível, certifique-se de que existe um estudante estrangeiro em cada pequeno grupo. O grupo deverá discutir e depois fazer uma apresentação em aula sobre a natureza do negócio e o empreendedorismo existente no país de origem do estudante estrangeiro. Essa discussão deve abranger (a) o estágio de desenvolvimento econômico, (b) o ambiente político-jurídico, (c) o ambiente tecnológico e (d) o ambiente cultural desse país. Analise também como o empreendedorismo e o fracasso nos negócios são vistos nesse país.

2. Geralmente, nos concentramos nas empresas das economias bem-desenvolvidas entrando nos mercados de economias menos desenvolvidas. As empresas de economias menos desenvolvidas terão uma chance de sucesso se entrarem em mercados desenvolvidos, como o dos Estados Unidos? Com que vantagem competitiva uma empresa de uma economia menos desenvolvida poderia contar ao entrar em mercados desenvolvidos? Qual seria o melhor modo de entrada?

3. O acesso aos mercados internacionais é algo que somente as empresas grandes e estabelecidas devem buscar após alcançarem êxito em seu mercado doméstico imediatamente? Quais são os tipos de produtos mais aceitáveis para a "entrada nos mercados internacionais" por parte das empresas pequenas e mais novas?

NOTAS

1. Central Intelligence Agency, *The World Factbook: India* (Langley: CIA, 2011).
2. "India's Surprising Economic Miracle," *The Economist*, September 30, 2010.
3. S. Malhotra, "About DesiCrew," July 28, 2009 (H. Narayanan, Interviewer).
4. J. Ribeiro, "In India, Rural Workers Run Call Centers" (n.d.), *ABC News*, http://abcnews.go.com/Technology/PCWorld/storyid=5000185, retrieved October 5, 2011.
5. K. Murugesh, "Current BPO Industry Trends 2010," *SiliconIndia* (February 2010).
6. Malhotra, "About DesiCrew."
7. "About Us: Who We Are!" DesiCrew Solutions Pvt. Ltd., 2009, *DesiCrew*, http://desicrew.in/about-us.html, retrieved October 6, 2011.
8. Malhotra, "About DesiCrew."
9. Central Intelligence Agency, *The World Factbook: India*.
10. "About Us: Who We Are!" DesiCrew Solutions.

APÊNDICE 5A EXEMPLO DE DESCRIÇÃO DE UM PLANO DE NEGÓCIO INTERNACIONAL

I. **RESUMO EXECUTIVO**
Descrição do projeto em uma única página.

II. **INTRODUÇÃO**
O tipo de negócio proposto, seguido por uma descrição resumida do principal produto e/ou serviço. Uma descrição sucinta do país sugerido para a negociação, o fundamento da escolha do país, a identificação das barreiras comerciais existentes e a identificação das fontes de informações (recursos de pesquisa e entrevistas).

III. **ANÁLISE DA SITUAÇÃO EMPRESARIAL INTERNACIONAL**
A. **Análise econômica, política e legal do país estrangeiro**
   1. Descreva o sistema financeiro do país estrangeiro, as informações econômicas importantes para o produto e/ou serviço proposto e o nível de investimento estrangeiro nesse país.
   2. Descreva a estrutura e a estabilidade governamental do país estrangeiro, e como o governo controla as atividades empresariais e privadas.
   3. Descreva as legislações e/ou agências governamentais que afetam seu produto e/ou serviço (por exemplo, legislação trabalhista, legislação do comércio, etc.).
B. **Área comercial e análise cultural**
   1. Informações geográficas e demográficas, costumes e tradições importantes, outras informações culturais pertinentes e vantagens e desvantagens competitivas da oportunidade comercial sugerida.

IV. **OPERAÇÃO PLANEJADA DO NEGÓCIO PROPOSTO**
A. **Organização proposta**
   O tipo de propriedade e base lógica; etapas iniciais para a formação do negócio; necessidades previstas de pessoal (ou funcionais); equipe prevista para as funções administrativas, financeiras, de marketing, jurídicas e de produção; organograma sugerido; e descrições sucintas dos cargos, se necessárias.
B. **Produto/Serviço proposto**
   1. Detalhes do produto e/ou serviço incluem os possíveis fornecedores, os planos de produção e as políticas de estoque, se aplicáveis. Inclua os suprimentos necessários, no caso de um serviço.
   2. Informações sobre transportes incluem os custos, os benefícios, os riscos do meio de transporte e os documentos necessários para transportar o produto.
C. **Estratégias propostas**
   1. As políticas de preço incluem a moeda utilizada, os custos, os *markups*, os *markdowns*, a relação com a concorrência e os fatores que podem afetar o preço do produto (como a concorrência, as condições políticas, os impostos, as tarifas e os custos de transporte).
   2. Os detalhes do programa promocional incluem as atividades promocionais, a disponibilidade de mídia, os custos, a descrição do plano promocional para um ano e os costumes locais relacionados à rapidez dos negócios.

V. **FINANCIAMENTO PLANEJADO**
A. **Receita e despesas projetadas**
   1. Projeção dos demonstrativos de receita para a operação do ano 1.
   2. Balanço patrimonial do final do ano 1.
   3. Descrição sucinta do crescimento planejado da empresa, incluindo recursos financeiros, necessidades e projeção resumida do plano de três anos.

VI. **BIBLIOGRAFIA**

VII. **APÊNDICE**

6
A PROTEÇÃO DA IDEIA E OUTRAS QUESTÕES LEGAIS PARA O EMPREENDEDOR

OBJETIVOS DE APRENDIZAGEM

▶ Identificar e distinguir ativos de propriedade intelectual de um novo empreendimento, incluindo software e *sites*.

▶ Entender a natureza das patentes, os direitos que oferecem e seu processo de depósito.

▶ Conhecer a finalidade de uma marca registrada e seu procedimento de registro.

▶ Saber o objetivo do direito autoral e como registrá-lo.

▶ Identificar procedimentos que protegem os segredos comerciais de um empreendimento.

▶ Entender o valor do licenciamento para expandir uma empresa ou iniciar um novo empreendimento.

▶ Reconhecer as implicações da nova legislação, que afeta o conselho de administração e os processos de auditoria interna em empresas de capital aberto.

▶ Ilustrar questões importantes relativas a contratos, seguros e responsabilidade e segurança do produto.

PERFIL DE ABERTURA

Salar Kamangar – www.youtube.com

Em 2006, o Google adquiriu o YouTube por 1,65 bilhão de dólares, menos de dois anos depois que a empresa registrou o nome de domínio youtube.com. Salar Kamangar, na época o mais jovem vice-presidente do Google, fora responsável pelos Google Apps, um dos quais era o Google Video, com um modelo semelhante ao do YouTube. Mas Salar acreditava que o Google Video jamais alcançaria ou superaria o YouTube, então a empresa tomou a decisão, sob a liderança de Salar, de adquirir o concorrente novato. Salar tinha certeza absoluta de que, apesar dos problemas com direitos autorais e do modelo de negócios nebuloso, o YouTube representava o futuro e tinha um potencial incrível. Tudo isso veio a um custo que muitos na época consideravam exorbitante, mas Salar bateu o pé e se tornou o maior defensor da aquisição dentro do Google.

Salar Kamangar nasceu no Teerã, mas deixou a cidade antes da revolução iraniana, aos dois anos de idade. Ele se formou em biologia pela Universidade de Stanford em 1998. Durante a faculdade, Salar foi presidente da PARSA Community Foundation, uma organização sem fins lucrativos persa que foi uma influência importante na evolução de seu forte espírito empreendedor. Em um evento de carreira em Stanford, ele conheceu Sergey Brin, um dos cofundadores do Google, e foi contratado como nono funcionário da empresa. Seu cargo não tinha uma descrição definida na época, então ele basicamente fazia tudo o que os cofundadores não queriam fazer. Salar se tornou uma estrela do Google e foi imortalizado na empresa pelo codesenvolvimento do AdWords, que embasa a sindicação do Google em *sites* parceiros e também representa a principal fonte de receitas da organização.

Depois de administrar o Google Apps por quatro anos, ele queria fazer algo novo e diferente. "Gosto de resolver problemas", ele explica. Salar gosta de pegar um conceito, acelerá-lo operacionalmente e vê-lo se transformar em uma ideia rentável e bem-sucedida. Em consequência desse desejo, ele convenceu a administração do Google a realizar a aquisição do YouTube, finalizada em 2006. Na mesma época, o YouTube estava cercado por diversas questões que Salar atacou com a mesma intensidade que usara no passado para desenvolver o AdWords. O primeiro problema a ser resolvido era como o *site* ganharia dinheiro. Ele enxergou uma oportunidade que não estava sendo buscada pelos fundadores originais. Kamangar passou muitas horas reunido com Chad Hurley e Steve Chen, fundadores do YouTube, acertando os detalhes de como evoluir sua relação e tornar a empresa rentável. Finalmente, Hurley e Chen abandonaram seus cargos e Kamangar se tornou CEO do YouTube. A estratégia de Kamangar seria se adaptar às mudanças no mercado de vídeo. Quando o Google comprou o YouTube, havia apenas dois tipos de vídeo: vídeos de televisão e vídeos de computador. Hoje, os vídeos podem ser assistidos em qualquer lugar, incluindo telefones, *tablets*, computadores e televisões. Por causa disso, Kamangar tem adicionado conteúdo com produção profissional ao YouTube, incluindo clipes, shows ao vivo e eventos esportivos.

Em 2011, o YouTube expandiu seu serviço de aluguel de filmes, adicionando 3.000 títulos de grandes estúdios de Hollywood, como Sony Pictures Entertainment, Warner Brothers e Universal Pictures, e de estúdios independentes, como o Lionsgate Films. Os filmes ficavam disponíveis para os usuários no mesmo dia que os serviços sob demanda, ao preço de 3,99 dólares. Além dos estúdios de Hollywood, Kamangar começou a encorajar mais amadores a desenvolverem conteúdo, muitos dos quais já haviam reunido um público enorme no *site*. Alguns estúdios, entretanto, se recusaram a participar, citando preocupações com a violação de direitos autorais. Esses estúdios veem o controle dos *uploads* de amadores no YouTube como um pesadelo jurídico, o que os deixa relutantes em participar.

A violação de direitos autorais foi o segundo problema mais urgente que Kamangar enfrentou quando o Google adquiriu o YouTube e ele assumiu a responsabilidade pelo seu futuro. Para minimizar a violação de direitos autorais, Kamangar implementou um sistema de controle de conteúdo chamado ContentID. O sistema permite que qualquer material enviado seja comparado com os mais de 100 milhões de vídeos no sistema e, no caso de conteúdo não autorizado, um alerta é enviado aos proprietários. Estes escolhem se o material será removido ou se permanecerá. Em um caso, os proprietários de uma música foram avisados de que parte da canção, que tinha direitos autorais, fora incluída em um vídeo do YouTube. Em vez de removê-la, o YouTube recomendou que a empresa colocasse um anúncio para a compra da música inteira. O anúncio resultou em lucros significativos para o estúdio sem que o material enviado fosse removido e ainda evitou os problemas relativos à violação de direitos autorais.

Além da comparação de conteúdos, Kamangar criou a Escola de Direitos Autorais YouTube, que estabelece critérios sobre os materiais que podem ou não ser enviados ao serviço. De acordo com Kamangar, a educação é fundamental para minimizar as ocorrências de violação de direitos autorais. Parte de Hollywood ainda acha que o YouTube não faz o suficiente para atacar o conteúdo ilícito, mas a empresa continua atraindo números cada vez maiores de produtoras. Com todos esses novos serviços, a audiência do YouTube dobrou suas receitas em 2011, e as 160 milhões de visualizações móveis foram o triplo do número de 2010. O Google não divulga os lucros do YouTube, mas analistas indicam que a empresa gerou uma receita de 450 milhões de dólares em 2011 e que está dando lucro.

Kamangar acredita que o futuro do YouTube será incrível, mas a janela de oportunidade é limitada. Seu estilo empreendedor agressivo continua a levar o YouTube a uma direção positiva, tornando o *site* um dos líderes do mercado de vídeo.[1]

O QUE É PROPRIEDADE INTELECTUAL?

propriedade intelectual
Quaisquer patentes, marcas registradas, direitos autorais ou segredos comerciais que o empreendedor detém

A *propriedade intelectual*, que abrange patentes, marcas registradas, direitos autorais e segredos comerciais, representa ativos importantes para o empreendedor e deve ser entendida antes mesmo de contratar os serviços de um advogado. Com muita frequência, os empreendedores, por não saberem o que é propriedade intelectual, ignoram os passos importantes que deveriam ter sido dados para proteger esses ativos. Este capítulo descreverá todos os tipos importantes de propriedade intelectual, incluindo software e *sites*, que se tornaram problemas delicados para o Patent and Trademark Office.[2]

NECESSIDADE DE UM ADVOGADO

Como todos os negócios são regulamentados por lei, o empreendedor deve estar ciente das normas que afetam seu novo empreendimento. Nos diversos estágios de implementação de um negócio, o empreendedor precisará de assessoria jurídica. Também é provável que o conhecimento legal necessário varie com base em determinados fatores, como a condição do novo empreendimento, ou seja, se é uma franquia, uma empresa independente ou uma aquisição; se o empreendimento gera um produto industrial ou de consumo; se não tem fins lucrativos; e se envolve algum aspecto de software de computador, exportação ou importação.

Começamos com uma discussão sobre como escolher um advogado. Uma vez que a maioria desses profissionais tem uma especialização, o empreendedor deve avaliar com cuidado suas necessidades antes de contratar. Sabendo quando e quais serviços legais são necessários, o empreendedor poupa muito tempo e dinheiro. Algumas das áreas em que o empreendedor precisará de assistência legal são discutidas neste capítulo.

COMO ESCOLHER UM ADVOGADO

Como muitos outros profissionais, os advogados são especialistas não na lei como um todo, mas em áreas específicas da lei. O empreendedor em geral não tem a especialização ou o conhecimento sobre como lidar com possíveis riscos associados a inúmeras leis e regulamentações complexas. Um advogado competente entende melhor as circunstâncias e os possíveis resultados relacionados a qualquer ação legal.

No ambiente atual, os advogados são muito mais diretos em relação a seus honorários. De fato, em alguns casos, esses honorários, se forem para serviços-padrão, são até anunciados. Em geral, o advogado pode trabalhar com base em um contrato de serviço com valor fixo (mensal ou anual), pelo qual oferece serviços jurídicos e consultoria. Isso não inclui o tempo em juízo ou outros honorários legais relativos à ação. Isso dá ao empreendedor a possibilidade de contratar um advogado conforme a necessidade, sem incorrer em altos honorários de visita por hora.

Em alguns casos, o advogado é contratado por tarefa. Por exemplo, o advogado de patentes é chamado como especialista para auxiliar o empreendedor a obter uma patente. Quando esta é obtida, o advogado não será mais necessário, exceto se houver algum litígio em relação à patente. Outros especialistas para abrir uma empresa ou assessorar a compra de imóveis também podem ser pagos por tarefa. Seja qual for a base de pagamento, o empreendedor deve tratar a questão de custos inicialmente, para que não surjam dúvidas posteriores.

Escolher um advogado é como contratar um funcionário: deve ser alguém com quem você trabalhe e lhe permita uma relação pessoal. Em um grande escritório de advocacia, é possível que um associado ou sócio iniciante seja designado para o novo empreendimento. O empreendedor precisa conhecer essa pessoa para saber se há compatibilidade.

Uma boa relação profissional com um advogado atenuará alguns riscos que se corre ao iniciar um novo negócio e dará ao empreendedor a confiança necessária. Quando os recursos são muito limitados, o empreendedor pode considerar a oferta de uma participação ao advogado em troca de seus serviços. Assim, o advogado terá interesse adquirido no negócio e é pro-

SAIU NA *BUSINESS NEWS*

ACONSELHAR UM EMPREENDEDOR SOBRE O PAPEL DA PROPRIEDADE INTELECTUAL EM EMPRESAS DE SOFTWARE INICIANTES

Um estudo empírico de 2008, conduzido por quatro membros do corpo docente de Berkeley, oferece algumas estatísticas reveladoras quanto ao papel das patentes nas empresas de software iniciantes. Cerca de 700 empreendedores de software foram pesquisados a fim de determinar seu uso de propriedade intelectual para conquistar uma vantagem competitiva em seus mercados. Cerca de 33% dos participantes indicaram que a patente era o mecanismo menos importante, entre sete opções, para a obtenção de uma vantagem competitiva. A amostra incluía os CEOs e CTOs de uma população de empresas de alta tecnologia registradas com a Dun & Bradstreet e do banco de dados da VentureXpert (VX) (todas empresas financiadas por capital de risco).

Os pesquisadores estavam interessados em determinar se as empresas de tecnologia iniciantes estavam aproveitando o sistema de patentes para proteger sua propriedade intelectual. Acreditava-se que as empresas nos estágios iniciais dariam mais atenção aos direitos de propriedade intelectual, pois tenderiam a não possuir algumas das vantagens, como canais de marketing definidos e acesso a crédito barato, disponíveis para as mais maduras.

Segundo os respondentes, os motivos para buscar patentes eram impedir os concorrentes de copiar a inovação, fortalecer a reputação da empresa e garantir investimentos e melhorar a probabilidade de uma oferta pública inicial. Contudo, havia diferenças claras na importância das patentes, dependendo se o respondente era oriundo do banco de dados da D&B ou da VentureXpert. Cerca de 75% dos membros da amostra da D&B não haviam recebido uma patente ou não estavam buscando uma. Mais de dois terços das empresas financiadas por capital de risco, entretanto, tinham ou estavam buscando patentes. Os motivos por trás dessa discrepância não foram trabalhados no questionário, mas os pesquisadores acreditam que a diferença se deve à influência dos investidores de capital de risco.

Os principais motivos para não buscar uma patente eram os custos do processo e os custos associados com sua imposição. Os respondentes indicaram que o custo médio da obtenção de uma patente de software ficava pouco abaixo de 30.000 dólares. Logo atrás dos fatores de custo foi citada a possibilidade de que o software não pudesse ser patenteado.

Como as patentes não eram consideradas importantes para conquistar uma vantagem competitiva, "qual é o fator mais importante para conquistar uma vantagem competitiva?" Entre as empresas de software iniciantes, a vantagem do pioneiro foi considerada a estratégia mais importante para conquistar uma vantagem competitiva. O resultado está em contraste com as empresas de biotecnologia, nas quais as patentes são consideradas o fator mais importante para a obtenção de uma vantagem competitiva. Além disso, ativos complementares, como licenças de software ou a capacidade de oferecer um complemento proprietário para um programa de código aberto, foram considerados os fatores mais importantes subsequentes.

O estudo oferece dados muito mais abrangentes, que precisam de análises amplas para publicações futuras. As comparações entre os índices de patentes nos diferentes setores da indústria de software, além de diferenças entre detentores e não detentores de patentes, são questões de pesquisa que precisam ser abordadas.

CONSELHO PARA UM EMPREENDEDOR

Considere o seguinte:

1. Que conselhos você daria para um colega que está prestes a fundar uma empresa de tecnologia que desenvolveu um novo acessório para *tablets*? Você recomendaria que ela buscasse uma patente imediatamente?
2. Quais fatores ela deve considerar ao debater se uma patente seria ou não apropriada?
3. Na sua opinião, por que é tão caro desenvolver uma patente de software?

Fonte: Stuart J. H. Graham, Robert P. Merges, Pam Samuelson, and Ted Sichelman, "High Technology Entrepreneurs and the Patent System: Results of the 2008 Berkeley Patent Survey," 24 Berkeley Technology L.J. 1255 (2010).

---

vável que ofereça serviços mais personalizados. No entanto, ao tomar uma decisão importante como essa, o empreendedor deve considerar qualquer possível perda de controle do negócio.

QUESTÕES LEGAIS NO ESTABELECIMENTO DA ORGANIZAÇÃO

A forma da organização e os acordos de franquia são discutidos nos Capítulos 9 e 14 e não serão abordados detalhadamente neste capítulo. Como existem muitas opções para o empreendedor quando ele inicia uma organização (ver Capítulo 9), é necessário conhecer todas as vantagens e desvantagens de cada uma quanto a questões como responsabilidade, impostos, continuidade, transferência de interesse, custos de estabelecimento e atratividade para levantamento de capital. É necessário obter assessoria jurídica para esses acordos de modo a garantir que sejam tomadas as decisões mais adequadas.

PATENTES

patentes
Oferecem proteção a quem as detêm contra o uso, a produção ou a venda de ideia semelhante por terceiros

Uma *patente* é um contrato entre o governo e o inventor. Em troca da divulgação da invenção, o governo concede ao inventor exclusividade sobre a invenção por um período de tempo específico. Ao final desse período, o governo publica a invenção, e ela se torna de domínio público. Como parte do domínio público, porém, há uma premissa de que a divulgação estimulará ideias e talvez até o desenvolvimento de um produto ainda melhor que venha a substituir o original.

Basicamente, a patente concede aos proprietários um direito negativo, pois impede que qualquer outra pessoa produza, use ou venda a invenção definida. Além disso, mesmo que o inventor tenha obtido uma patente, durante a produção ou comercialização da invenção, ele poderá descobrir que ela viola os direitos de patente alheios. O inventor deve reconhecer a distinção entre patentes de utilidade e de *design*, além de algumas diferenças nas patentes internacionais que serão discutidas posteriormente neste capítulo.

- *Patentes de utilidade*. Ao falar sobre patentes, a maioria das pessoas está se referindo às patentes de utilidade. Nos Estados Unidos, esse tipo de patente tem um prazo de 20 anos a partir da data de depósito junto ao Patent Trademark Office (PTO). Qualquer invenção que exija aprovação da Food and Drug Administration (FDA) terá uma extensão no período da patente de acordo proporcional ao tempo necessário para que a FDA a avalie. A tarifa de depósito de uma patente de utilidade por uma organização pequena varia de 82 dólares online a 165 dólares pelo correio. Existem outras taxas aplicáveis, dependendo do número de reivindicações feitas no pedido de patente.

  A patente de utilidade basicamente concede ao proprietário proteção contra a produção, o uso e/ou a venda por terceiros da invenção identificada e em geral diz respeito a processos novos, úteis e não óbvios, como revelação de filmes; máquinas, como as copiadoras; composições, como compostos químicos ou mistura de ingredientes; e artigos manufaturados, como o tubo de pasta de dentes.

- *Patentes de design*. Tratando-se de *designs* novos, originais, decorativos e não óbvios para artigos manufaturados, a patente de *design* se refere à aparência de um objeto. Essas patentes são concedidas por um período de 14 anos e, assim como a patente de utilidade, dão ao inventor um direito negativo, excluindo terceiros da produção, do uso ou da venda de artigos que tenham a aparência decorativa atribuída aos desenhos incluídos na patente. A taxa de registro inicial de cada pedido de *design* custa 110 dólares para uma organização pequena. Há também as taxas de expedição, que dependem do tamanho do item. Essas taxas são muito mais baixas do que as de uma patente de utilidade.

  Tradicionalmente, acreditava-se que as patentes de *design* eram inúteis, pois era fácil criar um *design* que contornasse a patente. Contudo, há um interesse renovado nessas patentes. Entre os exemplos estão indústrias de calçados, como a Reebok e a Nike, que aumentaram seu interesse em obter patentes de *design* como um meio de proteger seus modelos. Esses tipos de patentes também são valiosos para as empresas que necessitam proteger peças de plástico moldado, extrusões e configurações de produtos e recipientes.

- *Patentes de plantas*. São concedidas sob as mesmas cláusulas das patentes de utilidade e para uma variedade de plantas. Essas patentes representam uma área de interesse limitada e, assim, são muito raras.

As patentes são emitidas pelo Patent and Trademark Office (PTO) do governo americano. Além das patentes, esse órgão administra outros programas e diversos serviços *online* para empreendedores, incluindo software para depósito de patentes e formulários para marcas registradas e direitos autorais, analisados mais adiante neste capítulo. Apesar de o Disclosure Document Program (Programa de Divulgação de Documentos) ter se encerrado em 2007, este foi substituído pelo Provisional Patent Application Program (Programa de Solicitação Provisória de Patente).

Em março de 2011, o Senado dos Estados Unidos aprovou a Lei America Invents, com o intuito de simplificar o sistema do PTO. O catálogo gigantesco de solicitações de patentes atrasadas aumentara o tempo de concessão de patentes para 34 meses. A nova legislação altera o sistema, adotando o conceito de primeiro depósito, que agora recompensa as empresas que podem solicitar uma patente com rapidez, em contraponto àquelas que podem ter sido as primeiras a pensar na ideia. Os pesquisadores ainda estão debatendo se a nova lei beneficia ou não as grandes empresas, que têm mais recursos, e prejudica as novatas menores.[3]

Patentes internacionais

Em nossa era de desenvolvimento tecnológico acelerado, à medida que o marketing internacional aumenta, buscar proteção nos mercados globais se torna cada vez mais importante para as empresas americanas. Devido à preocupação com imitações e falsificações, o uso de patentes internacionais se tornou uma estratégia de PI crucial para muitos novos empreendimentos.[4]

Em resposta, foi estabelecido o Patent Cooperation Treaty (PCT) – com mais de 142 participantes – para facilitar o depósito de patentes em vários países em um único escritório, em vez de fazê-lo em cada país separadamente. Administrado pela Organização Mundial da Propriedade Intelectual (OMPI), em Genebra, Suíça, ele oferece uma pesquisa preliminar que avalia se a empresa depositante enfrentará violações em algum país. A empresa decidirá, então, se deseja dar continuidade ao depósito obrigatório da patente em cada país. A empresa tem um prazo de 30 meses para fazer o depósito no quadro das patentes internas dos países. Apesar dos problemas ocasionais com a obtenção de relatórios dentro do prazo, o sistema levou a uma cooperação redobrada entre o PTO americano, o escritório de patentes europeu (EPO) e o escritório de patentes japonês (JPO). O resultado é que as solicitações de patentes estão recebendo análises aceleradas, o que aprimora o processo. Outros países, como a Coreia do Sul, podem se juntar ao processo no futuro próximo.[5]

Solicitação provisória

Recomenda-se que o empreendedor primeiro deposite uma *solicitação provisória de patente* para estabelecer a data de concepção da invenção. A solicitação provisória substitui o documento de divulgação que o PTO aceitava anteriormente. O documento de divulgação tinha requisitos menos definidos, o que muitas vezes levava a problemas quando mais de uma pessoa reclamava os direitos de patente. Além disso, a nova solicitação provisória é consistente com os procedimentos europeus e pode ser fundamental quando uma empresa estrangeira está envolvida com a solicitação de patente. Basicamente, a solicitação provisória dá ao empreendedor depositante os direitos à patente com base no simples conceito de primeiro depósito. Como já explicado, os requisitos da solicitação provisória são um pouco mais completos do que os do documento de divulgação utilizado anteriormente, pois o empreendedor é obrigado a preparar uma descrição clara e concisa da invenção. Além do material escrito, o solicitante pode incluir desenhos caso estes sejam considerados necessários para entender a invenção. Ao receber as informações, o PTO deposita a solicitação em nome do inventor. O depósito real da patente em sua forma final deve ocorrer até 12 meses depois que o documento de divulgação provisório foi depositado.

Antes de realmente requerer uma patente, é aconselhável ter um advogado de patentes para conduzir o processo de busca de patentes. Depois de o advogado concluir a busca, deve-se considerar se a invenção pode ou não ser patenteada.

solicitação provisória de patente
A solicitação inicial ao Patent and Trademark Office dos Estados Unidos que oferece provas de ser o primeiro a chegar ao mercado

Solicitação de patente

A solicitação de patente deve conter um histórico e uma descrição completos da invenção, bem como reivindicações quanto à sua utilidade. Nos Estados Unidos, o formulário está disponível no *site* do Patent and Trademark Office. Em geral, a solicitação será dividida nas seguintes seções:

- *Introdução*. Esta seção deve conter o histórico, as vantagens da invenção e a natureza dos problemas que ela pode resolver. Deve declarar explicitamente as diferenças entre essa invenção e as outras já existentes.
- *Descrição da invenção*. A solicitação deve conter uma breve descrição dos desenhos que a acompanham. Os desenhos têm de estar de acordo com as exigências do PTO. Junto a isso, há uma descrição detalhada da invenção, que pode incluir especificações de engenharia, materiais, componentes e outros, vitais para a produção real da invenção.
- *Reivindicações*. Esta é provavelmente a seção mais difícil da solicitação, já que as reivindicações são os critérios pelos quais quaisquer violações serão determinadas. Elas servem para especificar o que o empreendedor está tentando patentear. Peças essenciais da invenção têm de ser descritas de modo abrangente, para impedir que outros contornem a patente. Ao mesmo tempo, as reivindicações não devem ser tão gerais a ponto de ocultar a singularidade e as vantagens da invenção. Esse equilíbrio é difícil e precisa ser discutido e esclarecido com o advogado de patentes.

Além das seções anteriores, a solicitação deve conter uma declaração ou um juramento assinado pelo(s) inventor(es). Esse formulário será fornecido pelo seu advogado. Com isso, a solicitação completa está pronta para ser encaminhada ao PTO, quando o *status* da invenção passa a ser considerado patente em processo de tramitação (pendente). Esse *status* é importante para o empreendedor, pois oferece proteção confidencial total até que a solicitação seja aprovada. Nesse momento, a patente é publicada e se torna acessível ao público para verificação.

Uma patente cuidadosamente redigida oferece proteção e impede que os concorrentes trabalhem com ela. No entanto, uma vez concedida, isso também significa um convite para entrar com um processo ou para ser processado se houver qualquer violação.

As taxas para protocolo de uma solicitação variam, dependendo da busca de patentes e das reivindicações feitas. Os honorários do advogado também são um fator na finalização da solicitação de patente. Os solicitantes também podem fazer seu pedido *online*, utilizando o serviço EFS Web oferecido pelo PTO. O serviço *online* permite que os solicitantes apresentem suas solicitações sem a necessidade de instalar software especial, resultando em um processo de solicitação agilizado.

Violação de patente

Até este ponto, discutimos a importância e o procedimento de depósito de uma patente. Também é importante para o empreendedor estar ciente da possibilidade de estar violando a patente de terceiros. O fato de alguém já ter uma patente não significa o fim de todas as ilusões de começar um negócio. Muitos negócios, invenções ou inovações resultam de aperfeiçoamentos ou modificações de produtos existentes. Copiar e aperfeiçoar um produto pode ser perfeitamente legal (sem violação de patente), além de uma boa estratégia de negócio. Se for impossível copiar e aperfeiçoar o produto para evitar a violação de patente, o empreendedor poderá tentar licenciar o produto do detentor da patente. A Figura 6.1 ilustra as etapas que o empreendedor deve seguir ao considerar a comercialização de um produto que talvez viole uma patente existente. Atualmente, o empreendedor conta com a Internet para identificar *sites* e serviços que auxiliam no processo de busca. Se houver uma patente que talvez envolva o risco de violação por parte do empreendedor, pode-se cogitar o licenciamento. Se existir qualquer dúvida quanto a essa questão, o empreendedor deve contratar um advogado de patentes para ter certeza de que não há possibilidade de violação. A Tabela 6.1 traz uma checklist simples que deve ser seguida pelo empreendedor para minimizar os riscos com as patentes.

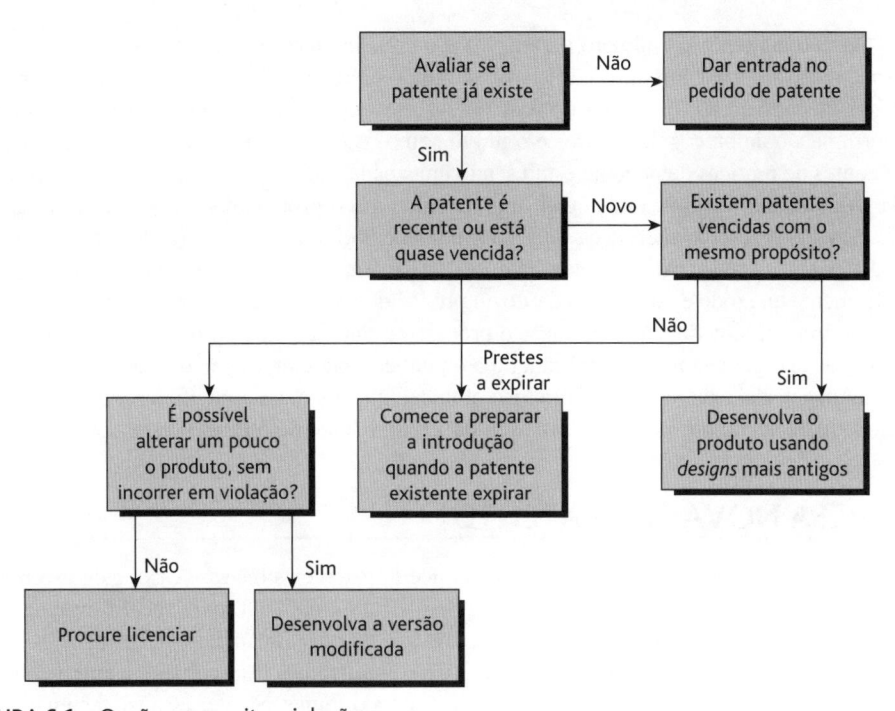

FIGURA 6.1 Opções para evitar violações.
Fonte: Adaptado de H. D. Coleman and J. D. Vandenberg, "How to Follow the Leader," *Inc.* (July 1988), pp. 81–82.

TABELA 6.1 Checklist para minimizar os riscos de patente

- Procure um advogado de patentes que conheça sua linha de produtos.
- O empreendedor deve considerar uma patente de *design* para proteger o *design* ou a aparência do produto.
- Antes de tornar pública uma invenção em uma conferência ou na mídia, ou antes de estabelecer um *site* em versão beta, o empreendedor deve buscar assessoria jurídica, pois essa divulgação externa pode resultar em negação de um subsequente pedido de patente.
- Avalie as patentes dos concorrentes para saber o que eles podem estar desenvolvendo.
- Se achar que seu produto viola a patente de outra empresa, procure um advogado.
- Verifique se todos os contratos de trabalho com pessoas que podem contribuir com novos produtos têm cláusulas atribuindo essas invenções ou os novos produtos ao empreendimento.
- Certifique-se de marcar adequadamente todos os produtos que receberam uma patente. Não ter produtos marcados pode resultar em perdas ou danos em um processo de patente.
- Considere licenciar suas patentes. Isso otimiza o investimento em uma patente ao criar novas oportunidades de mercado e aumenta a receita de longo prazo.

PATENTES DE MÉTODO DE NEGÓCIO

Com o aumento do uso da Internet e o desenvolvimento de software, surgiu o uso de patentes de método de negócio. Por exemplo, a Amazon.com possui uma patente de método de negócio para o recurso de clique único, usado por um comprador em seu *site* para solicitar produtos. A eBay foi processada recentemente por Tom Woolston e sua empresa, a MercExchange, em uma queixa de violação de patente, detida por Tom, que envolvia vários aspectos fundamentais das operações da eBay, como a compra e a venda de produtos por meio de um processo de leilão reverso. A Priceline.com afirma deter uma patente relativa a seu serviço, por meio do qual um comprador pode enviar uma cotação de preço para determinado serviço. A Expedia foi obrigada a pagar *royalties* à Priceline.com após ser processada por violação de patente. Muitas empresas detentoras desses tipos de patente as utilizam para atacar os concorrentes e depois obter um fluxo estável de receita procedente de royalties ou taxas de licenciamento.[6]

Dado o aumento do número de ataques e o crescimento de tecnologias digitais, como a Internet, software e telecomunicações, estão surgindo preocupações relativas a essas patentes de métodos de negócio. Os exemplos do foco dessas preocupações incluem estratégias tributárias, a determinação de preços de seguros e o modo como os produtos são adquiridos por terceiros. As patentes de práticas de negócio estão sendo ameaçadas por uma decisão recente da Suprema Corte dos Estados Unidos, que negou uma patente para o processo de *hedge* de riscos contra alterações nos preços de energia causadas por mudanças climáticas. A Corte de Circuito Federal negou a patente porque esta não atendia o teste de máquina ou transformação, o que significa simplesmente que todo e qualquer método ou prática de negócio deve estar ligado a uma máquina, como um computador. Assim, como o processo mental de cálculo para *hedge* de riscos no mercado de energia não incluía uma máquina ou um computador, este não recebeu uma patente. Entretanto, a decisão da Suprema Corte não ofereceu uma maneira específica para determinar se um método de negócio é ou não patenteável, deixando em aberto o futuro desse tipo de patente.[7]

EMPRESA NOVA SEM PATENTE

Nem todas as iniciativas terão um produto ou conceito patenteável. Nesse caso, o empreendedor deve conhecer o ambiente competitivo (consulte os Capítulos 7 e 8) para certificar-se das vantagens que podem existir ou identificar uma estratégia de posicionamento única (consulte o Capítulo 8). Com um plano de marketing exclusivo, o empreendedor descobre que entrar primeiro no mercado é uma vantagem considerável sobre os concorrentes. Manter essa vantagem diferenciadora será um desafio, mas representa um meio importante de alcançar o êxito de longo prazo.

MARCAS REGISTRADAS

marca registrada
Palavra, nome ou símbolo peculiar usado(a) para identificar um produto

Uma *marca registrada* pode ser uma palavra, um símbolo, um desenho ou uma combinação desses elementos, ou ainda um *slogan* ou até um som específico que identifique a fonte ou o patrocínio de certos produtos ou serviços. Ao contrário das patentes, a marca registrada pode ter duração indefinida, desde que continue a desempenhar a função indicada. Para todos os registros protocolados depois de 16 de novembro de 1989, a marca registrada recebe uma validade inicial de 10 anos, com prazos renováveis de mais 10 anos. Do quinto para o sexto ano, solicita-se que o detentor da marca registre uma declaração junto ao PTO indicando que a marca ainda está em uso comercial. Se a declaração não for registrada, o registro será cancelado. Entre o nono e o décimo anos posteriores ao registro, e a cada 10 anos posteriormente, o detentor deve solicitar a renovação da marca registrada. Caso contrário, o registro será cancelado. (Existe um período de carência de seis meses.)

A lei de marcas registradas permite o registro de uma marca unicamente para uso no comércio interestadual ou internacional. A data de registro torna-se a primeira data de uso da marca. Isso não implica que o empreendedor não possa registrar sua marca depois que esta já estiver em uso. Se esse for o caso, o empreendedor pode registrar uma declaração juramentada de que a marca se encontra em uso comercial, especificando a data do primeiro uso. Uma declaração com os termos corretos é incluída no formulário de solicitação do PTO.

Também é possível registrar uma marca comercial se você pretende usá-la posteriormente. Você pode registrar em boa-fé, junto com uma declaração juramentada na solicitação de que existe a intenção de usar a marca. O uso real da marca comercial deve ocorrer antes de o PTO registrar a marca.[8]

As marcas registradas variam muito em termos de uso e aplicação. Diversas marcas registradas famosas, que às vezes damos como óbvias, representam ativos importantes para a empresa. Por exemplo, a etiqueta vermelha presa ao bolso traseiro esquerdo identifica uma calça Levi Strauss, o mascote Dutch Boy é famoso no mundo das tintas, os arcos dourados do McDonald's são reconhecidos internacionalmente no setor de *fast food*, o rugido do leão identifica os filmes da Metro-Goldwyn-Mayer e a maçã mordida é o símbolo famoso da Apple Computer. Esses são apenas alguns exemplos de marcas registradas significativas.[9]

SAIU NA *BUSINESS NEWS*

ACONSELHAR UM INVENTOR EMPREENDEDOR SOBRE COMO LUCRAR COM PATENTES

A Acacia Research (ACTG), empresa de nicho especializada em licenciamento de patentes, está colhendo os frutos de seu trabalho, e o lucro não é pequeno. Titãs do comércio, como Apple (AAPL), Verizon (VZ), Siemens (SI), Dell Inc. (DELL) e, mais recentemente, Microsoft (MSFT), optaram por licenciar certas patentes detidas pela Acacia. Para a Acacia, isso torna o negócio ainda mais recompensador.

Qual é a estratégia de negócio dessa empresa minúscula? Ela se alia a pequenas empresas de tecnologias desconhecidas e licencia suas tecnologias patenteadas. A seguir, a Acacia ataca empresas que ela acredita ter violado tais patentes. Felizmente para a Acacia, a empresa chegou a acordos extrajudiciais com as empresas processadas em várias ocasiões. E as empresas que celebram acordos desse tipo em geral pagam os honorários.

Em 2008, a Apple assinou duas licenças de tecnologia com a Acacia, e a Verizon Wireless adquiriu uma licença para um processo que sincroniza endereços IP entre dispositivos de rede sem fio, diz o diretor e CEO da Acacia, Paul Ryan. Nos seus 18 anos de existência, a Acacia entrou com pelo menos 337 ações relcionadas a patentes, mas afirma chegar a acordos extrajudiciais em 95% das ações impetradas.

A última empresa a celebrar um acordo com a Acacia foi a Microsoft. O acordo incluía um contrato de licenciamento referente a uma tecnologia que permite o fornecimento de informações geográficas para mapas na Internet.

O crescimento da Acacia tem sido rápido, de acordo com o CEO Paul Ryan e com os analistas. Em 2010, a Acacia esperava que suas vendas aumentassem para 68,8 milhões de dólares, quase o dobro da receita de 34,8 milhões que obteve em 2006.

O "potencial de crescimento [da Acacia] continua forte", afirma Sean O'Neill, analista da Singular Research que recomenda a compra das ações da empresa. Mas os analistas ainda se preocupam com o fato de os processos judiciais custarem bilhões de dólares ao setor todos os anos. Ryan sugere que cada lado do processo gasta entre 10 e 15 milhões de dólares durante o período necessário para produzir um acordo extrajudicial.

Em 2010, a Acacia informou rendimentos de cerca de 34 milhões de dólares, e a empresa continua a crescer. Em agosto de 2011, a Acacia chegou a um acordo extrajudicial com a Force 10 Networks Inc. e a Siemens Product Lifecycle Management Software Inc., resultando em uma receita significativa, mas de nível desconhecido.

Se, como prevê o CEO, mais empresas eminentes assinarem acordos extrajudiciais para resolver casos de violação de patentes, a receita e o lucro da Acacia irão à estratosfera, assim como o preço de suas ações.

Ryan está confiante de que a Acacia produzirá mais acordos no futuro próximo, mas algumas empresas, como a Cognex (CGNX), estão começando a se defender e a vencer o processo depois de uma longa batalha nos tribunais.

CONSELHO PARA UM EMPREENDEDOR

Seu amigo leu este artigo e deseja saber se ele poderia se beneficiar com algumas das patentes que detém, seguindo o exemplo da Acacia. Como você o aconselharia a agir caso descobrisse que alguma de suas patentes está sendo utilizada por outras empresas? Ele também quer saber se a Acacia se interessaria por alguma de suas patentes e o que poderia fazer para resolver essa dúvida.

Fonte: Adaptado de "Acacia Research Finds Ways to Make Patents Pay," by Gene Marcial, www.businessweek.com; "Acacia: The Company Tech Loves to Hate," by Rachel King, www.businessweek.com; e www.yahoo.com (ACRI stock quotes).

O registro de uma marca oferece vantagens ou benefícios significativos para o empreendedor. A Tabela 6.2 sintetiza alguns desses benefícios.

Registro da marca

Como indicado anteriormente, o PTO é responsável pelo registro de marcas registradas nos Estados Unidos. Para registrar uma solicitação, o empreendedor deve preencher um formulário simples, disponível no *site* do PTO, e enviá-lo pelo correio ou eletronicamente, por meio do Trademark Electronic Application System (TEAS), também disponível no *site* do PTO.

O registro de uma marca deve cumprir quatro exigências: (1) preenchimento do formulário, (2) desenho da marca, (3) cinco espécimes mostrando o uso real da marca e (4) pagamento da taxa. Cada marca registrada deve ser solicitada separadamente. Após receber essas informações, o PTO atribui um número de série à solicitação e envia um protocolo de registro ao solicitante.

TABELA 6.2 Benefícios de uma marca registrada

- Todos ficam cientes de que você tem direitos exclusivos ao uso da marca dentro do limite territorial dos Estados Unidos.
- Autoriza-o a entrar com processo em um tribunal federal por violação da marca, o que pode resultar em recuperação de lucros, danos e custos.
- Estabelece direitos incontestáveis em relação ao uso comercial da marca.
- Estabelece o direito de obter registro na alfândega para impedir a importação de mercadorias com marca semelhante.
- Autoriza-o a usar a notificação de registro (®).
- Oferece uma base para a solicitação de marca registrada em outros países.

O próximo passo no processo de registro é a determinação, pelo advogado examinador do PTO, da adequação da marca ao registro. Em aproximadamente três meses faz-se uma determinação inicial sobre sua adequação. Quaisquer objeções do empreendedor devem ser levantadas no prazo de seis meses; caso contrário, a solicitação será considerada abandonada. Se a marca registrada for recusada, o empreendedor ainda poderá apelar ao PTO.

Uma vez aceita, a marca registrada é publicada no *Trademark Official Gazette*, havendo 30 dias para a apresentação de oposição ou o pedido de prorrogação do prazo para oposição. Se nenhuma oposição for apresentada, o registro é emitido. A conclusão de todo esse procedimento normalmente leva cerca de 13 meses, a partir do protocolo inicial.

DIREITOS AUTORAIS

direito autoral
Direito concedido para impedir que outras pessoas imprimam, copiem ou publiquem trabalhos originais de um autor

O *direito autoral* protege as obras originais de um autor. A proteção do direito autoral não protege a ideia em si e, desse modo, permite que outros usem a ideia ou o conceito de uma forma diferente.

A lei dos direitos autorais tornou-se relevante devido ao crescimento gigantesco do uso da Internet, principalmente para fazer *download* de músicas, obras literárias, imagens e vídeos, entre muitos outros. Embora o software tenha sido acrescentado a essa lei em 1980, as questões relacionadas ao acesso a materiais na Internet resultaram em grandes batalhas judiciais para o setor de entretenimento.

Quando a Napster entrou na Internet em 1999, os usuários trocavam arquivos de música à vontade. O setor de música foi prejudicado e brigou contra esse tipo de uso, uma vez que as vendas de CDs foram muito afetadas. Após três anos, o setor de música venceu a batalha contra a Napster. Além disso, a Suprema Corte determinou que o StreamCast e o Grokster, ambos com software de compartilhamento *peer-to-peer* significativos, deveriam implementar filtros de conteúdo em seu software para reduzir as capacidades de violação de direitos autorais.[10]

Como vimos no perfil de abertura, o YouTube teve problemas com o envio de conteúdo com direitos autorais. Contudo, a empresa encontrou maneiras de evitar os processos judiciais, utilizando a educação e o software de identificação de conteúdo exclusivo que avisa os detentores do material com direitos autorais. Muitas produtoras de Hollywood, entretanto, continuam sem acreditar que o YouTube conseguirá manter o controle dos direitos autorais devido à grande quantidade de conteúdo enviado ao *site* regularmente.

A proteção dos direitos autorais relacionada à Internet continuará a ser uma preocupação e uma área cinzenta até que precedentes e regulamentações sejam esclarecidos. Mesmo que essas questões pareçam complicadas, o procedimento de registro para a proteção dos direitos autorais é muito simples.

Nos Estados Unidos, os direitos autorais são registrados junto à Biblioteca do Congresso (Library of Congress) e geralmente não exigem um advogado. Para registrar uma obra, o candidato deve enviar uma solicitação completa (disponível *online* em www.copyright.gov), duas cópias da obra e as taxas de registro exigidas (a taxa inicial é de 35 dólares *online* e de 45 dólares pelo correio, mas outras taxas podem ser aplicáveis, de acordo com o número de obras arroladas). Em geral, para obras criadas após 1º de janeiro de 1978, o prazo do direito autoral é o tempo de vida do autor mais 70 anos.

Além de software, os direitos autorais são desejáveis no caso de livros, roteiros, artigos, poemas, canções, esculturas, modelos, mapas, projetos, colagens, material impresso em jogos de tabuleiro, dados e música. Em alguns casos, várias formas de proteção estão disponíveis. Por exemplo, o nome de um jogo de tabuleiro pode ser protegido por marca registrada; o jogo em si, por uma patente de utilidade; o material impresso ou o tabuleiro, por um direito autoral; e as peças do jogo, por uma patente de *design*.

ÉTICA

ACORDOS DE NÃO CONCORRÊNCIA: OS FUNCIONÁRIOS TÊM A RESPONSABILIDADE ÉTICA DE NÃO REVELAR SEGREDOS COMERCIAIS PARA UM NOVO EMPREGADOR?

Os tribunais estaduais diferem em suas interpretações ou até na possibilidade de executar os acordos de não concorrência. Entretanto, continuamos a debater se um funcionário deve ou não revelar segredos comerciais quando um concorrente o oferece um novo cargo. Qual é a responsabilidade do funcionário de revelar ao novo empregador que assinou algum tipo de acordo de não competição em sua empresa anterior? A questão se torna ainda mais significativa se o indivíduo está sendo contratado apenas para ser questionado sobre um segredo comercial. Três casos são mencionados a seguir, com resultados e interpretações ligeiramente diferentes.

Primeiro, um tribunal do Estado de Ohio, no caso de Acordia of Ohio, LLC *versus* Fishel, et al., determinou que os acordos de não concorrência não podiam ser executados e que os quatro funcionários que deixaram seus cargos para trabalhar para um concorrente não adquiriram ilicitamente qualquer segredo comercial e não estavam em violação de fidelidade ou em violação da interferência em relações de negócios. Nesse caso, o tribunal determinou que os quatro funcionários não buscaram ex-clientes até estarem empregados pela nova empresa, logo, não estavam em violação de dever.

Em um segundo caso, um tribunal distrital de Nova York determinou que a Aternity, Inc., uma empresa de software, tinha o direito de impedir que seu ex-gerente de vendas, que assinara um acordo de não concorrência, trabalhasse para seu principal concorrente, tentasse conquistar clientes atuais ou revelasse segredos comerciais por um período de um ano. Nesse caso, o funcionário fora despedido pela Aternity e, antes de sair, enviara para si mesmo diversos e-mails contendo informações confidenciais. Para o tribunal, era um caso claro de intenção por parte do funcionário, logo, a decisão do tribunal também foi clara.

Em um terceiro caso, dois ex-cunhados trabalharam juntos para desenvolver a ideia de um aparelho de saúde que ajudaria indivíduos cujas laringes haviam sido removidas cirurgicamente a falar com mais clareza. Um dos indivíduos, Joel Just, formou a JustMed, Inc., com o intuito de continuar a desenvolver o produto. Michael Bryce, seu cunhado, recebeu a oferta de 130.000 ações em troca de um investimento de 25.000 dólares. Os dois não assinaram um contrato por escrito. Quando Bryce não recebeu seus certificados de ações e descobriu uma discrepância no número de ações que possuía em relação a Just, ele decidiu deletar todas as cópias do código-fonte nos computadores da JustMed. Nesse caso, o tribunal determinou que Bryce era um funcionário da JustMed, detentora dos direitos autorais do software, e responsabilizou Bryce por violar os segredos comerciais da empresa. Contudo, a decisão foi revertida posteriormente e o tribunal decidiu que Bryce não fizera uso específico do código-fonte além da intenção de se expressar sobre a discrepância nas ações. Ele também devolvera o código-fonte após o primeiro processo judicial. Assim, de acordo com o tribunal, nenhum segredo comercial fora adquirido ilicitamente.

Como vemos pela variabilidade das decisões judiciais, a questão da substância legal dos acordos de não concorrência continua polêmica. A importância desses contratos também depende do setor, por exemplo, no caso de serviços em que os funcionários realizam contatos pessoais com clientes, que podem ser solicitados a acompanhá-los no novo empregador. Uma questão importante é se o funcionário que busca novo emprego intencionalmente utilizando segredos comerciais como ferramenta de negociação está ou não sendo eticamente irresponsável. Parece óbvio que é melhor assinar um acordo de não concorrência com os funcionários caso haja qualquer possibilidade de os segredos comerciais serem repassados para os concorrentes.

Fonte: Ver *Business Torts Reporter*, April 2009, pp. 142–43; *Business Torts Reporter*, September 2010; e S. Robertson, "How Safe Are Non-compete Agreements?" *American Agent and Broker*, May 2010, pp. 50–55.

SEGREDOS COMERCIAIS E ACORDOS DE NÃO CONCORRÊNCIA

segredo comercial
Proteção contra a revelação ou a divulgação, por terceiros, de informações que possam prejudicar o negócio

Em certos casos, o empreendedor poderá preferir manter uma ideia ou um processo como confidencial e vender ou licenciá-lo como *segredo comercial*. O segredo comercial durará o tempo em que a ideia ou o processo permanecerem em segredo. Os acordos de não concorrência são documentos preparados pelo empregador e assinados pelo empregado para que a empresa proteja ativos valiosos, desde informações sobre o produto a clientes, ideias de marketing e estratégias exclusivas.

O segredo comercial não é coberto por lei, mas é reconhecido em um conjunto regulador de leis comuns em cada Estado dos Estados Unidos. Os funcionários que trabalham com uma ideia ou processo talvez sejam solicitados a assinar um acordo de confidencialidade, que protegerá contra a divulgação do segredo comercial enquanto forem funcionários ou após deixarem a organização. Isso também se aplica a listas ou nomes de clientes que poderiam ser contatados quando o funcionário é empregado por um concorrente. Um exemplo simples de acordo de confidencialidade de segredos comerciais consta na Tabela 6.3. O empreendedor deve contratar um advogado para auxiliá-lo a redigir um acordo desse tipo. O detentor do segredo comercial tem o direito de processar qualquer signatário que violar esse acordo.

Quais ou quantas informações podem ser passadas para os funcionários é algo difícil de avaliar, sendo, com frequência, determinado pelo discernimento do empreendedor. No passado, os empreendedores protegiam informações sigilosas ou confidenciais da empresa simplesmente ao não compartilhá-las com alguém. Hoje em dia, existe uma tendência de seguir a visão oposta, a de que quanto mais informações são confiadas aos funcionários, mais eficazes e criativos eles serão. A tese é de que os funcionários não podem ser criativos sem que tenham uma completa compreensão do que está acontecendo na empresa.

A maioria dos empreendedores tem recursos limitados, de modo que optam por não dispor de meios para proteger suas ideias, seus produtos, suas listas de clientes ou seus serviços. Isso pode se tornar um problema sério no futuro, já que é muito fácil obter informações da concorrência legalmente, a menos que o empreendedor tome as precauções pertinentes. Por exemplo, muitas vezes é fácil obter informações da concorrência por meio de mostras comerciais, funcionários temporários, entrevistas e anúncios na mídia e até em *sites*. Em todas as ocorrências, o excesso de zelo dos funcionários é o problema. Para tentar controlar esse problema, os empreendedores devem ponderar sobre algumas das ideias listadas a seguir.

- Treinar os funcionários quanto ao modo de citar questões sigilosas para alguém.
- Fornecer acompanhantes para todos os visitantes da empresa.
- Evitar discutir negócios em lugares públicos.
- Manter em segredo os planos de viagens importantes.
- Controlar informações que possam ser apresentadas por funcionários em conferências ou publicadas em revistas especializadas.
- Usar recursos simples de segurança, como arquivos protegidos, senhas em computadores e máquinas de picotar onde for necessário.
- Fazer funcionários e consultores assinarem contratos de confidencialidade de informações.
- Interrogar funcionários que estão saindo da empresa a respeito de informações confidenciais.
- Evitar transmitir informações sigilosas por fax ou email.
- Marcar documentos como confidenciais, quando necessário.

Infelizmente, a proteção contra o vazamento de segredos comerciais é difícil de sustentar. No passado, os acordos de não concorrência tiveram pouco sucesso nos tribunais. Entretanto, a eficácia desses contratos depende mais do documento específico e do contexto no qual é utilizado. O motivo pelo qual muitos acordos de não concorrência não são executados juridicamente é que eles são mal estruturados e redigidos. Por exemplo, os tribunais dificilmente

TABELA 6.3 Acordo Simples de Confidencialidade de Segredos Comerciais

CONSIDERANDO que a New Venture Corporation (NVC), Qualquer Rua, Qualquer Lugar, Estados Unidos, é o Proprietário das informações relacionadas a; e

CONSIDERANDO que a NVC deseja revelar as citadas informações para o signatário (doravante citado como "Receptor") para os propósitos de usar, avaliar ou celebrar outros acordos utilizando tais segredos comerciais como um funcionário, consultor ou representante da NVC; e

CONSIDERANDO que a NVC deseja manter em segredo as citadas informações, como segredo comercial; e

CONSIDERANDO que o Receptor abaixo-assinado reconhece a necessidade de manter a mais rigorosa confidencialidade de quaisquer segredos comerciais da NVC.

O Receptor concorda com os seguintes itens:

1. O Receptor observará a estrita confidencialidade em relação a todas as informações apresentadas pela NVC e a consequente avaliação do Receptor, e só deverá revelar essas informações a pessoas autorizadas a recebê-las da NVC. O Receptor será responsável por todos os danos resultantes de qualquer violação deste Acordo pelo Receptor.

2. O Receptor não deverá, durante o período de validade deste Acordo e posteriormente, fazer uso nem revelar a terceiros tais segredos comerciais ou a avaliação resultante, exceto com autorização prévia e por escrito da NVC.

3. A restrição sobre a revelação não se aplica às informações que já eram do conhecimento do Receptor ou, de outra forma, de domínio público. Qualquer conhecimento anterior dos segredos comerciais por parte do Receptor deve ser revelado por escrito, no prazo de 30 (trinta) dias.

4. Por ocasião do término dos serviços executados pelo Receptor, o Receptor deverá, no prazo de 30 (trinta) dias, devolver todos os materiais originais fornecidos pela NVC e todas as cópias, anotações ou outros documentos, também pertinentes de posse do Receptor.

5. Estão excluídos deste acordo todos os segredos comerciais disponibilizados ao público por meio de publicação ou anúncios de produtos.

6. Este acordo é exercido e liberado dentro do Estado de _____ e deve ser formado, interpretado e aplicado de acordo com a legislação desse Estado.

7. Este acordo, inclusive a provisão daqui originária, não deverá ser modificado ou alterado, de maneira alguma, exceto unicamente por documento por escrito, assinado por todas as partes aqui vinculadas.

Em vigor a partir de _____ de _____ de 20_____
RECEPTOR: _____
NEW VENTURE CORPORATION:
Por: _____
Cargo: _____
Data: _____

executarão um contrato que tenta impedir um ex-funcionário de competir em qualquer parte do mesmo setor ou em uma grande área do mercado. Os acordos bem redigidos são executados pelos tribunais se são justos para todas as partes e têm duração e cobertura geográfica razoáveis. Algumas questões importantes devem ser consideradas na preparação do acordo de não concorrência: (a) determine se o funcionário pode prejudicar a empresa caso vá embora, (b) contrate um advogado trabalhista competente para assegurar que o contrato é justo e tem probabilidade de ser executado nos tribunais, (c) dê incentivos para o funcionário no momento da contratação, oferecendo um bônus pela assinatura do acordo de não concorrência, (d) especifique o que está incluído no acordo, como listas de cliente, código-fonte de software confidencial ou informações de produtos e (e) considere outras opções além do acordo de não concorrência, como contratos antipirataria ou de não divulgação de informações confidenciais.[11] E o mais importante: a ação legal só pode ser conduzida depois que o segredo já foi revelado. Não é necessário que o empreendedor se preocupe demais com cada documento ou informação. Desde que sejam tomadas precauções mínimas, a maior parte dos problemas pode ser evitada, pois, em geral, os vazamentos ocorrem por acidente.

LICENCIAMENTO

licenciamento
Acordo contratual concedendo a outras pessoas direitos de uso da propriedade intelectual, pagando-os por meio de *royalties* ou de uma taxa

Licenciamento é definido como um acordo entre duas partes no qual uma delas tem direitos de propriedade sobre alguma informação, processo ou tecnologia protegidos por uma patente, marca registrada ou direito autoral. O acordo, especificado em um contrato (a ser discutido posteriormente neste capítulo), exige que o licenciado pague um *royalty*, ou alguma outra soma especificada, ao detentor dos direitos de propriedade (licenciador) em troca da permissão para copiar a patente, a marca registrada ou o direito autoral.

Assim, o licenciamento tem um valor significativo como estratégia de marketing para que os detentores de patentes, de marcas registradas ou de direitos autorais desenvolvam seus negócios em novos mercados quando não contarem com recursos ou experiência nesses mercados. Também é uma importante estratégia de marketing para os empreendedores que desejam iniciar um novo empreendimento, mas que precisam de permissão para copiar ou incorporar uma patente, uma marca registrada ou um direito autoral às suas ideias.

O acordo de licença de patente especifica como o licenciado terá acesso à patente. Por exemplo, o licenciador pode continuar a fabricar o produto, mas concede ao licenciado o direito de comercializá-lo sob seu rótulo em um mercado não concorrente (isto é, o mercado estrangeiro). Em outros casos, o licenciado pode realmente fabricar e comercializar o produto patenteado sob seu próprio rótulo. Esse acordo deve ser cuidadosamente redigido e contar com um advogado para garantir a proteção das partes.

O licenciamento de uma marca registrada em geral envolve um acordo de franquia. O empreendedor opera um negócio usando a marca registrada e concorda em pagar uma soma fixa pelo uso da marca, em pagar um *royalty* com base no volume de vendas, em comprar suprimentos do franquiador (por exemplo, a Shell, a Dunkin Donuts, as engarrafadoras da Pepsi-Cola ou Coca-Cola ou as lojas de autopeças Midas) ou alguma combinação desses. A franquia será discutida mais adiante, como uma opção para o empreendedor iniciar um novo negócio ou como um meio de financiar o crescimento.

Os direitos autorais são outra propriedade licenciada muito comum, e envolvem os direitos de usar ou copiar livros, software, música, fotografias e peças, para mencionar alguns exemplos. No final da década de 1970, os jogos de computador foram criados com o uso de licenças de jogos de fliperama e filmes. Os programas de televisão também licenciam seus nomes para jogos de tabuleiro ou de computador. As celebridades muitas vezes licenciam o direito de usar seu nome, sua aparência ou sua imagem em um produto (como as roupas de golfe Tiger Woods, perfumes Jessica Simpson, lembrancinhas de Elvis Presley ou lancheiras do Mickey Mouse). Na verdade, isso é análogo a uma licença de marca registrada.

O licenciamento se tornou um estouro de receita para muitas empresas da Fortune 500. Essas empresas gastam bilhões de dólares anualmente em pesquisa e desenvolvimento de novas tecnologias que nunca colocarão no mercado. Consequentemente, elas licenciam patentes, marcas registradas e outra propriedade intelectual para pequenas empresas, que podem lucrar com essas tecnologias. A Microsoft Corporation, com sua IP Ventures Division, é um excelente exemplo de uma empresa que ofereceu tecnologias para autenticação de identificação biométrica, etiquetas resistentes à adulteração, detecção e rastreamento de superfícies e outra propriedade intelectual que não sabe como comercializar nem tem interesse nesse sentido.[12] Recentemente, a Microsoft concedeu uma licença para Hewlett-Packard, Dell e Fujitsu permitindo que elas utilizassem aplicativos de nuvem Azure para seus clientes.[13] Os contratos geraram milhões de dólares em receita para a Microsoft. A IBM continua a gerar receitas significativas com suas estratégias de licenciamento. Por exemplo, a IBM concedeu uma licença à EMC Corporation para permitir que os clientes utilizem ambos os produtos em seus ambientes de *mainframe*[14]. Em outra estratégia de licenciamento especial, a Flat World Knowledge Inc. licenciou o uso de seus livros-texto eletrônicos em sete disciplinas introdutórias básicas de administração da Universidade Estadual da Virgínia.[15]

Embora a tecnologia seja um dos maiores geradores de receita por licenciamento, há outros parceiros relevantes nesse mercado. O setor de entretenimento, principalmente os estúdios de desenhos animados, como Disney, DreamWorks, Fox, Sony e Warner Brothers, gera milhões de dólares para sua base com acordos de licenciamento para roupas, brinquedos, jogos e outros itens relacionados. A Disney é a líder mundial de licenciamento, e por uma larga margem. Em 2009, a empresa gerou receitas de 27 bilhões de dólares apenas com licenciamento. Com o lançamento recente de *Carros 2* e a aquisição da Marvel Comics, a empresa espera que a receita com licenças continue a crescer. Os heróis de ação parecem ser a tendência popular mais recente no setor. Por exemplo, a Sony e a Paramount se beneficiaram com o lançamento dos filmes *Lanterna Verde* e *O Besouro Verde*.[16]

Recentemente, a Fox obteve um grande sucesso com o seriado *Glee*, o que levou a empresa a assinar contratos de licenciamento para inúmeros produtos, incluindo cartões de aniversário musicais, jogos, brinquedos e vestuário.[17] O McDonald's, por outro lado, depois de perder seu contrato de licenciamento de muitos anos com a Disney, seguiu em frente e firmou contratos com outros estúdios de cinema, como DreamWorks Animation SKG e Pixar Animation Studios.[18]

O licenciamento envolvendo eventos esportivos especiais também é popular, como Olimpíadas, maratonas, jogos de boliche e torneios. As licenças para a venda de camisetas, vestuário e outros acessórios exigem permissão por escrito, na forma de um contrato de licença, para que as vendas iniciem.

O licenciamento representa oportunidades para muitas empresas que desejam se expandir para novos mercados, aumentar suas linhas de produtos ou simplesmente alcançar mais clientes dentro de seus mercados-alvo atuais. A estratégia se tornou necessária em mercados nos quais as receitas se estagnaram. Empresas como a Fox, entre outras mencionadas anteriormente, tentam tirar vantagem de qualquer sucesso específico que tenham com um produto e utilizam os contratos de licenciamento para alavancar esse sucesso. Restaurantes como Cheesecake Factory, Panera Bread e Burger King estão colocando suas marcas em diversos produtos, como alimentos congelados e embalados. A National Basketball Association (NBA) intensificou seus esforços para aumentar as receitas com contratos de licenciamento e agora coloca os logotipos de times de basquete em pizzas, torradeiras e sanduicheiras.[19]

Antes de entrar em um acordo de licenciamento, o empreendedor deve fazer estas perguntas:

- O cliente reconhecerá a propriedade licenciada?
- Até que ponto a propriedade licenciada complementará meus produtos ou serviços?
- Qual é a minha experiência com a propriedade licenciada?
- Qual é a perspectiva de longo prazo para a propriedade licenciada? (Por exemplo, a perda de popularidade de uma celebridade também pode acarretar o fim de um negócio envolvendo o nome dessa celebridade.)
- Que tipo de proteção o acordo de licenciamento oferece?
- Qual é o meu compromisso em termos de pagamento de *royalties*, cotas de venda e outros?
- São possíveis opções de renovação e em que termos?

O licenciamento é uma excelente opção para o empreendedor aumentar suas receitas sem investimento inicial alto e arriscado. Estar apto a licenciar exige que o empreendedor tenha algo para ser licenciado, o que mostra como é importante procurar proteção para qualquer produto, informação, nome, etc. por meio de patente, marca registrada ou direito autoral. Por outro lado, o licenciamento também é uma forma de iniciar um novo empreendimento quando a ideia em mente viole uma patente, marca registrada ou direito autoral de terceiros. Nesse caso, o empreendedor nada tem a perder ao tentar buscar um acordo de licença com o detentor da propriedade.

O licenciamento continua a ser uma poderosa ferramenta de marketing. Com a assessoria de um advogado, os empreendedores descobrem que as oportunidades de licenciamento constituem uma forma de minimizar riscos, expandir um negócio ou complementar uma linha de produtos já existente.

SEGURANÇA E RESPONSABILIDADE PELO PRODUTO

segurança e responsabilidade pelo produto
Responsabilidade que uma empresa tem de cumprir as especificações legais relacionadas a um novo produto coberto pela Lei de Segurança de Produtos do Consumidor (Consumer Product Safety Act)

É muito importante que o empreendedor avalie se um produto a ser comercializado no novo empreendimento está sujeito a alguma regulamentação da Consumer Product Safety Act (Lei de Segurança de Produtos do Consumidor). A lei original, promulgada em 1972 e aditada em 1990, criou uma comissão de cinco membros com o poder de prescrever padrões de segurança para mais de 15 mil tipos de produtos de consumo. Em agosto de 2008, foram aprovadas mudanças significativas à lei, que agora exige padrões mais estritos para produtos potencialmente inseguros ou nocivos à saúde.

Os resultados normais de qualquer ação executada pela comissão incluem multas pesadas e *recalls* de quaisquer produtos considerados inseguros. Por exemplo, em 2007, as empresas americanas foram forçadas a fazer mais de 100 *recalls*, envolvendo cerca de 9 milhões de brinquedos. As miniaturas Polly Pocket e os bonequinhos do Batman foram o destaque dos *recalls*, dado que tais produtos tinham alto conteúdo de chumbo ou acessórios pequenos que poderiam ser engolidos por crianças pequenas. A revolta do público com os *recalls* foi um dos principais motivos para o Congresso dos Estados Unidos acelerar a nova legislação. Nas últimas duas décadas, a Comissão de Segurança de Produtos do Consumidor operava com orçamentos e equipes cada vez menores e não conseguia supervisionar a grande quantidade de novos produtos lançados ou importados todos os anos. Com um novo orçamento, uma equipe significativamente maior e o apoio do executivo, espera-se que a comissão agora consiga desempenhar um papel mais ativo ao assegurar que as empresas cumpram os novos requisitos legais de segurança de produtos. A imposição mais estrita, junto com a ameaça de aumentos significativos nas multas por violações, deve melhorar a situação.[20] Nos últimos dois anos, a regulamentação mais estrita reduziu o número de *recalls* de brinquedos, mas os *recalls* de automóveis, medicamentos não controlados e alimentos continuam a aparecer nas páginas dos jornais. A Toyota, a Honda e a Suzuki fizeram *recalls* enormes por causa de problemas em diversas funções. A Johnson and Johnson perdeu mais de 2 bilhões de dólares devido a *recalls* dos medicamentos Tylenol, Motrin, Mylanta e Benadryl. No setor de alimentos, focos de salmonela e *E. coli* levaram ao *recall* de ovos, peru moído e manteiga de amendoim, entre outros.

Os empreendedores devem estar cientes da ameaça representada por esses *recalls*, especialmente quando fazem parte dos canais de qualquer um desses produtos de alto risco. Os alimentos e brinquedos devem ser avaliados com um cuidado especial antes de qualquer desenvolvimento de negócios.[21]

SEGURO

Alguns problemas relativos à responsabilidade pelo produto foram discutidos na seção anterior. Além de ter precaução, também é de grande interesse do empreendedor adquirir um seguro na eventualidade de que os problemas realmente ocorram. Negócios relacionados a serviços, como creches, parques de diversões e *shoppings*, têm tido aumentos significativos no número de processos.

TABELA 6.4 Tipos de seguro e possíveis coberturas

Tipo de seguro	Possível cobertura
Propriedade	• Seguro contra incêndio para cobrir perdas de mercadorias e prédios causadas por fogo ou raio. Pode-se estender a cobertura para incluir riscos associados a explosões, tumultos, acidentes com veículos, tempestades, granizo e fumaça.
	• Contra arrombamento e assalto para cobrir pequenas perdas de propriedade roubada em casos de entrada forçada (arrombamento) ou se a força ou a ameaça de violência estiverem envolvidas (assalto).
	• O seguro contra lucros cessantes pagará os lucros líquidos e as despesas quando um negócio for fechado devido a incêndio ou a outras causas seguradas.
Sinistro/acidente	• O seguro de responsabilidade geral cobre os custos de defesa e de julgamento contra a empresa resultantes de lesão corporal ou dano à propriedade. Essa cobertura também pode ser estendida para cobrir a responsabilidade com produtos.
	• O seguro de veículos é necessário quando os funcionários utilizam seus próprios veículos para trabalhos da empresa.
Vida	• O seguro de vida protege a continuidade do negócio (principalmente em sociedades). Também pode oferecer proteção financeira para sobreviventes com uma única propriedade ou por perda de um executivo importante da empresa.
Acidente de trabalho	• Pode ser obrigatório em alguns Estados. Oferece benefícios aos funcionários em caso de danos causados por acidente de trabalho.
Responsabilidade	• Transfere para o funcionário a responsabilidade pela execução do serviço. Protege a empresa em caso de furto de fundos praticado por funcionário ou protege o contratante se o subcontratante não concluir uma tarefa dentro do prazo acordado.

Em geral, a maioria das empresas deveria considerar a cobertura para as situações descritas na Tabela 6.4. Cada um desses tipos de seguro oferece um meio de administrar o risco no novo negócio. O principal problema é que o empreendedor geralmente tem recursos limitados no início. Assim, é importante primeiro determinar se algum desses tipos de seguro é necessário. Observe que alguns seguros, como as coberturas de invalidez e de veículos, são exigidos por lei e não podem ser evitados. Outros seguros, como os de vida para os funcionários mais importantes, não são exigidos, mas talvez sejam necessários para proteger o valor líquido financeiro do empreendimento. Assim que o empreendedor determinar os tipos de seguros necessários, deverá decidir o valor do seguro e qual será a empresa seguradora. É aconselhável obter orçamentos de mais de uma empresa seguradora, uma vez que as taxas e opções variam. O custo total do seguro é um importante fator de planejamento financeiro, e o empreendedor precisa considerar o aumento do prêmio nas projeções de custos.

O crescimento explosivo dos custos de saúde provavelmente tem o impacto mais significativo nos prêmios de seguro. Isso é especialmente verdadeiro no caso dos prêmios de seguros contra acidentes de trabalho, que dobraram ou triplicaram para alguns empreendedores nos últimos anos.

Os empreendedores também devem pensar na cobertura de assistência médica que, em alguns casos, como no Estado de Massachusetts, é obrigatória para todos os funcionários que trabalham em turno integral. Ela é um benefício importante para os funcionários e, nos Estados Unidos, exige que a empresa incorra em gastos significativos quando obrigada pela legislação estadual. As taxas para a empresa apresentam grande variação, dependendo do plano e de suas várias opções. Porém, os prêmios em seguro-saúde tornam-se menos dispendiosos quando há um grupo grande de participantes segurados. Isso, obviamente, é difícil para um empreendimento iniciante, mas pode ser resolvido com a adesão a um grupo, como as associações profissionais, que ofereça esse tipo de cobertura.

A busca pelo aconselhamento de um agente de seguros costuma ser difícil, pois ele tentará vender seguros. Entretanto, há especialistas em universidades ou na Small Business Administration que oferecem essa assistência a um baixo custo ou gratuitamente.

LEI SARBANES-OXLEY

Após um longo período de desvio de conduta corporativa relatada, abrangendo empresas como Enron e Arthur Andersen, o Congresso americano aprovou a Lei Sarbanes-Oxley, em 2002. Embora ofereça um mecanismo que possibilita um controle maior sobre as atividades financeiras de empresas de capital aberto, essa lei também criou algumas dificuldades para as empresas iniciantes e para pequenas empresas. Recentemente, o Congresso ofereceu ajuda às pequenas empresas, isentando-as da seção 404 da Lei Sarbanes-Oxley. A seção exige que as empresas atestem a qualidade dos controles internos e das demonstrações contábeis da organização. A seção era acusada de criar um ônus muito grande para as pequenas empresas devido ao custo de tais controles e, em alguns casos, acredita-se que ela desincentivava a abertura do capital.[22]

A lei contém diversas cláusulas, mas não discutiremos todas elas aqui. Em vez disso, será apresentada uma visão geral de suas exigências. É possível fazer o *download* da lei completa ou de seções relevantes na Internet.

A Lei Sarbanes-Oxley cobre diversas atividades de controle corporativo. Sob essa lei, os CEOs são obrigados a comprovar as demonstrações financeiras por meio de uma série de mecanismos e relatórios de controle interno. Os diretores devem atender às exigências profissionais, de tempo de serviço e de responsabilidades relacionadas à auditoria e ao controle internos. Qualquer tentativa de influenciar o auditor ou de impedir o processo de auditoria interna será considerada um ato criminoso. Além disso, a lei cobre fraude bancária, fraude com valores mobiliários e fraude por meios eletrônicos, rádio ou televisão.[23]

Com a aprovação dessa lei, existe uma certa preocupação quanto à sua interpretação e à subsequente responsabilidade dos diretores. Por exemplo, essa lei desestimulará os indivíduos qualificados a se tornarem membros de importantes conselhos devido à publicidade negativa que pode ser iniciada por um funcionário ou acionista insatisfeito?

As empresas estrangeiras que negociam nas bolsas de valores dos Estados Unidos muitas vezes têm seus registros cancelados, pois há conflitos com as cláusulas da nova lei e com a legislação do país em questão. Por exemplo, as comissões de auditoria independentes, exigidas pela nova lei, entram em conflito com algumas normas e costumes de países estrangeiros. Este é somente um entre diversos conflitos que incidem atualmente sobre as leis e os costumes internacionais.[24]

Atualmente, as empresas privadas (de capital fechado) não estão incluídas nessa lei. Mas futuramente podem ser definidas algumas diretrizes para impedir qualquer um desses problemas de governança em empresas privadas. As empresas privadas também estão sujeitas ao controle se consultarem uma empresa de capital aberto e influenciarem de alguma maneira essa empresa em qualquer ato ilícito arrolado pela Lei Sarbanes-Oxley.

Evidentemente, a outra opção é que o empreendedor estabeleça um conselho consultor em vez de um conselho administrativo. Os consultores não estariam sujeitos à responsabilidade, uma vez que não formulam a política final do empreendimento, mas apenas fornecem recomendações para a real diretoria que, nesse caso, consistiria na diretoria do empreendimento iniciante. Se um investidor de capital de risco ou até mesmo um investidor-anjo estiverem envolvidos, eles exigiriam uma participação (direito de voto) no conselho; nesse caso, o uso de um conselho consultor não seria aceitável, sendo necessária a proteção da responsabilidade.

CONTRATOS

contrato
Acordo de obrigação legal entre duas partes

Ao iniciar um novo empreendimento, o empreendedor estará envolvido em uma série de negociações e de *contratos* com fornecedores, locadores e clientes. Um contrato é um acordo legalmente exequível entre duas ou mais partes, desde que sejam atendidas certas condições.

TABELA 6.5 Condições contratuais e resultados de quebra de contrato

Condições contratuais
- Faz-se uma oferta. Pode ser verbal ou por escrito, mas ela não está fechada antes de sua aceitação voluntária.
- Aceitação voluntária da oferta.
- Contraprestação (algo de valor) é dada por ambas as partes.
- Ambas as partes são competentes e/ou têm o direito de negociar por suas empresas.
- O contrato deve ser legal. Quaisquer atividades ilegais sob um contrato não incorrem em obrigação legal. Um exemplo poderia ser o jogo.
- Qualquer venda de 500 dólares ou mais deve ser registrada por escrito.

Resultados de uma quebra de contrato
- Pode-se pedir que a parte que violou o contrato honre o acordo ou pague os danos.
- Se uma parte não honra o contrato até o final, a outra parte também pode abandoná-lo e, assim, também não honrar o acordo. Chama-se isso de restituição de contrato.

A Tabela 6.5 identifica essas condições e os resultados (descumprimentos contratuais) no caso de uma parte não cumprir com os termos do contrato. É muito importante que o empreendedor compreenda as questões fundamentais relativas a contratos e reconheça a necessidade de um advogado em muitas dessas negociações.

Quase sempre os acordos comerciais são concluídos com um aperto de mão. Fazer pedidos de material, pleitear financiamentos, chegar a um acordo com um sócio, etc., são situações comuns em que um aperto de mão encerra a negociação. Em geral, quando as coisas fluem tranquilamente, esse procedimento é suficiente. No entanto, se há discordâncias, o empreendedor pode pensar que não houve acordo e que talvez seja responsável por algo jamais pretendido. Os tribunais geralmente oferecem algumas orientações com base na precedência dos casos. Uma regra é nunca confiar em um aperto de mão se o acordo não puder ser concluído no prazo de um ano.

Além dessa regra prática do prazo de um ano, os tribunais insistem na execução de um contrato por escrito para todas as transações acima de 500 dólares. Mesmo um orçamento para um determinado número de peças de um fabricante pode não ser considerado um contrato legal. Por exemplo, se um empreendedor solicitasse e recebesse um orçamento para 10 itens e depois pedisse apenas um, o vendedor não seria obrigado a vender aquele item pelo preço da cotação original, a menos que existisse um contrato escrito. Se os itens totalizassem um valor acima de 500 dólares, mesmo o preço cotado poderia ser alterado se não houvesse um contrato escrito.

A maioria dos vendedores não fugiria às suas obrigações no exemplo citado. Entretanto, podem surgir circunstâncias incomuns, forçando o vendedor a mudar de ideia. Assim, a maneira mais segura de fazer acordos comerciais é por meio de um contrato por escrito, especialmente se a quantia em jogo ultrapassar 500 dólares e existir a probabilidade de o acordo se estender além de um ano.

Qualquer acordo que envolva imóveis deve ser feito por escrito para ser válido, como *leasings*, aluguéis e compras.

Embora talvez seja necessário um advogado em transações muito complexas ou extensas, o empreendedor nem sempre pode custear esses serviços. Portanto, convém que ele entenda, antes de assinar o contrato, que as seguintes medidas devem ser tomadas:

1. Entender os termos e as condições do contrato.
2. Riscar tudo com o qual você não concorda.
3. Não assinar caso haja espaços em branco (estes podem ser riscados).
4. Fazer uma cópia para seus arquivos pessoais após a assinatura.

REVISÃO

RESUMO

Este capítulo examina algumas das principais preocupações sobre a propriedade intelectual do empreendedor, assim como outros aspectos jurídicos importantes, como segurança do produto, seguro, contratos e a Lei Sarbanes-Oxley. Os problemas com a propriedade intelectual tornaram-se mais complexos com o crescimento da Internet. É importante que o empreendedor busque assessoria jurídica ao tomar decisões sobre propriedade intelectual, como patentes, marcas registradas, direitos autorais e segredos comerciais. Os advogados têm especialidades que proporcionam ao empreendedor um serviço mais adequado às circunstâncias. Também são identificados no capítulo os recursos que devem ser considerados antes de contratar um advogado. Algumas dessas informações poupam tempo e dinheiro para o empreendedor.

A patente requer um advogado de patentes, que vai auxiliar o empreendedor a preencher uma solicitação ao Patent and Trademark Office com o histórico e a descrição da invenção, bem como com declarações de sua utilidade. Uma avaliação das patentes existentes ajudará a averiguar a probabilidade de infração e a examinar as possibilidades de modificação do produto a ser patenteado ou de licenciamento dos direitos do detentor da patente. É possível depositar uma patente provisória, que dá ao empreendedor 12 meses para finalizar a patente. Ser o primeiro a depositar, utilizando uma patente provisória, é bastante útil, pois permite a notificação imediata da propriedade dos direitos de patente e proporciona tempo para o desenvolvimento de estratégias de negócios.

Uma marca registrada pode ser uma palavra, um símbolo, um *design*, alguma combinação desses elementos ou um *slogan* ou som que identifique a origem de certos produtos ou serviços. As marcas registradas concedem ao empreendedor certos benefícios, desde que as quatro exigências a seguir sejam atendidas: (1) preenchimento do formulário de solicitação, (2) envio de um desenho da marca, (3) envio de cinco espécimes mostrando o uso real da marca e (4) pagamento da taxa exigida.

Os direitos autorais protegem obras originais, são registrados junto à Library of Congress e geralmente não exigem a participação de um advogado. Esses direitos se tornaram relevantes para o uso da Internet, principalmente para fazer o *download* de músicas, obras literárias, imagens ou vídeos.

Os acordos de não concorrência continuam a não ser executados em todos os casos, dependendo da jurisdição e da qualidade da redação do contrato. O mais importante é ser específico quanto aos elementos cobertos pelo documento e evitar exageros na cobertura geográfica e temporal referente às cláusulas de não concorrência. O licenciamento é um meio viável de começar um negócio utilizando produto, nome ou informações de terceiros. Também é uma estratégia importante que o empreendedor pode empregar para expandir o negócio sem grandes riscos ou investimentos.

O empreendedor também deve estar sensível a possíveis exigências de responsabilidade e de segurança do produto. Um exame cuidadoso de possíveis problemas do produto, bem como o uso de contratos de seguro, reduz os riscos. Outros riscos referentes ao seguro de propriedade, de vida, de saúde, de acidente de trabalho e de garantia devem ser avaliados a fim de chegar ao programa com a melhor relação custo-benefício para o empreendedor.

Os contratos representam uma parte importante das transações de um empreendedor. Em geral, os acordos verbais não são válidos para negócios de mais de um ano e acima de 500 dólares. Além disso, todas as transações imobiliárias devem ser feitas por escrito para terem validade.

A Lei Sarbanes-Oxley foi aprovada em 2002 e pressiona as empresas que abrem seu capital a dinamizarem seus demonstrativos financeiros, a modificarem a função e a responsabilidade dos conselhos administrativos e a estabelecerem mais sistemas de pesos e contrapesos para evitar que se repitam os escândalos da WorldCom, da Enron e de outras empresas. A lei contém várias cláusulas, e os empreendedores devem conhecer as exigências relevantes, principalmente se houver intenção de abrir o capital da empresa. Por ora, a lei se aplica somente a empresas de capital aberto, mas existem interações possíveis com as empresas privadas (de capital fechado), assim como prováveis mudanças a serem efetuadas nessa lei, as quais exigirão um exame constante por parte dos empreendedores.

ATIVIDADES DE PESQUISA

1. Usando a Internet, obtenha cópias de três patentes que tenham, pelo menos, três anos de existência. Quais são os elementos comuns entre essas patentes? Quais são as diferenças? Em sua opinião, qual delas terá o maior sucesso? É possível encontrar no mercado alguma evidência de produtos já existentes que incorporam algumas dessas tecnologias patenteadas?
2. Pesquise notícias sobre casos de violação de patente. Descreva o processo e o resultado. São especialmente relevantes os exemplos que listam os custos legais para defender violações de patente e o valor da indenização de uma defesa bem-sucedida.
3. Quais são as marcas registradas mais famosas do mundo? Use dados para justificar a sua resposta.
4. Dê um exemplo real de cada um dos seguintes tipos de responsabilidade de produto: (a) negligência, (b) garantia, (c) responsabilidade restrita e (d) representação incorreta. Quando for possível, relate os detalhes e as indenizações.
5. Quanto custa solicitar e obter uma patente?

DISCUSSÃO EM AULA

1. Liste três exemplos de situações nas quais um acordo de não concorrência seria necessário. Em cada um dos três exemplos, o que deveria ser incluído no acordo de não concorrência para proteger o empreendimento?
2. A música protegida pela lei de direitos autorais deve ser disponibilizada na Internet gratuitamente, mesmo que isso contrarie os interesses do artista e da gravadora? Considere ambos os lados do debate para apresentar uma abordagem mais convincente.
3. Até que ponto o governo deve se envolver ao criar e fazer valer as leis de segurança, e até que ponto as empresas (e os setores industriais) devem ser responsáveis pela criação dos próprios padrões e do autopoliciamento desses padrões?

NOTAS

1. Ver D. Sack, "Blown Away," *Fast Company* (February 2011), pp. 58–65, 104; J. Ashton, "Goodbye Amateurs as YouTube Takes On Television," *The London Times*, August 14, 2011, p. 6; "YouTube Violators to Copyright School," *Variety*, April 11, 2011, p. 4; D. C. Chmielewski, "Company Town; YouTube Movie Rental Service Gains 3,000 Titles," *Los Angeles Times*, May 10, 2011, p. 3.
2. Patent and Trademark Office, U.S. Department of Commerce Web site (www.uspto.gov).
3. J. Blum, "Protect Yourself," *Entrepreneur* (August 2011), pp. 64–68.
4. Ver www.uspto.gov/patents/int_index.jsp.
5. J. Pooley, "WIPO's Plans for Improving the PCT," *Managing Intellectual Property* (July/August 2010), pp. 84–85.
6. R. C. Scheinfeld and J. D. Sullivan, "Internet-Related Patents: Are They Paying Off?" *New York Law Journal*, December 10, 2002, p. 5.
7. B. W. Hattenbach and K. J. Weatherwax, "Bilski v. Kappos: A Divided Court Narrowly Reaffirms Patentability of Business Methods," *Intellectual Property and Technology Law Journal* (September 2010), pp. 15–18.
8. Ver www.uspto.gov/main/trademarks.htm.
9. Ver http://inventors.about.com.
10. "Face the Music," *Economist*, April 2, 2005, pp. 57–58.
11. C. Burand, "Protect Your Assets with Non-Compete Agreements," *Agent and Broker* (October 2009), pp. 14–15.
12. "Patents: Cuffing Innovation," *Electronics Design*, April 28, 2005, pp. 49–55.
13. I. Grant, *Computer Weekly*, July, 20, 2010, p. 10.
14. M. Anzani, "EMC/IBM Extend Interoperability Licensing for Storage," *Mainframe Computing* (April 2011), p. 8.
15. "FWK Forges Licensing Agreement: Interest in Licensing Spreads," *Educational Marketer*, August 16, 2010, pp. 1–3.
16. B. White-Sax, "Ever-Green Brands to Add Color to Licensing Segment," *Drug Store News*, August 23, 2010, p. 101.
17. T. L. Stanley, "In Tough Times Licensing Biz Sticks to Sure Things," *Brandweek*, June 7, 2010, p. 4.
18. M. Marr and S. Grey, "McDonald's Woos New Partners as Disney Pact Nears End," *The Wall Street Journal*, Eastern Edition, June 6, 2005, pp. B1–B2.
19. Stanley, "In Tough Times Licensing Biz Sticks to Sure Things."

20. A. Nicholas, "Dangerous Goods," *Inside Counsel* (November 2008), pp. 16–18.
21. Ver, J. Neff, "Can J & J Brand Family Stage Recall Recovery?" *Advertising Age*, May 23, 2011, pp. 1–21; e T. Perazzo, "The Industry Pitfall," *Food and Drug* (Summer 2011), pp. 76–77.
22. "Two Cheers for Sarbanes-Oxley," *Economist*, July 3, 2010, p. 64.
23. D. Chambers, "Did Sarbanes-Oxley Lead to Better Financial Reporting?" *Accounting and Auditing* (September 2010), pp. 24–27.
24. P. S. Foote and J. Chen, "Accounting Standards, Disclosure Requirements, and Foreign Company Listings on Stock Exchanges," *Chinese Business Review* (September 2008), p. 35.

III

DA OPORTUNIDADE AO PLANO DE NEGÓCIO

Capítulo 7
Plano de negócio: criando e dando início ao empreendimento

Capítulo 8
Plano de marketing

Capítulo 9
Plano organizacional

Capítulo 10
Plano financeiro

7
PLANO DE NEGÓCIO: CRIANDO E DANDO INÍCIO AO EMPREENDIMENTO

OBJETIVOS DE APRENDIZAGEM

▶ Definir o que é o plano de negócio, quem o prepara, quem o lê e como é avaliado.

▶ Entender o escopo e o valor do plano de negócio para investidores, financiadores, funcionários, fornecedores e clientes.

▶ Identificar as necessidades e as fontes de informação para cada seção crítica do plano de negócio.

▶ Aumentar a consciência sobre a importância da Internet como recurso para a obtenção de informações e como ferramenta de marketing.

▶ Apresentar exemplos e uma explicação passo a passo do plano de negócio.

▶ Apresentar questões úteis para o empreendedor em cada estágio do processo de planejamento.

▶ Compreender como monitorar o plano de negócio.

PERFIL DE ABERTURA

Belinda Guadarrama – www.gcmicro.com

O plano de negócio, frequentemente criticado por ser "um sonho de glória", é o documento mais importante para o empreendedor no estágio inicial. É provável que os investidores em potencial não pensem em investir em um novo empreendimento enquanto o plano de negócio não estiver concluído. Além disso, ele ajuda o empreendedor a sustentar a perspectiva sobre o que necessita ser realizado.

O desenvolvimento e a preparação de um plano de negócio envolvem vários obstáculos e exigem um firme compromisso do empreendedor para que ele seja efetivamente concluído e, depois, implementado. Ninguém conhece isso melhor do que Belinda Guadarrama, presidente e CEO da GC Micro Corporation. Sua empresa fornece hardware e software de computador para empresas da Fortune 1000, assim como para o setor de defesa e aeroespacial.

Como empreendedora dessa empresa atualmente multimilionária, Belinda foi reconhecida por duas organizações hispânicas, a Câmara de Comércio Hispânica nos Estados Unidos e a Associação Comercial Latina, como a Empresária Hispânica de 2002. Sua empresa é sempre listada entre as 500 maiores de propriedade de hispânicos e nos últimos três anos consecutivos ela recebeu os prêmios Boeing Performance Excellence Award e U.S. Department of Agriculture Woman-Owned Business Contractor of the Year.

Embora hoje ela seja uma empreendedora bem-sucedida, sua jornada foi um processo árduo e longo, com diversos altos e baixos. Após se formar na Trinity University e concluir vários cursos de pós-graduação na Universidade do Texas em Austin, ela começou a trabalhar na procuradoria-geral do Texas como diretora de recursos humanos e treinamento de pessoal. Mais tarde, ela se mudou para a Califórnia, durante o *boom* tecnológico da década de 1980, para trabalhar em uma empresa de software de ordem de pagamento. Como já aconteceu com muitas outras pessoas, ela chegou para trabalhar em determinado dia e encontrou um aviso na porta informando que a empresa fora fechada.

Naquele momento, Belinda tomou a decisão de criar sua própria empresa. Ela acreditava ser um momento excelente para assumir alguns riscos, uma vez que não tinha mais emprego e seus horizontes eram limitados. Em 1986, com alguns ex-colegas, ela abriu a GC Micro Corporation. Para levantar o capital inicial e o dinheiro para outras despesas durante o desenvolvimento de um plano de negócio, ela vendeu sua casa e sacou o dinheiro de sua aposentadoria. Naquele momento, ela tomou uma decisão consciente de colocar tudo em jogo. Posteriormente, com o plano de negócio finalizado e em mãos, ela começou a bater em algumas portas para tentar levantar dinheiro para iniciar o negócio. Foi então que ela começou a enfrentar alguns momentos difíceis no processo empreendedor, passando por uma recusa após a outra. Ela não conseguiu sequer levantar um empréstimo bancário de 5 mil dólares para continuar seus esforços. Felizmente, ela insistiu até descobrir um programa de empréstimos da SBA (Small Business Administration) que garantia um alto percentual de empréstimos obtidos junto a um banco participante local. Após submeter seu plano a esse programa, ela obteve seu primeiro empréstimo em um banco local.

Levantar o capital inicial foi apenas um dos primeiros obstáculos que ela superou. Por ser mulher e latina, ela precisou vencer vários estereótipos negativos. Em uma reunião com um possível cliente, disseram-lhe que como mulher pertencente à minoria, ela não tinha qualificações administrativas suficientes para representar a linha de produto em questão e foi dispensada. Contudo, seu trabalho árduo e sua persistência compensaram e, no final do primeiro ano de atividade, a empresa obteve uma receita de 209 mil dólares. Com esse sucesso, o cliente que a havia dispensado mudou de ideia, e ela se tornou uma revendedora autorizada dos seus produtos.

Outros êxitos se seguiram, e logo ela buscava contratos com o Departamento de Defesa dos Estados Unidos. Ao pesquisar esse mercado, ela descobriu que vários contratados do governo são obrigados a incluir uma porcentagem de empresas pertencentes a minorias como subcontratadas. Também constatou que não existiam empresas suficientes pertencentes a minorias, o que representava excelentes oportunidades para seu empreendimento. Contudo, na investigação de suas oportunidades, ela detectou que estava impedida de acessar os registros aos quais anteriormente tinha acesso. Ela decidiu reclamar seus direitos na justiça, sabendo que isso poderia colocar sua empresa inteira em perigo. Posteriormente, o caso *GC Micro Corporation versus the Defense Logistics Agency* chegou aos tribunais e se arrastou por vários anos. Nesse ínterim, sua empresa correu risco, pois várias empresas declararam que não poderiam mais trabalhar com ela; mas seu caso acabou vencendo. Sua reputação como alguém com fortes qualidades de liderança que não teme enfrentar um desafio se espalhou no setor.

A empresa se tornou um dos poucos fornecedores contratados de sistemas JIT (*just-in-time*), conquistando diversos prêmios de melhor fornecedor na Califórnia. Os talentos empreendedores de Guadarrama também transbordaram sobre atividades para fins cívicos, apoiando programas como California Latino-Chicano High School Drop-Out Prevention Program, Canal Community Alliance, Ochoa Migrant Farm Workers Camp e Gilroy YMCA. O sucesso de Belinda é um tributo a seu forte caráter empreendedor. Ela não teve medo do trabalho árduo necessário para planejar seu negócio – nem teve medo de defender o que considerava certo. Seu compromisso com a comunidade tornou Belinda uma inspiração para muitos empresários e empresárias hispânicos.

A GC Micro Corporation possui hoje 14 depósitos espalhados pelos Estados Unidos e é uma revendedora autorizada de cerca de 200 fabricantes, incluindo Sun Microsystems, IBM, Hewlett-Packard, Storage Tek, Cisco, Dell, Apple e Sony. A empresa conta com 30 funcionários e sua receita de vendas alcançou 35 milhões de dólares.[1]

PLANEJAMENTO COMO PARTE DA OPERAÇÃO EMPRESARIAL

Antes de começar uma análise do plano de negócio, é importante que o leitor entenda os diferentes tipos de planos que podem fazer parte de uma operação empresarial. O planejamento é um processo que nunca termina em uma empresa. Ele é extremamente importante nos estágios inicias de qualquer empreendimento, quando o empreendedor precisa preparar um plano de negócio preliminar. O plano estará finalizado quando o empreendedor conhecer melhor o mercado, os produtos ou serviços a serem comercializados, a equipe administrativa e as necessidades financeiras do novo empreendimento. À medida que o empreendimento evolui de uma empresa iniciante para uma empresa madura, o planejamento continuará enquanto a administração busca atingir suas metas de curto ou longo prazo.

É possível elaborar planos financeiros, de marketing, de recursos humanos, de produção e de vendas, para mencionar apenas alguns tipos, para qualquer organização. Os planos podem ser de curto ou longo prazo e estratégicos ou operacionais. Eles também diferem em escopo, dependendo do tipo de negócio ou da dimensão prevista da operação inicial. Embora sirvam a funções diferentes, todos esses planos têm um importante propósito: oferecer direcionamento e estrutura para a administração em um ambiente de mercado em rápida mutação.

Alguns especialistas acreditam que o plano de negócio não garante o sucesso do empreendedor. Esses pesquisadores indicam que muitos empreendedores, incluindo Steve Jobs, Bill Gates e Michael Dell, foram bem-sucedidos sem elaborar um plano. Entretanto, as evidências de muitos pesquisadores no mesmo campo indicam que o empreendedor inexperiente aprende significativamente com a preparação de um plano de negócio, em especial quando o lançamento do novo negócio envolve muitas variáveis e incertezas. Mesmo sem um plano de negócio completo, o empreendedor teria sido forçado a refletir e imaginar diversos cenários importantes que podem estar presentes no mercado. Até esses três empreendedores mencionados teriam considerado muitos desses cenários. Em última análise, o processo envolvido na preparação de um plano de negócio é crucial, pois será necessário planejar os estágios de crescimento futuros do empreendimento. Assim, continuamos a enfatizar a importância de um bom plano de negócio, não apenas para a empresa novata, mas também para mudanças subsequentes em sua estratégia e para o crescimento da nova organização.[2]

O QUE É O PLANO DE NEGÓCIO?

O *plano de negócio* é um documento preparado pelo empreendedor no qual são descritos todos os elementos externos e internos relevantes para o início de um novo empreendimento. É com frequência uma integração de planos funcionais, como os de marketing, finanças, produção e recursos humanos. Como no caso de Belinda Guadarrama, ele aborda a integração e a coordenação de objetivos e estratégias empresariais eficazes quando o empreendimento abarca uma variedade de produtos e serviços, bem como aborda as tomadas de decisão de curto e longo prazo para os três primeiros anos de funcionamento da organização. Desse modo, o plano de negócio (ou, como às vezes é chamado, o plano de jogo ou "mapa da estrada") responde às perguntas: Onde estou agora? Para onde estou indo? Como chegarei lá? Os possíveis investidores, os fornecedores e até mesmo os clientes solicitarão ou exigirão um plano de negócio.

plano de negócio
Documento escrito que descreve todos os elementos internos e externos e as estratégias relevantes para iniciar um novo empreendimento

Se imaginarmos o plano de negócio como um mapa da estrada, entenderemos melhor o seu significado. Suponhamos que você esteja decidindo como ir de Boston a Los Angeles (missão ou meta) em um *motor home*. Há várias rotas possíveis, cada uma exigindo planejamento de tempo e custos diferentes. Assim como o empreendedor, o viajante deve tomar decisões importantes e reunir informações antes de preparar o plano.

O plano de viagem consideraria fatores externos, como a existência de oficinas para consertos de emergência, as condições do tempo, as condições das estradas, as paisagens para admirar e a disponibilidade de lugares para acampar. Esses fatores em si não podem ser controlados pelo viajante, mas devem ser considerados no plano, do mesmo modo como o empreendedor consideraria fatores externos, como novas regulamentações, a economia, a concorrência, mudanças sociais, mudanças nas necessidades do consumidor ou uma nova tecnologia.

Por outro lado, o viajante tem alguma ideia de quanto dinheiro tem à disposição, de quanto tempo dispõe e das opções de rodovias, estradas, *campings*, paisagens, etc. De modo semelhante, o empreendedor tem algum controle sobre a fabricação, o marketing e o quadro de pessoal do novo empreendimento.

O viajante deve considerar todos esses fatores ao determinar quais estradas tomar, em que *campings* ficar, quanto tempo permanecer nos lugares escolhidos, quanto tempo e dinheiro ele dispõe para a manutenção do veículo, quem vai dirigir, etc. Assim, o plano de viagem responde a três perguntas: Onde estou agora? Para onde estou indo? Como chegarei lá? Então, o viajante em nosso exemplo – ou o empreendedor, assunto de nosso livro – será capaz de determinar quanto dinheiro será necessário, a partir de fontes existentes ou novas, para realizar o plano.

Vimos no exemplo de abertura deste capítulo como Belinda Guadarrama usou o plano de negócio para enfrentar essas questões. Os elementos funcionais do plano de negócio são discutidos aqui, mas também serão apresentados com mais detalhes nos capítulos seguintes.

QUEM DEVE REDIGIR O PLANO?

O plano de negócio deve ser preparado pelo empreendedor; no entanto, ele pode consultar várias outras fontes durante sua preparação. Advogados, contadores, consultores de marketing e engenheiros são úteis na preparação do plano. Algumas das fontes necessárias são encontradas por meio de serviços oferecidos pela Small Business Administration (SBA), pelo Senior Corps of Retired Executives (SCORE), pelos Small Business Development Centers (SBDCs), pelas universidades e por amigos ou parentes. A Internet também dispõe de uma ampla gama de informações e de modelos ou esboços reais para o planejamento empresarial. A maior parte dessas fontes é gratuita ou tem taxas mínimas para a participação em oficinas ou para a aquisição ou o *download* de algumas informações. Em muitos casos, os empreendedores realmente contratarão ou oferecerão participação (sociedade) a outra pessoa que forneça o conhecimento adequado para a preparação do plano de negócio e que venha a tornar-se um importante membro da equipe administrativa.

Para ajudar a determinar se deve contratar um consultor ou fazer uso de outros recursos, o empreendedor pode fazer uma avaliação objetiva de suas próprias habilidades. A Tabela 7.1 ilustra uma classificação para determinar quais habilidades estão faltando e em que medida. Por exemplo, um engenheiro de vendas criou uma máquina que permite enviar uma mensagem personalizada de 10 segundos em um cartão de felicitações. O cartão teria um apelo especialmente forte em países estrangeiros. Uma preocupação inicial referia-se à melhor maneira de comercializar a máquina: como uma ferramenta promocional que uma empresa usaria para seus distribuidores, fornecedores, acionistas ou funcionários; ou como um produto de varejo para usuários finais. Também era necessário avaliar essas habilidades em termos de sua aplicação a quaisquer oportunidades em mercados internacionais. O empreendedor, ao avaliar suas

TABELA 7.1 Avaliação de habilidades

Habilidades	Excelente	Bom	Razoável	Sofrível
Contabilidade/assuntos fiscais				
Planejamento				
Projeção				
Pesquisa de marketing				
Vendas				
Gerenciamento de recursos humanos				
Criação de produtos (*design*)				
Questões legais				
Tecnologia				

capacidades, classificou-se como excelente na criação e na venda de produtos, bom em organização e apenas razoável ou sofrível nas demais habilidades. Para complementar os seus pontos fracos, ele encontrou um parceiro que contribuiria com as capacidades que lhe faltavam ou que eram insuficientes. Com essa avaliação, o empreendedor conseguiu identificar as habilidades necessárias e onde obtê-las.

ESCOPO E VALOR DO PLANO DE NEGÓCIO – QUEM LÊ O PLANO?

O plano de negócio pode ser lido por funcionários, investidores, banqueiros, investidores de risco, fornecedores, clientes, conselheiros e consultores. O leitor esperado do plano muitas vezes afeta seu conteúdo e foco. Como cada um desses grupos lê o plano com diferentes propósitos, o empreendedor deve estar preparado para abordar todas as questões e preocupações desses grupos. De alguma forma, o plano de negócio procura satisfazer às necessidades de todos. No mercado real, porém, o produto do empreendedor tentará atender às necessidades de grupos selecionados de clientes.

Entretanto, provavelmente três perspectivas devem ser consideradas ao preparar o plano. Primeiro, a perspectiva do empreendedor, que entende melhor do que ninguém a criatividade e a tecnologia envolvidas no novo empreendimento. O empreendedor deve ser capaz de expor claramente sobre o que é o empreendimento. Segundo, a perspectiva de marketing. Infelizmente, o empreendedor muitas vezes considera somente os produtos ou a tecnologia, e não se alguém vai comprá-los. Os empreendedores devem tentar ver seu negócio pelos olhos do cliente. Essa orientação voltada para o cliente será discutida no Capítulo 8. Terceiro, o empreendedor deve visualizar seu negócio pelos olhos do investidor. São necessárias boas projeções financeiras; se o empreendedor não tiver as habilidades para preparar essas informações, fontes externas poderão ser úteis.[3]

A profundidade e os detalhes do plano de negócio dependem da dimensão e do escopo do novo empreendimento proposto. O empreendedor que tem planos de comercializar um novo aparelho de alta tecnologia precisará de um plano de negócio abrangente, em grande parte devido à natureza do produto e do mercado. O empreendedor que planeja abrir uma loja de roupas não necessitará da cobertura abrangente exigida para um novo fabricante de aparelhos de alta tecnologia. Já um novo negócio de *e-commerce* poderá exigir um enfoque muito diferente, particularmente sobre o modo de divulgar o *site* que vai oferecer as mercadorias e os serviços. Assim, as diferenças no escopo do plano de negócio vão depender do tipo do novo empreendimento: se é um serviço, se envolve fabricação ou se é um produto de consumo ou um produto industrial. A extensão do mercado, a concorrência e a possibilidade de crescimento também afetam o escopo do plano de negócio.

O plano de negócio é muito importante para o empreendedor, para investidores em potencial e até para os novos funcionários, que estão tentando se familiarizar com o empreendimento e com suas metas e objetivos. O plano de negócio é importante para essas pessoas porque:

- Ajuda a determinar a viabilidade do empreendimento em um mercado específico.
- Orienta o empreendedor na organização de suas atividades de planejamento.
- É uma ferramenta importante para viabilizar a obtenção de financiamento.

Os investidores em potencial são muito específicos quanto ao que deve ser incluído no plano de negócio. Como afirmado anteriormente, mesmo que algumas informações se baseiem em suposições, o processo de raciocínio exigido para concluir o plano é uma experiência valiosa para o empreendedor, pois o obriga a avaliar aspectos como fluxo de caixa e necessidades de recursos. Além disso, o processo de raciocínio conduz o empreendedor ao futuro, levando-o a considerar questões importantes que talvez barrariam o caminho para o sucesso.

O processo também abrange uma autoavaliação por parte do empreendedor. Geralmente, ele acredita que o novo empreendimento é uma garantia de sucesso. Entretanto, o processo de planejamento o obriga a raciocinar com objetividade e a refletir sobre questões como: "A ideia

> ## SAIU NA *BUSINESS NEWS*
>
> ### NÃO ESPERE HONORÁRIOS POR FAZER APRESENTAÇÕES
>
> **P:** *Sou produtor de música independente. Cerca de 30 anos atrás, apresentei um amigo íntimo a um intérprete. Viramos grandes amigos e produzimos uma música juntos. Perdemos contato com o artista, que hoje é milionário, mas meu amigo o contatou recentemente e os dois planejam formar uma sociedade. Como fui eu que os apresentei, mereço alguma compensação monetária da joint venture que eles estão formando? —R.B., Manasquan, N.J.*
>
> **R:** A compensação que você menciona poderia ser chamada de "comissão de agenciamento", na qual um indivíduo recebe um honorário fixo ou porcentagem de um acordo de negócio que ajudou a organizar, geralmente pela apresentação das partes. "A comissão de agenciamento está associada à prestação de algum tipo de serviço. O agente atua em nome de uma parte e, logo, tem direito a um honorário pelo trabalho", explica Robert Chell, experiente consultor de negócios que trabalha em Indian Wells, Califórnia.
>
> No seu caso, entretanto, a apresentação ocorreu 30 anos atrás e as partes perderam contato. Depois de tantos anos, seu amigo decidiu, por conta própria, restabelecer o contato com o músico (que, agora, parece ser bem-sucedido) e formar uma nova sociedade.
>
> Como você não apresentou alguém dessa vez (as partes já se conheciam e você não serviu de intermediário), seria muito difícil argumentar que você merece ser compensado pela *joint venture* dos dois. "Se você tivesse feito algo específico dessa vez... talvez. Mas, nesse caso, talvez não", diz Chell.
>
> Outros especialistas concordam. "Se a relação de negócios começou e terminou com a produção daquela música em 1979, então a expectativa de recompensa, monetária ou de qualquer outra natureza, não seria válida", diz Sheldon Kopin, presidente da JBS Associates, empresa de consultoria com sede em Cincinnati.
>
> Fonte: Reimpresso com permissão de Karen E. Klein, "Don't Expect a Fee for Making an Introduction." September 15, 2009, www.businessweek.com/smallbiz.

faz sentido? Ela vai funcionar? Quem é meu cliente? A ideia satisfaz às necessidades do cliente? Que tipo de proteção posso ter contra a imitação dos concorrentes? Sei administrar esse tipo de negócio? Com quem vou competir?". Essa autoavaliação é semelhante à interpretação de papéis, fazendo o empreendedor pensar sob diversas perspectivas e considerar os obstáculos que poderiam impedir o êxito do empreendimento. Esse processo permite que o empreendedor planeje maneiras de evitar esses obstáculos. Após preparar o plano de negócio, talvez o empreendedor conclua que os obstáculos não podem ser evitados nem superados. Assim, o empreendimento pode ser desativado enquanto ainda está no papel. Embora essa certamente não seja a conclusão mais desejável, é muito melhor interromper o esforço empresarial antes que sejam investidos mais tempo e dinheiro.

COMO OS POSSÍVEIS AGENTES DE FINANCIAMENTO E INVESTIDORES AVALIAM O PLANO?

Como mencionado anteriormente, há uma série de manuais ou pacotes de software gerados por computador ou amostras na Internet para auxiliar o empreendedor na preparação do plano de negócio. Essas fontes, contudo, devem ser usadas somente como recursos auxiliares na preparação, uma vez que o plano de negócio precisa abordar as necessidades de todos os possíveis leitores ou avaliadores e refletir os pontos fortes da administração e do pessoal, do produto ou serviço e dos recursos disponíveis. Há várias maneiras de apresentar um plano de negócio de qualidade, de modo que qualquer tentativa de imitar ou adequar sua estratégia e objetivos a uma abordagem pré-fabricada teria efeitos muito negativos. O plano deve focar os fatores citados anteriormente e, em última análise, ponderar sobre suas finalidades.

O empreendedor pode preparar um plano de negócio preliminar a partir de sua perspectiva pessoal, sem considerar os grupos que lerão o plano e avaliarão sua viabilidade. Quando o empreendedor conhecer quem lerá o plano, serão necessárias mudanças adequadas. Por exemplo, um grupo pode ser o dos fornecedores, que talvez queiram ver o plano de negócio antes de assinar um contrato para a produção de peças ou de produtos acabados ou mesmo para o fornecimento de grandes quantidades de material em consignação. Os clientes também podem querer revisar o plano antes de comprar um produto que exija um compromisso significativo de longo prazo, como um sistema de telecomunicações de alta tecnologia. Em ambos os casos, o plano de negócio deve considerar as necessidades desses grupos, que darão mais atenção à experiência do(s) empreendedor(es) e à sua projeção do mercado.

Outro grupo que avaliará o plano é o dos possíveis fornecedores de capital. Esses agentes de financiamento ou investidores provavelmente variarão em termos de suas necessidades e exigências no plano de negócio. Por exemplo, os agentes financeiros estão interessados principalmente na capacidade de o novo empreendimento pagar a dívida, incluindo juros, dentro de um prazo determinado. Os bancos querem fatos com uma análise objetiva da oportunidade empresarial e de todos os riscos inerentes ao novo empreendimento. Também é importante que, aliado a um plano de negócio sólido, o empreendedor desenvolva um relacionamento pessoal também sólido com o diretor de empréstimos do banco. Até os programas de empréstimo do governo podem apoiar o planejamento de negócios.

Bill Kronmiller e Paul Neutgens, sócios da American Steel, empresa de fabricação de aço sediada no Estado de Montana, viram na recente crise econômica uma oportunidade de expandir seu negócio. Com os custos de construção mais baratos e a oportunidade de participar do programa de liderança Emerging Leaders da SBA, seu plano era construir novas instalações que gerassem um melhor posicionamento de fluxo de caixa, funcionários mais contentes e a capacidade de assumir projetos maiores. O programa Emerging Leaders da SBA, que agora existe em 27 cidades, inclui cerca de 100 horas de capacitação em sala de aula, mentoramento e interação com líderes empresariais. Um empréstimo SBA resultante do programa, no valor de aproximadamente 1,4 milhão de dólares, permitiu que os dois empreendedores elevassem seu plano de negócio a um novo nível, contratassem mais funcionários e contribuíssem para a recuperação econômica nacional.[4]

Geralmente, os agentes de financiamento concentram-se nos quatro Cs do crédito: caráter, fluxo de caixa, garantias colaterais e contribuição do capital próprio. Basicamente, isso significa que esses agentes querem que o plano de negócio reflita a história de crédito do empreendedor, sua habilidade para pagar as dívidas e os juros (fluxo de caixa), os recursos tangíveis ou colaterais dados como garantia para o empréstimo e o montante de capital próprio investido pelo empreendedor.

Os investidores, em especial os investidores de risco, têm necessidades diferentes, uma vez que estão fornecendo grandes somas de capital para o patrimônio líquido (equidade) e para as despesas esperadas no período de 5 a 7 anos. Os investidores com frequência colocam mais ênfase no caráter do empreendedor do que os agentes de financiamento e quase sempre dedicam muito tempo para a verificação do histórico do empreendedor. Isso é importante não só do ponto de vista financeiro, mas também porque o investidor de risco desempenhará um papel fundamental na verdadeira administração do negócio. Assim, eles querem se assegurar de que o empreendedor está de acordo e disposto a aceitar esse envolvimento. Esses investidores também exigirão altas taxas de retorno e estarão focalizados no mercado e nas projeções financeiras durante esse período crítico de 5 a 7 anos.

Ao preparar o plano de negócio, é importante que os empreendedores considerem as necessidades dessas fontes externas e não apenas forneçam sua própria perspectiva. Isso impedirá que o plano seja um documento internalizado que enfatiza apenas as vantagens técnicas de um produto ou as vantagens de mercado de um serviço, sem levar em conta a capacidade de atingir as metas de mercado e as projeções financeiras de longo prazo.

Os empreendedores, ao partilhar seu plano de negócio com terceiros, muitas vezes tornam-se paranoicos, pensando que sua ideia será roubada por um dos leitores externos. A maioria dos consultores externos e dos investidores em potencial está vinculada por um código profissional de ética, e o empreendedor não deve se recusar a procurar aconselhamento externo (ver quadro "Ética").

ÉTICA

PROTEGENDO A IDEIA DE SUA EMPRESA

Uma das sérias preocupações dos empreendedores está ligada ao modo de proteger as ideias de seus negócios quando são aconselhados a compartilhar seus planos de negócio com amigos e parceiros. Como esses planos apresentam uma discussão abrangente sobre o novo empreendimento, a preocupação é compreensível. A maioria dos indivíduos solicitados a comentar e a revisar um plano de negócio agiria de uma forma ética e profissional ao aconselhar os empreendedores. Entretanto, há muitos exemplos de situações em que um membro da família, amigo ou colega foi acusado de "roubar" uma ideia.

A melhor estratégia para um empreendedor, fora a busca de aconselhamento com um advogado, é pedir que todos os leitores que não estão representando uma empresa profissional (como um investidor de capital de risco) assinem um acordo de não concorrência ou de confidencialidade. Um exemplo de acordo desse tipo é apresentado no Capítulo 6. As pessoas que representam uma organização profissional (como um banco ou um investidor de capital de risco) não precisam ser solicitadas a preencher um formulário de confidencialidade, pois se sentiriam insultadas e tenderiam a recusar o empreendimento antes mesmo de terem lido o plano.

APRESENTANDO O PLANO

Com frequência, faculdades e universidades ou reuniões de negócios patrocinadas localmente são oportunidades para os empreendedores apresentarem seus planos de negócio em um contexto competitivo e estruturado. Geralmente, espera-se que o empreendedor apresente os destaques de seus planos de negócio em um intervalo de tempo estipulado, que os empreendedores "vendam" seu conceito de negócio nesse período de tempo. Isso implica que o empreendedor deve decidir o que falar e como apresentar as informações. Geralmente, o empreendedor se concentrará no motivo pelo qual essa é uma boa oportunidade, apresentando uma visão geral do programa de marketing (como a oportunidade se transformará em realidade) e os resultados desse esforço (vendas e lucros). Os comentários finais devem refletir os riscos reconhecidos e de que modo o empreendedor pretende lidar com eles.

Nessas apresentações, o público é formado por investidores em potencial que têm a oportunidade de fazer perguntas difíceis relacionadas a qualquer uma das estratégias informadas na apresentação do plano de negócio. Após o término de todas as apresentações agendadas de planos de negócio, em geral é indicado um vencedor, com uma recompensa financeira que varia de 10 a 500 mil dólares. O benefício dessas competições não é necessariamente a premiação em dinheiro, uma vez que só haverá um vencedor. Contudo, como o público é formado por investidores profissionais, há sempre a probabilidade de que um dos planos de negócio apresentados chame a atenção de um investidor de capital de risco ou investidor privado. Esse interesse pode resultar em outras negociações e talvez em um futuro investimento no novo empreendimento. Para uma lista dessas competições, incluindo os requisitos e prêmios de cada uma, consulte http://www.bizplancompetitions.com/competitions/.

NECESSIDADES DE INFORMAÇÃO

Antes de comprometer tempo e energia na preparação de um plano de negócio, o empreendedor deve fazer um rápido estudo da viabilidade do conceito do negócio para verificar se há possíveis obstáculos ao seu sucesso. As informações obtidas em diversas fontes devem concentrar-se em marketing, finanças e produção. A Internet, discutida mais adiante neste capítulo, é um recurso valioso para o empreendedor. Também vale observar que o processo permanece o mesmo se o empreendedor está buscando um mercado internacional. Certamente existem diferenças na documentação do plano de negócio, assim como ocorreria caso o empreendedor estivesse enfocando diferentes setores dentro do próprio país. Antes de começar o estudo da viabilidade, devem ser definidos com clareza as metas e os objetivos do empreendimento. Essas metas ajudam a determinar o que precisa ser feito e como será feito. As metas e os objetivos também fornecem uma estrutura para os planos de negócio, de marketing e de finanças.

Metas e objetivos muito genéricos ou inviáveis tornam o plano de negócio difícil de controlar e implementar. Por exemplo, um empreendedor iniciando uma loja de mercadorias esportivas, especializada em esportes não convencionais (por exemplo, patinação, skatismo e *snowboarding*), desenvolveu um plano de negócio que previa a abertura de seis lojas até o segundo ano da iniciativa. Um amigo e confidente leu o plano e imediatamente pediu ao empreendedor que explicasse como e onde essas lojas seriam estabelecidas. Sem ter ainda uma visão clara da resposta a essas perguntas, ele propôs ao empreendedor que seus objetivos empresariais deviam ser muito mais razoáveis e que precisavam ser esclarecidos nos segmentos de estratégia e marketing do plano. O colega explicou ao empreendedor que um plano de negócio é semelhante à construção de uma casa: é necessário que cada etapa do processo esteja relacionada às metas e aos objetivos ou ao resultado da construção. A partir dessa experiência, o empreendedor reescreveu o plano de negócio para refletir metas e objetivos mais razoáveis.

Em meio a uma recessão, Marlo Scott está provando que, com o nicho de mercado certo, ainda existem oportunidades para novas empresas. Ela utilizou um nicho não aproveitado na cidade de Nova York (um bar que serve *cupcakes*, cerveja e vinho) como parte de um bistrô de luxo chamado Sweet Revenge ("Doce Vingança"). Marlo buscou conceitos de sucesso no setor de restaurantes e descobriu uma maneira de vender *cupcakes*. Para buscar informações, ela também tirou fotos, conversou com bartenders, estudou iluminação e mobiliário e examinou combinações cromáticas, tudo para identificar como deveria ser a aparência de um bistrô de luxo. Suas informações levaram a um sucesso financeiro estrondoso: em um ano, as receitas alcançaram meio milhão de dólares, incluindo a venda de cerca de 143 mil *cupcakes*. Marlo participou do programa de TV de Martha Stewart, foi escolha da crítica no *site* Time Out New York e apareceu na revista *Bon Appetit*. Seus planos para o futuro incluem vestuário, loções, perfumes, sabonetes e bolos de casamento.[5]

A partir do primeiro exemplo, percebemos a importância de metas e objetivos viáveis e bem-definidos no plano de negócio. No segundo exemplo, observamos que uma estratégia de negócio bem-definida, baseada em informações de mercado, oferece um foco mais eficaz do modelo de negócio. Assim que essa base sólida estiver implantada, será possível estabelecer decisões estratégicas que permitam à empresa atingir essas metas e objetivos.

Informações de mercado

Uma das informações iniciais de que o empreendedor necessita é o potencial de mercado do produto ou serviço. A fim de avaliar a dimensão do mercado, primeiro é necessário que o empreendedor defina esse mercado. Por exemplo, é provável que o produto seja mais comprado por mulheres ou por homens? Por pessoas de baixa ou de alta renda? Por moradores da zona rural ou urbana? Por pessoas de alto ou baixo nível educacional? Um mercado-alvo bem definido facilitará a projeção da dimensão do mercado e das metas de mercado subsequentes para o novo empreendimento. Por exemplo, suponha que um empreendedor na área de Boston observa o sucesso de empresas como Au Bon Pain e Panera Bread Company e pensa em abrir um negócio de alimentos que ofereça a praticidade do "*fast food*", mas com o sabor de um restaurante tradicional. Com um intenso comércio turístico, o empreendedor opta por um negócio de crepe móvel (carrinho de comida) que incluirá alguns carrinhos situados em áreas de tráfego intenso.

Para elaborar um plano de marketing forte, com metas e objetivos razoáveis e mensuráveis, o empreendedor precisará obter informações sobre o setor industrial e o mercado. A maioria dos empreendedores tem dificuldade nesse estágio e nem sempre sabe por onde começar. A melhor maneira de começar é, primeiro, visualizar esse processo como uma pirâmide invertida (ver Figura 7.1); isto é, iniciaremos com dados e informações muito abrangentes e trabalharemos até conseguirmos desenvolver uma estratégia de posicionamento e metas e obje-

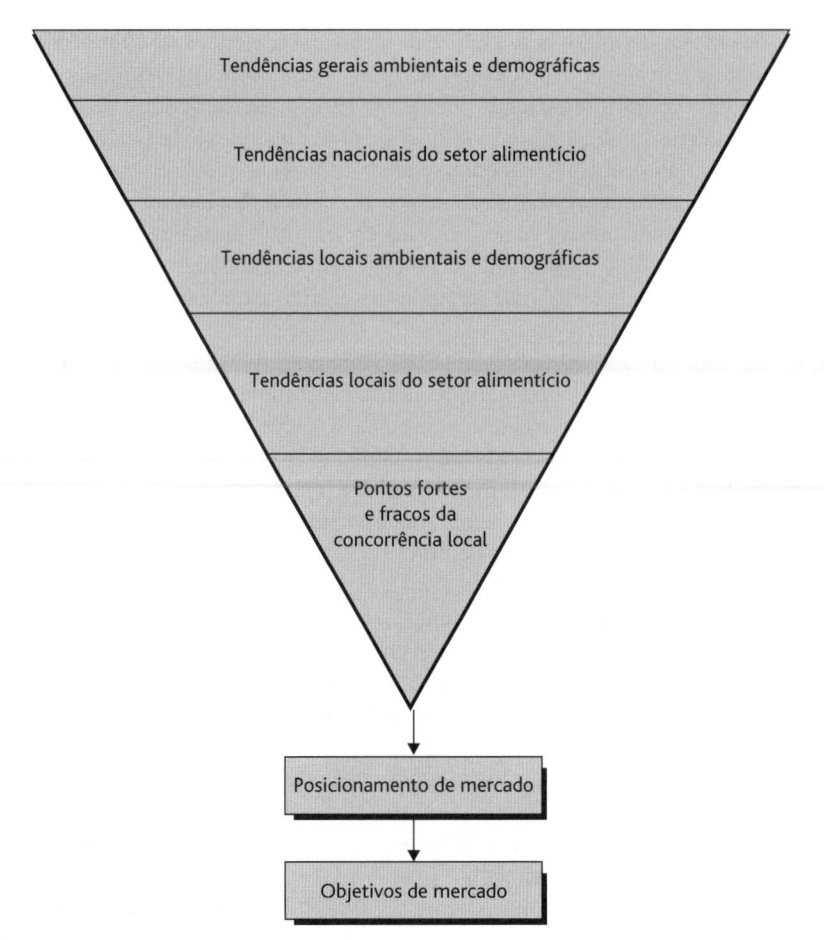

FIGURA 7.1 Abordagem de pirâmide invertida para reunir informações sobre o mercado.

Pirâmide invertida (de cima para baixo):
- Tendências gerais ambientais e demográficas
- Tendências nacionais do setor alimentício
- Tendências locais ambientais e demográficas
- Tendências locais do setor alimentício
- Pontos fortes e fracos da concorrência local

→ Posicionamento de mercado → Objetivos de mercado

tivos quantificáveis. Todas essas informações poderão, então, ser usadas nas seções de análise do setor industrial e de planejamento do marketing do plano de negócio, discutidas mais adiante, neste capítulo. (Consulte também o Capítulo 8.)

Como mostra a Figura 7.1, iniciamos o processo avaliando as tendências gerais do ambiente. Isso incluiria tendências de renda familiar, migrações de população, hábitos e tendências de consumo alimentar, viagem e tendências de emprego. Essas informações são encontradas em fontes como Agência de Recenseamento dos Estados Unidos, Gabinete de Estatísticas do Trabalho, Forrester, Reuter Business Insights e Statistical Abstracts, só para citar algumas. Essas fontes estão disponíveis na biblioteca local das faculdades e universidades. É possível encontrar algumas delas, como a Agência de Recenseamento dos Estados Unidos (U.S. Census Bureau), *online* ou na biblioteca da comunidade local. A Tabela 7.2 oferece uma lista parcial de fontes consideradas em situações de dados relativos ao censo. A Forrester e a Business Insights são serviços privados que podem ser obtidos de bibliotecas ou com a compra de relatórios específicos sobre seu setor ou mercado. Para mercados internacionais, as informações populacionais, econômicas e demográficas estão disponíveis em *sites* como www.euromonitor.com, www.census.gov/international, www.internetworldstats.com e www.imf.org (o Fundo Monetário Internacional). A maior parte dos dados internacionais está organizada por país e por continente.

A etapa seguinte é a avaliação das tendências no setor nacional de serviços alimentícios. Procuraríamos dados sobre o total de vendas de alimentos e vendas em restaurantes comerciais por tipo de restaurante. Essas informações são encontradas em AllBusiness da Dun and Bradstreet, *Encyclopedia of American Industries,* no *site* www.usa.gov e no NetAdvantage da S&P's. A Standard and Poor's também oferece dados específicos sobre o setor de alimentos,

TABELA 7.2 Fontes de dados de tendências ambientais, tendências do setor, índices financeiros e outros parâmetros de referência

Fonte	Descrição
1. Recenseamento dos Estados Unidos (www.census.gov)	
A. U.S. Population Statistics for 2010	Os dados incluem população por área.
B. *Service Annual Survey*	Inclui valor monetário de receitas em determinados setores de serviço. Também inclui índices anualizados.
C. *County Business Patterns, Metro Business Patterns e Zip Code Business Patterns*	Dados econômicos de pequenas áreas, por setor, para análise de potencial de mercado, elaboração de orçamentos e projeções.
D. *Statistical Abstracts*	Estatísticas sobre variáveis sócio-econômicas nos níveis nacional, estadual e metropolitano.
E. *Annual Survey of Manufacturers*	Estatísticas como produção de setores, insumos e dados operacionais sobre atividades de produção, por grupos de setores.
F. *Current Industrial Reports*	Relatórios regulares mensurando a produção e expedição de uma ampla variedade de produtos.
2. Dados de setor e de mercado	
A. *Encyclopedia of American Industries*	Tendências de setores e dados de mercado compilados para todas as empresas com códigos SIC.
B. Standard & Poor's (NetAdvantage e Market Insight)	Ampla variedade de dados de pesquisa de mercado e de setor, abrangendo empresas de capital aberto e fechado.
C. Governo dos Estados Unidos	Permite que você encontre dados sobre serviços bancários, lucros (www.usa.gov/business), análise econômica, dados comerciais e muito mais.
D. *Market Share Reporter*	Compilação de estatísticas de mercados que abrange uma ampla gama de produtos e serviços.
E. *RDS TableBase*	Oferece projeções por setores/produtos, participação de mercado e rankings.
F. Outras fontes de tendências de setor ou mercado incluem: *MarketLine, Forrester, Investext, Dun & Bradstreet e Mintel Reports.*	Os relatórios podem ser adquiridos ou acessados por meio de bibliotecas universitárias.
3. Índices operacionais financeiros e de setor	
A. *RMA eStatement Studies* (Robert Morris Associates)	Compilação de 150.000 demonstrações contábeis de clientes bancários, com índices e parâmetros de referência.
B. *Almanac of Business and Industrial Financial Ratios* (Leo Troy)	Compilação histórica de dados financeiros de 4,7 milhões de empresas.
C. *Industry Norms and Key Ratios* (Dun & Bradstreet)	Índices e porcentagens financeiras de mais de 1 milhão de demonstrações contábeis.
D. *Financial Studies of the Small Business*	Índices de mais de 30.000 empresas com capitalização abaixo de 2 milhões de dólares.
E. Bizminer (www.bizminer.com)	Relatórios de pesquisa de mercado locais e regionais, índices financeiros de 5.500 linhas de negócio abrangendo uma ampla variedade de setores. A maioria custa menos de 100 dólares.

como no *Industry Surveys: Restaurants and the National Restaurant Association*. Para mais informações aprofundadas sobre algumas das fontes mais importantes a serem utilizadas na análise, consulte também a Tabela 7.2.

Observe que os dois primeiros estágios na Figura 7.1 focam o mercado nacional, e os dois estágios seguintes consideram as tendências no mercado local em que a empresa estará localizada. Isso abrange as tendências econômicas gerais locais e uma avaliação do setor local de serviços alimentícios. As fontes podem ser as mesmas citadas anteriormente, exceto pelo fato de que seriam considerados somente os dados relacionados ao mercado local. Além disso, o Estado de Massachusetts publica dados sobre turismo (*The Massachusetts Travel Industry Report*) e tendências econômicas (Agência de Recenseamento dos Estados Unidos). Também está implícito nessa análise do setor local de serviços alimentícios o ambiente regulatório/legal. Nos Estados Unidos, cada Estado tem uma legislação diferente quanto aos requisitos de licença para o fornecimento de alimentos e de álcool. Se o empreendedor estiver pensando em um local internacional, seguirá o mesmo procedimento ao buscar informações locais. Os dados podem ser mais difíceis de obter em outros países. Se não estiverem disponíveis, o empreendedor precisará passar algum tempo nesse mercado, conversando com empresários locais, membros de canais e consumidores. Esses dados também podem ser encontrados *online* ou em sua biblioteca local.

A última etapa é uma análise do ambiente competitivo local. No exemplo, o empreendedor precisaria identificar restaurantes, barracas de alimentos e serviços alimentícios em carrinhos que sejam concorrentes. Essa lista pode ser encontrada nas Páginas Amarelas, na prefeitura local (órgão de licenciamento de alimentos) ou pela observação. É necessário avaliar os pontos fortes e fracos de cada concorrente ao empregar pesquisas de marketing (discutidas no Capítulo 8); ao avaliar os *sites* dos concorrentes, a publicidade, os cardápios e os locais; e ao examinar os artigos publicados na mídia local. Pode-se preparar uma planilha com uma lista de concorrentes na primeira coluna, seguida pelas colunas de pontos fortes e fracos.

Quando toda essa análise estiver concluída, o empreendedor estará pronto para esclarecer a oferta do produto ou serviço, o posicionamento real do mercado no ambiente competitivo e os objetivos de mercado. Tudo isso faz parte do plano de marketing e será discutido com mais detalhes no Capítulo 8. Esses dados, além de contribuírem para a preparação do plano de marketing, estabelecem a base para as projeções e previsões financeiras discutidas no Capítulo 10.

Necessidades de informação sobre operações

A relevância de um estudo da viabilidade das operações de fabricação depende da natureza do negócio. A maior parte das informações necessárias é obtida pelo contato direto com a fonte adequada. O empreendedor talvez precise de informações sobre:

- *Localização*. A localização da empresa e sua acessibilidade aos clientes, fornecedores e distribuidores precisam ser determinadas.
- *Operações de fabricação*. O equipamento básico e as operações de montagem devem ser identificados, verificando se algumas dessas operações seriam terceirizadas e para quem.
- *Matérias-primas*. As matérias-primas necessárias e os nomes, endereços e custos dos fornecedores devem ser estabelecidos.
- *Equipamento*. O equipamento necessário deve ser listado determinando se ele será comprado ou se será feito um *leasing*.
- *Habilidades dos funcionários*. É preciso determinar cada habilidade necessária, o número de pessoas requerido para cada tarefa, os salários e onde e como essas habilidades serão obtidas.
- *Espaço*. O espaço total necessário deve ser determinado, incluindo a possibilidade de ele ser próprio ou objeto de *leasing*.
- *Despesas gerais*. Cada item necessário para sustentar a produção, como ferramentas, suprimentos, serviços públicos e salários, deve ser calculado.

A maioria das informações citadas anteriormente deve ser incorporada diretamente no plano de negócio. Cada item pode exigir alguma pesquisa, mas essas informações são necessárias para quem avaliará o plano de negócio e considerará o financiamento da proposta.

NECESSIDADES DE INFORMAÇÕES FINANCEIRAS

Antes de preparar a seção financeira do plano de negócio, o empreendedor deverá elaborar um orçamento que inclua uma lista de todas as possíveis despesas incidentes no primeiro ano e uma lista de todas as fontes de receita, inclusive vendas e todos os fundos externos disponíveis. Em resumo, o orçamento abrange dispêndios de capital, despesas operacionais diretas e despesas à vista para itens não dedutíveis. A receita de vendas deve ser prevista a partir dos dados de mercado, como discutido anteriormente. A projeção será discutida com mais detalhes no Capítulo 8.

Para preparar o orçamento real (ver Capítulo 10), o empreendedor deve identificar os parâmetros de referência (*benchmarks*) existentes no setor, que podem ser usados nos balanços patrimoniais *pro forma* finais do plano financeiro. Esses *benchmarks* ou normas estabelecem premissas razoáveis relacionadas aos dispêndios com base no histórico e nas tendências do setor. É um método bastante aceito a fim de chegar aos custos projetados necessários para o novo empreendimento.

Voltemos ao exemplo da empresa de crepes. Ao projetar os custos para o funcionamento da empresa, nosso empreendedor pode considerar as diversas fontes secundárias que fornecem padrões percentuais para esses custos. Por exemplo, essas fontes indicariam padrões percentuais praticados no setor para custos como alimentos, bebidas, equipamentos, recursos humanos e licenças. Despesas como aluguel, energia, água, seguro e custos com recursos humanos também podem ser verificados em jornais ou anúncios, ou por meio de conversas ao telefone com corretores de imóveis, representantes de seguros, fornecedores de equipamentos e empresas de energia e água da área.

Os *benchmarks*, ou índices financeiros necessários para preparar os balanços patrimoniais, podem ser encontrados em fontes como *Financial Studies of the Small Business* (Financial Research Associates), *Industry Norms and Key Business Ratios* (Dun & Bradstreet), *Annual Statement Studies* (Robert Morris Associates), *RMA eStatement Studies* e *Almanac of Business and Financial Ratios* (Leo Troy). A Tabela 7.2 contém informações mais detalhadas sobre os serviços que essas fontes oferecem. Também é possível encontrar *benchmarks* examinando os relatórios 10K* de concorrentes públicos semelhantes. Associações comerciais e revistas especializadas também publicam dados importantes, que complementam as fontes citadas anteriormente para a preparação de declarações financeiras no plano de negócio. Esses balanços *pro forma* deverão ser preparados mensalmente no primeiro ano e, depois, a cada trimestre, ou anualmente, nos dois anos seguintes. Alguns investidores exigem projeções financeiras de 5 anos, de modo que o empreendedor talvez precise esclarecer alguns aspectos para aqueles que estiverem examinando o plano de negócio.

USANDO A INTERNET COMO RECURSO

O mundo mutável da tecnologia oferece excelentes oportunidades para os empreendedores acessarem informações sobre muitas atividades empresariais de modo eficiente e conveniente e a um baixo custo. A Internet é uma fonte importante de informações na preparação do plano de negócio em segmentos como análise do setor, análise de concorrência e medida do potencial do mercado, para citar alguns. Os empreendedores também verão que a Internet é um recurso valioso no planejamento em estágios posteriores e na tomada de decisão. Além de ser um recurso de informações de negócios, a Internet oportuniza estratégias de marketing; por meio de seu *site*, uma empresa fornece informações sobre si mesma e sobre seus produtos e serviços, além de instruir sobre como fazer pedidos.

De acordo com os dados publicados pelo Departamento de Comércio dos Estados Unidos, as vendas *online* continuaram a crescer apesar da crise econômica. Em 2011, as projeções indicavam que as vendas *online* alcançariam cerca de 197 bilhões de dólares, um aumento de aproximadamente 12% em relação a 2010. Na Europa Ocidental, as vendas *online* aumentaram 13% em 2011, alcançando cerca de 125 bilhões de dólares. O aumento do preço da gasolina e a conveniência são os principais motivos para o aumento das vendas de *e-commerce*.[6]

Ao longo do processo da redação de um plano de negócio, um empreendedor deve acessar um dos conhecidos mecanismos de busca: Google, Yahoo!, BING, MSN, AOL ou Ask Jeeves. Uma simples pesquisa de um tópico (por exemplo, "produtos desportivos *online*") revelará vários *sites*, artigos ou fontes de informações que ajudarão o empreendedor na redação do plano de negócio. O uso desses mecanismos de busca se tornou um procedimento padrão para responder perguntas ou coletar informações para uso pessoal ou objetivos de negócio.

---

* N. de R.T.: Form 10-K é um relatório anual, requerido pela SEC (Securities and Exchange Commission) dos Estados Unidos, que fornece uma espécie de resumo das empresas públicas americanas.

O empreendedor deve acessar os *sites* de seus concorrentes para obter mais conhecimento sobre sua estratégia no mercado. Os serviços da Internet não são dispendiosos e constituem um veículo importante para o empreendedor obter informações sobre o mercado, a concorrência e os clientes, bem como para distribuir, anunciar e vender os produtos e serviços da empresa.

Além dos *sites*, o empreendedor deve investigar redes sociais, *blogs* e grupos de discussão. Um grupo de discussão é um fórum *online* em que é possível debater um tema específico do *site*. Os indivíduos postam respostas a perguntas no *site*. Os *blogs* se concentram mais em falar sobre ou com algo do que criar um diálogo. As redes sociais são a nova tendência que mais cresce no mundo da tecnologia. Nesses *sites*, pessoas com interesses semelhantes podem se comunicar utilizando ferramentas como MySpace, Twitter, LinkedIn, Windows Live Spaces ou Facebook. Essas são as redes mais populares dos Estados Unidos e servem diversas funções, dependendo das necessidades do empreendedor. As estratégias de marketing que utilizam essas redes sociais são analisadas no Capítulo 8. Com a Usenet, que representa os *newsgroups* na Internet, os empreendedores, por meio de palavras-chave conseguem identificar os *newsgroups* mais adequados. Esses *newsgroups* representam possíveis clientes a quem se pode fazer perguntas específicas sobre suas necessidades, produtos concorrentes e possível interesse nos produtos e serviços do novo empreendimento. Os indivíduos membros desses grupos responderão a essas perguntas, fornecendo informações valiosas para o empreendedor.

Em comparação com fontes alternativas, o empreendedor precisa apenas de um pequeno investimento em hardware e software para estar apto a utilizar esses serviços *online*. Com mudanças e aperfeiçoamentos contínuos, a Internet permanecerá oferecendo oportunidades importantes ao empreendedor que deseja planejar uma iniciativa ou o crescimento de um empreendimento.

REDIGINDO O PLANO DE NEGÓCIO

O plano de negócio pode levar centenas de horas para ser preparado, dependendo da experiência e do conhecimento do empreendedor, bem como do propósito a que o plano se destina. Ele deve ser abrangente o suficiente para dar ao investidor em potencial um panorama completo do novo empreendimento e ajudar o empreendedor a esclarecer suas ideias sobre o negócio.

Muitos empreendedores preveem incorretamente o tempo necessário para a preparação de um plano eficaz. Uma vez iniciado o processo, porém, o empreendedor perceberá a importância de definir e resolver as funções de negócio de um novo empreendimento.

O esboço de um plano de negócio está ilustrado na Tabela 7.3. O esboço deve servir apenas como guia. Como vimos neste capítulo, o empreendedor deve estar ciente de que cada plano de negócio é diferente de todos os outros, dependendo de seu propósito e do leitor. Contudo, quase todos os itens neste esboço são elementos críticos em um plano geral e devem ser tratados pelo empreendedor. Cada um dos itens do esboço é detalhado nos parágrafos seguintes deste capítulo. As principais questões em cada seção também foram adequadamente explicitadas.

Página introdutória

É a página de rosto ou capa que oferece um breve resumo do conteúdo do plano de negócio. A página introdutória deve conter:

- O nome e o endereço da empresa.
- O nome do(s) empreendedor(es), número de telefone, número de fax, endereço de e-mail e do *site*, se houver.
- Um parágrafo descrevendo a empresa e a natureza do negócio.
- O volume de financiamento necessário. O empreendedor pode oferecer um pacote (por exemplo, ações ou dívidas.). Entretanto, muitos investidores de risco preferem estruturar esse pacote a seu próprio modo.
- Uma declaração do caráter confidencial do relatório. Isso tem propósitos de segurança e é importante para o empreendedor.

TABELA 7.3 Esboço de um plano de negócio

I. Página introdutória
   A. Nome e endereço da empresa
   B. Nome(s) e endereço(s) do(s) diretor(es)
   C. Natureza do negócio
   D. Declaração do financiamento necessário
   E. Declaração do caráter confidencial do relatório
II. Resumo executivo: Duas ou três páginas resumindo o plano de negócio completo
III. Análise do setor
   A. Perspectiva e tendências futuras
   B. Análise dos concorrentes
   C. Segmentação do mercado
   D. Projeções do setor e do mercado
IV. Descrição do empreendimento
   A. Produto(s)
   B. Serviço(s)
   C. Dimensão do negócio
   D. Equipamento de escritório e recursos humanos
   E. Experiência do(s) empreendedor(es)
V. Plano de produção
   A. Processo de produção (quantidade subcontratada)
   B. Instalações físicas da fábrica
   C. Maquinaria e equipamentos
   D. Nomes de fornecedores de matéria-prima
VI. Plano operacional
   A. Descrição do funcionamento da empresa
   B. Fluxo de pedidos de produtos e/ou serviços
   C. Tecnologia utilizada
VII. Plano de marketing
   A. Políticas de preço
   B. Distribuição
   C. Promoção
   D. Projeções de produtos
   E. Controles
VIII. Plano organizacional
   A. Forma de propriedade
   B. Identificação de sócios ou acionistas principais
   C. Autoridade dos diretores
   D. Experiência da equipe administrativa
   E. Funções e responsabilidades dos membros da organização
IX. Avaliação de risco
   A. Avaliação dos pontos fracos do negócio
   B. Novas tecnologias
   C. Planos de contingência
X. Plano financeiro
   A. Premissas
   B. Demonstrativos de resultados *pro forma*
   C. Projeções de fluxo de caixa
   D. Balanço patrimonial *pro forma*
   E. Análise do ponto de equilíbrio
   F. Fontes de financiamento e aplicações de fundos
XI. Apêndice (contém material de consulta)
   A. Cartas
   B. Dados de pesquisa de mercado
   C. Arrendamentos ou contratos
   D. Listas de preços de fornecedores

A página introdutória estabelece o conceito básico que o empreendedor está tentando desenvolver. Os investidores consideram-na importante, pois é possível determinar a quantidade de investimento necessária sem ler todo o plano. Uma ilustração dessa página é apresentada na Tabela 7.4.

TABELA 7.4 Exemplo de página introdutória

KC CLEANING SERVICE
OAK KNOLL ROAD
BOSTON, MA 02167
(617) 969-0010
www.cleaning.com

Sócios: Kimberly Peters, Christa Peters

Descrição da empresa:

Esta empresa fornecerá serviço de limpeza, sob contrato, a pequenas e médias empresas. Os serviços abrangem limpar pisos, carpetes, cortinas, janelas, e, periodicamente, varrer, tirar poeira e lavar. Os contratos serão anuais e estipularão os serviços específicos e o prazo para a conclusão dos serviços.

Financiamento:

O financiamento inicial solicitado é um empréstimo de 100 mil dólares a ser pago em seis anos. O montante será aplicado no espaço do escritório, em equipamentos e suprimentos do escritório, em duas vans arrendadas, em publicidade e custos de venda.

Este relatório é confidencial e pertence aos sócios citados anteriormente. Deve ser usado somente pelas pessoas para as quais foi transmitido, e é proibida qualquer reprodução ou divulgação de qualquer parte de seu conteúdo sem autorização por escrito da empresa.

Resumo executivo

Esta seção do plano de negócio é preparada depois que todo ele estiver redigido. Com duas ou três páginas, o resumo executivo precisa estimular o interesse do possível investidor. Trata-se de uma seção crucial do plano de negócio e não deve ser considerada levianamente pelo empreendedor, já que o investidor usa o resumo para determinar se vale a pena ler todo o plano de negócio. Assim, o resumo deve destacar de maneira concisa e convincente os pontos-chave do plano de negócio.

Geralmente, o resumo executivo trata de alguns assuntos ou questões que, ao examinar o plano escrito pela primeira vez, qualquer pessoa deseja saber. Por exemplo:

Qual é o conceito ou modelo do negócio?

Até que ponto esse conceito ou modelo do negócio é único?

Quem são as pessoas que estão iniciando esse negócio?

Como o capital será obtido e qual é o montante necessário?

Se o novo empreendimento tiver um plano de crescimento sólido e espera estar, em cinco anos, posicionado para abrir seu capital (IPO, oferta pública inicial), o resumo executivo também deverá incluir uma estratégia de saída. Se o empreendimento não estiver esperando esse tipo de crescimento inicialmente, os empreendedores deverão evitar qualquer discussão sobre uma estratégia de saída nesse resumo.

Toda comprovação de apoio, como dados pontuais de pesquisa de marketing ou documentos e contratos legais que reforcem as questões citadas anteriormente, também deve ser incluída. Em hipótese alguma, o empreendedor deve tentar resumir cada seção do plano, principalmente porque o destaque atribuído a essas questões dependerá de quem o lê.

Convém lembrar que a seção serve apenas para destacar os principais fatores e motivar a pessoa de posse do plano a lê-lo em sua totalidade. Os principais fatores de alguns planos podem ser as pessoas envolvidas. Por exemplo, se um dos empreendedores for muito bem-sucedido em outras iniciativas, será necessário enfatizar essa pessoa e sua experiência. Se o empreendimento tiver um contrato em vigor com um grande cliente, esse detalhe deve ser destacado no resumo executivo. O resumo executivo é semelhante ao discurso de abertura de um advogado perante um tribunal durante um caso importante ou às primeiras declarações de um vendedor em uma abordagem de vendas.

Análise ambiental e do setor

É importante colocar o novo empreendimento em um contexto adequado, fazendo primeiramente uma *análise ambiental* para identificar tendências e mudanças ocorridas em nível nacional e internacional que podem influenciá-lo. Esse processo já foi descrito neste capítulo. Entre os exemplos desses fatores ambientais estão:

Economia. O empreendedor deve considerar as tendências do PIB, o desemprego por área geográfica, a renda disponível, etc.

Cultura. Uma avaliação de mudanças culturais consideraria as migrações na população pela demografia, por exemplo, o impacto dos *baby boomers** ou o crescimento da população de idosos. Mudanças de atitude, como "compre o que é do nosso país", ou tendências nas áreas de segurança, saúde e nutrição, bem como a preocupação com o meio ambiente, exercem um impacto sobre o plano de negócio do empreendedor.

Tecnologia. Avanços na tecnologia são difíceis de prever. No entanto, o empreendedor deve considerar os possíveis avanços tecnológicos determinados a partir de recursos comprometidos pelas grandes indústrias ou pelo governo do país. Estar em um mercado que muda rapidamente devido ao desenvolvimento tecnológico exige que o empreendedor tome decisões cuidadosas de marketing de curto prazo e que esteja preparado com planos contingentes para enfrentar o desenvolvimento de novas tecnologias que afetem seus produtos ou serviços.

Preocupações legais. Existem muitas questões legais a considerar ao iniciar um novo empreendimento, as quais foram discutidas no Capítulo 6. O empreendedor deve estar preparado para qualquer legislação futura que afete o produto ou serviço, o canal de distribuição, o preço ou a estratégia de promoção. A regulamentação dos preços, as restrições da propaganda na mídia (por exemplo, proibição de anúncios de cigarros ou restrições quanto à propaganda para crianças) e normas sobre segurança que afetam o produto ou sua embalagem são exemplos de limites legais que influenciam o programa de marketing.

Todos os fatores externos citados são geralmente incontroláveis. Entretanto, como indicado, a consciência e a avaliação desses fatores pelo uso de algumas das fontes identificadas oferecem forte embasamento para a oportunidade e são de grande valor no desenvolvimento da estratégia de marketing adequada.

Como já mencionado (ver Figura 7.1), esse processo pode ser visualizado como uma pirâmide invertida, levando a uma estratégia de mercado e a objetivos específicos. Quando a avaliação do ambiente estiver concluída, o empreendedor deve fazer uma *análise do setor*, focada nas suas tendências específicas. Eis alguns exemplos desses fatores:

Demanda do setor. A demanda relacionada ao setor geralmente está disponível em publicações. O conhecimento do crescimento ou do declínio do mercado, o número de novos concorrentes e as possíveis mudanças nas necessidades dos consumidores são questões importantes ao tentar verificar o potencial do negócio que poderá ser realizado pelo novo empreendimento. A demanda projetada pelo produto ou serviço do empreendedor exigirá alguma pesquisa de marketing adicional, o que será discutido no Capítulo 8.

Concorrência. A maior parte dos empreendedores geralmente enfrenta ameaças de corporações maiores. O empreendedor deve estar preparado para essas ameaças e estar ciente de quem são seus concorrentes e de quais são seus pontos fortes e fracos, de modo a implementar um plano de marketing eficiente. A maioria dos concorrentes é facilmente identificada a partir da experiência, de artigos de publicações especializadas, de anúncios, *sites* ou mesmo das Páginas Amarelas.

análise do ambiente
Avaliação de variáveis externas incontroláveis, que podem afetar o plano de negócio

análise do setor
Verifica tendências do setor e estratégias competitivas

---

* N. de R.T.: Termo usado em inglês para designar as pessoas nascidas após a Segunda Guerra Mundial, quando houve um aumento significativo da taxa de natalidade.

Há inúmeras fontes que o empreendedor pode consultar para obter dados gerais sobre o setor e a concorrência e inclui-los nessa parte do plano de negócio. Algumas delas já foram mencionadas neste capítulo (ver também a Tabela 7.2) em relação à nossa discussão sobre a obtenção de informações do mercado. Muitas dessas fontes são encontradas em bibliotecas locais e de universidades, a saber: *Encyclopedia of American Industries*, *Encyclopedia of Emerging Industries*, *Standard and Poor's Industry Surveys*, *MarketLine Business Information Centre*, *Forrester*, *Investext Plus* e *Mintel Reports*. Cada uma dessas fontes discorre sobre tipos diferentes de setores ou mercados, e é facilmente avaliada quanto ao seu benefício por meio de uma pesquisa *online* (como no Google) ou em uma visita a uma biblioteca local. A maioria dessas fontes também publica relatórios disponíveis para compra.

A última parte dessa seção deve enfocar o mercado específico, o que incluiria informações sobre quem é o cliente e como é o ambiente de negócios no segmento específico do mercado e na área geográfica onde o empreendimento vai atuar. Assim, precisam ser consideradas diferenças em qualquer uma dessas variáveis que reflitam a área de mercado específica em que o empreendimento operará. Essas informações são de especial importância para a preparação da seção de planejamento de marketing do plano de negócio, que será discutida no Capítulo 8.

Além das diversas fontes setoriais citadas anteriormente, há alguns bancos de dados sobre mercados nos quais é possível pesquisar dados relevantes para serem incorporados nessa seção do plano de negócio. A fatia e a dimensão do mercado frequentemente podem ser avaliadas em bancos de dados, como *TableBase* e *Business & Industry*, *Market Share Reporter*, *Economic Census*, *County Business Patterns*, *Current Industrial Reports*, *Service Annual Survey* e *Monthly Retail and Food Service Sales and Inventories*. Dados mais específicos sobre tendências demográficas e números de possíveis mercados-alvo estão disponíveis em *Profiles of General Demographic Characteristics 2010 Census/Population*, *Mediamark Reporter* e *Lifestyle Market Analyst*. Por último, os dados demográficos, populacionais e sobre moradias de cada Estado estão no *site* do Estado em questão, na Web.

Na Tabela 7.5, consta uma lista de questões cruciais que o empreendedor deve considerar para essa seção do plano de negócio.

Descrição do empreendimento

descrição do empreendimento
Apresenta uma visão geral completa de produto(s), serviço(s) e operações do novo empreendimento

A *descrição do empreendimento* deve ser detalhada nesta seção do plano de negócio para que o investidor verifique a dimensão e o escopo do negócio. A seção deve começar com a declaração de missão, ou missão da empresa, do novo empreendimento. A declaração basicamente descreve a natureza do negócio e o que o empreendedor espera conquistar com o empreendimento. A declaração de missão ou definição do negócio orientará a empresa nas decisões de longo prazo. Após a declaração de missão, devem ser discutidos alguns fatores importantes que proporcionam uma descrição clara e uma ideia do empreendimento. Entre os elementos

TABELA 7.5 Questões críticas para a análise ambiental e industrial

1. Quais são as principais tendências econômicas, tecnológicas, legais e políticas em nível nacional e internacional?
2. Quais foram as vendas totais do setor nos últimos 5 anos?
3. Qual é o crescimento previsto nesse setor?
4. Quantas empresas novas entraram nesse setor nos últimos 3 anos?
5. Que novos produtos foram lançados recentemente nesse setor?
6. Quem são os concorrentes mais próximos?
7. Como as operações de sua empresa serão melhores do que as já existentes?
8. As vendas de cada um dos principais concorrentes estão crescendo, diminuindo ou estáveis?
9. Quais são os pontos fortes e fracos de cada concorrente?
10. Que tendências estão ocorrendo em sua área de mercado específica?
11. Qual é o perfil de seus clientes?
12. Em que o perfil de seu cliente difere do perfil de seus concorrentes?

principais estão os produtos ou serviços, a localização e a dimensão do negócio, o pessoal e os equipamentos necessários, o histórico do(s) empreendedor(es) e a história do empreendimento. A Tabela 7.6 sintetiza algumas das perguntas importantes que o empreendedor deve responder quando estiver preparando essa seção do plano de negócio.

A localização do negócio pode ser vital para seu sucesso, principalmente se é uma loja ou se envolve um serviço. Assim, a ênfase na localização no plano de negócio está relacionada ao ramo do negócio. Ao avaliar o prédio ou o espaço que a empresa ocupará, o empreendedor precisará avaliar fatores como estacionamento; acesso a partir de rodovias; acesso aos clientes, fornecedores, distribuidores; taxas de entrega; regulamentações urbanas ou leis de zoneamento. Um mapa ampliado do local é útil para dar à localização uma perspectiva em relação a estradas, autoestradas, acesso, etc.

Recentemente, um empreendedor pensou em abrir uma nova loja de doces em um local em diagonal a um pequeno *shopping* em uma estrada muito movimentada. Os indicadores de tráfego demonstraram um grande potencial de clientes se as pessoas parassem para tomar um café a caminho do trabalho. Após ampliar um mapa da região, o empreendedor observou que o fluxo do tráfego pela manhã exigiria que os motoristas virassem à esquerda na confeitaria, atravessando a via externa. Infelizmente, a estrada estava dividida por uma faixa central de concreto sem interrupções que permitissem dobrar à esquerda. A única possibilidade de entrar na loja obrigaria o cliente a dirigir cerca de 360 metros e fazer um retorno. Também seria difícil retornar à estrada trafegando na direção correta. Como não havia intenção de abrir a estrada, o empreendedor eliminou esse local sem outra consideração.

A simples avaliação do local, do mercado, etc. salvou o empreendedor de um possível desastre. Os mapas que localizam clientes, concorrentes e até locais alternativos para um prédio ou instalação são úteis nessa avaliação. Eis algumas perguntas importantes que devem ser feitas por um empreendedor:

Quanto espaço é necessário?

O espaço deve ser comprado ou alugado?

Qual é o custo por metro quadrado?

O local pode ser destinado a uso comercial?

Quais são as restrições da prefeitura para placas, estacionamentos, etc.?

É necessário reformar o prédio?

O local é acessível ao trânsito?

Há estacionamento suficiente?

O local considerado terá espaço para expansão?

TABELA 7.6 Descrição do empreendimento

1. Qual é a missão do novo empreendimento?
2. Quais são os motivos para abrir uma empresa?
3. Por que você será bem-sucedido nesse empreendimento?
4. Que trabalho de desenvolvimento foi concluído até esta data?
5. Qual(is) é(são) o(s) seu(s) produto(s) e/ou serviço(s)?
6. Descreva o(s) produto(s) e/ou serviço(s), incluindo o *status* relacionado a patentes, direitos autorais ou marcas registradas.
7. Onde a empresa será localizada?
8. O prédio é novo? Antigo? Precisa de reformas? (Se for necessário fazer reformas, informe os custos.)
9. O prédio é alugado ou próprio? (Declare os termos.)
10. Por que esse prédio e sua localização são adequados para a sua empresa?
11. Quais são os equipamentos de escritório necessários?
12. Os equipamentos serão comprados ou alugados?
13. Qual é a sua experiência e/ou de que você precisará para implementar com êxito o plano de negócio?

Qual é o perfil econômico e demográfico da área?
Existe uma mão de obra adequada à disposição?
Quais são os impostos locais?
Os sistemas de esgoto, eletricidade e água são adequados?

Se a decisão quanto ao prédio ou local envolver questões legais, como *leasing*, ou exigir variações de acordo com a legislação municipal, o empreendedor deverá contratar um advogado. Problemas relacionados a regulamentações municipais e *leasings* podem ser facilmente evitados, mas em hipótese alguma o empreendedor deve tentar negociar com a prefeitura ou com o proprietário sem assessoria jurídica.

Plano de produção

plano de produção
Detalhes da fabricação do(s) produto(s)

Se o novo empreendimento for uma operação de fabricação, será necessário um *plano de produção*. Esse plano deverá descrever todo o processo de fabricação. Se parte do processo de fabricação ou todo ele tiver que ser subcontratado, o plano deverá descrever o(s) serviço(s) subcontratado(s), incluindo localização, motivos da escolha, custos e todos os contratos fechados. Se a fabricação for realizada por completo ou em parte pelo empreendedor, ele terá que descrever a disposição da fábrica, o maquinário e os equipamentos necessários para executar as operações de produção, a matéria-prima e o nome, o endereço e as condições dos fornecedores, os custos de produção e qualquer necessidade futura de equipamentos. Em uma operação industrial, a discussão desses itens será importante para um investidor em potencial avaliar as necessidades financeiras.

A Tabela 7.7 resume algumas das principais questões dessa seção do plano de negócio. Se o novo empreendimento não possuir funções de fabricação, a seção deve ser retirada do plano.

Plano operacional

Todas as empresas, sejam elas indústrias ou não, devem ter um plano operacional como parte do plano de negócio. A seção vai além do processo de produção (quando o novo empreendimento abrange produção) e descreve o fluxo de produtos e serviços da produção para o cliente. O plano deve conter o inventário ou estoque de produtos manufaturados, os procedimentos de remessa e de controle de inventário e os serviços de atendimento ao cliente. Uma empresa não manufatureira, como uma loja de varejo ou um prestador de serviços, também precisa dessa seção do plano de negócio para explicar as etapas cronológicas ao concluir uma transação comercial. Por exemplo, uma operação com roupas desportivas no varejo da Internet precisaria descrever como

TABELA 7.7 Plano de produção

1. Você será responsável por toda a operação de fabricação ou por parte dela?
2. Se uma parte da produção for terceirizada, quem serão os subcontratados? (Informe nomes e endereços.)
3. Por que esses subcontratados foram escolhidos?
4. Quais são os custos da produção terceirizada? (Inclua as cópias dos contratos redigidos.)
5. Qual será o esquema do processo de produção? (Ilustre as etapas, se possível.)
6. Que equipamentos serão imediatamente necessários para a produção?
7. Que matérias-primas serão necessárias para a produção?
8. Quem são os fornecedores dos novos materiais e quais são os custos correspondentes?
9. Quais são os custos de fabricação do produto?
10. Quais são as necessidades futuras de equipamentos do empreendimento?

Para uma operação no varejo ou serviço:
1. De quem a mercadoria será comprada?
2. Como funcionará o sistema de controle do estoque?
3. Quais são as necessidades de armazenagem do empreendimento e como serão promovidas?
4. De que modo os produtos fluirão para o cliente?
5. Quais são as etapas, em ordem cronológica, de uma transação comercial?
6. Quais são as exigências de uso de tecnologia para atender aos clientes com eficácia?

e onde os produtos oferecidos seriam comprados e estocados, como o estoque seria administrado, como os produtos seriam despachados e, principalmente, como um cliente se conectaria e concluiria uma transação. Além disso, este seria um local adequado para o empreendedor discutir o papel da tecnologia no processo de transações comerciais. Para toda operação de varejo na Internet deve ser incluída uma explicação sobre os requisitos tecnológicos para concluir, de modo eficiente e lucrativo, uma transação comercial bem-sucedida.

Observe que a principal diferença entre serviços e produtos manufaturados é que os serviços abrangem desempenhos intangíveis, o que implica que não podem ser tocados, vistos, degustados, ouvidos ou percebidos da mesma maneira que os produtos manufaturados. Companhias aéreas, hotéis, locadoras de automóveis, cinemas, hospitais, entre outros, dependem de entregas comerciais ou da qualidade do serviço. Para essas empresas, o desempenho frequentemente depende da localização, do projeto da instalação e do pessoal, o que, por sua vez, afeta a qualidade do serviço (inclusive fatores como confiabilidade, agilidade e garantia). O processo de entrega de um serviço com qualidade é o que distingue um novo empreendimento de outro e, por conseguinte, precisa ser o foco do plano operacional. A Tabela 7.7 resume algumas perguntas ou questões importantes para um novo empreendimento, manufatureiro ou não.

Plano de marketing

O *plano de marketing* (analisado em detalhes no Capítulo 8) é uma parte importante do plano de negócio, uma vez que descreve como os produtos ou serviços serão distribuídos, cotados e promovidos. Nessa seção, devem ser descritas evidências da pesquisa de marketing para respaldar as decisões estratégicas cruciais de marketing, bem como prever as vendas. São feitas previsões específicas sobre produto(s) ou serviço(s) para projetar a lucratividade do empreendimento. O orçamento e os controles adequados necessários para as decisões de estratégia de marketing também serão discutidos detalhadamente no Capítulo 8. Os investidores em potencial consideram o plano de marketing fundamental para o êxito do novo empreendimento. Portanto, o empreendedor deve preparar um plano o mais abrangente e detalhado possível, para que os investidores percebam com clareza as metas do empreendimento e as estratégias a serem implementadas para que essas metas sejam atingidas de modo eficiente. O planejamento de marketing deve ser uma exigência anual (com cuidadoso monitoramento e modificações semanais ou mensais) para o empreendedor e deve ser visto como um roteiro para as tomadas de decisão de curto prazo.

plano de marketing
Descreve as condições e a estratégia do mercado relacionadas ao modo como o(s) produto(s) e serviço(s) serão distribuídos, cotados e promovidos

Plano organizacional

O *plano organizacional* é a parte do plano de negócio que descreve o tipo de propriedade do empreendimento – isto é, propriedade, sociedade ou corporação. Se o empreendimento for uma sociedade, devem ser incluídos os termos dessa sociedade. Se for uma corporação, é importante detalhar as cotas de ações autorizadas e as opções de participação, bem como nomes, endereços e currículos dos diretores e da alta administração da corporação. Também é útil fornecer um organograma da empresa, indicando a linha de autoridade e as responsabilidades dos membros da organização. A Tabela 7.8 apresenta algumas das principais perguntas que o empreendedor deve responder ao preparar essa seção do plano de negócio. Essas informações oferecem ao investidor em potencial uma ideia clara de quem controla a organização e como os outros membros vão interagir ao desempenhar suas funções administrativas. O Capítulo 9 oferece mais detalhes sobre essa parte do plano de negócio.

plano organizacional
Descreve o tipo de propriedade e as linhas de autoridade e responsabilidade dos membros do novo empreendimento

Avaliação de risco

Todo novo empreendimento enfrentará alguns possíveis prejuízos, de acordo com o setor específico e com o ambiente competitivo. É importante que o empreendedor faça uma *avaliação de risco*. Primeiro, o empreendedor deve indicar os riscos com os quais o novo empreendimento

avaliação de risco
Identifica os possíveis riscos e as estratégias alternativas para atingir as metas e os objetivos do plano de negócio

TABELA 7.8 Estrutura da organização

1. Qual é o tipo de propriedade da organização?
2. Se for uma sociedade, quem são os sócios e quais são os termos do acordo?
3. Se for uma corporação, quais são os acionistas majoritários e quantas ações eles detêm?
4. Quantas ações com ou sem poder de voto foram emitidas e de que tipo?
5. Quem são os membros da diretoria? (Inclua nomes, endereços e currículos.)
6. Quem tem controle ou autoridade para assinar cheques?
7. Quem são os membros da equipe administrativa e que experiência eles têm?
8. Quais são as funções e responsabilidades de cada membro da equipe administrativa?
9. Quais são os salários, as compensações ou outras formas de pagamento de cada membro da equipe administrativa?

pode se defrontar. A seguir, deve haver uma discussão do que poderia acontecer se esses riscos se concretizassem. Finalmente, o empreendedor deve discutir a estratégia a ser empregada para impedir, minimizar ou reagir aos riscos, caso ocorram. Grandes riscos para um empreendimento podem resultar da reação de um concorrente, dos pontos fracos da equipe de marketing, de produção ou de administração, e dos novos avanços na tecnologia que talvez tornem o novo produto obsoleto. Mesmo que esses fatores não apresentem riscos para o novo empreendimento, o plano de negócio deverá explicar o porquê.

Plano financeiro

plano financeiro
Projeções dos principais dados financeiros que determinam a viabilidade econômica e o compromisso dos investimentos financeiros necessários

Assim como os planos de marketing, de produção e organizacional, o *plano financeiro* é uma parte importante do plano de negócio, pois determina o investimento necessário para o novo empreendimento e indica se o plano de negócio é economicamente viável. (O plano financeiro é discutido com detalhes no Capítulo 10.)

Em geral, são discutidas três áreas financeiras nessa seção do plano de negócio. Primeiro, o empreendedor deve sintetizar as vendas previstas e as despesas correspondentes por, pelo menos, três anos, com as projeções do primeiro ano apresentadas mês a mês. A forma de apresentar essas informações é abordada no Capítulo 10. Elas incluem as vendas previstas, o custo de mercadorias vendidas e as despesas gerais e administrativas. O lucro líquido depois de pagos os impostos pode ser projetado ao estimar o imposto de renda.

A segunda área importante das informações financeiras necessárias é a dos valores do fluxo de caixa por três anos, com as projeções do primeiro ano demonstradas mensalmente. Como as contas têm que ser pagas em diferentes épocas do ano, é importante determinar as demandas de recursos mensais, principalmente no primeiro ano. Lembre-se de que as vendas são irregulares e os recebimentos de clientes também podem ser esparsos, havendo a necessidade de um empréstimo de capital de curto prazo para pagamentos de despesas fixas, como salários e serviços básicos. No Capítulo 10, há um formulário para a projeção das necessidades de fluxo de caixa por um período de 12 meses.

O último item financeiro necessário nessa seção do plano de negócio é o balanço patrimonial projetado, que mostra a condição financeira do negócio em um momento específico. Ele sintetiza os ativos de uma empresa, seus passivos (o que é devido), o investimento do empreendedor e dos sócios e os lucros retidos (ou perdas acumuladas). No Capítulo 10, há um formulário para o balanço patrimonial, com explicações mais detalhadas dos itens incluídos. Quaisquer premissas consideradas no balanço patrimonial, ou outro item no plano financeiro, devem ser listadas para facilitar o trabalho do investidor em potencial.

Apêndice

O apêndice do plano de negócio em geral contém material de consulta, desnecessário no texto do documento. As referências a qualquer documento do apêndice devem ser feitas no próprio plano.

SAIU NA *BUSINESS NEWS*

UMA NOVATA INCOMUM: UMA BREVE APRESENTAÇÃO DOS SAQUINHOS DE CAFÉ

Um colega do time de beisebol menciona a você um novo produto do qual ouviu falar, um substituto para o tabaco mastigável. Você acaba de vender seu negócio na Califórnia e está buscando oportunidades para investir seu dinheiro em uma nova empresa interessante. Você foi atleta amador durante todo o ensino médio e faculdade e continua a jogar beisebol nas ligas locais, então, adoraria considerar uma maneira de investir em um produto que envolveria atletas profissionais. Você pensaria em investir no novo produto?

Todos assistimos a jogadores de beisebol que passam o jogo inteiro mastigando tabaco e cuspindo, muito para a consternação da plateia. Pat Pezet e Matt Canepa criaram uma solução para o problema do tabaco mastigável que também é um excelente substituto para quem precisa de uma dose de cafeína e não tem como fazer uma xícara de café. A inovação é um saquinho de café mastigável com sabor que contém tanta cafeína quanto 60 mL de café, além de uma pequena quantidade de vitaminas. O produto é vendido em dois sabores: mocha e menta com chocolate. Matt e Pat são jogadores de beisebol amador e das ligas menores. Os dois estavam se formando pela California Polytechnic State University quando, uma noite, enquanto trabalhavam em um projeto de economia, decidiram colocar borras de café direto em suas bocas em vez de passar uma xícara. A cafeína fez efeito e ambos decidiram que a ideia tinha valor.

Depois dessa descoberta, os dois amigos venceram algumas competições de planos de negócio, o que propiciou fundos e o interesse de investidores que ouviram sua apresentação. Em 2009, com o plano de negócio e o financiamento inicial, os dois lançaram a Grinds. Na primeira fase, eles procuraram vender o produto para jogadores de beisebol das ligas menores e principais, enquadrando-o como um substituto para o tabaco mastigável. As recomendações pessoais logo elevaram seu sucesso, de modo que diversos jogadores ofereceram depoimentos favoráveis sobre o produto.

Esperava-se que as receitas ultrapasassem os 100 mil dólares ao final de 2011. Como o financiamento era limitado, os dois utilizaram redes sociais, como Twitter e Facebook, para disseminar informações sobre seus produtos. A empresa está considerando a aprovação pelo FDA, já que o produto é visto como um suplemento. As outras opções seriam aumentar os sabores oferecidos e considerar outros canais de distribuição, como os varejistas.

Fonte: Adaptado de www.getgrinds.com; www.twitter.com/getGRINDS; www.facebook.com/getGRINDS; e "Grinding It Out," by Matt Villano, *Entrepreneur* (September 2011), p. 21.

Cartas de clientes e distribuidores ou serviços terceirizados são exemplos de informações que devem constar no apêndice. Qualquer documentação sobre informações, isto é, dados secundários ou dados primários de pesquisa usados para respaldar as decisões do plano, também deve ser incluída. Aluguéis, contratos ou outros tipos de acordos já iniciados também podem estar no apêndice. Finalmente, é possível acrescentar listas de preços de fornecedores e concorrentes.

USANDO E IMPLEMENTANDO O PLANO DE NEGÓCIO

O plano de negócio guia o empreendedor ao longo do primeiro ano de operações. A implementação da estratégia precisa conter pontos de controle para averiguar o progresso e iniciar planos contingentes, se necessário. Alguns controles necessários em fabricação, marketing, financiamento e organização serão discutidos em capítulos subsequentes. O mais importante para o empreendedor é que o plano de negócio não acabe em uma gaveta assim que o financiamento for conseguido e o negócio iniciado.

Há uma tendência entre muitos empreendedores no sentido de evitar o planejamento. A justificativa frequentemente dada é que o planejamento é entediante ou desinteressante e usado somente por grandes empresas. Isso é uma desculpa; talvez a verdade seja que alguns empreendedores têm medo de planejar.[7] O planejamento é uma parte importante de qualquer operação empresarial. Sem um bom planejamento, é provável que o empreendedor pague um preço muito alto. Basta considerar o planejamento feito por fornecedores, clientes, concorrentes e bancos para se conscientizar da sua importância para o empreendedor. Também é fundamental entender que, sem um bom planejamento, os empregados não entenderão as metas da empresa e qual é a expectativa em relação ao modo como desempenham suas funções.

Os banqueiros são os primeiros a admitir que poucos fracassos empresariais resultam da falta de dinheiro; geralmente os fracassos ocorrem devido à falta de capacidade do empreendedor de planejar de modo eficiente. O planejamento inteligente não é um exercício difícil ou impossível para o empreendedor sem experiência. Com o comprometimento adequado e com o apoio de recursos externos, como os apresentados na Tabela 7.2, o empreendedor conseguirá preparar um plano de negócio eficaz.

Além disso, o empreendedor promove a implementação efetiva do plano de negócio ao desenvolver uma programação para avaliar o andamento e instituir planos contingentes. Essas leituras frequentes, ou procedimentos de controle, serão discutidas a seguir.

Avaliando o andamento do plano

Durante as fases introdutórias do novo empreendimento, o empreendedor precisa determinar os pontos em que devem ser tomadas as decisões quanto à adequação das metas e dos objetivos à programação. Geralmente, as projeções do plano de negócio serão feitas em uma programação anual. Entretanto, o empreendedor não pode esperar 12 meses para saber se o plano foi realizado com êxito. Ao contrário, com frequência (isto é, no início de cada mês) o empreendedor deve verificar o demonstrativo de resultados, as projeções de fluxo de caixa e as informações sobre estoque, produção, qualidade, vendas, contas a receber e desembolsos do mês anterior. Os *sites* da empresa também devem ser avaliados como parte desse processo. Esse *feedback* deve ser simples e fornecer aos principais membros da organização informações atualizadas a tempo de corrigir quaisquer desvios importantes das metas e dos objetivos delineados. Veja, a seguir, uma descrição resumida de cada um desses elementos de controle:

- *Controle de estoque*. Ao controlar o estoque, a empresa garante o atendimento máximo ao cliente. Quanto mais rapidamente a empresa retoma seu investimento em matérias-primas e produtos acabados, mais rapidamente o capital poderá ser reinvestido para atender as necessidades adicionais dos clientes.

- *Controle de produção*. Compara os custos estimados no plano de negócio com os custos das operações diárias. Isso ajuda a controlar tempo de máquina, horas de trabalho, tempo de processamento, atrasos e custo de paralisação.

- *Controle de qualidade*. Vai depender do tipo de sistema de produção, mas é criado para verificar se o produto tem um desempenho satisfatório.

- *Controle de vendas*. Informações sobre unidades, preços, produtos específicos vendidos, preço de vendas, cumprimento das datas de entrega e condições de financiamento são úteis para dar uma boa perspectiva das vendas do novo empreendimento. Além disso, deve ser estabelecido um sistema eficiente para contas a receber a fim de evitar o vencimento de contas e dívidas incobráveis.

- *Desembolsos*. O novo empreendimento também deve controlar o montante de dinheiro gasto. Todas as contas devem ser revisadas para determinar quanto está sendo desembolsado e para que propósito.

- *Controle do* site. Com o aumento cada vez maior das vendas apoiadas ou obtidas em um *site* de uma empresa, é fundamental avaliar continuamente o *site* para verificar sua eficácia no atendimento das metas e dos objetivos do plano. Há muitos serviços e pacotes de software disponíveis para auxiliar o empreendedor nesse processo. Essas empresas de serviços e alternativas de software são inúmeras para serem mencionadas aqui, mas são facilmente identificadas em uma busca na Internet.[8]

Atualizando o plano

O plano de negócio mais eficiente ficará desatualizado se houver mudanças. Fatores ambientais, como a economia, os clientes, uma nova tecnologia ou a concorrência, além de fatores internos, como a perda ou o acréscimo de funcionários importantes, mudam a direção do plano de negócio. Assim, é importante estar atento a todas as mudanças na empresa, no setor e no mercado. Se houver probabilidade de essas mudanças afetarem o plano de negócio, o empreendedor deve determinar que revisões são necessárias. Dessa maneira, o empreendedor conseguirá manter metas e objetivos razoáveis e conservar o novo empreendimento em um caminho que aumentará sua probabilidade de êxito.

POR QUE ALGUNS PLANOS DE NEGÓCIO FRACASSAM

Geralmente, um plano de negócio mal-elaborado é consequência de um ou mais dos seguintes fatores:

- As metas estabelecidas pelo empreendedor não são razoáveis.
- As metas não são mensuráveis.
- O empreendedor não se comprometeu totalmente com o negócio ou com a família.
- O empreendedor não tem experiência no negócio planejado.
- O empreendedor não tem ideia das possíveis ameaças ou dos pontos fracos do negócio.
- Nenhuma necessidade do cliente foi identificada para o produto ou serviço em questão.

O estabelecimento de objetivos exige que o empreendedor esteja informado sobre o tipo de negócio e sobre o ambiente competitivo. Os objetivos devem ser específicos e não tão gerais a ponto de não ter uma base de controle. Por exemplo, o empreendedor deve almejar uma fatia específica do mercado, unidades vendidas ou receita. Essas metas são mensuráveis e podem ser monitoradas ao longo do tempo.

Além disso, o empreendedor e sua família devem se comprometer totalmente com o negócio a fim de conseguirem alcançar as demandas de um novo empreendimento. Por exemplo, é difícil operar um novo empreendimento em meio turno enquanto ainda se tem um cargo em tempo integral. Também é difícil operar uma empresa sem uma compreensão dos membros da família quanto ao tempo e aos recursos necessários. Os credores e investidores não verão com bons olhos um empreendimento que não tem um comprometimento de tempo integral.

Em geral, a falta de experiência resultará em fracasso, a menos que o empreendedor consiga adquirir o conhecimento necessário ou se associar com alguém que já o possua. Por exemplo, um empreendedor que tenta iniciar um novo restaurante sem experiência ou conhecimento nessa área estaria em uma situação desastrosa.

O empreendedor também deve documentar as necessidades do cliente antes de elaborar o plano. Essas necessidades do cliente podem ser identificadas a partir de experiência direta, cartas de clientes ou pesquisa de marketing. Um claro entendimento dessas necessidades e de como o negócio efetivamente lhes atenderá é vital para o sucesso do novo empreendimento.

REVISÃO

RESUMO

Este capítulo estabelece o escopo e o valor do plano de negócio e delineia as etapas de sua preparação. O plano de negócio será lido por funcionários, investidores, agentes financeiros, fornecedores, clientes e consultores. O escopo do plano dependerá de quem o lê, da dimensão do empreendimento e do setor específico para o qual o empreendimento é direcionado.

O plano de negócio é fundamental ao iniciar um novo empreendimento. O resultado de horas de elaboração será um documento abrangente, bem-redigido e bem-organizado, que servirá como um guia para o empreendedor e como um instrumento para obter o capital e o financiamento necessários.

Antes de iniciar o plano de negócio, o empreendedor precisará de informações sobre mercado, operações de produção e estimativas financeiras. Esse processo pode ser visualizado como uma pirâmide invertida, a partir de uma análise muito abrangente até um posicionamento de mercado específico e uma determinação de metas e objetivos específicos. A Internet representa um serviço de baixo custo que oferece informações valiosas sobre o mercado, os clientes e suas necessidades e os concorrentes. Essas informações devem ser avaliadas com base nas metas e nos objetivos do novo empreendimento. Essas metas e objetivos também proporcionam uma estrutura no estabelecimento de controles para o plano de negócio.

O capítulo apresenta uma discussão e um esboço abrangentes de um plano de negócio típico. Cada elemento fundamental do plano é discutido, um processo de obtenção de informações é descrito e são dados exemplos. As decisões de controle são apresentadas para assegurar a implementação efetiva do plano de negócio. Além disso, também são abordadas algumas questões relativas aos motivos pelos quais alguns planos de negócio fracassam.

ATIVIDADES DE PESQUISA

1. Existem muitos pacotes de software para ajudar os empreendedores a elaborar planos de negócio. Pesquise na Internet e selecione três desses pacotes. Quais são as diferenças de cada um? Em que são parecidos? Como eles ajudam o empreendedor na preparação do plano de negócio final?

2. Encontre cinco planos de negócio. Quais são os temas comuns cobertos pelos cinco planos? Quais são as diferenças entre eles? Escolha aquele que, em sua opinião, apresenta a melhor redação e, em seguida, descreva por que você o considera melhor do que os outros.

3. Converse com cinco empreendedores e descubra por que eles têm (ou não) um plano de negócio. Junto àqueles que possuem esse plano, descubra quando foi escrito, o propósito de sua criação e se foi usado e/ou mantido atualizado.

DISCUSSÃO EM AULA

1. Dado que é difícil prever com precisão o futuro, um plano de negócio é útil? Liste três motivos para elaborar um plano e três motivos para não elaborá-lo. Qual é a sua conclusão? Por quê?

2. O que torna um plano de negócio excelente?

3. Seria melhor para o empreendedor gastar mais tempo vendendo seu produto, em vez de investir tanto tempo redigindo um plano de negócio?

4. Se for necessário usar um plano de negócio para levantar capital, por que o empreendedor revelaria os principais riscos da empresa, detalhando-os no plano de negócio?

5. Qual é a finalidade do plano de negócio se o público for (a) um empreendedor, (b) um investidor ou (c) um fornecedor importante? Como esse plano poderia ser adaptado a esses diferentes públicos? É melhor ter apenas um plano de negócio para todos os públicos?

NOTAS

1. Ver Katherine A. Diaz, "A Champion for Small Business: GC Micro's Belinda Guadarrama Breaks Barriers," *HispanicTrends.com* (Spring 2003), pp. 1–6; "GC Micro's 'Huge Step': Petaluma Computer Contractor Selected to Provide Equipment for Federal Agencies," *The Press Democrat*, November 7, 2007; e www.gcmicro.com.

2. Ver Kate Lister, "Myth of the Business Plan," *Entrepreneur* (January 2011), pp. 64–65; "A Simple Plan," *Entrepreneur* (August 2010), p. 38; e Sarah Simoneaux and Chris Stroud, "A Business Plan: The GPS for Your Company," *Journal of Pension Benefits: Issues in Administration* 18, issue 2 (Winter 2011), pp. 92–95.

3. Jack Kwicien, "Put Your Plan into Action," *Employee Benefit Advisor* (April 2011), pp. 60–62.

4. Ver http://www.sba.gov/about-offices-content/2/3126/success-stories.

5. Jennifer Wang, "A Refined Taste," *Entrepreneur* (April 2011), pp. 28–34.

6. Ver www.Fortune3.com; e www.hometextilestoday.com.

7. Ver Jason Daley, "First Lesson: Trust Your Gut," *Entrepreneur* (March 2010), p. 106; e Carl Richards, "Planning without Fear," *Financial Planning* (April 2010), pp. 93–94.

8. Allan Kent, "Choosing the Right CMS for Your Website," *NZ Business* (May 2011), pp. 46–47.

8

PLANO DE MARKETING

OBJETIVOS DE APRENDIZAGEM

▶ Entender a relevância da análise do setor e da concorrência para o processo de planejamento de mercado.

▶ Descrever a função da pesquisa de marketing na determinação da estratégia para o plano de marketing.

▶ Ilustrar um procedimento eficaz e viável para o empreendedor que deseja trabalhar com um estudo de pesquisa de mercado.

▶ Definir as etapas da preparação do plano de marketing.

▶ Explicar o sistema de marketing e seus principais componentes.

▶ Ilustrar estratégias criativas para diferenciar ou posicionar os produtos ou serviços do novo empreendimento.

PERFIL DE ABERTURA

Russell Rothstein – www.SaleSpider.com

As estratégias de marketing para a promoção de um novo empreendimento ou uma pequena empresa muitas vezes são limitadas por restrições financeiras. Entretanto, com o advento das redes sociais, as pequenas empresas descobriram novas oportunidades para promover seus produtos e serviços. O uso de redes sociais como ferramenta de marketing será analisado em uma parte posterior deste capítulo. A ideia de oferecer esse serviço a pequenas empresas levou à inspiração de Russell Rothstein, fundador da SaleSpider.com. O *site* é uma rede social gratuita projetada para ajudar pequenas empresas a expandir suas redes e oportunidades ao se conectarem com terceirizados e fornecedores, hospedarem e assistirem *webinars* e vídeos, anunciarem em classificados gratuitos e acessarem gratuitamente oportunidades de vendas e de negócio.

    Russell Rothstein poderia ser chamado de empreendedor inveterado, pois já lançou diversos novos empreendimentos bem-sucedidos. Seu primeiro projeto foi a Bizware, que fornecia software de cadeia de suprimentos para postos de gasolina e lojas de conveniência. Ele transformou a empresa em líder do mercado antes de vendê-la em 1995. Antes de lançar a SaleSpider.com, Rothstein fundou a NorthPath, que oferecia oportunidades de vendas e terceirização de vendas de campo a grandes empresas de tecnologia. Na NorthPath, Rothstein notou que a empresa atraía uma grande porcentagem de pequenas empresas, a maioria das quais buscava oportunidades de aumentar suas receitas de vendas a um custo razoável. Com esse conhecimento, Rothstein decidiu lançar a SaleSpider.com em 2006, dedicada a ajudar empreendedores do mundo todo a administrar empresas de pequeno e médio porte.

A SaleSpider.com tem mais de 870.000 usuários e é a maior comunidade *online* dedicada especificamente a empreendedores interessados em novas oportunidades de negócios geradoras de receitas e no estabelecimento relações com novos contatos. Com base em Toronto, Canadá, Rothstein indica que cerca de 95% dos usuários vêm dos Estados Unidos. Ele credita o sucesso do empreendimento à escolha do momento certo, pois observou que redes sociais, como Facebook e MySpace, eram muito bem-sucedidas, mas limitadas em seus recursos para pequenas empresas. Rothstein decidiu que não bastava conectar pessoas. Para ter sucesso, especialmente em um negócio, é importante agregar valor às redes sociais. Daí o lançamento da SaleSpider.com.

Qualquer empresa pode utilizar a SaleSpider gratuitamente. Basta alguns cliques para criar uma conta, identificar conexões e alianças em novos mercados, localizar oportunidades de vendas e contratos, postar um anúncio nos classificados ou até participar de uma convenção de vendas *online*. Recentemente, Rothstein lançou também a seção Hot Deals do *site*. O *link* oferece aos membros descontos em hotéis, aluguéis de automóveis, hospedagem de *sites* e até empréstimos comerciais.

O site em si é gratuito, mas a SaleSpider possui três fontes de receitas. A maior delas é os anúncios de organizações direcionadas ao mercado de pequenas empresas. Os anúncios variam de 20.000 a 50.000 dólares por mês, dependendo da geografia e do setor buscados. Os boletins *online* e o marketing em telefonia móvel também representam fontes de receitas.

Os principais concorrentes da SaleSpider são as redes sociais. O Facebook, um dos *sites* mais populares do setor, reconheceu o mercado comercial e recentemente adicionou um *link*, o botão Curtir, com o qual as empresas podem se conectar com os consumidores. O *site* oferece uma vasta rede de recomendações pessoais e ajuda as empresas a direcionar anúncios a mercados-alvo específicos por meio do sistema. Muitas empresas usam o Facebook para se manter em contato com seus clientes, que participam da rede. O LinkedIn é outra rede social, projetado especificamente para profissionais que desejam atualizar seus currículos e se comunicar com contatos comerciais. Devido à grande base de usuários desses *sites*, eles conseguem adicionar serviços para os usuários que seriam uma ameaça para Rothstein. O Twitter, uma rede social online e um serviço de *microblogging*, permite que os usuários troquem *posts*. Esses *posts*, chamados *tweets*, podem ser de natureza comercial e são utilizados pelas empresas para informar os consumidores sobre novos produtos, alterações nos serviços e assim por diante. Entretanto, essa rede é de natureza principalmente pessoal e os *posts* costumam tratar de eventos e experiências pessoais. Mesmo com a existência desses concorrentes, Rothstein acredita que a SaleSpider é a primeira de seu tipo com múltiplos serviços específicos para pequenas empresas, o que permitiu que ela se tornasse a rede social de negócios número um do mercado. Rothstein também acredita que os esforços contínuos para atrair novos usuários e oferecer mais serviços vantajosos ajudarão a SaleSpider a preservar seu sucesso.

Recentemente, Rothstein e a SaleSpider foram destacados pelas revistas *Entrepreneur* e *Forbes* como uma nova pequena empresa em ascensão. Com um crescimento de mais de 30.000 novos usuários por mês, Rothstein acredita que as redes sociais ainda estão na primeira infância. Os desafios enfrentados por Rothstein e a SaleSpider são manter o fluxo de caixa positivo e continuar oferecendo novas oportunidades para que os membros gerem receitas e novos negócios.[1]

Como é possível constatar no exemplo da SaleSpider.com, há várias oportunidades em um ambiente competitivo. Os esforços de Russell Rothstein ao criar o empreendimento partiram do conhecimento e da avaliação das necessidades de um segmento específico do mercado. O desenvolvimento de uma estratégia para atender a essas necessidades abrange o conhecimento e a avaliação do setor, que é exatamente onde começaremos a discussão deste capítulo.

ANÁLISE DO SETOR

Antes de preparar o plano de marketing, o empreendedor deve concluir a seção de análise do setor do plano de negócio. O foco básico da análise do setor é apresentar um conhecimento suficiente do ambiente (mercado nacional e local) que influencie a tomada de decisão da estratégia de marketing. No Capítulo 7, descrevemos esse processo de obtenção de informações como uma pirâmide invertida (ver Figura 7.1): ela começa com uma avaliação mais abrangente das tendências ambientais e do setor; a partir daí, passa para as tendências mais locais do cenário mercadológico e do setor, incluindo a concorrência. O empreendedor deve examinar a seção relevante do Capítulo 7 para entender quais informações estão incluídas e como obtê-las.

As fontes secundárias podem oferecer grande parte das informações necessárias sobre cada uma dessas questões. O Capítulo 7 também traz amostras de fontes com um exemplo adequado. Além das fontes secundárias, o empreendedor talvez decida que uma iniciativa de pesquisa de mercado garantirá informações mais específicas sobre variáveis como necessidades dos clientes, pontos fortes e fracos da concorrência, preço, promoção, distribuição e benefícios dos produtos ou serviços. Esse projeto de pesquisa de mercado certamente acrescenta conclusões importantes e úteis para o empreendedor na determinação da posição de mercado mais eficiente, no estabelecimento de metas e objetivos de marketing e na definição dos programas de ação necessários para atender a essas metas e objetivos. Serão discutidas mais adiante neste capítulo as etapas no processo de pesquisa de mercado e os meios para que o empreendedor obtenha ajuda nesse processo.

Um dos benefícios da abordagem da pirâmide invertida para a análise do setor é que o empreendedor começará a conhecer os pontos fortes e fracos dos concorrentes, o que dará boas ideias sobre como posicionar os produtos ou serviços do novo empreendimento. A seguir, você conhecerá técnicas para registrar e avaliar essas informações sobre o cenário competitivo.

Análise da concorrência

Para iniciar essa etapa, o empreendedor deve primeiramente documentar a estratégia atual de cada concorrente importante. Isso pode ser organizado por meio do modelo da Tabela 8.1. É possível inicialmente coletar as informações sobre os concorrentes utilizando o máximo de informações públicas e complementando-as depois com um projeto de pesquisa de marketing. Devem ser examinados artigos de jornais, *sites*, catálogos, promoções, entrevistas com distribuidores e clientes e qualquer outra estratégia de marketing ou informações da empresa disponíveis. Uma simples busca no Google, Yahoo! ou MSN leva o empreendedor a diversas boas fontes de informações sobre concorrentes. Em bibliotecas, uma busca em bancos de dados como Business Source Complete, LexisNexis, Factiva ou Hoover's também oferece acesso a diversos artigos relevantes sobre concorrentes específicos. Procure nesses artigos informações sobre estratégias dos concorrentes e identifique os nomes das pessoas entrevistadas, citadas como referência ou simplesmente mencionadas nos artigos. O autor do artigo e qualquer uma dessas pessoas poderão ser contatados para obter informações adicionais. A partir de então, todas as informações seriam compiladas no modelo fornecido na Tabela 8.1. Assim que a es-

TABELA 8.1 Avaliação de estratégias de marketing de concorrentes e pontos fortes e fracos

	Concorrente A	Concorrente B	Concorrente C
Estratégias de produtos ou serviços			
Estratégias de preços			
Estratégias de distribuição			
Estratégias de promoção			
Pontos fortes e fracos			

tratégia estiver resumida, o empreendedor deve começar a identificar os pontos fortes e fracos de cada concorrente, como mostra a tabela.

Todas as informações contidas na Tabela 8.1 servem para formular a estratégia de posicionamento no mercado do novo empreendimento. O novo empreendimento imitará um concorrente específico ou tentará atender às necessidades no mercado ainda não solucionadas por qualquer outra empresa? Essa análise trará esclarecimentos para o empreendedor e propiciará uma base sólida para qualquer tomada de decisão de marketing discutida no plano de marketing. Se uma coleta de dados mais formal estiver sendo considerada, os parágrafos a seguir explicarão as etapas para a coleta de dados primários, assim como algumas fontes secundárias pertinentes para o empreendedor.

PESQUISA DE MARKETING PARA O NOVO EMPREENDIMENTO

As informações para o desenvolvimento do plano de marketing podem determinar a necessidade de alguma pesquisa de marketing. Essa pesquisa abrange a coleta de dados a fim de obter informações como quem comprará o produto ou serviço, qual é a dimensão do mercado em potencial, que preço deveria ser cobrado, qual é o canal de distribuição mais adequado e qual é a estratégia de promoção mais eficiente para informar e atingir os possíveis clientes. Como os custos da pesquisa de marketing variam bastante, o empreendedor precisará avaliar os recursos disponíveis e as informações necessárias. Também existem algumas técnicas de pesquisa de baixo custo, que oferecem, pelo menos inicialmente, evidências importantes para respaldar o potencial de mercado para o novo empreendimento. Uma dessas técnicas é o grupo de discussão, que será abordado posteriormente nesta seção.

A pesquisa de marketing pode ser conduzida pelo empreendedor ou por um fornecedor ou consultor externo. Também há oportunidades para os empreendedores contatarem suas faculdades ou universidades locais para identificar quem leciona marketing e está disposto a ter clientes externos para projetos de pesquisa dos alunos. A seguir são discutidas sugestões de como conduzir a pesquisa de mercado.

A pesquisa de mercado começa com uma definição de objetivos ou propósitos. Geralmente, essa é a etapa mais difícil, já que muitos empreendedores não têm conhecimento ou experiência em marketing e muitas vezes nem mesmo sabem o que querem alcançar com uma pesquisa. No entanto, este é o próprio motivo pelo qual a pesquisa de marketing pode ser tão significativa para o empreendedor.[2]

Primeira etapa: definir o propósito ou os objetivos

O modo mais eficaz para começar é o empreendedor sentar-se e fazer uma lista das informações necessárias para preparar o plano de marketing. Por exemplo, o empreendedor talvez pense que há um mercado para seu produto, mas não tem certeza de quem será o cliente ou mesmo se o produto é adequado na forma atual. Assim, o objetivo seria perguntar às pessoas o que acham do produto ou serviço e se elas o comprariam e coletar alguns dados demográficos e atitudes desses indivíduos. Isso satisfaria o objetivo ou o problema que o empreendedor definiu previamente. Outros objetivos podem ser determinados:

- Quanto os possíveis clientes estariam dispostos a pagar pelo produto ou serviço?
- Onde os possíveis clientes prefeririam comprar o produto ou serviço?
- Onde o cliente esperaria ouvir falar ou ficar sabendo sobre o produto ou serviço?

Segunda etapa: coletar dados de fontes secundárias

As fontes secundárias, discutidas anteriormente neste capítulo e no Capítulo 7, são um meio de obter informações para a seção de análise do setor do plano de negócio. Existem várias outras fontes secundárias de pesquisa de mercado para tratar dos objetivos específicos do projeto, identificados na primeira etapa. Como mencionado, revistas especializadas, artigos de jornais, bibliotecas, órgãos governamentais e a Internet fornecem muitas informações sobre o mercado do setor e sobre os concorrentes. A Internet, inclusive, serve para obter dados básicos informais por meio de grupos de bate-papo.

Dados comerciais também estão disponíveis, mas o custo pode ser proibitivo para o empreendedor. No entanto, as bibliotecas empresariais em geral assinam alguns serviços comerciais, como Nielsen Indexes, Audits and Surveys' National Market Indexes e Information Resources, Inc.

Antes de considerar as fontes primárias ou comerciais para obter informações, o empreendedor deve exaurir todas as fontes secundárias gratuitas. Em nível federal, a Agência de Recenseamento dos Estados Unidos publica diversos relatórios de recenseamento, assim como o Departamento de Comércio. Outras fontes excelentes em nível estadual e local são o Departamento de Comércio Estadual, as Câmaras de Comércio, os bancos locais, os departamentos estaduais de trabalho e indústria e a mídia local. A Tabela 8.2 oferece uma lista abrangente de *sites* (alguns pagos, outros gratuitos), assim como excelentes bancos de dados. Algumas das fontes pagas estão acessíveis em universidades locais ou bibliotecas comunitárias. Além de todas as fontes de dados descritas na Tabela 8.2, o empreendedor também deve revisar quaisquer fontes de dados de pesquisa possíveis no *site* da Small Business Administration (www.sba.gov).

O objetivo mais importante de uma revisão das fontes secundárias é obter informações que ajudarão o empreendedor a tomar as melhores decisões relativas à comercialização de um produto ou serviço. Hoje em dia, as melhorias na tecnologia da informação transformam esta em uma ótima fonte de dados sobre clientes, concorrentes e tendências de mercado. Completar essa tarefa também ajuda a determinar se mais dados são necessários; nesse caso, devemos planejar a coleta de dados primários.

Terceira etapa: coletar informações de fontes primárias

Informações novas são dados primários. A coleta de dados primários engloba um procedimento de coleta de dados – como observação, rede de relacionamentos, entrevistas, grupos de discussão ou experimentação – e um instrumento de coleta de dados, geralmente um questionário.

A observação é a abordagem mais simples. O empreendedor observa os possíveis clientes e registra algum aspecto de seu comportamento de compra. A rede de relacionamentos, que é um método mais informal de reunir dados primários a partir de especialistas na área, também é um método valioso e de baixo custo para obter conhecimento sobre o mercado. Um estudo sobre novos empreendimentos detectou que os de mais sucesso (com base na taxa de crescimento) estavam concentrados nas informações sobre concorrentes, cliente e setor, usando redes de relacionamentos, associações comerciais e publicações recentes. Os negócios de menos sucesso estavam mais concentrados em reunir informações sobre a economia geral e as tendências demográficas e, assim, tinham uma noção menor do que estava acontecendo em seu mercado-alvo específico.[3]

As entrevistas ou os levantamentos são os métodos mais comuns utilizados para a coleta de informações de mercado. São mais caras do que a observação, mas geram um volume maior de informações significativas. As entrevistas podem ser realizadas pessoalmente, por telefone, pelo correio ou *online* (uma abordagem que cresce em popularidade, principalmente nas empresas com uma base de clientes já existente). Cada um desses métodos oferece vantagens e desvantagens para o empreendedor e devem ser avaliados.[4] A Tabela 8.3 apresenta comparações entre os três métodos de coleta de dados.

A Internet está se tornando um recurso imprescindível para os novos empreendimentos que desejam reunir informações formal e informalmente. As fontes informais costumam aproveitar serviços como Facebook, Twitter ou LinkedIn. Os empreendedores podem usar essas redes sociais para solicitar *feedback* sobre muitas questões relativas à empresa ou seus produ-

TABELA 8.2 Fontes de dados de pesquisa de mercado secundária

Fontes comerciais

Cada uma dessas fontes oferece uma ampla gama de informações de suporte para pesquisas e dados sobre setores, comportamento do consumidor, produtos e tecnologia. Algumas dessas empresas publicam relatórios acessíveis *online* ou em bibliotecas universitárias. O preço dos serviços varia bastante, sendo que alguns são gratuitos e outros bastante caros, mas muitos destes valem a pena.

The Nielsen Company (www.nielsen.com)	Audits and Surveys (www.gfkauditsandsurveys.com)
Hoover's (www.hoovers.com)	IBISWorld (www.ibisworld.com)
IRI (www.iriweb.org)	IDC (www.idc.com)
TableBase (www.gale.cengage.com)	Harris Poll (www.harrispollonline.com)
MarketDataEnterprises (www.marketdataenterprises.com)	CQG (www.cqg.com)

Informações de pesquisa demográfica e de consumidores relativas à web

Os *sites* a seguir normalmente são gratuitos na Internet ou acessíveis em uma biblioteca universitária local.

American Consumer Satisfaction (www.bus.mich.edu/research). Mantido e produzido pela Universidade de Michigan, oferece um índice de satisfação relativo a uma ampla gama de produtos e serviços.

Gabinete de Estatísticas do Trabalho dos Estados Unidos (www.stats.bls.gov). Oferece informações sobre hábitos de consumo referentes a diversas características de indivíduos e residências.

ClickZ (www.clickz.com/stats). Oferece informações estatísticas jornalísticas sobre questões de marketing digital, como publicidade e comportamento do consumidor.

Statistical Abstracts of the United States (www.census.gov/compendia/statab/). Guia a estatísticas resumidas sobre uma ampla gama de variáveis sociais, políticas e econômicas. Disponível em nível de Estado e condado.

Agência de Recenseamento dos Estados Unidos (www.census.gov). Contém dados demográficos em tabelas da Agência de Recenseamento dos Estados Unidos.

Recursos de marketing gratuitos na Internet

Marketing for Success (www.marketingforsuccess.com/free-stuff.html). O *site* oferece artigos, dados sobre quanto gastar com marketing, respostas em áudio, calculadoras de lucro, guias de *networking* e análise publicitária, além de um boletim gratuito.

Free Demographics (www.freedemographics.com). O *site* permite que você analise e compare qualquer variável demográfica por área geográfica utilizando os dados do censo.

InfoTrends (www.infotrends.com/freedemo.html). Permite que você busque um ano de dados de mercado gratuitamente. Oferece dados sobre vendas, expedições, participação de mercado e outras estatísticas de mercado importantes sobre o setor de tecnologia da informação.

MarketingSherpa (www.marketingsherpa.com). Publica muitos relatórios gratuitos com dicas, guias de *benchmarks* e ideias de marketing. Oferece relatórios sobre como melhorar buscas relativas a honorários.

Outros bancos de dados de bibliotecas

Bloomberg. Oferece dados de mercados integrados e notícias em tempo real para todos os setores do mercado.

Business Source Complete. Contém mais de 3.000 artigos completos sobre uma ampla variedade de temas de economia, finanças, contabilidade, marketing e administração.

Forrester. Relatórios de pesquisa de marketing aprofundados sobre tecnologias emergentes e seu impacto nos negócios.

LexisNexis. Abarca uma ampla gama de notícias especializadas, como tendências de mercado, finanças, tecnologia, contabilidade, informações tributárias e revistas jurídicas.

Mediamark Research (MRI). Pesquisa pública sobre a utilização de produtos e a exposição midiática de todos os indivíduos com 18 anos ou mais em diversos mercados.

Mintel Reports. Oferece relatórios de pesquisa de mercado sobre a Europa e os Estados Unidos em setores como bens de consumo, viagem, turismo, finanças, Internet, varejo, alimentação e bebidas. Enfoca a dimensão de mercado e as tendências nesses setores.

SAIU NA *BUSINESS NEWS*

ACONSELHAR UM EMPREENDEDOR SOBRE ESTRATÉGIA DE MÍDIAS SOCIAIS

Na década de 1990, a Internet era um amontoado de *banners* e folhetos. Hoje temos redes sociais, que permitem interações de duas vias muito mais profundas. Em vez de apenas placas pela Web, temos a oportunidade de construir postos avançados onde as pessoas são vistas e ouvidas. A seguir, apresento meus conselhos sobre como utilizar essas ferramentas com sucesso.

SEU *SITE* PRINCIPAL É SUA BASE DE OPERAÇÕES

Seu *site* precisa fazer duas coisas bem: executar uma boa chamada à ação e dar aos usuários uma maneira de se conectar mais com você. Se você precisa olhar cada detalhe do *site* com uma lupa, ninguém vai saber o que o usuário deve fazer em seguida. Nesse caso, o *site* precisa ser consertado. Ele é a primeira oportunidade de trabalhar com um cliente em potencial. Por mais complexo que seja seu negócio, o *site* deve oferecer aos visitantes uma ação clara e óbvia a ser realizada.

Segundo, é fácil contatar você? Essa é sua segunda chance de conquistar um cliente. Repense suas opiniões de contato.

O propósito de uma excelente base de operações é que as pessoas que conversam com você nas diversas redes sociais fiquem confortáveis em discutir seus próximos passos com você. Em geral, os *sites* têm muita poluição visual e é difícil saber qual deve ser o próximo passo do usuário. O seu será diferente depois que você dominar os dois itens principais.

REDE SOCIAIS SÃO POSTOS AVANÇADOS

Se você pensa nas redes sociais como lugares onde coisas acontecem que não apenas seu negócio, então está começando a entender como tudo funciona. As pessoas não estão lá por sua causa. Estão lá com seus próprios objetivos. Seu trabalho é estabelecer um posto avançado e escutar, de modo que quando alguém expressar uma necessidade que pode suprir, você terá a capacidade de iniciar um relacionamento. Seu posto avançado não deve conter apenas uma série de anúncios engraçadinhos. Sua página do Facebook deve ser muito mais do que algumas ofertas bem-formuladas.

A verdadeira vitória está em criar relacionamentos duradouros. Nos postos avançados, o objetivo não é falar sobre si mesmo e suas ofertas, é se envolver com as outras pessoas, criar relacionamentos e ser acessível caso a necessidade surja. Mais algumas dicas:

- Crie Google Alerts (google.com/alerts) para buscar, além do nome de sua empresa e do produto, maneiras de as pessoas identificarem um problema que seu produto ou serviço pode resolver.
- Utilize buscas no Twitter (search.twitter.com) para fazer o mesmo.
- Converse sobre os interesses das outras pessoas antes de falar sobre sua empresa.
- Quando você conquistar um novo cliente, pergunte se pode segui-lo no Twitter e sugira que ele "curta" sua página no Facebook. Convide-o para se comunicar com você por meio desses postos avançados.
- Passe 30 minutos por dia, durante duas semanas, trabalhando nesses espaços. Com o tempo, 30 minutos não serão suficientes, mas por ora representam um bom ponto de partida.

Fonte: Reimpresso com permissão de Wright's Media, "Talking Signs," by Chris Brogan, June 2011, *Entrepreneur*, p. 76.

---

tos. Métodos de pesquisa mais formais, como as ferramentas de questionário, podem envolver alguma despesa. As ferramentas de questionário mais populares são o SurveyMonkey e o Zoomerang. Um texto mais adiante neste capítulo oferece mais informações sobre a aplicação e os benefícios desse tipo de ferramenta.

O questionário ou instrumento de coleta de dados usados pelo empreendedor deve incluir questões elaboradas especificamente para atingir um ou mais objetivos listados pelo empreendedor anteriormente. As questões têm de ser fáceis de responder e planejadas de modo claro e conciso, sem influenciar as respostas do entrevistado. A Tabela 8.4 ilustra um exemplo de questionário empregado por um empreendedor que tenta avaliar a necessidade de um serviço pessoal de mensageiros. As questões são elaboradas para satisfazer os objetivos do empreendedor, que são verificar a necessidade, a localização e a determinação dos serviços mais importantes a serem oferecidos e o seu preço. Pode-se obter auxílio na elaboração de questionários

TABELA 8.3 Comparação entre métodos de pesquisa

	Características dos métodos				
Método	Custos	Flexibilidade	Taxa de resposta	Velocidade	Nível de profundidade
Telefone	Pode ser barato, dependendo da distância entre os telefones e da duração da entrevista.	Alguma flexibilidade; possibilidade de oferecer esclarecimentos ou explicar dúvidas.	Boa taxa de resposta (possivelmente 80%), dependendo das respostas "não está em casa" ou recusas.	O método mais veloz de obter informações. Contata vários entrevistados em um período curto.	O menos detalhado, devido à limitação do tempo de 8 a 10 minutos.
Correio	Pode ser barato, em função do número e do peso das unidades despachadas.	Nenhuma flexibilidade, pois o questionário é autoadministrado. O instrumento deve ser autoexplicativo.	A pior taxa de resposta porque os entrevistados podem optar por não preencher o questionário.	O método mais lento devido ao tempo necessário para despachar e esperar que os entrevistados preencham e devolvam o questionário.	Algum detalhamento possível, pois os entrevistados preenchem o questionário à vontade.
Pessoalmente	A técnica mais cara. Exige contato face a face.	O método mais flexível devido ao contato face a face.	Taxa de resposta mais eficaz devido ao contato face a face.	Um pouco lento devido ao tempo gasto na viagem.	O mais detalhado devido às perguntas com respostas em aberto.
Internet	Baixo custo.	Nenhuma flexibilidade, pois é autoadministrado.	Boa taxa de resposta, mas tem alguns limites no número de perguntas.	Método muito veloz, pois o questionário é enviado eletronicamente.	Algum detalhamento possível, pois os entrevistados preenchem o questionário à vontade.

por meio dos Small Business Development Centers, dos membros da SCORE (Service Corps of Retired Executives) ou de estudantes das disciplinas de pesquisa de marketing em uma faculdade ou universidade local. Como o instrumento é importante no processo de pesquisa, recomenda-se que os empreendedores procurem assistência se não tiverem experiência na elaboração de questionários.

Os grupos de discussão representam um método mais informal para a coleta de informações detalhadas. O grupo de discussão é uma amostra de 10 a 12 possíveis clientes convidados a participar de uma discussão relativa aos objetivos da pesquisa do empreendedor. O grupo debate as questões de modo informal e aberto, possibilitando ao empreendedor verificar certas informações.

Por exemplo, dois empreendedores recentemente estavam interessados em uma cadeia de salões de beleza que se especializaria em serviços de estilização e tratamento capilar para afro-americanos. Para conhecer as necessidades de tratamento capilar e a estratégia de marketing mais eficaz para esse mercado, foram organizados grupos de discussão de mulheres afro-americanas. Os grupos de discussão foram organizados para verificar quais serviços deveriam ser oferecidos, a demanda desses serviços, a estratégia de preços e a estratégia mais eficaz de publicidade/promoção. As informações obtidas foram usadas na preparação do plano de marketing desse novo empreendimento.

Os grupos de discussão (ou grupos focais) devem ser conduzidos por outras pessoas que não o empreendedor. Muitas vezes, esse é um bom projeto para estudantes de uma faculdade ou universidade em uma turma de pesquisa de marketing.

Quarta etapa: analisar e interpretar os resultados

Dependendo do tamanho da amostra, o empreendedor pode fazer manualmente uma tabela com os resultados ou digitá-los no computador. Em ambos os casos, os resultados devem ser avaliados e interpretados em resposta aos objetivos da pesquisa especificados no primeiro

TABELA 8.4 Exemplo de questionário para serviço pessoal de mensageiros

1. Das tarefas seguintes, indique as três feitas com maior frequência durante a semana.
   - ____ levar roupas para a lavanderia
   - ____ ir à farmácia
   - ____ comprar roupas
   - ____ comprar presentes
   - ____ outros _____
     Especificar
   - ____ ir ao correio
   - ____ ir ao banco
   - ____ compras (não roupas nem supermercado)
   - ____ serviços ou reparos automotivos
   - ____ outros _____
     Especificar

2. Dos itens seguintes, indique aqueles que você estaria disposto a pagar para que alguém executasse para você.
   - ____ levar roupas para a lavanderia
   - ____ ir à farmácia
   - ____ comprar roupas
   - ____ comprar presentes
   - ____ outros _____
     Especificar
   - ____ ir ao correio
   - ____ ir ao banco
   - ____ compras (não roupas nem supermercado)
   - ____ serviços ou reparos automotivos
   - ____ outros _____
     Especificar

3. Quais são os dois motivos que você considera mais importantes para que alguém faça as tarefas por você? (Indique apenas dois.)
   - ____ esperar em filas
   - ____ localização inconveniente
   - ____ utilização do horário livre
   - ____ agenda de trabalho difícil
   - ____ trânsito
   - ____ outros _____
     Especificar
   - ____ outros _____
     Especificar

4. Se um serviço de mensageiro estivesse à sua disposição de modo conveniente, quanto você estaria disposto a pagar por uma tarefa padrão, como levar ou buscar roupas na lavanderia, ir ao correio ou buscar medicamentos?
   - ____ $3,00   ____ $4,00   ____ $5,00
   - ____ $6,00   ____ $7,00   ____ $8,00
   - ____ $9,00   ____ $10,00   ____ Mais de $10,00

5. Indique, por ordem de classificação (sendo 1 a primeira, 2 a segunda e assim por diante), sua preferência para a localização de um serviço pessoal de mensageiros.
   - ____ no meu prédio
   - ____ perto do meu escritório
   - ____ perto da estação de trem
   - ____ prefiro que o(os) item(ns) sejam entregue(s) no meu escritório

6. As informações seguintes são necessárias para classificar os resultados da pesquisa. Marque onde for adequado.

   Sexo: ____ masculino   ____ feminino

   Estado civil:
   - ____ solteiro
   - ____ pai ou mãe sem cônjuge
   - ____ casado, ambos os cônjuges trabalham
   - ____ casado, um dos cônjuges trabalha

   Idade:
   - ____ menos 25 anos
   - ____ 25–34
   - ____ 35–44
   - ____ 45–54
   - ____ 55 anos ou mais

   Renda familiar:
   - ____ menos de 40.000 dólares
   - ____ $40.000–$54.000
   - ____ $55.000–$69.000
   - ____ $70.000–$84.000
   - ____ $85.000–$99.000
   - ____ 100.000 dólares ou mais

passo do processo de pesquisa. Com frequência, o resumo das respostas às perguntas trará algumas conclusões preliminares. A partir de então, os dados podem ser cruzados a fim de buscar resultados mais específicos. Por exemplo, o empreendedor talvez queira comparar os resultados de questões entre diferentes grupos de idade, sexo, ocupação, localização, etc. As ferramentas de questionário via Internet mencionadas e analisadas no box de Conselhos para um Empreendedor também podem oferecer suporte de análise de dados. A continuidade desse refinamento na avaliação permite conclusões valiosas, principalmente quanto à segmentação do mercado, o que será discutido mais adiante neste capítulo.

DIFERENÇA ENTRE O PLANO DE NEGÓCIO E O PLANO DE MARKETING

O empreendedor deve entender as diferenças entre o plano de marketing e o plano de negócio. O plano de marketing enfoca todas as atividades de marketing do empreendimento por um ano ou mais, variando significativamente dependendo do setor, mercado-alvo e tamanho e escopo da organização. Ele é uma parte essencial do plano de negócio, mas, como veremos a seguir, também é um documento independente que precisa ser administrado no curto prazo para determinar se a organização está cumprindo suas metas e objetivos. O plano de negócio, por outro lado, mapeia o caminho que toda a organização deve trilhar no futuro. Ele não se concentra apenas em questões de marketing, pois abrange também decisões sobre pesquisa e desenvolvimento, operações, produção, pessoal, projeções e análises financeiras e estratégias de crescimento futuro. Ele também deve ser atualizado regularmente para ajudar a gerência a se manter focada e atingir as metas da organização.

ENTENDENDO O PLANO DE MARKETING

Após reunir todas as informações necessárias, o empreendedor pode começar a preparar o plano de marketing, o qual representa, como vimos, um elemento importante no plano de negócio de um novo empreendimento. O plano de marketing deve ser preparado anualmente, avaliando as metas e os objetivos do próximo ano, e integrado ao plano estratégico de mais longo prazo (o plano de 3-5 anos) da empresa. Ele atende a diversas funções ou propósitos importantes. Basicamente, o plano de marketing define como o empreendedor concorrerá e trabalhará com eficiência no mercado e, assim, atenderá às metas e aos objetivos comerciais do novo empreendimento. Após estabelecidas as estratégias operacionais da empresa, o empreendedor poderá alocar custos para essas estratégias, o que atenderá ao importante propósito de calcular orçamentos e fazer projeções financeiras. O plano de marketing, como qualquer outro plano, é comparado a um mapa para orientar um viajante, e destina-se a oferecer respostas para três questões básicas:[5]

1. Onde estamos? Quando usado como documento isolado (plano operacional), isso implica algum conhecimento prévio da empresa e de seus pontos fortes e fracos, algum conhecimento sobre a concorrência e uma discussão das oportunidades e ameaças no mercado. Quando um plano de marketing é integrado ao plano de negócio, esse segmento destaca algumas informações sobre a história do mercado, os pontos fortes e fracos do marketing da empresa e as oportunidades e ameaças no mercado.

2. Para onde queremos ir (a curto prazo)? Essa pergunta trata basicamente dos objetivos e das metas do marketing do novo empreendimento nos próximos 12 meses. No plano de negócio inicial, os objetivos e as metas muitas vezes vão além do primeiro ano devido à necessidade de projetar lucros e exigências de caixa para os primeiros três anos.

3. Como chegaremos lá? Essa pergunta discute a estratégia de marketing específica a ser implementada, quando ocorrerá e quem será responsável pelo monitoramento das atividades. As respostas a essas perguntas, em geral, são determinadas a partir da pesquisa de

marketing realizada antes do início do processo de planejamento. Os orçamentos também serão definidos e usados nas projeções de lucros e de fluxo de caixa.

A administração deve entender que o plano de marketing é um guia para implementar as decisões de marketing, e não um documento generalizado e superficial. A mera organização do processo de raciocínio envolvido na elaboração de um plano de marketing é proveitosa para o empreendedor, pois, a fim de desenvolver o plano, é necessário documentar e descrever formalmente os detalhes de marketing que farão parte do processo de decisão durante o ano seguinte. Isso possibilita que o empreendedor compreenda e reconheça as questões críticas e esteja preparado na eventualidade de ocorrer alguma mudança no cenário.

Todo ano, o empreendedor tem de elaborar um plano de marketing anual antes de tomar quaisquer decisões relacionadas à produção ou fabricação, a mudanças de pessoal ou a recursos financeiros necessários. Esse plano anual será a base para planejar outros aspectos da empresa e desenvolver orçamentos para o ano. A Tabela 8.5 apresenta uma sugestão de esboço de plano de marketing. As variações desse esboço dependerão do mercado e da natureza do produto ou serviço, assim como da missão geral da empresa. O restante deste capítulo se concentrará nos aspectos de curto prazo do plano de marketing, mas sem ignorar o fato de que o empreendedor também precisará apresentar projeções de mercado para o segundo e terceiro anos como parte do plano de negócio.

TABELA 8.5 Esboço de um plano de marketing

Análise da situação
    Histórico do empreendimento
    Pontos fortes e fracos do empreendimento
    Oportunidades e ameaças do mercado
    Análise da concorrência
Objetivos e metas de marketing
Estratégia de marketing e programas de ação
Orçamentos
Controles

CARACTERÍSTICAS DE UM PLANO DE MARKETING

O plano de marketing deve ser elaborado para atender a certos critérios. Há algumas características importantes que devem ser incorporadas. Um plano de marketing eficiente deve:

- Fornecer uma estratégia para a realização da missão ou meta da empresa.
- Basear-se em fatos e em suposições válidas. Alguns dos fatos fundamentais aparecem na Tabela 8.6. Ele precisa se adequar ao uso dos recursos existentes e descrever a alocação de todos os equipamentos, recursos financeiros e recursos humanos.
- Descrever uma organização adequada para implementar o plano de marketing.
- Oferecer continuidade, de modo que cada plano de marketing anual possa ser somado ao anterior, atingindo com sucesso as metas e os objetivos de longo prazo.
- Ser simples e curto. Um plano volumoso será guardado em uma gaveta e provavelmente nunca será usado. Contudo, o plano não deve ser tão curto a ponto de excluir detalhes sobre como atingir uma meta.
- Incorporar mudanças, se necessárias, pela inclusão de cenários do tipo "e se..." e de estratégias de reação adequadas. O sucesso do plano depende de sua flexibilidade.
- Especificar critérios de desempenho que serão monitorados e controlados. Por exemplo, o empreendedor pode estabelecer um critério de desempenho anual de 10% da fatia do mercado em uma determinada região geográfica. Para atingir essa meta, certas expectativas devem ser projetadas em dados períodos de tempo (por exemplo, ao final de três

TABELA 8.6 Informações necessárias para o planejamento de mercado

- Quem são os usuários, onde estão localizados, quanto compram, de quem compram e por quê?
- Como a promoção e a propaganda são utilizadas e qual é a abordagem mais eficiente?
- Quais são as mudanças de preço no mercado, quem iniciou essas mudanças e por quê?
- Quais são as atitudes do mercado em relação aos produtos concorrentes?
- Que canais de distribuição suprem os consumidores e como funcionam?
- Quem são os concorrentes, onde estão localizados e quais são suas vantagens e desvantagens?
- Que técnicas de marketing são usadas pelos concorrentes mais bem-sucedidos? E pelos concorrentes malsucedidos?
- Quais são os objetivos gerais da empresa para o próximo ano e para os cinco anos posteriores?
- Quais são os pontos fortes da empresa? E os pontos fracos?
- Qual é a capacidade de produção por produto?

meses, deveremos ter 5% do mercado). Se a meta não for atingida, serão definidas novas estratégias ou padrões de desempenho.

Fica claro que o plano de marketing não é algo para ser elaborado e depois deixado de lado. O plano se propõe a ser um valioso documento, frequentemente consultado, e um guia para o empreendedor durante o próximo período de tempo.

A expressão *plano de marketing* revela a importância do marketing, por isso é fundamental compreender o *sistema de marketing*. O sistema de marketing identifica os principais componentes em interação, tanto internos quanto externos, que possibilitam à empresa oferecer com sucesso produtos e/ou serviços ao mercado. A Figura 8.1 apresenta um resumo dos componentes que constituem o sistema de marketing.[6]

Como observado na Figura 8.1, o ambiente (externo e interno) desempenha um papel muito importante no desenvolvimento do plano de marketing. Esses fatores devem ser identificados e discutidos na seção Análise do Setor do plano de negócio, abordada anteriormente neste capítulo. Também note que esses fatores são, em si, incontroláveis, mas precisam ser reconhecidos como parte do plano de marketing.

plano de marketing
Declaração por escrito dos objetivos, das estratégias e das atividades de marketing a serem seguidos no plano de negócio

sistema de marketing
Fatores internos e externos, em interação, que afetam a capacidade do empreendimento de fornecer produtos e serviços que atendam às necessidades dos clientes

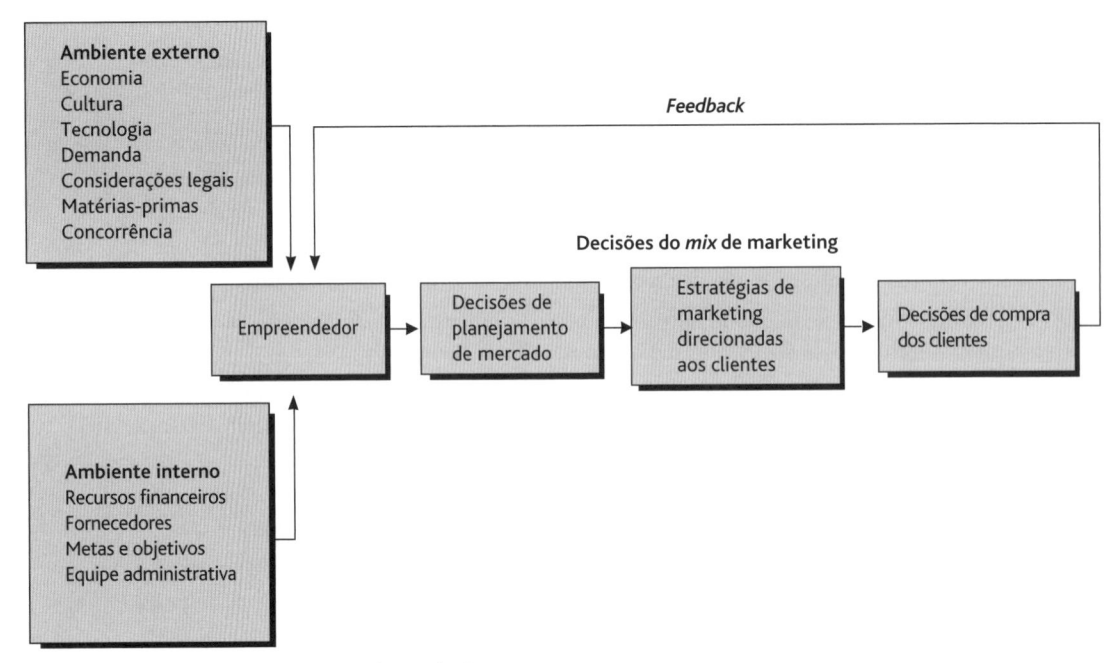

FIGURA 8.1 O sistema de marketing

ÉTICA

DIREITO À PRIVACIDADE DOS FUNCIONÁRIOS

Ao fornecer um computador a um funcionário, você tem o direito de saber o que ele faz com a máquina? A resposta é sim, mas você precisa tomar cuidado ao exercer esse direito. Equilibrar o direito à privacidade dos empregados com os direitos de propriedade dos empregadores é uma questão delicada e que ainda está sendo testada nos tribunais.

Se um funcionário recebeu um laptop para ser utilizado no escritório e levado para casa, existe a expectativa de que ele também usará o computador para fins pessoais. Essa expectativa razoável é uma das questões enfrentadas pelos tribunais. Se o computador é usado apenas no escritório, a questão é se o empregador espera que o computador seja utilizado apenas para fins de trabalho e, logo, que tem o direito de inspecionar os arquivos do funcionário para confirmar que o computador não foi utilizado para fins não autorizados. Essas questões foram debatidas em julgamentos e arbitragens, com diversos resultados.

Muitos dos problemas relativos à privacidade vieram à tona devido à atenção dada ao alto risco de ciberataques a computadores corporativos se e quando um funcionário cria possíveis vulnerabilidades ao utilizar o computador para ler e-mails, acessar Facebook e Twitter e fazer atividades semelhantes. Como resolver o problema da privacidade? O empregador tem à sua disposição diversas opções para reduzir o risco de violar a expectativa de privacidade dos funcionários, evitando assim um questionamento ético. É preciso clareza com relação ao direito do empregador de analisar o conteúdo do computador de um empregado.

Antes de mais nada, é preciso adotar uma política por escrito. Todos os funcionários atuais e os recém-contratados devem receber uma cópia das regras. Segundo, os funcionários precisam ser treinados para estarem cientes das políticas e as compreenderem, e também entenderem como um ciberataque poderia colocar a empresa em risco. Além disso, o treinamento deve frisar o risco das redes sociais, nas quais os funcionários podem, não intencionalmente, revelar informações confidenciais relativas a produtos, serviços ou clientes. Às vezes, mesmo um *post* inócuo acaba fazendo estragos. Os funcionários precisam entender a importância da discrição e do bom senso e aplicá-los ao uso dos computadores da empresa da mesma maneira que protegeriam seus próprios dados financeiros pessoais.

Além dos fatores ambientais externos, existem fatores ambientais internos que, embora mais controláveis pelo empreendedor, também afetam a preparação do plano e a implementação de uma estratégia de marketing eficiente. Eis algumas das principais variáveis internas:

- *Recursos financeiros*. O plano financeiro, discutido no Capítulo 10, delineia as necessidades financeiras do novo empreendimento. Todo plano ou estratégia de marketing precisa considerar a disponibilidade de recursos financeiros, bem como o volume de recursos necessário para realizar as metas e os objetivos estabelecidos no plano.
- *Equipe administrativa*. É imprescindível em qualquer organização a atribuição adequada de responsabilidade pela implementação do plano de marketing. Em alguns casos, a disponibilidade de um conhecimento especializado pode ser incontrolável (por exemplo, a escassez de certos tipos de gerentes técnicos). Seja qual for o caso, o empreendedor tem de formar uma equipe administrativa eficiente e atribuir as responsabilidades na implementação do plano de marketing.
- *Fornecedores*. Os fornecedores em geral são selecionados com base em uma série de fatores, como preço, prazo de entrega, qualidade e assistência administrativa. Em alguns casos, quando as matérias-primas são escassas ou existem poucos fornecedores de uma certa matéria-prima ou peça, o empreendedor tem pouco controle sobre a decisão. Como é provável que o preço, o prazo de entrega, etc. tenham um impacto sobre muitas decisões de marketing, é importante incorporar esses fatores no plano de marketing.
- *Missão da empresa*. Como indicado no Capítulo 7, todo novo empreendimento precisa definir a natureza de seu negócio. Essa declaração, que auxilia a estabelecer a missão da empresa, descreve basicamente a natureza do negócio e o que o empreendedor espera realizar. Essa declaração da missão ou definição do negócio orientará a empresa no decorrer das tomadas de decisão de longo prazo.

O *MIX* DE MARKETING

***mix* de marketing**
Combinação de produto, preço, promoção e distribuição e de outras atividades de marketing necessárias para atender aos objetivos de marketing

As variáveis ambientais citadas anteriormente fornecerão muitas informações relevantes para decidir a estratégia de marketing mais eficiente a ser delineada no plano de marketing. As verdadeiras decisões de marketing de curto prazo no plano de marketing consistirão em quatro variáveis principais: produto ou serviço, preço, distribuição e promoção. Esses quatro fatores são denominados *mix de marketing*. Cada variável será descrita em detalhes na seção do plano de ação ou de estratégia do plano de marketing neste capítulo. Embora a flexibilidade seja um aspecto importante, o empreendedor precisa de uma forte sustentação para lhe indicar a direção nas decisões de marketing do dia a dia. Algumas das decisões cruciais em cada área são descritas na Tabela 8.7.

TABELA 8.7 Decisões cruciais para o *mix* de marketing

Variável do *mix* de marketing	Decisões cruciais
Produto	Qualidade dos componentes ou materiais, estilo, características, opções, nome de marca, embalagem, tamanhos, disponibilidade de serviços e garantias
Preço	Imagem de qualidade, preços, quantidade, descontos, reservas para pagamento rápido, condições de crédito e período de pagamento
Canais de distribuição	Uso de vendas por atacado ou a varejo, tipo de atacadistas ou de varejistas, quantidade de canais, extensão do canal, cobertura geográfica, estoque, transporte e uso de canais eletrônicos
Promoção	Alternativas de mídia, mensagem, orçamento de mídia, papel da venda pessoal, promoção de vendas (expositores, cupons, etc.), uso de redes sociais, *design* do *site* e interesse da mídia na divulgação

ETAPAS NA PREPARAÇÃO DO PLANO DE MARKETING

A Figura 8.2 ilustra os vários estágios da elaboração do plano de marketing. Cada um dos estágios, quando concluído, fornecerá as informações necessárias para preparar formalmente o plano de marketing. Cada etapa será descrita e discutida, usando exemplos para auxiliar o leitor a conhecer todas as informações requeridas e o procedimento para elaborar o plano de marketing.[7]

Definindo a situação do negócio

análise da situação
Descreve as realizações comerciais anteriores e atuais do novo empreendimento

A *análise da situação* é uma revisão de onde estamos, e responde à primeira das três perguntas feitas anteriormente neste capítulo; também considera alguns dos fatores definidos na seção análise ambiental do plano de negócio (ver Capítulo 7) e na seção análise do setor, já discutida neste capítulo.

Para responder de vez a essa pergunta, o empreendedor fará uma revisão do desempenho anterior do produto e da empresa. Se for um novo empreendimento, o histórico será mais pessoal, descrevendo como o produto ou serviço foi desenvolvido e por que (por exemplo, para atender às necessidades do consumidor). Se está sendo redigido após o início do novo empreendimento, o plano deverá conter informações sobre as condições atuais do mercado e sobre o desempenho dos produtos e serviços da empresa. Quaisquer oportunidades ou perspectivas futuras também serão incluídas nessa seção do plano.

O setor e o ambiente competitivo já foram discutidos em uma seção anterior do plano de negócio. Assim, nesse momento, o empreendedor vai simplesmente revisar alguns dos elementos fundamentais dessa seção a fim de fornecer um contexto para a segmentação do mercado e para as ações que serão estabelecidas nesta seção do plano de negócio.

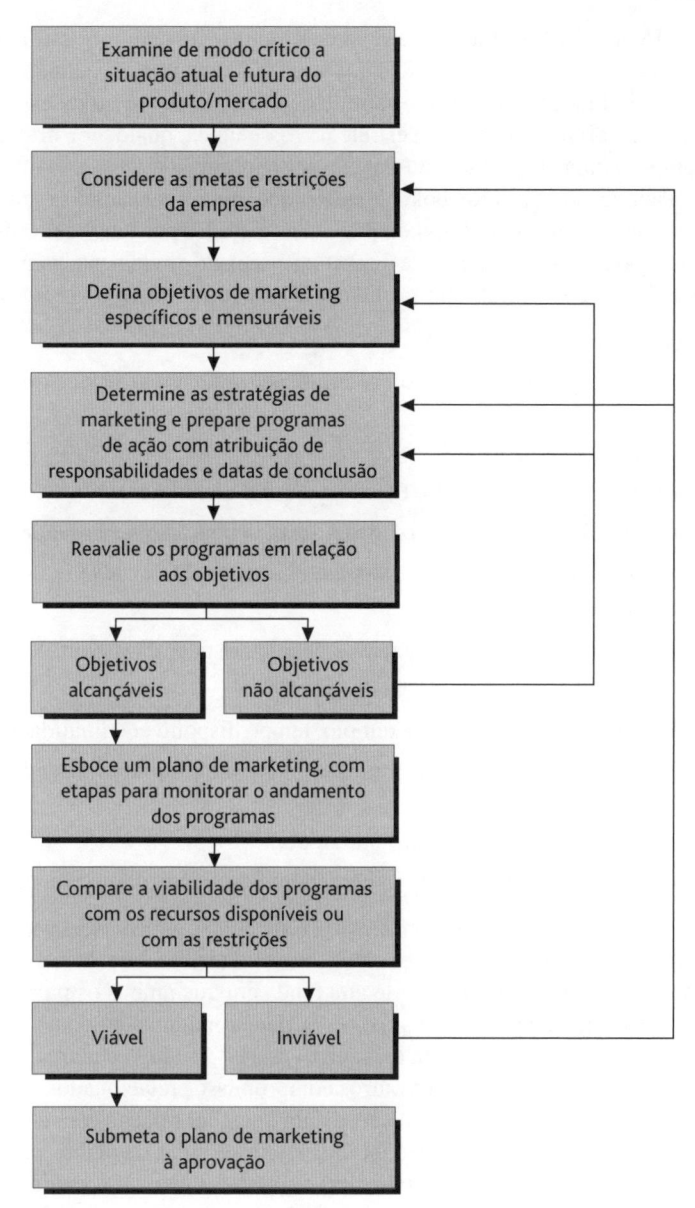

FIGURA 8.2 Exemplo de fluxograma de um plano de marketing.
Fonte: Reproduzido com autorização da The Conference Board, Inc. Adaptado de David S. Hopkins, *The Marketing Plan* (1981), p. 17 © 1981, The Conference Board, Inc.

Definindo o mercado-alvo: oportunidades e ameaças

A partir da análise do setor ou da pesquisa de marketing feita anteriormente, o empreendedor deverá ter uma boa ideia de quem será o cliente ou o *mercado-alvo*. O conhecimento do mercado-alvo serve de base para determinar a estratégia de ação de marketing adequada, que efetivamente atenda às suas necessidades. O mercado-alvo definido em geral representará um ou mais segmentos de todo o mercado. Assim, é importante entender o que é a segmentação de mercado para determinar o mercado-alvo pertinente.

A *segmentação de mercado* é o processo de divisão do mercado em pequenos grupos homogêneos. A segmentação de mercado permite que o empreendedor reaja com mais eficácia às necessidades de consumidores mais homogêneos. De outro modo, o empreendedor teria de identificar um produto ou serviço que atingisse as necessidades de todos no mercado.

mercado-alvo
Grupo específico de possíveis clientes para os quais o empreendimento direciona seu plano de marketing

segmentação do mercado
Processo de dividir o mercado em grupos definíveis e mensuráveis para orientar a estratégia de marketing

A visão de Henry Ford era fabricar um único produto (uma cor, um estilo, um tamanho, etc.) para o mercado de massa. Seu Modelo T foi produzido em grandes quantidades nas linhas de montagem, possibilitando que a empresa reduzisse custos por meio da especialização da mão de obra e dos materiais. Embora sua estratégia fosse única, qualquer estratégia de mercado de massa bem-sucedida empregada atualmente seria improvável.

Em 1986, Paul Firestone, da Reebok, descobriu que muitos consumidores que compravam calçados de corrida não eram atletas. Eles compravam os calçados por causa do conforto e do estilo. Firestone desenvolveu então um plano de marketing orientado diretamente para esse segmento.

O processo de segmentar e atingir os clientes deve ocorrer da seguinte forma:[8]

I. Decidir que mercado ou setor geral você deseja atingir.

II. Dividir o mercado em grupos menores, com base nas características do cliente ou nas situações de compra.
    A. Características do cliente
        1. Geográficas (por exemplo, Estado, país, cidade, região)
        2. Demográficas (por exemplo, idade, sexo, ocupação, escolaridade, renda e raça)
        3. Psicográficas (por exemplo, personalidade e estilo de vida)
    B. Situação de compra
        1. Benefícios almejados (por exemplo, características do produto)
        2. Uso (por exemplo, frequência de uso)
        3. Condições de compra (por exemplo, tempo disponível e finalidade do produto)
        4. Consciência da intenção de compra (por exemplo, familiaridade do produto e disposição para comprar)

III. Selecionar o(s) segmento(s) a ser(em) atingido(s).

IV. Desenvolver um plano de marketing integrando produto, preço, distribuição e promoção.

Vamos supor que um empreendedor esteja considerando oferecer um serviço de transporte para estudantes após o horário escolar em uma comunidade local no subúrbio de Boston. O serviço será comercializado para famílias de alta renda em que ambos os pais trabalham fora de casa (muito provavelmente profissionais) e para crianças na faixa etária de 10 a 15 anos. O serviço de transporte é desenvolvido para levar crianças (10-15 anos) em uma minivan ou veículo semelhante a consultas médicas ou a outros compromissos relacionados e para atividades depois do horário escolar. Essas atividades não teriam qualquer relação com a escola, uma vez que as próprias escolas muito provavelmente ofereceriam serviços de ônibus para seus alunos.

Como já conhecemos o mercado-alvo, a primeira decisão a ser tomada é identificar as comunidades candidatas, correspondentes ao perfil do usuário. A pesquisa do recenseamento municipal e todas as demais fontes secundárias disponíveis são um ponto de partida lógico e revelarão dados demográficos sobre rendimentos, faixa etária das crianças e emprego. Assim que esta etapa estiver concluída e algumas cidades forem identificadas, o empreendedor poderá fazer uma pesquisa de marketing nas cidades indicadas que, supostamente, correspondem ao perfil do mercado-alvo. Isso ajudará o empreendedor a conhecer as necessidades e as intenções de compra de um mercado-alvo em potencial. A análise dessa pesquisa auxiliará o empreendedor a escolher a comunidade em que o serviço poderia ser oferecido.

O cenário de compra depende da credibilidade angariada pelo empreendimento na comunidade. Mesmo que as famílias específicas sejam buscadas, a estratégia de marketing (principalmente a estratégia de vendas) deve se dedicar, antes de mais nada, a ganhar a credibilidade e a confiança da comunidade. Isso é realizado de várias maneiras, mas provavelmente deve iniciar com um esforço para obter o apoio de pessoas importantes da cidade, como administradores de escolas, membros da Associação de Pais e Mestres ou de outros órgãos locais. Além disso, as ações de marketing devem estar voltadas para chamar a atenção do mercado-alvo e gerar uma conscientização sobre os benefícios oferecidos pelo serviço. Por exemplo, o empreendimento talvez opte por patrocinar eventos e atividades escolares, indicar membros respeitados da comunidade local para sua diretoria, colocar anúncios em jornais locais ou enviar informações da empresa via mala-direta.

As principais questões abrangem inicialmente o direcionamento cuidadoso, por meio da abordagem mencionada anteriormente, assim como o conhecimento das necessidades desse mercado-alvo. Com uma ideia clara de quem é o cliente e com um esforço combinado de vendas e programa de marketing, o empreendedor terá mais certeza do crescimento das vendas e do aumento da receita. Uma presença contínua na comunidade também permite que o empreendedor expanda esse serviço de transporte de modo a incluir outros segmentos do mercado, como os idosos. Após angariar credibilidade em uma comunidade, ficará mais fácil a expansão para outras.

Consideração sobre os pontos fortes e fracos

É importante que o empreendedor pondere sobre os pontos fortes e fracos do mercado-alvo. Por exemplo, voltando ao empreendimento de serviço de transporte para alunos, seus principais pontos fortes no respectivo mercado são a inexistência de concorrência e o apoio das escolas locais. A respectiva base de utilização na comunidade selecionada é uma excelente combinação para o mercado-alvo projetado. Além disso, a experiência obtida com o lançamento desse serviço em uma comunidade será o principal fator para a abertura de novas empresas em outras comunidades.

Os pontos fracos estariam relacionados à impossibilidade, por parte do empreendimento, de angariar total credibilidade na cidade – devido à grande preocupação com sequestros e pedofilia. A credibilidade seria abalada por qualquer publicidade negativa. Além disso, o sucesso do empreendimento dependerá da confiabilidade de seus motoristas, que talvez não percebam as necessidades do consumidor. Assim, será importante escolher e treinar criteriosamente todos os motoristas.

A avaliação realizada pelo empreendedor dos pontos fortes e fracos de seu empreendimento também varia se o mercado-alvo é internacional. A falta de entendimento sobre a cultura e as diferenças dos hábitos de consumo é crítica em qualquer tentativa de entrar nesses mercados. Por exemplo, Mei Xu é proprietária da empresa de velas novata Pacific Trade International, com sede no Estado americano de Maryland, que hoje vende seus produtos na China, seu país natal, com 85 milhões de dólares em vendas. Ela entendia que o mercado chinês era extremamente fragmentado e que as chinesas preferem velas com aromas florais, enquanto as americanas preferem perfumes diferentes. Ela acredita que o motivo pelo qual tantas pequenas empresas americanas não têm sucesso em mercados como o chinês é que elas não entendem os mercados internacionais e muitas vezes tentam entrar nestes utilizando aquilo que consideram os pontos fortes da estratégia que já utilizaram com sucesso nos Estados Unidos.[9]

Estabelecendo metas e objetivos

Antes de esboçar qualquer decisão quanto a estratégias de marketing, o empreendedor deve estabelecer metas e objetivos realistas e específicos. Essas *metas e objetivos de marketing* respondem à pergunta "Para onde queremos ir?" e devem especificar fatia de mercado, lucros, vendas (por território e por região), penetração no mercado, número de distribuidores, nível de conscientização, lançamento de novo produto, política de preços, promoção de vendas e apoio publicitário.

Por exemplo, o empreendedor de um novo produto dietético congelado pode determinar os seguintes objetivos para o primeiro ano: 10% de penetração no mercado, 60% de amostras no mercado, distribuição em 75% do mercado. Todos esses objetivos devem ser considerados razoáveis e viáveis, de acordo com o cenário da empresa descrito anteriormente.

Todas essas metas são quantificáveis e podem ser mensuradas para fins de controle. Entretanto, nem todas as metas e objetivos devem ser quantificados. É possível para uma empresa estabelecer metas e objetivos, como pesquisar as atitudes do cliente em relação ao produto, implementar um programa de treinamento de vendas, aperfeiçoar a embalagem, mudar o nome

metas e objetivos de marketing
Declaração do nível de desempenho almejado pelo novo empreendimento

do produto ou encontrar um novo distribuidor. Convém limitar o número de metas ou objetivos entre seis e oito. Metas demais dificultam o controle e o monitoramento. Obviamente, essas metas devem representar áreas-chave para o sucesso de marketing.

Definindo a estratégia de marketing e os programas de ação

Após estabelecer as metas e os objetivos de marketing, o empreendedor pode começar a desenvolver a *estratégia de marketing e o plano de ação* para atingi-los. As decisões quanto à estratégia e à ação respondem à pergunta "Como chegaremos lá?". Como indicado anteriormente, essas decisões se refletem nas variáveis do *mix* de marketing. São analisadas a seguir algumas decisões tomadas para cada variável.

estratégia de marketing e plano de ação
Atividades específicas delineadas para atender às metas e aos objetivos do plano de negócio do empreendimento

Produto ou serviço   Esse elemento do *mix* de marketing indica uma descrição do produto ou serviço a ser comercializado pelo novo empreendimento. A definição do produto ou serviço pode considerar mais do que as características físicas. Por exemplo, o produto da Dell Computer é o computador, que não se distingue do produto de muitos outros concorrentes. O que torna o produto distinto é o fato de os computadores serem montados a partir de componentes fora de linha e comercializados por meio de técnicas de marketing direto e pela Internet, prometendo entrega rápida e preços baixos. A Dell também oferece extenso atendimento ao cliente, com e-mail e telefone disponíveis para que os clientes façam perguntas, de caráter técnico ou não. Assim, o produto é mais do que seus componentes físicos: envolve embalagem, nome da marca, preço, garantia, imagem, atendimento, prazo de entrega, recursos, estilo e até mesmo o site que será visto pela maioria dos clientes. Ao considerar a estratégia de mercado, o empreendedor deve levar em conta todas essas questões, ou algumas delas, tendo em mente a meta de satisfazer às necessidades do cliente.

Preço

Para calcular o preço, na maioria das situações, o empreendedor deve considerar três elementos importantes: custos, margens ou *markups* e concorrência. Existem algumas exceções que serão discutidas no final desta seção. Também será explicada a seguir a interação desses elementos no processo de cálculo do preço. Os próximos parágrafos também apresentarão exemplos pertinentes sobre o uso de cada elemento.

Custos   Uma das primeiras considerações importantes em qualquer decisão de cálculo de preço é verificar os custos diretamente relacionados com o produto ou serviço. Para um fabricante, isso envolveria a especificação do material e dos custos de mão de obra inerentes à produção do produto. Para os que não são fabricantes, como um varejista de roupas, isso abrangeria o cálculo do custo de mercadorias a partir dos fornecedores. Para um empreendimento de serviços, como o serviço de transporte de alunos, não há custos de produção ou custos de mercadorias como os existentes para um varejista de roupas. Em vez disso, os custos do empreendimento de serviços são totalmente relacionados com mão de obra e despesas indiretas.

Seja um fabricante, um varejista ou um empreendimento de serviços, o empreendedor precisaria verificar os custos indiretos aproximados (como eletricidade, água, aluguel, promoção, seguro e salários). Vamos supor que sobre um fabricante de um limpador especial de tapetes baseado em oxigênio incidam custos de materiais e mão de obra de $2,20 por unidade (710 mL). A estimativa de vendas gira em torno de 500 mil unidades, com custo indireto nesse nível de vendas orçado em $1 milhão, ou $2,00 por unidade. Os custos totais somariam $4,20, e um lucro de 30% do custo por unidade, ou $1,26, o que gera um preço final de $5,46.

Para um exemplo de cálculo do preço no varejo, consideraremos uma loja de roupas que vende camisetas. Vamos supor que a loja compre camisetas por $5,00 (custo das mercadorias) em um fornecedor. Os custos indiretos são estimados em $10 mil e o empreendedor espera vender 5 mil unidades para um custo indireto unitário de $2,00 por camiseta. São acrescidos $2,00 para o lucro, resultando em um preço final de $9,00.

Em nosso exemplo do serviço de transporte, o empreendedor estima um custo por quilômetro de aproximadamente $6,00. Isso inclui depreciação do veículo, seguro, salário do motorista, serviços básicos, publicidade e outros custos operacionais. Espera-se que cada veículo trafegue cerca de 60 quilômetros por dia e atenda a 30 estudantes. Assim, o custo total por dia seria de $360, ou $12 por estudante. Acrescentando um lucro de $3,00, o preço final desse serviço ficaria em $15 por estudante ou percurso.

Em cada um desses exemplos, o empreendedor talvez ache necessário levar em conta o papel da concorrência e a margem (discutida a seguir), assim como uma estratégia de posicionamento geral antes de fechar o preço.

Markups ou margens   Em alguns setores, como joias, produtos de beleza, móveis e roupas, os varejistas dos produtos aplicam uma margem-padrão ao preço das mercadorias em suas lojas. Por exemplo, uma margem-padrão para produtos de beleza é de 100% sobre o custo. Assim, se o varejista compra esmalte para unhas por $1,50 a unidade, a margem seria de $1,50 e o preço final para o consumidor seria de $3,00. Considerando que o varejista mantém custos equivalentes aos padrões do setor, espera-se que essa margem cubra os custos indiretos e algum lucro. É possível obter as margens-padrão em publicações especializadas ou solicitando-as aos fornecedores. Um varejista pode examinar o preço de $3,00 e decidir que, como a concorrência oferece o mesmo produto por $2,99, ele gostaria de oferecer o item por $2,89. A margem mais baixa e, por conseguinte, o lucro mais baixo aceito pelo empreendedor, neste caso, é uma estratégia aplicada para aumentar a demanda rapidamente (estratégia de penetração no mercado), mas isso poderia influenciar a concorrência a também reduzir o preço, o que acabaria diminuindo as margens de lucro de todos.

Concorrência   Quando os produtos não puderem ser facilmente diferenciados (veja o exemplo das camisetas citado anteriormente), em geral o empreendedor é obrigado a cobrar o mesmo preço praticado pela concorrência. Para um limpador de tapetes com base em oxigênio, talvez o empreendedor consiga justificar um preço mais alto (digamos, $6,50) do que o preço na concorrência ($5,75) porque o produto tem benefícios exclusivos (oxigênio e outros componentes). É possível que o varejista de roupas consiga cobrar mais do que $9,00 pela camiseta se ela for suficientemente exclusiva. Se as camisetas dos concorrentes custarem $9,00 dólares, mas a qualidade gráfica das camisetas de nosso varejista de roupas for superior, então poderá ser cobrado um preço mais alto do que $9,00. Caso contrário, se os consumidores não conseguirem perceber a diferença, o preço deverá ser equivalente ao praticado pela concorrência. No nosso exemplo do transporte de estudantes, é mais difícil comparar preços com os concorrentes porque a concorrência é mais indireta. Poderíamos comparar preços de táxis ou de ônibus. Contudo, é mais provável que esse serviço seja considerado uma conveniência pelo mercado-alvo, e por isso o preço talvez nem entre em questão. O mercado-alvo também é uma categoria de renda superior e, por conseguinte, a conveniência seria mais importante do que o custo do serviço.

Um preço mais alto também é respaldado por dados de pesquisa do mercado. Inovações, como produtos tecnológicos (televisões 3D e jogos interativos como aqueles do Nintendo Wii) ou novos medicamentos, podem garantir um preço mais alto ou uma estratégia de fixação para que o novo empreendimento recupere alguns de seus altos custos de desenvolvimento. Em um mercado de produtos não diferenciados (como vestuário ou rádio portátil), a pesquisa de marketing talvez revele que os consumidores aceitam pagar mais se você oferecer vantagens, como entrega em domicílio gratuita, garantias sobre a durabilidade do item ou garantia estendida grátis. Embora aumentando os custos para o empreendedor, esses serviços definiriam uma imagem exclusiva para o produto em uma categoria de produtos não diferenciados, permitindo um preço mais alto e, possivelmente, uma imagem de qualidade superior à da concorrência.

Geralmente, em um mercado de produtos não diferenciados, há pouco espaço para manobras de variações de preços em relação à concorrência. Nesse cenário, qualquer tentativa de aumentar os lucros deveria ser justificada pela redução dos custos. Quando o produto ou serviço é exclusivo no mercado, o empreendedor tem mais flexibilidade e deve ter uma ideia clara dos custos inerentes. O importante a ser lembrado é que há um custo total e uma margem de lucro para fechar o preço final. Se um desses itens for alterado, os outros dois fatores serão afetados de alguma maneira.

Distribuição Esse fator oferece utilidade ao consumidor, ou seja, torna um produto conveniente para a compra quando necessário. A variável também deve ser coerente com outras variáveis do *mix* de marketing. Assim, um produto de alta qualidade não só terá um preço alto, como também deverá ser distribuído por revendedores que tenham uma imagem em alta conta.

A Tabela 8.8 apresenta um resumo das considerações sobre a estratégia dos canais de distribuição. Se o mercado de um novo empreendimento tiver alta concentração, como uma área metropolitana importante, o empreendedor pode considerar as vendas diretas ao cliente ou a uma loja no varejo, em vez de usar um atacadista. Se o mercado estiver disperso em uma enorme região geográfica, o custo da venda direta seria proibitivo, e talvez fosse necessário usar um canal mais abrangente, formado por atacadistas e varejistas.

As características do produto também afetam a decisão de escolha do canal. Se o produto é muito caro, perecível ou de difícil manuseio, seria mais conveniente um canal mais direto, pois os custos de manuseio e transporte tornariam o custo final proibitivo.

Os intermediários, como atacadistas e varejistas, agregam valor ao produto. Seus custos para fornecer esses benefícios são inferiores aos custos de uma pequena iniciativa de produto único porque eles operam com economias de escala ao representar muitas outras empresas. Eles oferecem funções como estocagem, entrega, equipe de vendas, promoção e publicidade e manutenção, o que não seria viável para um empreendimento recém-estabelecido. Os intermediários também têm muita experiência no mercado e podem apoiar e ajudar o empreendedor em sua estratégia de marketing.

TABELA 8.8 Principais considerações ao selecionar o canal

Nível de direcionamento do canal
• Condições do mercado – Se os usuários finais estão concentrados (direto) ou espalhados (indireto) no mercado.
• Características do produto – Se o produto é grande (direto) ou pequeno (indireto), de difícil manuseio (direto), perigoso (direto), perecível (direto), caro (direto).
• Custo/benefício – Considera o custo/benefício na escolha dos membros do canal; muitos benefícios (indireto), mínimo ou nenhum benefício (direto).
• Características do empreendimento – Considera o lastro financeiro, o tamanho, a experiência do canal e a estratégia de marketing do empreendimento.
Número de membros do canal
• Intensivo – Selecionar o máximo de varejistas e/ou atacadistas possível.
• Seletivo – Escolher somente um pequeno número de membros do canal, com base em alguns conjuntos de critérios ou exigências.
• Exclusivo – Selecionar apenas um atacadista e/ou varejista.
Critérios na seleção dos membros do canal
• Reputação
• Serviços fornecidos
Número de canais
• Um único canal para um mercado-alvo ou vários mercados-alvo.
• Vários canais para um mercado-alvo ou vários mercados-alvo.

As questões ambientais também são importantes na estratégia do canal. Considerações e regulamentos especiais quanto a produtos químicos, alimentícios ou medicamentos, apenas para citar alguns, são muito dispendiosos para uma empresa recém-estabelecida absorver. Também considere a estratégia dos concorrentes, uma vez que as opções alternativas ajudam a diferenciar o produto. Por exemplo, a Dell Computer optou pela mala-direta e pela Internet para distribuir seus produtos, gerando uma diferenciação em relação aos concorrentes diretos. Depois de estabelecida, a empresa buscou outros canais, como as lojas de eletrônicos.

Um novo empreendimento também pode pensar em representantes de fabricantes para atingir os varejistas ou usuários finais. Os representantes de fabricantes não assumem a titularidade nem a posse física de quaisquer produtos. Sua função é agir em nome de algumas empresas não concorrentes, que dividirão o custo de seus serviços. No exemplo do limpador de tapetes baseado em oxigênio, o empreendedor consideraria a contratação de representantes do fabricante que vendem produtos comerciais (como produtos de limpeza, móveis ou carpetes) que acrescentariam o limpador de tapetes como um complemento de seus outros produtos. Eles receberiam uma comissão somente quando um produto fosse vendido (em geral 6 a 8%, de acordo com o produto). Os representantes de fabricantes também são usados na comercialização para o mercado consumidor ou de famílias. Nesse caso, o empreendedor procuraria os representantes que comercializam atualmente produtos de limpeza do lar ou outros produtos similares para os pontos de venda do varejo. Os pedidos seriam enviados diretamente para o novo empreendimento e seriam despachados de lá para o usuário final. Isso reduz os custos de uma equipe de vendas, de estocagem e de vários pontos de remessa. Os corretores são parecidos com os representantes do fabricante e são comuns nas empresas de produtos alimentícios e produtos secos de mercearia. Representantes desse tipo também estão disponíveis em muitos mercados internacionais e são uma fonte de dados de qualidade, além de uma maneira de usar vendedores experientes para atingir o mercado-alvo.

Ao selecionar o canal, o empreendedor deve examinar todos os fatores citados anteriormente. Em alguns casos, talvez seja necessário usar mais de um canal para atender aos clientes de modo mais eficiente e aumentar o potencial de vendas. Todos os varejistas de roupas, como Sports Authority, L. L. Bean, Macy's, Walmart e Target, para citar apenas alguns, vendem seus produtos por meio de diversos canais, como lojas do varejo, *sites*, catálogos e jornais. Cada um deles pode exigir um canal de comunicação diferente para permitir que o cliente compre os produtos almejados. Os canais também variam quando a empresa realiza vendas internacionais, pois a natureza de cada um às vezes depende da cultura local. A decisão da escolha dos canais também mudará com o passar do tempo. Com a expansão do empreendimento, é possível que o empreendedor pense que uma equipe de vendas própria é mais eficiente e que seus custos não sejam mais proibitivos.

Promoção O empreendedor precisa informar aos possíveis clientes a disponibilidade do produto ou instruí-los usando mídia de propaganda, como impressos, rádio, televisão ou mídias eletrônicas. Normalmente, a televisão é muito cara, a menos que o empreendedor considere a televisão a cabo um meio viável. Um serviço ou loja local, como uma loja de animais de estimação, pode constatar que o uso de canais a cabo da comunidade é o método mais eficaz de atingir clientes. Mercados maiores podem ser alcançados por meio da Internet, de mala-direta, de revistas especializadas ou de jornais. O empreendedor deve avaliar com cuidado cada mídia alternativa, considerando não apenas os custos, mas também a eficiência do meio em alcançar os objetivos de mercado mencionados anteriormente no plano de marketing. Como já citado, um *site* ou uma rede social também é uma forma valiosa para criar consciência e promover os produtos e serviços do novo empreendimento. Hoje em dia, mesmo pessoas sem experiência criam *sites* utilizando serviços *online* como www.1and1.com ou www.intuit.com. Você pode criar seu próprio *site*, estabelecer um nome de domínio, conduzir a hospedagem e lançar uma loja *online* a um custo irrisório.

Com orçamentos limitados, muitos empreendedores que precisam ser criativos em suas promoções estão se voltando para as mídias sociais. Por exemplo, Quintin Middleton estava convencido de que havia um mercado para facas trinchantes de fabricação americana. Traba-

> ## SAIU NA *BUSINESS NEWS*
>
> ### PESQUISA DE MARKETING NA WEB: CONSELHOS PARA UM EMPREENDEDOR
>
> A pesquisa de marketing, embora considerada obrigatória pela maioria dos empreendedores, é muitas vezes evitada devido à percepção de alto custo. Contudo, os avanços da tecnologia oferecem diversas opções para o empreendedor que deseja coletar dados de pesquisa sem grandes custos e que podem ser extremamente vantajosos para preparar o plano de negócio e a estratégia de crescimento ou simplesmente obter *feedback* dos clientes.
>
> Por exemplo, a Vapur Inc., um novo empreendimento centrado em um único produto (uma garrafa de água reutilizável e dobrável), precisava de informações do mercado-alvo com relação ao *design* do produto. Em apenas seis semanas, a empresa conseguiu gerar diversas ideias com *sites* de *crowdsourcing*, como Eyeka, Hypios e Jovoto, tudo com custos baixos. A Vapur distribuiu prêmios pelos melhores *designs* selecionados por participantes *online*. Em outro exemplo, a Bonobos, uma loja de vestuário masculino *online*, descobriu pelo Twitter que um protótipo de camisa que distribuíra era apertada demais. A empresa também utiliza o Facebook para fazer perguntas de pesquisa que os ajuda no lançamento de novos produtos.
>
> Para conduzir uma pesquisa de marketing mais formal, é possível utilizar ferramentas de levantamento via Web, como o SurveyMonkey e o Zoomerang. O SurveyMonkey e o Zoomerang permitem um número limitado de perguntas (10 e 12, respectivamente) e até 100 respostas por levantamento gratuitamente. Os dois cobram uma pequena taxa mensal para levantamentos maiores. A Internet também oferece outras ferramentas de levantamento, como SurveyGizmo, FluidSurveys, QuestionPro e eSurveysPro, disponíveis a custos diversos. Todas oferecem algum serviço gratuito limitado e vários benefícios, como modelos customizados, múltiplos idiomas e tabulação cruzada, entre outros.
>
> Os prós e contras dos levantamentos via Internet são, em muitos sentidos, semelhantes aos dos levantamentos por correio e entrevistas pessoais. Um levantamento *online* permite que você faça tantas perguntas quanto precise e também que utilize perguntas ramificadas (ou seja, a capacidade de fazer perguntas de seguimento depois de respostas positivas). Também é possível incluir perguntas dissertativas, não apenas de múltiplas escolhas ou de ordenamento. O lado negativo dos levantamentos via Web é que, assim como nos levantamento por correio, não há contato pessoal com o participante. Esse ponto negativo, entretanto, às vezes é considerado uma vantagem, pois os entrevistadores facilmente introduzem vieses nos levantamentos presenciais.
>
> Em suma, o valor e os benefícios dos levantamentos via Web superam os custos e as desvantagens. Como os empreendedores muitas vezes possuem tempo e recursos limitados, os levantamentos via Web são um método eficaz e eficiente de coletar informações de mercado importantes.
>
> Fonte: Ver Riva Richmond, "Entrepreneurs Seek Input from Outsiders," *The Wall Street Journal Online*, December 23, 2010; Jeff Dickey-Chasins, "Getting Inside the Mind of Your Target Candidate," *Journal of Corporate Recruiting Leadership* (June 2011), p. 39; e Robert Gordman, "Targeting Your Most Profitable Customers," *Retail Merchandiser* (July/August 2010), pp. 18–20.

lhando em casa, o que começou como um *hobby* de produzir facas de alta qualidade se transformou em um negócio de sucesso direcionado a *chefs* de cozinha. Convites no Facebook para cerca de 800 pessoas no setor alimentício resultaram em 400 fãs, muitos dos quais estavam dispostos a pagar entre 300 e 400 dólares por uma faca customizada de Middleton. Hoje, ele vende todas as facas customizadas que consegue produzir.[10]

Tom First não é novidade em se tratando de criatividade, como descobriu enquanto um dos fundadores da Nantucket Nectars. Recentemente, Tom lançou um novo empreendimento, a Owater, uma água enriquecida com nutrientes. Incapaz de concorrer com as grandes empresas desse mercado, Tom escolheu promover seu produto com uma forte campanha de amostras. A Owater faz até seis ou sete eventos de distribuição de amostras por dia em mercados importantes, como Boston, Chicago, Denver, Los Angeles, Nova York e Filadélfia. A capacidade de enfocar grandes mercados específicos beneficiou as vendas de um modo que teria sido muito mais caro se Tom tivesse tentado utilizar as mídias de massa tradicionais.[11]

Estratégia de marketing: mercado consumidor *versus* B2B (*Business-to-Business*)

As decisões sobre estratégias de marketing para um produto ao consumidor são muito diferentes das decisões para um produto entre empresas. Nos mercados B2B (*business-to-business* – entre empresas), o empreendedor vende o produto ou serviço para outra empresa, que usa o produto ou serviço como parte de suas operações. A Dell Computer comercializa seus produtos para consumidores e empresas. Ao comercializar para consumidores, a empresa utiliza a mala-direta e a Internet; para empresas, ela usa a própria equipe de vendas. Essa equipe faz contato com as empresas para oferecer um grande volume de PCs ou acessórios incluídos em um único pacote (transação). Entretanto, o esforço de marketing para o consumidor na verdade colabora com o esforço de marketing empresarial porque a publicidade e as promoções serão vistas ou lidas pelos dois mercados. Os mercados do consumidor abrangem vendas para o consumo pessoal das famílias. Alguns exemplos seriam alimentos, bebidas, produtos para a casa, móveis e computadores.

A estratégia de marketing B2B em geral abarca um canal de distribuição mais direto devido ao volume de cada transação e à necessidade de relacionar o conhecimento dos produtos aos compradores da empresa. A publicidade e a promoção do mercado B2B envolvem mais anúncios em revistas especializadas, venda direta, feiras e exposições. Para um empreendimento iniciante, a participação em feiras e exposições pode ser um dos meios mais eficientes de atingir vários compradores em potencial em um único local. Nesses tipos de eventos, é fundamental distribuir material sobre os produtos e serviços do empreendimento e manter um registro de todos os interessados que visitaram o estande na feira. Peça aos visitantes que preencham um registro ou que deixem cartões de visita. A partir desse registro ou dos cartões, prepare uma lista aconselhável de possíveis clientes para representantes de venda. Também é que, imediatamente após o evento, seja enviada uma carta para todos os visitantes, agradecendo-lhes o interesse e explicando como eles poderão ser contatados.

De modo geral, o *mix* de marketing para os mercados de consumidores e empresas é idêntico. Porém, as técnicas e estratégias no *mix* desses fatores variam muito.

Todas essas variáveis do *mix* de marketing serão descritas com detalhes na seção da estratégia de marketing ou no plano de ação do plano de marketing. Como citado anteriormente, a estratégia de marketing e os programas de ação têm de ser específicos e suficientemente detalhados para orientar o empreendedor ao longo do ano seguinte.

Orçando a estratégia de marketing

As decisões de um planejamento eficaz também devem considerar os custos de sua implementação. Se o empreendedor seguiu o procedimento de detalhamento dos programas de estratégia e ação para atingir as metas e os objetivos almejados, os custos devem estar razoavelmente claros. Se for necessário fazer suposições, essas devem ser claramente estabelecidas de modo que qualquer outra pessoa que revise o plano de marketing (por exemplo, uma empresa de capital de risco) entenda as implicações.

Esse orçamento das decisões de estratégias e ações de marketing também será útil na preparação do plano financeiro. No Capítulo 10, serão discutidos os detalhes de como desenvolver um plano financeiro.

Implementação do plano de mercado

O plano de marketing tem por objetivo o comprometimento do empreendedor com uma estratégia específica. Não é uma formalidade que serve como um documento superficial para fornecedores ou investidores financeiros externos. Ele deve ser um veículo formal para responder às três perguntas colocadas anteriormente neste capítulo e um compromisso para fazer ajustes quando houver necessidade ou quando for exigido pelas condições do mercado. Alguém no empreendimento deve ser responsável pela coordenação e implementação do plano.

Monitoramento do progresso das ações de marketing

Em geral, o monitoramento do plano abrange o rastreamento dos resultados específicos do esforço de marketing. Dados de vendas por produto, território, representantes e pontos de venda são alguns dos resultados específicos que devem ser monitorados. O que é monitorado depende das metas e dos objetivos específicos delineados no plano de marketing. Qualquer sinal "fraco" nesse processo de monitoramento dará ao empreendedor a oportunidade de redirecionar ou modificar o esforço de marketing atual para que a empresa alcance suas metas e seus objetivos iniciais.

Além de monitorar o andamento do plano atual, o empreendedor deve estar preparado para contingências. Por exemplo, contar com um único fornecedor de uma região vulnerável a furacões talvez seja desastroso se esse fornecedor precisar fechar as portas como consequência de um furacão. Os ajustes efetuados nas ações de marketing em geral são mínimos se o plano foi desenvolvido e implementado com sucesso. Se o empreendedor está sempre enfrentando alterações significativas na estratégia de marketing, é provável que o plano não esteja preparado adequadamente. Os pontos fracos no plano de marketing costumam resultar de uma análise deficiente do mercado e da estratégia competitiva, de metas e objetivos fora da realidade ou da má implementação das ações descritas no plano. Há também as fatalidades, como intempéries ou guerras, que afetam o plano de marketing. É difícil prever essas ocorrências, as quais podem ser consideradas em um plano de contingências.

REVISÃO

RESUMO

Antes de iniciar a seção do plano de marketing do plano de negócio, o empreendedor deve realizar um exame detalhado e uma avaliação completa das tendências do setor e do mercado nos níveis nacional e local. Além disso, precisa ser documentada uma avaliação abrangente das estratégias dos concorrentes e de seus pontos fortes e fracos. A partir dessa análise, o empreendedor pode começar a formular a seção do plano de marketing do plano de negócio. O plano de marketing responde a três perguntas: Onde estamos? Para onde vamos? Como chegaremos lá?

Para de fato responder a essas perguntas, em geral é necessário que o empreendedor faça uma pesquisa de marketing. Essa pesquisa pode englobar fontes secundárias ou um processo de coleta de dados primários. As informações da pesquisa são muito importantes para determinar os fatores do *mix* de marketing ou a estratégia de marketing a ser implementadas no plano de marketing. Com os avanços da tecnologia, os empreendedores têm mais oportunidades de conduzir pesquisas utilizando ferramentas de questionário via Internet e redes sociais.

O plano de marketing implica uma série de etapas importantes. Primeiro, é fundamental fazer uma análise da situação para avaliar a pergunta "Onde estamos?". Os segmentos do mercado precisam ser definidos, e as oportunidades, identificadas. Isso ajudará o empreendedor a determinar um perfil do cliente. Defina metas e objetivos realistas e detalhados (se possível, quantificados). A seguir, a estratégia de marketing e os programas de ação serão estabelecidos. Novamente, estes têm de ser detalhados o suficiente, de modo que o empreendedor entenda como o empreendimento chegará onde pretende.

A seção de estratégia de marketing ou plano de ação descreve como alcançar as metas e os objetivos já definidos. É possível usar abordagens de marketing alternativas para atingir as metas definidas. É especialmente importante que o empreendedor considere o uso de abordagens de marketing alternativas quando entra em mercados internacionais. O uso de estratégias criativas, como o marketing via Internet, proporciona ao empreendedor uma entrada mais eficiente no mercado.

Os programas de ação também devem ser atribuídos a alguém que garanta sua implementação. Se o plano for detalhado, o empreendedor poderá alocar custos e orçamentos para a implementação. Durante o ano, o plano de marketing será monitorado para a avaliação do êxito dos programas de ação. Qualquer sinal "fraco" dará ao empreendedor a chance de modificar o plano e/ou desenvolver um plano de contingência.

A avaliação cuidadosa do plano de marketing pode assegurar seu sucesso. Entretanto, muitos planos fracassam, não devido a uma má administração ou a um produto de baixa qualidade, mas porque o plano não era específico, apresentava uma análise de situação inadequada ou metas fora da realidade ou não previa jogadas da concorrência, deficiências do produto ou fatalidades.

ATIVIDADES DE PESQUISA

1. Participe de um grupo de discussão *online*. Depois, faça uma pesquisa sobre as vantagens e desvantagens de conduzir um grupo de discussão *online versus* um grupo de discussão "presencial".
2. Escolha um setor e use a biblioteca ou a Internet para localizar dados em fontes secundárias, os quais contribuirão muito para desenvolver um plano de marketing.
3. Encontre um exemplo de pequena empresa que utiliza mídias sociais, como Facebook, Twitter ou LinkedIn, para promover seus produtos ou serviços. Em sua opinião, qual é o nível de eficácia dessa estratégia? Liste algumas das vantagens e desvantagens do uso de mídias sociais por parte dessa empresa.
4. Descubra uma estratégia de marketing sendo usada atualmente que, em sua opinião, será ineficaz. Justifique sua resposta.

DISCUSSÃO EM AULA

1. Quais são os três anúncios mais bem-sucedidos veiculados na televisão? Por que eles funcionam? Quais são os três menos eficazes? Por que são ineficazes? Eles são realmente ineficazes se você consegue lembrar deles?
2. Defina um grupo de clientes e depois invente um produto e lhe atribua uma estratégia de preço, promoção e distribuição. Divirta-se apresentando um *mix* de marketing criativo.
3. A segmentação de mercado é apenas uma boa maneira de usar "estereótipos" para vender seus produtos? As pessoas podem ser realmente classificadas tão facilmente em grupos que compartilham necessidades, desejos e demandas comuns?

NOTAS

1. "The Business Matchmaker," *Entrepreneur* (May 2011), p. 43; "How Social Media is Changing Business," *BusinessNewsDaily.com* (April 2011); e www.SaleSpider.com.
2. Joseph F. Hair, Jr., Mary Wolfinbarger, Robert P. Bush, and David J. Ortinau, *Essentials of Marketing Research*, 2nd ed. (New York: McGraw-Hill/Irwin, 2010), pp. 25–36.
3. M. P. Peters and C. Bush, "Market Information Scanning Activities and Growth in New Ventures: A Comparison of Service and Manufacturing Businesses," *Journal of Business Research* (May 1996), pp. 81–89.
4. Hair et al., *Essentials of Marketing Research*, pp. 80–89.
5. R. D. Hisrich and M. P. Peters, *Marketing Decisions for New and Mature Products*, 2nd ed. (Upper Saddle River, NJ: Prentice Hall, 1991), pp. 63–78.
6. R. Kerin, S. Hartley, and W. Rudelius, *Marketing*, 10th ed. (New York: McGraw-Hill/Irwin, 2011), pp. 39–45.
7. D. R. Lehman and R. S. Winer, *Analysis for Marketing Planning*, 7th ed. (New York: McGraw-Hill/Irwin, 2008), pp. 10–11.
8. Kerin et al., *Marketing*, pp. 221–40.
9. Devin Leonard, "Mei Xu," *Bloomberg Businessweek*, March 28, 2011, p. 60.
10. Margaret Littman, "A Sharp Idea," *Entrepreneur* (October 2011), p. 17.
11. Gwen Moran, "Try Sampling," *Entrepreneur* (October 2008), p. 84.

APÊNDICE 8A ESBOÇOS DE PLANOS DE MARKETING

Quadro 1. Plano de marketing para uma empresa de produtos ao consumidor

Quadro 2. Plano de marketing para uma empresa *business-to-business*

Quadro 3. Plano de marketing para uma empresa de serviços

QUADRO 1 Plano de marketing para uma empresa de produtos ao consumidor

I. ANALISAR E DEFINIR A SITUAÇÃO DA EMPRESA – passado, presente e futuro
Uma análise de onde estamos e, talvez, de como chegamos aqui. Dados e tendências devem retroceder de três a cinco anos.
Itens sugeridos:
   A. O escopo do mercado (tipo de negócio)
   B. Histórico de vendas por produto, por tipo de negócio, por região
   C. Potencial de mercado, principais tendências previstas
   D. Canais de distribuição
      1. Identificação dos principais canais (representante ou tipo de negócio), histórico de vendas em cada tipo
      2. Atitudes e hábitos de compra desses canais
      3. Nossas políticas e práticas de venda
   E. O cliente ou consumidor final
      1. Identificação de clientes que tomam as decisões de compra classificados por idade, nível de renda, ocupação, localização geográfica, etc.
      2. Atitudes do cliente em relação ao produto ou serviço, à qualidade, ao preço, etc. Hábitos de compra ou de uso que contribuem para atitudes
      3. Histórico da propaganda: gastos, estratégia de mídia e de reprodução, avaliações da eficácia
      4. Publicidade e outras influências educacionais
   F. O produto ou o serviço:
      1. História da linha de produto, desenvolvimento da qualidade, entrega e atendimento
      2. Comparação com outras abordagens para atender às necessidades dos clientes
      3. Pesquisa do produto; aperfeiçoamentos planejados

II. IDENTIFICAR PROBLEMAS E OPORTUNIDADES
   A. Em vista dos fatos citados em (I), quais são os principais problemas que restringem ou impedem nosso crescimento?
   B. Que oportunidades temos para:
      - Superar os problemas identificados?
      - Modificar ou aperfeiçoar a linha de produtos ou introduzir novos produtos?
      - Atender às necessidades de mais clientes em nosso mercado ou desenvolver novos mercados?
      - Melhorar a eficiência de nossa operação?

III. DEFINIR OBJETIVOS COMERCIAIS ESPECÍFICOS E REALISTAS
   A. Suposições sobre condições futuras
      - Nível de atividade econômica
      - Nível de atividade do setor
      - Mudanças nas necessidades do cliente
      - Mudanças nos canais de distribuição
      - Mudanças além de nosso controle, aumento de custos, etc.
   B. Objetivos de marketing primários (o estabelecimento de pontos-alvo e metas). Considerar para onde você está indo e como vai chegar lá. Os objetivos são a base necessária de qualquer plano, já que um plano deve ter uma direção precisa.
   C. Estratégia geral para alcançar os objetivos primários. A estratégia global da divisão para alcançar seus objetivos primários – exemplos: mudança na ênfase de vendas, produtos ou tipos de negócio; mudanças para o aperfeiçoamento da cobertura de vendas, etc.
   D. Objetivos funcionais (de departamentos). (Nesta seção "detone" seus objetivos primários em subobjetivos ou metas para cada departamento. Mostre a interação verticalmente, por projeto de marketing. Mostre o cronograma dos objetivos a seguir.)
      1. Objetivos de publicidade e promoção
      2. Objetivos de atendimento ao cliente
      3. Objetivos de modificação do produto
      4. Objetivos de novos produtos
      5. Objetivos de controle de despesas
      6. Objetivos da mão de obra
      7. Objetivos de treinamento de pessoal
      8. Objetivos de pesquisa de mercado

IV. DEFINIR A ESTRATÉGIA DE MARKETING E OS PROGRAMAS DE AÇÃO – para alcançar os objetivos
   A. Aqui, *detalhar as etapas da ação* e as prioridades e a programação relacionadas a cada um dos objetivos funcionais citados. Se, por exemplo, uma de suas estimativas foi "um aumento nas vendas do produto X de 10 para 20 mil unidades", este é o momento de localizar os clientes almejados. Para explicar quem deve fazer o que e quando, você pode mostrar a interação dos departamentos listados (III-D) e como seus objetivos servem para satisfazer o aumento da demanda.
   B. Se um de seus objetivos foi introduzir um novo produto na data "x", agora mostre os detalhes e prazos, a programação de produção, os planos de introdução no mercado, o suporte publicitário e de *merchandising*, o treinamento necessário em vendas e em serviços, etc. Defina responsabilidades e datas para cada etapa.
   C. Alternativas – No caso de um atraso em um projeto ou programa, quais são os planos alternativos disponíveis?

V. PROCEDIMENTOS DE CONTROLE E REVISÃO
Como será monitorada a execução do plano?
   A. Que tipos de *feedback* serão necessários?
   B. Quando e como as revisões serão programadas (departamentos, regiões, etc.)?
   C. Data para revisão total do progresso em relação ao plano.

Fonte: David S. Hopkins, *The Marketing Plan* (New York: The Conference Board, 1981). Reimpresso com permissão de The Conference Board.

QUADRO 2 Plano de marketing para uma empresa *business-to-business*

Esquema de plano de marketing

Para cada produto categoria principal de produto: Período de tempo – um, três e cinco anos ou mais

I. RESUMO ADMINISTRATIVO
Em poucas palavras, qual é nosso plano de marketing para o produto?
É um resumo de uma página dos fatores básicos que envolvem o marketing do produto durante o período do plano, junto com os resultados esperados pela implementação do plano. Propõe-se a ser um guia sucinto para a administração.

II. PANORAMA ECONÔMICO
Que fatores na economia e no setor como um todo afetarão o marketing do produto no período do plano e como?
Esta seção deve conter um resumo dos fatores específicos da economia e do setor que afetarão o marketing do produto durante o período do plano.

III. O MERCADO – qualitativo
Quem ou que tipos de segmentos de mercado constituem os principais clientes em potencial para esse produto?
Esta seção definirá a natureza qualitativa de nossos segmentos de mercado, e incluirá descrições e perfis para a definição dos principais distribuidores, representantes, usuários e/ou consumidores do produto.

IV. O MERCADO – quantitativo
Qual é o mercado em potencial para este produto?
Esta seção aplicará medidas quantitativas específicas para esse produto. Aqui queremos incluir números de clientes potenciais, volume financeiro dos negócios, nossa atual fatia do mercado – qualquer medida específica que delineie o alvo total para o produto e onde nos situamos em relação à concorrência no momento.

V. ANÁLISE DE TENDÊNCIAS
Com base na história do produto, para onde estamos sendo levados?
Esta seção é uma revisão da história passada do produto. Em uma situação ideal, deveríamos incluir estatísticas anuais para os últimos cinco anos mostrando volume financeiro, contas abertas, contas fechadas, fatia do mercado e outros dados históricos cabíveis.

VI. CONCORRÊNCIA
Quem são nossos concorrentes para este produto e como nos posicionamos competitivamente?
Esta seção deve definir nossos atuais concorrentes. Deve ser uma análise ponderada, delineando quem são nossos concorrentes, quão bem-sucedidos eles são e que medidas se podem esperar que eles tomem em relação a esse produto ao longo do próximo ano.

VII. PROBLEMAS E OPORTUNIDADES
Interna e externamente, há problemas inibindo o marketing do produto ou existem oportunidades que não aproveitamos?
Esta seção incluirá um comentário franco sobre problemas inibidores e oportunidades não percebidas. Deve incluir uma discussão dos problemas internos e externos que podemos controlar, por exemplo, por meio de mudanças nas políticas ou nos programas operacionais. Também deve apontar áreas de oportunidades relacionadas ao produto que agora não estamos explorando.

VIII. OBJETIVOS E METAS
Onde queremos chegar com o produto?
Esta seção delineará os objetivos de curto e de longo prazo para o produto. As metas de curto prazo devem ser específicas e serão aplicadas no ano seguinte. As metas de médio e longo prazo necessariamente serão menos específicas e devem oferecer uma projeção para os próximos três a cinco anos ou mais. Os objetivos serão declarados de duas formas.
(1) Qualitativa – a lógica subjacente à oferta do produto e quais modificações ou outras mudanças esperamos fazer.
(2) Quantitativa – número de contas, volume financeiro, fatia do mercado, metas de lucros.

IX. PROGRAMAS DE AÇÃO
Dados a história passada, a economia, o mercado, a concorrência, etc., o que devemos fazer para atingir as metas que estabelecemos para este produto ou serviço?
Esta seção será uma descrição das ações específicas que planejamos realizar no próximo ano para garantir que os objetivos estabelecidos para o produto em VIII sejam alcançados. Essas incluiriam a gama completa de fatores compreendidos pelo *mix* de marketing. A discussão cobrirá o que deve ser feito, a programação das atividades, os métodos de avaliação e atribuição de responsabilidade pela execução do programa e a avaliação dos resultados.

Fonte: David S. Hopkins, *The Marketing Plan* (New York: The Conference Board, 1981). Reimpresso com permissão de The Conference Board.

QUADRO 3   Plano de marketing para uma empresa de serviços

Esquema de plano de marketing

Para cada um dos principais serviços bancários:

I. RESUMO ADMINISTRATIVO
Em poucas palavras, qual é nosso plano de marketing para o serviço?
É um resumo de uma página dos fatores básicos que envolvem o marketing do serviço durante o próximo ano, junto com os resultados esperados pela implementação do plano. Propõe-se a ser um guia sucinto para a administração.

II. PROJEÇÕES ECONÔMICAS
Que fatores na economia geral afetarão o marketing deste serviço no próximo ano e como?
Esta seção incluirá um resumo dos fatores econômicos específicos que afetarão o marketing deste serviço no ano vindouro. Estes poderão incluir emprego, renda pessoal, expectativas comerciais, pressões inflacionárias (ou deflacionárias), etc.

III. O MERCADO – quantitativo
Quem ou que tipos de organização poderiam ser consideradas clientes-alvo para o serviço?
Esta seção definirá a natureza qualitativa de nosso mercado. Incluirá informações demográficas, perfis industriais, perfis comerciais, etc. para todas as pessoas ou organizações que poderiam ser clientes do serviço.

IV. O MERCADO – quantitativo
Qual é o potencial de mercado para o serviço?
Esta seção aplicará medidas quantitativas específicas para este serviço bancário. Aqui, queremos incluir números de clientes em potencial, volume de negócios em dólares, nossa atual fatia do mercado, ou seja, qualquer medida específica que delineie nosso alvo total para o serviço e onde nos situamos competitivamente no momento.

V. ANÁLISE DE TENDÊNCIAS
Com base na história desse serviço, qual parece ser nossa direção?
Esta seção é uma revisão da história passada deste serviço. Em uma situação ideal, deveríamos incluir índices trimestrais para os últimos cinco anos mostrando volume financeiro, contas abertas, contas fechadas, fatia de mercado e todos os outros dados históricos cabíveis.

VI. CONCORRÊNCIA
Quais são nossos concorrentes para esse serviço e como nos situamos em relação a eles?
Esta seção deve definir nossos concorrentes atuais, bancários ou não. Deve ser uma análise cuidadosa, delineando quem são nossos concorrentes, quão bem-sucedidos eles são, por que obtiveram êxito (ou não) e que ações poderíamos esperar deles em relação a este serviço ao longo do ano seguinte.

VII. PROBLEMAS E OPORTUNIDADES
Interna e externamente, há problemas inibindo o marketing do serviço ou existem oportunidades que não aproveitamos?
Esta seção apresentará um comentário franco sobre problemas inibidores ou oportunidades perdidas. Deve incluir uma discussão dos problemas internos e externos que podemos controlar, por exemplo, por meio de mudanças nas políticas ou nos procedimentos operacionais. Também deve apontar áreas de oportunidade com relação a este serviço que não estamos explorando atualmente.

VIII. OBJETIVOS E METAS
Onde queremos chegar com esse serviço?
Esta seção delineará os objetivos de curto e longo prazo para o serviço. As metas de curto prazo devem ser específicas e se aplicarão no ano seguinte. As metas de longo prazo necessariamente serão menos específicas e devem ser projetadas para os próximos cinco anos. Os objetivos serão apresentados de duas formas:
(1) Qualitativa – a lógica subjacente à oferta do serviço e quais modificações ou outras mudanças esperamos fazer.
(2) Quantitativa – número de contas, volume financeiro, fatia do mercado, metas de lucros.

IX. PROGRAMAS DE AÇÃO
Dados a história passada, a economia, o mercado, a concorrência, etc., o que devemos fazer para atingir as metas estabelecidas para o serviço?
Esta seção será uma descrição das ações específicas que planejamos realizar no próximo ano para garantir que os objetivos estabelecidos para o serviço em VIII sejam abençoados. Essas devem incluir publicidade e promoção, mala-direta e folheto explicativo, bem como programas a serem criados e implementados pelos gerentes de linha. A discussão deve abranger o que deve ser feito, a programação para a realização, os métodos de avaliação e os gerentes encarregados pela execução do programa e pela avaliação dos resultados.

Fonte: David S. Hopkins, *The Marketing Plan* (New York: The Conference Board, 1981). Reimpresso com permissão de The Conference Board.

9
PLANO ORGANIZACIONAL

OBJETIVOS DE APRENDIZAGEM

▶ Entender a importância da equipe administrativa no lançamento de um novo empreendimento.

▶ Entender as vantagens e desvantagens das formas alternativas legais para organizar um novo empreendimento.

▶ Explicar e comparar a S Corporation e a empresa de responsabilidade limitada como formas alternativas de incorporação.

▶ Conhecer a importância da organização formal e informal.

▶ Ilustrar como o conselho de administração ou o conselho de consultores pode apoiar a administração de um novo empreendimento.

▶ Entender as dificuldades que podem ocorrer quando os proprietários relutam em delegar ou distribuir responsabilidades.

PERFIL DE ABERTURA

Eric Ryan e Adam Lowry – www.methodhome.com

Neste livro, aprendemos que ser um empreendedor bem-sucedido envolve análise, planejamento e estratégia eficazes. O crescimento de uma nova empresa também exige o compromisso do fundador e dos funcionários para sustentar o crescimento e a rentabilidade no longo prazo. Ninguém respeita mais a importância de criar e nutrir uma cultura corporativa vibrante do que Eric Ryan e Adam Lowry, cofundadores da Method Products Inc., fabricante de produtos de limpeza ecologicamente corretos sediada em San Francisco, Califórnia.

Ryan, ex-publicitário, e Lowry, ex-climatologista, reconheceram a relevância da cultura corporativa quando decidiram lançar seus primeiros produtos de limpeza. De acordo com Ryan, como o negócio envolve produtos de limpeza, que não são os mais emocionantes do mundo, é importante manter a animação dos funcionários.

Os dois se tornaram empreendedores em 2000, pois ambos estavam infelizes em seus empregos e queriam criar algo de novo por conta própria. Depois de passar muitas horas tentando imaginar ideias novas, em 2000 eles criaram um plano para revolucionar o mundo da limpeza com produtos ambientalmente corretos, feitos com ingredientes atóxicos, e que fossem tão eficazes quanto os que já existiam no mercado e que também tivessem odores agradáveis. Os dois acreditavam que o setor de produtos de limpeza ecológicos tinha um grande potencial, mas qualquer inovação precisaria ser no mínimo tão eficaz quanto os produtos que já estavam à venda.

Lowry começou procurando alternativas para os produtos químicos comuns dos sabões em pó de lavanderia. A maioria dos produtos de limpeza utiliza solventes para remover as manchas mais difíceis, mas eles são feitos à base de petróleo e tendem a ser prejudiciais para o meio ambiente. Com sua experiência de cientista, Lowry descobriu um solvente natural feito de palhada de milho, um dejeto da produção de milho. Além disso, ele descobriu alternativas biodegradáveis aos agentes de abrandamento de água que incluíam fosfatos e uma maneira de extrair detergentes de óleo de coco. Depois dessas descobertas, eles perceberam que precisariam de muito mais que ingredientes naturais, pois as embalagens também precisariam atender a definição verde. Foi aqui que entrou a experiência de Ryan como publicitário: ele projetou embalagens feitas de PET, uma das formas mais recicláveis e sustentáveis de plástico. Finalmente, eles descobriram que no Norte do Oceano Pacífico, onde hoje existe uma grande área de lixo plástico do tamanho do Texas, seria possível coletar detritos de plástico e convertê-los em garrafas para seus produtos.

Em 2001, eles produziram seus primeiros quatro itens de limpeza e convenceram os gerentes de 20 mercados independentes a tentar vendê-los. Em setembro de 2001, eles receberam um milhão de dólares em financiamento de capital de risco. Com esse financiamento, os dois foram atrás de varejistas com abrangência nacional e acabaram conquistando a Target, onde um dos agentes de compra ficou intrigado pelo fato de uma empresa tão pequena conseguir gerar lucro. A empresa começou a crescer à medida que aumentava o interesse por produtos naturais e ambientalmente corretos. Foi nesse momento que Ryan e Lowry perceberam que precisavam garantir uma cultura positiva e simpática entre seus funcionários, para mantê-los motivados e eficazes durante esse período de crescimento.

Ryan e Lowry acreditam que a moral dos funcionários é fundamental para o crescimento e sucesso contínuos da empresa. Segundo eles, quanto mais você se esforça para formalizar as regras e normas dos funcionários, mais rápido a cultura positiva desmorona. O desafio foi preservar a moral produzida pelo sucesso inicial à medida que a empresa crescia e se transformava em uma organização maior. Quando pequena, a Method era bastante integrada; se algum funcionário acreditava que algo era necessário, tudo o que ele precisava fazer era se dirigir à pessoa certa e pedir que ela resolvesse a questão. Com o crescimento da empresa, no entanto, isso foi ficando mais difícil. Assim, foi necessário introduzir mais processos, mas sem sufocar a cultura cheia de energia da empresa.

Dadas as suas preocupações, os dois inventaram maneiras de criar a cultura positiva e vibrante na Method, estabelecendo o que batizaram de "ministério da cultura". No princípio, os dois definiram esse ministério como uma forma de manter as qualidades que você imaginaria em um local de trabalho ideal, onde os funcionários não ficam afogados em normas e regras estritas.

Em busca do modelo certo, eles consultaram empresas exemplares, como Apple, Google, Pixar, Nike, Starbucks e Innocent, as quais eles respeitavam porque possuíam o tipo de cultura almejado. O resultado foi que Ryan e Lowry desenvolveram três temas para sua organização. Antes de mais nada, era necessário contratar pessoas excelentes. Em vez de se concentrar no conhecimento técnico, era fundamental garantir que o profissional possuía uma atitude que correspondia à da empresa. Segundo, era importante enfatizar a cultura para os recém-chegados desde o princípio e deixar claro que eles estavam sendo contratados porque se encaixavam nela. Terceiro, os funcionários mereciam receber *feedback* sobre a qualidade de seu trabalho com relação aos valores e à cultura da empresa. Os funcionários precisavam acreditar que seu trabalho tinha propósito, uma sensação que era mais valor compartilhado do que regra imposta.

Finalmente, eles recrutaram alguns membros de equipe de diversos departamentos para trabalhar com a liderança da empresa e tentar imbuir sua cultura com alguns valores fundamentais. A equipe foi batizada de *Values Pod*. Os valores que decidiram vieram de baixo para cima e foram acolhidos por toda a organização. A lista final foi a seguinte:

- Mantenha a Method esquisita.
- O que MacGyver faria?
- Inove, não imite.
- Colabore feito louco.
- Dê bola.

Hoje conhecida como Methodology, esses valores estão imbuídos na organização e representam a espinha dorsal de sua cultura. Para integrá-los nas operações cotidianas, esses valores foram impressos em cartões que ilustram como cada um deles se traduz em tomadas de decisão e comportamentos.

Com sua cultura vibrante e valores fundamentais estabelecidos, a empresa se transformou em uma das maiores fabricantes de produtos de limpeza ecológicos do mundo. Em 2011, esperava-se que as vendas ultrapassassem 110 milhões de dólares. A lista de produtos da empresa cresceu e hoje inclui itens de lavanderia, limpeza geral e higiene das mãos, vendidos em oito países. Ryan e Lowry são muito cuidadosos na distribuição de varejo, dado o foco em produtos ambientalmente corretos. Apesar de os produtos serem de 5 a 10% mais caros do que as marcas ambientalmente nocivas, Ryan e Lowry estão confiantes de que suas vendas continuarão a crescer à medida que os consumidores se conscientizam sobre o meio ambiente e utilizam produtos que protegem a natureza.[1]

DESENVOLVIMENTO DA EQUIPE ADMINISTRATIVA

Com o exemplo da Method Products Inc., fica constatada a importância dos empregados e de sua lealdade e comprometimento com a organização. Também são importantes para os possíveis investidores a equipe administrativa e sua habilidade e compromisso com o novo empreendimento.

Os investidores em geral exigem que os membros da equipe administrativa não tentem dirigir a empresa como um empreendimento colateral ou de meio turno, enquanto dedicam tempo integral para outra atividade. Espera-se que a equipe administrativa esteja preparada para se dedicar à empresa em tempo integral e com um salário modesto. É inaceitável que os empreendedores tentem tirar um alto salário do novo empreendimento, e os investidores talvez interpretem uma tentativa nesse sentido como falta de comprometimento com a empresa. Posteriormente neste capítulo, os papéis dos diversos membros da equipe serão discutidos, em especial quando a empresa se torna um interesse legítimo. Além disso, o empreendedor tem de considerar o papel do conselho de administração e/ou conselho de consultores no apoio à gerência do novo empreendimento. Nesse ponto, no entanto, o empreendedor precisa avaliar as alternativas relacionadas à forma legal da organização, pois cada uma dessas formas tem importantes implicações nos impostos, nas obrigações, na continuidade e no financiamento do novo empreendimento.

FORMAS LEGAIS DE EMPRESAS

Há três formas legais básicas de formação de empresa*, com algumas variações disponíveis, dependendo das necessidades dos empreendedores. As três formas básicas são (1) propriedade individual, (2) sociedade e (3) corporação, com variações particularmente nas sociedades e corporações. A mais nova modalidade de formação de um negócio é a empresa de responsabilidade limitada (LLC), que agora é possível em todos os Estados norte-americanos e no Distrito

---

* N. de R.T.: Informações sobre legislação tributária e formas legais para a constituição e o registro de empresas no contexto brasileiro estão disponíveis nos *sites* www.dnrc.gov.br (Departamento Nacional de Registro de Comércio, órgão vinculado ao Ministério do Desenvolvimento, Indústria e Comércio Exterior) e www.sebrae.com.br.

SAIU NA *BUSINESS NEWS*

ACONSELHAR UM EMPREENDEDOR: QUESTÕES A CONSIDERAR NA DELEGAÇÃO DE RESPONSABILIDADES

A liderança em uma empresa iniciante é extremamente importante para garantir que a organização continue seguindo seu plano. A delegação de responsabilidades por parte do empreendedor é considerada a alma da administração na empresa, mas muitos relutam em abrir mão do controle. Em vez disso, eles tentam tomar a maioria das decisões por conta própria, o que pode destruir a motivação entre os funcionários. Algumas das explicações mais comuns de por que os empreendedores não estão dispostos a delegar são:

1. Meus funcionários não têm experiência.
2. Meus funcionários estão ocupados demais.
3. Quando finalmente termino de explicar a tarefa, já poderia ter feito tudo sozinho.
4. Não posso confiar essa decisão a um funcionário.
5. Qualquer erro sairia caro demais para o meu negócio.

Apesar de todas essas desculpas, a delegação é a maneira mais fácil e eficiente de alcançar objetivos. Qualquer empreendedor que não esteja disposto a delegar está sendo irresponsável com seus funcionários de uma maneira que pode levar ao mau desempenho da organização.

Alguns dos principais fatores a serem considerados na delegação incluem:

1. Escolha as pessoas certas para realizar a tarefa. É importante reconhecer o que você faz de melhor e o que não consegue fazer tão bem. Para identificar o melhor funcionário para a tarefa, faça uma lista de seus pontos fortes e fracos.
2. Comece delegando tarefas menores para que possa identificar o nível de conhecimento técnico e a capacidade das pessoas; a delegação pode se expandir com o passar do tempo.
3. Seja flexível. Os outros podem fazer uma tarefa de um jeito diferente do que você escolheria. Desde que a mesma meta seja atingida, o projeto pode ser diferente para cada indivíduo.
4. Crie pontos de verificação e metas específicas para a tarefa do momento. Cronogramas e reuniões para analisar o progresso da tarefa são importantes para o empreendedor e para o funcionário.
5. Ofereça *feedback* aos funcionários por tarefas de sucesso. Enquanto líder da organização, você precisa promover um ambiente colaborativo eficaz, no qual os funcionários se sintam motivados e dispostos a contribuir com sugestões.

A história sugere que muitos empreendedores tentam assumir responsabilidades demais em novos empreendimentos, muitas vezes se dispersando, o que afeta negativamente todas as tarefas que realizam. Designar e delegar tarefas caracteriza um bom líder e, no longo prazo, fortalece a confiança e a motivação de todos os funcionários.

CONSELHO PARA UM EMPREENDEDOR

Um empreendedor que está se preparando para lançar um novo negócio leu essas informações e o procura com algumas perguntas.

1. Qual é a melhor maneira de garantir que um funcionário realizará uma tarefa da maneira que eu quero, sem que eu precise passar muito tempo explicando como completá-la? Se for preciso passar tanto tempo dando explicações, provavelmente é melhor eu completar a tarefa sozinho.
2. Sou muito específico no modo como resolvo problemas. Meus funcionários têm uma ideia diferente sobre como resolver o problema. Devo oferecer minha opinião sobre como realizar a tarefa em questão?
3. Como posso ter certeza de que delegar responsabilidades me tornará um líder melhor em minha organização?

Fontes: Scott Eblin, "Delegating While Managing Risk," *Executive Leadership* (May 2010), p. 7; Michelle Thompson-Dolberry, "Drive Business by Delegating," *NAFE Magazine* (Winter 2011), p. 30; Tamara Holmes, "The Do's and Don'ts of Delegating," *Black Enterprise* (September 2010), p. 104.

---

de Colúmbia. A forma mais comum de corporação é conhecida como *C Corporation*. A Tabela 9.1 descreve os fatores legais envolvidos em cada uma dessas formas, com as diferenças na sociedade limitada e na S Corporation observadas onde for adequado. Essas três formas legais básicas são comparadas em termos de propriedade, obrigações, custos iniciais, continuidade, transferência de participação, exigências de capital, controle administrativo, distribuição de lucros e atratividade para levantamento de capital. Mais adiante, neste capítulo, a S Corporation e a LLC serão comparadas e discutidas como formas alternativas de empresa, principalmente para o novo empreendimento.

C Corporation
A forma mais comum de corporação, regulamentada por estatuto e tratada como uma entidade legal distinta para fins fiscais e obrigações

TABELA 9.1 Fatores em três modelos de organização empresarial

Fatores	Propriedade individual	Sociedade	Corporação
Propriedade	Individual.	Nenhuma limitação no número de sócios.	Nenhuma limitação no número de acionistas.
Responsabilidade dos proprietários	Indivíduo é responsável pelas obrigações da empresa.	Na sociedade geral, os indivíduos são responsáveis pelas obrigações da empresa. Na sociedade limitada, os sócios são responsáveis pela quantidade de contribuição no capital. Na sociedade de responsabilidade limitada (LLP), não há responsabilidade, exceto no caso de negligência.	A quantidade de contribuição de capital é o limite da responsabilidade do acionista.
Custos para iniciar o negócio	Apenas os das taxas para o registro do nome da marca.	Contrato social, custos legais e taxas menores para registro do nome da marca.	Criada somente por estatuto. Artigos de incorporação, taxas de registros, impostos e taxas para os Estados em que a corporação está registrada para operar o negócio.
Continuidade do negócio	A morte dissolve a empresa.	A morte ou saída de um sócio termina a sociedade, a menos que o contrato social estipule de outra forma. A morte ou saída de um dos sócios não afeta a existência legal da empresa.	Maior forma de continuidade. A morte ou saída do(s) proprietário(s) não afetará a existência legal da empresa.
Transferência de participação	Total liberdade para vender ou transferir qualquer parte do negócio.	O sócio geral pode transferir sua participação somente com o consentimento de todos os outros sócios. O sócio limitado pode vender a participação sem esse consentimento. Nenhuma transferência de participação em uma LLP.	A mais flexível. Os acionistas podem vender ou comprar ações à vontade. Algumas transferências de ações podem ser limitadas por contrato. Na S Corporation, a ação só pode ser transferida para uma pessoa física.
Exigências de capital	Capital levantado somente por empréstimo ou aumento da contribuição do proprietário.	Empréstimos ou contribuições dos sócios exigem mudança no contrato social. Na sociedade LLP, a entidade levanta o dinheiro.	Novo capital levantado pela venda de ações ou de títulos ou por empréstimo (débito) em nome da corporação. Na S Corporation, só há uma classe de ações, limitada a 100 acionistas.
Controle administrativo	O proprietário toma todas as decisões e pode agir imediatamente.	Todos os sócios têm igual controle e decisão. Na sociedade limitada, os sócios têm controle limitado. Isso pode variar em uma LLP.	Os acionistas majoritários têm maior controle sob o prisma legal. Controle diário nas mãos da administração, que pode ou não ser constituída pelos principais acionistas.
Distribuição de lucros e prejuízos	O proprietário é responsável; arca com todos os prejuízos e recebe todos os lucros.	Depende do contrato social e do investimento dos sócios.	Os acionistas podem dividir os lucros, recebendo os dividendos.
Atratividade para levantamento de capital	Depende da capacidade do proprietário e do sucesso da empresa.	Depende da capacidade do proprietário e do sucesso da empresa.	Com a responsabilidade limitada dos proprietários, é mais atraente como uma oportunidade de investimento.

É muito importante que o empreendedor avalie com cuidado os prós e os contras das várias formas legais de organização de um novo empreendimento. A decisão deve ser tomada antes do envio do plano de negócio para apreciação e antes da requisição de capital de risco.

O processo de avaliação exige que o empreendedor determine a prioridade de cada um dos fatores mencionados na Tabela 9.1, bem como a dos fatores fiscais, a serem discutidos posteriormente neste capítulo. Esses fatores variam em importância dependendo do tipo do novo empreendimento.

As variações de estrutura organizacional, bem como suas vantagens e desvantagens, são inúmeras e podem ser um tanto confusas para o empreendedor. Na próxima seção deste capítulo serão esclarecidas algumas dessas diferenças para ajudar o empreendedor a tomar as melhores decisões em relação à estrutura organizacional.

Propriedade

Na *propriedade individual*, o proprietário é aquele que inicia o negócio e tem total responsabilidade pelas operações. Em uma *sociedade*, pode haver proprietários gerais e proprietários limitados. Existem também as sociedades de responsabilidade limitada (LLP), em que a sociedade é tratada como um entidade jurídica. Na *corporação*, a propriedade é resultado da participação nas ações, e a propriedade se reflete pela posse de ações. Diferentemente da S Corporation, nas quais o número máximo de acionistas é 100, não há limite quanto ao número de acionistas que podem possuir ações.

Responsabilidade dos proprietários

A responsabilidade é um dos principais motivos para a escolha do estabelecimento de uma corporação, e não de outra forma de negócio. O proprietário e os sócios em geral são responsáveis por todos os aspectos do negócio. Como a corporação é uma entidade ou pessoa jurídica, da qual se pode cobrar impostos e que toma para si a responsabilidade, os proprietários são responsáveis somente pela quantia de seu investimento, a menos que haja fraude ou negligência. No caso de uma propriedade individual ou sociedade regular, não há distinção entre a entidade empresarial e o(s) proprietário(s). Então, para satisfazer qualquer obrigação da empresa, os credores podem apoderar-se dos bens que os proprietários possuem, além dos ativos da empresa.

Em uma sociedade, os sócios gerais dividem a responsabilidade pessoal igualmente, sem considerar suas contribuições de capital, a menos que haja um acordo específico em contrário. A única proteção para os sócios é o seguro contra processos de responsabilidade e a colocação dos bens dos sócios no nome de outra pessoa. O governo pode rejeitar este último procedimento se achar que ele foi realizado para fraudar os credores.

Em uma sociedade geral, podem existir sócios limitados, que são responsáveis apenas pelo valor de suas cotas de capital. Essa quantia, por lei, deve ser registrada em um tribunal local, tornando pública a informação. A sociedade de responsabilidade limitada (LLP) se popularizou entre os grandes escritórios de advocacia e contabilidade. Na realidade, a LLP é uma modalidade de empresa de responsabilidade limitada (LLC) em que a empresa escolhe este *status* ao registrar sua classificação de entidade junto ao IRS no Formulário 8832. Portanto, as vantagens da LLP são as mesmas da LLC, as quais permitem que os sócios protejam seus bens pessoais contra o risco da responsabilidade. A LLP será diferenciada da sociedade geral, quando necessário, em nossa comparação das diversas formas de organização a seguir.[2]

propriedade individual
Modalidade de empresa com um único proprietário que tem responsabilidade ilimitada, controla todas as decisões e recebe todos os lucros

sociedade
Duas ou mais pessoas físicas, com responsabilidade ilimitada, que combinam seus recursos para possuírem uma empresa

corporação
Entidade jurídica distinta, administrada pelos acionistas, com responsabilidade limitada

Custos para iniciar uma empresa

Quanto mais complexa for a organização, mais caro será começar. A forma menos dispendiosa é a propriedade individual, em que os únicos custos implicados serão o registro da empresa ou do nome da marca. Em uma sociedade, além do registro do nome da marca, é necessário um contrato social. Esse contrato exige aconselhamento legal e estabelece explicitamente todas as responsabilidades, direitos e deveres das partes envolvidas. Uma sociedade limitada é um pouco mais complexa do que uma sociedade geral porque deve se adequar estritamente às exigências estatutárias.

A corporação pode ser criada somente por estatuto, isto é, antes de a corporação ser legalmente formada, os proprietários devem (1) registrar o nome e os artigos da incorporação e (2) satisfazer as exigências estatutárias estaduais (alguns Estados são mais flexíveis do que outros). Ao cumprir essas exigências, é provável que a corporação incorra em taxas de registro, impostos corporativos e taxas para atuar em cada Estado. É requerida consultoria legal para cumprir todas as exigências estatutárias.

Continuidade do negócio

Uma das principais preocupações de um novo empreendimento é o que acontece se um dos empreendedores (ou o único empreendedor) morre ou se retira do negócio. A continuidade é muito diferente em cada forma de negócio. Em uma propriedade individual, a morte do proprietário resulta no encerramento das atividades. A propriedade única não é, portanto, perpétua, não havendo limite de tempo para sua existência.

A sociedade varia, dependendo se é geral ou se é sociedade de responsabilidade limitada (LLP). Em uma sociedade limitada, a morte ou saída de um dos sócios resulta no término da sociedade, a menos que o contrato social estipule o contrário. Portanto, o contrato social pode conter cláusulas que permitem a venda da parte do sócio falecido ou que se retirou com base em algum mecanismo ou valor predeterminado. Também é possível que um membro da família do sócio falecido assuma como sócio e entre na divisão dos lucros de acordo com a proporção do anterior. O seguro de vida feito pela sociedade é uma proteção importante, geralmente fornecendo os fundos necessários para comprar a parte do sócio falecido.

Se existirem sócios de responsabilidade limitada em uma sociedade geral, sua morte ou retirada não surtirá efeito sobre a continuidade do negócio. Um sócio limitado também pode ser substituído, dependendo do contrato social.

Em uma sociedade de responsabilidade limitada (LLP), a morte ou saída de um sócio não afeta a sociedade. O sócio falecido ou que se retirou pode ser substituído, assim como ocorreria com qualquer funcionário de uma corporação.

A corporação tem a maior continuidade de todas as formas de empresas. Nem a morte nem a saída de acionistas causam impacto sobre a continuação do negócio. Somente em uma corporação estritamente constituída, em que todas as ações pertencem a poucas pessoas, talvez haja alguns problemas na tentativa de encontrar mercado para as ações. Em geral, o contrato exige que a corporação ou que os acionistas restantes comprem as ações. Em uma corporação de capital aberto, evidentemente, isso não seria problema.

Transferência de participação

Talvez ocorram confusões quanto à possibilidade de transferência de participação em um negócio. Em alguns casos, o empreendedor prefere avaliar e verificar os novos proprietários antes de lhes conceder participação no negócio. Por outro lado, também é desejável poder vender a participação quando se quer. Esse aspecto é muito importante diante da necessidade de considerar um plano ou uma estratégia de sucessão. O tema será discutido com mais detalhes no

Capítulo 15. Cada uma das formas de negócio confere vantagens diferentes quanto à possibilidade de transferência de participação.

Na propriedade individual única, o empreendedor tem o direito de vender ou transferir qualquer ativo da empresa. Os sócios limitados, se existentes em uma organização de sociedade geral, têm mais flexibilidade e em geral podem vender sua participação a qualquer momento, sem o consentimento dos parceiros gerais. Os direitos do novo sócio limitado são iguais aos do sócio anterior. Entretanto, isso varia em função do teor do contrato social. Os sócios gerais normalmente não podem vender sua participação sem, primeiramente, receber uma recusa dos demais sócios gerais, mesmo que o contrato social permita a transferência de participação.

Em uma LLP, a transferência de participação de um parceiro limitado normalmente não é permitida. Como já mencionado, a LLP se popularizou entre os escritórios de advocacia e contabilidade. Os sócios limitados também são diferenciados (por exemplo, podem ser sócios associados ou sócios minoritários), e nesse caso talvez eles não partilhem o mesmo percentual de lucro dos sócios majoritários. Os sócios majoritários nos escritórios de advocacia ou contabilidade podem optar por vender o negócio, mas essa decisão geralmente requer a aprovação de todos ou da maioria.

A corporação tem mais liberdade em termos de venda da participação no negócio. Os acionistas podem transferir suas participações a qualquer momento, sem consentimento dos outros acionistas. A desvantagem desse direito é que ele afeta o controle de propriedade de uma corporação por meio da eleição de um conselho de diretores. Os contratos de acionistas oferecem algumas limitações quanto à facilidade de transferir participação, em geral dando aos acionistas existentes ou à corporação a opção de comprar a ação a um preço específico ou acordado. Assim, às vezes eles podem ter o direito de primeira recusa. Na S Corporation, a transferência de participação pode ocorrer desde que o comprador seja uma pessoa física.

Exigências de capital

A necessidade de capital durante os primeiros meses do novo empreendimento se torna um dos principais fatores para a sobrevivência do negócio. As oportunidades e a possibilidade de o novo empreendimento levantar capital variam, dependendo da forma do negócio.

Para uma propriedade individual, o novo capital somente virá de empréstimos em uma série de fontes ou de contribuições pessoais adicionais por parte do empreendedor. Ao tomar recursos emprestados de um banco, o empreendedor, nessa forma de empresa, precisa de garantias para o empréstimo. Com frequência, o empreendedor fará uma segunda hipoteca de sua casa como fonte de capital. Qualquer empréstimo de um investidor externo exigirá a renúncia à parte do patrimônio líquido na propriedade individual. Seja qual for a fonte, a responsabilidade pelo pagamento recai sobre o empreendedor, e a impossibilidade de honrar o débito resultará na execução da hipoteca e na liquidação do negócio. Entretanto, mesmo com esses riscos, não é provável que a propriedade individual precise de grandes quantias de dinheiro, como poderia ser o caso em uma sociedade ou corporação.

Na sociedade, os empréstimos são obtidos em bancos, mas é provável que exijam uma mudança no contrato social. Recursos adicionais de cada sócio também vão exigir um novo contrato social. Como na propriedade individual, os empreendedores são responsáveis pelo pagamento dos novos empréstimos bancários.

Na corporação ou sociedade anônima, o novo capital é levantado de várias maneiras. As alternativas são mais amplas do que nas outras formas legais de negócio. Podem ser vendidas ações com direito a voto ou sem voto. As ações sem voto protegerão, obviamente, o poder dos principais acionistas. Os títulos também podem ser vendidos pela corporação. Essa alternativa é mais difícil para o novo empreendimento, já que uma alta classificação das ações provavelmente só ocorrerá depois que o negócio tiver obtido sucesso no decorrer do tempo. Também é possível tomar dinheiro emprestado em nome da corporação. Como já afirmado, isso protege a responsabilidade pessoal do(s) empreendedor(es).

Controle administrativo

Em qualquer empreendimento novo, o empreendedor quer deter o máximo de controle possível sobre o negócio. Cada uma das formas jurídicas de empresa traz oportunidades e problemas diferentes quanto ao controle e à responsabilidade pelas decisões empresariais.

Na propriedade individual, o empreendedor tem maior controle e flexibilidade nas decisões empresariais. Por ser o único proprietário, o empreendedor será responsável por todas as decisões e terá autoridade individual sobre elas.

A sociedade apresentará problemas quanto ao controle das decisões empresariais se o contrato social não for claro em relação a essa questão. Em uma sociedade, a maioria comanda, a menos que o contrato social estipule de outra forma. É muito importante que os sócios sejam amigáveis e que áreas de decisão delicadas ou sigilosas do negócio sejam explicitadas no contrato social.

A existência de sócios de responsabilidade limitada representa um meio-termo entre a sociedade e a corporação. Nesse tipo de organização, constatamos alguma separação entre propriedade e controle. Os sócios de responsabilidade limitada no empreendimento não têm qualquer controle sobre as decisões da empresa. Assim que o sócio limitado detém algum controle sobre as decisões, assume responsabilidade pessoal e não pode mais ser considerado sócio de responsabilidade limitada. Na LLP, os direitos de todos os sócios são claramente definidos no contrato social. Como mencionado anteriormente, esses tipos de organização usam denominações, como sócio minoritário, sócio associado e outras, como um meio de atribuir responsabilidades administrativas.

O controle dos negócios diários em uma corporação está nas mãos da administração, que pode ou não ser constituída pelos principais acionistas. O controle sobre as grandes decisões de longo prazo, porém, exigirá o voto dos maiores acionistas. Assim, o controle depende das características das decisões empresariais. Em um novo empreendimento, há uma forte probabilidade de que os empreendedores que são os principais acionistas administrem as atividades diárias da empresa. À medida que a corporação cresce, a separação entre administração e controle torna-se mais provável.

Os acionistas da corporação afetam indiretamente as operações da empresa ao eleger para o conselho de administração pessoas que reflitam suas filosofias empresariais. Esses membros do conselho, ao indicar a alta gerência, afetam as operações e o controle da administração cotidiana da empresa.

Distribuição de lucros e prejuízos

Os proprietários individuais recebem todo o lucro do negócio. Como já discutido, eles também são pessoalmente responsáveis por todos os prejuízos. Pode-se usar parte dos lucros para compensar o empreendedor por suas contribuições pessoais de capital, feitas para manter o funcionamento do negócio.

Na sociedade, a distribuição de lucros e prejuízos depende do contrato social. É provável que a divisão de lucros e prejuízos esteja relacionada aos investimentos dos sócios. Contudo, isso varia dependendo do contrato. Como na empresa individual, os sócios podem assumir responsabilidade. Os sócios de responsabilidade limitada em uma sociedade geral ou a formação de uma LLP são alternativas que protegem estes sócios contra a responsabilidade pessoal, mas podem reduzir sua participação nos lucros.

As corporações distribuem os lucros para os acionistas por meio dos dividendos. Essas distribuições não absorvem todos os lucros, que podem ser retidos pela corporação para futuros investimentos ou necessidades de capital da empresa. Os prejuízos da corporação com frequência resultarão na não distribuição de dividendos. Esses prejuízos serão, então, cobertos pelos lucros retidos ou por outros meios financeiros discutidos anteriormente.

Atratividade para levantamento de capital

Tanto na propriedade individual quanto na sociedade, a possibilidade de os empreendedores levantarem capital depende do sucesso do negócio e da capacidade pessoal do empreendedor. Essas duas formas são as menos atrativas para obter capital, especialmente devido ao problema da responsabilidade pessoal. As grandes quantias de capital exigidas nessas formas de organização devem merecer séria consideração.

A corporação, devido às suas vantagens quanto à responsabilidade pessoal, é a forma mais atrativa de negócio para levantar capital. Ações, títulos e/ou empréstimos são oportunidades para levantar capital com responsabilidade limitada. Quanto mais atraente a corporação, mais fácil será levantar o capital.

OBRIGAÇÕES TRIBUTÁRIAS PARA AS DIFERENTES FORMAS DE EMPRESA

As vantagens e desvantagens tributárias de cada forma de organização empresarial diferem significativamente. Algumas das maiores diferenças são discutidas a seguir. Há muitas diferenças menores que, no total, se tornam importantes para o empreendedor. Se o empreendedor tiver alguma dúvida quanto às vantagens, deverá buscar aconselhamento externo. A Tabela 9.2 apresenta um resumo das principais vantagens fiscais dessas formas de empresa.

Questões tributárias para a propriedade individual

Para a propriedade individual, a Receita Federal americana trata a empresa como o proprietário individual. Toda a renda aparece no imposto de renda do proprietário como renda pessoal. Assim, a propriedade individual não é considerada pela Receita Federal americana uma entidade à parte. De acordo com a Tabela 9.2, esse tratamento dos impostos afeta o ano tributável, a distribuição de lucros aos proprietários, os custos organizacionais, os ganhos de capital, as perdas de capital e os benefícios médicos. Cada um desses itens é tratado como se fosse contraído pelo proprietário individual, e não pela empresa.

A propriedade individual tem algumas vantagens tributárias quando comparada com a corporação. Primeiramente, não há bitributação quando os lucros são distribuídos para o proprietário. Outra vantagem é que não há imposto sobre o capital em ações nem penalidade por lucros retidos na empresa. Novamente, essas vantagens existem porque a propriedade individual não é reconhecida como entidade tributável separada; todos os lucros e prejuízos fazem parte da declaração fiscal do empreendedor.

Questões tributárias para a sociedade

As vantagens e desvantagens tributárias da sociedade são semelhantes às da propriedade individual, principalmente em relação à distribuição de renda, aos dividendos e a ganhos e perdas de capital. Em uma sociedade geral, os sócios limitados têm a vantagem da responsabilidade limitada (são responsáveis somente pelo montante de seu investimento), mas podem dividir os lucros de acordo com uma porcentagem estipulada no contrato social. A LLP tem o mesmo tratamento da LLC para fins fiscais, e todo o lucro é distribuído pelos sócios e designado como rendimento pessoal.

Tanto a sociedade quanto a propriedade individual são formas organizacionais que servem como canais não tributáveis de renda e deduções. Esses tipos de empresa têm uma identidade legal distinta da dos sócios e proprietários, mas essa identidade é válida somente para o relatório contábil.

TABELA 9.2 Características tributárias das diferentes formas jurídicas de empresa

Características	Propriedade individual	Sociedade	Corporação
Ano tributável	Geralmente, o ano corrido.	Geralmente, o ano corrido, mas podem ser usadas outras datas.	Qualquer data pode ser usada no início. Alterações exigem mudança na corporação.
Distribuição de lucros aos donos	Toda renda consta no imposto de renda do proprietário.	O contrato pode determinar alocação especial de renda. Os sócios pagam imposto sobre suas participações de renda proporcionais na declaração individual, mesmo que a renda não seja imediatamente distribuída.	Nenhum rendimento é distribuído para os acionistas.
Custos organizacionais	Não amortizáveis.	Amortizáveis ao longo de 60 meses.	Amortizáveis ao longo de 60 meses.
Dividendos recebidos	Exclusão de 100 dólares de dividendos para declaração única e de 200 dólares para declaração conjunta.	Exclusão de dividendos da sociedade passa para o sócio (canal).	80% ou mais dos dividendos recebidos podem ser deduzidos.
Ganhos de capital	Tributados no nível individual. Permite-se dedução para os ganhos de capital de longo prazo.	Ganhos de capital para a sociedade serão tributados como ganho de capital para o sócio (canal).	Tributados no nível corporativo.
Perdas de capital	Transportados adiante indefinidamente.	As perdas podem ser usadas para compensar outros rendimentos. Transportados adiante indefinidamente (canal).	Restituem 3 anos e adiam 5 anos como perda de capital de curto prazo, compensando apenas os ganhos de capital.
Organização inicial	Início do negócio não resulta em impostos adicionais para a pessoa física.	Contribuições de propriedade para a sociedade não são tributadas.	Aquisição de ações para caixa não implica impostos imediatos. Transferência de propriedade de ações pode ser tributável se o valor da ação for maior que o valor da propriedade contribuída.
Limitações sobre perdas dedutíveis pelos proprietários	Quantia em risco pode ser deduzida, exceto para atividades imobiliárias.	Investimento na sociedade mais corresponsabilidade nas pendências jurídicas, se houver. Regras de risco podem ser aplicadas, exceto para sociedade imobiliária.	Perdas não são permitidas, exceto na venda de ações ou na liquidação da corporação. Na S Corporation, o investimento do acionista na corporação é dedutível.
Benefícios médicos	Deduções especificadas para despesas médicas além da renda bruta ajustada na declaração do indivíduo. Nenhuma dedução para prêmio de seguro.	Custo dos benefícios não dedutíveis do sócio da empresa como despesa. Dedução possível no nível de sócio.	Custo da cobertura funcionário-acionista dedutível como despesa da empresa se projetado para benefício do funcionário.
Benefícios de aposentadoria	Limitações e restrições são basicamente as mesmas da corporação comum.	Limitações e restrições iguais às das corporações.	Limitações sobre benefícios que podem ser derivados e sobre os benefícios que podem contribuir para um plano de contribuição definido.

É de especial importância para as sociedades declarar a renda, pois isso serve como base para determinar a participação de cada sócio. A renda é distribuída com base no contrato social. Os proprietários, então, declaram sua parte como renda pessoal e pagam impostos com base nessa quantia.

Questões tributárias para a corporação

Como a corporação é reconhecida pela Receita Federal dos Estados Unidos como uma entidade tributável separada, para ela são válidas muitas deduções e despesas que não estão disponíveis para a propriedade individual ou para a sociedade. A desvantagem é que a distribuição de dividendos é bitributada, como renda da corporação e como renda do acionista. Essa bitributação é evitada se a renda for distribuída para o(s) empreendedor(es) sob a forma de salário. Bônus, incentivos e participação nos lucros são modos permitidos para distribuir a renda da corporação, desde que a compensação seja razoável em quantia e que o pagamento seja por serviços prestados.

O imposto da corporação pode ser mais baixo do que a alíquota individual. Aconselha-se que o empreendedor considere os prós e os contras do imposto e decida a partir daí. Os lucros projetados podem ser usados para calcular os impostos reais sob cada forma de empresa a fim de identificar aquela que oferece a maior vantagem tributária. Lembre-se de que as vantagens tributárias devem ser equilibradas pela responsabilidade legal na respectiva forma jurídica.

EMPRESA DE RESPONSABILIDADE LIMITADA *VERSUS* S CORPORATION

Embora a percepção entre os empreendedores seja a de que a C corporation é a entidade almejada pelos investidores, a entidade realmente desejada pelo capitalista de risco é a empresa de responsabilidade limitada (LLC), semelhante à S corporation. O surgimento da LLC como uma alternativa mais popular foi uma consequência de uma mudança nas regulamentações. Atualmente, as regras permitem que uma LLC seja tributada automaticamente como uma sociedade, a menos que o empreendedor faça outra escolha (tributada como uma corporação). Essa facilidade de escolha é um fator importante que vem otimizando a popularidade da LLC.

A S Corporation (a letra S significa Subcapítulo S do Código Tributário Federal americano) era a opção preferida de estrutura jurídica para novos empreendedores e pequenas empresas. Contudo, a taxa de crescimento de formação de S corporations caiu nos últimos anos, principalmente devido à aceitação da LLC em todos os Estados e às emendas implementadas em diversos Estados, as quais tornavam a LLC mais atrativa.[3]

S CORPORATION

A *S Corporation* combina as vantagens tributárias da sociedade e da corporação, e foi concebida para que a renda do empreendimento seja declarada como renda pessoal proporcionalmente pelos acionistas. Na verdade, os acionistas se beneficiam de toda a renda e deduções do negócio. Antes da Small Business Protection Act (Lei de Proteção das Pequenas Empresas) de 1996, as regras para a S Corporation eram consideradas muito rígidas. Com essa lei, entre outras alterações, conseguiu-se maior flexibilidade sobre o número de acionistas que podem deter ações, a posse de ações de outra corporação, o papel de trusts como acionistas, as classes de ações. Em 2004, o Congresso respondeu novamente a algumas críticas sobre as restrições impostas às S corporations em relação às LLCs. Como consequência, foram implementadas algumas modificações, como o aumento do número de acionistas para 100, permitindo que os membros da família fossem considerados acionistas, permitindo que as IRAs (Contas de Aposentadorias de Pessoas Físicas) possuíssem participações em bancos declarados S corporations, assim como algumas alterações relacionadas à transferência de ações por ocasião de um divórcio. A intenção era tornar a S corporation tão vantajosa quanto a LLC, pois é difícil mudar o *status* quando uma empresa se declara como S corporation. Decisões do Congresso em 2010 e 2011 (Small Business Job Acts [Leis de Emprego em Pequenas Empresas]) afetaram as S corporations em alguns aspectos menores. É importante que o empreendedor esteja ciente dessas mudanças, especialmente no que tange as implicações fiscais.[4]

Um dos problemas na S corporation é que seu *status* deve ser cuidadosamente monitorado e mantido. Por exemplo, seu *status* fiscal como uma entidade de transmissão (com sua renda tributada como um rendimento pessoal dos acionistas) ainda exige uma escolha afirmativa dos acionistas. Se o *status* de S corporation se perder, não poderá ser reeleito por cinco anos e incidirão custos. Como mencionado anteriormente, as diferenças entre a S corporation e a LLC geralmente são mínimas, mas devem ser avaliadas caso a caso, diante das circunstâncias atuais da empresa e dos acionistas.

S corporation
Tipo especial de corporação em que os lucros são distribuídos aos acionistas e tributados como receita de pessoa física

Vantagens de uma S Corporation

A S Corporation oferece ao empreendedor americano algumas vantagens claras em relação à corporação tradicional, ou C Corporation. No entanto, também há desvantagens.[5] Nos casos em que as desvantagens são grandes, o empreendedor deve escolher a forma C Corporation. A seguir, apresentamos algumas das vantagens da S Corporation:

- Os ganhos ou as perdas de capital da corporação são tratados como renda ou prejuízos pessoais pelos acionistas em uma base pro rata (determinada pelo número de cotas de ações). A corporação, desse modo, não é tributada.
- Os acionistas possuem, juridicamente, a mesma responsabilidade limitada da C Corporation.
- A S Corporation não está sujeita a um imposto mínimo, como a C Corporation.
- As ações podem ser transferidas para membros da família de baixa renda (as crianças devem ter 14 anos ou mais).
- As ações podem ter ou não direito a voto.
- Essa forma de empresa pode usar o regime de caixa de contabilidade.
- Ganhos e prejuízos de capital de longo prazo da corporação são dedutíveis diretamente pelos acionistas para contrabalançar outros ganhos ou prejuízos de capital pessoal.

Desvantagens de uma S Corporation

Embora as vantagens pareçam favoráveis ao empreendedor, essa estrutura jurídica não é adequada para todos. Eis as desvantagens da S Corporation:

- Mesmo com as regulamentações de 1996 e 2004, ainda há algumas restrições quanto à qualificação para esse tipo de empresa. As versões recentes das Small Business Job Acts (Leis de Emprego em Pequenas Empresas), aprovadas em 2010 e 2011, também afetaram a S corporation e devem ser consultadas pelo empreendedor que está considerando essa forma de organização.
- De acordo com o montante real do rendimento líquido, pode haver uma vantagem tributária para a C Corporation. Isso dependerá do índice de pagamento da empresa (índice que expressa a relação entre dividendos por ação e lucro por ação), da alíquota tributária da corporação, da alíquota tributária dos ganhos de capital para o investidor e da alíquota da renda pessoal do investidor.
- A S Corporation não pode deduzir a maior parte dos benefícios adicionais para os acionistas.
- A S Corporation deve adotar um ano corrido para fins de impostos.
- Somente uma classe de ações (ação ordinária) é permitida para essa forma de organização.
- As perdas líquidas da S Corporation são limitadas às ações dos acionistas mais os empréstimos para a empresa.
- A S Corporation não pode ter mais de 100 acionistas.

A EMPRESA DE RESPONSABILIDADE LIMITADA

Como mencionado anteriormente, a nova flexibilidade propiciada pelo *status* de LLC tem aumentado a sua escolha por parte dos empreendedores. As regras tributárias da LLC estão enquadradas no Subcapítulo K (Subchapter K, do Código Tributário Federal americano, que

ÉTICA

OS ADVOGADOS EXPLICAM OS PASSOS NECESSÁRIOS CASO SEU SÓCIO DESCUMPRA SUAS OBRIGAÇÕES DE NEGÓCIOS

Meu sócio e eu fundamos uma empresa de tecnologia há seis anos. Ela é uma S corporation e cada um de nós tem 50% e uma posição no conselho. Nosso estatuto é padrão e nosso contrato de acionistas é bastante fraco, centrado na questão de quando podemos ou não vender o negócio. Recentemente, descobri que durante os primeiros quatro anos, meu sócio era pago por um de nossos clientes, por meio de uma universidade local, para trabalhar na mesma tecnologia que desenvolvemos na empresa. Isso é conflito de interesses da parte dele? O que faço?

C. G. (Rome, NY)

Sim, é um conflito de interesses. Em termos jurídicos, isso é chamado de "desvio dos interesses corporativos", o que significa que seu sócio realizou por si trabalhos que a empresa poderia ter feito. Provavelmente foi uma violação das obrigações fiduciárias do sócio e de seu dever de lealdade à empresa, afirma Stuart Blake, cofundador e CEO da General Counsel, escritório de advocacia com sede em Newport Beach, Califórnia. Também foi uma violação grave da confiança entre vocês dois enquanto sócios.

Ter confiado em documentos com texto padrão e contratos de acionistas fracos agrava o dilema. "É a armadilha de não contratar um advogado para elaborar seus documentos quando você monta uma S corporation. Com um contrato mais detalhado, incluindo disposições de compra e venda, cláusulas de não concorrência e disposições sobre conflitos de interesses, você poderia sair dessa situação com muito mais facilidade", Blake explica.

COLOQUE AS EVIDÊNCIAS EM PRETO E BRANCO

O que você deve fazer depende principalmente do que deseja de seu sócio e da empresa, diz Rubin Ferziger, advogado corporativo de Nova York. Você quer continuar com a empresa, mas recuperar os lucros perdidos e talvez até receber uma indenização maior? Está pensando em dissolver a empresa e trabalhar por conta? Seu negócio depende do sócio ou você pode continuar sozinho?

"Mostre seu contrato de acionistas para um advogado e explique o que aconteceu", Ferziger sugere. "Você também deveria conversar sobre a situação com seus familiares e com um contador que não trabalhe com seu sócio".

Certifique-se de que possui evidências documentais do trabalho concorrente que seu sócio realizou, diz Ray Gallo, advogado de Los Angeles do escritório Gallo & Associates. "Ter tudo em preto e branco minimiza a possibilidade de discussões e de litígio. Contrate um advogado para representar a empresa e forneça as evidências para que ele determine a situação", sugere Gallo.

Se o advogado concluir que seu sócio descumpriu seus deveres, reúna-se com o sócio imediatamente, Gallo explica. Se vocês querem continuar a trabalhar juntos, ambos devem concordar que a situação nunca poderá se repetir. A solução ideal também envolveria ele investir na empresa todo o dinheiro que ganhou. "Com sorte, vai dar tudo certo. Se não, você precisa decidir se vale a pena brigar por causa do dinheiro. Seja como for, você vai ter que decidir se essa é uma pessoa com a qual você pode continuar trabalhando. Se seu instinto diz que isso foi uma traição, a resposta é não".

Fonte: Reimpresso com permissão de Karen E. Klein, "Resolving a Conflict of Interest," *BusinessWeek Online*, June 26, 2008, p. 16.

---

versa sobre parceiros e parcerias), e sua forma de empresa representa um híbrido sociedade-corporação com as seguintes características:

- Enquanto a corporação tem acionistas e a sociedade tem sócios, a LLC tem membros.
- Não são emitidas cotas de ações, e cada membro tem uma participação na empresa conforme estabelecido pelos artigos da organização, semelhantes aos da corporação ou aos certificados de sociedade.
- A responsabilidade não vai além da contribuição de capital do membro na empresa. Assim, não há responsabilidade ilimitada, o que é prejudicial em uma propriedade individual ou sociedade geral.

- Os membros podem transferir sua participação somente com o consentimento unânime e por escrito dos demais membros.
- A Receita Federal americana atualmente trata as LLCs como sociedades, para fins tributários, a menos que outra opção seja eleita. Assim, como citado anteriormente neste capítulo, os membros podem optar por designar a empresa como uma sociedade ou como uma corporação.
- O prazo-padrão aceitável de uma LLC é de 30 anos. A dissolução também pode acontecer quando um dos membros falece, quando a empresa vai à falência ou quando todos os membros optam por dissolver a empresa. Alguns Estados permitem a continuidade com o consentimento unânime da maioria dos membros. Uma das características importantes da LLC é que as leis que regem sua formação diferem de um Estado para outro. Assim, uma empresa operando em mais de um Estado pode estar sujeita a um tratamento diferenciado. É preciso analisar essas diferenças antes de optar por essa forma de organização.

Vantagens de uma LLC

Eis as diversas vantagens de uma LLC em relação a uma S Corporation:[6]

- Em uma empresa com um passivo financeiro muito elevado, a LLC oferece à sociedade uma ampla vantagem em relação a uma S Corporation no sentido de que os sócios podem integrar suas cotas proporcionais de responsabilidades da LLC às respectivas participações da sociedade.
- Os Estados variam em suas exigências de tributação, mas a LLC tem vantagens fiscais na maioria deles.[7]
- Uma ou mais pessoas físicas, corporações, sociedades, trustes ou outras entidades (sem limitação) podem se unir para organizar ou formar uma LLC. Isso não é viável em uma S Corporation.
- Os membros podem dividir os rendimentos, os lucros, as despesas, as deduções, as perdas e os créditos e o patrimônio líquido da LLC entre si. É o único regime de organização que oferece todas essas possibilidades.

Na LLC, a única grande preocupação relaciona-se aos negócios internacionais, nos quais o contexto da responsabilidade ilimitada ainda não está muito claro. Com exceção disso, a LLC proporciona todas as vantagens de uma C Corporation, mas com um imposto repassado aos membros. Os proprietários de uma LLC não podem receber seus honorários como empregados nem se enquadram em determinados benefícios do trabalhador. Em vez disso, são pagos na forma de pagamentos garantidos, sem quaisquer retenções federais ou estaduais. Assim, os membros são responsáveis pelo acerto periódico dos impostos previstos. A LLC parece ser a opção preferida pelos investidores de capital de risco, pois permite mais flexibilidade, com base nas vantagens discutidas anteriormente. Contudo, os empreendedores devem comparar todas as formas alternativas de organização antes de consagrar a sua escolha. Isso deve ser feito com a assistência de um advogado tributarista, porque assim que a decisão for tomada, será difícil mudá-la sem custos.

ESTRUTURANDO A ORGANIZAÇÃO

Geralmente, o projeto da organização inicial será simples. Na verdade, é possível que o empreendedor desempenhe todas as funções da organização sozinho. Esse é um problema comum e uma causa importante de muitos fracassos. O empreendedor acredita que pode fazer tudo e não está disposto a passar a responsabilidade para outros ou mesmo a incluir terceiros na equipe administrativa. Na maioria dos casos em que isso ocorre, torna-se difícil fazer a transição de um empreendimento iniciante para um negócio em crescimento, bem-administrado, que se mantém eficiente por um longo período de tempo. Sem levar em conta se há um ou mais indivíduos envolvidos na iniciativa, à medida que a carga de trabalho aumenta, a estrutura organizacional precisará se expandir para incluir outros funcionários com funções definidas na organização. Entrevistas e procedimentos de contratação eficientes deverão ser implementados como garantia de que os novos funcionários cresçam de modo eficaz e amadureçam com o novo empreendimento. Todas as decisões estruturais relacionadas aos recursos humanos e a suas funções e responsabilidades se refletem na estrutura formal da organização. Além dessa estrutura formal, existe outra, informal, ou cultura organizacional, que evolui com o passar do tempo e que também deve ser tratada pelo empreendedor. Embora abordemos uma cultura organizacional, e não uma estrutura organizacional, o empreendedor pode ter algum controle sobre a sua evolução. Como as questões relacionadas a essa cultura são tão cruciais quanto a estrutura formal da organização para assegurar um empreendimento lucrativo e bem-sucedido, elas serão discutidas com mais detalhes na próxima seção deste capítulo.

Para muitos empreendimentos novos, predomina a contratação de funcionários em regime de meio expediente, levantando questões importantes de comprometimento e lealdade. Entretanto, apesar do número real de pessoas envolvidas na administração do empreendimento, a organização deve identificar as principais atividades necessárias para que esta funcione com eficácia.

O organograma será a indicação formal e explícita do empreendedor aos membros da organização quanto ao que se espera deles. Tradicionalmente, essas expectativas são agrupadas nas cinco áreas seguintes:[8]

- *Estrutura da organização*. Define a função dos membros e a comunicação e a relação dessas funções entre si. Essas relações são representadas no organograma.
- *Esquemas de planejamento, mensuração e avaliação*. Todas as atividades da organização devem refletir as metas e os objetivos que respaldam a existência do empreendimento. O empreendedor deve explicitar como essas metas serão atingidas (planos) e como serão mensuradas e avaliadas.
- *Compensações*. Os membros de uma organização exigirão compensações na forma de promoções, bônus, reconhecimento, etc. O empreendedor ou outros gestores importantes deverão ser responsáveis por essas compensações.
- *Critérios de seleção*. O empreendedor precisará determinar um conjunto de diretrizes para selecionar indivíduos para cada cargo.
- *Treinamento*. O treinamento, dentro ou fora da função, deve ser especificado. Esse treinamento pode ser na forma de educação formal ou de exercícios práticos.

A estrutura da organização pode ser muito simples – por exemplo, quando o empreendedor desempenha todas as tarefas (o que em geral indica um empreendimento iniciante) – ou mais complexa, quando são contratados funcionários para desempenhar tarefas específicas. À medida que a organização cresce e se torna mais complexa, outras áreas tornam-se importantes e necessárias.

Enquanto a organização se desenvolve, as funções de decisão do gerente ou do empreendedor também se tornam fundamentais para uma organização eficaz. Como empreendedor, a principal preocupação do gerente é adaptar-se a mudanças no ambiente e buscar novas ideias. Quando se encontra uma nova ideia, o empreendedor precisa iniciar seu desenvolvimento, seja sob sua própria supervisão, seja delegando responsabilidade a outra pessoa na organização (ver o texto Conselho para um Empreendedor neste capítulo). Além do papel de adaptador, o gerente precisará reagir a pressões, como a insatisfação do cliente, o descumprimento de um contrato por um fornecedor ou a ameaça de saída de um importante funcionário. Grande parte do tempo do empreendedor no lançamento do empreendimento será gasta "apagando incêndios".

Outra função do empreendedor é a distribuição de recursos. O gerente deve decidir quem recebe o quê. Isso abrange a delegação de orçamentos e de responsabilidades. A distribuição de recursos é um processo muito complexo e difícil para o empreendedor, já que uma decisão pode afetar significativamente outras decisões. O papel final é o de negociador. As negociações de contratos, salários, preços de matérias-primas, entre outras, fazem parte do trabalho do gerente e, como ele pode ser a única pessoa com autoridade apropriada, é uma área que envolve tomar decisões.

CONSTRUINDO A EQUIPE ADMINISTRATIVA E UMA CULTURA ORGANIZACIONAL BEM-SUCEDIDA

Junto com a estrutura organizacional, o empreendedor precisará formar a combinação certa de pessoas para assumir as responsabilidades descritas nessa estrutura. Alguns problemas detectados na estrutura organizacional serão reexaminados aqui porque são importantes não somente para a formação da equipe, como também para estabelecer uma cultura organizacional positiva e bem-sucedida. Lembre-se de que no perfil de abertura deste capítulo, vimos como a cultura da Method era importante para Eric Ryan e Adam Lowry. Eles afirmam que uma cultura vibrante é um fator crucial para o crescimento bem-sucedido de qualquer empreendimento. Essa estratégia deve ser mantida nos estágios iniciais e de crescimento da empresa. Existem algumas questões a serem solucionadas antes de formar e criar a equipe administrativa. Basicamente, a equipe deve ser capaz de desempenhar três funções:

- Executar o plano de negócio.
- Identificar as mudanças fundamentais na empresa assim que elas ocorrerem.
- Fazer ajustes no plano, com base nas mudanças ocorridas no ambiente e no mercado, que mantenham a lucratividade.

Embora essas funções pareçam simples e de fácil realização, as pessoas participantes e a cultura desenvolvida pelo empreendedor são cruciais para a execução dessas funções. Como discutimos anteriormente na seção sobre a estrutura organizacional, o empreendedor deverá primeiro assumir a responsabilidade de determinar as capacidades e as habilidades necessárias para atingir as metas estipuladas no plano de negócio. Não somente essas capacidades e habilidades são importantes; é preciso também que o empreendedor considere a personalidade e o caráter de cada pessoa para criar uma cultura organizacional viável. Essa cultura será uma combinação de atitudes, comportamentos, estilos de identidade visual e comunicação que diferencia uma empresa da outra. Não existe uma técnica específica para realizar esse objetivo, pois cada organização é diferente das outras. Um elemento fundamental é que os empreendedores precisam ser capazes de delegar responsabilidades para que consigam criar uma cultura organizacional vibrante (veja as questões relativas à delegação analisadas no texto Conselho para um Empreendedor neste capítulo). A seguir, examinaremos alguns aspectos e estratégias importantes ao recrutar e formar uma equipe eficiente e, por conseguinte, ao criar uma cultura organizacional positiva e eficaz.

Primeiro, a cultura almejada pelo empreendedor deve corresponder à estratégia empresarial definida no plano de negócio. Por exemplo, Fran Bigelow, fundador dos Fran's Chocolates, em Seattle, conseguiu fazer os integrantes de sua equipe se considerarem artesãos, focarem os detalhes e buscarem a perfeição. Para Fran, essa estratégia funciona em seu empreendimento por causa de sua linha de produtos da mais alta qualidade, mas é desastrosa para quem comercializa um alto volume de um produto com baixo custo de produção. O sucesso de Fran com essa estratégia a transformou em uma celebridade entre *chefs* como Bobby Flay e apareceu em revistas como *Good Housekeeping* e *People*.[9]

Segundo, o líder da organização deve gerar um ambiente de trabalho em que os funcionários são motivados e recompensados por fazerem um bom trabalho. Paul English, cofundador do mecanismo de busca de viagens Kayak, acredita no conceito de equipe em sua organização. Como diretor de uma organização de serviços, ele realiza a maior parte das contratações e demissões da empresa. A Kayak possui um ambiente aberto, com poucos escritórios privados. English trabalha em um espaço aberto e passa metade do dia caminhando e interagindo com os funcionários que trabalham estratégias de produto e *design*. Como todos estão no mesmo espaço, ele encoraja as pessoas a se ajudarem quando o problema de um cliente se torna grave ou complexo. Ele responde todos os seus e-mails e atende o telefone do serviço de atendimento ao cliente pessoalmente para ouvir reclamações. English também passa bastante tempo socializando com os funcionários: almoços, basquete, corrida,

SAIU NA *BUSINESS NEWS*

UMA BREVE APRESENTAÇÃO PARA UMA EMPRESA DE VIAGENS ESPECIAL

Um amigo que gosta de viajar, mas odeia os passeios tradicionais, leu uma notícia sobre uma empresa de viagem diferente que oferece passeios estranhos e interessantes, guiados por especialistas locais. O amigo fez uma pesquisa e descobriu que essa empresa novata está buscando capital para expansão em outras cidades e lhe pergunta se você estaria interessado em investir. Você estaria disposto a investir nessa empresa? Como o novo empreendimento lidaria com a possibilidade de que pode não haver vendedores de atividades suficientes nos novos locais da expansão? Que problemas a empresa enfrentaria em termos de concorrência?

A missão da Vayable é promover a harmonia cultural e oferecer aos clientes maneiras únicas de explorar o mundo. A empresa foi lançada por Jamie Wong e Shelly Roche, dois fãs de viagens que decidiram que esse setor de 27 bilhões de dólares não estava oferecendo atividades realmente especiais. Em vez do *city tour* tradicional em um ônibus, por que não ser guiado por um grafiteiro em San Francisco e conhecer a arte urbana, ou se banquetear nos restaurantes étnicos de Nova York, ou degustar vinhos em Paris, sempre guiado por artistas e especialistas locais? No momento, os principais destinos são San Francisco (a sede da empresa), Nova York, Los Angeles, Paris, Londres e Berlim. A receita projetada para 2012 era de 1,5 milhão de dólares. A empresa recebeu o capital inicial, mas precisa de cerca de 500.000 dólares para expandir suas operações e marketing para outras cidades. A receita vem dos vendedores (15% do custo do passeio) e compradores (3% do custo do passeio).

Qualquer indivíduo local que deseje oferecer um passeio exclusivo é entrevistado pelos cofundadores, em pessoa ou via Skype. Todos os passeios enviados por moradores da cidade são avaliados antes de aparecerem no *site* ou em qualquer material de marketing.

Fontes: Ver www.vayable.com; Alexis Terrazas, "Company Offers Quirky Tours in San Francisco and Beyond," January 4, 2012, www.sfexaminer.com; and "After Dark, New Worlds," October 21, 2011, www.online.wsj.com.

---

vôlei, tênis. Quando toma decisões de contratação, English tenta convencer os profissionais a aceitarem o emprego antes de saberem qual será o salário ou o cargo. Ele promete tornar as pessoas mais produtivas e diz que trabalhar na Kayak será o emprego mais divertido de sua vida. Como passa bastante tempo recrutando, suas prioridades são, nessa ordem, equipe, cliente e lucro. Sua liderança criou uma cultura organizacional exclusiva que obviamente tem dado certo para a Kayak.[10]

Terceiro, o empreendedor deve ser suficientemente flexível para experimentar coisas diferentes. Nem sempre isso é possível em uma organização pequena, mas esta tem sido a estratégia de sucesso no crescimento do Google. A liderança dessa empresa é composta de muitos talentos, e a atitude da administração é oferecer a esses talentos flexibilidade suficiente para tomarem decisões, desde que façam isso dentro do modelo definido pela empresa. Os fundadores, Larry Page e Sergey Brin, encorajam todos os funcionários a dedicarem 20% de seu tempo a projetos interessantes que não fazem parte de seus deveres regulares. A equipe também é encorajada a postar quaisquer ideias que tenham em um quadro de mensagens interativo interno. Além de comida grátis, mesas de sinuca, pufes e outras regalias, a empresa organiza uma reunião com todos os funcionários às sextas-feiras, na qual todos podem questionar qualquer decisão que tenha sido tomada pela organização.[11]

Quarto, é necessário investir mais tempo no processo de contratação. Algumas vezes, costuma-se apressar esse processo de busca pelas capacidades adequadas para atender às necessidades da organização. Como mencionado anteriormente, uma pessoa traz muito mais do que suas habilidades. O caráter também é um fator importante na construção de uma cultura organizacional eficiente. Paul English, analisado há pouco, fundou uma organização que hoje tem dimensões consideráveis, mas ainda passa a maior parte de seu tempo contratando novos funcionários que se encaixarão na cultura da empresa. Algo que pode ser implementado é um plano de contratação que estabeleça o procedimento de triagem (seleção), entrevista e avaliação de todos os candidatos. Devem ser documentadas, nesse processo, as descrições do cargo, junto com as especificações do tipo de pessoa correspondente à cultura almejada.

Em seguida, o empreendedor deve entender a importância da liderança dentro da organização. A liderança precisa definir os valores básicos e fornecer as ferramentas adequadas para que os funcionários concluam suas funções de modo eficiente. Uma abordagem como "Todos nós estamos nisso juntos, ninguém é melhor do que ninguém e há regras de conduta aqui" leva a desafios maiores e à satisfação com o cargo. Um sistema de recompensa tem um papel importante em propiciar padrões de comportamento positivos e coerentes.

Encontrar a equipe mais eficiente e criar uma cultura organizacional positiva é um desafio para o empreendedor, mas é tão crucial quanto ter um produto inovador comercializável. É um componente primordial no sucesso de uma organização.

O PAPEL DE UM CONSELHO DE ADMINISTRAÇÃO

O empreendedor talvez ache necessário estabelecer um conselho de administração ou de consultores em seu plano organizacional. O conselho de consultores será discutido na próxima seção. O conselho de administração atende a uma série de funções: (1) revisar orçamentos de capital e operacional, (2) desenvolver planos estratégicos de longo prazo para crescimento e expansão, (3) apoiar atividades diárias, (4) solucionar conflitos entre proprietários ou acionistas, (5) garantir o uso adequado dos ativos ou (6) desenvolver uma rede de fontes de informações para os empreendedores. Essas funções podem ser uma parte formal da organização, com atribuição de responsabilidade aos diretores, dependendo das necessidades do novo empreendimento.

Ao definir essas responsabilidades, o mais importante é considerar o impacto da Lei de Sarbanes-Oxley, aprovada em 2002. A aprovação dessa lei se deve a irregularidades contábeis, fraudes, falência, comercialização de títulos com base em informações sigilosas (internas), exagerada remuneração da gerência e outras ações ilegais e antiéticas que apareceram nas manchetes até 2002 (consulte o Capítulo 6 para obter uma discussão sobre a Lei Sarbanes-Oxley). Mesmo que ainda exista uma certa preocupação quanto à eficácia da nova lei, seu objetivo é estabelecer um conselho funcional mais independente. Esse aspecto é relevante principalmente nas empresas de capital aberto, nas quais os membros do conselho representam todos os acionistas e são responsáveis por "denunciar" as discrepâncias suspeitas. Apesar dessa intenção, a lei foi criticada devido à crise econômica que levou à falência de diversas grandes empresas de serviços financeiros. Contudo, muitos acreditam que a lei não é o problema, mas sim as dificuldades em obter a combinação certa de membros no conselho. Espera-se que, devido à crise econômica, os conselhos sofram mais pressão para dominar as reformas da Lei Sarbanes-Oxley e deem mais atenção aos conhecimentos especializados dos membros indicados.[12]

Muitos novos empreendimentos não planejam estabelecer um conselho de administração formal. Contudo, os investidores com participação no patrimônio líquido da empresa geralmente insistem na formação de um conselho e na presença de pelo menos um membro nele. Julia Stamberger e Pam Jelaca, cofundadoras da GoPicnic, empresa que vende lancheiras e refeições pré-prontas para companhias aéreas, grandes empresas, hotéis e organizadores de eventos, não tinham um conselho e, após uma infusão de financiamento por capital próprio, perceberam que seria necessário estabelecê-lo. Elas acreditam que a experiência foi bastante positiva, pois as forçou a uma disciplina de demonstrativos financeiros que elas tendiam a evitar. O foco financeiro as ajudou a priorizar elementos que são essenciais para um negócio com crescimento rápido. O sucesso das lancheiras e refeições pré-prontas com os passageiros de companhias aéreas levou ao crescimento da GoPicnic em novos mercados. Além das companhias aéreas, a GoPicnic criou lancheiras para hotéis, pontos turísticos, eventos corporativos e programas alimentícios em faculdades e acampamentos. Em janeiro de 2011, a GoPicnic lançou oito novas lancheiras no mercado de varejo, disponíveis em supermercados, lojas especializadas, lojas de departamento e *online*.[13]

Naomi Poe, fundadora da Better Batter Gluten Free Flour, enfrentou uma situação parecida. Como precisava de uma injeção de caixa, ela pediu a alguns colegas do mundo dos negócios para se juntarem ao conselho de administração e investirem na empresa. Eles aceitaram o convite de se tornarem membros e investiram 30.000 dólares, o que permitiu que ela expandisse seu empreendimento incipiente.[14]

Como vemos com esses exemplos, o objetivo do conselho de administração é oferecer liderança e direcionamento importantes para o novo empreendimento. O conselho deve ser escolhido com cuidado para atender as exigências da Lei Sarbanes-Oxley, assim como os critérios a seguir:[15]

- Selecione indivíduos com habilidades específicas necessárias para seu negócio, com experiência em seu setor e comprometidos com a missão do empreendimento.
- Selecione candidatos dispostos a dedicar tempo para se tornarem diretores bem-informados e que podem auxiliar a empresa na tomada de decisões fundamentais.
- Selecione candidatos dispostos a trocar ideias e utilizar sua experiência na tomada de decisões do conselho.

Os candidatos podem ser identificados por meio de recomendações de associados da empresa ou a partir de conselheiros externos, como bancos, investidores, advogados, contadores ou consultores. Em teoria, o conselho deve ter 3, 5, 7 ou algum outro número ímpar de membros para evitar empates, com mandatos limitados, para permitir a introdução contínua de novas ideias originárias de pessoas diferentes.

O desempenho do conselho de administração precisa ser avaliado regularmente pelos empreendedores. É responsabilidade do presidente do conselho fornecer a avaliação de cada membro que dele faz parte. A fim de elaborar essa avaliação, o presidente e/ou os fundadores devem ter uma descrição por escrito das responsabilidades e do que é esperado de cada membro.

A compensação financeira para os membros do conselho pode consistir em participações acionárias, opções de ações ou pagamento em dinheiro. Quase sempre o novo empreendimento associará a compensação ao desempenho. A compensação é pertinente, já que reforça a obrigação dos membros do conselho. Se os membros do conselho fossem só voluntários, tenderiam a assumir a função superficialmente e não gerariam valor para o empreendedor.

O CONSELHO DE CONSULTORES

Em relação ao conselho administrativo, o conselho de consultores não estaria tão ligado à organização e serviria ao empreendimento somente em sua capacidade consultiva para algumas das funções ou atividades mencionadas anteriormente. Ao contrário do conselho de diretores, ele não tem *status* legal e, desse modo, não está sujeito aos regulamentos estipulados pela Lei Sarbanes-Oxley. Esses conselhos geralmente se reúnem com menos frequência ou de acordo com a necessidade de discussão sobre decisões importantes para o empreendimento. O conselho de consultores é muito útil em uma empresa familiar, cujo conselho administrativo pode ser totalmente formado por membros da família.

A seleção de consultores é semelhante à seleção de um conselheiro de administração, incluindo a determinação das habilidades necessárias e a entrevista dos possíveis candidatos. Os consultores podem ser pagos por reunião, com participação acionária ou com opções de participação acionária. Como no caso do conselho administrativo, os membros devem ser avaliados quanto à sua contribuição para o cumprimento da missão do novo empreendimento.

Os conselhos de consultores podem fazer uma importante análise da realidade para o empreendedor ou proprietário de qualquer tipo de empresa não corporativa. Cynthia Kocialski, empreendedora veterana do Vale do Silício, fundou três empresas e defende a ideia de que todo empreendimento novato se beneficia em ter um conselho de consultores. Ela afirma ser preciso selecionar consultores proficientes em diversas partes do negócio e que entendam o setor. Segundo Kocialski, ter consultores demais pode causar confusões e complicação; ela recomenda um conselho de seis membros. Além disso, ela acredita que os membros do conselho de consultores nas primeiras fases do empreendimento não são os mesmos necessários em fases posteriores, depois que a empresa cresceu.[16]

Haroon Mokhtarzada desistiu da oportunidade de trabalhar em um escritório de advocacia badalado enquanto estudava na Harvard Law School e fundou um novo empreendimento. Ele e os dois irmãos estavam arquitetando uma empresa de Web *design* que permitiria que qualquer um, até sua mãe leiga em tecnologia, criasse o próprio *site*. Ele e os irmãos lançaram a empresa enquanto ainda eram estudantes; depois de alguns poucos anos, já tinham 50 milhões de usuários registrados. O ímpeto de expandir a empresa veio de um consultor que recomendou que Haroon tentasse levantar capital e transformar a empresa em um negócio mais sólido. Foi então que ele começou a construir um conselho mais forte. O modelo de Mokhtarzada para a criação de um conselho de consultores se baseia em três recomendações:[17]

1. Identifique possíveis membros que compartilham sua visão, de modo que eles cuidarão de seus interesses, não dos próprios.
2. Ofereça aos membros uma participação de 0,25 a 0,5%, para que, além de oferecer seu conhecimento, eles apresentem contatos valiosos que ajudem a empresa a crescer.
3. Acertar o momento de adicionar consultores é muito importante. Utilize-os em pontos críticos na tomada de decisões de negócio, como levantamento de capital, entrada em novos mercados ou contratação de novos membros da alta gerência.

O Ecotech Institute, a primeira e única faculdade a enfocar seu currículo na capacitação de profissionais em energias renováveis, recentemente reuniu uma equipe com os grandes líderes do setor para formar seu conselho de consultores. O Ecotech também utiliza um conselho nacional de consultores, com um papel crucial em moldar um currículo que corresponda às demandas dos empregadores.[18]

Como vemos nesses diversos exemplos, o conselho de consultores representa uma alternativa ou complemento para o empreendedor e organizações de todos os tamanhos que desejam conhecimento especializado e orientações em áreas críticas. Mesmo as grandes corporações reúnem conselhos de consultores para auxiliá-las em áreas específicas de seus negócios. A flexibilidade de tamanho, experiência, número de reuniões e remuneração torna esses conselhos uma alternativa bastante desejável aos conselhos de administração mais formais.

A ORGANIZAÇÃO E O USO DE CONSULTORES

O empreendedor normalmente usará consultores externos, como contadores, banqueiros, advogados, agências de publicidade e pesquisadores de mercado, conforme a necessidade. Esses consultores, distintos do conselho mais formal de consultores, também acabam fazendo parte da organização e, dessa forma, precisarão ser administrados como qualquer outra parte permanente do novo empreendimento.

O relacionamento entre o empreendedor e os consultores externos promovido pela busca dos melhores consultores e pelo seu envolvimento total já em um estágio inicial. Os consultores precisam ser avaliados ou entrevistados como se estivessem sendo contratados para um cargo permanente. As referências têm de ser investigadas, com perguntas sendo feitas para verificar a qualidade do serviço, bem como a compatibilidade com a equipe administrativa.

A contratação e a administração de especialistas externos podem considerar esses consultores como fornecedores de consultoria. Assim como nenhum gerente compraria matérias-primas ou materiais sem conhecimento de seus custos e qualidade, a mesma aprovação seria aplicada aos consultores. Os empreendedores devem solicitar aos consultores honorários, credenciais, referências, etc., antes de contratá-los.

Mesmo depois de contratar os consultores, o empreendedor precisa questionar os conselhos que eles oferecem. Por que o conselho está sendo dado? Entenda a decisão e suas possíveis implicações. Há muitas e boas fontes de consultores, como a Small Business Administration, outras empresas pequenas, câmaras de comércio, universidades, amigos e parentes. A avaliação cuidadosa das necessidades do empreendedor e da competência do consultor torna os consultores um bem valioso para a organização de um novo empreendimento.

REVISÃO

RESUMO

Uma das decisões mais importantes que o empreendedor tem de tomar no plano de negócio é a forma jurídica da empresa. As três principais formas, nos Estados Unidos, são a propriedade individual, a sociedade e a corporação. Cada uma difere bastante das outras e deve ser avaliada com cuidado antes de se tomar uma decisão. Este capítulo oferece reflexões e comparações importantes sobre essas estruturas jurídicas para auxiliar o empreendedor nessa decisão.

A S Corporation e a empresa de responsabilidade limitada (LLC) são formas alternativas de empresa que estão ganhando popularidade, já que permitem que o empreendedor preserve a proteção da responsabilidade pessoal propiciada por uma corporação, mas mantêm os benefícios tributários de uma sociedade. Há vantagens importantes, bem como desvantagens, dessas formas de empresa, e os empreendedores devem pesá-las cuidadosamente antes de tomar uma decisão.

O plano organizacional para o empreendedor também requer grandes decisões que afetam a eficácia e a lucratividade no longo prazo. É importante começar com uma forte equipe administrativa comprometida com as metas do novo empreendimento. Essa equipe deve ser capaz de trabalhar em conjunto de forma eficiente, rumo a essas metas.

A história sugere que muitos empreendedores tentam assumir responsabilidades demais em novos empreendimentos, muitas vezes se dispersando, o que afeta negativamente todas as tarefas que realizam. Designar e delegar tarefas caracteriza um bom líder e, no longo prazo, fortalece a confiança e a motivação de todos os funcionários e contribui para a força da equipe administrativa.

A estrutura da organização exige que o empreendedor especifique os tipos de capacidades necessárias e as funções que devem ser preenchidas. Isso seria parte da organização formal. Além dessa organização, o empreendedor deve considerar a organização, ou cultura informal, almejada para corresponder à estratégia estipulada no plano de negócio. Essa cultura organizacional representa as atitudes, os comportamentos, a identidade visual e os estilos de comunicação que podem diferenciar uma empresa da outra. Esses aspectos são importantes ao definir uma organização eficaz e rentável.

Um conselho de administração ou de consultoria oferece apoio administrativo para os empreendedores no lançamento e na gestão do novo empreendimento. Atualmente, os conselhos de administração são controlados pela Lei Sarbanes-Oxley, aprovada devido a uma eclosão de comportamentos ilícitos e antiéticos que tiveram forte presença na mídia. O objetivo dessa nova lei é tornar o conselho de diretores mais independente e responsabilizar seus membros perante os acionistas. A lei é relevante principalmente para as empresas de capital aberto, e tem menos impacto sobre as de capital fechado. O conselho de consultores é uma boa alternativa a um conselho de diretores quando o capital permanece privado ou em uma empresa familiar.

A despeito das novas regulamentações, um conselho de administração ou de consultores ainda é uma fonte de apoio excelente para uma organização. Ambos podem ser constituídos na fase inicial do planejamento da empresa ou após a formação e o financiamento da empresa. Em ambos os casos, a seleção dos membros do conselho deve ser feita cuidadosamente, para que eles desempenhem suas funções com seriedade e se comprometam com suas funções e responsabilidade.

Também serão necessários consultores no novo empreendimento. Avalie os consultores externos como se estivessem sendo contratados como membros permanentes da organização. As informações sobre suas remunerações e referências ajudam a indicar a melhor escolha.

ATIVIDADES DE PESQUISA

1. Neste país (Estados Unidos), que proporção de todas as empresas são (a) propriedades individuais, (b) sociedades, (c) de capital fechado e (d) de capital aberto? Dê um exemplo de um setor que possui uma grande participação de propriedades individuais. Por que isso acontece? Dê um exemplo de um setor que possui uma grande participação de sociedades. Por que isso ocorre? Dê um exemplo de um setor que possui uma grande participação de empresas de capital fechado. Por que isso acontece? Dê um exemplo de um setor que possui uma grande participação de empresas de capital aberto. Por que isso ocorre?

2. Leia algumas revistas de negócios atuais e identifique uma grande empresa de capital aberto e um empreendimento novato que possuam um conselho de consultores. Como esses conceitos serão

utilizados de maneiras diferentes ou semelhantes? Em sua opinião, como o conselho de consultores interage com um conselho de administração?

3. Examine o jornal local e escolha três bons exemplos e três maus exemplos de anúncios de emprego. Justifique suas escolhas.

4. Entreviste dois empreendedores e pergunte como eles delegam responsabilidades em sua organização. Pergunte como eles se sentem com relação à delegação de responsabilidades ou ao envolvimento de um funcionário quando é necessário tomar uma decisão crítica que pode impactar a estabilidade financeira da empresa.

DISCUSSÃO EM AULA

1. Por que os empreendedores se arriscariam a perdas financeiras em nível pessoal, optando por uma propriedade individual em vez de uma forma de empresa em sociedade?

2. Por que os fornecedores às vezes pedem aos empreendedores de pequenas empresas que ofereçam garantias pessoais para uma linha de crédito comercial? Se um empreendedor for solicitado (obrigado) a fornecer garantias pessoais, que proteção pessoal uma empresa, enquanto forma legal, realmente oferece?

3. O velho ditado "O barato sai caro" se aplica a um conselho de administração ou de consultores?

4. Identifique três empresas que são diferentes em sua forma de organização legal (por exemplo, uma S corporation, uma LLC e uma C corporation). Em que elas diferem? Em que são semelhantes? Quais são as vantagens e desvantagens que cada uma tem em manter suas respectivas formas legais de organização?

NOTAS

1. Ver "The Madness Behind Method," *INC* (October 2011), pp. 26–27; Kate Walsh, "For Hands That Do Dishes with Non-Toxic Ingredients," *The Sunday Times,* November 20, 2011, p. 19; "The Method of Creating and Nurturing Amazing Corporate Culture," www.fastcompany.com, September 12, 2011; e Lindsay Riddell, "Method Stays in the Green," *San Francisco Business Times Online,* September 9, 2011.

2. Stephen L. Nelson, "What's the Difference Between an LLC and LLP?" www.llcexplained.com.

3. Agnes Gesiko, "Structure Counts! The Tax Implications Arising from the Formation, Operation, and Liquidation of C Corporations, S Corporations, Partnerships and Limited Liability Companies," *Corporate Business Taxation Monthly* (November 2008), pp. 39–49.

4. Hughlene Burton and Stewart S. Karlinsky, "Current Developments in S Corporations," *Tax Adviser* (November 2011), pp. 766–74.

5. Gregory L. Prescott, Ellen K. Madden, and R. Mark Foster, "Forms of Business Ownership: A Primer for Commercial Lenders," *Commercial Lending Review* (November–December 2010), pp. 27–32, 54–55.

6. BizFilings, "LLC vs. S Corp: Which Business Type Is Right for Me?" www.bizfilings.com/learn/llc-vs-s-corp.aspx.

7. Karen Nakamura and Margarete Chalker, "State Tax Considerations of Passthrough Entities: Potential Concerns and Pitfalls," *The Tax Advisor* (June 2010), pp. 418–22.

8. J. W. Lorsch, "Organization Design: A Situational Perspective," in J. R. Hackman, E. E. Lawler III, and W. Porter (eds.), *Perspectives on Behavior in Organizations,* 2nd ed. (New York: McGraw-Hill, 1983), pp. 439–47.

9. Fran's Chocolates. "News and Events," https://www.franschocolates.com/about/articles.php.

10. Liz Welch, "The Way I Work," *INC* (February 2010), pp. 99–101.

11. "Google's 5 Tools to Lure and Retain the Best," *The HR Specialist* (August 2010), pp. 1–2.

12. Xiaodong Qui and James A. Largay III, "Do Active Boards of Directors Add Value to Their Firms?" *Academy of Management Perspectives* 25, issue 1 (February 2011), pp. 98–99.

13. Ver www.gopicnic.com; and David Worrell, "Board Relations," *Entrepreneur* (November 2008), p. 56.

14. Gwen Moran, "Pocket Money," *Entrepreneur* (February 2011), p. 66.

15. Ver Robert C. Pozen, "Building Better Boards," *Accounting Today* (April 2011), pp. 16–17; and "Meet Members' Governance Expectations," *Credit Union Directors Newsletter* (December 2011), p. 4.

16. Christopher Hann, "Advice and Consent," *Entrepreneur* (August 2011), p. 20.

17. Joel Holland, "It Passes the Mom Test," *Entrepreneur* (January 2011), p. 63.

18. "Ecotech Institute Names Its Local Board of Advisors," *marketwire.com,* January 3, 2012.

10
PLANO FINANCEIRO

OBJETIVOS DE APRENDIZAGEM

▶ Entender o papel dos orçamentos na preparação de demonstrativos *pro forma*.

▶ Entender por que lucros positivos podem resultar em fluxo de caixa negativo.

▶ Aprender como preparar mensalmente fluxo de caixa, rendimento, balanço patrimonial e demonstrativos de origens e aplicações de recursos *pro forma* para o primeiro ano de operação.

▶ Explicar a aplicação e o cálculo do ponto de equilíbrio para o novo empreendimento.

▶ Ilustrar as alternativas de pacotes de software para elaborar os demonstrativos financeiros.

PERFIL DE ABERTURA

Tony Hsieh – www.zappos.com

Poucos empreendedores têm a meta de alcançar um bilhão de dólares em vendas. Aos 35 anos, Tony Hsieh (pronuncia-se "Chêi"), CEO e cérebro empreendedor por trás da Zappos.com, atingiu essa meta. Seus primeiros empreendimentos sérios começaram quando ele se formou pela Universidade de Harvard aos 23 anos. Ele e o colega de faculdade Sanjay Madan enxergavam oportunidades para os anunciantes que queriam consolidar grandes aquisições de anúncios em um único pacote, e então lançaram a LinkExchange no início da década de 1990. A LinkExchange oferecia anúncios gratuitos para *sites* pequenos em um esquema de dois por um, isto é, para cada dois anúncios que veiculava em seu *site*, o membro teria direito a um anúncio gratuito no *site* de outro membro. Os anúncios creditados não utilizados eram então vendidos pela LinkExchange para não membros, o que gerava uma receita considerável. Após receber capital de investimento em 1997, a empresa foi considerada um competidor importante no mercado de anúncios na Internet e comprada pela Microsoft em 1998, por 265 milhões de dólares. Após esse sucesso, Tony se tornou cofundador da Venture Frogs, que investiu em empresas de Internet novatas, como Ask Jeeves, Tellme Networks e Zappos.com. Em 1999, enquanto investidor, ele começou a analisar mais seriamente o potencial de longo prazo da Zappos.com. Hsieh começou como conselheiro e consultor da Zappos.com, mas acabou trabalhando na empresa em tempo integral em 2000, tornando-se co-CEO. Mais tarde, ele assumiu o comando e transferiu as operações para Las Vegas, onde os imóveis são mais baratos e não faltam trabalhadores para os *call centers*. Sob sua liderança, as vendas cresceram de 1,6 milhão em 2000 para mais de 1 bilhão de dólares em 2008. Na verdade, a empresa dobrou suas vendas todos os anos entre 1999 e 2008.

Tony percebeu, quando entrou para a Zappos.com, que a Internet não havia se tornado um componente importante das escolhas de compra dos consumidores. Ele descobriu que o setor calçadista, com seus 40 bilhões de dólares por ano, consistia principalmente em lojas de varejo e que apenas 5% das vendas vinham de catálogos de compra pelo correio. Ele enxergou uma oportunidade enorme para a empresa, especialmente porque acreditava que a Web ultrapassaria os pedidos pelo correio enquanto porcentagem das vendas totais. Assim, ele viu 5% dos 40 bilhões como uma meta razoável para o negócio.

O modelo de negócios de Tony era diferente e, para alguns varejistas, caro, mas se revelou extremamente bem-sucedido. Parte da abordagem de Hsieh é enfocar o atendimento ao cliente. A Zappos oferece frete grátis, entrega rápida e uma política de devoluções de 365 dias. Ele até transferiu seu armazém para o Kentucky para ficar mais próximo da central da transportadora UPS e garantir a entrega rápida dos produtos oferecidos, que agora abrangem também vestuário, bolsas e acessórios. O foco da empresa no atendimento foi projetado para garantir que o cliente receba uma experiência de alta qualidade do começo ao fim. Além disso, depois de contratados, todos os funcionários devem completar um programa de treinamento de quatro semanas centrado na fidelidade do cliente. O objetivo é certificar-se de que eles entendem a cultura que produziu o sucesso da empresa. Para garantir que os recém-contratados não estão de brincadeira, Tony os visita durante a segunda semana e oferece 2.000 dólares para quem quiser sair do programa. Apenas 1% aceita a oferta. A cultura especial da Zappos também inclui elementos como *happy hours*, um quarto para sonecas, seguro-saúde totalmente custeado pela empresa e apoio para problemas de vida que Tony financia do próprio bolso. Sua filosofia em relação a essas estratégias é que apenas um funcionário feliz consegue prestar serviços excelentes.

Depois que a Zappos conquista um cliente (75% deles fazem mais de uma compra), a empresa tenta garantir o interesse contínuo, envolvendo-os em diversos canais *online* e de mídias sociais. Os clientes são convidados a escrever resenhas e compartilhar suas experiências. Além de fidelizar os clientes, essas medidas também atraem novos consumidores.

Em 2005, o fundador da Amazon.com visitou a sede da Zappos, pensando em comprar a empresa. Na época, Hsieh recusou a oferta, pois acreditava que a empresa provavelmente se tornaria rentável e chegaria a 1 bilhão de dólares em vendas. Em 2009, no entanto, a empresa começou a ter problemas com o fluxo de caixa devido à crise econômica. Além disso, a linha de crédito do banco era garantida por ativos com cerca de 50% do valor do estoque da empresa, o que limitava a flexibilidade do fluxo de caixa. Com a escassez de crédito e um conselho que desejava ver mais lucros, Tony acreditou que perderia o cargo de CEO se não tomasse algumas decisões drásticas para aumentar a rentabilidade. Foi quando a Amazon.com apareceu de novo e se ofereceu para comprar a empresa, mas permitindo que ela continuasse a operar como uma entidade independente, com Tony ainda no comando. Com uma compra de 1,2 bilhão de dólares, a empresa teria os recursos para expandir seus esforços de marketing e aumentar as vendas e os lucros. Foi formado um novo conselho e a empresa agora tinha os recursos de caixa para seguir em frente. Em 2010, a Zappos aumentou suas vendas líquidas em cerca de 50%. A organização continua progredindo enquanto empresa independente, e Tony Hsieh permanece contribuindo com suas estratégias empreendedoras para essa nova era na história da Zappos.[1]

O plano financeiro fornece ao empreendedor um panorama da quantidade de recursos financeiros que estão entrando na empresa, o momento em que entram, para onde estão indo, quanto está disponível e a posição financeira projetada pela empresa; oferece também a base de curto prazo para o controle orçamentário e ajuda a prevenir um dos problemas mais comuns nos novos empreendimentos – a falta de dinheiro. Percebemos, a partir do exemplo anterior, o quanto é importante entender o papel do plano financeiro. Sem um planejamento financeiro cuidadoso nos primeiros estágios, especialmente considerando o custo do atendimento ao cliente, a Zappos.com poderia ter sofrido sérios problemas de fluxo de caixa. Com o tempo, o fluxo de caixa para o capital de crescimento se tornou um problema para a Zappos; agora que a empresa é uma parte independente da Amazon.com, entretanto, ela pode continuar a cumprir suas metas financeiras.

O plano financeiro deve explicar para qualquer investidor em potencial como o empreendedor pretende cumprir todas as obrigações financeiras e manter sua liquidez para pagar dívidas ou oferecer um bom retorno sobre o investimento. Em geral, o plano financeiro precisará da projeção de dados financeiros por três anos para agradar aos investidores externos. O primeiro ano deve refletir dados mensais.

Este capítulo discute cada um dos principais itens que devem estar incluídos no plano financeiro: demonstrativo de resultados *pro forma*, fluxo de caixa *pro forma*, balanço patrimonial *pro forma* e análise do ponto de equilíbrio. Como vimos no exemplo da Zappos.com, as novas empresas da Internet têm algumas características financeiras peculiares, as quais são abordadas na discussão a seguir.

ORÇAMENTOS DE OPERAÇÃO E DE CAPITAL

Para desenvolver o demonstrativo de resultados *pro forma*, o empreendedor deve preparar os orçamentos de operação e de capital. Se o empreendedor for o único proprietário, será o responsável pelas decisões orçamentárias. No caso de uma sociedade ou quando há funcionários, o processo orçamentário inicial começará com um desses indivíduos, dependendo de sua função no empreendimento. Por exemplo, o orçamento de vendas será preparado pelo gerente de vendas, o orçamento de fabricação, pelo gerente de produção, e assim por diante. A determinação final desses orçamentos será feita definitivamente pelos proprietários ou empreendedores.

Como demonstrado a seguir, na preparação do demonstrativo de resultados *pro forma*, o empreendedor deve primeiro desenvolver um orçamento de vendas, que é uma estimativa do volume de vendas esperado por mês. O principal item do orçamento é a projeção de vendas. Diversas abordagens são utilizadas para projetar as vendas, desde métodos bastante quantitativos a abordagens mais qualitativas. Técnicas como regressões, análise de séries temporais e regularização exponencial estão além do escopo deste livro. Em muitos casos, o empreendedor pode utilizar técnicas mais qualitativas para estimar as vendas, algumas das quais serão analisadas a seguir. A partir dessas previsões, o empreendedor determinará o custo dessas vendas. Em um empreendimento que envolve produção, o empreendedor poderá comparar os custos da produção interna com os da produção terceirizada. A estimativa do estoque final necessário, como uma margem de segurança contra possíveis flutuações na demanda, e os custos da mão de obra e dos materiais também serão incluídos.

A Tabela 10.1 ilustra um formato simples para um orçamento de produção ou fabricação para os três primeiros meses de operação. Ele oferece uma base importante para a projeção dos fluxos de caixa para o custo das mercadorias produzidas, o que inclui unidades no estoque. As informações relevantes desse orçamento são a verdadeira produção necessária a cada mês e o estoque exigido para se adequar a mudanças repentinas na demanda. Como é possível consta-

TABELA 10.1 Exemplo de orçamento de produção para os três primeiros meses

	Jan	Fev	Mar
Vendas projetadas (unidades)	5.000	8.000	12.000
Estoque final almejado	100	200	300
Disponível para venda	5.100	8.200	12.300
Menos: estoque inicial	0	100	200
Produção total necessária	5.100	8.100	12.100

ÉTICA

PERDÃO OU PERMISSÃO? O EMPREGADOR DEVE PERMITIR QUE OS FUNCIONÁRIOS TRABALHEM EM NEGÓCIOS PARALELOS?

A questão é repleta de dilemas éticos. A palavra *espinhosa* nos ocorre, motivo pelo qual procuramos Gregory Fairchild, professor adjunto de administração na Darden School of Business da Universidade de Virgínia, onde leciona estratégia, empreendedorismo e ética. Ele afirma que a questão do trabalho externo muitas vezes pode ser resumida a uma equação elementar: "Até que ponto há um contrato implícito *versus* explícito sobre a ideia de trabalhar em um negócio paralelo?".

Mas Fairchild admite que mesmo contratos explícitos podem conter "um nível considerável de cinza" e, logo, estão sujeitos a múltiplas interpretações por parte dos advogados. Fairchild conta que algumas vezes deu a um funcionário da Darden permissão para trabalhar em um negócio externo, apenas para ver sua decisão revogada pela equipe jurídica ou de recursos humanos da universidade.

Obviamente, a questão do trabalho externo se torna ainda mais importante quando um empreendedor busca proteger uma propriedade intelectual. Apesar de certos setores surgirem antes no debate, como defesa, biotecnologia e TI, Fairchild afirma que políticas sobre trabalho externo representam dilemas para empresas de qualquer tamanho.

O segredo para garantir que empregador e empregado estão em sintonia é a transparência mútua. Antes de criar uma política de trabalho externo, os empreendedores devem buscar a assessoria de um advogado, pois a legislação varia entre as diversas jurisdições, e então explicar aos funcionários o que é (e o que não é) permitido. Fairchild conta que os funcionários muitas vezes ficam surpresos quando os empregadores, além de darem permissão para o trabalho externo, pedem para investir no empreendimento. Ainda assim, Fairchild explica, "algumas pessoas acham que é mais fácil pedir perdão do que permissão".

As questões éticas são mais complexas e delicadas quando envolvem um novo empreendimento. Como uma empresa nova é arriscada por natureza, Fairchild explica, os funcionários podem acreditar que têm direito a buscar trabalhos externos para reduzir os riscos de carreira. Entretanto, a violação de uma política de trabalho externo costuma ser mais grave em um novo empreendimento do que, por exemplo, em um membro da Fortune 500.

"As necessidades da empresa novata na fase de financiamento com recursos próprios são críticas", ele conta. "Saber que os recursos eram, digamos, porosos faz as pessoas se sentirem mais enganadas do que ocorre em organizações mais bem-estabelecidas".

Fairchild sugere que o empreendedor e o funcionário apliquem o que ele chama de "teste do espelho". Segundo ele, ao se olhar no espelho, "você duvida, mesmo que por um único instante, de que o que está fazendo é correto? Se sim, vale a pena conversar".

Fonte: Reimpresso com permissão de Wright's Media, "Forgiveness or Permission?" Christopher Hann, January 2012, *Entrepreneur*, p.21.

---

tar, a produção exigida no mês de janeiro é maior do que as vendas projetadas devido à necessidade de reter 100 unidades no estoque. Em fevereiro, a produção real levará em consideração o estoque de janeiro, assim como o número almejado de unidades necessárias no estoque para esse mês. Isso continua para cada mês, com as necessidades de estoque provavelmente aumentando à medida que as vendas também aumentarem. Assim, esse orçamento é uma determinação real de quanto será gasto e com qual objetivo. O demonstrativo de resultados *pro forma*, analisado posteriormente neste capítulo, não inclui o custo do estoque como despesa até este ser vendido de fato, o que se reflete no demonstrativo como custo dos bens. Desse modo, nos empreendimentos em que são necessários altos níveis de estoque ou cuja demanda flutua muito devido à sazonalidade, esse orçamento é uma ferramenta valiosa para avaliar as necessidades de recursos.

Após completar o orçamento de vendas, o empreendedor pode se concentrar nos custos operacionais. Primeiramente, deve ser elaborada uma lista de despesas fixas (aquelas incorridas sem considerar o volume de vendas), como aluguel, eletricidade, água, salários, publicidade, depreciação e seguros. Os custos estimados de alguns desses itens podem ser verificados a partir da experiência pessoal, por meio de comparações com outras empresas do setor ou pelo contato direto com corretores imobiliários, agentes de seguro e consultores. Os *benchmarks* (comparações/referências) do setor para preparar os demonstrativos financeiros *pro forma* foram discutidos na seção sobre o plano financeiro, no Capítulo 7 (ver Tabela 7.2 para uma lista de fontes de *benchmarks* financeiros). A previsão de inclusão de espaço, novos funcionários e mais anúncios publicitários também pode aparecer nessas projeções, conforme adequado. Também há despesas que variam a cada mês, dependendo da atividade de vendas ou de mudanças na estratégia de marketing; por exemplo, mão de obra, materiais, transporte ou entretenimento. Essas despesas variáveis devem estar associadas à estratégia no plano de negócio. A Tabela 10.2 traz um exemplo de orçamento de operação. Neste exemplo, constatamos que os salários aumentam no terceiro mês devido à inclusão de um transportador; ao aumento de anúncios publicitários, porque a época para esse produto está se aproximando; e ao aumento de encargos sociais devido ao funcionário adicional. Este orçamento e o orçamento de produção ilustrado na Tabela 10.1 propiciam a base para os demonstrativos *pro forma* discutidos neste capítulo.

Os orçamentos de capital oferecem uma base para a avaliação de gastos que terão um impacto sobre a empresa por mais de um ano. Por exemplo, um orçamento de capital projeta gastos com novos equipamentos, veículos, computadores ou até mesmo novas instalações. Ele também pode levar em conta uma avaliação de custos nas decisões de fabricação ou de compra, ou uma comparação entre *leasing*, compra de equipamento usado e aquisição de novos equipamentos. Devido à complexidade dessas decisões, que talvez incluam o cálculo do custo de capital e do retorno previsto sobre o investimento usando métodos de valor presente, recomenda-se que o empreendedor seja assessorado por um contador.

TABELA 10.2 Exemplo de orçamento de operação para os três primeiros meses (em milhares de dólares)

Despesa	Jan	Fev	Mar
Salários	$23,2	$23,2	$26,2
Aluguel	2	2	2
Energia/água	0,9	0,9	0,9
Anúncios	13,5	13,5	17
Despesas com vendas	1	1	1
Seguro	2	2	2
Encargos sociais	2,1	2,1	2,5
Depreciação	1,2	1,2	1,2
Despesas do escritório	1,5	1,5	1,5
Total de despesas	$47,4	$47,4	$54,3

PROJEÇÕES DE VENDAS

Como afirmado anteriormente, as vendas podem ser projetadas de vários modos, alguns bastante quantitativos e outros mais qualitativos. Normalmente, um empreendimento iniciante não usaria técnicas quantitativas, confiando, pelo contrário, nos métodos mais qualitativos. Nesta seção, vamos aprender a projetar vendas de um modo simples e razoável por meio dos métodos mais qualitativos. Para começar, o empreendedor deve pesquisar tudo o que puder sobre as outras novas empresas de seu setor. Estudar sua experiência fornece expectativas razoáveis sobre as vendas iniciais. As câmaras de comércio locais, assim como outras organizações de negócios, oferecem contatos e informações sobre o que esperar no primeiro ano de vendas. Independentemente da abordagem adotada pelos empreendedores, é preciso estar ciente de que as estimativas de vendas podem estar erradas. Por consequência, às vezes o empreendedor se beneficia de desenvolver estimativas de vendas em diferentes níveis de atividade. Por exemplo, as estimativas podem ser mostradas em um nível, mas também 5 e 10% menores. Cada estimativa de vendas reflete diferentes premissas sobre o mercado e apresenta os custos, lucros e prejuízos de cada projeção.

Como o demonstrativo de resultados *pro forma* exige apenas projeções mensais, é importante não se limitar a criar uma projeção anual e dividi-la por 12. As vendas podem variar em cada mês, dependendo da sazonalidade do produto, o que precisa estar refletido nas projeções mensais. Além disso, mudanças de estratégia também afetam as vendas e precisam ser incluídas nas estimativas. O uso de todas as informações possíveis na projeção torna os demonstrativos *pro forma* muito mais significativos.

DEMONSTRATIVOS DE RESULTADOS *PRO FORMA*

O plano de marketing discutido no Capítulo 8 fornece uma estimativa das vendas para os próximos 12 meses. Como as vendas representam a principal fonte de receita e como outras atividades e despesas operacionais relacionam-se com o volume de vendas, em geral as vendas são o primeiro item que deve ser definido.

A Tabela 10.3 apresenta todos os dados de lucros durante o primeiro ano de operações da MPP Plastics. Essa empresa produz moldes de plástico para clientes, como fabricantes de peças plásticas para máquinas, fabricantes de brinquedos e indústrias de aparelhos domésticos. De acordo com o *demonstrativo de resultados pro forma* na Tabela 10.3, a empresa começa a ter lucros no décimo primeiro mês. O custo das mercadorias vendidas permanece constante em 50% da receita de vendas.

demonstrativo de resultados *pro forma*
Projeção do lucro líquido, calculado a partir da receita projetada menos custos e despesas previstos

Na preparação do demonstrativo de resultados *pro forma*, as vendas mensais devem ser calculadas primeiro. Como já indicado, as vendas são projetadas com o uso de várias técnicas. Mais uma vez é importante tentar estimar as variações nas vendas que resultem de mudanças em fatores como estratégia de marketing ou sazonalidade. Como seria de se esperar, leva al-

TABELA 10.3 MPP Plastics, Inc., demonstrativo de resultados *pro forma*, primeiro ano, por mês (em milhares de dólares)

	Jan	Fev	Mar	Abr	Mai	Junho	Julho	Ago	Set	Out	Nov	Dez	Total
Vendas	20,0	32,0	48,0	70,0	90,0	100,0	100,0	100,0	80,0	80,0	120,0	130,0	970,0
Menos: custo de mercadorias vendidas	10,0	16,0	24,0	35,0	45,0	50,0	50,0	50,0	40,0	40,0	60,0	65,0	485,0
Lucro bruto	10,0	16,0	24,0	35,0	45,0	50,0	50,0	50,0	40,0	40,0	60,0	65,0	485,0
Despesas operacionais													
Salários*	23,2	23,2	26,2	26,2	26,2	26,2	26,2	26,2	26,2	26,2	26,2	26,2	308,4
Aluguel	2,0	2,0	2,0	2,0	2,0	2,0	2,0	2,0	2,0	2,0	2,0	2,0	24,0
Energia/água	0,9	0,9	0,9	0,8	0,8	0,8	0,9	0,9	0,9	0,8	0,8	0,9	10,3
Anúncios	13,5	13,5	17,0	17,0	17,0	17,0	14,0	14,0	14,0	21,0[†]	17,0	17,0	192,0
Despesas de vendas	1,0	1,0	1,0	1,0	1,0	1,0	1,0	1,0	1,0	1,0	1,0	1,0	12,0
Seguro	2,0	2,0	2,0	2,0	2,0	2,0	2,0	2,0	2,0	2,0	2,0	2,0	24,0
Encargos sociais	2,1	2,1	2,5	2,5	2,5	2,5	2,5	2,5	2,5	2,5	2,5	2,5	29,2
Depreciação[‡]	1,2	1,2	1,2	1,2	1,2	1,2	1,2	1,2	1,2	1,2	1,2	1,2	14,4
Despesas de escritório	1,5	1,5	1,5	1,7	1,8	2,0	2,0	2,0	1,8	1,8	2,2	2,2	22,0
Total de despesas operacionais	47,4	47,4	54,3	54,4	54,5	54,7	51,8	51,8	51,6	58,5	54,9	55,0	636,3
Lucro bruto	(37,4)	(31,4)	(30,3)	(19,4)	(9,5)	(4,7)	(1,8)	(1,8)	(11,6)	(18,5)	5,1	10,0	(151,3)

* Transportador incluído no mês 3.
[†] Participação em feira comercial.
[‡] Fábrica e equipamentos – depreciação linear de 72.000 dólares por 5 anos.

gum tempo para um novo empreendimento construir suas vendas. Os custos para atingir esses aumentos talvez sejam desproporcionalmente mais altos em alguns meses, dependendo de determinada situação em um período específico.

As receitas de vendas de um empreendimento na Internet frequentemente são mais difíceis de projetar, já que será necessária uma propaganda intensiva para atrair clientes ao *site*. Por exemplo, uma empresa de artigos para presentes na Internet deveria prever a inexistência de vendas nos primeiros meses até que o *site* fosse reconhecido. Grandes gastos com propaganda, que serão discutidos mais adiante, também vão contribuir para criar esse reconhecimento. Considerando os dados existentes sobre o número de visitas a um *site* semelhante, uma empresa novata de artigos para presentes poderia projetar o número médio de visitas por dia ou mês. A partir do número de visitas, projeta-se o número de consumidores que realmente comprarão produtos do *site* e o volume financeiro médio por transação. Ao multiplicar-se uma porcentagem razoável desse número de visitas pelo valor da transação média, obtém-se uma estimativa das vendas para o empreendimento na Internet.

Os demonstrativos de resultados *pro forma* também fornecem projeções de todas as despesas operacionais para cada mês durante o primeiro ano. Como discutido anteriormente e ilustrado na Tabela 10.2, cada uma das despesas deve ser listada e cuidadosamente avaliada para garantir que qualquer aumento seja agregado ao mês pertinente.[2] Por exemplo, despesas de vendas como viagens, comissões, entretenimento, etc., provavelmente vão aumentar à medida que os territórios se expandem e que novos vendedores ou representantes são contratados pela empresa. As despesas de vendas, como uma porcentagem das vendas, também podem ser mais altas no início, uma vez que um número maior de chamadas de vendas deverá ser feito para gerar cada venda, principalmente quando a empresa não é conhecida. O custo das mercadorias vendidas é determinado pelo cálculo direto do custo variável da produção de uma unidade multiplicado pelo número de unidades vendidas, ou pelo uso de uma porcentagem-padrão de vendas no setor. Por exemplo, para um restaurante, a National Restaurant Association ou o Food Marketing Institute publica o custo-padrão de porcentagens de vendas. Essas porcentagens são determinadas pelos seus membros e por estudos realizados no setor de restaurantes. Outros setores também publicam índices de custos padronizados, que se encontram em fontes como as listadas na Tabela 7.2. As associações comerciais e as revistas do setor também costumam citar esses índices em boletins e artigos especializados.

Os pagamentos e salários da empresa devem refletir o número de pessoal empregado, bem como sua função na organização (ver o plano organizacional no Capítulo 9). Quando novos funcionários são contratados para sustentar o crescimento da empresa, os custos serão incluídos no demonstrativo de resultados *pro forma*. Em março, por exemplo, um novo transportador foi incluído na equipe. Outros aumentos nas despesas com pagamentos e salários também vão refletir aumentos concedidos aos funcionários.

O empreendedor também deve considerar a necessidade de aumentar as despesas de vendas em função do crescimento das vendas, ajustar os impostos associados à inclusão de novo pessoal ou aos aumentos de salários, aumentar as despesas de escritório relacionadas ao crescimento nas vendas e modificar o orçamento de publicidade como consequência da sazonalidade ou, simplesmente, porque nos primeiros meses da empresa o orçamento pode precisar ser mais alto para criar visibilidade. Esses ajustes realmente ocorrem em nosso exemplo da MPP Plastics (Tabela 10.3) e se refletem no demonstrativo de resultados *pro forma*, mês a mês, para o ano 1. Todas as alterações dignas de destaque efetuadas no demonstrativo de resultados *pro forma* também são marcadas com as necessárias explicações.

Além do demonstrativo de resultados *pro forma* mensal para o primeiro ano, devem ser feitas projeções para os anos 2 e 3. Geralmente, os investidores preferem analisar três anos de projeções de resultados. Os totais do ano 1 já estão calculados na Tabela 10.3. A Tabela 10.4 apresenta os totais anuais de itens do demonstrativo de resultados para cada um dos três anos. Para o primeiro ano, é calculada a porcentagem de vendas de cada um dos itens de despesa. Essa porcentagem pode então ser usada como uma diretriz para determinar as vendas e

TABELA 10.4 MPP Plastics, Inc., demonstrativo de resultados *pro forma*, resumo de três anos (milhares de dólares)

	Porcentagem	Ano 1	Porcentagem	Ano 2	Porcentagem	Ano 3
Vendas	100,0	970,0	100,0	1.264,0	100,0	1.596,0
Menos: custo de mercadorias vendidas	50,0	485,0	50,0	632,0	50,0	798,0
Lucro bruto	50,0	485,0	50,0	632,0	50,0	798,0
Despesas operacionais						
Salários	31,8	308,4	24,4	308,4	21,8	348,4
Aluguel	2,5	24,0	1,9	24,0	1,5	24,0
Energia/água	1,1	10,3	0,8	10,3	0,7	10,3
Anúncios	19,8	192,0	13,5	170,0	11,3	180,0
Despesas de vendas	1,2	12,0	1,0	12,5	0,8	13,5
Seguro	2,4	24,0	1,9	24,0	1,5	24,0
Encargos sociais e outros impostos	3,0	29,2	2,3	29,2	2,0	32,0
Depreciação	1,5	14,4	1,1	14,4	0,9	14,4
Despesas de escritório	2,3	22,0	1,8	22,5	1,5	23,5
Total de despesas operacionais	65,6	636,3	48,7	615,3	42,0	670,1
Lucro bruto (prejuízo)	(15,6)	(151,3)	1,3	16,3*	8,0	127,9*
Impostos	0,0	0,0	0,0	0,0	0,0	0,0
Lucro líquido	(15,6)	(151,3)	1,3	16,3	8,0	127,9

* Impostos não incorrem no 2º e 3º anos, apesar de terem apresentado lucros, por causa dos prejuízos do 1º ano de funcionamento da empresa.

despesas projetadas para o ano 2; também pode ser considerada ao fazer as projeções para o ano 3. Além disso, o cálculo da porcentagem de vendas para cada ano é útil como um meio de controle financeiro, para que o empreendedor verifique se existem custos altos demais em relação à receita de vendas. No ano 3, a empresa espera aumentar significativamente seus lucros em relação ao primeiro e segundo anos. Em alguns casos, o empreendedor constata que o novo empreendimento não apresenta lucros antes do ano 2 ou 3. Isso quase sempre depende da natureza do negócio e dos custos iniciais. Por exemplo, uma empresa de serviços pode levar menos tempo para alcançar um estágio rentável do que uma empresa de alta tecnologia ou uma que exija um grande investimento em capital, mercadorias e equipamento, que precisariam de mais tempo para se recuperar.

Nos demonstrativos *pro forma* da MPP Plastics (Tabelas 10.3 e 10.4), constatamos que o empreendimento começará a ter lucro no décimo primeiro mês do ano 1. No segundo ano, a empresa não precisa investir muito dinheiro em anúncios publicitários e, com o aumento das vendas, apresenta um lucro modesto de 16.300 dólares. Contudo, no ano 3 observamos que o empreendimento adiciona um funcionário e incide um aumento de 26% nas vendas, resultando em um lucro líquido de 127.900 dólares.

Ao projetar as despesas operacionais para os anos 2 e 3, é útil considerar primeiramente aquelas com probabilidade de permanecer estáveis com o tempo. Itens como depreciação, serviços básicos, aluguel, seguro e juros tendem a permanecer estáveis, a menos que novos equipamentos ou espaço adicional sejam adquiridos. Algumas despesas com o aquecimento e energia elétrica podem ser computadas com o uso de custos-padrão do setor por metro quadrado de espaço utilizado pelo novo empreendimento. Despesas com vendas, publicidade, pagamentos, salários e impostos podem ser representadas como uma porcentagem das vendas líquidas projetadas. No cálculo das despesas operacionais projetadas, é muito importante ser prudente para fins de planejamento inicial. Um lucro razoável obtido com estimativas comedidas confere credibilidade ao sucesso potencial do novo empreendimento.

Para uma empresa na Internet, as despesas operacionais e de orçamento de capital tendem a ser resultantes da compra ou do aluguel de equipamento, do estoque e da propaganda. Por exemplo, a empresa de presentes citada anteriormente precisaria comprar ou alugar uma grande quantidade de computadores para acomodar os possíveis compradores do *site*. Os custos de estoque seriam baseados na receita de vendas projetada, como aconteceria em qualquer loja de varejo. Os custos com propaganda, no entanto, precisariam ser expressivos, para informar o público sobre a existência do *site*. Essas despesas geralmente abrangem alguns mecanismos de busca, como Yahoo!, Bing e Google; *links* de revistas de outros *sites*, como *Woman's Day*, *Family Circle* e *Better Homes and Gardens*, e muita propaganda em revistas, televisão, rádio e mídia impressa, selecionados devido à sua penetração no mercado-alvo.

FLUXO DE CAIXA *PRO FORMA*

Fluxo de caixa não é a mesma coisa que lucro. O lucro é o resultado de subtrair as despesas do volume de vendas, enquanto o fluxo de caixa é resultado da diferença entre a efetiva quantia recebida e os pagamentos de caixa. O caixa flui somente quando pagamentos efetivos são recebidos ou feitos. Por exemplo, se alguém deve 100 dólares por um trabalho que você realizou, este valor representa uma renda obtida. Se você desejasse gastar esses 100 dólares no supermercado, precisaria convencer o gerente a vender a crédito (você deveria o valor das compras) ou pagar com cartão de crédito. O fato é que, naquele momento, você tem renda de 100 dólares (sem caixa) e despesas de 100 dólares (ainda não pagas em caixa). Do mesmo modo, as vendas de um negócio não podem ser consideradas caixa, já que normalmente os compradores têm pelo menos 30 dias para realizar o pagamento. Além disso, nem todas as contas são pagas imediatamente. Assim como seu comprador tem pelo menos 30 dias para realizar o pagamento, você também provavelmente estaria na mesma situação com suas próprias compras. Essas compras a crédito, no entanto, ainda contam como despesas em seu demonstrativo financeiro.[3] Por outro lado, pagamentos para reduzir o principal em um empréstimo não constituem uma despesa da empresa, mas uma redução do caixa. Apenas os juros sobre o empréstimo seriam considerados uma despesa. A depreciação nos ativos de capital é uma despesa, o que reduz os lucros, e não um desembolso de caixa.

Para um empreendimento na Internet, como nossa empresa de artigos para presentes discutida anteriormente, a transação de vendas envolveria o uso de um cartão de crédito em que uma porcentagem da venda seria paga como taxa para a empresa do cartão. Essa taxa em geral situa-se entre 1 e 3%, dependendo do cartão de crédito. Assim, para cada venda, somente de 97 a 99% da receita seria líquida, devido à taxa.

TABELA 10.5 Demonstrativo de fluxos de caixa: o método indireto

Fluxo de caixa de atividades operacionais (+ ou − reflete adição ou subtração do lucro líquido)	
Lucro líquido	XXX
Ajustes no lucro líquido:	
Itens não operacionais não monetários	
+ depreciação e amortização	XXX
Caixa proveniente de mudanças nos atuais bens ou compromissos:	
Aumento (+) ou redução (−) em contas a receber	XXX
Aumento (+) ou redução (−) no estoque	XXX
Aumento (+) ou redução(−) em despesas pré-pagas	XXX
Aumento (+) ou redução (−) em contas a pagar	XXX
Caixa líquido proveniente de atividades operacionais	XX.XXX
Fluxo de caixa de outras atividades	
Despesas de capital (−)	(XXX)
Pagamentos de dívida (−)	(XXX)
Dividendos pagos (−)	(XXX)
Venda de ações (+)	XXX
Caixa líquido proveniente de outras atividades	(XXX)
Aumento (redução) em caixa	XXX

Como citado, um dos grandes problemas enfrentados pelos novos empreendimentos é o fluxo de caixa. Em muitas ocasiões, empresas lucrativas fracassam devido à falta de caixa. Assim, usar o lucro como medida do sucesso de um novo empreendimento pode ser ilusório se houver um fluxo de caixa negativo importante.

Para fins estritamente contábeis, há dois métodos-padrão para projetar o fluxo de caixa: o indireto e o direto. Destes, o mais popular é o indireto, ilustrado na Tabela 10.5. Nesse método, o objetivo não é repetir o que está no demonstrativo de resultados, mas compreender que há alguns ajustes que devem ser feitos no lucro líquido com base no fato de que o caixa real pode não ter sido efetivamente recebido ou desembolsado. Por exemplo, uma transação de venda no valor de mil dólares pode ser incluída na renda líquida, mas a quantia ainda não foi paga, de modo que nenhum caixa foi recebido. Assim, para fins de fluxo de caixa, não há caixa disponível resultante dessa transação de venda. Para simplificação e monitoramento interno do fluxo de caixa, muitos empreendedores preferem um cálculo simples do caixa que entra menos o caixa que sai. Esse método oferece uma indicação rápida da posição do caixa do novo empreendimento em determinado momento e, às vezes, é mais fácil entendê-lo.

É importante que o empreendedor faça projeções mensais de caixa, como as efetuadas mensalmente para os lucros. Os números nas projeções de fluxo de caixa são formados a partir do demonstrativo de resultados *pro forma*, com modificações para contabilizar o tempo previsto para as mudanças no caixa. Se os desembolsos são maiores do que os recebimentos em qualquer período, o empreendedor deve fazer um empréstimo ou ter recursos em uma conta bancária para cobrir os desembolsos mais altos. Grandes fluxos de caixa positivos, em qualquer período, talvez precisem ser investidos em fontes de curto prazo ou depositados em um banco para cobrir futuros períodos em que os desembolsos serão maiores do que os recebimentos. Em geral, os primeiros meses da empresa vão exigir capital externo (débito) para cobrir as saídas de caixa. À medida que o empreendimento progride e os recebimentos se acumulam, o empreendedor conseguirá suportar os períodos de capital negativo.

TABELA 10.6 MPP Plastics, Inc., fluxo de caixa *pro forma*, primeiro ano por mês (milhares de dólares)

	Jan	Fev	Mar	Abr	Mai	Junho	Julho	Ago	Set	Out	Nov	Dez
Recebimentos												
Vendas	12,0	27,2	41,6	61,2	82,0	96,0	100,0	100,0	88,0	80,0	104,0	126,0
Desembolsos												
Compra de equipamento	72,0	–	–	–	–	–	–	–	–	–	–	–
Custo dos produtos	8,0	14,8	22,4	37,6	43,0	49,0	50,0	50,0	42,0	40,0	56,0	60,0
Salários	23,2	23,2	26,2	26,2	26,2	26,2	26,2	26,2	26,2	26,2	26,2	26,2
Aluguel	2,0	2,0	2,0	2,0	2,0	2,0	2,0	2,0	2,0	2,0	2,0	2,0
Energia/água	0,9	0,9	0,9	0,8	0,8	0,8	0,9	0,9	0,9	0,8	0,8	0,9
Anúncios	13,5	13,5	17,0	17,0	17,0	17,0	14,0	14,0	14,0	21,0	17,0	17,0
Despesas de vendas	1,0	1,0	1,0	1,0	1,0	1,0	1,0	1,0	1,0	1,0	1,0	1,0
Seguro	2,0	2,0	2,0	2,0	2,0	2,0	2,0	2,0	2,0	2,0	2,0	2,0
Encargos sociais e outros impostos	2,1	2,1	2,5	2,5	2,5	2,5	2,5	2,5	2,5	2,5	2,5	2,5
Despesas de escritório	1,5	1,5	1,5	1,7	1,8	2,0	2,0	2,0	1,8	1,8	2,2	2,2
Estoque*	0,2	0,4	0,6	0,6	0,8	0,8	1,0	1,0	1,0	1,0	1,2	1,2
Total de desembolsos	126,4	61,4	76,1	91,4	97,1	103,3	101,6	101,6	93,4	98,3	110,9	115,0
Fluxo de caixa	(114,4)	(34,2)	(34,5)	(30,2)	(15,1)	(7,3)	(1,6)	(1,6)	(5,4)	(18,3)	(6,9)	11,0
Balanço inicial[†]	300,0	185,6	151,4	116,9	86,7	71,6	64,3	62,7	61,1	55,7	37,4	30,5
Balanço final	185,6	151,4	116,9	86,7	71,6	64,3	62,7	61,1	55,7	37,4	30,5	41,5

* Estoque avaliado ao custo ou média de US$ 2,00/unidade.
[†] Três fundadores investiram 100.000 dólares cada um em capital de giro, nos 3 primeiros anos. Após o terceiro ano, o empreendimento necessitará de financiamento ou de participações privadas para expansão.

SAIU NA *BUSINESS NEWS*

ACONSELHAR UM EMPREENDEDOR SOBRE COMO RESOLVER SEU PROBLEMA DE FLUXO DE CAIXA PARA MANTER SEU NEGÓCIO

A Hot & Cold Inc., fornecedora de materiais de encanamento e aquecimento no Vale de Shenandoah, no Estado americano da Virgínia, está com a corda no pescoço. Suas vendas cresceram junto com a bolha imobiliária, de 7 milhões de dólares para 14 milhões em quatro anos. À medida que a empresa se expandiu, no entanto, seus problemas se multiplicaram, e nem todas as vendas do mundo tapariam esses buracos. Com a recessão e os problemas administrativos, a receita começou a diminuir em mais de 2 milhões de dólares por ano.

Uma análise dos últimos cinco anos mostra que oportunidades desperdiçadas e má gestão financeira custaram 5 milhões de dólares em lucros. Por si só, as horas extras chegam a cerca de 250.000 dólares. Hoje, a Hot & Cold tem vendas de 6 milhões, com prejuízo acima de 1 milhão por ano. O banco está nervoso e quer cortar a linha de crédito. Os novos clientes, antes constantes, pararam de aparecer, e a vida dos três proprietários pode vir a sofrer. A galinha dos ovos de ouro virou frango assado.

Para manter a empresa viva, eles hipotecaram suas casas, estouraram seus cartões de crédito com juros absurdos e sacaram seus fundos 401(k). Os funcionários estão desmotivados e trabalhando distraídos, pois têm certeza de que logo estarão desempregados. O resultado é que os poucos clientes que sobraram estão infelizes e ameaçam procurar outros fornecedores.

SOLUÇÃO: CONTROLE, CONTROLE, CONTROLE

Os proprietários da Hot & Cold têm três opções: abandonar tudo e arruinarem suas finanças pessoais; torcer para que um cliente grande os salve e ajude a pagar suas dívidas enormes; ou assumir o controle do próprio negócio. Eles estão à beira da falência, mas ainda não é tarde demais.

Os três adquiriram a empresa da família que fundou a Hot & Cold, mas não têm treinamento gerencial. São engenheiros e empreiteiros trabalhadores e talentosos, com bastante conhecimento sobre como completar projetos de instalação e encanamento. Durante quase todas as suas carreiras, contudo, eles trabalharam para outras pessoas.

Primeiro, os três devem se reunir com o diretor de cada departamento e desenvolver um plano de adoção para o gerenciamento de caixa. Eles precisam dar instruções claras e insistir que as consequências de não obedecer as ordens serão terríveis. Faça as reuniões de departamento às 8 horas da manhã de segunda-feira, dê as ordens e reúna-se de novo às 6 da tarde de sexta-feira para descobrir o que foi ou não realizado. Todo o trabalho precisa ser monitorado microscopicamente do início ao fim.

Vai doer. A Hot & Cold precisa de uma reforma interna drástica, incluindo cortes profundos nos custos operacionais. Ser "morno" em nada vai adiantar. Pelo menos 20% dos 50 funcionários terão que ser demitidos. A empresa precisa levar a sério o trabalho de cobrar os clientes devedores, mesmo que seja preciso oferecer descontos ou aceitar pagamentos parciais apenas para receber algum caixa.

Também é recomendável que façam uma reunião presencial com seu gerente bancário. Se seguiram meus conselhos até aqui, poderão indicar as medidas de contenção de custos já implementadas e preservar sua linha de crédito.

CONSELHO PARA UM EMPREENDEDOR

Um amigo empreendedor leu este artigo e pediu a você alguns conselhos:

1. A média de minhas contas a receber é de 75 dias. Preciso me preocupar com o efeito em meu fluxo de caixa?
2. O que posso fazer para acelerar os pagamentos de minhas faturas?
3. Meu negócio é rentável, mas parece que sempre fico sem dinheiro no final do mês. Por que isso acontece?

Fonte: Reimpresso com permissão de George Cloutier with Samantha Marshall, "Solve Your Cash-Flow Problem to Stay in Business," *Businessweek*. July 24, 2009.

A Tabela 10.6 demonstra o *fluxo de caixa pro forma* dos 12 primeiros meses da MPP Plastics. Como constatamos, há um fluxo de caixa negativo, com base nos recebimentos menos os desembolsos, nos primeiros onze meses de operação. A probabilidade de ocorrerem fluxos de caixa negativos é muito alta para qualquer empreendimento, mas as quantias e o tempo ocorrido antes de o fluxo de caixa se tornar positivo variam, dependendo da natureza do negócio. O Capítulo 13 abordará como o empreendedor pode administrar o fluxo de caixa nos primeiros anos de um novo empreendimento. Neste capítulo, vamos focalizar o modo de projetar o fluxo de caixa antes de o empreendimento ser lançado.

fluxo de caixa *pro forma*
Caixa disponível projetado, calculado a partir das acumulações de caixa projetadas menos os desembolsos de caixa projetados

O problema mais difícil ao projetar fluxos de caixa é o cálculo dos recebimentos e desembolsos mensais exatos. São necessárias algumas suposições, e elas devem ser razoáveis, de modo que possam ser mantidos fundos suficientes para cobrir os meses de capital negativo. Nessa empresa, estima-se que 60% das vendas de cada mês serão recebidos à vista, com os 40% restantes a serem pagos no mês subsequente. Dessa forma, em fevereiro, as entradas de caixa procedentes de vendas totalizaram 27.200 dólares. Esse montante resultou das vendas à vista em fevereiro, de 60% de 32.000 dólares, ou 19.200 dólares, mais 40% das vendas ocorridas em janeiro (0,40 × 20.000 = 8.000), mas que não foram pagas até fevereiro, resultando, então, em um caixa total recebido em fevereiro de 27.200 dólares. Esse processo continua pelos meses restantes do ano 1.

São efetuadas suposições semelhantes para o desembolso do custo das mercadorias. Em nosso exemplo, presume-se que 80% do custo das mercadorias são pagos no mês em que ocorrem, com o restante pago no mês seguinte. Assim, voltando à Tabela 10.3, em fevereiro, o custo real das mercadorias foi de 16.000 dólares. Contudo, pagamos na realidade apenas 80% desse valor no mês da incidência — mas também pagamos 20% do custo das mercadorias vendidas, ainda devido em janeiro. Portanto, o real fluxo de saída de caixa relativo ao custo das mercadorias em fevereiro é de 0,8 × 16.000 + 0,2 × 10.000, ou um total de 14.800 dólares.

Com estimativas razoáveis, os fluxos de caixa podem ser determinados para cada mês. Esses fluxos de caixa também vão auxiliar o empreendedor a calcular os valores que ele tomará emprestado para atender às demandas do empreendimento. Em nosso exemplo, o empreendimento começa com um total de 300 mil dólares, ou 100 mil para cada um dos três fundadores. Observe que, no décimo segundo mês, o empreendimento começará a apresentar um fluxo de caixa positivo a partir das operações, ainda deixando um caixa suficiente disponível (41.500 dólares) se as projeções resultarem abaixo das expectativas. Se os empreendedores em nosso exemplo tivessem que usar o empréstimo para a empresa, deveriam comprovar os pagamentos dos juros no demonstrativo de resultados como uma despesa operacional e indicar os pagamentos do principal ao banco como um desembolso de caixa, não como uma despesa operacional. Normalmente, esse aspecto gera problemas de fluxo de caixa para os empreendedores quando eles não percebem que a dívida é apenas um desembolso de caixa e que os juros são despesas operacionais.

É muito importante que o empreendedor lembre que o fluxo de caixa *pro forma*, como o demonstrativo de resultados, baseia-se nas melhores estimativas. No caso de um empreendimento novato em uma economia em crise, talvez seja necessário revisar as projeções de fluxo de caixa para garantir que sua precisão proteja a empresa contra qualquer eventualidade negativa. As estimativas ou projeções devem incluir quaisquer pressupostos, de modo que os investidores em potencial entendam como e de onde os números se originaram.[4]

Tanto no caso do demonstrativo de resultados *pro forma* quanto no do fluxo de caixa *pro forma*, às vezes é útil oferecer vários cenários, cada um baseado em diferentes níveis de sucesso da empresa. Esses cenários e projeções servem não só para fins de geração de demonstrativo de resultados e fluxo de caixa *pro forma*, mas, o que é mais importante, para que o empreendedor conheça os fatores que afetam as operações.

BALANÇO PATRIMONIAL *PRO FORMA*

O empreendedor também deve preparar uma projeção do balanço patrimonial descrevendo as condições da empresa ao final do primeiro ano. Esse balanço exigirá o uso de demonstrativos de resultados e de fluxos de caixa *pro forma* para auxiliar a justificar alguns números.[5]

balanço patrimonial *pro forma*
Sintetiza os ativos projetados, os passivos e o valor líquido do novo empreendimento

O *balanço patrimonial pro forma* expressa a posição da empresa ao final do primeiro ano e sintetiza os ativos, os passivos e o valor líquido do empreendimento. Em outras palavras, ele informa ao empreendedor uma medida da solvência da empresa. Por exemplo, uma análise de índices do ativo circulante (aqueles que se espera converter em caixa durante o próximo ano) em relação ao passivo circulante (aqueles que devem ser pagos durante o ano corrente) indica a

TABELA 10.7 MPP Plastics, Inc., balanço patrimonial *pro forma*, final do primeiro ano (milhares de dólares)

Ativos		
Ativos circulantes		
Caixa	$41,5	
Contas a receber	52,0	
Estoque	1,2	
Total dos ativos circulantes		$ 94,7
Ativo imobilizado		
Equipamento	72,0	
Menos depreciação	14,4	
Total do ativo imobilizado		57,6
Total dos ativos		$152,3
Passivos e patrimônio líquido		
Passivo circulante		
Contas a pagar	$13,0	
Total dos passivos		$ 13,0
Patrimônio líquido		
K. Peters	100,0	
C. Peters	100,0	
J. Welch	100,0	
Lucros retidos	(160,7)	
Total do patrimônio líquido		139,3
Total do passivo e do patrimônio líquido		$152,3

capacidade da empresa de pagar suas contas. Um índice menor que 1:1 indicaria que a empresa precisa de uma injeção de caixa para cumprir suas obrigações atuais.

Toda transação comercial afeta o balanço patrimonial, mas devido ao tempo, às despesas e à necessidade, é comum que os balanços patrimoniais sejam elaborados em intervalos regulares (por exemplo, trimestral ou anualmente). Assim, o balanço patrimonial é um quadro da empresa em determinado momento e não cobre um período de tempo.

A Tabela 10.7 apresenta o balanço patrimonial da MPP Plastics. De acordo com ele, os bens totais igualam-se à soma dos passivos com o patrimônio líquido. Cada uma das categorias é explicada a seguir:

- *Ativos*. Representam tudo de valor que é de propriedade da empresa. O valor não implica necessariamente o custo de reposição ou seu preço de mercado; é o custo real ou a quantia gasta com o ativo. Os ativos são classificados como circulantes ou imobilizados. Os ativos circulantes incluem o caixa ou qualquer outra coisa que possa ser convertida em caixa ou consumida na operação da empresa durante um período de um ano ou menos. O ativo imobilizado é tangível e será usado por um longo período de tempo. Os ativos circulantes com frequência são dominados pelas contas a receber, ou dinheiro que é devido ao novo empreendimento pelos clientes. A administração dessas contas a receber é importante para o fluxo de caixa da empresa, uma vez que quanto mais tempo demorar para que os clientes paguem suas contas, mais pressão será colocada sobre as necessidades de caixa do empreendimento. No Capítulo 13 será apresentada uma discussão mais detalhada sobre a administração das contas a receber.

ativos
Itens pertencentes a uma entidade física ou jurídica ou disponíveis para uso nas operações do empreendimento

- *Passivos*. Essas contas representam tudo o que é devido a credores. Algumas dessas quantias devem ser pagas dentro de um ano (passivos circulantes); outras, poderão ser dívidas de longo prazo. Não há passivo de longo prazo em nosso exemplo da MPP Plastics porque o empreendimento usou recursos dos fundadores para iniciar o negócio. Contudo, se os empreendedores precisassem tomar dinheiro emprestado em um banco para uma

passivos
Dinheiro devido a credores

futura compra de equipamentos ou para capital extra de crescimento, o balanço apresentaria passivos de longo prazo na forma de uma duplicata (nota promissória) a pagar com o mesmo valor do principal tomado emprestado. Como discutido anteriormente, quaisquer juros incidentes sobre essa nota constariam como uma despesa no demonstrativo de resultados, e o pagamento do principal apareceria no demonstrativo do fluxo de caixa. Os balanços patrimoniais de final de ano subsequentes incluiriam apenas o valor restante do principal devido na nota a ser paga. Embora o pagamento imediato do que é devido (contas a pagar) estabeleça bons índices de crédito e uma boa relação com os fornecedores, frequentemente é necessário atrasar os pagamentos de contas a fim de administrar com mais eficiência o fluxo de caixa. Qualquer proprietário de um negócio quer que as contas sejam pagas em dia pelos fornecedores, de modo que ele consiga pagar suas contas também em dia. Infelizmente, durante as recessões, muitas empresas seguram o pagamento de suas dívidas para melhor administrar o fluxo de caixa. O problema dessa estratégia é que, enquanto o empreendedor talvez pense que diminuir o pagamento de suas contas vai gerar um melhor fluxo de caixa, ele também descobrirá que seus clientes estão pensando a mesma coisa, o que não trará vantagens para ninguém. No Capítulo 13, há uma discussão mais aprofundada sobre essa questão.

patrimônio líquido
Quantia que os proprietários investiram e/ou retiveram das operações do empreendimento

- *Patrimônio líquido.* Essa quantia indica o excesso de todos os ativos em relação aos passivos; representa o valor líquido do negócio. Os 300 mil dólares investidos na empresa pelos três empreendedores da MPP Plastics estão incluídos no patrimônio líquido do proprietário ou na seção de valor líquido do balanço patrimonial. Qualquer lucro do negócio também será incluído no valor líquido, como lucros retidos. No exemplo da MPP Plastics, o ganho retido é negativo, com base na perda líquida incorrida no ano 1. Assim, toda a receita aumenta os ativos e o patrimônio líquido, e todas as despesas diminuem o patrimônio líquido e tanto aumentam os passivos quanto reduzem os ativos.

ANÁLISE DO PONTO DE EQUILÍBRIO

Nos estágios iniciais do novo empreendimento, convém que o empreendedor saiba quando poderá obter lucro. Isso possibilitará uma melhor compreensão do potencial financeiro do empreendimento que inicia. A análise do ponto de equilíbrio é uma técnica útil para determinar quantas unidades devem ser vendidas ou qual é o volume de vendas que tem de ser atingido de forma que este ponto seja alcançado.

Já sabemos, a partir das projeções na Tabela 10.3, que a MPP Plastics começará a obter lucros no décimo primeiro mês. No entanto, esse não é o ponto de equilíbrio, já que a empresa tem obrigações para o restante do ano que devem ser cumpridas, não importando o número de unidades vendidas. Essas obrigações, ou custos fixos, devem ser cobertas pelo volume de vendas a fim de que a empresa atinja o ponto de equilíbrio. Assim, o *ponto de equilíbrio* é o volume de vendas em que a empresa não tem lucros nem perdas.

ponto de equilíbrio
Volume de vendas em que o empreendimento não tem lucros nem perdas

O ponto de equilíbrio das vendas indica para o empreendedor o volume de vendas necessário para cobrir o total das despesas variáveis e fixas. As vendas que ultrapassam o ponto de equilíbrio resultarão em lucro desde que o preço de venda permaneça acima dos custos necessários para produzir cada unidade (custo variável).[6]

A fórmula do ponto de equilíbrio é calculada na Tabela 10.8 e dada como:

$$P/E(Q) = \frac{CFT}{PV - CV/\text{Unidade (contribuição marginal)}}$$

onde $P/E(Q)$ = quantidade do ponto de equilíbrio
CFT = custos fixos totais
PV = preço de venda
$CV/\text{Unidade}$ = custo variável por unidade

TABELA 10.8 Determinação da fórmula do ponto de equilíbrio

Por definição, o ponto de equilíbrio é: onde a Receita Total (RT)	= Custo Total (CT)
Também por definição:	
(RT)	= Preço de Venda (PV) × Quantidade (Q)
e (CT)	= Custos Fixos Totais (CFT)* + Custos Variáveis Totais (CVT)†
Assim: PV × Q = CFT + CVT	
Onde CVT	= Custos Variáveis/Unidade (CV/Unidade)‡ × Quantidade (Q)
Assim PV × Q = CFT + (CV/Unidade × Q)	
(SP × Q) − (CV/Unidade × Q)	= CFT
Q (PV − CV/Unidade)	= CFT
Finalmente, o ponto de equilíbrio (Q)	$= \dfrac{CFT}{PV - CV/Unidade}$

* Custos fixos são aqueles que, sem variação na atual capacidade produtiva, não são afetados por mudanças no volume de produção.
† Custos variáveis são aqueles afetados no total por mudanças no volume de produção.
‡ O custo variável por unidade é o conjunto de todos os custos atribuíveis à produção de uma unidade. Esse custo é constante dentro de variações definidas de produção.

Desde que o preço de venda seja maior que os custos variáveis por unidade, alguma contribuição pode ser feita para cobrir os custos fixos. Em algum momento, essas contribuições serão suficientes para pagar todos os custos fixos quando a empresa tiver alcançado o ponto de equilíbrio.

A grande vulnerabilidade no cálculo do ponto do equilíbrio está em determinar se um custo é fixo ou variável. Para novos empreendimentos, essas determinações exigem que o empreendedor faça avaliações subjetivas. Entretanto, é razoável esperar que custos como depreciação, pagamentos e salários, aluguel e seguros sejam fixos. Matérias-primas, despesas de vendas (como comissões) e mão de obra direta provavelmente serão custos variáveis. Os custos variáveis por unidade geralmente podem ser determinados tendo-se em vista a mão de obra direta, as matérias-primas e outras despesas envolvidas na produção de uma única unidade.

No exemplo da MPP Plastics, o empreendimento produz moldes de plástico para o setor de brinquedos e para fabricantes de aparelhos domésticos e produtos inflexíveis. Como a empresa provavelmente esteja vendendo um grande volume dessas peças a preços variáveis, é necessário fazer uma pressuposição para o preço médio de venda com base na produção e na receita de vendas. Os empreendedores calculam que o preço médio de venda de todos esses componentes é de $ 4,00/unidade. De acordo com o demonstrativo de resultados *pro forma* (Tabela 10.4), os custos fixos no ano 1 são $636.300,00. Também sabemos que o custo das mercadorias vendidas é de 50% da receita de venda, de modo que pressupomos um custo variável por unidade de $2,00. Usando esses cálculos, determinamos o ponto de equilíbrio (P/E) do empreendimento em unidades da seguinte maneira:

$$P/E = \frac{CFT}{PV - CV/\text{Unidade}}$$

$$= \frac{\$636.300}{\$4,00 - \$2,00}$$

$$= \frac{\$636.300}{\$2,00}$$

$$= 318.150 \text{ unidades}$$

Qualquer unidade além das 318.150 vendidas pela empresa resultará em um lucro de 2 dólares por unidade. As vendas abaixo desse número resultarão em uma perda para a empresa. Nos casos em que a empresa fabrica mais de um produto e em que é viável atribuir custos fixos a cada produto, o ponto de equilíbrio pode ser calculado para cada produto. Os custos fixos são determinados ponderando os custos como uma função das projeções de vendas para cada produto. Por exemplo, se supomos que 40% das vendas são do produto X, 40% dos custos fixos seriam atribuídos a esse produto.

No exemplo da MPP Plastics, o grande número de produtos diferentes e o tamanho dos lotes das compras dos clientes impedem o cálculo do ponto de equilíbrio de qualquer produto individual. Nesse caso, estimamos o preço médio de venda de todos os componentes para uso em nossos cálculos.

Um dos aspectos peculiares do ponto de equilíbrio é a possibilidade de ele ser representado graficamente, como na Figura 10.1. Além disso, o empreendedor pode testar diferentes estados de natureza (por exemplo, preços diferentes de venda, custos fixos diferentes e/ou custos variáveis) para verificar o impacto sobre o ponto de equilíbrio e os lucros subsequentes.

ORIGENS E APLICAÇÕES DE RECURSOS *PRO FORMA*

origens e aplicações de recursos *pro forma*
Resume todas as origens projetadas de recursos disponíveis para o empreendimento e como esses recursos serão desembolsados

O demonstrativo de *origem e aplicação de recursos pro forma* ilustra a disposição dos lucros advindos das operações e de outros financiamentos. Seu objetivo é mostrar como o lucro líquido e o financiamento foram usados para aumentar os ativos ou pagar as dívidas.

Muitas vezes é difícil para o empreendedor entender como o lucro líquido para o ano foi utilizado e qual é o efeito do movimento do caixa sobre o negócio. Eis algumas perguntas feitas com frequência: De onde veio o dinheiro? Como foi usado? O que aconteceu com os ativos durante o período?

A Tabela 10.9 mostra as origens e aplicações de recursos *pro forma* para a MPP Plastics depois do primeiro ano de operação. Muitos dos fundos foram obtidos de reservas pessoais ou de empréstimos. Como no final do primeiro ano houve lucro, este também é adicionado às

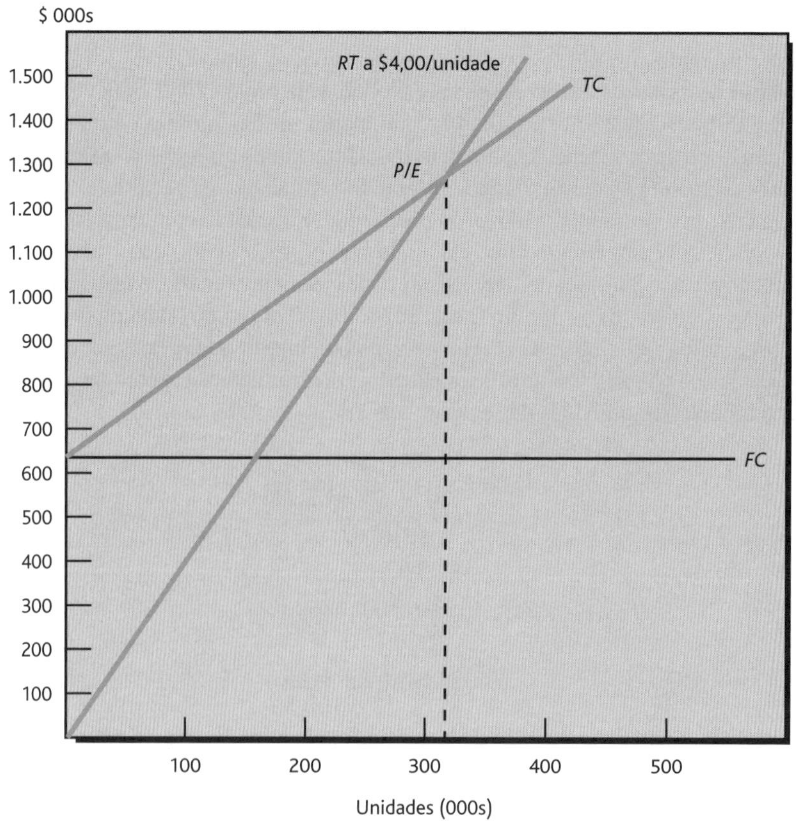

FIGURA 10.1 Ilustração gráfica do ponto de equilíbrio.

SAIU NA *BUSINESS NEWS*

UMA BREVE APRESENTAÇÃO DA BROADCASTR.COM

Como investidor em potencial, você está sempre em busca de novos empreendimentos que podem valer a pena. Você lê diversos artigos sobre um novo aplicativo para seu iPhone ou Android que parece interessante. Depois de ler a descrição a seguir, você consulta um amigo que também é investidor privado para debater esse novo negócio. Quais seriam as principais questões discutidas nessa reunião? Se estivesse no lugar desses investidores, o que decidiria?

A Broadcastr.com é um novo aplicativo que permite criar e compartilhar experiências ou histórias de áudio e vídeo sobre lugares que você considera importantes ou significativos. Sediada na cidade de Nova York, a empresa possui quatro funcionários permanentes e seis *freelancers* e estagiários. Andy Hunter e Scott Lindenbaum, seus cofundadores, lançaram o *site beta* em março de 2011, com o objetivo de transmitir histórias interessantes em tecnologias móveis geolocalizadas. Funciona assim: o usuário que deseja contar um evento significativo, como uma visita a um local histórico, uma refeição em um restaurante diferente ou mesmo apenas um caso engraçado, pode gravar um relato de sua experiência com seu iPhone ou Android. O *site* também terá essa opção no futuro próximo. Por ora, o número de histórias tem aumentado em 25% por mês. A empresa recentemente formou uma parceria com a editora Simon & Schuster para oferecer oito excertos exclusivos do audiolivro *The Great Bridge*, de David McCullough, escritor vencedor do Prêmio Pulitzer. Os usuários acessam o aplicativo gratuito que oferece essas passagens e o resultado final é um passeio guiado de meia hora pela ponte.

Uma questão crucial é como a empresa vai gerar receita. Várias maneiras de gerar receita estão sendo consideradas, como conteúdo patrocinado e parcerias. Por exemplo, a empresa firmou uma parceria com a Fodor's, oferecendo conteúdo de guias relativos a viagem, alimentação e pontos turísticos. Assim, os usuários podem comprar parte do conteúdo *premium* enquanto viajam. A empresa também planeja colocar mais anúncios em seus serviços, todos limitados a menos de 30 segundos. A receita também será gerada por organizações que desejam veicular conteúdo *premium* no *site*. No início de 2012, 12.000 histórias já haviam sido enviadas ao *site*. Cerca de 20% delas foram originadas por algum dos diversos parceiros da empresa.

Fontes: Ver Ericka Chickowski, "A Spoken-Word GPS," *Entrepreneur* (January 2012), p. 42; Katherine Boehret, "Find a Story to Hear Wherever It May Be," *The Wall Street Journal Online*, March 2, 2011; e www.broadcastr.com.

---

fontes de recursos. A depreciação é acrescentada de novo porque não representa um desembolso. Assim, fontes comuns de recursos são operações, novos investimentos, empréstimos de longo prazo e venda de ativos. Os principais usos ou aplicações de recursos são o aumento dos ativos, a retirada de circulação de passivos de longo prazo, a redução do capital próprio ou do patrimônio líquido e o pagamento de dividendos. O demonstrativo de origens e aplicações de recursos enfatiza a inter-relação desses itens com o capital de giro. Esse demonstrativo ajuda o empreendedor, bem como os investidores, a compreender melhor a saúde financeira da empresa e a eficiência de suas políticas de gestão financeira.

TABELA 10.9 MPP Plastics, Inc., origens e aplicações de recursos *pro forma*, final do primeiro ano

Origens de recursos		
Recursos pessoais dos fundadores	$ 300.000	
Renda líquida (perda) de operações	(151.300)	
Acréscimo de depreciação	14.400	
Total de recursos providos		$ 163.100
Aplicações de recursos		
Compra de equipamentos	$ 72.000	
Estoque	1.200	
Total de recursos gastos		73.200
Aumento líquido no capital de giro		89.900
		$ 163.100

PACOTES DE SOFTWARE

Há uma série de pacotes de software financeiro disponíveis para o empreendedor, possibilitando o mapeamento de dados financeiros e a geração de qualquer demonstrativo financeiro importante. Para fins de preenchimento dos demonstrativos *pro forma*, pelo menos no estágio de planejamento da empresa, provavelmente é mais fácil usar um programa de planilhas, já que os números mudarão com frequência quando o empreendedor começar a desenvolver orçamentos para os demonstrativos *pro forma*. O Microsoft Excel é o software de planilhas mais usado e é relativamente simples de manipular.

Uma planilha deve ser usada na fase inicial para projeções financeiras simplesmente visando a apresentar cenários diferentes e a avaliar seu impacto sobre os demonstrativos *pro forma*. Ela ajuda a responder a perguntas como: qual seria o efeito de uma redução de preço de 10% sobre meu demonstrativo de resultados *pro forma*? Qual seria o impacto de um aumento de 10% nas despesas operacionais? Como o *leasing* ou a compra de equipamentos afetaria meu fluxo de caixa? Esse tipo de análise, empregando o software de planilha eletrônica, proporcionará uma rápida avaliação das prováveis projeções financeiras em diferentes cenários.

Recomenda-se no estágio inicial, quando o empreendimento é muito pequeno e com limitação de tempo e recursos, que o software escolhido seja muito simples e fácil de usar. O empreendedor precisará de software para manter os lançamentos contábeis e gerar demonstrativos financeiros. A maioria desses pacotes de software permite o preenchimento de cheques, folha de pagamento, faturas, gestão de estoques, pagamento de contas, administração de crédito e impostos.

Os pacotes de software variam de preço e complexidade. Alguns funcionam via Web e podem ser acessados a custos baixos ou gratuitamente, dependendo das necessidades específicas do usuário. Um dos pacotes de software de contabilidade para pequenas empresas mais simples, e provavelmente o mais usado, é o Quickbooks, da Intuit. A edição completa custa cerca de 349 dólares no primeiro ano e 299 dólares em cada ano subsequente. Você também pode pagar por mês (79 dólares no primeiro mês, mais 39 dólares por mês subsequente). O Peachtree (Sage Software) e o AccountEdge (Acclivity) são bons concorrentes do Quickbooks, a um custo de 349 e 299 dólares, respectivamente, dependendo das necessidades do usuário.[7]

REVISÃO

RESUMO

Várias técnicas de projeção financeira foram discutidas neste capítulo. Um exemplo fictício de novo empreendimento (MPP Plastics) foi usado para ilustrar como preparar cada demonstrativo *pro forma*. Cada um dos instrumentos de planejamento propõe-se a oferecer ao empreendedor uma visão clara de onde os recursos provêm e de como são desembolsados, da quantidade de caixa disponível e da saúde financeira geral do novo empreendimento.

O demonstrativo de resultados *pro forma* oferece uma estimativa das vendas no primeiro ano (com base mensal) e projeta as despesas operacionais a cada mês. Essas estimativas são determinadas a partir de orçamentos adequados, embasados nas projeções e nos objetivos do plano de marketing.

Fluxo de caixa não é igual a lucro. Ele reflete a diferença entre o caixa realmente recebido e o desembolso de caixa. Alguns desembolsos de caixa não são despesas operacionais (por exemplo, restituição do principal de um empréstimo); do mesmo modo, algumas despesas operacionais não são desembolsos de caixa (por exemplo, a despesa de depreciação). Muitos empreendimentos novos fracassam devido à falta de caixa, mesmo quando são lucrativos.

O balanço patrimonial *pro forma* reflete a situação da empresa ao final de um período específico, e sintetiza os ativos, os passivos e o valor líquido da empresa.

O ponto de equilíbrio pode ser determinado a partir da projeção de rendimentos. Ele calcula o ponto em que a receita total se iguala ao custo total.

O demonstrativo de origem e aplicação de recursos *pro forma* auxilia o empreendedor a compreender como a receita líquida para o ano foi gasta e qual é o efeito do movimento de caixa na empresa. Ele enfatiza a inter-relação entre ativos e passivos e entre o capital próprio dos acionistas e o capital de giro.

Estão disponíveis pacotes de software para ajudar o empreendedor em atividades como contabilidade, folhas de pagamento, estoque (inventário), faturamento e outras tarefas. Hoje em dia, o empreendedor tem muitas opções, incluindo serviços contábeis via Web que variam de gratuitos àqueles que cobram uma mensalidade nominal, dependendo das necessidades financeiras da empresa. Mesmo os pacotes de software mais sofisticados variam com relação ao que oferecem, de modo que o empreendedor deve avaliá-los com cuidado e obter auxílio em sua seleção, caso seja necessário.

ATIVIDADES DE PESQUISA

1. Entre na Internet e identifique alguns dos novos pacotes de software financeiro via Web. Quais são suas diferenças? Quais são as vantagens de aplicativos como Quickbooks, Peachtree ou AccountEdge em relação a esses serviços via Web?

2. As empresas que pretendem fazer uma oferta pública inicial (IPO), ou seja, abertura de capital, devem submeter um plano financeiro como parte de seu prospecto. Obtenha na Internet um prospecto de duas empresas e analise seus planos financeiros. Quais foram as principais pressuposições feitas ao construir esses planos financeiros? Compare o conteúdo desses planos com o que esperaríamos de um plano financeiro como parte de um plano de negócio.

3. Um empreendimento iniciante tem vendas de 20.000 dólares em seus primeiros três meses, mas não possui fundos em sua conta-corrente para cobrir a folha de pagamento. Como você explica esse fato? O que o proprietário poderia fazer para avaliar essa situação e melhorá-la de modo a cumprir suas obrigações financeiras?

DISCUSSÃO EM AULA

1. É mais importante para o empreendedor rastrear o caixa ou os lucros? Isso depende do tipo de empresa e/ou do setor? Que problemas o empreendedor enfrentará se rastrear apenas os lucros e ignorar o caixa? Que problemas o empreendedor enfrentará se rastrear apenas o caixa e ignorar os lucros?

2. Que volume de vendas é necessário para atingir o ponto de equilíbrio na seguinte empresa: o custo variável da produção de uma unidade do produto é de $5, os custos fixos da fábrica e de mão de obra são de $500.000 e o preço de venda de um único produto é de $50. Nem sempre é fácil classificar um custo como fixo ou variável. O que acontecerá com esse ponto de equilíbrio calculado se alguns dos custos fixos forem reclassificados como custos variáveis? E se acontecer o contrário – se alguns dos custos variáveis forem reclassificados como custos fixos?

3. Qual é a utilidade de um plano financeiro quando nos baseamos em premissas do futuro e temos certeza de que essas pressuposições não serão 100% corretas? Para o empreendedor, faz mais sentido avaliar e modificar planos financeiros mensalmente ou esperar os resultados de relatórios trimestrais? Por quê?

NOTAS

1. Ver Sara Wilson, "Build a Billion-Dollar Business," *Entrepreneur* (March 2009), pp. 45–47; Jeffrey M. O'Brien, "Zappos Knows How to Kick It," *Fortune* (February 2009), pp. 54–60; David Moin, "Q & A: Tony Hsieh," *Women's Wear Daily*, June 4, 2010, p. 14; e Max Chafkin, "Why I Sold Zappos," *INC* (June 2010), pp. 100–4.
2. J. Chris Leach and Ronald W. Melicher, *Entrepreneurial Finance*, 4th ed. (Mason, OH: South-Western Cengage Learning, 2012), pp. 126–28.
3. Kate Lister, "Go with the Flow," *Entrepreneur* (May 2011), pp. 88–89.
4. Steven Rogers, *Entrepreneurial Finance*, 2nd ed. (New York: McGraw-Hill/Irwin, 2009), pp. 97–101.
5. Ibid., pp. 92–97.
6. Roger Kerin, Steven Hartley, and William Rudelius, *Marketing*, 10th ed. (New York: McGraw-Hill/Irwin, 2011), pp. 336–40.
7. Ver Jeffrey Wilson, "The Best Free Small Business Software," www.pcmag.com, March 24, 2011; Venessa Wong, "The Battle for Accounting Software," www.BusinessWeek.com, October 22, 2010; e Jonathan Blum, "Books Smart," *Entrepreneur* (August 2011), pp. 41–42.

IV
DO PLANO DE NEGÓCIO AO FINANCIAMENTO DO NEGÓCIO

Capítulo 11
Fontes de capital

Capítulo 12
Capital de risco informal, capital de risco formal e abertura de capital

11

FONTES DE CAPITAL

OBJETIVOS DE APRENDIZAGEM

▶ Identificar os tipos de linhas de crédito disponíveis.

▶ Compreender o papel dos bancos comerciais no financiamento de novos empreendimentos, os tipos de linhas de crédito disponíveis e as decisões de empréstimos bancários.

▶ Discutir as linhas de crédito da Small Business Administration (SBA).

▶ Compreender os aspectos das sociedades com participação limitada em pesquisa e desenvolvimento.

▶ Discutir as formas públicas de financiamento, em especial os subsídios para a pesquisa relacionada à inovação em pequenas empresas.

▶ Compreender o papel dos investidores privados como fonte de recursos.

PERFIL DE ABERTURA

Scott B. Walker – www.epic-aviation.com

Algumas pessoas já nascem empreendedoras, outras se desenvolvem pela determinação, energia e força de vontade. Scott Walker pertence ao segundo tipo, construindo um currículo próprio de aprendizagem contínua quando cria oportunidades e assume riscos.

Walker, como filho de um integrante da Força Aérea, viu sua família ser destacada para prestar serviços pelo país ao longo de toda a sua infância. Esse treinamento, inclusive as seis escolas primárias e as três escolas secundárias em três Estados, permitiu que ele se adaptasse bem a todo lugar, se relacionasse com tipos diferentes de pessoas e fosse autossuficiente.

Após graduar-se pela Utah State University, em 1977, Walker escolheu uma escola de pós-graduação para iniciar sua carreira como empreendedor. A Thunderbird School of Global Management propiciou um ambiente para aprender como uma ideia interessante poderia se transformar em um negócio – e como expor essa ideia para o mundo mais abrangente representado por estudantes e professores de todo o planeta. Walker finalizou seu MBA em 1981.

O mundo bancário e suas atividades em fusões e aquisições foi o primeiro estágio profissional de Walker. Sediado em Dallas, ele centralizou a maioria de seus esforços no setor de óleo e gás, trabalhando, inclusive, com T. Boone Pickens e sua Mesa Petroleum Co.

Após alguns anos de atividades no setor bancário, com empresas como Lloyd's Bank e GE Capital, Walker observou que muitas pessoas respeitadas nesse setor estavam começando a trabalhar com empreendimentos mais arriscados, mais estimulantes e menos tradicionais. Ele gostava da ideia, então procurou um empreendedor estabelecido que pudesse lhe ensinar o básico. Essa pessoa foi William Conley, amigo e empreendedor bem-sucedido que estava iniciando uma empresa de infraestrutura de *backbone** para Internet, a fim de fornecer pontos de presença na Internet, ou POPs. Walker se tornou o segundo empregado e CFO da nova empresa de tecnologia em 1995. Após um ano de trabalho árduo com contracheques de menos, a empresa foi vendida para a GTE, mas atualmente permanece como uma parte do *backbone* na Internet.

Após esse primeiro gostinho de assumir riscos, Walker voltou ao mundo corporativo como CFO da Precept Business Services, uma empresa de 200 milhões de dólares. Quando encontrou Conley novamente em 1998, Walker estava preparado para um novo desafio, o estabelecimento de uma entidade de auxílio organizacional sem fins lucrativos. Essa empresa, a one2one Learning Foundation, oferecia currículos individualizados para crianças que não estavam matriculadas em escolas públicas ou privadas tradicionais.

No início de 1999, Walker se tornou CEO da TelePay, uma empresa que oferece a grandes cobradores constantes uma maneira de permitir que os consumidores paguem suas contas por um serviço telefônico automatizado chamado unidade de resposta audível, ou URA (a tecnologia "tecle 1 para...") com cartões de crédito, cartões de débito, câmaras de compensação automatizadas ou cheques eletrônicos. A empresa tinha apenas quatro funcionários, mas clientes bastante fiéis, apesar de diversos problemas técnicos recorrentes. O primeiro passo de Walker foi reconstruir totalmente o sistema, com uma única plataforma de software que poderia ser expandida de 1.000 transações para 10 milhões. Seu segundo passo foi contratar um executivo de vendas sênior que alavancasse a fidelidade dos clientes atuais para identificar referências de novas oportunidades.

Após atribuir um novo nome à empresa, BillMatrix Corporation, a equipe começou a desenvolver uma imensa lista de clientes. Walker formou a equipe executiva sênior, incluindo um COO (diretor executivo de operações), um CFO e a equipe de atendimento a clientes e consumidores. A empresa apresentou um fluxo de caixa positivo desde o primeiro mês de Walker, e a receita aumentou mais de 100% ano após ano. Com esse fluxo de caixa, a empresa não necessitava de capital de risco para se expandir, mantendo, assim, o controle majoritário e todos os processos de tomada de decisão nas mãos dos principais executivos. A empresa continuou a crescer e adicionar novas tecnologias, alcançando 300 funcionários em 2005.

Em 2005, o setor de pagamentos eletrônicos era uma área de sucesso, e o momento era ideal para maximizar o valor de uma aquisição. Walker comandou a empresa em um processo de aquisição com inúmeras de partes interessadas. A transação resultante foi a aquisição da BillMatrix pela Fiserv, Inc. (NASDAQ: FISV), de Brookfield, Wisconsin, por 350 milhões de dólares, em agosto de 2005. Essa foi a segunda maior aquisição, em termos financeiros, realizada pela Fiserv que, basicamente por meio de aquisições, tem se transformado em uma empresa de 3,4 bilhões de dólares com mais de 16.000 clientes no mundo todo e 22.000 empregados.

No início de 2006, em uma reunião com seu velho amigo Jim Tehan, Walker escutou Jim reclamar sobre todos os problemas com as embaladoras terceirizadas. Jim era dono da Aloe Gator, uma linha de protetores solares. Tehan decidiu adquirir uma embaladora terceirizada existente. Os dois tentaram comprar a Nature's Formula (receita de mais de 16 milhões de dólares), uma das maiores operações no Norte do Texas. O maior cliente da empresa era a Victoria's Secret (um contrato de 12 milhões). Quando o acordo não se concretizou, Walker e três outros indivíduos decidiram criar uma nova embaladora terceirizada do zero. Em novem-

---

* N. de T.: Em redes de computadores, *backbone* é a infraestrutura física central da Internet, a rede principal que conecta redes menores à Web.

bro, eles alugaram um espaço de armazenamento vazio de cerca de 8.500 m². Foram construídos escritórios, espaços de mecânica e produção e um armazém. A empresa, a ProCore Laboratories, começou a funcionar no início de março de 2007, e seu primeiro lote oficial de produtos foi completado no início de abril. Em dezembro do mesmo ano, o fluxo de caixa ficou positivo. A principal diferença entre a ProCore e todo o resto do setor é que a empresa empregava um sistema operacional interno de gerenciamento e monitoria por lote.

A ProCore enfocava qualidade e parceria. A empresa tem normas de qualidade que nunca são comprometidas e provou que, se oferecesse qualidade consistente em cada lote de produto, as vendas aumentariam. As receitas do primeiro ano (2007) foram de cerca de 1,26 milhão de dólares.

A recessão de 2008 acertou a ProCore em cheio. Vários clientes que pagavam suas contas em dia se tornaram inadimplentes ou foram à falência, e múltiplos clientes foram processados por falta de pagamento. Um cliente tentou dar um calote de mais de 500.000 dólares. Além disso, os hábitos de consumo da população mudaram. O modelo de negócio da ProCore passou do atendimento de contratos locais para o de grandes clientes corporativos. Por não ser uma embaladora primária, a ProCore estava acostumada a fazer experimentos. Múltiplos produtos eram produzidos, o que levava a mais negócios, mas quase todos os produtos de teste não geravam receitas suficientes. A ProCore não estava conseguindo encontrar seu nicho. Após três modelos de negócio, a empresa finalmente encontrou um modelo vencedor que poderia prosperar no ambiente econômico de recessão. A ProCore se concentrou nos NBEs (*National Brand Equivalent*, ou Equivalentes de Marcas Nacionais), um produto testado por um laboratório terceirizado independente para se conformar com todos os aspectos de um produto de marca. Em geral, o NBE é representado pelo rótulo "comparável a" junto ao produto de marca nas prateleiras. Em todos os aspectos, o NBE é o mesmo produto que o item de marca, mas com um preço mais em conta. Os produtos credenciados atuais incluem Pedialyte e Pepto Bismol. Produtos futuros incluirão xaropes para tosse e resfriados e antiácidos. Após investimentos substanciais para manter a empresa operacional, a ProCore estava saindo do vermelho e teria um 2012 lucrativo. Jim Tehan acredita em projeções de receita anual de 40 milhões nos próximos três anos.

Walker também iniciou outro projeto, em um setor totalmente novo. Depois de sair da BillMatrix em maio de 2008, ele tirou vários meses de folga para passar um tempo com a família. Em outubro, Bill Conley e ele começaram a analisar uma distribuidora de combustível para aviação, a EPIC Aviation, com sede no Estado do Oregon, e negociaram a aquisição de 25% do patrimônio líquido da empresa por um preço razoável. O negócio foi fechado em meados de 2008. A BP era dona de 50%, e os 25% restantes ficaram nas mãos do proprietário/operador atual. A EPIC fora operada como empresa familiar por 40 anos. No final do ano, a dupla Conley/Walker tentou adquirir os 50% pertencentes à BP, mas devido à recessão econômica e à "implosão bancária", o banco atual da EPIC não aprovou a transação. Durante 2009, a empresa trocou de banco, escolhendo uma nova entidade capaz de fornecer capital de giro suficiente. Na tentativa inicial de adquirir a participação da BP, foi negociado um "put" (oferta de venda) pelo proprietário-operador com a dupla. No início de 2010, ele decidiu utilizar esse "put", pois estava com 65 anos e declarou sua intenção de se aposentar da administração cotidiana da EPIC até o final do ano. Walker assumiu as operações após a aposentadoria do sócio; agora, a dupla Conley/Walker tinha 50% da empresa. Em abril de 2010, a BP foi atingida pelo acidente da plataforma Deepwater Horizon, no Golfo do México. Alguns meses depois, era óbvio que o derramamento não era um problema de curto prazo e o interesse da BP em manter seus 50% da EPIC voltou ao mercado. No início de agosto, Walker negociou uma carta de intenção para adquirir os 50% restantes de propriedade da BP por um preço razoável. Walker se tornou CEO da empresa em dezembro de 2010 e a compra de ações da BP foi completada em fevereiro do ano seguinte.

Enquanto CEO, Walker se concentrou em muitas práticas de negócios que não estavam entre as melhores do setor e implementou mudanças imediatas. Um dos problemas mais graves era o balanço da empresa. A EPIC estava totalmente maximizada sob sua linha de crédito de capital de giro, sem capacidade adicional de realizar empréstimos. Walker identificou múltiplos ativos não fundamentais e liquidou alguns deles pelo valor de mercado, incluindo aeronaves, estoques e contratos de aluguel de Operadores de Base Fixa (FBO).

No verão de 2011, a dívida bancária estava sendo paga rapidamente, com a meta de completar a amortização até outubro, e 2011 foi um dos anos de maior lucratividade da empresa na última década.

Walker transferiu as operações cotidianas da EPIC para um novo COO em dezembro de 2011 para trabalhar com Bill Conley, que negociara a formação de uma *joint venture* com uma entidade governamental chinesa, o China National Aviation Fuel Group (CNAF), e começara o desenvolvimento da aviação geral (aeronaves de negócios e pessoais) para a China. O CNAF é responsável por toda a distribuição de combustível para aviação no país. A oportunidade foi concedida à EPIC oficialmente no final de novembro de 2011. O mercado de aviação geral (AG) chinês está crescendo com muita força, mas não há operações ou uma infraestrutura formal de AG. A EPIC hoje é responsável por implementar todos os aspectos operacionais de uma rede de FBO na China. Os planos abrangem a construção de aproximadamente 250 FBOs nos aeroportos existentes, incluindo a construção de novos aeroportos independentes de AG.

Hoje, Walker se dedica a ser um "filantropo empreendedor". Mesmo sendo um generoso doador à sua alma mater, a Thunderbird School of Global Management, ele também oferece um presente mais importante, seu tempo, aos estudantes que buscam o mesmo conhecimento de que ele precisou no início de sua carreira. Seu objetivo é ajudar a próxima geração a iniciar mais rapidamente seus empreendimentos, compartilhando seu conhecimento sobre como construir uma empresa sólida em torno de uma boa ideia. Entre seus muitos talentos, Scott B. Walker sabe como ser bem-sucedido ao financiar e capitalizar um empreendimento, que é o foco deste capítulo.

UMA VISÃO GERAL

Um dos problemas mais difíceis no processo de criação de um novo empreendimento é obter financiamento. Para o empreendedor, o financiamento disponível precisa ser considerado a partir da perspectiva de dívida *versus* capital próprio e do uso de recursos internos *versus* recursos externos.

Financiamento por endividamento ou por capital próprio

financiamento por endividamento
Obtenção de recursos tomados emprestados para a empresa

Existem dois tipos de financiamento disponíveis: o financiamento por endividamento e o financiamento por capital próprio. O *financiamento por endividamento* é um método de financiamento que envolve um instrumento com juros, em geral um empréstimo, cujo pagamento está apenas indiretamente relacionado com as vendas e os lucros do empreendimento. O financiamento por endividamento (também chamado financiamento baseado em ativos) costuma exigir que algum ativo (como automóvel, casa, fábrica, máquina ou terreno) seja usado como garantia.

O financiamento por endividamento requer que o empreendedor pague a quantia de recursos emprestada e uma taxa expressa em termos da taxa de juros. Também pode haver uma taxa adicional, às vezes chamada de pontos, para usar ou obter o dinheiro. Se o financiamento é de curto prazo (menos de um ano), o dinheiro serve comumente para gerar capital de giro a fim de financiar o estoque, as contas a receber ou as operações da empresa. Os fundos são pagos com as vendas e os lucros resultantes durante o ano. Já a dívida de longo prazo (mais de um ano) destina-se a comprar algum ativo, como uma máquina, um terreno ou um prédio, com parte do valor do ativo (geralmente entre 50 e 80% do valor total) sendo usada como garantia colateral para o empréstimo a longo prazo. Particularmente quando as taxas de juros são baixas, o financiamento por endividamento (ao contrário do financiamento por capital próprio) permite que o empreendedor retenha uma porção de propriedade individual maior no empreendimento e obtenha um retorno maior sobre o patrimônio líquido. O empreendedor precisa ter cuidado para que a dívida não seja tão alta a ponto de dificultar ou inviabilizar os pagamentos dos juros regulares, uma situação que inibiria o crescimento e o desenvolvimento do negócio e, possivelmente, terminaria em falência. O processo de usar dívidas como instrumento de financiamento é chamado de alavancagem. Quanto maior o nível de alavancagem (dívida/ativos totais), maior é o risco do empreendimento.

O *financiamento por capital próprio* não exige garantias e oferece ao investidor alguma forma de participação no empreendimento. O investidor tem participação nos lucros do empreendimento, bem como em qualquer disposição de seus ativos, proporcionalmente com base na porcentagem devida do negócio. Os principais fatores que favorecem o uso de um ou de outro tipo de financiamento são a disponibilidade de recursos, os ativos do empreendimento e as taxas de juros dominantes. Com frequência, o empreendedor satisfaz as necessidades financeiras do negócio empregando uma combinação de financiamento por endividamento e por capital próprio.

financiamento por capital próprio
Obtenção de recursos para a empresa em troca de participação na propriedade

Todos os empreendimentos devem ter algum capital próprio, assim como todos os empreendimentos pertencem a uma pessoa física ou jurídica. Embora o proprietário nem sempre participe diretamente da administração cotidiana do empreendimento, há sempre os recursos de capital próprio envolvidos, fornecidos pelo proprietário. A quantidade de capital próprio envolvido obviamente variará de acordo com a natureza e o tamanho do empreendimento. Em alguns casos, o capital pode ser totalmente oferecido pelo proprietário, como em uma pequena sorveteria ou em um carrinho de sorvetes em um *shopping* ou evento desportivo. Empreendimentos maiores talvez exijam a presença de vários proprietários, incluindo investidores particulares e/ou investidores de risco. Esses recursos de capital próprio oferecem a base para os fundos por endividamento, formando a estrutura do capital do empreendimento.

Recursos internos ou externos

O financiamento também é obtido a partir de recursos internos ou externos. O tipo mais empregado são os recursos gerados internamente, que podem provir de várias fontes dentro da empresa: lucros, venda de ativos, redução no capital de giro, prorrogação de prazos de pagamento e contas a receber. Em todo empreendimento novo, nos anos iniciais todos os lucros devem ser reaplicados no empreendimento; até mesmo os investidores de capital externo não esperam retorno durante esses anos. Os recursos necessários às vezes são obtidos pela venda de ativos pouco utilizados. Os ativos, sempre que possível, devem ser alugados (de preferência em *leasing* com opção de compra), e não de propriedade da empresa, desde que não haja um alto nível de inflação e que os termos do aluguel sejam favoráveis. Além disso, as atividades devem ser terceirizadas sempre que possível. Isso ajudará o empreendedor a reter recursos, uma prática que é especialmente importante durante a fase inicial de operação da empresa.

Uma fonte de recursos interna de curto prazo é obtida pela redução de ativos de curto prazo: estoque, caixa e outros itens do capital de giro. Às vezes, o empreendedor consegue gerar o capital necessário para um período de 30 a 60 dias por meio da prorrogação de prazos para pagamento de fornecedores. Embora se deva tomar cuidado para garantir boas relações com fornecedores e fontes constantes de suprimento, alguns dias a mais para o pagamento podem gerar os recursos necessários de curto prazo. Um método final de gerar recursos internamente é reunir contas (a receber) com mais rapidez. Porém, os principais detentores de contas não devem se irritar com a implementação dessa prática, já que certos clientes têm determinadas práticas de pagamento já estabelecidas. Os grandes negociantes, por exemplo, pagam suas contas às empresas fornecedoras em 60 ou 90 dias, não importando a política de contas a receber da empresa fornecedora, o tamanho da empresa ou o desconto oferecido para pagamento imediato. Se uma empresa quiser que esse grande negociante comercialize seu produto, terá que se adaptar ao seu cronograma de pagamento.

Um empreendedor bem-sucedido na alavancagem de descontos junto aos fornecedores é o distribuidor de produtos de uso doméstico Jeff Schreiber. Ele sempre tenta tirar proveito de algum desconto concedido aos pagamentos imediatos e conseguiu mais de 15.000 dólares em ganhos com pagamento antecipado em apenas um ano.[1]

A outra fonte geral de recursos é externa ao empreendimento. Fontes alternativas de financiamento externo precisam ser avaliadas em três bases: o período de tempo para a liberação dos recursos, os custos atrelados e o grau de perda de controle da empresa. Ao selecionar a melhor fonte de recursos, cada uma das fontes indicadas na Tabela 11.1 deve ser avaliada sob essas três dimensões. As fontes de fundos usadas com mais frequência – próprios, da família e de amigos, bancos comerciais, investidores privados (investidores-anjos), sociedades limitadas para pesquisa e desenvolvimento, programas de empréstimo e subsídios públicos, capital de risco e concessões particulares – indicadas na tabela são analisadas a seguir.

Sempre que um empreendedor lida com itens externos à empresa, particularmente com pessoas e instituições que venham a se tornar partes interessadas (*stakeholders*), dilemas éticos podem ocorrer.

RECURSOS PESSOAIS

Poucos empreendimentos novos são lançados sem os recursos pessoais do empreendedor. Talvez nenhum seja. Estes não só são os fundos menos dispendiosos em termos de custo e controle, como também são absolutamente essenciais para atrair financiamento externo, em especial de bancos, investidores particulares e investidores de risco. Também chamadas de patrimônio de sangue, as fontes comuns de recursos pessoais são poupanças, seguros de vida ou hipotecas de casa ou carro. Os fornecedores externos de capital acreditam que o empreendedor talvez não se comprometa suficientemente com o empreendimento se não tiver investido seus recursos. Eis a declaração sucinta de um investidor de risco: "Quero que os empreendedores estejam tão comprometidos financeiramente que, quando as coisas apertarem, eles trabalhem para resolver os problemas e não atirem as chaves da empresa em cima da minha mesa".

Esse nível de comprometimento reflete-se na porcentagem do total de ativos disponíveis com que o empreendedor se comprometeu, e não necessariamente na quantia de dinheiro comprometida. O investidor externo deseja que o empreendedor se comprometa com todos os ativos disponíveis, uma indicação de que ele acredita verdadeiramente no empreendimento e que trabalhará todo o tempo necessário para garantir seu sucesso. Se isso significa mil, 100

TABELA 11.1 Fontes alternativas de financiamento

	Período de tempo		Custo			Controle		
Fonte de financiamento	Curto prazo	Longo prazo	Débito taxa fixa	Débito taxa variável	Porcentagem de lucros	Capital próprio	Contratos	Direito de voto
Próprio								
Familiares e amigos								
Fornecedores e crédito comercial								
Bancos comerciais								
Programas de empréstimo subsidiado pelo governo								
Sociedades limitadas para P&D								
Investidores privados (investidores-anjos)								
Capital de risco								
Ofertas privadas de ações								
Ofertas públicas de ações								
Outros programas governamentais								

mil ou 250 mil dólares, depende dos bens disponíveis do empreendedor. *O empreendedor deve sempre se lembrar de que não é a quantia, mas o fato de que todos os bens disponíveis estão comprometidos, que faz os investidores externos se sentirem à vontade com seu nível de comprometimento e, portanto, mais dispostos a investir.*

FAMILIARES E AMIGOS

Depois do empreendedor, a família e os amigos são a fonte mais comum de capital para um novo empreendimento. Elas são as pessoas com maior probabilidade de investir, devido a seus relacionamentos com o empreendedor. Isso ajuda a superar uma parte da incerteza sentida pelos investidores impessoais – o fato de não conhecerem o empreendedor. A família e os amigos fornecem uma pequena parte de financiamento com capital próprio para os novos empreendimentos, o que reflete a pequena quantia de capital necessária para a maioria dos novos negócios. Embora seja relativamente fácil obter recursos junto à família e aos amigos, como ocorre com todas as fontes de capital, existem aspectos positivos e negativos. Ainda que a quantia de dinheiro fornecida seja pequena, se for na forma de financiamento com participação, o membro da família ou amigo terá uma posição de propriedade no empreendimento e todos os direitos e privilégios que ela oferece. Isso pode fazê-los pensar que eles têm uma influência direta nas operações da empresa, o que talvez gere um efeito negativo sobre funcionários, instalações, vendas ou lucros. Embora essa possibilidade deva ser afastada sempre que possível, em geral a família e os amigos não são investidores problemáticos e, na verdade, são mais pacientes do que outros investidores na obtenção do retorno sobre seu investimento.

A fim de evitar problemas no futuro, o empreendedor deve apresentar os aspectos positivos e negativos e a natureza dos riscos do investimento para tentar minimizar o impacto negativo sobre as relações com familiares e amigos, se ocorrerem problemas. Algo que ajuda a minimizar possíveis dificuldades é manter o funcionamento da empresa em nível estritamente empresarial. Assim, empréstimos ou investimentos da família ou de amigos devem ser tratados da mesma maneira que o financiamento de um investidor impessoal. Todos os empréstimos devem especificar a taxa de juros e o programa de devolução proposto para os juros e o principal. O momento oportuno para futuros dividendos deve ser anunciado em termos de um investimento por participação acionária. Se o familiar ou amigo é tratado da mesma forma que um investidor, são evitados futuros conflitos. Também é benéfico para o empreendedor que tudo seja estabelecido de modo claro e por escrito. É impressionante como a memória fica curta quando se trata de dinheiro. Todos os detalhes do financiamento devem ser acordados antes de os recursos serem colocados na empresa. Aspectos como a quantia de dinheiro investida, os termos de pagamento, os direitos e as responsabilidades do investidor e o que acontecerá se o negócio naufragar devem ser acordados e documentados. Um acordo formal com todos esses itens ajuda a evitar problemas no futuro.

Finalmente, o empreendedor tem de considerar com cuidado o impacto do investimento sobre o familiar ou o amigo antes do acordo. Deve ser dada uma atenção especial a qualquer revés que possa ocorrer se o negócio não der certo. Cada familiar ou amigo está investindo no empreendimento porque acha que é um bom investimento, e não porque se sente obrigado a fazê-lo. Eles precisam receber demonstrativos financeiros regulares, geralmente trimestrais ou pelo menos semestrais, para acompanhar os resultados do investimento.

BANCOS COMERCIAIS

Os bancos comerciais são a fonte de recursos de curto prazo mais usada pelo empreendedor quando há garantia disponível. Os fundos são fornecidos na forma de financiamento por endividamento e, como tal, exigem uma garantia tangível – algum bem de valor. Essa garantia pode ser na forma de ativos do negócio (o terreno, o equipamento ou o prédio da empresa), bens pessoais (casa, automóvel, terreno, ações ou títulos do empreendedor) ou bens do avalista.

SAIU NA *BUSINESS NEWS*

START-UP CHILE

Existe maneira melhor de atrair empreendedores inteligentes e criativos ao seu país do que oferecendo capital sem pedir patrimônio líquido em troca? É exatamente isso que o Chile está fazendo com o Start-Up Chile, um programa de 40 milhões de dólares que dá a empreendedores em estágios iniciais 40.000 dólares para lançar sua ideia ou empreendimento no país. Durante o primeiro ano de operação, em 2010, o Start-Up Chile apoiou 22 equipes empreendedoras de 14 países. No ano seguinte, em 2011, o Start-Up Chile tinha 300 equipes empreendedoras, com planos de chegar a 1.000 equipes até 2014.

O Chile tem três objetivos com o programa Start-Up Chile: estabelecer o país como centro da inovação e do empreendedorismo na América Latina, aprimorar a abordagem chilena ao empreendedorismo e desenvolver empreendedores chilenos com uma mentalidade mais global. Um elemento crucial para o sucesso desses objetivos é a natureza colaborativa do programa, que enfatiza a construção de relacionamentos entre os chilenos e os empreendedores internacionais participantes. Para cultivar esses relacionamentos, o Start-Up Chile dá aos empreendedores acesso a redes financeiras, políticas e sociais por todo o país. Em troca, os participantes do Start-Up Chile compartilham seu conhecimento e experiência com empreendedores e negócios chilenos locais, realizando apresentações e oficinas em universidades. Com esse compartilhamento de redes e informações, o governo chileno espera que esses relacionamentos continuem a ser mantidos depois que os participantes saírem do país e, com o tempo, desenvolvam uma rede criativa de abrangência mundial.

Para participar do programa Start-Up Chile, empreendedores de todo o mundo competem em uma de três rodadas competitivas realizadas todos os anos. Os projetos abrangem uma ampla variedade de ideias empreendedoras, incluindo *sites* de viagem, dispositivos tecnológicos, software e painéis solares. Uma comissão de inovação chilena, em conjunto com um grupo de especialistas do Vale do Silício, analisa as solicitações completas de cada rodada e determina quais são as melhores ideias empreendedoras. Os empreendedores por trás das ideias são então convidados a ir ao Chile e participar do programa. Os participantes recebem vistos de trabalho de um ano e são reembolsados em 90% de suas despesas de trabalho no país, até um valor máximo de 40.000 dólares. O dinheiro é dado sem exigência de contrapartida de patrimônio líquido, e os empreendedores podem voltar para seus países de origem após um mínimo de 24 semanas de trabalho no Chile. Para ajudar os empreendedores a aproveitar ao máximo seu tempo no país, o Start-Up Chile também oferece a cada equipe um escritório, apresentações a indivíduos e entidades relevantes e acesso a um grupo de mais de 160 mentores altamente qualificados que trabalham com os participantes e os ajudam a navegar pelo processo complexo, às vezes atordoante, que é fundar um novo negócio, especialmente em um país estrangeiro. Com essa rede de apoio sofisticada, os empreendedores conseguem alcançar diversos objetivos em períodos relativamente curtos e ainda ficam posicionados para continuar seu sucesso depois de voltarem para casa.

Fonte: Para ler mais sobre o Start-Up Chile e se candidatar ao programa, visite o site www.startupchile.org. Ver também R. Sheila, "Government-Backed Start-Up Chile Effort Eyes Silicon Valley," *Investors Business Daily* (serial online), March 7, 2011, p. A06.

Tipos de empréstimos bancários

base de ativos para empréstimos
Garantia tangível, com valor superior ao dinheiro emprestado

Há vários tipos de empréstimos bancários à disposição. Para assegurar a devolução, esses empréstimos baseiam-se nos bens ou no fluxo de caixa do empreendimento. A *base de ativos para empréstimos* geralmente se constitui em contas a receber, estoque, equipamentos ou imóveis.

Empréstimos por contas a receber As contas a receber oferecem uma boa base para um empréstimo, especialmente se a clientela é bem-conhecida e digna de crédito. Para esses clientes merecedores de crédito, o banco poderá financiar até 80% do valor de suas contas a receber. Quando clientes como o governo estão envolvidos, o empreendedor pode desenvolver um contrato de *factoring* em que o financiador (o banco) realmente "compra" as contas a receber a um valor abaixo do valor nominal da venda e coleta o dinheiro diretamente da conta. Nesse caso, se alguma das contas a receber não puder ser coletada, é o financiador (o banco) que sofre a perda, e não a empresa. O custo do *factoring* de contas a receber é, obviamente, mais alto do que o custo de um empréstimo por contas a receber sem envolver o *factoring*, já que o banco corre um risco maior no primeiro caso. Os custos de *factoring* envolvem a cobrança de juros sobre a quantia adiantada até o momento em que as contas a receber são coletadas, a comissão que cobre a coleta real e a proteção contra possíveis contas incobráveis.

Empréstimos por estoque   O estoque é outro dos ativos de uma empresa que com frequência serve de base para um empréstimo, particularmente quando é líquido e pode ser vendido com facilidade. Em geral, o estoque de bens acabados pode ser financiado em até 50% de seu valor. *Trust receipts* são um tipo único de empréstimo garantido em estoque usado para financiar as instalações de lojistas, como as de revendas de automóveis e de aparelhos eletrodomésticos. Em *trust receipts*, o banco adianta uma grande porcentagem do preço de fatura das mercadorias e é pago proporcionalmente à medida que o estoque é vendido.

Empréstimos por equipamento   O equipamento pode ser usado para garantir financiamento de longo prazo, em geral de 3 a 10 anos. O financiamento por equipamento é classificado em várias categorias: para financiar a compra de novo equipamento, para financiar equipamento usado já de propriedade da empresa, para *sale-leaseback financing** ou financiamento de *leasing*. Quando um novo equipamento está sendo comprado ou quando o atual equipamento é usado como garantia, entre 50 e 80% do valor do equipamento podem ser financiados, dependendo de sua capacidade de venda. Dada a tendência, por parte do empreendedor, de alugar em vez de ser proprietário, o financiamento de *sale-leaseback* ou de *leasing* de equipamento é muito utilizado. No *sale-leaseback*, o empreendedor "vende" o equipamento para um agente financiador e depois o aluga durante a vida útil do equipamento, para assegurar seu uso contínuo. No financiamento de *leasing*, a empresa adquire o uso do equipamento por meio de um pequeno pagamento e de uma garantia de efetuar um número específico de pagamentos durante um período de tempo. A quantia total paga é o preço de venda mais as taxas de financiamento.

Empréstimo por imóvel   Os imóveis são usados com frequência em financiamentos baseados em ativos. Esse financiamento com hipoteca costuma ser fácil de obter para financiar o terreno, a planta ou outro prédio de uma empresa, frequentemente em até 75% de seu valor.

Financiamento de fluxo de caixa

O outro tipo de financiamento por endividamento frequentemente oferecido por bancos comerciais e outras instituições financeiras é o financiamento de fluxo de caixa. Esses *empréstimos bancários convencionais* incluem linhas de crédito, empréstimos a prazo, empréstimos comerciais diretos, empréstimos a longo prazo e empréstimos pessoais. O financiamento de linhas de crédito talvez seja a forma de financiamento de fluxo de caixa mais usada pelos empreendedores. Para que uma linha de crédito seja utilizada quando necessário, a empresa paga uma "taxa de comprometimento" para garantir que o banco comercial faça o empréstimo quando solicitado e, depois, paga juros sobre fundos a receber emprestados do banco. Muitas vezes, o empréstimo deve ser pago ou reduzido a um certo nível, acordado periodicamente. Os empréstimos pessoais são especialmente difíceis de serem obtidos sem um avalista.

empréstimo bancário convencional
Forma padrão de empréstimo dos bancos para as empresas

Empréstimos a prazo   Os empréstimos a prazo também podem ser obtidos por um empreendimento com registro de vendas e lucros. Esses fundos de curto prazo com frequência servem para cobrir necessidades de capital de giro por um período de tempo, como quando é necessário financiamento sazonal. Esses empréstimos geralmente são por 30 a 40 dias.

Empréstimos comerciais diretos   Um híbrido do empréstimo a prazo é o empréstimo comercial direto, em que os fundos são adiantados para a empresa por 30 a 90 dias. Esses empréstimos de autoliquidação quase sempre são usados para financiamento sazonal e para formação de estoques.

---

* N. de R.T.: Operação casada de venda de ativos com o arrendamento concomitante do mesmo bem.

Empréstimos de longo prazo Quando é necessário um período mais longo para o uso dos recursos, são utilizados os empréstimos de longo prazo. Esses empréstimos (em geral disponíveis somente para empresas sólidas e consolidadas) disponibiliza fundos por até 10 anos. A dívida incorrida é paga de acordo com uma programação de principal e juros fixos. O principal, no entanto, pode às vezes começar a ser pago no segundo ou terceiro ano do empréstimo, sendo apenas os juros pagos no primeiro ano.

Empréstimos pessoais Quando a própria empresa não tem os ativos para sustentar um empréstimo, o empreendedor talvez precise de um empréstimo pessoal. Esses empréstimos frequentemente devem ter os bens do empreendedor ou de outro indivíduo como garantia ou ser avalizados por outra pessoa. Os ativos comumente penhorados são automóveis, casas, terrenos e títulos. O pai de um empreendedor penhorou um certificado de depósito no valor de 50 mil dólares como garantia do empréstimo de 40 mil dólares para o filho. Em casos extremamente raros, o empreendedor consegue obter dinheiro sem uma base segura por um curto período de tempo, quando uma reputação de alto crédito já estiver estabelecida.

Decisões para empréstimos bancários

Um problema para o empreendedor é determinar como obter um empréstimo bancário. Os bancos são cautelosos ao emprestar dinheiro, principalmente para novos empreendimentos, já que não querem incorrer em maus empréstimos. Sem considerar a localização geográfica, as decisões sobre empréstimos comerciais são tomadas somente depois que o encarregado pelos empréstimos e a comissão de empréstimos fazem uma revisão cuidadosa do solicitante e do histórico da empresa. Essas decisões são baseadas em informações quantificáveis e em avaliações subjetivas.[2]

As decisões para empréstimos bancários são tomadas de acordo com os cinco Cs do empréstimo: caráter, capacidade, capital, garantias colaterais e condições. Os demonstrativos financeiros passados (balanço patrimonial e demonstrativos de resultados) são examinados em termos de índices fundamentais de rentabilidade e crédito, movimentação de estoque, tempo que falta para o pagamento das contas a receber, capital investido pelo empreendedor e comprometimento com o negócio. Também são avaliadas projeções futuras sobre tamanho do mercado, vendas e lucratividade a fim de determinar a capacidade de ressarcimento do empréstimo. São levantadas várias questões com relação a essa capacidade, como: o empreendedor espera utilizar o empréstimo por um período extenso de tempo? Se ocorrerem problemas, o empreendedor estará suficientemente empenhado em fazer o esforço necessário para tornar o negócio um sucesso? A empresa tem uma vantagem diferencial única em um mercado em crescimento? Quais são os riscos? Existe proteção (como seguro de vida para funcionários e seguro da planta e do equipamento) contra desastres?

Embora as respostas para essas perguntas e a análise do histórico da empresa permitam que o responsável pelos empréstimos avalie aspectos quantitativos da decisão, os fatores intuitivos, especialmente os dois primeiros Cs – caráter e capacidade – também são levados em conta. Essa parte da decisão de empréstimo – a intuição – é a mais difícil de avaliar. O empreendedor deve apresentar suas capacidades e as perspectivas para a empresa de um modo que gere uma resposta positiva do agente de empréstimo. Essa parte intuitiva da decisão sobre empréstimo torna-se ainda mais importante quando há pouco ou nenhum histórico, a experiência em administração financeira é limitada, um produto ou serviço não é exclusivo (sem a proteção de uma patente ou licença) ou poucos ativos estão disponíveis.

Algumas das preocupações do responsável pelos empréstimos e da comissão de empréstimos podem ser reduzidas com uma boa aplicação do dinheiro tomado emprestado. Enquanto o formato específico de aplicação de empréstimos de cada banco difere até certo ponto, em geral o formato da aplicação é um "miniplano" de negócio, que consiste em um resumo executivo, na descrição da empresa, no perfil do proprietário/administrador, nas projeções empresariais, nos demonstrativos financeiros, no valor e uso do empréstimo e na programação de ressarcimento. Essas informações fornecem ao responsável pelos empréstimos e à comissão de empréstimos uma percepção da credibilidade do indivíduo e do empreendimento, bem como da capacidade do empreendimento de produzir vendas e lucros suficientes para pagar o empréstimo e os juros. O empreendedor tem de avaliar vários bancos, selecionar aquele que demonstra uma experiência positiva com empréstimos na área específica da empresa, marcar uma hora e depois apresentar cuidadosamente o caso para a pessoa encarregada dos empréstimos. A apresentação de uma imagem empresarial positiva e o cumprimento do protocolo estabelecido são exigências para a obtenção de um empréstimo em um banco comercial.

O empreendedor deve solicitar a quantia máxima que pode ser fornecida, desde que as taxas de juros em vigor e os termos, as condições e as restrições do empréstimo sejam satisfatórios. É essencial que o empreendimento gere um fluxo de caixa suficiente para pagar os juros e o principal do empréstimo no momento adequado. O empreendedor precisa avaliar o histórico e os procedimentos de empréstimo de vários bancos, a fim de obter o dinheiro necessário nos termos mais favoráveis à disposição. Esse "procedimento de pesquisa de bancos" propiciará os recursos a taxas mais favoráveis.

PAPEL DA SBA NA CONCESSÃO DE FINANCIAMENTO A PEQUENAS EMPRESAS

O empreendedor na maioria das vezes não tem o histórico, os ativos ou algum outro componente necessário para obter um empréstimo em um banco comercial. Quando o empreendedor não consegue garantir um empréstimo em um banco comercial comum, uma alternativa é uma garantia da Small Business Administration (SBA). A SBA disponibiliza diversos programas de empréstimos para auxiliar as pequenas empresas. Em cada um desses programas, é a SBA que, basicamente, garante os empréstimos feitos por instituições privadas e outros estabelecimentos. A "Garantia de Empréstimo Básica 7(a)" é o programa principal de empréstimos a empresas, que propõe ajudar as pequenas empresas qualificadas a obterem financiamento quando estas não conseguem empréstimos comerciais por meio dos canais normais. O montante apurado com esse empréstimo pode ser usado para diversos fins empresariais, como capital de giro, maquinaria e equipamentos, móveis e acessórios, terreno e construção, benfeitorias em propriedades de terceiros e até mesmo, sob algumas condições, refinanciamento de dívidas.

Para obter um empréstimo 7(a), o empreendedor deve ser qualificável. Apesar de a possibilidade de ressarcimento do fluxo de caixa da empresa ser fundamental, outros critérios, como bom caráter, capacidade de gerenciamento, garantia e contribuição do capital próprio do proprietário também são considerados. Os fatores de elegibilidade para empréstimos 7(a) envolvem o porte, o tipo da empresa, o uso do montante apurado e a disponibilidade de recursos de outras fontes. Todos os proprietários de 20% ou mais são obrigados a garantir pessoalmente os empréstimos da SBA.

O programa de empréstimos 7(a) da SBA possui um montante para empréstimo de no máximo 5 milhões de dólares, com a exposição a risco máxima para a SBA de 3,75 milhões de dólares, ou 75%. Embora as taxas de juros sobre o empréstimo sejam negociadas entre o mutuário e o credor, elas estarão sujeitas aos limites máximos da SBA, atrelados à taxa prime*, à taxa LIBOR ou a uma taxa de indexação opcional, e podem ser fixas ou variáveis. Por exemplo, um empréstimo de 50.000 dólares ou mais, com juro fixo, não deve exceder a taxa prime mais 2,25% se o vencimento for inferior a sete anos.*

A maioria dos empréstimos tem as mesmas características de garantia. A SBA garante 85% dos empréstimos de 150.000 dólares ou menos e 75% dos empréstimos entre 150.000 dólares e 5 milhões de dólares. Existem algumas diferenças nos empréstimos Express da SBA (garantia máxima de 50%) e nos empréstimos de capital de giro para exportação (garantia

---

* N. de R.T.: "Taxa de juros oferecida oficialmente por um banco como a mais baixa disponível em um dado momento para seus clientes preferenciais" (Dicionário HOUAISS, 2001).

máxima de 90%). Para ajudar a compensar os custos dos programas de empréstimos da SBA, são cobradas dos credores taxas de garantia e serviços em cada empréstimo aprovado. Essas taxas podem ser repassadas para o mutuário e variam em função do montante do empréstimo.

Além do programa de empréstimo 7(a), a SBA tem vários outros programas. O programa de empréstimo 504 oferece financiamento com taxa fixa para que as pequenas empresas adquiram maquinaria, equipamentos ou até imóveis para expansão e modernização. O limite máximo do programa é 5 milhões de dólares e 5,5 milhões para empresas industriais e de energia, e o empréstimo pode assumir diversas formas, como o empréstimo de uma Community Development Company (CDC – Empresa para Desenvolvimento da Comunidade) respaldado por uma debênture 100% garantida pela SBA.

Outro programa mais recente de empréstimos da SBA, utilizado por muitos empreendedores, é o Microcrédito SBA, um programa de empréstimo 7(m). Esse programa concede a pequenas empresas empréstimos de curto prazo de até 50.000 dólares, para capital de giro ou aquisição de estoque, suprimentos, móveis, acessórios, maquinaria ou equipamentos. O empréstimo não pode ser aplicado para o pagamento de dívidas já contraídas. A pequena empresa recebe o empréstimo de um banco ou de outra organização garantida pela SBA. Outros empréstimos específicos da SBA incluem: empréstimos de Capital de Giro para Exportação e Comércio Internacional (máximo de 5 milhões de dólares), empréstimos Exportação Rápida (máximo de 500.000 dólares) e empréstimos CDC/504 (máximo de 1,5 milhão com critérios de criação de empregos ou 20 milhões com meta de política pública). O empreendedor deve consultar a SBA para saber se há um programa de empréstimo disponível, caso não seja possível obter um empréstimo sem a garantia da SBA.

SOCIEDADES COM PARTICIPAÇÃO LIMITADA EM PESQUISA E DESENVOLVIMENTO

sociedades com participação limitada em pesquisa e desenvolvimento
Capital concedido a uma empresa para desenvolver uma tecnologia, que envolva vantagem tributária

As *sociedades com participação limitada em pesquisa e desenvolvimento* são outra fonte de recursos para os empreendedores nas áreas de alta tecnologia. Esse método de financiamento fornece recursos originários de investidores que procuram proteção de impostos. Um acordo típico de sociedade com participação limitada em pesquisa e desenvolvimento envolve uma empresa patrocinada que desenvolve a tecnologia, sendo os recursos fornecidos por uma sociedade limitada de investidores individuais. As sociedades com participação limitada em pesquisa e desenvolvimento são particularmente convenientes quando o projeto envolve um alto grau de risco e despesas significativas na realização da pesquisa básica e do desenvolvimento, já que os riscos, bem como as compensações resultantes, são compartilhados.

Elementos principais

Os três principais componentes de qualquer sociedade com participação limitada em pesquisa e desenvolvimento são o contrato, a empresa patrocinada e a sociedade limitada. O contrato especifica o acordo entre a empresa patrocinada e a sociedade limitada, por meio do qual a empresa patrocinada concorda em usar os recursos fornecidos para conduzir a pesquisa e o desenvolvimento propostos, dos quais se espera que resulte uma tecnologia comercializável para a sociedade. A empresa patrocinada não garante os resultados, mas desempenha o trabalho da melhor forma possível, sendo compensada pela sociedade por meio de um contrato de taxa fixa ou de custo adicional. O contrato tradicional tem várias características importantes. A primeira é que a responsabilidade por qualquer prejuízo incorrido é assumida pelos sócios limitados. A segunda é que há algumas vantagens com relação a impostos, tanto para a sociedade limitada quanto para a empresa patrocinada.

sócio limitado
Uma parte em um contrato de sociedade que em geral fornece capital e tem poucas responsabilidades

O segundo componente envolvido no contrato são os sócios limitados. Semelhantes aos acionistas de uma corporação, os *sócios limitados* têm responsabilidade limitada, mas não são uma entidade totalmente tributável. Como consequência, qualquer benefício tributário das perdas nos estágios iniciais da sociedade com participação limitada em pesquisa e desenvolvimento é passado diretamente para os sócios limitados, compensando outros lucros e reduzindo as rendas tributáveis totais dos sócios. Quando a tecnologia é desenvolvida com sucesso nos anos posteriores, os sócios dividem os lucros. Em alguns casos, esses lucros, para fins de impostos, situam-se na mais baixa taxa de ganhos de capital, ao contrário da alíquota de renda comum.

O componente final, a empresa patrocinada, atua como o *sócio geral* que desenvolve a tecnologia. A empresa patrocinada possui a tecnologia de base, mas precisa recorrer a sócios limitados para posteriormente desenvolvê-la e modificá-la para seu sucesso comercial. É essa tecnologia básica que a empresa está oferecendo para a sociedade em troca de dinheiro. A empresa patrocinada em geral detém os direitos de usar essa tecnologia de base para desenvolver outros produtos e de usar a tecnologia desenvolvida no futuro por uma taxa de licenciamento. Em alguns casos, estabelece-se um acordo de licenciamento em que a sociedade permite que a empresa utilize a tecnologia para desenvolver outros produtos.

sócio geral
A parte coordenadora geral em um contrato de sociedade

Procedimento

A sociedade com participação limitada em pesquisa e desenvolvimento progride por meio de três estágios: o estágio de financiamento, o estágio de desenvolvimento e o estágio de saída. No estágio de financiamento, é estabelecido um contrato entre a empresa patrocinada e os sócios limitados e o dinheiro é investido no esforço de P&D proposto. Todos os termos e as condições de propriedade, bem como o escopo da pesquisa, são cuidadosamente documentados.

No estágio de desenvolvimento, a empresa patrocinada realiza efetivamente a pesquisa, usando os recursos dos sócios limitados. Se a tecnologia é desenvolvida com êxito, inicia-se o estágio de saída, quando a empresa patrocinada e os sócios limitados colhem comercialmente os benefícios do esforço. Existem três tipos básicos de acordos para isso: sociedades com participação acionária, sociedades com *royalties* e *joint ventures*.

No acordo de participação acionária tradicional, a empresa patrocinada e os sócios limitados formam uma nova corporação de propriedade conjunta. Com base na fórmula estabelecida no acordo original, a participação dos sócios limitados pode ser transferida para o patrimônio líquido na nova corporação sobre uma base livre de impostos. Uma alternativa é incorporar a própria sociedade limitada de pesquisa e desenvolvimento e depois fundi-la com a empresa patrocinada ou continuar como uma entidade nova.

Uma alternativa possível ao acordo de participação acionária é uma sociedade com *royalties*. Nessa situação, o *royalty* baseado na venda dos produtos desenvolvidos a partir da tecnologia é pago pela empresa patrocinada à sociedade limitada de pesquisa e desenvolvimento. As taxas de *royalties* tradicionalmente variam de 6 a 10% das vendas brutas e com frequência decrescem em certos níveis de vendas estabelecidos. Muitas vezes, um limite superior, ou teto, é colocado nos *royalties* cumulativos pagos.

Um acordo de saída final é a *joint venture*. Aqui, a empresa patrocinada e os sócios formam uma *joint venture* para fabricar e comercializar os produtos desenvolvidos a partir da tecnologia. Em geral, o acordo permite que a empresa compre a participação da sociedade na *joint venture* em um momento especificado ou quando for alcançado determinado volume de vendas e lucros.

Benefícios e custos

Como em qualquer acordo de financiamento, o empreendedor deve avaliar cuidadosamente a conveniência de estabelecer uma sociedade com participação limitada em pesquisa e desenvolvimento em termos dos benefícios e custos envolvidos. Entre os vários benefícios, essa sociedade oferece os recursos necessários com uma mínima quantidade de diluição do patrimônio líquido, enquanto reduz os riscos envolvidos. Além disso, os demonstrativos financeiros da empresa patrocinada são reforçados pela atração de capital externo.

Incidem alguns custos nesse acordo financeiro. Geralmente, ele é mais dispendioso de ser estabelecido do que o financiamento convencional. Primeiro, são gastos tempo e dinheiro. A sociedade com participação limitada em pesquisa e desenvolvimento leva um mínimo de seis meses para se estabelecer e custa 50 mil dólares em honorários profissionais. O tempo e os custos podem aumentar para um ano e 400 mil dólares em um empreendimento maior. E o histórico não é favorável, já que a maioria das sociedades com participação limitada em pesquisa e desenvolvimento não é bem-sucedida. Segundo, as restrições colocadas sobre a tecnologia são substanciais. Desistir da tecnologia desenvolvida como produto derivado das primeiras iniciativas pode ser um preço muito alto a pagar pelos recursos. Terceiro, a saída da sociedade é muito complexa e envolve muita responsabilidade fiduciária. Esses custos e benefícios precisam ser avaliados à luz de outras alternativas financeiras disponíveis antes que uma sociedade com participação limitada em pesquisa e desenvolvimento seja escolhida como veículo de financiamento.

Exemplos

Apesar dos altos custos atrelados, há inúmeros exemplos de sociedades com participação limitada em pesquisa e desenvolvimento bem-sucedidas. A Syntex Corporation obteve 23,5 milhões de dólares em uma sociedade com participação limitada para desenvolver cinco produtos para diagnóstico médico. A Genentech teve tanto sucesso no desenvolvimento do hormônio do crescimento humano e dos produtos Interferon gama com sua primeira sociedade com participação limitada em pesquisa e desenvolvimento, no valor de 55 milhões de dólares, que levantou mais 32 milhões de dólares por meio de uma segunda sociedade, seis meses depois, para desenvolver um ativador de plasminogênio tecidual. A Trilogy Limited levantou 55 milhões de dólares para desenvolver um computador de alto desempenho. E a lista continua. Assim, as sociedades com participação limitada em pesquisa e desenvolvimento são uma alternativa financeira para bancar o desenvolvimento da tecnologia de um empreendimento.

SUBSÍDIOS PÚBLICOS

O empreendedor às vezes pode obter recursos fornecidos pelo governo para desenvolver e lançar uma ideia inovadora. O programa SBIR (Small Business Innovation Research), elaborado para pequenas empresas, foi criado como parte da Lei para o Desenvolvimento de Inovações em Pequenas Empresas (Small Business Innovation Development Act). A lei exige que todas as agências federais com orçamentos para pesquisa e desenvolvimento acima de 100 milhões de dólares destinem uma parte desses recursos para pequenas empresas por meio do *programa de subsídios SBIR*. Essa lei não só oferece uma oportunidade para as pequenas empresas obterem capital para pesquisa e desenvolvimento, como também um método uniforme pelo qual cada agência participante solicita, avalia e seleciona as propostas de pesquisa para financiar.

programa de subsídios SBIR
Subsídios do governo americano para pequenas empresas baseadas em tecnologia

Onze agências federais participam do programa (ver Tabela 11.2). Cada agência desenvolve tópicos e publica solicitações descrevendo o tópico de pesquisa e desenvolvimento que será financiado. As pequenas empresas submetem suas propostas diretamente a cada agência, utilizando o formato exigido, de certa forma padronizado para todas as agências. Cada agência, usando seus critérios de avaliação estabelecidos, analisa as propostas e faz as concessões por meio de um contrato, subsídio ou acordo de colaboração.

O programa de subsídios SBIR tem três fases. As concessões da Fase I vão até 100 mil dólares por seis meses de pesquisa teórica ou experimental relativa à viabilidade. O objetivo é determinar a viabilidade técnica da pesquisa e avaliar a qualidade do desempenho da empresa por meio de um comprometimento financeiro relativamente pequeno. Os projetos bem-sucedidos são, então, considerados para posterior apoio financeiro federal na Fase II.

A Fase II é o esforço principal de pesquisa e desenvolvimento para os projetos mais promissores no final da Fase I. As concessões da Fase II chegam a 750 mil dólares por 24 meses de pesquisa e desenvolvimento posteriores. Os recursos devem ser usados para desenvolver

TABELA 11.2 Agências federais que participam do Programa de Pesquisa de Inovações de Pequenas Empresas

- Departamento de Defesa (DOD)
- National Aeronautics and Space Administration (NASA)
- Departamento de Energia (DOE)
- Departamento de Saúde e Serviços Humanos (DHHS)
- National Science Foundation (NSF)
- Departamento de Agricultura (USDA)
- Departamento de Transporte (DOT)
- Nuclear Regulatory Commission (NRC)
- Agência de Proteção Ambiental (EPA)
- Departamento de Educação (DOED)
- Departamento de Comércio (DOC)

protótipos de produtos ou de serviços. Uma pequena empresa recebe uma concessão na Fase II porque demonstrou bons resultados de pesquisa na Fase I, desenvolveu uma proposta de verdadeiro mérito científico e técnico e obteve o comprometimento do setor privado para um financiamento, na Fase III, a fim de iniciar a comercialização.

A Fase III não envolve qualquer financiamento direto do programa SBIR. Os fundos do setor privado ou os contratos de concessão governamental comum são necessários para comercializar as tecnologias desenvolvidas na Fase III.

Procedimento

A solicitação de subsídios no programa SBIR é um processo direto. As agências do governo participantes (indicadas na Tabela 11.2) publicam editais descrevendo as áreas de pesquisa que desejam financiar. Cada um desses editais anuais contém documentação sobre os objetivos da pesquisa e do desenvolvimento, o formato da proposta, as datas, os prazos e os critérios de seleção e avaliação. A segunda etapa abrange o envio da proposta pela empresa ou indivíduo. A proposta, que deverá conter no máximo 25 páginas, segue o formato padronizado para propostas. Cada agência faz uma triagem das propostas que recebe. Cientistas ou engenheiros especializados avaliam as que passam pela triagem técnica. Finalmente, são concedidos subsídios para os projetos com maior potencial de comercialização. Direitos de patente, dados de pesquisa, dados técnicos e software gerados na pesquisa são de propriedade da empresa ou do indivíduo, e não do governo.

O programa SBIR é um método viável de obtenção de recursos para uma empresa empreendedora de base tecnológica, de propriedade e operação independentes, que emprega até 500 indivíduos e insere-se em qualquer estrutura organizacional (corporação, sociedade, propriedade individual).

Outro programa de concessões disponível para o empreendedor é o STTR (Small Business Technology Transfer), estabelecido pela Lei de Transferência de Tecnologias de Pequenas Empresas (Small Business Technology Transfer Act) de 1992. As agências federais com orçamentos acima de 1 bilhão de dólares são obrigadas a reservar 0,3% para as pequenas empresas. Cinco agências participam do programa STTR: Departamento de Defesa (DOD), Departamento de Energia (DOE), Departamento de Saúde e Serviços Humanos (DHHS), National Aeronautics and Space Administration (NASA) e National Science Foundation (NSF). Todas essas agências também participam do programa SBIR. Embora uma comparação entre os programas SBIR e STTR seja apresentada na Tabela 11.3, os dois programas são diferentes em dois aspectos importantes. Primeiro: enquanto estiver no programa SBIR o pesquisador-chefe deve trabalhar basicamente para que a pequena empresa receba a concessão. Ao contrário, na duração do projeto, não há uma definição de atividades no programa STTR. Segundo: o programa STTR

SAIU NA *BUSINESS NEWS*

FUNCIONÁRIO DEDICADO PELA MANHÃ, EMPREENDEDOR À NOITE

Para manter uma fonte contínua de renda e cobrir suas despesas pessoais, além de financiar a nova empresa, muitos empreendedores escolhem permanecer em seus empregos antigos durante os primeiros estágios do empreendimento. Entretanto, o trabalho nas horas vagas introduz complicações das quais o empreendedor precisa estar ciente antes de começar seu segundo trabalho após o expediente.

As primeiras complicações que os empreendedores noturnos encontram são os acordos de não concorrência, as políticas de funcionários e as cláusulas de contratos com seus empregadores atuais que limitam as aspirações do funcionário. Antes de iniciar um novo negócio, o empreendedor deve ler todas as políticas e os contratos de seu empregador para entender as restrições que podem se aplicar a suas atividades fora do horário normal de trabalho. Muitos empregadores utilizam acordos de não concorrência que impedem o empreendedor de vender seus produtos ou serviços a seus clientes, o que acaba anulando muitos dos relacionamentos valiosos e redes que o empreendedor desenvolveu em seu emprego atual. Outra limitação comum, especialmente no setor de tecnologia, é que os empregadores retêm contratualmente os direitos de todos os produtos e propriedade intelectual desenvolvidos pelos funcionários durante e após seu horário de trabalho normal. Nessa situação, mesmo que o empregado desenvolva um produto ou serviço sem relação com seu emprego atual, o empregador é dono de todos os direitos legais e de propriedade intelectual da criação. Para impedir problemas futuros, aconselha-se que você analise todos os contratos e as políticas de funcionários com cuidado antes de dar início a suas atividades empreendedoras.

O maior problema enfrentado por quem é empreendedor nas horas vagas, e talvez o mais estressante, é o gerenciamento do tempo, ou seja, garantir a alocação de tempo suficiente e apropriado para o emprego normal e a empresa iniciante. A situação fica ainda mais complicada quando as obrigações do emprego tradicional, da empresa nova e da vida social entram em conflito e o empreendedor precisa determinar a que dedicar seu pouco tempo disponível. Outra possível fonte de conflitos para o empreendedor ocorre quando o emprego exige mais tempo e foco, reduzindo o tempo que o empreendedor dedicaria ao novo negócio. Alocar mais tempo ao emprego tradicional terá um impacto mínimo no curto prazo; durante períodos prolongados, porém, o atraso resultante nas atividades do empreendimento prejudicará seu sucesso. Para manter um equilíbrio entre esses interesses conflitantes, o empreendedor noturno precisa ter muito foco, dedicação e perseverança.

Finalmente, o empreendedor deve manter as atividades da nova empresa totalmente separadas das atividades do empregador. Uma regra básica para quem é empreendedor nas horas vagas é nunca discutir o novo empreendimento no local de trabalho. Vários indivíduos vão apoiar seu novo empreendimento, mas logo a notícia de sua nova paixão vai se espalhar pela empresa e alguns colegas e gerentes o considerarão menos comprometido com o trabalho. Você pode até acabar sendo demitido. Além disso, no trabalho, os empreendedores devem dedicar apenas os horários de intervalo ou almoço ao empreendimento e nunca utilizar telefones, computadores ou impressoras do empregador em suas atividades empreendedoras, pois os empregadores costumam verificar seus níveis de utilização e vão saber o que foi feito com os equipamentos.

Em última análise, o objetivo final de todo empreendedor nas horas vagas é sair de seu emprego atual e dedicar todo seu tempo e energia criativa à nova empresa. A hora certa de pedir as contas vai depender de muitos fatores e é específica de cada empreendedor, dependendo de sua situação financeira e tolerância a riscos. Antes de pedir demissão, os empreendedores devem ter economizado pelo menos 6-9 meses de salário como margem de segurança até que sua nova empresa possa começar a pagar um salário regular. Estabelecer uma meta de saída, como vendas de $XXX, número total de clientes XX ou o dia 31 de dezembro de 20XX, e se comprometer com a demissão quando essa meta for atingida, é uma maneira eficaz para os empreendedores manterem seu foco e motivação. Infelizmente, quando o dia chegar e o empreendedor pedir demissão, ainda será importante manter um bom relacionamento com o atual empregador e os colegas de trabalho, pois você nunca sabe quem será seu próximo grande cliente.

Fonte: Para mais informações, consulte M. Goodman, "Boot-Strap Your Business," *Entrepreneur* (serial online) 39, no. 12 (December 2011), pp. 90–95.

TABELA 11.3 Comparação entre os programas SBIR e STTR

Exigências	SBIR	STTR
Organização solicitante	Pequena Empresa	Pequena Empresa
Período de concessão	Fase I – 6 meses, normalmente	Fase I – 1 ano, normalmente
	Fase II – 2 anos, normalmente	Fase II – 2 anos, normalmente
Diretrizes financeiras da concessão	Fase I – US$ 100.000, normalmente	Fase I – US$ 100.000, normalmente
	Fase II – US$ 750.000, normalmente	Fase II – US$ 750.000, normalmente
Investigador principal	A empresa emprega mais de 50% de seu tempo *durante* o período da concessão.	Relação empregatícia não estipulada.
	Não é estipulado o nível mínimo de esforço do projeto.	A Fase I deve consumir no mínimo 10% do esforço do projeto e ter um compromisso formal ou comprometimento com a SBC.
Custos do subcontratado/consultor	Fase I – O montante total dos custos contratuais e de consultoria normalmente não pode exceder 33% do valor total solicitado.	Fase I e Fase II – A pequena empresa deve executar pelo menos 40% do trabalho, e a única instituição de pesquisa parceira (RI – Research Institution) norte-americana sem fins lucrativos deve executar pelo menos 30% do trabalho.
	Fase II – O montante total dos custos contratuais e de consultoria normalmente não pode exceder 50% do valor total solicitado.	
Local da realização	Deve ser totalmente nos Estados Unidos.	Deve ser totalmente nos Estados Unidos.
	Parte da pesquisa deve ocorrer no espaço de pesquisa controlado pela empresa.	Parte da pesquisa deve ocorrer no espaço de pesquisa controlado pela empresa, e outra parte, na instituição de pesquisa parceira norte-americana.

exige que os parceiros pesquisadores nas universidades ou em outras instituições sem fins lucrativos destinem pelo menos 40% da pesquisa para os problemas da pequena empresa e que, pelo menos, 30% dos esforços sejam conduzidos pela instituição parceira sem fins lucrativos. O programa SBIR tem no máximo 33% [Fase I] e 50% [Fase II] em custos de consultoria. O procedimento para obter uma concessão do STTR é idêntico ao da concessão do SBIR.

Outros subsídios públicos

O empreendedor também deve buscar outros subsídios públicos em nível federal, estadual e municipal. Estes assumem diversas formas e variam com os objetivos do nível de governo envolvido e com a área geográfica. Em alguns casos, o governo federal e alguns governos estaduais oferecem subsídios de capacitação para empresas que estão se transferindo e/ou contratando em uma área com excesso de mão de obra ociosa. Esses subsídios de capacitação muitas vezes são estruturados na forma do pagamento de 50% do salário do empregado durante o primeiro ano, período no qual o empregado deve ser plenamente produtivo. As empresas que operam nessas áreas muitas vezes recebem deduções fiscais em nível estadual e federal durante um determinado período.

Muitos Estados e cidades dos Estados Unidos também possuem programas de incentivos para o desenvolvimento de tecnologias e empresas de tecnologia no Estado e/ou oferecer empregos em áreas com excesso de mão de obra ociosa. Muitas vezes, em termos de transferir ou construir uma instalação em um Estado ou cidade, esses incentivos assumem a forma de reduções fiscais temporárias.

Muitos outros países e cidades de todo o mundo também disponibilizam subsídios. O empreendedor deve investigar todos os subsídios possíveis, especialmente quando está decidindo onde estabelecer sua empresa. Por exemplo, Viena, na Áustria, possui um programa de subsídios para empreendedores que desejam se estabelecer na cidade.

INVESTIMENTOS PRIVADOS

Outra fonte de recursos para o empreendedor são os investidores privados, também chamados investidores-anjos, que podem ser familiares, amigos ou pessoas com capital. Os indivíduos que lidam com seus próprios recursos em geral empregam consultores, como contadores, técnicos especializados, planejadores financeiros ou advogados, para tomar suas decisões de investimento. Os investidores-anjos dos negócios serão discutidos com mais detalhes no Capítulo 12.

Tipos de investidores

O investidor geralmente assume uma posição no patrimônio líquido da empresa, influencia, em parte, a natureza e a direção do negócio e até mesmo se envolve no seu funcionamento. O grau de envolvimento na direção das operações diárias do empreendimento é um ponto importante que o empreendedor deve considerar ao selecionar um investidor. Alguns investidores querem se envolver ativamente no negócio; outros desejam desempenhar um papel de consultor na direção e no funcionamento do empreendimento. Ainda há outros que são de natureza mais passiva, não almejando um envolvimento ativo no empreendimento. Cada investidor está interessado primeiramente em recuperar seu investimento acrescido de uma boa taxa de retorno.

Ofertas privadas

oferta privada
Método formalizado para obter recursos junto a investidores privados

Uma abordagem formalizada para obter fundos de investidores privados é a oferta privada. A *oferta privada* é diferente de uma oferta pública, ou abertura de capital (conforme abordado no Capítulo 12), em vários aspectos. As ofertas públicas envolvem muito tempo e despesas, em grande parte devido às numerosas regulamentações e exigências atreladas. O processo de registro de títulos na Securities and Exchange Comission (SEC) é uma tarefa árdua, que exige um número significativo de procedimentos informativos, uma vez que a empresa abre o seu capital. Como esse processo foi estabelecido fundamentalmente para proteger investidores sem muita experiência, uma oferta privada é mais rápida e menos onerosa quando um número limitado de investidores experientes está envolvido e tem a perspicácia e a capacidade empresariais necessárias para absorver o risco. Esses investidores sofisticados ainda precisam de acesso a informações relevantes sobre a empresa e sua administração. O que constitui as informações relevantes? Quem é um investidor sofisticado? Quantos constituem um número limitado? As respostas para essas perguntas são fornecidas na Regulamentação D.

Regulamentação D

Regulamentação D
Leis que regulam uma oferta privada

A *Regulamentação D* contém (1) amplas provisões criadas para simplificar as ofertas privadas, (2) definições gerais sobre o que constitui uma oferta privada e (3) regras operacionais específicas – Regras 504, 505 e 506. A Regulamentação D exige que o emissor de uma oferta privada registre cinco cópias do Formulário D na Securities and Exchange Commission (SEC) 15 dias depois da primeira venda, a cada 6 meses a partir daí e 30 dias depois da venda final. Também regula os anúncios de venda e o pagamento de quaisquer comissões associadas.

O empreendedor que emite uma oferta privada tem de provar que as isenções concedidas foram recebidas. Isso abrange completar a documentação necessária no nível de sofisticação de cada investidor em potencial. Cada memorando de oferta apresentado a um investidor deve ser numerado e conter instruções informando que o documento não pode ser reproduzido ou revelado para qualquer outro indivíduo. A data em que o investidor (ou o representante designado) revisa as informações da empresa – isto é, seus livros e registros –, bem como a(s) data(s) de discussões entre a empresa e o investidor têm de ser registradas. No fechamento da oferta, a empresa precisa verificar e observar que outras pessoas, além das registradas, não foram contatadas a respeito da oferta. O livro que documenta todos os aspectos específicos da oferta deve ser colocado no arquivo permanente da empresa. Os procedimentos gerais da Regulamentação D foram posteriormente ampliados por três regras – 504, 505 e 506. A Regra 504 fornece a primeira isenção para uma empresa que tenta levantar uma pequena quantia de capital junto a vários investidores. Sob a Regra 504, a empresa pode vender até 500 mil dólares em títulos para um número ilimitado de investidores, sem considerar sua sofisticação, em um período de 12 meses. Embora não haja uma forma específica de divulgação exigida, a empresa emissora não pode se envolver em uma solicitação geral ou propaganda. Alguns Estados não permitem que os investidores revendam suas ações, a menos que o título seja registrado.

A Regra 505 é diferente, tanto no que se refere aos investidores quanto à quantia da oferta. Essa regra permite a venda de 5 milhões de dólares de títulos não registrados na oferta privada em qualquer período de 12 meses. Esses títulos podem ser vendidos para 35 investidores quaisquer e para um número ilimitado de investidores credenciados. Isso elimina a necessidade do teste de sofisticação e as exigências de divulgação da Regra 504. O que constitui um "investidor credenciado"? Entre os investidores credenciados estão (1) investidores institucionais, como bancos, companhias de seguros, empresas de investimentos, planos de benefícios para funcionários que tenham mais de 5 milhões de dólares em ativos, organizações com isenção de impostos com fundos dotais de mais de 25 milhões de dólares e empresas para desenvolvimento de negócios privados, (2) investidores que compram mais de 150 mil dólares dos títulos do emissor, (3) investidores cujo valor líquido é de 1 milhão de dólares ou mais no momento da venda, (4) investidores com lucros de mais de 200 mil dólares em cada um dos últimos dois anos e (5) diretores, executivos e sócios gerais da empresa emissora.

Como a Regra 504, a Regra 505 não permite propaganda ou solicitação geral por meio da mídia pública. Quando estão envolvidos somente investidores credenciados, nenhuma divulgação é exigida sob a Regra 505 (semelhante à emissão sob a Regra 504). Entretanto, se a emissão envolve investidores não credenciados, devem ser divulgadas informações adicionais. Sem levar em conta a quantia da oferta, têm de ser disponibilizados demonstrativos financeiros de dois anos para os dois anos mais recentes, a menos que a divulgação exija "esforço e despesas indevidos". Quando isso ocorre para qualquer empresa emissora que não uma sociedade limitada, pode ser usado um balanço patrimonial dos 120 dias anteriores à oferta. Todas as empresas que vendem títulos de investimento privado para investidores credenciados ou não credenciados precisam fornecer as informações adequadas sobre a empresa para ambos e permitir que sejam feitas perguntas antes da venda. A Regra 506 vai um passo além da Regra 505, permitindo que uma empresa emissora venda um número ilimitado de títulos para 35 investidores e para um número ilimitado de investidores credenciados e parentes dos emissores. Contudo, nenhuma solicitação ou propaganda geral por meio da mídia pública pode estar envolvida.

Ao assegurar qualquer financiamento externo, o empreendedor deve tomar um grande cuidado para divulgar todas as informações com exatidão. Os investidores não costumam ter problemas com a empresa, desde que suas operações continuem a ter sucesso e que esse sucesso se reflita na avaliação. Mas se o negócio se tornar problemático, tanto os investidores quanto os reguladores esmiúçam as divulgações da empresa para verificar se ocorreu alguma violação técnica ou da lei de títulos mobiliários. Quando se descobre uma violação da lei de títulos mobiliários, a administração e, às vezes, os principais acionistas da empresa podem ser considerados responsáveis na qualidade de pessoa jurídica e pessoa física. Quando isso ocorre, o indivíduo não é mais protegido pela corporação e está sujeito à responsabilização e a possíveis processos. Os processos sob a lei de títulos mobiliários impetrados por investidores lesados praticamente não têm estatuto de limitações, já que o período não inicia até que a pessoa lesada descubra, ou se espera que possa descobrir, a divulgação inadequada. O processo será levado ao tribunal federal em qualquer jurisdição onde o réu se encontre, more ou faça negócios. O indivíduo pode iniciar um processo como único querelante ou como uma ação de classe em nome de todas as pessoas igualmente afetadas. Os tribunais têm determinado grandes honorários advocatícios e liquidações quando ocorre alguma violação da lei de títulos. Devido ao número de processos e à natureza litigiosa da sociedade americana, o empreendedor deve ser extremamente cuidadoso para garantir que todas as divulgações sejam exatas. Se isso não for incentivo suficiente, deve-se ter em mente que a SEC também toma medidas administrativas, civis ou criminais sem impetrar processo individual. Essas medidas resultam em multas, prisão ou devolução do dinheiro envolvido.

FINANCIAMENTO COM RECURSOS PRÓPRIOS

Uma alternativa que deve ser considerada para a aquisição de capital externo é o financiamento com recursos próprios.[3] Essa abordagem é de particular importância no início e nos primeiros anos do empreendimento, quando o capital de financiamento por endividamento (isto é, em termos de maiores taxas de juros) ou de financiamento por patrimônio líquido (isto é, em termos de perda da propriedade) é mais dispendioso.

Além dos custos monetários, o capital externo tem outros custos. Primeiro, são necessários entre três e seis meses para levantar capital externo ou para descobrir que não há capital externo disponível. Durante esse período, o empreendedor talvez não esteja prestando a devida atenção a áreas importantes, como marketing, vendas, desenvolvimento de produtos e custos operacionais. Geralmente, uma empresa precisa de capital no momento em que tem menos tempo para levantá-lo. O presidente de uma empresa passou tanto tempo buscando obter capital que as vendas e o marketing foram negligenciados, a ponto de os índices de vendas e de lucros previstos nos demonstrativos de resultados *pro forma* não terem sido atingidos nos primeiros três anos depois da infusão de capital. Isso causou preocupação e irritação no investidor, o que exigiu mais tempo do presidente.

Segundo, o capital externo com frequência reduz o impulso da empresa rumo às metas de vendas e lucros. Um gerente eficiente jamais empregaria uma pessoa como vendedora se ela "parecesse próspera demais". Ele compreenderia que, se uma pessoa não está necessitada, ela não se esforça muito para vender. O mesmo conceito seria aplicado às empresas baseadas em financiamento externo, que tenderiam a colocar o capital externo no lugar do lucro.

Terceiro, a disponibilidade de capital aumenta o impulso para gastar. Por exemplo, uma empresa pode empregar mais funcionários do que são necessários no momento e se mudar para instalações mais caras. Assim, é facilmente esquecido o axioma básico da criação de empreendimentos: ser econômico e controlado.

Quarto, o capital externo diminui a flexibilidade da empresa, o que desvia a direção, a disposição e a criatividade do empreendedor. Os investidores menos sofisticados representam um problema, pois geralmente objetam à mudança de foco e direção da empresa, delineados no plano de negócio que atraiu seu investimento. Essa atitude atrapalha uma empresa a ponto de ela não poder implementar a mudança necessária ou de implementá-la muito lentamente, depois que muito tempo e esforço foram despendidos para chegar a um consenso. Isso talvez desmotive o empreendedor que gosta da liberdade de não trabalhar para terceiros.

Finalmente, o capital externo pode causar mais rupturas e problemas no empreendimento. O capital não é fornecido sem a expectativa de um retorno, às vezes até antes que a empresa possa proporcioná-lo. Especialmente quando há o envolvimento de investidores no patrimônio líquido, o empreendedor está sob a pressão de desenvolver continuamente sua empresa de modo que uma primeira abertura de capital possa ocorrer o mais cedo possível. Essa ênfase no desempenho de curto prazo pode se dar à custa do sucesso de longo prazo da empresa.

O financiamento com recursos próprios abrange o uso de qualquer método possível para economizar no caixa. Embora alguns empreendedores se beneficiem dos descontos disponíveis dos fornecedores, os empreendedores com fluxo de caixa restrito precisam demorar o máximo de tempo possível para pagar sem incorrer em taxas de juros ou taxas por atraso de pagamento ou correr o risco de ser cortado de qualquer item futuro do fornecedor. O empreendedor deve sempre perguntar sobre a disponibilidade de descontos por volume, descontos para clientes habituais, descontos promocionais para destacar o produto do fornecedor e até o "valor da obsolescência", o que permite a mudança para um produto aprimorado sem custos adicionais.

Também é possível obter economia solicitando uma embalagem em massa em vez de pagar mais para embrulhar os itens individualmente, assim como usar anúncios publicitários conjuntos com um membro do canal para dividir o custo do anúncio.

O financiamento em consignação também ajuda a preservar o caixa. Alguns fornecedores permitem que os empreendedores coloquem um pedido permanente com o valor total das mercadorias a serem usadas por um período de tempo, mas fazem as remessas e o pagamento somente quando necessários, garantindo, assim, o preço mais baixo de um pedido maior, sem precisar carregar o custo do estoque. Esses são apenas exemplos. A única limitação possível ao financiamento com recursos próprios é a imaginação do empreendedor.

Quase todos os empreendedores, em algum momento, precisam de capital para financiar o crescimento, o que seria muito lento ou não ocorreria se fossem utilizadas somente fontes internas de captação de recursos. O capital externo deve ser procurado apenas depois que todas as possíveis fontes internas de recursos foram exploradas. E quando os recursos externos se fazem necessários e são obtidos, o empreendedor não deve se esquecer de continuar envolvido com os aspectos básicos do negócio.

REVISÃO

RESUMO

Todos os empreendimentos exigem capital. Embora o capital seja necessário no decorrer do tempo de vida da empresa, o novo empreendedor enfrenta muitas dificuldades para a aquisição de capital no estágio inicial. Porém, antes de procurar financiamento externo, o empreendedor deve explorar todos os métodos de financiamento interno usando lucros, vendendo os ativos não utilizados, reduzindo o capital de giro, obtendo crédito junto aos fornecedores e cobrando as contas a receber imediatamente. Depois que todas as fontes internas forem exauridas, o empreendedor talvez considere necessário buscar recursos por meio do financiamento externo, o que é efetivado na forma de dívida ou de capital próprio. Ao considerar o financiamento externo, é preciso levar em conta a duração, o custo e o nível de controle de cada alternativa de acordo financeiro.

Os empréstimos de bancos comerciais são os mais usados como fonte de financiamento externo por dívida de curto prazo. Essa fonte de recursos exige garantias, que podem se basear em ativos ou tomar a forma de financiamento de fluxo de caixa. Em cada caso, os bancos tendem a ser cautelosos com o empréstimo e a ponderar cuidadosamente os cinco Cs do crédito: caráter, capacidade, capital, garantias colaterais e condições. Nem todos os empreendedores se qualificam sob a análise minuciosa do banco. Quando isso ocorre, uma alternativa para o empreendedor é o Small Business Administration Guaranty Loan. A SBA garante uma porcentagem do empréstimo, permitindo que os bancos emprestem dinheiro a empresas que, de outro modo, não poderiam obtê-lo.

Um método especial de obtenção de capital para empresas de alta tecnologia é a sociedade com participação limitada em pesquisa e desenvolvimento (P&D). É feito um contrato entre uma empresa patrocinada e uma sociedade limitada. A sociedade sustenta o risco da pesquisa, recebendo algumas vantagens nos impostos e compartilhando lucros futuros, incluindo uma taxa para o uso da pesquisa no desenvolvimento de outros produtos. O empreendedor tem a vantagem de adquirir os recursos necessários por uma proporção mínima de diluição do patrimônio líquido enquanto reduz seu próprio risco no negócio.

Os subsídios governamentais são outra alternativa disponível para as pequenas empresas, por meio do programa SBIR (Small Business Innovation Research). As empresas podem se candidatar a subsídios de 11 agências. Muitas vezes, outros subsídios federais, estaduais e municipais também estão disponíveis.

Finalmente, o empreendedor pode buscar o financiamento privado. Os investidores individuais com frequência exigem uma posição no patrimônio líquido da empresa e algum grau de controle. Uma alternativa menos cara e menos complicada para uma oferta pública de ações é a oferta privada. Seguindo os procedimentos da Regulamentação D e três de suas regras específicas – 504, 505 e 506 –, o empreendedor pode vender títulos privados. Ao fazer uma oferta privada, ele deve ter o cuidado de divulgar informações precisas e de seguir exatamente as exigências da SEC. As violações de títulos geram processos contra pessoas físicas e contra a corporação.

O empreendedor precisa considerar todas as fontes possíveis de capital e selecionar a que oferece os recursos necessários com um mínimo de custo e de perda do controle. Em geral, são usadas diferentes fontes de capital em vários estágios no crescimento e desenvolvimento do empreendimento, como ocorreu no caso de Scott Walker, um empreendedor de muito sucesso.

ATIVIDADES DE PESQUISA

1. Entreviste um executivo de empréstimos comerciais em um banco para conhecer seus critérios de concessão de empréstimos para pequenas e novas empresas. O banco utiliza os cinco Cs? Qual dos cinco Cs parece ser o mais importante?
2. Consiga uma solicitação de empréstimo em um banco local e classifique cada pergunta em termos de qual dos cinco Cs o banco está tentando avaliar.
3. Escolha um tipo de empresa que você gostaria de administrar. Depois, pesquise na Internet os subsídios governamentais possivelmente aplicáveis a você e sua empresa.
4. Entreviste três proprietários de pequenas empresas sobre o que fazem (ou têm feito) para acionar o financiamento de suas empresas. Qual é a eficiência dessas técnicas? Prepare-se para apresentar essa lista em aula e descrever o funcionamento dessas técnicas.

DISCUSSÃO EM AULA

1. Qual é a fonte de recursos mais barata? Quando todas as outras fontes recusam sua solicitação de financiamento, qual fonte muito provavelmente lhe dirá "sim"? Explique por quê. O empreendedor está explorando um relacionamento pessoal com essa possível fonte de capital? Quais são as consequências de usar essa fonte de capital se a empresa falir?
2. O governo deveria fornecer subsídios aos empreendedores que iniciam novas empresas? O governo deveria garantir os empréstimos para as pequenas empresas que não possuem o histórico, os bens e outros componentes para obter um empréstimo bancário comercial? Que benefício recebemos, como contribuintes, desses subsídios e garantias de empréstimo?
3. Por que nem todas as empresas usam o financiamento com recursos próprios (autofinanciamento)? Há riscos nessa abordagem? Quais são os benefícios de se ter uma certa folga financeira (por exemplo, um caixa de reserva)? Quais são os custos dessa folga financeira?

NOTAS

1. Crystal Detamore-Rodman, "Cash In, Cash Out," *Entrepreneur* (June 2003), pp. 53–54.
2. Para uma discussão sobre as decisões de concessão de empréstimos bancários, consulte A. D. Jankowicz and R. D. Hisrich, "Intuition in Small Business Lending Decisions," *Journal of Small Business Management* (July 1987), pp. 45–52; N. C. Churchill and V. L. Lewis, "Bank Lending to New and Growing Enterprises," *Journal of Business Venturing* (Spring 1986), pp. 193–206; R. T. Justis, "Starting a Small Business: An Investigation of the Borrowing Procedure," *Journal of Small Business Management* (October 1982), pp. 22–32; e L. Fertuck, "Survey of Small Business Lending Practices," *Journal of Small Business Management* (October 1982), pp. 42–48.
3. O autofinanciamento é discutido em Anne Murphy, "Capital Punishment," *Inc.* (November 1993), pp. 38–42; e Michael P. Cronin, "Paradise Lost," *Inc.* (November 1993), pp. 48–53.

12

CAPITAL DE RISCO INFORMAL, CAPITAL DE RISCO FORMAL E ABERTURA DE CAPITAL

OBJETIVOS DE APRENDIZAGEM

▶ Explicar os estágios básicos do financiamento de empreendimentos.

▶ Discutir o mercado de capital de risco informal.

▶ Discutir a natureza do setor de capital de risco formal e o processo de decisão do capital de risco formal.

▶ Explicar todos os aspectos da avaliação de uma empresa.

▶ Identificar vários métodos de avaliação de uma empresa.

▶ Explicar o processo de abertura de capital.

PERFIL DE ABERTURA

Richard Branson – www.virgin.com

Mais imperador do que CEO, Richard Branson e seu império do Virgin Group são uma sensação mundial: Branson é um dos empreendedores mais bem-sucedidos, esclarecidos e escandalosos do mundo atual. O Virgin Group compete com as maiores empresas nos mais diversos setores há quatro décadas. Liderado por Sir Richard Branson (que recebeu seu título de cavaleiro em 31 de dezembro de 1999 por "serviços ao empreendedorismo"), o que começou como uma editora fracassada se transformou em 200 negócios em mais de 30 países.[1] De acordo com a lista de bilionários da revista *Forbes* de 2011, a fortuna de Branson chega a 2,58 bilhões de libras (cerca de R$ 8 bilhões de reais), o que o torna a quinta pessoa mais rica da Grã-Bretanha e a 254ª mais rica do mundo.[2] Qual é o segredo do sucesso? Uns acreditam que seja o tino para os negócios; outros, sua paixão pela vida; outros ainda, seus golpes de marketing espetaculares. Nossa única certeza é que Richard Branson possui um espírito empreendedor e um otimismo entusiasmado que contagiam e afetam todos com quem ele entre em contato. Seja voando pelo mundo em um balão ou concorrendo contra as três grandes alianças de companhias aéreas, o desejo por aventuras e o comportamento arriscado de Branson o transformaram em uma das figuras favoritas da comunidade empresarial.

Todos os empreendedores aspirantes e fracassados querem aprender com os que tiveram sucesso, e a história de sucesso de Branson corresponde à sua reputação de rebelde e anticonformista. Ele foi um mau aluno, descobrindo apenas muito mais tarde que seus problemas na escola eram causados em parte pela dislexia. Aos 16 anos, ele abandonou sua escola preparatória e fundou uma revista chamada *Student*. Conta-se que quando foi informado de sua intenção de abandonar os estudos, o diretor da escola escreveu um bilhete: "Parabéns, Branson. Prevejo que você acabará na cadeia ou milionário".[3] Como ele poderia imaginar que o termo certo seria *bilionário*?

A *Student* não deu lucros, mas pelo menos deu alguma credibilidade profissional a seu fundador. Motivado pelo clima antiautoritário dominante entre a juventude da década de 1960, Branson convenceu grandes celebridades, como Norman Mailer, Jean-Paul Sartre e James Baldwin, a escreverem artigos para sua revista sobre assuntos irreverentes que os veículos tradicionais se recusavam a abordar, um tema que caracterizaria o resto de sua carreira.[4] À beira da falência, Branson teve a ideia de vender discos pelo correio com preços ligeiramente reduzidos, anunciando o serviço em sua revista que já estava em circulação. Assim nasceu a Virgin Records, supostamente batizada em homenagem à falta de conhecimento e experiência comercial da equipe, além do choque obrigatório que o nome causava. A primeira loja de varejo foi inaugurada em 1971, na Oxford Street, em Londres.

A Virgin Records teve sucesso como o primeiro negócio do tipo com foco direto em consumidores de 18-25 anos. Contudo, foi a criação de uma gravadora que selou o destino de prosperidade da Virgin. Branson contratou Mike Oldfield e juntos os dois lançaram *Tubular Bells*, uma peça instrumental que se tornou um clássico imediato e pôs a Virgin Records no mapa. Seguindo sua intuição, não a opinião pública, Branson continuou a contratar artistas que as gravadoras mais convencionais desconsideravam por causa do conteúdo ou comportamento irreverentes. Contratar os Sex Pistols, que foram abandonados por duas grandes gravadoras por serem um grande problema de relações públicas, transformou a Virgin Records na maior gravadora independente do mercado, incluindo astros como UB40, Rolling Stones e Paula Abdul.[5]

Em 1983, com a receita da Virgin Records se aproximando de 50 milhões de libras, o espírito empreendedor de Branson o dominou e ele embarcou no maior desafio de sua carreira: a Virgin Atlantic. Apesar de lucrativas, as companhias aéreas são extremamente arriscadas e exigem muito capital, sem contar que são monopolizadas por três grandes alianças mundiais. Branson ignorou as vozes pessimistas e decidiu criar uma companhia aérea que tivesse foco no cliente, não nos lucros, oferecendo inúmeras regalias a preços baixos. A empresa teve sucesso no início, mas enfrentou um período de turbulência na década de 1990 devido a recessões, aumentos do preço do petróleo e ameaças terroristas que prejudicaram o setor de turismo. Para manter a companhia aérea operacional, Branson foi forçado a vender a Virgin Records por um preço altamente inflacionado (quase 1 bilhão de dólares) à Thorn-EMI em 1992.[6] Vender sua gravadora, o alicerce adorado de sua carreira, entristeceu Branson profundamente, e ele percebeu que se tornar prisioneiro dos credores não seria uma opção em seus empreendimentos futuros.

Desde a fundação da Virgin, o empreendedor em série expandiu o grupo para diversos setores, incluindo telefonia móvel, ponto-coms, transporte aéreo e ferroviário, finanças, varejo, hotelaria e lazer e rádio. A estratégia parece improvisada nos melhores dias, ausente nos piores. O que é o Virgin Group, exatamente? Um conglomerado? Uma incubadora? Uma marca licenciada para franquias? A resposta a todas essas perguntas é... sim. Branson cunhou um novo termo para descrever seu império: "organização de capital de risco de marca". Ele define o modelo de negócio híbrido da Virgin da seguinte forma: "Investimos, em conjunto com diversos parceiros comerciais e institucionais, em uma ampla variedade de negócios que compartilham ou têm o potencial de compartilhar certos valores de marca comuns".[7] Rejeitando as práticas de crédito formais depois da venda de sua adorada gravadora, Branson decidiu alavancar a marca que construíra. Em troca do capital líquido de investidores ricos, Branson licencia o uso do nome Virgin e mantém uma participação majoritária na empresa. Desse modo, Branson comprou participações em mais de 200 empresas ao redor do mundo, com o objetivo de transformar a Virgin em uma das 20 maiores marcas globais.

Como o nome Virgin ganhou tanto valor enquanto marca? Branson cita dois casos específicos: o ramo musical e o conceito de Megastore, que criaram uma imagem jovem que buscava consumidores *indies* no final da década de 1970, e a Virgin Atlantic, cujo foco no consumidor gerou uma reputação de qualidade, valor, inovação e diversão. Tirar Branson da equação é um argumento convincente e sugere que o processo poderia ser duplicado. Por outro lado, Branson não é exatamente um CEO qualquer, que assiste ao império de trás da mesa e controla tudo por controle remoto. Desde a *Student*, Branson sempre foi o próprio diretor de marketing, relações públicas e diretor de vendas, tudo em uma pessoa só. Um autoproclamado "capitalista de aventura", suas muitas peripécias nas últimas décadas chamaram a atenção para si e para o negócio.

Depois de causar sensação na mídia com a revolução da Virgin Records, Branson ficou obcecado com a ideia de quebrar o recorde de travessia marítima do Oceano Atlântico em um barco. Depois de a primeira tentativa ir (literalmente) por água abaixo em 1985, ele tentou de novo no ano seguinte e venceu. A então primeira-ministra Margaret Thatcher o parabenizou pessoalmente pelo feito. A seguir, ele tentou realizar a mesma travessia em um balão. Três tentativas de circum-navegação do mundo no mesmo balão fracassaram, mas ainda conquistaram muita atenção na mídia global. Além de suas aventuras aeronáuticas, Branson apresentou um *reality show* na TV, apareceu em um episódio de *SOS Malibu*, é colunista frequente da revista *Entrepreneur*, entre outras publicações, e escreve seu próprio *blog*.[8] Seu desafio mais recente é um voo comercial à Lua. A Virgin Galactic deve enviar seus primeiros passageiros ao espaço nos próximos anos. A passagem custa apenas 200.000 dólares por pessoa.[9]

A imagem de astro do rock de Richard Branson o transformou em celebridade nos últimos anos. As marcas de bens de luxo o contratam para se tornar o rosto de seus produtos. Assim como toda celebridade, ele ganha bem apenas para aparecer em eventos e dar discursos (cerca de 300.000 dólares por aparição, segundo um artigo da revista *Forbes*). Entretanto, ao contrário de outras pessoas, cuja fama e fortuna transformaram-nas em excêntricos extravagantes, Branson parece ter ficado ainda mais simples com a riqueza. Em 2005, o Virgin Group criou uma fundação sem fins lucrativos, a Virgin Unite, com a missão de revolucionar a maneira como governos, negócios e o setor social trabalham em conjunto, motivando os negócios a serem uma força positiva no mundo.[10] Branson indica, com palavras e ações, que o empreendedorismo é uma ferramenta para melhorar o mundo, especialmente em países subdesenvolvidos. Ele também criou o Branson Centre of Entrepreneurship, atualmente com seus dois principais focos regionais na África do Sul e no Caribe. Partindo da ideia de "negócios do bem", a organização ajuda empreendedores locais a fundarem, administrarem e expandirem seus negócios, com o objetivo de estimular as economias locais. Sobre ser um ícone no mundos negócios, Branson comenta: "Quem se torna uma figura de projeção mundial tem a responsabilidade de não desperdiçar esse fato. Isso significa que posso montar organizações como a Ocean Elders, a Carbon War Room ou o CDC na África, usando minhas habilidades empreendedoras e recursos financeiros no processo. Quem usa sua celebridade para o bem pode fazer a diferença".[11]

Apesar de não ter credenciais formais de alguma instituição acadêmica, o sucesso aparentemente infinito de Branson deixa os aspirantes a empreendedor curiosos sobre seus métodos. Em 2010, ele escreveu um artigo para a revista *Entrepreneur* listando os cinco segredos de seu sucesso. A saber: (1) goste do que faz, (2) crie algo que se destaca, (3) crie algo do qual todos que trabalham para você têm muito orgulho, (4) seja um bom líder e (5) ganhe visibilidade.[12] Seria muito difícil encontrar exemplos de situações em que Branson não seguiu os próprios conselhos. Como demonstram praticamente todos os empreendimentos que criou, Branson adota uma abordagem aos negócios totalmente centrada nas pessoas. Criar felicidade, seja ela entre funcionários, clientes ou beneficiários de suas iniciativas sociais, é a essência de sua estratégia. Branson tem alma de empreendedor e cada dia representa novas ideias e novos desafios que ele acolhe de braços abertos. O mundo está sempre ansioso por descobrir qual será seu próximo passo.

FINANCIANDO A EMPRESA

Ao avaliar a adequação das alternativas de financiamento, principalmente o financiamento por capital de risco e o financiamento por investidores-anjos, o empreendedor deve determinar a quantia e o cronograma dos recursos necessários, bem como as taxas de vendas e de crescimento projetadas pela empresa. Pequenas empresas convencionais e empresas de mercado intermediário de capital fechado tendem a ter dificuldade para obter capital próprio externo, em especial do setor de capital de risco. A maioria dos investidores de capital de risco prefere investir em empreendimentos de software, de biotecnologia ou em empreendimentos de grande potencial, como os diversos fundados por Richard Branson, ou o Facebook de Mark Zuckerberg. Na Tabela 12.1 são indicados os três tipos de financiamento durante o desenvolvimento do negócio. Os problemas de financiamento, bem como o custo dos recursos, diferem para cada tipo. O *financiamento do estágio inicial* é o de obtenção mais difícil e onerosa. Dois tipos de financiamento estão disponíveis durante esse estágio: o capital inicial e o capital de lançamento. O capital inicial, o financiamento de mais difícil obtenção por meio de fundos externos, é uma quantia relativamente pequena de fundos necessários para testar os conceitos e financiar os estudos de viabilidade. Como os investidores de risco formal quase sempre têm um nível mínimo de financiamento acima de 500 mil dólares, raramente se envolvem nesse tipo de investimento, exceto no caso de empresas de alta tecnologia e de empreendedores com um histórico de sucesso necessitando de uma quantia significativa de capital. O segundo tipo de financiamento é o capital de lançamento. Como o nome sugere, esse tipo de financiamento relaciona-se ao desenvolvimento e à venda de alguns produtos iniciais para determinar se as vendas comerciais são viáveis. Esses recursos também são difíceis de obter. Os investidores-anjos são ativos nesses dois tipos de financiamento.

O *financiamento de desenvolvimento* ou de expansão (o segundo tipo básico de financiamento) é mais fácil de obter do que o financiamento do estágio inicial. Os investidores de risco formal desempenham um papel ativo nessa provisão de fundos. À medida que a empresa se desenvolve em cada estágio, os recursos para expansão são menos onerosos. No segundo estágio os recursos servem como capital de giro para sustentar o crescimento inicial. No terceiro estágio, a empresa atingiu o ponto de equilíbrio ou tem um nível positivo de lucros e utiliza os recursos para uma grande expansão nas vendas. No quarto estágio, os recursos são usados como financiamento-ponte no período em que a empresa se prepara para abrir seu capital.

financiamento do estágio inicial
Um dos primeiros financiamentos obtidos por uma empresa

financiamento de desenvolvimento
Financiamento para expandir rapidamente a empresa

TABELA 12.1 Estágios do financiamento no desenvolvimento de uma empresa

Financiamento do estágio inicial	
• Capital inicial	Quantias relativamente pequenas para testar conceitos e estudos de viabilidade financeira
• Lançamento	Desenvolvimento do produto e marketing inicial, mas ainda sem vendas comerciais; financiamento para o início efetivo das operações da empresa
Financiamento de expansão ou desenvolvimento	
• Segundo estágio	Capital de giro para a fase de crescimento inicial, mas ainda sem lucratividade ou fluxo de caixa
• Terceiro estágio	Grande expansão da empresa com rápido crescimento de vendas, em níveis de ponto de equilíbrio ou em situações positivas de lucro, mas ainda como empresa privada
• Quarto estágio	Financiamento-ponte para preparar a empresa à abertura de capital
Financiamento de aquisições ou de aquisição alavancada	
• Aquisições tradicionais	Tomada de propriedade e controle de outra empresa
• Aquisições alavancadas (LBOs)	Administração de uma empresa adquirindo o controle por meio da compra de parte dos atuais proprietários
• Fechamento de capital	Alguns dos proprietários/administradores de uma empresa compram todas as ações no mercado, tornando a empresa privada novamente

O *financiamento de aquisição* ou financiamento de aquisição alavancada (terceiro tipo) é de natureza mais específica. Destina-se a atividades como as aquisições tradicionais, a aquisição alavancada (a administração compra dos atuais proprietários) e o fechamento de capital (uma empresa de capital aberto compra as ações dos acionistas existentes, tornando-se, assim, uma empresa de capital fechado).

Há três *mercados de capital de risco* que podem estar envolvidos no financiamento do crescimento de uma empresa: o *mercado de capital de risco informal*, o *mercado de capital de risco formal* e o *mercado de participação acionária pública*. Embora os três mercados de capital de risco sejam uma fonte de fundos para financiamento no estágio 1, o mercado de participação acionária pública está disponível somente para empresas de alto potencial, em especial quando há o envolvimento de tecnologia avançada. Recentemente, algumas empresas de biotecnologia levantaram seu financiamento do primeiro estágio por meio do mercado de participação acionária pública, uma vez que os investidores estavam entusiasmados com as perspectivas e com os possíveis retornos nessa área de grande interesse. Isso também ocorreu nas áreas da oceanografia e de combustíveis alternativos. Embora as empresas de capital de risco também ofereçam financiamento do primeiro estágio, o empreendimento deve exigir um nível mínimo de capital; o valor varia entre 500 mil e 3 milhões de dólares, dependendo da empresa. Uma empresa de capital de risco estabelece esse nível mínimo de investimento devido aos altos custos de avaliação e monitoramento de um contrato. Certamente, a melhor fonte de recursos para o financiamento do primeiro estágio é o mercado de capital de risco informal – o primeiro tipo de mercado de capital de risco.

MERCADO DE CAPITAL DE RISCO INFORMAL

O mercado de capital de risco informal, o tipo menos compreendido de capital de risco, consiste em um grupo praticamente invisível de investidores de recursos, chamados *investidores--anjos dos negócios*, que buscam oportunidades de investimento em patrimônio líquido em uma ampla variedade de empreendimentos. Com investimentos tradicionalmente variando entre 10 mil e 500 mil dólares, essas pessoas oferecem o capital necessário em todos os estágios de financiamento, mas em especial no financiamento de lançamento (primeiro estágio). As empresas financiadas pelo mercado de capital de risco informal com frequência levantam um financiamento do segundo e do terceiro estágios em firmas profissionais de capital de risco ou no mercado de participação acionária pública.

Apesar de ser invisível para muitos empreendedores, o mercado de investimentos informais contém o maior *pool* de capital de risco nos Estados Unidos. Embora não exista qualquer verificação do tamanho desse *pool* nem da quantia total de financiamento fornecida pelos "investidores-anjos dos negócios", as estatísticas relacionadas oferecem algumas indicações. Um levantamento feito em 1980 com uma amostra de emissores de distribuições privadas por corporações, relatadas para a Securities and Exchange Commission sob a Regra 146, descobriu que 87% dos que compravam essas participações eram investidores individuais ou trusts pessoais, investindo uma média de 74 mil dólares.[13] As distribuições privadas registradas sob a Regra 145 atingiam a média de 1 bilhão de dólares por ano. Outra indicação torna-se evidente no exame dos registros da Regulamentação D, a regulamentação que isenta certas ofertas privadas e limitadas das exigências de registro do Securities Act de 1933, discutido no Capítulo 11. Em seu primeiro ano, mais de 7.200 registros, no valor de 15,5 bilhões de dólares, foram feitos sob a Regulamentação D. As corporações eram responsáveis por 43% do valor (6,7 bilhões de dólares), ou 32% do número total de ofertas (2.304). As corporações com registros de ofertas limitadas (abaixo de 500 mil dólares) levantaram 220 milhões de dólares, uma média de 200 mil dólares por empresa. Os típicos emissores de corporações tendiam a ser pequenos, com menos de 10 acionistas, receitas e ativos abaixo dos 500 mil dólares, patrimônio líquido dos acionistas de 50 mil dólares ou menos e cinco funcionários ou menos.[14]

Resultados semelhantes foram encontrados em um exame dos recursos levantados por pequenas empresas de base tecnológica antes de sua primeira abertura de capital. O estudo revelou

financiamento de aquisição
Financiamento para comprar outra empresa

mercados de capital de risco
Mercados que oferecem financiamento e capital próprio para situações de financiamento incertas

mercado de capital de risco informal
Área do mercado de capital de risco formada principalmente por pessoas físicas

mercado de capital de risco formal
Um dos mercados de capital de risco formado por pessoas jurídicas

mercado de participação acionária pública
Um dos mercados de capital de risco formado por participação acionária pública das empresas

investidores-anjos dos negócios
Nome atribuído às pessoas no mercado de capital de risco informal

SAIU NA *BUSINESS NEWS*

ANGELLIST: O FUTURO DO INVESTIMENTO?

O AngelList é um serviço gratuito utilizado por empresas iniciantes e investidores para levantar capital de forma rápida e eficiente. Com mais de 7.600 apresentações entre participantes até junho de 2011, essa ferramenta *online* havia ligado mais de 800 empresas novatas diretamente com mais de 1.200 investidores-anjos em potencial. Historicamente, obter financiamento de investidores-anjos é um processo longo e tedioso para os empreendedores, que muitas vezes precisam ser apresentados múltiplas vezes em suas redes de investimento antes de encontrarem um investidor realmente interessado no empreendimento, ainda assim sem garantia de obter os recursos desejados. Da perspectiva do investidor-anjo, essa rede informal para a conexão entre empresas iniciantes e investidores era igualmente frustrante e demorada. Muitos investidores expressavam frustração com o processo de participar de reuniões nas quais precisavam de poucos minutos para saber que não estavam interessados no empreendimento, o que era um desperdício de tempo e esforço para ambas as partes, investidores e empreendedores. O AngelList elimina o intermediário e permite que empreendedores e investidores interajam diretamente, resolvendo esses problemas para ambos.

O AngelList funciona como um mercado (semelhante ao Craigslist) para conexões e apresentações entre os dois grupos. Para dar início ao processo, os empreendedores enviam seus planos de negócio e informações da empresa ao AngelList. Os funcionários do AngelList leem as solicitações e selecionam os 5% melhores com base no potencial de crescimento, na existência de um investidor-anjo ou fundador conhecido ou na recomendação de um assessor ou colega conhecido. As solicitações são então repassadas a investidores interessados e experientes no setor da empresa iniciante. Os investidores examinam os perfis das empresas enviados pelo AngelList e contatam os empreendedores diretamente caso estejam interessados na empresa. Assim como os empreendedores, os investidores são adicionados ao *site* por um processo de seleção. Todos os investidores do AngelList precisam ter realizado pelo menos um investimento no último ano, provar que são uma pessoa real e listar publicamente seus investimentos pregressos. Os investidores que entram na lista e depois demonstram não estar à altura do processo ou não realizam investimentos nos 12 meses subsequentes são removidos do *site*. O processo mantém os investidores ativos e impede que eles se tornem observadores silenciosos, envolvidos com o *site* apenas para monitorar tendências de mercado e descobrir as novidades de seus setores.

O benefício principal do AngelList, e o mais óbvio, é a redução significativa no tempo necessário para que uma empresa iniciante encontre investidores e obtenha os fundos necessários, reduzindo um processo que historicamente demorava meses a algumas poucas semanas ou, em alguns casos, poucos dias. Essa redução significativa de tempo permite que as empresas avancem com mais agilidade e levem seus produtos ao mercado mais rápido do que nunca. À medida que demonstra crescimento, a empresa iniciante pode levantar mais capital com investidores-anjos por meio do AngelList ou procurar o setor de capital de risco formal para continuar sua expansão. Quanto mais a popularidade do AngelList cresce, mais o processo de investimento de capital muda; o financiamento de investidores-anjos (em geral, 1 milhão de dólares ou menos) está substituindo a primeira rodada mais tradicional de financiamento por capital de risco. Essa rede de empreendedores e investidores, com abrangência global e em expansão permanente, também está criando novas oportunidades de financiamento em locais que não costumavam ter acesso a investidores-anjos. Com o acesso simplificado, eficiente e globalizado a capital que o AngelList está criando, o futuro dos investimento por investidores-anjos terá mudado para sempre.

Fonte: Para mais informações, consulte T. Geron, "AngelList Takes Angel Investing to Warp Speed," *Forbes.com* (serial online), June 20, 2011, p. 3.

---

que indivíduos não afiliados (o mercado de investimentos informais) eram responsáveis por 15% desses recursos, enquanto os investidores de risco formal situavam sua contribuição entre 12 e 15% somente. Durante o ano de lançamento, pessoas não afiliadas forneciam 17% do capital externo.[15]

Um estudo dos "investidores-anjos dos negócios" feito na Nova Inglaterra produziu resultados semelhantes. Os 133 investidores individuais estudados relataram investimentos de capital de risco que totalizavam mais de 16 milhões de dólares em 320 empreendimentos entre 1976 e 1980. Esses investidores apresentavam uma média de um negócio a cada dois anos, com um tamanho médio de 50 mil dólares. Embora 36% desses investimentos fossem, em média, inferiores a 10 mil dólares, 24% tinham uma média acima de 50 mil dólares. Embora 40% desses investimentos fossem em empresas iniciantes, 80% envolviam empreendimentos com até cinco anos de vida.[16]

A dimensão e o número desses investidores aumentaram substancialmente, em parte devido à rápida acumulação de riqueza em vários setores da economia. Um estudo sobre finanças do consumidor concluiu que a riqueza líquida de 1,3 milhão de famílias norte-americanas estava acima de 1 milhão de dólares.[17] Essas famílias, representando cerca de 2% da população, acumularam a maior parte de sua riqueza a partir de lucros que os próprios indivíduos geraram, não de heranças, e investiram mais de 151 bilhões de dólares em empresas de capital fechado nas quais não tinham interesse administrativo. A cada ano, mais de 100 mil investidores individuais financiam entre 30 e 50 mil empresas, com um investimento entre 7 e 10 bilhões de dólares. Dada sua capacidade de investimento, é importante conhecer as características desses "investidores-anjos".

Um estudo determinou que o dinheiro dos "investidores-anjos" disponível para investimento a cada ano era de aproximadamente 20 bilhões de dólares.[18] Essa quantia foi confirmada por outro estudo, que indicou haver em torno de 250 mil investidores que investem valores entre 10 e 20 bilhões de dólares por ano em aproximadamente 30 mil empresas.[19] Um estudo recente detectou que apenas cerca de 20% dos "investidores-anjos" pesquisados tendiam a se especializar em um setor específico, com o investimento característico na primeira rodada estando entre 29 mil e até mais de 100.000 dólares.[20]

As características desses investidores informais, ou "investidores-anjos", são apresentadas na Tabela 12.2. Eles tendem a ter um bom nível educacional, sendo que muitos possuem

TABELA 12.2 Características dos investidores informais

Padrões e relacionamentos demográficos
- Boa escolaridade, muitos com curso superior.
- Financiam empresas em qualquer parte, principalmente nos Estados Unidos.
- A maioria das empresas financiadas fica à distância de um dia de viagem.
- A maioria espera desempenhar um papel ativo nos empreendimentos financiados.
- Muitos pertencem a clubes de "investidores-anjos".

Registros de investimentos
- Variação dos investimentos: US$ 100 mil – 500 mil
- Investimento médio: US$ 340 mil
- Um a dois acordos por ano

Empreendimentos preferidos
- Maioria dos investimentos em empresas iniciantes ou em empreendimentos com menos de cinco anos
- Maior interesse em financiar:
  - Manufatura – produtos industriais/comerciais
  - Manufatura – produtos de consumo
  - Recursos naturais/energia
  - Serviços
  - Software

Expectativas de risco/retorno
- Ganhos médios de capital, em 5 anos, de 10 vezes para empresas iniciantes
- Ganhos médios de capital, em 5 anos, de 6 vezes para empresas com menos de 1 ano
- Ganhos médios de capital, em 5 anos, de 5 vezes para empresas com idade entre 1 e 5 anos
- Ganhos médios de capital, em 5 anos, de 3 vezes para empresas estabelecidas com mais de 5 anos

Motivos para rejeitar propostas
- Proporção entre risco/retorno inadequada
- Equipe administrativa inadequada
- Falta de interesse na área empresarial proposta
- Impossibilidade de acordo no preço
- Comprometimento insuficiente da diretoria
- Falta de familiaridade com a área do negócio

curso superior. Embora financiem empresas em qualquer parte dos Estados Unidos (e algumas em outras regiões do mundo), a maioria das empresas que recebem esse financiamento situa-se a uma distância de um dia de viagem. Os "investidores-anjos dos negócios" fazem um ou dois negócios por ano, com investimentos por empresa variando entre 100 e 500 mil dólares, sendo a média em torno de 340 mil dólares. Se a oportunidade for boa, os "investidores-anjos" poderão investir de 500 mil a 1 milhão de dólares. Em alguns casos, os "investidores-anjos" se reúnem em um círculo de amigos em comum a fim de financiar negócios maiores.

Existe alguma preferência com relação ao tipo de empreendimento em que eles investem? Embora os "investidores-anjos" invistam em todo tipo de oportunidade, de pequenas lojas até grandes operações de exploração de petróleo, eles costumam preferir manufatura de produtos industriais ou de consumo, energia, serviços e comércio varejista/atacadista. Os retornos esperados diminuem à medida que aumenta o número de anos de funcionamento da empresa, a partir de um ganho médio de capital, em cinco anos, de 10 vezes para empresas iniciantes até três vezes para firmas estabelecidas há mais de cinco anos. Esses investidores são mais pacientes em seus horizontes de investimento e não veem dificuldade em esperar por um período de 7 a 10 anos antes de pegar o dinheiro de volta, o que contrasta com o horizonte de tempo de cinco anos que predomina no setor de capital de risco formal. As oportunidades de investimento são rejeitadas quando há uma proporção inadequada entre risco e retorno, uma equipe administrativa inadequada, falta de interesse na área de atuação da empresa ou comprometimento insuficiente dos diretores com o empreendimento.

O mercado de investidores-anjos investidores tem média de 20 bilhões de dólares por ano, semelhante ao nível de investimento anual de capital de risco. No entanto, os investimentos de investidores-anjos ocorrem em oito vezes mais empresas. Em condições econômicas normais, o número de investidores ativos gira em torno de 250.000 indivíduos nos Estados Unidos, normalmente com 5-6 investidores envolvidos em cada investimento.

Como os "investidores-anjos dos negócios" encontram seus negócios? Os negócios são descobertos por meio de referências de associados de entidades de classe, amigos, pesquisa pessoal ativa, banqueiros de investimentos e corretores de empresas. Entretanto, embora essas *fontes de referência* levem a alguns negócios, a maior parte desses investidores não se satisfaz com o número e o tipo de recomendações de investimentos. Dos investidores entrevistados, 51% estavam parcial ou totalmente insatisfeitos com seus sistemas de referência e indicaram que pelo menos alguma melhoria é necessária.

fontes de referência
Meios pelos quais investidores individuais descobrem negócios potenciais

Um fenômeno que está se espalhando pelos Estados Unidos e por todo o mundo, especialmente Áustria, Alemanha, Irlanda e Grã-Bretanha, é o de grupos de investidores-anjos: grupos organizados de investidores-anjos investidores. Cada grupo ou clube de investidores-anjos se reúne por 2-3 horas, de 6 a 10 vezes por ano. Alguns grupos coinvestem com outros grupos. O grupo como um todo não possui dinheiro, sendo apenas um mecanismo de reuniões e triagem para apresentações. Os membros investem individualmente ou com outros interessados, caso algum investimento seja realizado.

O processo de clube normal é enviar o formulário necessário para o membro do clube designado. Após a triagem inicial, caso o empreendedor seja escolhido, ocorrem reuniões de seguimento com diversos membros. Se o empreendedor é selecionado para se apresentar durante uma reunião futura, ele recebe orientações para refinar o plano de negócio e aprimorar a apresentação. Em geral, são alocados 30 minutos para a apresentação e as perguntas; depois disso, os membros interessados se reúnem com o empreendedor para analisar passos futuros no processo de decisão de investimento. A Kauffman Foundation (www.kauffman.org) identificou cerca de 300 grupos organizados de investidores-anjos. A maioria, como a Thunderbird Angel Network (TAN), pode ser acessada por um aplicativo chamado GUST (gust.com).

Em diversos casos, os clubes organizados levaram à formação de um fundo de investidores-anjos, composto por um montante de caixa dedicado a uma região específica e diversos setores. O tamanho dos fundos varia entre 5 e 10 milhões de dólares. Os poucos fundos de investidores-anjos existentes operam de modo semelhante aos fundos de capital de risco patrocinados por universidades, analisados posteriormente neste capítulo.

CAPITAL DE RISCO FORMAL

A importante e pouco compreendida área do capital de risco formal será discutida considerando sua natureza, o setor nos Estados Unidos e o seu processo.

Natureza do capital de risco formal

O capital de risco formal é outra área incompreendida no empreendedorismo. Alguns acreditam que os investidores de risco formal proporcionam o financiamento do primeiro estágio de empresas de tecnologia relativamente pequenas e de rápido crescimento. É mais exato ver o capital de risco formal de maneira mais ampla como um *pool* de capital próprio administrado profissionalmente. O *pool de capital próprio* é formado a partir de recursos de instituições ou indivíduos ricos que são sócios limitados. Outros investidores importantes nas sociedades limitadas de capital de risco são os fundos de pensão, os fundos dotais e outras instituições, inclusive os investidores estrangeiros. O *pool* é administrado por um sócio geral – isto é, a empresa de capital de risco – em troca de uma porcentagem dos ganhos obtidos sobre o investimento e de uma taxa. Os investimentos são feitos em negócios no estágio inicial, em negócios no segundo e no terceiro estágios e em aquisições alavancadas. Na verdade, esse capital de risco é mais bem caracterizado como uma disciplina de investimento de longo prazo que ocorre ao longo de um período de cinco anos, o qual é encontrado na criação de empresas em estágio inicial, na expansão e revitalização de empresas existentes e no financiamento de aquisições alavancadas de divisões existentes de grandes corporações ou empresas de capital fechado. Em cada investimento, o investidor adquire uma *participação no patrimônio líquido* por meio de ações, garantias e/ou títulos conversíveis e tem um envolvimento ativo no acompanhamento do portfólio de cada empresa, proporcionando investimento, financiando o planejamento e oferecendo suas habilidades empresariais. O investidor de capital de risco muitas vezes oferece crédito em conjunto com a parte de capital próprio do financiamento.

pool de capital próprio
Dinheiro levantado pelos investidores de capital de risco para investir

participação no patrimônio líquido
Assumir uma posição de propriedade

Visão geral do setor de capital de risco formal

Embora o papel do capital de risco formal tenha sido utilizado ao longo da industrialização dos Estados Unidos, ele não foi institucionalizado antes da Segunda Guerra Mundial. Antes da guerra, a atividade de investimento de risco era um monopólio liderado por indivíduos ricos, sindicatos de bancos de investimentos e algumas organizações familiares com administração profissional. O primeiro passo rumo à institucionalização do setor de capital de risco foi dado em 1946, com a formação da American Research and Development Corporation (ARD), em Boston. A ARD era um pequeno aglomerado de capital de indivíduos e instituições reunido pelo General Georges Doriot para investimentos ativos em empresas emergentes selecionadas.

A próxima etapa importante no desenvolvimento, o Small Business Investment Company Act de 1958, casou o capital privado com recursos governamentais a serem gerenciados profissionalmente por pequenas companhias de investimento (*empresas SBIC*) a fim de injetar capital em empresas nas fases de lançamento e de crescimento. Com vantagens nos impostos, fundos governamentais para alavancagem e seu *status* de empresa de capital privado, as SBICs foram o começo do atual setor de capital de risco formal. Nos anos 1960 houve uma expansão significativa das SBICs, com a aprovação de aproximadamente 585 licenças para SBIC envolvendo mais de 205 milhões de dólares em capital privado. Muitas dessas primeiras SBICs não deram certo devido à inexperiência dos administradores, às expectativas exageradas, à concentração na lucratividade de curto prazo e ao excesso de regulamentações do governo. Esses primeiros fracassos fizeram o programa SBIC ser reestruturado, eliminando algumas das regulamentações governamentais desnecessárias e elevando a quantia de capitalização exigida. Há aproximadamente 360 SBICs em operação atualmente, 130 das quais são pequenas empresas de investimento de minorias (MESBICs) que financiam empreendimentos de propriedade de minorias.

empresas SBIC
Pequenas empresas, com algum subsídio do governo, que investem em outras empresas

SAIU NA *BUSINESS NEWS*

AS PREFERÊNCIAS DOS EMPREENDEDORES NO MUNDO DO CAPITAL DE RISCO

A qualidade e a frequência das interações entre uma empresa de capital de risco e uma iniciante são importantíssimas para o crescimento e o sucesso de longo prazo da empresa. Além de fornecer o capital financeiro para a entidade, as empresas de capital oferecem assessoria operacional, experiência financeira, governança e conexões. Essas contribuições não financeiras são tão importantes para o crescimento e o sucesso de longo prazo de uma entidade quanto a contribuição de capital inicial. Entretanto, o empreendedor deve estar ciente de que a qualidade dessas contribuições não financeiras varia entre as empresas de capital de risco. As mais influentes e benéficas com as quais formar parcerias são aquelas que se envolverão ativamente, ajudando no crescimento e na expansão do negócio. Os empreendedores devem ser seletivos na escolha da empresa de capital de risco com a qual se associarão e garantir que a empresa selecionada agregará o máximo de valor à empresa.

Para obter o maior valor de seus parceiros de capital de risco, a maioria dos empreendedores prefere trabalhar com empresas de capital de risco fechadas independentes, pois suas equipes administrativas são remuneradas com base na rentabilidade das empresas nas quais investem (em geral, 20% dos lucros). Essa estrutura de compensação alinha os interesses da equipe de capital de risco com os de seus investidores, e também com os dos investidores, de crescer e expandir a empresa, motivando-os a se envolver com as operações do negócio. As equipes de empresas de capital de risco corporativas, financeiras e governamentais, por outro lado, muitas vezes recebem salários anuais e bônus por desempenho. Essa estrutura de compensação motiva as equipes a se envolverem com as empresas de seu portfólio, mas muito menos do que quando toda a remuneração depende da rentabilidade da carteira de investimentos.

As empresas de capital de risco com um histórico comprovado de investimentos de sucesso muitas vezes desenvolvem uma reputação em seus setores de tomarem boas decisões de investimento e agregarem valor significativo à empresa após a aquisição. À primeira vista, essa credencial parece positiva e faria os empreendedores preferirem formar parcerias com essas organizações. Mas a realidade contraintuitiva é que muitos empreendedores não consideram que um histórico de sucesso representa um benefício. Isso ocorre devido ao conflito contínuo entre empresas de capital de risco e empreendedores para capturar as recompensas financeiras da empresa. As pesquisas e o *feedback* empreendedor mostram que as empresas de capital de risco de sucesso entendem a proposição de valor que levam à empresa e muitas vezes têm sucesso em negociar um preço de avaliação menor, o que significa que obtêm uma participação relativamente maior na empresa e depois extraem todo o valor adicional criado por suas interações com ela. O resultado é que sobram poucas recompensas monetárias para os empreendedores, que hesitam em formar parcerias com essas organizações. Os empreendedores inveterados estão muito cientes desse problema e, devido a suas experiências, costumam ser mais capazes de reduzir esse risco, engajando as equipes administrativas das empresas de capital de risco para agregar o máximo de valor à empresa.

Além dessas duas considerações principais descritas, algumas outras considerações importantes que o empreendedor deve levar em conta na seleção da empresa de capital de risco incluem a velocidade da triagem e diligência devida, a adequação da empresa ao setor das outras entidades na carteira de investimentos da empresa de capital de risco, o entendimento que a empresa de capital de risco tem sobre o processo empreendedor, as características do acordo e a maneira como as negociações são conduzidas, a previsibilidade e consistência dos conselhos oferecidos pela empresa de capital de risco e o nível de controle que ela exige das empresas em seu portfólio. Antes de aceitar o dinheiro de qualquer empresa de capital de risco, sempre converse com as equipes administrativas de outras empresas do portfólio. Elas são as melhores fontes de informações sobre o que você pode esperar da empresa de capital de risco em questão. Lembre-se: a empresa de capital de risco vai gastar bastante tempo para completar a diligência devida em qualquer empresa novata antes de investir, então é do interesse do empreendedor e de sua organização realizar uma análise igualmente detalhada e completa antes de decidir com qual empresa de capital de risco deseja formar uma parceria.

Fonte: Para mais informações, consulte Ola Bengtsson and Wang Fredrick, "What Matters in Venture Capital? Evidence from Entrepreneurs' Stated Preferences," *Financial Management* (Blackwell Publishing Limited, serial online) 39, no. 4 (Winter 2010), pp. 1367–1401.

No final da década de 1960, surgiram as pequenas *empresas privadas de capital de risco*,[21] formadas como sociedades limitadas, com a empresa de capital de risco atuando como o sócio geral que recebia uma taxa de administração e uma porcentagem dos lucros obtidos no negócio. Os sócios limitados, que forneciam o financiamento, eram muitas vezes investidores institucionais, como companhias seguradoras, fundos dotais, departamentos bancários de truste, fundos de pensão e indivíduos e famílias de recursos. Há mais de 900 estabelecimentos de capital de risco desse tipo nos Estados Unidos.

Outro tipo de empresa de capital de risco também se desenvolveu durante esse período: a divisão de capital de risco de grandes corporações. Essas empresas, das quais existem aproximadamente 100, estão associadas a bancos e seguradoras, embora empresas como 3M, Monsanto, Xerox, Intel e Unilever também as possuam. Empresas corporativas de capital de risco investem mais em tecnologia ou em novas aquisições de mercado em comparação com empresas privadas de capital de risco ou SBICs. Algumas dessas empresas corporativas de capital de risco não têm obtido resultados sólidos.

Em resposta à necessidade de desenvolvimento econômico, um quarto tipo de empresa de capital de risco surgiu na forma do *fundo estadual de capital de risco*. Esses fundos estaduais têm vários formatos. Embora o tamanho e o foco do investimento e a orientação do setor variem de um Estado para outro, todos os fundos tradicionalmente devem investir uma certa porcentagem de seu capital no respectivo Estado. Em geral, os fundos profissionalmente administrados pelo setor privado, longe da burocracia e de processos políticos estaduais, têm tido um melhor desempenho.

A Figura 12.1 apresenta uma visão geral dos tipos de empresas de capital de risco. Além dos quatro tipos discutidos anteriormente, existem atualmente novos fundos para capital de risco patrocinados por universidades. Esses fundos, geralmente administrados como entidades distintas, são investidos na tecnologia da universidade específica. Em estabelecimentos de ensino como as Universidades de Stanford, Columbia e MIT, os estudantes ajudam os professores e outros alunos na criação de planos de negócio para financiamento, além de auxiliarem o administrador de fundos em sua diligência devida, aprendendo, com isso, muito mais sobre o processo de financiamento de risco.

O setor de capital de risco não retornou ao nível mais alto de dólares investidos em 1999, 2000 e 2001. Embora a quantia total de capital de risco investido tenha aumentado de modo estável, de $7,8 bilhões em 1995 para uma alta de $104,7 bilhões em 2000 (ver Tabela 12.3),[22] o total de dólares investido caiu para $40,7 bilhões em 2001, $21,7 bilhões em 2002 e $19,6 bilhões em 2003. Houve um ligeiro aumento para $21,6 bilhões em 2004 e para $21,7 bilhões em 2005. O montante total investido aumentou novamente em 2006 ($26,7 bilhões) e 2007 ($30,9 bilhões) antes de a recessão econômica reduzi-lo para $28,3 bilhões em 2008 e $19,7 bilhões em 2009. O valor aumentou para $23,6 bilhões em 2010 e $28,4 bilhões em 2011.

A quantia total de capital de risco investido, disseminada pelo número de negócios, é indicada na coluna 3 da Tabela 12.3. O número de negócios de capital de risco partiu de 1.773, em 1995, para uma alta de 7.809 em 2000. Em 2003, 2004 e 2005 o número de negócios per-

empresas privadas de capital de risco
Tipo de empresa de capital de risco, com sócios gerais e limitados

fundo estadual de capital de risco
Fundo contendo subsídio do governo estadual, investido principalmente em empresas no Estado

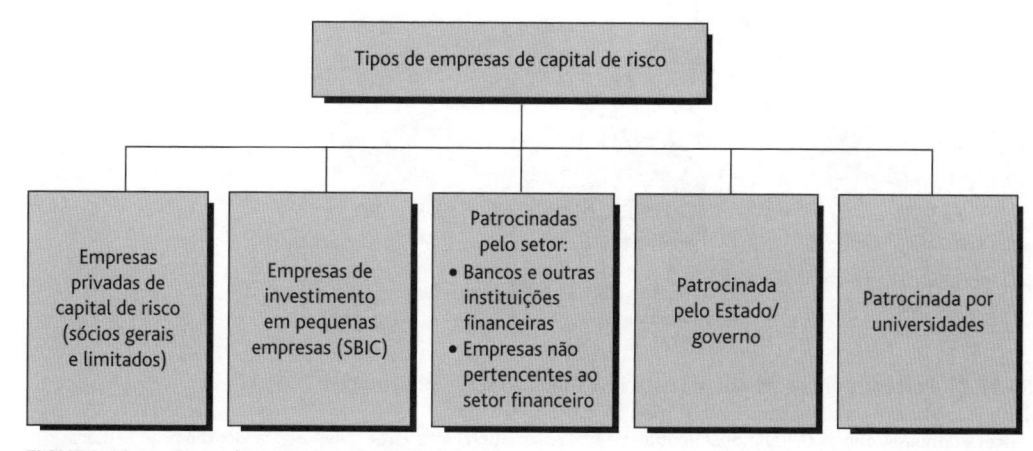

FIGURA 12.1 Tipos de empresas de capital de risco.

TABELA 12.3 Quantia total de dólares investidos e número de negócios

Ano	Total	N° de negócios
1995	$ 7.879.331.900	1.773
1996	11.014.332.900	2.471
1997	14.612.026.900	3.084
1998	20.810.583.100	3.553
1999	53.475.711.500	5.396
2000	104.700.717.300	7.809
2001	40.703.455.300	4.456
2002	21.697.809.100	3.057
2003	19.585.475.700	2.865
2004	21.635.323.900	2.966
2005	23.173.465.300	3.155
2006	26.740.603.400	3.675
2007	30.885.861.100	3.952
2008	28.298.040.600	3.808
2009	19.667.943.200	3.056
2010	23.363.535.600	3.496
2011	29.119.041.600	3.752

Fonte: PricewaterhouseCoopers LLP/National Venture Capital Association MoneyTree™ Report, Dados: Thomson Reuters.

maneceu estável, em 2.865, 2.966 e 2.939, respectivamente. O número de negócios aumentou em 2006 (3.675) e novamente em 2007 (3.952), antes de diminuir para 3.808 em 2008 e 3.056 em 2009. O número de negócios aumentou para 3.496 em 2010 e 3.673 em 2011.

Em 2011, esses negócios ficaram concentrados em três áreas principais: software (26,86%), biotecnologia (19,42%) e energia industrial (13,46%). Tal investimento afetou bastante o crescimento e o desenvolvimento desses três setores industriais. Como indica a Figura 12.2, outros setores que recebem investimento de capital de risco são: serviços de TI (6,83%), equipamento médico (7,58%), mídia e entretenimento (5,74%) e bens de consumo (4,48%).

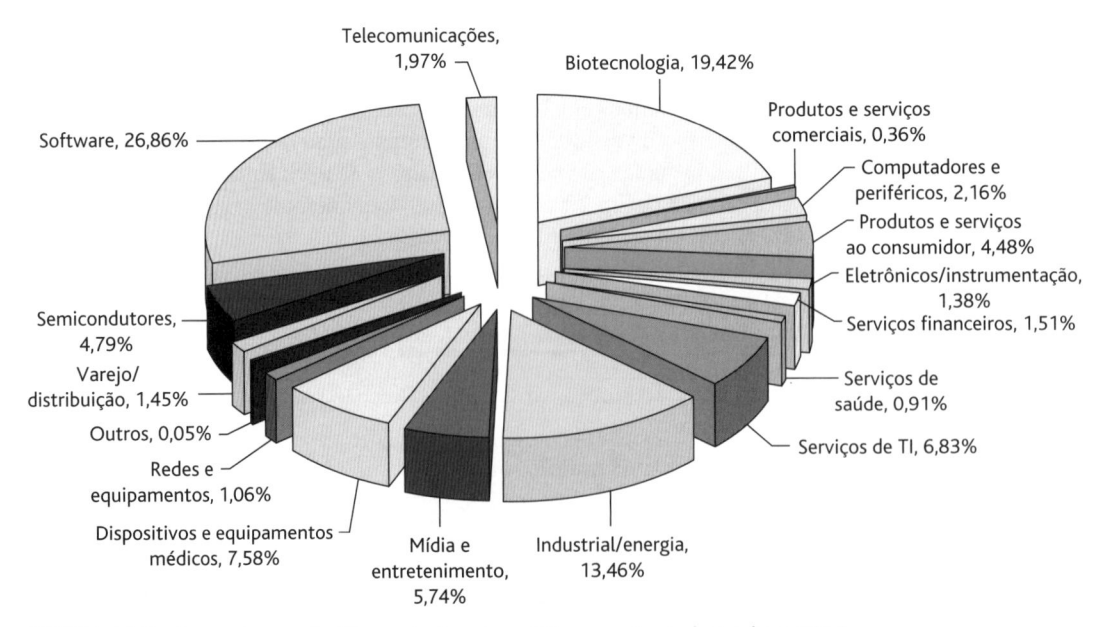

FIGURA 12.2 Porcentagem de dólares de risco investidos no setor industrial em 2011.
Números arredondados para o percentual inteiro mais próximo.
Fonte: PricewaterhouseCoopers LLP/National Venture Capital Association MoneyTree™ Report, Dados: Thomson Reuters.

Em que estágio do desenvolvimento da empresa esse dinheiro é investido? A porcentagem de recursos levantados por estágio em 2011 é indicada na Figura 12.3. O maior valor levantado foi para a fase de expansão (34%), seguido por investimentos de estágios posteriores (33%), estágio inicial (29%) e estágio de lançamento (4%). Tradicionalmente, a maior quantia de capital obtido é para expansão. Em 2002, por exemplo, 57% do capital de risco levantado foi destinado à expansão, seguido por primeiro estágio (23%), estágio posterior (18%) e de lançamento (2%).

O dinheiro investido por estágio e ano, de 1995 a 2011, está separado na Tabela 12.4. O dinheiro de capital de risco investido no estágio de lançamento (para o capital inicial) partiu de $1,704 bilhão, em 1995, para um máximo de $6,605 bilhões, em 1999, antes de cair para um mínimo de $335 milhões em 2002. A quantia investida nessa área aumentou para $1,749 bilhão, em 2009, e novamente para $1,725 bilhão, em 2010. Em 2010, os investidores de capital de risco demonstraram muito interesse em financiar situações de capital de lançamento/inicial, apesar de a recuperação econômica ainda ser fraca.

Onde esses negócios acontecem? A Tabela 12.5 mostra a quantia investida em 2011 ($28,4 bilhões) por região do país. Não é surpresa que as áreas receptoras da maior quantia de capital de risco foram o Vale do Silício – $11,6 bilhões em 1.158 empresas (31%) e Nova Inglaterra – $3,2 bilhões em 441 empresas (12%). Outras áreas importantes, receptoras de recursos, foram: região metropolitana de Nova York – $2,7 bilhões em 379 empresas (10%); Los Angeles/Orange County – $1,9 bilhão em 208 empresas (5%); e Texas – $1,4 bilhão em 153 empresas (4%).

Processo de capital de risco formal

Para estar em condições de assegurar os fundos necessários, o empreendedor deve compreender a filosofia e os objetivos de uma empresa de capital de risco, bem como o *processo de capital de risco formal*. O objetivo de uma empresa de capital de risco é gerar valorização de capital a longo prazo por meio de investimentos por financiamento e patrimônio líquido. Para isso, o investidor de risco dispõe-se a fazer todas as mudanças ou modificações necessárias no investimento da empresa. Como o objetivo do empreendedor é a sobrevivência da empresa, os objetivos dos dois envolvidos frequentemente são opostos, em especial quando ocorrem problemas.

processo de capital de risco formal
Procedimento para tomada de decisão por parte da empresa de capital de risco

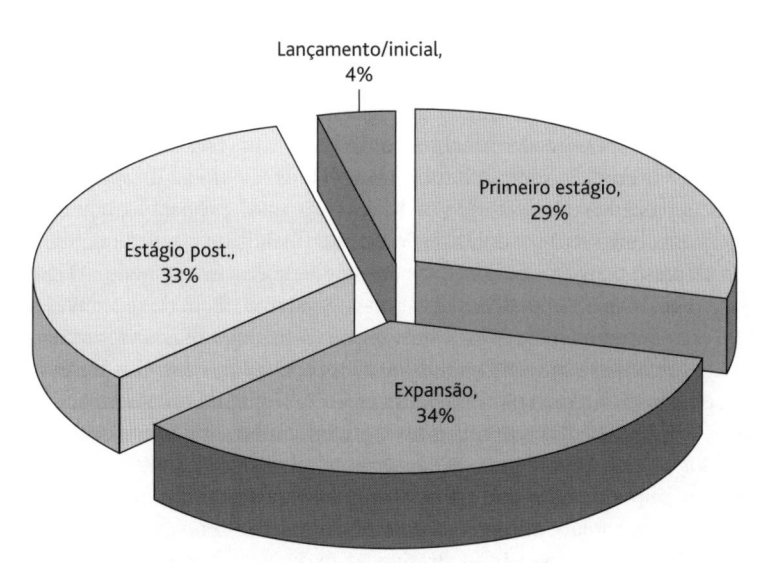

FIGURA 12.3 Porcentagem dos dólares de risco levantados por estágio, em 2011.
Fonte: PricewaterhouseCoopers LLP/National Venture Capital Association MoneyTree™ Report, Dados: Thomson Reuters.

TABELA 12.4 Estágios para investimento de risco

Ano	Lançamento/Inicial	Primeiro estágio	Expansão	Estágio post.	Total
1995	$ 1.704.471.700 21,32%	$ 2.541.970.600 31,79%	$ 1.712.698.300 21,42%	$ 2.036.641.700 25,47%	$ 7.995.782.300 100,00%
1996	$ 2.412.661.100 21,42%	$ 3.106.571.800 27,58%	$ 2.555.789.700 22,69%	$ 3.190.091.200 28,32%	$11.265.113.800 100,00%
1997	$ 3.047.368.500 20,49%	$ 3.674.240.600 24,71%	$ 3.669.504.700 24,68%	$ 4.479.777.100 30,12%	$ 14.870,890.900 100,00%
1998	$ 4.113.597.500 19,51%	$ 5.652.693.500 26,82%	$ 5.321.257.600 25,24%	$ 5.991.717.200 28,42%	$ 21.079.265,800 100,00%
1999	$ 6.605.334.400 12,22%	$ 10.993.285.200 20,34%	$ 13.130.681.200 24,29%	$ 23.318.742.800 43,14%	$ 54.048.043.600 100,00%
2000	$ 3.223.304.800 3,08%	$ 25.406.580.700 24,25%	$ 59.710.151.000 56,99%	$ 16.427.731.000 15,68%	$ 104.767.767.500 100,00%
2001	$ 778.015.300 1,92%	$ 8.602.168.900 21,20%	$ 23.008.875.900 56,70%	$ 8.188.266.600 20,18%	$ 40.577.326.700 100,00%
2002	$ 335.810.200 1,53%	$ 3.835.175.200 17,42%	$ 12.434.571.800 56,50%	$ 5.404.111.000 24,55%	$ 22.009.668.200 100,00%
2003	$ 347.769.000 1,76%	$ 3.559.772.100 18,00%	$ 10.100.836.400 51,07%	$ 5.768.505.400 29,17%	$ 19.776.882.900 100,00%
2004	$ 470.124.200 2,09%	$ 4.011.236.300 17,85%	$ 9.165.044.300 40,79%	$ 8.821.753.200 39,26%	$ 22.468.158.000 100,00%
2005	$ 897.707.300 3,87%	$ 3.819.745.600 16,48%	$ 8.663.870.300 37,39%	$ 9.792.142.100 42,26%	$ 23.173.465.300 100,00%
2006	$ 1.177.319.200 4,40%	$ 4.172.001.400 15,60%	$ 11.521.031.400 43,08%	$ 9.870.251.400 36,91%	$ 26.740.603.400 100,00%
2007	$ 1.267.968.200 4,11%	$ 5.486.760.800 17,76%	$ 11.677.215.200 37,81%	$ 12.453.916.900 40,32%	$ 30.885.861.100 100,00%
2008	$ 1.509.963.800 5,34%	$ 5.339.272.800 18,87%	$ 10.604.468.700 37,47%	$ 10.844.335.300 38,32%	$ 28.298.040.600 100,00%
2009	$ 1.749.330.000 8,89%	$ 4.776.877.600 24,28%	$ 6.647.988.500 33,80%	$ 6.493.747.100 33,03%	$ 19.667.943.200 100,00%
2010	$ 1.725.405.900 7,39%	$ 5.554.537.100 23,77%	$ 9.139.382.400 39,12%	$ 6.944.210.200 29,72%	$ 23.363.535.600 100,00%
2011	$ 919.111.100 3,24%	$ 8.300.156.500 29,20%	$ 9.711.345.000 34,16%	$ 9.494.462.800 33,40%	$ 28.425.075.400 100,00%

Fonte: PricewaterhouseCoopers LLP/National Venture Capital Association MoneyTree™ Report, Dados: Thomson Reuters.

Na Figura 12.4, é apresentado um objetivo típico de empresas convencionais de capital de risco em termos de critérios de retorno e riscos envolvidos. Como há mais riscos envolvidos no financiamento de um negócio no início de seu desenvolvimento, é esperado mais retorno do financiamento de primeiro estágio (50% de ROI) do que do financiamento de compras ou aquisições alavancadas de empresas (30% de ROI), o último estágio de desenvolvimento. O risco significativo envolvido e a pressão que as empresas de capital de risco recebem de seus investidores (sócios limitados) para fazer investimentos mais seguros com taxas mais altas de retorno motivam essas empresas a investir quantias cada vez maiores de seus recursos nos estágios posteriores de financiamento. Nesses investimentos dos últimos estágios, há riscos menores, retornos mais rápidos, menor necessidade de assistência administrativa e menos empresas a serem avaliadas.

O investidor de risco não busca, necessariamente, o controle de uma empresa; prefere que a empresa e o empreendedor corram os riscos, mas desejará ter, no mínimo, um lugar na diretoria. Assim que se toma a decisão sobre o investimento, o investidor fará tudo o que for necessário para auxiliar a equipe administrativa a fim de que o negócio e o investimento prosperem. Embora o investidor de risco queira fornecer orientação como membro da diretoria, ele espera que a equipe administrativa dirija as operações diárias da empresa e lhes dê andamento.

TABELA 12.5 Investimentos de capital de risco por região (2011)

Região	Nº de negócios	%	$ Investido	%
Vale do Silício	1.158	31,53	11.629.888.100	40,91
Nova Inglaterra	441	12,01	3.204.345.800	11,27
Nova York e região metropolitana	379	10,32	2.726.886.700	9,59
LA/Orange County	208	5,66	1.976.047.400	6,95
Texas	153	4,16	1.460.761.900	5,13
Centro-Oeste	269	7,32	1.431.536.600	5,04
Sudeste	185	5,04	1.090.975.100	3,84
DC/Metroplex	163	4,44	941.395.100	3,31
San Diego	104	2,83	829.029.500	2,92
Noroeste	156	4,25	787.638.100	2,77
Colorado	98	2,67	618.715.500	2,18
Sudoeste	80	2,18	546.688.800	1,92
Filadélfia e região metropolitana	122	3,32	492.235.200	1,73
Centro-Norte	64	1,74	382.081.100	1,34
Norte do Estado de NY	21	0,57	119.334.700	0,42
Centro-Sul	62	1,69	115.715.900	0,41
Sacramento/Norte da Califórnia	7	0,19	71.199.900	0,25
AK/HI/PR	3	0,08	600.000	0,02
Total geral	**3.673**	**100,00**	**28.425.075.400**	**100,00**

Fonte: PricewaterhouseCoopers LLP/National Venture Capital Association MoneyTree™ Report, Data: Thomson Reuters.

Um investidor de risco auxiliará a equipe administrativa com o investimento de dólares, habilidades financeiras, planejamento e conhecimento nas áreas necessárias.

Como o investidor de risco fornece investimento de longo prazo (tradicionalmente, de cinco a sete anos ou mais), é importante que haja confiança e entendimento entre ele e o empreendedor. Não deve haver surpresas no desempenho da empresa. As boas e as más notícias precisam ser compartilhadas com o objetivo de que sejam tomadas as medidas necessárias para que a empresa cresça e progrida ao longo do tempo. O investidor de risco estará disponível para discutir problemas e desenvolver planos estratégicos com o empreendedor.

A empresa tem de satisfazer três critérios gerais antes que o investidor se comprometa com o empreendimento. Primeiro, a empresa deve possuir uma forte equipe administrativa,

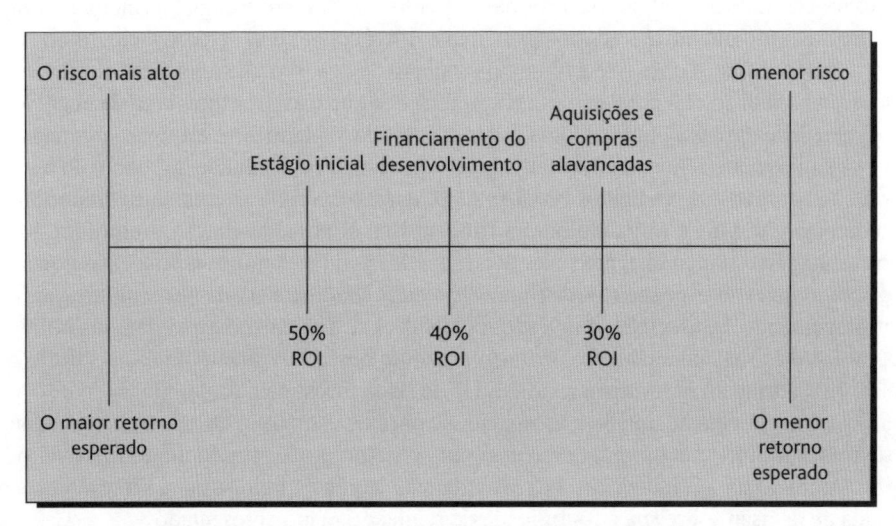

FIGURA 12.4 Financiamento do capital de risco: critérios de risco e retorno.
Fonte: © 1992, American Economic Development Council (AEDC). Todos os direitos reservados. Reimpresso da *Economic Development Review*, vol. 10, no. 2, Spring 1992, p. 44, com autorização da AEDC.

composta por indivíduos com experiência e histórico sólidos, grande comprometimento com a empresa, capacidade em suas áreas específicas de conhecimento, habilidade de lidar com desafios e flexibilidade para lutar quando necessário. O investidor de risco prefere investir em uma equipe administrativa de primeira linha com um produto de segunda linha a fazer o inverso. O comprometimento da equipe administrativa deve estar refletido nos dólares investidos na empresa. Embora a quantia do investimento seja importante, mais significativo é o tamanho desse investimento em relação à capacidade de investir da equipe administrativa. O comprometimento da equipe administrativa deve estar respaldado pelo apoio da família, em especial do cônjuge, de cada participante do grupo. Um ambiente familiar positivo e o apoio do cônjuge permitem que o empreendedor e os membros da equipe dediquem as 60 ou 70 horas semanais necessárias para iniciar e levar adiante a empresa. O investidor de risco bem-sucedido faz questão de jantar com o empreendedor e seu cônjuge e até mesmo de visitar sua casa antes de decidir pelo empreendimento. Como afirmou um investidor de risco: "Acho difícil acreditar que um empreendedor consiga dirigir e administrar com sucesso uma empresa, dedicando-se todo o tempo necessário, quando o ambiente familiar está fora de controle".

O segundo critério é que o produto e/ou a oportunidade de mercado devem ser únicos, possuindo uma vantagem diferencial em um mercado em crescimento. Garantir um nicho único de mercado é essencial, já que o produto ou o serviço deve ser capaz de competir e se desenvolver durante o período de investimento. Esse diferencial precisa ser cuidadosamente explicitado na seção de marketing do plano de negócio, e será ainda melhor se estiver protegido por uma patente ou um segredo comercial.

apreciação significativa de capital
A apreciação significativa de capital é o aumento do valor da organização durante um período de tempo específico

O último critério para investimento é que a oportunidade de negócio deve ter *apreciação significativa de capital*. A exata quantia de apreciação de capital varia, dependendo de fatores como a dimensão do negócio, o estágio de desenvolvimento da empresa, o potencial de crescimento, os riscos de fracasso e as soluções disponíveis. O investidor de risco tradicionalmente espera de 40 a 60% de retorno sobre seu investimento na maioria das situações.

O processo de capital de risco que implementa esses critérios é uma arte e uma ciência.[23] O elemento de arte é ilustrado pela intuição do investidor, por sua percepção e por seu pensamento criativo, que orientam o processo. O processo é científico devido à abordagem sistemática e às técnicas de obtenção de dados envolvidas na avaliação.

O processo inicia com o estabelecimento, por parte da empresa de capital de risco, de sua filosofia e de seus objetivos de investimento. A empresa deve decidir sobre a composição de seu portfólio, incluindo o número de lançamentos, as empresas em expansão e as aquisições, os tipos de indústrias, a região geográfica para investimento e as especializações de produto ou setor.

triagem preliminar
Avaliação inicial de um negócio

O processo de capital de risco formal é dividido em quatro estágios principais: triagem preliminar, acordo quanto aos termos principais, diligência exigida e aprovação final. A *triagem preliminar* começa com o recebimento do plano de negócio. A maior parte dos investidores de risco nem dirigirá a palavra a um empreendedor que não tiver um plano de negócio (daí a importância de um bom plano). Como ponto de partida, o plano deve estabelecer uma missão clara e objetivos bem-delineados, sustentados por uma análise detalhada do setor e do mercado e por demonstrativos de resultados *pro forma*. O resumo executivo é uma parte importante do plano de negócio, pois é utilizado para a triagem inicial nessa avaliação preliminar. Muitos planos de negócio nunca chegam a ser avaliados além do resumo executivo. Ao considerar o negócio, o investidor primeiro determina se o empreendimento ou seus similares já foram vistos previamente. Em seguida, o investidor considera se a proposta se adapta à sua política de longo prazo e às suas necessidades de curto prazo no desenvolvimento de um portfólio equilibrado. Nessa triagem preliminar, o investidor de risco investiga a economia do setor e avalia se tem o conhecimento adequado e a capacidade para investir nele. Os números apresentados são revisados, a fim de determinar se o negócio conseguirá oferecer de modo razoável o ROI exigido. Além disso, as credenciais e a capacidade da equipe administrativa são avaliadas para a tomada de decisão sobre sua possibilidade de realizar o plano apresentado.

O segundo estágio é o acordo, quanto aos principais termos, entre o empreendedor e o investidor de risco. Este deseja uma compreensão básica dos principais termos do negócio nesse estágio antes de destinar um comprometimento maior de tempo e de esforço necessários no processo formal de diligência.

O terceiro estágio, de revisão detalhada e *diligência devida*, é o mais longo, levando de 1 a 3 meses. É feita uma revisão detalhada da história da empresa, do plano de negócio, dos currículos das pessoas envolvidas, de seu histórico financeiro e dos clientes do mercado-alvo. O potencial de crescimento e os riscos de fracasso também são avaliados, e é feita uma análise completa dos mercados, do setor, das finanças, dos fornecedores, dos clientes e da administração.

diligência devida
O processo de avaliação do negócio

No último estágio, o da *aprovação final*, um memorando abrangente do investimento é preparado em nível interno. Esse documento revisa as avaliações do investidor de risco e detalha os termos e condições do investimento. Essas informações são usadas para preparar os documentos legais formais que o empreendedor e o investidor de risco assinarão para finalizar o negócio.[24]

aprovação final
Documento contendo os termos finais da negociação

Localizando os investidores de risco

Uma das principais decisões do empreendedor diz respeito à escolha da empresa de capital de risco. Como os investidores de risco tendem a se especializar geograficamente por segmentos (produtos industriais ou produtos de consumo, alta tecnologia ou serviços) ou pelo tamanho e tipo de investimento, o empreendedor deve procurar somente as empresas que têm interesse na sua oportunidade de investimento. Onde encontramos esse investidor de risco?

Embora estejam em toda a parte dos Estados Unidos, as áreas tradicionais de concentração são Los Angeles, Nova York, Chicago, Boston e San Francisco. As empresas de capital de risco em sua maioria pertencem à National Venture Capital Association e estão listadas no *site* da organização (www.nvca.org). O empreendedor deve pesquisar com cuidado os nomes e endereços de empresas de capital de risco que venham a se interessar por determinada oportunidade de investimento. Também existem associações regionais e nacionais de capital de risco. Por uma taxa nominal ou gratuitamente, essas associações enviam para os empreendedores uma lista de seus membros, tipos de negócios em que investem e restrições quanto aos investimentos. Sempre que possível, o empreendedor deve ser apresentado ao investidor de risco. Banqueiros, contadores, advogados e professores são indicados para apresentações.

Abordando um investidor de risco

O empreendedor deve abordar um investidor de risco de maneira profissional. Como os investidores de risco recebem centenas de propostas e com frequência estão fora do escritório, trabalhando com as empresas de seu portfólio ou investigando oportunidades potenciais de investimento, é importante iniciar o relacionamento de modo positivo. O empreendedor deve procurar um possível investidor para se certificar de que o negócio está na sua área de interesse para investimento. Depois, envia-se o plano de negócio acompanhado por uma carta comercial sucinta.

Como os investidores de risco recebem muito mais planos do que conseguem financiar, muitos desses planos são verificados da forma mais breve possível. Por isso, os investidores tendem a dedicar mais tempo e esforço aos planos recomendados. Um grupo de investidores de risco declarou que 80% de seus investimentos nos últimos cinco anos foram realizados em empresas recomendadas. Consequentemente, vale a pena o empreendedor tentar uma apresentação ao investidor de risco. Quase sempre isso é combinado com um executivo de uma empresa do portfólio, um contador, um advogado, um banqueiro ou um professor de uma escola de administração.

TABELA 12.6 Orientações para lidar com investidores de risco formais

- Determine cuidadosamente qual investidor de risco abordar para o financiamento do tipo específico de empresa. Faça uma pesquisa e direcione a abordagem. Os investidores de risco não gostam de negócios que já foram excessivamente "expostos".
- Uma vez iniciadas as tratativas com um investidor de risco, não discuta acordos com outros investidores de risco. Trabalhar paralelamente cria problemas, a menos que os investidores de risco estejam trabalhando juntos. As limitações de tempo e de recursos exigem uma abordagem simultânea e cautelosa a várias fontes de recursos.
- É melhor abordar um investidor de risco por meio de um intermediário respeitado, que tenha um relacionamento anterior com este investidor. Limite e defina com cuidado o papel e a compensação do intermediário.
- O empreendedor ou o administrador, e não um intermediário, deve liderar as discussões com o investidor de risco. Advogados, contadores e outros consultores não devem participar da primeira reunião. Como não há negociações durante esse primeiro encontro, essa é a chance de o investidor de risco conhecer o empreendedor sem a interferência de outras pessoas.
- Seja muito cuidadoso quanto ao que é projetado ou prometido. O empreendedor provavelmente será responsabilizado por essas projeções no preço, na estrutura do acordo ou nas compensações.
- Revele todos os problemas significativos ou situações negativas nessa reunião inicial. A confiança é uma parte fundamental do relacionamento de longo prazo com o investidor; a descoberta posterior de um problema não revelado causará perda de confiança e provavelmente impedirá o acordo.
- Chegue a um entendimento flexível e razoável com o investidor de risco em relação ao prazo de retorno para a proposta e ao cumprimento das várias etapas na transação de financiamento. A paciência faz-se necessária, já que o processo é complexo e lento. Muita pressão para uma decisão rápida pode causar problemas com o investidor.
- Não venda o projeto baseado no fato de que outros investidores de risco já se comprometeram com ele. A maior parte dos investidores de risco é independente e orgulha-se de suas próprias decisões.
- Seja cuidadoso quanto a afirmações exageradas como "Não há concorrência para esse produto" ou "nada existe que se compare a essa tecnologia atualmente". Essas afirmações podem indicar uma incapacidade de análise ou que um produto perfeito foi criado para um mercado que não existe.
- Não demonstre uma preocupação excessiva com salários, benefícios ou outras formas de compensação. Os recursos são preciosos em um novo empreendimento. O investidor de risco quer ver o empreendedor comprometido com uma apreciação do patrimônio líquido semelhante à sua.
- Elimine ao máximo o uso do novo capital para resolver problemas passados, como pagamento de dívidas anteriores ou salários atrasados da administração. Os novos recursos do investidor são para crescimento, para fazer a empresa avançar.

O empreendedor precisa estar ciente de algumas regras básicas antes de implementar a verdadeira abordagem e seguir as orientações detalhadas apresentadas na Tabela 12.6. Primeiro, tome muito cuidado na escolha do investidor de risco certo a ser abordado. Os investidores de risco se especializam em certos segmentos e raramente investirão em empresas fora dessas áreas, apesar do mérito da proposta e do plano de negócio. Segundo, tenha consciência de que os investidores de risco se conhecem, em especial em regiões específicas do país. Quando uma grande soma está envolvida, eles investem juntos no negócio, com uma empresa de capital de risco assumindo a liderança. Como esse grau de familiaridade está presente, uma empresa de capital de risco provavelmente descobrirá se outras viram o seu plano de negócio. Por isso, não se exponha muito entre os investidores de risco, já que até mesmo um bom plano de negócio pode rapidamente se tornar "desgastado". Terceiro, quando encontrar o investidor, principalmente na primeira vez, leve apenas um ou dois membros importantes da equipe administrativa. Ele está investindo em você e em sua equipe administrativa e seus históricos, não em consultores e especialistas externos. Os especialistas e/ou consultores serão chamados quando for necessário.

Finalmente, desenvolva uma apresentação oral sucinta e ponderada, que aborde o negócio, os diferenciais do produto ou do serviço, as perspectivas de crescimento, os principais fatores por trás das vendas e dos lucros indicados, o histórico e a experiência dos principais gerentes, o valor do financiamento necessário e o retorno esperado. Essa primeira apresentação é fundamental, de acordo com o comentário de um investidor de risco: "Preciso sentir competência, capacidade, uma química na primeira meia hora de nosso encontro inicial. O empreendedor precisa me olhar nos olhos e apresentar sua história de modo claro e lógico. Se a química não acontece, começo a procurar motivos para não levar adiante o negócio".

Após um encontro inicial favorável, o investidor de risco fará algumas investigações preliminares do plano. Se estas forem positivas, será programado outro encontro entre a equipe administrativa e o investidor, de modo que ambas as partes avaliem e determinem se uma boa relação de trabalho poderá ser estabelecida e se a confiança entre eles está evoluindo. Durante essa avaliação mútua, o empreendedor deve tomar cuidado para não ser muito inflexível quanto à porção de patrimônio líquido da empresa que ele está disposto a repartir. Se o empreendedor for muito inflexível, o investidor de risco talvez abandone as negociações. Durante essa reunião, é estabelecido o acordo inicial de termos. Se você for rejeitado por um investidor de risco, não desanime. Selecione vários outros candidatos não relacionados e repita o procedimento. Um número significativo de empresas rejeitadas por um investidor de risco consegue obter recursos de outras fontes, incluindo outros investidores de risco

AVALIANDO SUA EMPRESA

Um problema enfrentado pelo empreendedor na obtenção de fundos de participação externos, seja do mercado de investidores informais ("investidores-anjos") ou do setor de capital de risco formal, é a determinação do valor da empresa. Essa avaliação é central ao estabelecer quanto, em propriedade, um investidor tem direito a obter pelo financiamento parcial do negócio. Isso é determinado ao considerar os *fatores em avaliação*. Esses, bem como outros aspectos da garantia de financiamento, têm um potencial para conflitos éticos que devem ser cuidadosamente tratados.

fatores em avaliação
Aspectos não monetários que afetam a avaliação dos recursos de uma empresa

Fatores em avaliação

Existem oito fatores que, embora variem de acordo com a situação, o empreendedor deve considerar ao avaliar o empreendimento. O primeiro fator, e o ponto de partida em qualquer avaliação, é a natureza e o histórico da empresa. As características do empreendimento e o setor em que ele opera são fundamentais para todos os processos de avaliação. O histórico da empresa, desde sua concepção, oferece informações sobre a força e a diversidade das suas operações, os riscos envolvidos e a capacidade da empresa de suportar condições adversas.

O processo de avaliação também considera a situação da economia em geral, bem como a situação do setor específico. O segundo fator abrange um exame dos dados financeiros do empreendimento em comparação com os de outras empresas do mesmo setor. A capacidade administrativa atual e futura é avaliada, assim como o futuro mercado para os produtos da empresa. Esses mercados crescerão, declinarão ou se estabilizarão? Em que condições econômicas isso ocorrerá?

O terceiro fator é o valor contábil (valor líquido) da ação da empresa e as condições financeiras globais do negócio. O valor contábil (muitas vezes chamado patrimônio líquido do proprietário) é o custo de aquisição (sem a depreciação acumulada) menos passivos. Frequentemente, o valor contábil não é uma boa indicação do valor de mercado justo, uma vez que os itens do balanço patrimonial são quase sempre apresentados em custos, não em valor de mercado. O valor de uma fábrica e de seus equipamentos, por exemplo, apresentado nos registros em custo menos depreciação pode ser baixo devido ao uso de um método de depreciação acelerada ou a outros fatores de mercado, tornando os ativos mais valiosos do que o indicado nos números do valor contábil. Os terrenos, em especial, costumam ser apresentados com valor inferior ao do mercado. Para avaliação, o balanço patrimonial deve ser ajustado a fim de refletir os valores mais altos dos ativos, particularmente de terrenos, de modo que seja obtido um valor mais realista da empresa. Uma boa avaliação também considera os ativos operacionais e os que estão fora de operação separadamente e, depois, combina os dois no valor de mercado justo total. Uma avaliação completa abrange a comparação de balanços patrimoniais e demonstrativos de resultados nos últimos três anos, quando disponíveis.

Embora o valor contábil melhore o *benchmark*, a futura capacidade de lucros da empresa, o quarto fator, é o mais importante na avaliação. Os lucros dos anos anteriores em geral não são considerados na média, mas sim, ponderados, com os ganhos mais recentes recebendo o peso mais alto. O lucro por linha de produto é analisado para avaliar a lucratividade e o valor futuros. Deve ser dada atenção especial à depreciação, às despesas não recorrentes, aos salários dos diretores, às despesas com aluguel e às tendências históricas.

O quinto fator de avaliação é a capacidade de pagamento de dividendos do empreendimento. Tendo em vista que o empreendedor em um novo empreendimento comumente paga pouco ou nenhum dividendo, é a capacidade futura de pagamento de dividendos que importa, em vez dos pagamentos reais realizados. A capacidade de pagamento de dividendos deve ser capitalizada.

Uma avaliação do bom conceito da empresa no mercado e de outros aspectos intangíveis do empreendimento é o sexto fator de avaliação. Esses bens intangíveis comumente não podem ser avaliados sem referência aos bens tangíveis do empreendimento.

O sétimo fator na avaliação engloba o exame de vendas anteriores de patrimônio líquido. As transações anteriores de patrimônio líquido e suas avaliações representam com precisão as vendas futuras, especialmente se forem recentes. Os motivos para a nova venda (se não for para atingir um preço justo) e qualquer mudança nas condições econômicas e financeiras durante o período intermitente devem ser considerados.

O último fator de avaliação é o preço de mercado do patrimônio líquido de empresas dedicadas às mesmas linhas ou a linhas semelhantes de negócio. Esse fator é usado no método de avaliação específico discutido a seguir nesta seção. A questão principal é o grau de semelhança entre a empresa de capital aberto e a empresa que está sendo avaliada.

Análise de índices

índices financeiros
Mecanismos de controle para testar a resistência financeira do novo empreendimento

Os cálculos de *índices financeiros* também são valiosos como mecanismo analítico e de controle para testar a saúde financeira de um novo empreendimento no decorrer de seus primeiros estágios. Esses índices servem como medida dos pontos fortes e fracos das finanças da empresa, mas devem ser usados com cautela, já que são apenas uma medida de controle para a interpretação do sucesso financeiro do empreendimento. Não existe um conjunto único de índices que devem ser empregados, nem há definições padronizadas para todos os índices. Entretanto, existem regras práticas que o empreendedor utilizará para interpretar os dados financeiros. A análise de índices é usada tradicionalmente a partir de resultados financeiros reais, mas também oferece ao empreendedor uma noção dos problemas mesmo nas declarações *pro forma*. Para fins de ilustração, usaremos nesta seção as informações extraídas dos demonstrativos financeiros da MPP Plastics (Capítulo 10, Tabelas 10.4 [ano 2] e 10.7).

Índices de liquidez

Índice atual Esse índice serve para medir a solvência de curto prazo do empreendimento ou sua capacidade de pagar as dívidas de curto prazo. Os passivos circulantes devem ser cobertos com caixa ou equivalente; caso contrário, o empreendedor precisará fazer empréstimos para atender a essas obrigações. A fórmula e o cálculo desse índice, quando os ativos circulantes são $94.500 e os passivos circulantes são $13.600, são os seguintes:

$$\frac{\text{Ativos circulantes}}{\text{Passivos circulantes}} = \frac{94.500}{13.600} = 6,96 \text{ vezes}$$

Embora um índice de 2:1 seja considerado favorável, o empreendedor deve comparar esse índice com padrões do setor. Uma interpretação desse resultado é que, para cada dólar de dívida atual, a empresa tem 6,96 dólares de ativos circulantes para cobri-la. Esse índice indica que a MPP Plastics tem liquidez e provavelmente atenderá a suas obrigações, mesmo que haja uma emergência repentina que drene os recursos existentes.

Quociente de liquidez imediata Esse é um teste mais rigoroso da liquidez de curto prazo do empreendimento porque elimina o estoque, que é o ativo circulante menos líquido. A fórmula, em função dos mesmos ativos e passivos circulantes e de um estoque de $1.200, é:

$$\frac{\text{Ativos circulantes} - \text{Estoques}}{\text{Passivos circulantes}} = \frac{94.700 - 1.200}{13.600} = 6,9 \text{ vezes}$$

O resultado desse índice sugere que o empreendimento é muito líquido, uma vez que possui ativos que podem ser convertidos em caixa no valor de 6,90 dólares para cada dólar de obrigações de curto prazo. Um índice de 1:1 seria considerado favorável na maior parte dos setores.

Índices de atividade

Período médio de cobrança Esse índice indica o número médio de dias necessários para converter em caixa as contas a receber. Ele ajuda o empreendedor a medir a liquidez das contas a receber ou a capacidade do empreendimento de cobrar recursos de seus clientes. O cálculo com contas a receber de $52.000 e vendas de $1.264.000 resulta em:

$$\frac{\text{Contas a receber}}{\text{Média de vendas diárias}} = \frac{52.000}{1.264.000 / 360} = 3,5 \text{ dias}$$

Esse resultado específico precisa ser comparado com padrões do setor, já que a cobrança variará consideravelmente. Entretanto, se as faturas indicarem a exigência de pagamento em 20 dias, concluiríamos que a maioria dos clientes paga em dia.

Giro de estoque Esse índice mede a eficiência do empreendimento no manejo e na venda de seu estoque. Uma alta rotatividade é um sinal favorável, indicativo de que o empreendimento é capaz de vender seu estoque rapidamente. Haveria algum perigo com o giro muito alto, ou seja, o empreendimento poderia estar sem estoque suficiente, o que talvez resultaria em perda de pedidos. A gestão do estoque é muito importante para o fluxo de caixa e para a lucratividade de um novo empreendimento. O cálculo desse índice com o custo de mercadorias vendidas de $632.000 e o estoque de $4.200 é:

$$\frac{\text{Custo de mercadorias vendidas}}{\text{Estoques}} = \frac{632.000}{4.200} = 150,5 \text{ vezes}$$

Esta parece uma rotatividade boa, desde que o empreendedor se certifique de que não está perdendo vendas devido a um estoque insuficiente.

Índices de alavancagem

Índice de endividamento Muitos novos empreendimentos incorrerão em dívidas como forma de obter financiamento. O índice de endividamento ajuda o empreendedor a avaliar a capacidade da empresa de atender a todas as suas obrigações (de curto e de longo prazo). Também é uma medida de risco, porque a dívida significa um comprometimento fixo na forma de liquidação dos juros e do principal. Com o total de passivos de $13.600 e o total de ativos de $152.300, o índice de endividamento é calculado a seguir:

$$\frac{\text{Total do passivo}}{\text{Total do ativo}} = \frac{13.600}{152.300} = 8,9\%$$

Esse resultado indica que o empreendimento tem cerca de 8,9% de seu ativo financiado com dívida. No papel, isso parece bom, mas também precisaria ser comparado com os dados do setor.

Índice endividamento/capital próprio Esse índice avalia a estrutura de capital da empresa e fornece uma medida de risco para os financiadores ao considerar os fundos investidos por eles (dívida) e por investidores (capital próprio). Quanto maior for a porcentagem de endividamento, maior será o grau de risco para qualquer um dos financiadores. O cálculo desse índice, usando o mesmo total de passivos, com o capital próprio do acionista sendo de $148.700, é:

$$\frac{\text{Total do passivo}}{\text{Patrimônio líquido do acionista}} = \frac{13.600}{139,3} = 97,6 \text{ vezes}$$

O resultado não tem significado, pois o patrimônio líquido negativo do proprietário reflete o lucro retido negativo da empresa. O investimento real dos empreendedores, ou o patrimônio líquido, é aproximadamente um quarto do que é devido, dando uma margem de segurança aos credores. A MPP Plastics tem uma posição de caixa forte no curto prazo.

Índices de lucratividade

Margem de lucro líquido Esse índice representa a capacidade da empresa de converter vendas em lucros. Também é possível usar o lucro bruto em vez do lucro líquido para obter outra medida de lucratividade. Em ambos os casos, é importante saber o que é razoável no seu setor, bem como medir esses índices ao longo do tempo. O cálculo com o lucro líquido de $16.300 e as vendas líquidas de $1.264.000 é:

$$\frac{\text{Lucro líquido}}{\text{Vendas líquidas}} = \frac{16.300}{1.264.000} = 1,2\%$$

A margem de lucro líquido para a MPP Plastics, embora baixa para uma empresa estabelecida, também seria motivo de grande preocupação para um novo empreendimento. Muitos empreendimentos novos não obtêm lucros antes do segundo ou do terceiro ano. Nesse caso, temos uma situação de lucro favorável.

Retorno sobre investimento O retorno sobre investimento mede a capacidade do empreendimento de administrar seu investimento total em ativos. Também é possível calcular um retorno sobre o patrimônio líquido, ao substituir o total do ativo pelo patrimônio líquido na fórmula a seguir, o que indicaria a capacidade do empreendimento de gerar um retorno para os acionistas. O cálculo do retorno sobre investimento com o total de ativos de $152.300 e o lucro líquido de $16.300 é:

$$\frac{\text{Lucro líquido}}{\text{Total dos ativos}} = \frac{16.300}{152.300} = 10,7\%$$

O resultado desse cálculo também deverá ser comparado com os dados do setor. Entretanto, a conclusão positiva é que a empresa obteve lucro em seu primeiro ano e conseguiu um retorno de 10,7% sobre seu investimento em ativos.

Há muitos outros índices que poderiam ser calculados. No entanto, para um empreendimento no estágio inicial, esses provavelmente seriam suficientes na avaliação feita pelo empreendedor dos pontos fracos e fortes das finanças da empresa. À medida que a empresa cresce, é importante utilizar esses índices em conjunto com todos os outros demonstrativos financeiros, para acompanhar o desempenho financeiro da empresa.

Abordagens gerais de avaliação

Existem vários *métodos gerais de avaliação* que servem para avaliar um empreendimento. Um dos mais utilizados avalia empresas de capital aberto similares e os preços das ações dessas empresas. Essa busca por uma empresa semelhante é uma arte e uma ciência. Primeiro a empresa deve ser classificada em um certo setor, já que as empresas de um mesmo setor compartilham mercados, problemas, aspectos econômicos e potencial de vendas e de lucros semelhantes. O exame de todas as empresas de capital aberto nessa classificação do setor deve avaliar tamanho, diversidade, dividendos, alavancagem e potencial de crescimento até que a empresa mais parecida seja identificada. Esse método é impreciso quando não se encontra uma empresa verdadeiramente comparável.

métodos gerais de avaliação
Métodos para determinar o valor de uma empresa

Uma segunda abordagem de avaliação muito empregada é o *valor presente do fluxo de caixa futuro*. Esse método ajusta o valor do fluxo de caixa da empresa para o valor monetário e para riscos econômicos e comerciais no decorrer do tempo. Como apenas caixa (ou equivalente de caixa) pode ser usado para reinvestimento, esse método de avaliação em geral dá mais resultados precisos do que os lucros. Ao usar esse método, as vendas e os lucros são projetados de volta para o momento da decisão de avaliação, quando as ações da empresa são oferecidas para venda. O período entre a data de avaliação e a de venda é determinado, e são calculados o pagamento potencial de dividendos e a razão preço/lucro esperada ou o valor de liquidação no final do período. Finalmente, é estabelecida a taxa de retorno desejada pelos investidores menos uma taxa de desconto para o não cumprimento dessas expectativas.

valor presente do fluxo de caixa futuro
Avaliação de uma empresa com base em suas vendas e lucros futuros

Outro método de avaliação, usado somente para fins de seguro ou em circunstâncias muito específicas, é conhecido como *valor de reposição*. Esse método é empregado quando, por exemplo, há um ativo envolvido que o comprador realmente deseja. A avaliação do empreendimento baseia-se na quantia de capital necessária para repor (ou reproduzir) esse ativo ou outro ativo ou sistema importante do empreendimento.

valor de reposição
Custo de repor todos os ativos da empresa

A abordagem do *valor contábil* utiliza o valor contábil ajustado, ou valor líquido de bem tangível, para determinar o valor da empresa. O valor contábil ajustado é obtido fazendo os ajustes necessários no valor contábil, considerando qualquer depreciação (ou apreciação) da fábrica e dos equipamentos e imóveis, bem como ajustes de estoque necessários que resultam dos métodos de contabilidade empregados. É possível usar o seguinte procedimento básico:

valor contábil
Valor indicado dos ativos de uma empresa

Valor contábil	$_____
Adicionar (ou subtrair) ajustes como apreciação ou depreciação para chegar a um número na próxima linha – o valor justo de mercado	$_____
Valor justo de mercado (valor de venda dos ativos da empresa)	$_____
Subtrair todos os intangíveis que não podem ser vendidos, como a boa reputação	$_____
Valor contábil ajustado	$_____

Como o método do valor contábil envolve cálculos simples, seu uso é adequado em empresas relativamente novas, em empresas em que o único proprietário faleceu ou está incapacitado e em empresas com ganhos especulativos ou altamente instáveis.

A *abordagem de ganhos* é a mais usada para a avaliação de uma empresa, pois oferece ao potencial investidor a melhor estimativa do provável retorno sobre investimento. Os lucros potenciais são calculados ao pesar os ganhos do ano de operações mais recente depois de terem sido ajustados para qualquer despesa extraordinária que normalmente não teria ocorrido nas operações de uma empresa de capital aberto. Um múltiplo adequado de preço/lucro é, então, selecionado com base nas normas do setor e no risco do investimento. Um múltiplo mais alto

abordagem de ganhos
Determina o valor de uma empresa, avaliando seus ganhos atuais e futuros

será usado para um negócio de alto risco, e um múltiplo mais baixo, para um negócio de baixo risco. Por exemplo, um negócio de baixo risco em uma indústria com um múltiplo de sete vezes os ganhos seria avaliado em 4,2 milhões de dólares se os lucros médios medidos nos últimos três anos fossem 0,6 milhão de dólares (7 × 0,6 milhão).

Uma extensão desse método é a *abordagem de fator*, em que os três fatores seguintes são usados para determinar o valor: lucros, capacidade de pagamento de dividendos e valor contábil. São desenvolvidos pesos adequados para a empresa que está sendo avaliada e depois esses pesos são multiplicados pelo valor capitalizado, resultando em uma avaliação global ponderada. Um exemplo é indicado a seguir:

abordagem de fator
Uso dos principais aspectos de uma empresa para calcular seu valor

Abordagem (em 000s)	Valor capitalizado	Peso	Valor ponderado
Lucros: $40 × 10	$400	0,4	$160
Dividendos: $15 × 20	$300	0,4	$120
Valor contábil: $600 × 0,4	$240	0,2	$48
Média: $328			
Desconto de 10%: $33			
Valor por ação: $295			

valor de liquidação
Valor de uma empresa se tudo fosse vendido na data de hoje

Um último método de avaliação, que oferece o menor valor da empresa, é o do *valor de liquidação*. O valor de liquidação é quase sempre difícil de obter, especialmente quando custos e perdas devem ser estimados para venda de estoque, demissão de empregados, cobrança de contas a receber, venda de ativos e outras atividades de encerramento. No entanto, também é bom para um investidor obter um valor de risco de perda financeira ao avaliar uma empresa.

Método geral de avaliação

A seguir, indica-se um método que o empreendedor pode usar para saber o quanto um investidor de risco vai querer de uma empresa por uma dada quantia de investimento:

$$\text{Participação do investidor de capital de risco (\%)} = \frac{\text{Investimento do investidor de risco (\$)} \times \text{múltiplo de investimento do investidor de risco desejado}}{\text{Lucros projetados da empresa no ano 5} \times \text{Múltiplo de preço/lucro de empresa similar}}$$

Considere o seguinte exemplo:

Uma empresa precisa de 500 mil dólares em capital de risco.
A empresa está antecipando lucros de 650 mil dólares.
O investidor de risco quer um múltiplo de investimento de 5 vezes.
O múltiplo de preço/lucro de uma empresa similar é de 12.

De acordo com os cálculos a seguir, a empresa teria que ceder 32% de propriedade para obter os recursos necessários:

$$\frac{\$500.000 \times 5}{\$650.000 \times 12} = 32\%$$

Na Tabela 12.7, é apresentado um método mais preciso para determinar essa porcentagem. A abordagem passo a passo leva em consideração o valor temporal do dinheiro na determinação da cota adequada do investidor. O exemplo hipotético utiliza esse procedimento passo a passo. A H&B Associates, empresa de manufatura em fase inicial, estima que ganhará 1 milhão de dólares pós-impostos sobre as vendas de 10 milhões de dólares. A empresa precisa de 800 mil dólares agora para atingir essa meta em cinco anos. Uma empresa semelhante no mesmo setor está vendendo a 15 vezes os lucros. Uma empresa de capital de risco, a Davis Venture Partners, está interessada em investir no negócio e exige uma taxa capitalizada de 50% de retorno sobre o investimento. Que porcentagem da empresa será cedida para a obtenção do capital necessário?

$$\text{Valor presente} = \frac{\$1.000.000 \times \text{múltiplo de lucros de 15 vezes}}{(1 + 0{,}50)^5}$$
$$= \$1.975.000$$
$$\frac{\$800.000}{\$1.975.000} = 41\% \text{ deverão ser cedidos}$$

Avaliação de uma empresa da Internet

O processo de avaliação para empresas da Internet no estágio inicial é bem diferente do processo tradicional de avaliação. As empresas de patrimônio líquido privado examinariam o histórico das finanças e operações como parte de um processo quantitativo, utilizando algo como fluxo de caixa descontado, comparações e/ou múltiplos de EBITDA (ganhos antes de juros, impostos, depreciação e amortização). A partir disso, a cultura e a administração são examinadas de modo mais qualitativo. Quando os investidores institucionais focalizam-se em empresas em estágio inicial – especialmente em empresas da Internet que têm pouca ou nenhuma história, nenhum histórico financeiro e nenhuma empresa similar – deve ser escolhido um método diferente no processo de avaliação.

Para essas empresas, a porção qualitativa de diligência devida tem muito mais peso do que em outras avaliações. O foco está mais no próprio mercado. Qual é o tamanho do mercado? Como ele está segmentado? Quem participa dele? Como ele evoluirá? Assim que essas perguntas são respondidas, as projeções financeiras potenciais da empresa são comparadas com o mercado futuro em termos de adequação, realismo e oportunidade. Quando se sentir familiarizado com a dimensão do mercado e os ganhos potenciais de uma empresa, o investidor vai examinar a equipe administrativa. Essa equipe administrativa levará a empresa

TABELA 12.7 Etapas na avaliação de sua empresa e no cálculo da cota do investidor

1. Calcule os ganhos pós-impostos com base nas vendas do quinto ano.
2. Determine um múltiplo de lucros adequado, com base no que empresas semelhantes estão vendendo em termos de seus lucros correntes.
3. Determine a taxa de retorno exigida.
4. Determine o financiamento necessário.
5. Calcule, usando as seguintes fórmulas

$$\text{Valor presente} = \frac{\text{Avaliação futura}}{(1+i)^n}$$

onde:

Avaliação futura = Valor total estimado da empresa em 5 anos
i = Taxa de retorno exigida
n = Número de anos

$$\text{Cota dos investidores} = \frac{\text{Financiamento inicial}}{\text{Valor presente}}$$

"até o fim"? Quem será preciso trazer? Que quantidade de ações deve ser reservada para os funcionários? Quanto mais completa for a equipe administrativa, mais alta será a avaliação. Se a equipe administrativa ainda for fraca, uma porção substancial da empresa precisará ser posta de lado para atrair e reter bons empregados. Setores diferentes exigem avaliações diferentes. Por exemplo, uma empresa de infraestrutura é vista de modo diferente de uma empresa *business-to-business*.

Depois de passar pelo processo de derivar um valor, o investidor analisa todas as oportunidades disponíveis no mercado de investimento. Em geral, o valor de empresas de tecnologia em estágios iniciais é apurado por uma combinação de estrutura de mercado e maturidade da equipe administrativa, modificada pelas forças de oferta e procura que existem em um mercado altamente competitivo, sempre em busca de empresas sólidas e de alta qualidade.

O empreendedor que busca financiamento deve ter em mente que os mercados estão mudando, e os sistemas tradicionais estão em transformação. Os investidores e empreendedores que tiverem uma percepção sobre como isso ocorrerá e que conseguirem prever o impacto das novas tecnologias sobre os mercados tradicionais e os mercados recém-formados serão altamente recompensados.

ESTRUTURA DO ACORDO

estrutura do acordo
Formato da transação em que o dinheiro é obtido por uma empresa

Além de avaliar a empresa e determinar a respectiva porcentagem que pode ser cedida para a obtenção de recursos, uma preocupação básica para o empreendedor é a *estrutura do acordo*, ou os termos da transação entre o empreendedor e a fonte de fundos. A fim de fazer o empreendimento parecer o mais atraente possível para fontes de recursos em potencial, o empreendedor deve entender as necessidades dos investidores, bem como suas próprias necessidades. As necessidades das fontes de recursos incluem a taxa de retorno exigida, o período e a forma de retorno, a quantidade de controle desejado e a percepção dos riscos envolvidos na oportunidade de financiamento em questão. Enquanto certos investidores se dispõem a suportar riscos significativos para obter uma boa taxa de retorno, outros querem menos risco e menos retorno. Ainda há outros que se preocupam mais com sua influência e controle uma vez que o investimento seja feito.

As necessidades do empreendedor envolvem preocupações semelhantes, como o grau e os mecanismos de controle, a quantia de financiamento necessária e as metas para a empresa em questão. Antes de negociar os termos e a estrutura do acordo com o investidor de risco, o empreendedor tem de avaliar a importância dessas preocupações a fim de negociar da forma mais estratégica possível. Tanto o investidor de risco quanto o empreendedor precisam se sentir à vontade com a estrutura final do acordo, e deve ser estabelecida uma boa relação de trabalho para lidar com quaisquer problemas futuros.

ABERTURA DE CAPITAL

abertura de capital
Venda de uma parte da empresa para o público através de uma declaração de divulgação na SEC

Ocorre a *abertura de capital* quando o empreendedor e outros proprietários do empreendimento oferecem e vendem uma parte da empresa para o público por meio de uma declaração de divulgação na comissão de valores mobiliários do país. Nos Estados Unidos, esta é a Securities and Exchange Commission (SEC), de acordo com o Securities Act de 1933. A consequente infusão de capital na empresa a partir do aumento do número de acionistas e das cotas de ações no mercado proporciona à empresa recursos financeiros e um veículo de investimento relativamente líquido. Consequentemente, a empresa terá maior acesso aos mercados de capital no futuro e um panorama mais objetivo da percepção do público quanto ao valor da empresa. No entanto, considerando as exigências de relatórios, o aumento do número de acionistas (proprietários) e os custos envolvidos, o empreendedor deve avaliar com cuidado as vantagens e desvantagens da abertura de capital antes de iniciar o processo. Na Tabela 12.8 é apresentada uma lista dessas vantagens e desvantagens.

TABELA 12.8 Vantagens e desvantagens da abertura de capital

Vantagens	Desvantagens
• Capacidade de obter capital próprio	• Aumento de risco de responsabilidade
• Maior capacidade de obter empréstimos	• Despesa
• Maior capacidade para levantar capital próprio	• Regulação das políticas e dos procedimentos de controle da empresa
• Liquidez e valorização	• Divulgação de informações
• Prestígio	• Pressões para a manutenção dos padrões de crescimento
• Riqueza pessoal	• Perda de controle

Vantagens

As três principais vantagens da abertura de capital são a obtenção de novo capital próprio, a valorização em função da grande liquidez do investimento na empresa e o aumento da capacidade da empresa de obter fundos no futuro. Seja o financiamento desejado no primeiro, segundo ou terceiro estágios, um empreendimento tem necessidade constante de capital. O novo capital fornece o capital de giro, as instalações e os equipamentos ou o estoque e os suprimentos necessários para o crescimento e a sobrevivência do empreendimento. A abertura de capital quase sempre é o melhor caminho para obter capital nas melhores condições possíveis.

A abertura de capital resulta em um mercado de negociação aberta e oferece um mecanismo de valorização da empresa, permitindo que esse valor seja facilmente transferido entre as partes. Muitas empresas familiares ou particulares precisam da abertura de capital para que o valor da empresa seja disseminado entre a segunda e a terceira geração. Os investidores de risco veem a abertura de capital como o modo mais benéfico de atingir a liquidez necessária para a saída da empresa com o melhor retorno possível sobre seu investimento. Outros investidores também se beneficiam devido à liquidação mais fácil de seu investimento quando as ações da empresa adquirem valor e capacidade de transferência. Devido a essa liquidez, o valor de um título negociado no mercado às vezes é mais alto do que as ações que não são negociadas publicamente. Além disso, as empresas que abrem o capital frequentemente encontram mais facilidade para adquirir outras empresas usando seus títulos nas transações.

Como constatado anteriormente, a terceira vantagem é que as empresas de capital aberto obtêm capital adicional mais facilmente, em especial empréstimos. O dinheiro pode ser emprestado com mais facilidade e em condições mais favoráveis, o balanço patrimonial da empresa é fortalecido pelo novo capital próprio e a empresa tem mais possibilidade de levantar futuro capital próprio.

Desvantagens

Embora sejam significativas para um novo empreendimento, as vantagens da abertura de capital devem ser ponderadas cuidadosamente em relação às inúmeras desvantagens. Alguns empreendedores querem manter suas empresas privadas, mesmo em épocas de aceleração do mercado de ações. Por que os empreendedores evitam a *oferta pública inicial (IPO)?*

Dois motivos importantes são os relatórios mais frequentes e a possível perda de controle em uma empresa de capital aberto. Para permanecer no ápice tecnológico, as empresas muitas vezes têm que sacrificar lucros de curto prazo pela inovação de longo prazo. Isso exige reinvestimento em tecnologia, o que, por si só, talvez não produza lucro líquido, especialmente em pouco tempo. Tomar decisões de longo prazo é difícil nas empresas de capital aberto em que os resultados vendas/lucros indicam a capacidade da administração por meio dos valores das ações.

Alguns dos aspectos mais problemáticos da abertura de capital são a consequente perda de autonomia, bem como o aumento das obrigações para com os acionistas públicos e da carga administrativa. A empresa deve tomar decisões quanto aos deveres fiduciários em relação ao

oferta pública inicial (IPO)
A primeira inscrição pública e venda das ações de uma empresa

acionista público e precisa revelar todas as suas informações materiais, suas operações e sua administração. Uma empresa de capital aberto teve que continuar com um banqueiro de investimentos mais caro do que seria preciso por uma empresa privada a fim de obter uma opinião justa "adequada" em uma fusão desejada. O banqueiro de investimentos aumentou as despesas da fusão em 150 mil dólares, além de causar um atraso de três meses nos procedimentos. A administração de uma empresa de capital aberto também despende tempo e dinheiro adicionais significativos, respondendo às perguntas de acionistas, imprensa e analistas financeiros e garantindo a conformidade com os complicados regulamentos para acesso, relatórios e negociações de títulos. Os CEOs da maior parte das empresas de capital aberto reservam um dia por semana a essas tarefas.

Finalmente, quando ações suficientes são vendidas ao público, a empresa corre o risco de perder o controle de decisão, o que pode resultar na aquisição do empreendimento por meio de uma oferta não favorável.

Com a promulgação da Lei Sarbanes-Oxley, em 2002, as exigências de divulgação e de controle corporativo das empresas de capital aberto e as práticas e a conduta dos contadores e advogados envolvidos com essas empresas se tornaram sujeitas ao cumprimento ainda mais de regulamentos por parte da SEC (Securities and Exchange Commission, equivalente americano da Comissão de Valores Mobiliários) e das bolsas de valores. Consequentemente, a despesa e as responsabilidades administrativas de se tornar uma empresa de capital aberto, assim como os riscos de responsabilidade dos executivos e diretores, estão maiores do que nunca. Entre as outras consequências do novo regulamento, o recrutamento de diretores autônomos qualificados tem se tornado um desafio muito mais difícil para a maioria dessas empresas.

Se todas essas desvantagens não fizerem o empreendedor procurar um financiamento alternativo, em vez da abertura de capital, as despesas poderão fazê-lo. As grandes despesas da abertura de capital incluem taxas de contabilidade, taxas legais, honorários do subscritor, taxas de registro e garantia contra fraude e custos com impressos. As taxas de contabilidade na abertura de capital variam muito, dependendo em parte do tamanho da empresa, da disponibilidade de demonstrativos financeiros anteriormente verificados por auditoria e da complexidade das operações da empresa. Os custos médios da abertura de capital giram em torno de 700 mil dólares, embora possam ser muito mais altos, quando uma maior complexidade estiver envolvida. Despesas adicionais com relatórios, contabilidade e serviços legais e de impressão podem ficar entre 50 e 250 mil dólares por ano, dependendo das práticas passadas da empresa nas áreas de contabilidade e de comunicação com acionistas. Além dos relatórios para a SEC que devem ser protocolados, uma procuração e outros materiais têm de ser submetidos à SEC para revisão antes da distribuição aos acionistas. Esses materiais contêm revelações acerca da administração, sua compensação e transações com a empresa, bem como os itens a serem votados na reunião. As empresas de capital aberto também devem submeter um relatório anual aos acionistas, contendo as informações financeiras verificadas por auditoria, referentes ao ano fiscal anterior e uma análise dos progressos do negócio. A preparação e a distribuição dos materiais para a procuração e do relatório anual são alguns dos itens mais importantes na despesa adicional em que uma empresa incorre após a abertura de capital.

As despesas de contabilidade em uma oferta pública inicial variam bastante, mas costumam ser, em média, 200 mil dólares. As taxas ficarão na extremidade inferior dessa variação se a firma de contabilidade tiver trabalhado regularmente com a empresa durante vários anos. As taxas se localizarão no extremo superior da variação se a empresa não tiver trabalhado com auditores anteriormente ou se contratar uma nova firma de contabilidade. As despesas de contabilidade cobrem a preparação de demonstrativos financeiros, as respostas às questões colocadas pela SEC e a preparação de cartas de "auxílio" para os subscritores, os quais são descritos posteriormente neste capítulo. As despesas podem ser afetadas pela qualidade e reputação da empresa de contabilidade utilizada nos últimos três anos antes da abertura de capital. Às vezes, é necessário refazer esses últimos três anos se uma empresa adequada não foi utilizada, o que representa um custo adicional.

Os honorários legais variam significativamente, em geral entre 150 e 350 mil dólares. Esses honorários cobrem preparação de documentos da corporação, elaboração e esclarecimento da declaração de divulgação, negociação do acordo de subscrição final e fechamento da venda de ações para esses subscritores. Os honorários legais adicionais também podem ser avaliados e se tornar extensos, especialmente se uma grande organização estiver envolvida. Uma empresa de capital aberto também paga honorários legais pelo trabalho com a Financial Industry Regulatory Authority (FINRA) e pelos protocolos contra fraude. Os honorários legais para a FINRA e os protocolos citados variam de 8 a 30 mil dólares, dependendo do tamanho da oferta e do número de Estados em que os títulos serão oferecidos.

Na maioria das ofertas públicas significativas, a empresa tecnicamente vende as ações aos subscritores, que depois as revendem para investidores públicos. A diferença entre o preço por ação pelo qual os subscritores compram as ações da empresa e o preço de revenda ao público é o desconto dos subscritores, que geralmente varia de 7 a 10% do preço de oferta pública da nova emissão. Em algumas aberturas de capital, os subscritores também exigem compensação adicional, como *warrants* (garantia) de compra de ações, reembolso de algumas despesas e direito de primeira recusa em quaisquer ofertas futuras. A FINRA regula a quantia máxima da compensação do subscritor e revisa a quantia real, no que tange à equidade, antes que a oferta seja feita.

Há outras despesas na forma de taxas de registro da SEC, FINRA e procedimentos contra fraude. Dessas, a taxa de registro da SEC é bem pequena: 1/50 de 1% do preço máximo agregado da oferta pública da ação. Por exemplo, a taxa da SEC seria 4 mil dólares em uma oferta de 20 milhões de dólares. A taxa mínima é de 100 dólares. A taxa da SEC deve ser paga com cheque administrativo. A taxa de registro da FINRA também é pequena em relação ao tamanho da oferta: 100 dólares mais 1/100 de 1% do valor máximo da oferta. Nesse exemplo, de uma oferta de 20 milhões de dólares, a taxa seria de 2.100 dólares, e a taxa máxima da FINRA, de 5.100 dólares.

A última despesa importante, os custos de impressão, costuma variar de 50 a 200 mil dólares. A declaração e o prospecto de registro, discutidos a seguir neste capítulo, são responsáveis pela maior parte dessas despesas. A quantia exata varia, dependendo da extensão do prospecto, do uso de fotografias coloridas ou em preto e branco, do número de provas e correções e do número de impressos. A empresa precisa contratar uma boa gráfica, pois exatidão e velocidade são exigidas na impressão do prospecto e de outros documentos da oferta.

É possível ramificar um pouco esses custos em rápida ascensão, usando mais a Internet na publicação e distribuição de prospectos, e outras comunicações com os acionistas, como demonstrativos de procuração e relatórios anuais. Contudo, o uso desse meio ainda está nos seus primeiros passos. A SEC aprimora continuamente suas normas a esse respeito, em um esforço para que as empresas se beneficiem dessa tecnologia, além de manterem os princípios de divulgação originalmente desenvolvidos em 1930.

Não só a abertura de capital é um evento oneroso; o processo que conduz até ela também é exasperante. Pergunte a Bing Yeh; ele passou por algumas circunstâncias penosas, que começaram quando decidiu abrir o capital, em julho de 1995, e terminaram quando sua empresa, a Silicon Storage Technology (SST), registrou sua abertura de capital, em 22 de novembro daquele ano.[25] Embora o processo exato varie, a meta é a mesma da SST: preparar a empresa para que seja bem-recebida em Wall Street. Para algumas empresas, a preparação para a abertura de capital envolve o afastamento de membros da equipe administrativa e da diretoria, a retirada de produtos marginais, a eliminação de regalias adoradas (como o jatinho particular) a contratação de uma nova empresa de contabilidade, o domínio de alguns traços da personalidade, a preparação da administração superior e/ou a contratação de novos membros para a equipe administrativa. Para Bing Yeh e a SST, a preparação concentrou-se em quatro tarefas principais: (1) contratar um diretor financeiro, (2) reorganizar as finanças, (3) redigir uma biografia da empresa e (4) preparar-se para a apresentação itinerante (momento em que a administração apresenta a empresa para investidores em potencial).

Não importa o quanto se prepare; como Bing Yeh, a maioria dos empreendedores está despreparada e deseja interromper os preparativos em algum ponto do processo. Contudo, para uma abertura de capital bem-sucedida, o empreendedor deve seguir o exemplo de Yeh, ouvindo os conselhos que são dados e fazendo as mudanças recomendadas.

MOMENTO PARA ABERTURA DE CAPITAL E SELEÇÃO DE UM SUBSCRITOR

Duas das questões mais críticas em uma oferta pública bem-sucedida são o momento da oferta e a equipe de subscrição. O empreendedor deve buscar a orientação de vários consultores financeiros, bem como de outros empreendedores familiarizados com o processo de decisão nessas duas áreas.

Momento oportuno

A pergunta crítica que todo empreendedor precisa fazer é "A empresa está pronta para abrir o capital?". A seção a seguir indica alguns critérios que ajudam a responder essa questão.

Primeiro, a empresa é suficientemente grande? Apesar de não ser possível estabelecer padrões rígidos sobre o tamanho mínimo para que a empresa abra seu capital, as firmas de investimento de Nova York preferem uma oferta de, pelo menos, 100 mil ações a um mínimo de 20 dólares por ação. Isso significa que a empresa deveria ter um valor de oferta anterior de, pelo menos, 50 milhões de dólares a fim de sustentar essa oferta de 20 milhões de dólares, dado que a empresa está disposta a vender ações que não representam mais do que 40% do número total de ações no mercado depois que a oferta é completada. Esse tamanho de oferta ocorrerá somente com vendas e ganhos anteriores significativos ou com um sólido prospecto para crescimento e ganhos futuros.

Segundo, qual é a quantia de ganhos da empresa e qual é a força de seu desempenho financeiro? O desempenho não só é a base da avaliação da empresa como também determina se ela pode abrir o capital com sucesso e qual é o tipo de empresa disposta a subscrever a oferta. Embora os critérios exatos variem de ano para ano, refletindo as condições do mercado, em geral uma empresa deve possuir pelo menos um ano de bons lucros e vendas antes que sua oferta de ações seja aceitável para o mercado. Firmas de subscrição maiores têm critérios mais restritos, como vendas de 15 a 20 milhões de dólares, 1 milhão de dólares ou mais de lucro líquido e de 30 a 50% de taxa de crescimento anual.

Terceiro, as condições do mercado são favoráveis a uma oferta pública inicial? Por trás das vendas e dos lucros, bem como do tamanho da oferta, estão as condições gerais de mercado predominantes. As condições de mercado afetam tanto o preço inicial que o empreendedor receberá pelas ações quanto o pós-mercado, ou o desempenho de preço das ações depois de sua venda inicial. Algumas condições de mercado são mais favoráveis para as aberturas de capital do que outras. A menos que a necessidade de capital seja tão urgente que qualquer espera se torne impossível, o empreendedor deve tentar abrir o capital de sua empresa nas condições de mercado mais favoráveis.

Quarto, qual é a urgência do dinheiro necessário? O empreendedor deve avaliar com cuidado a urgência da necessidade de novos recursos e a disponibilidade de capital externo de outras fontes. Como a venda de ações ordinárias diminui a posição de propriedade do empreendedor e de outros proprietários, quanto mais tempo decorrer antes da abertura de capital, havendo crescimento de lucros e de vendas, menor será a porcentagem do patrimônio líquido que o empreendedor terá que conceder por dólar investido.

Finalmente, quais são as necessidades e os desejos dos atuais proprietários? Às vezes, os atuais proprietários não acreditam na viabilidade futura e nas perspectivas de crescimento da empresa ou têm necessidade de liquidez. A abertura de capital com frequência é o único método para obter o dinheiro necessário.

Seleção do subscritor

Uma vez que o empreendedor tiver determinado que o momento é favorável para a abertura de capital, ele deve selecionar com cuidado um *subscritor administrativo* que, então, assumirá a liderança na formação de uma *sociedade de subscritores*. O subscritor é de fundamental importância na hora de estabelecer o preço inicial para as ações da empresa, sustentando-as no período pós-mercado e criando um forte acompanhamento entre os analistas de ações.

Embora a maioria das ofertas públicas seja conduzida por uma sociedade de subscritores, o empreendedor precisa selecionar o subscritor principal, ou administrativo. Os subscritores administrativos desenvolvem a sociedade de subscritores para a oferta pública inicial. Em teoria, o empreendedor deveria estabelecer uma relação com vários subscritores administrativos em potencial (banqueiros de investimentos) pelo menos um ano antes da abertura de capital. Frequentemente, isso ocorre durante o financiamento da primeira ou segunda fase, quando a assessoria de um banqueiro de investimentos auxilia o empreendedor a estruturar os acordos financeiros iniciais a fim de posicionar a empresa para a abertura de capital no futuro.

Como a seleção do banqueiro de investimentos é um fator importante no sucesso da oferta pública, o empreendedor deve abordar um banqueiro por meio de um intermediário. Bancos comerciais, advogados especializados em trabalho com ações, grandes empresas de contabilidade, fornecedores do financiamento inicial ou membros importantes da diretoria da empresa geralmente oferecem sugestões e promovem as apresentações necessárias. Como o relacionamento será contínuo e não terminará com a finalização da oferta, o empreendedor deve empregar vários critérios no processo de seleção, como reputação, capacidade de distribuição, serviços de consultoria, experiência e custos.

Como a oferta pública inicial raramente envolve uma empresa famosa, o subscritor administrativo deve ter boa reputação para desenvolver uma forte sociedade e demonstrar confiança para os investidores em potencial. Essa reputação ajuda a vender a oferta pública e sustenta as ações no período pós-mercado. A ética do possível subscritor é um aspecto que precisa ser cuidadosamente avaliado.

O sucesso da oferta também depende da capacidade de distribuição do subscritor. O empreendedor quer que as ações de sua empresa sejam distribuídas para uma clientela ampla e variada. Como cada empresa de investimentos tem uma clientela diferente, o empreendedor deve comparar os clientes dos possíveis subscritores administrativos. A clientela possui um maior número de investidores institucionais ou individuais? Existe um equilíbrio entre esses dois tipos de investidores? A base de clientes tem uma orientação mais doméstica ou mais internacional? Os investidores são de longo prazo ou são especuladores? Qual é a distribuição geográfica – local, regional ou nacional? Subscritores administrativos e sociedades fortes com clientes de qualidade ajudarão na venda das ações e elas terão um bom desempenho no período pós-mercado.

Alguns subscritores são mais capazes do que outros no oferecimento de serviços de consultoria financeira. Embora esse fator não seja tão importante quanto os dois anteriores na seleção de um subscritor, a assessoria financeira frequentemente é necessária antes e depois da abertura de capital. O empreendedor deve pensar nas seguintes questões: o subscritor pode oferecer boa assessoria financeira? O subscritor ofereceu boa orientação financeira para clientes anteriores? O subscritor consegue dar assistência na obtenção de futuros financiamentos públicos ou particulares? As respostas a essas perguntas indicarão o grau de capacidade dos candidatos a subscritores.

Como fica evidente nas questões anteriores, a experiência da empresa de investimentos é importante. A empresa deve ter experiência nas questões de subscrição de empresas do mesmo setor ou de setores semelhantes. Essa experiência dará ao subscritor administrativo credibilidade e a capacidade de explicar a empresa para o público investidor e de avaliar a abertura de capital com precisão.

O último fator a ser considerado na escolha de um subscritor administrativo é o custo. A abertura de capital é uma proposição muito onerosa, e os custos variam muito entre os subscri-

---

subscritor administrativo
Empresa financeira principal na venda de ações ao público

sociedade de subscritores
Grupo de empresas envolvidas na venda de ações ao público

tores. Os custos associados aos diversos subscritores administrativos possíveis devem ser ponderados em relação aos outros quatro fatores. O principal é obter o melhor subscritor possível e não tentar atalhos, dados os interesses envolvidos em uma oferta pública inicial bem-sucedida.

DECLARAÇÃO DE REGISTRO E CRONOGRAMA

Uma vez escolhido o subscritor administrativo, uma reunião de planejamento deve ser realizada com os diretores da empresa responsáveis pela preparação da declaração de registro, com os advogados e contadores independentes da empresa e com os subscritores e seus advogados. Nessa importante reunião, chamada reunião geral, é elaborado um cronograma indicando datas para cada etapa no processo de registro. Esse cronograma estabelece a data efetiva do registro, o que determina a data de inclusão dos demonstrativos financeiros finais. O cronograma indicará o(s) indivíduo(s) responsável(is) pela preparação das diversas partes do registro e da declaração de oferta. É comum surgirem problemas em uma oferta pública inicial devido a uma má elaboração do cronograma e à falta de acordo entre todas as partes envolvidas.

Depois de finalizar a preparação preliminar, a primeira oferta pública normalmente requer de seis a oito semanas para preparar, imprimir e protocolar a declaração de registro junto à SEC. Assim que a declaração de registro é protocolada, a SEC leva de seis a 12 semanas para declarar que o registro foi efetivado. Atrasos são frequentes nesse processo, em especial (1) durante os períodos de grande atividade do mercado, (2) durante as temporadas de pico, como em março, quando a SEC recebe inúmeros relatórios para acionistas, (3) quando o advogado da empresa não está familiarizado com as regulamentações federais ou estaduais referentes ao processo de registro, (4) quando a empresa resiste à revelação completa e total de informações ou (5) quando o subscritor administrativo é inexperiente.

Na revisão da declaração de registro, a SEC tenta garantir que o documento faça uma *revelação completa e justa* do material relatado. A SEC não tem autoridade para reter a aprovação ou exigir mudanças nos termos de uma oferta que ela considere injusta ou não igualitária, desde que todas as informações do material referente à empresa e à oferta sejam totalmente reveladas. A Financial Industry Regulatory Authority (FINRA) examinará cada oferta, principalmente para determinar a justiça da compensação do subscritor e sua conformidade com as exigências legais da FINRA.

A declaração de registro em si consiste em duas partes principais: o *prospecto* (documento de oferta legal, normalmente preparado como brochura ou libreto, para distribuição a possíveis compradores) e a *declaração de registro* (informações suplementares às do prospecto, disponíveis para inspeção pública no escritório da SEC e a da EDGAR). Ambas as partes da declaração de registro são reguladas principalmente pelo Securities and Exchange Act de 1933 (a "Lei 1933"), o estatuto federal que exige o registro das participações a serem oferecidas ao público. Essa lei também exige que o prospecto seja fornecido ao comprador no momento ou antes da realização de qualquer oferta por escrito ou da efetiva confirmação de uma venda. Formulários específicos da SEC estabelecem as informações exigidas para um registro. A maioria das ofertas públicas iniciais utilizará uma declaração de registro do *Formulário S-1*. As ofertas menores podem usar os formulários mais curtos SB-1 ou SB-2.

Prospecto

O prospecto na declaração de registro é quase sempre redigido de uma forma narrativa altamente especializada, já que é o documento de venda da empresa. Embora o formato exato seja decidido pela empresa, as informações devem ser apresentadas em uma sequência organizada e lógica e de uma maneira compreensível e fácil de ler, a fim de obter a aprovação da SEC. Algumas das seções mais comuns de um prospecto são folha de rosto; resumo; descrição da empresa; fatores de risco; uso de receitas; política de dividendos; capitalização; diluição; dados financeiros selecionados; o negócio; a administração e informações sobre os proprietários; tipo de ação; informações do subscritor; e demonstrativos financeiros reais.

---

revelação completa e justa
A natureza de todo o material submetido à SEC para aprovação

prospecto
Documento para distribuição aos possíveis compradores de uma oferta pública

declaração de registro
Materiais enviados à SEC, para aprovação, a fim de vender ações ao público

Formulário S-1
Formulário de registro para a maioria das ofertas públicas de ações

A folha de rosto contém informações como o nome da empresa, o tipo e o número de ações a serem vendidas, uma tabela de distribuição, a data do prospecto, os subscritores administrativos e a sociedade de subscritores envolvidos. Há um prospecto preliminar e então um prospecto final, uma vez aprovado pela SEC. O prospecto preliminar é usado pelos subscritores a fim de atrair o interesse do investidor para a oferta enquanto o registro estiver pendente. O prospecto final contém todas as mudanças e acréscimos exigidos pela SEC e as informações referentes ao preço de venda dos títulos. O prospecto final deve ser entregue no momento ou antes da confirmação escrita dos pedidos de compra dos investidores que participam da oferta.

O prospecto inicia com o sumário e o resumo. O resumo enfatiza as características importantes da oferta, de modo semelhante ao resumo executivo de um plano de negócio, discutido anteriormente no Capítulo 7.

Há uma breve apresentação da empresa, descrevendo a natureza do negócio, sua história, seus principais produtos e sua localização.

A seguir é apresentada uma análise dos fatores de risco envolvidos. Questões como uma história de perdas operacionais, um histórico reduzido, a importância de certos indivíduos-chave, a dependência de determinados clientes, o nível significativo de concorrência ou a falta de um mercado certo são fatores de risco típicos, revelados para garantir que o comprador fique ciente da natureza especulativa da oferta e do grau de risco envolvido na compra.

A seção seguinte, o uso do valor levantado pela oferta, deve ser cuidadosamente preparada, já que o uso real do dinheiro será relatado para a SEC depois da oferta. Essa seção é de grande interesse para os compradores em potencial, pois indica o(s) motivo(s) pelo(s) qual(is) a empresa está abrindo o capital e sua direção futura.

A seção sobre política de dividendos detalha a história de dividendos da empresa e as restrições quanto aos dividendos futuros. A maioria das empresas não pagou dividendos, mas reteve seus lucros para financiar o crescimento futuro.

A seção de capitalização indica a estrutura geral do capital da empresa antes e depois da oferta pública.

Sempre que houver uma significativa disparidade entre o preço de oferta das ações e o preço pago por executivos, diretores ou acionistas fundadores, é necessária uma seção de diluição no prospecto. Essa seção descreve a diluição, ou a diferença entre o preço da ação pago pelos investidores públicos e o preço médio ponderado pelo qual todas as ações foram emitidas, incluindo as ações pré-IPO vendidas aos executivos, diretores e acionistas fundadores.

O Formulário S-1 exige que, no final, o prospecto contenha dados financeiros selecionados para cada um dos últimos cinco anos de operação da empresa a fim de destacar tendências significativas na sua situação financeira. Também deve haver uma discussão sobre a análise, feita pela diretoria, da condição financeira da empresa e dos resultados das operações. Essa análise deve cobrir pelo menos os últimos três anos de atividade.

A próxima seção, o negócio, é a parte mais extensa do prospecto. Ela fornece informações sobre a empresa, seu setor e seus produtos, e inclui desenvolvimento histórico da empresa; principais produtos, mercados e métodos de distribuição; novos produtos em desenvolvimento; fontes e disponibilidade de matérias-primas; pedidos a serem atendidos; vendas para exportação; número de funcionários; natureza de patentes, marcas registradas, licenças, franquias e propriedades físicas; concorrência; e efeitos dos regulamentos governamentais.

A seguir, é apresentada uma análise da administração e dos proprietários de títulos. A seção abrange informações sobre histórico, idade, experiência empresarial, remuneração total e ações de diretores, diretores indicados e executivos financeiros. Além disso, qualquer acionista (não incluído nas categorias citadas) que se beneficie da posse de mais de 5% da empresa também deve ser indicado.

A descrição da seção de ações de capital, como o nome indica, indica o valor nominal e declarado das ações que estão sendo oferecidas, os direitos de dividendos, os direitos de voto, a liquidez e a possibilidade de transferência se houver mais de uma classe de ações.

Depois, a seção de informações sobre o subscritor explica os planos para distribuição dos títulos, como a quantidade de títulos a serem comprados por participante subscritor envolvido.

A parte do prospecto da declaração de registro é concluída com os demonstrativos financeiros reais. O Formulário S-1 exige balanços patrimoniais dos últimos dois anos fiscais, demonstrativos de resultados e demonstrativos de lucros retidos para os três últimos anos fiscais, todos com auditoria; devem ser apresentados, ainda, demonstrativos financeiros provisórios, sem necessidade de auditoria, dos 135 dias anteriores à data de efetivação da declaração de registro. É essa exigência que torna tão importante a escolha de uma data para a abertura de capital, tendo em vista as operações do final de ano e o desenvolvimento de um bom cronograma. Isso ajudará a evitar o consumo de tempo e os custos com preparação de demonstrativos provisórios adicionais.

Declaração de registro

Essa seção do Formulário S-1 contém certas informações relacionadas à oferta, à última oferta de títulos não registrada e a outros empreendimentos assumidos pela empresa. A declaração de registro também contém itens como os artigos da incorporação, o acordo de subscrição, os estatutos da empresa, a opção de ações e os planos de pensão e os contratos iniciais.

Procedimento

red herring
Prospecto preliminar de uma possível oferta pública

carta de deficiências
Carta da SEC para uma empresa, indicando as correções que devem ser feitas no prospecto submetido

cláusula de preço
Informações adicionais sobre preço e distribuição enviadas à SEC para desenvolver o prospecto final

Tão logo seja protocolado como parte da declaração de registro, o prospecto preliminar poderá ser distribuído para o grupo de subscrição. Esse prospecto preliminar é chamado *red herring*, porque contém uma declaração impressa em tinta vermelha na folha de rosto. A declaração de registro é examinada pela SEC para verificar se as revelações feitas são adequadas. Quase sempre são encontradas algumas deficiências, que são comunicadas à empresa por telefone ou por meio de uma *carta de deficiências*. Esse prospecto preliminar contém todas as informações que aparecerão no prospecto final, exceto as que não são conhecidas até pouco antes da data de efetivação: preço da oferta, comissão dos subscritores e quantia apurada. Esses itens são protocolados por meio de uma *cláusula de preço* e aparecem no prospecto final. O período de tempo entre o protocolo inicial da declaração de registro e sua data efetiva, geralmente em torno de 2 a 10 meses, é chamado período de espera. Durante esse período, a sociedade de subscritores é formada e informada. A publicidade da empresa em relação à oferta proposta não pode ser lançada nesse período.

QUESTÕES LEGAIS E QUALIFICAÇÕES CONTRA FRAUDES

Questões legais

período de silêncio
Período de 90 dias, a partir da decisão de abrir o capital, em que nenhuma informação sobre a empresa pode ser liberada

Além de todas as questões legais que cercam a preparação e o protocolo do prospecto, há várias outras preocupações legais. Talvez a de maior interesse para o empreendedor seja o *período de silêncio*, que se estende a partir do momento da decisão de abrir o capital até 90 dias após a efetivação do prospecto. Deve-se tomar cuidado durante esse período com relação a informações novas sobre a empresa ou sobre seus principais membros. Qualquer publicidade que visa a criar uma atitude favorável em relação aos títulos oferecidos é ilegal. As diretrizes estabelecidas pela SEC quanto às informações que podem ou não ser liberadas devem ser entendidas não só pelo empreendedor, mas também por todos na empresa. Todos os *press releases* (comunicados à imprensa) e outros materiais impressos devem ser conferidos com os advogados envolvidos e com o subscritor. O empreendedor e os principais membros da empresa devem restringir o envolvimento em conversas e aparições na televisão para evitar qualquer possível resposta problemática às perguntas do entrevistador ou do público. Uma empreendedora cuja empresa estava em processo de abertura de capital teve que adiar sua participação no programa de TV *The Today Show*, onde apareceria com um dos autores deste livro para discutir a situação das mulheres empreendedoras, e não a sua empresa.

Qualificações contra fraudes

Os títulos de certas empresas menores que abrem o capital também devem ser qualificados sob as *leis contra fraude* de cada Estado em que serão oferecidos. Isso procede, a menos que o Estado ofereça a isenção das exigências de qualificação. Essas leis contra fraude ocasionam atrasos e custos adicionais para a empresa que abrirá seu capital. As ofertas de títulos que serão negociados nas bolsas de valores mais importantes ou listadas no Mercado Nacional NASDAQ foram retiradas da maioria das exigências de registro estaduais pela Lei para Melhorias de Mercados de Títulos Nacionais (National Securities Markets Improvement Act) de 1996. Muitos Estados permitem que seus administradores de ações impeçam que a oferta seja vendida no Estado com base em emissões anteriores de ações e muita diluição ou muita compensação para o subscritor, mesmo que as revelações exigidas tenham sido feitas e que a aprovação tenha sido concedida pela SEC.

leis contra fraude
Leis que regulam a venda pública de ações em cada Estado

DEPOIS DA ABERTURA DE CAPITAL

Depois que a oferta pública inicial é negociada, ainda há algumas áreas de preocupação para o empreendedor. Entre elas, estão o *apoio pós-mercado*, o relacionamento com a comunidade financeira e a necessidade de apresentação de relatórios.

apoio pós-mercado
Ações de subscritores para ajudar a apoiar o preço das ações depois da oferta pública

Apoio pós-mercado

Uma vez emitidas as ações, seu preço deve ser monitorado, em especial nas primeiras semanas após a oferta. A firma de subscrição administrativa será o principal formador de mercado para as ações da empresa e estará pronta para comprá-las ou vendê-las no mercado de negociantes. Para estabilizar o mercado, impedindo a queda do preço abaixo do valor da oferta pública inicial, o subscritor normalmente faz lances para a compra das ações nos primeiros estágios após as ofertas, dando seu apoio pós-mercado. Esse apoio é importante para possibilitar que as ações não sejam afetadas negativamente por uma queda inicial no preço.

Relacionamento com a comunidade financeira

Depois que uma empresa abre o capital, a comunidade financeira costuma demonstrar mais interesse. O empreendedor precisa destinar cada vez mais tempo para desenvolver um bom relacionamento com essa comunidade. As relações estabelecidas têm um efeito significativo no interesse do mercado e no preço das ações da empresa. Como muitos investidores confiam nas orientações de analistas e corretores em seus investimentos, o empreendedor deve tentar atingir o maior número possível desses indivíduos. Aparições regulares em sociedades de analistas de ações integram o processo de estabelecimento dessas relações, bem como as revelações públicas por meio de *press releases* (comunicados à imprensa). Frequentemente, é melhor designar uma pessoa na empresa para ser o encarregado das informações, garantindo que a imprensa, o público e os analistas de ações sejam tratados de modo amigável e eficiente. Nada há pior do que uma empresa que não responde de forma oportuna aos pedidos de informações.

Requisitos de relatórios

A empresa deve protocolar relatórios anuais no Formulário 10-K, relatórios trimestrais no Formulário 10-Q e relatórios de transações ou eventos específicos no Formulário 8-K. As informações contidas no Formulário 10-K sobre a empresa, sua administração e seus ativos são semelhantes às incluídas no Formulário S-1 da declaração de registro. Evidentemente, são exigidos demonstrativos financeiros auditados.

O relatório trimestral no Formulário 10-Q contém basicamente informações financeiras não auditadas do mais recente trimestre fiscal concluído. Não é necessário qualquer Formulário 10-Q para o quarto trimestre fiscal.

Um relatório no Formulário 8-K deve ser protocolado no prazo de 2 a 5 dias após eventos como aquisição ou disposição de bens significativos pela empresa fora do curso normal do negócio, afastamento voluntário ou demissão dos contadores públicos independentes da empresa ou mudança no controle da empresa.

Conforme a Lei Sarbanes-Oxley, o prazo final de entrega dos relatórios foi antecipado. Além disso, ao adotar o Regulamento FD, a SEC tentou minimizar a divulgação seletiva do desenvolvimento e de informações importantes da corporação. Sob esse regulamento, as empresas públicas são obrigadas a fazer divulgações públicas imediatas e abrangentes de informações importantes simultaneamente à liberação das informações para qualquer outra pessoa fora da empresa.

A empresa precisa seguir as exigências de solicitação de procuração quanto às reuniões ou obter o consentimento por escrito dos acionistas. O momento de apresentação e o tipo de material envolvido estão detalhados no Regulamento 14A da Securities and Exchange Act de 1934. Essas são algumas das exigências de relatórios das empresas que abrem o capital que têm de ser cuidadosamente observadas, já que mesmo os deslizes acidentais acarretam consequências negativas para a empresa. Os relatórios exigidos devem ser protocolados nas datas corretas.

REVISÃO

RESUMO

No financiamento de uma empresa, o empreendedor determina a quantia e o período de tempo para obter os recursos necessários. O capital inicial ou de lançamento é o mais difícil de obter, tendo como fonte mais provável o mercado de capital de risco informal ("investidores-anjos"). Esses investidores, indivíduos de recursos, fazem uma média de um ou dois acordos por ano, variando de 100 a 500 mil dólares, e costumam encontrar seus negócios por meio de referências.

Embora se possa usar o capital de risco formal no primeiro estágio, ele é empregado principalmente no segundo ou no terceiro estágio, fornecendo capital operacional para crescimento ou expansão. O capital de risco formal é definido de forma geral como um *pool* de capital próprio administrado profissionalmente. Desde 1958, firmas de investimento para pequenas empresas (SBICs) combinam capital privado e recursos governamentais para financiar o crescimento e o lançamento de pequenas empresas. As firmas privadas de capital de risco se desenvolveram a partir dos anos 1960, com os sócios limitados fornecendo os recursos. Ao mesmo tempo, começaram a aparecer divisões de capital de risco operando dentro de grandes corporações. Os Estados também oferecem recursos de capital de risco para promover o desenvolvimento econômico.

A fim de atingir a meta fundamental do investidor de risco formal, ou seja, a valorização de capital de longo prazo por meio de investimentos em empresas, são usados três critérios: a empresa deve ter uma administração forte, a oportunidade de produto/mercado deve ser única e a valorização do capital deve ser significativa, oferecendo um retorno de 40 a 60% sobre o investimento. O processo de obtenção de capital de risco formal inclui triagem preliminar, acordo quanto aos termos principais, diligência devida e aprovação final. Os empreendedores têm de abordar um investidor de risco com um plano de negócio profissional e uma boa apresentação oral.

A avaliação da empresa é de interesse do empreendedor. Oito fatores servem de base para a avaliação: a natureza e a história da empresa, a situação econômica, o valor contábil, os lucros futuros, a capacidade de pagamento de dividendos, os ativos intangíveis, as vendas de ações e o preço de mercado das ações de empresas similares. Inúmeros métodos de avaliação que podem ser empregados foram analisados.

No fim, o empreendedor e o investidor devem concordar quanto aos termos da transação, conhecida como acordo. Quando se toma cuidado na estruturação do acordo, o empreendedor e o investidor mantêm uma boa relação enquanto atingem suas metas por meio do crescimento e da lucratividade da empresa.

Abrir o capital – transformar uma corporação fechada em uma corporação na qual o público em geral tem interesse de propriedade – é, na verdade, muito difícil. O empreendedor deve avaliar criteriosamente se a empresa está preparada para abrir o seu capital e se as vantagens superam as desvantagens dessa decisão.

Tão logo se tome uma decisão favorável, escolha uma empresa de transações bancárias em investimentos administrativos e prepare uma declaração de registro. A experiência do banqueiro de investimento é um fator importante para o sucesso na oferta pública. Ao escolher um banqueiro de investimento, o empreendedor deve levar em conta reputação, capacidade de distribuição, serviços de consultoria, experiência e custo. Ao se preparar para a data do registro, o empreendedor tem de organizar uma reunião geral com os dignitários da empresa, os contadores e advogados independentes da empresa e os subscritores e seus advogados. Deve ser estabelecido um cronograma para a data efetiva do registro e para a preparação dos documentos financeiros necessários, incluindo os prospectos preliminar e final. Após a oferta pública inicial, o empreendedor procurará manter um bom relacionamento com a comunidade financeira e cumprir rigorosamente as exigências informativas das empresas públicas.

ATIVIDADES DE PESQUISA

1. Acesse um catálogo de capitalistas de risco e verifique qual é a porcentagem dos recursos para uma empresa de capital de risco que foi investida na fase inicial, no lançamento, na expansão ou no desenvolvimento e em aquisições ou compras alavancadas. Que critérios os capitalistas de risco relatam estar utilizando na filtragem inicial das propostas das empresas?

2. Obtenha um prospecto de oferta pública inicial de três empresas. Use pelo menos duas abordagens para avaliar cada empresa.

3. Procure na Internet serviços que fornecem acesso a "investidores-anjos dos negócios" ou a investidores informais. Como esses sites funcionam? Se você fosse um empreendedor em busca de financiamento, qual seria o custo desse serviço? Quantos "investidores-anjos de negócios" estão registrados em um banco de dados característico? Quantos empreendedores estão registrados nesse mesmo banco de dados? Em sua opinião, qual é a eficácia desses serviços? (Sempre que possível, use dados para respaldar sua resposta.)

4. Quantas empresas abriram seu capital, por ano, nos últimos 10 anos? Como explicar essa variação na "popularidade" da abertura de capital?

5. Analise os prospectos de 10 empresas que abriram seu capital em 2005. Em sua opinião, quais empresas provavelmente se sairão bem na oferta pública e quais têm menor probabilidade disso? Efetue o seguinte cálculo para testar suas proposições: Preço da ação depois de uma semana − Preço da oferta ÷ Preço da oferta. Compare esse preço com o preço da IPO original.

6. Analise o prospecto de cinco empresas que estão abrindo seu capital. Quais são os motivos declarados para essa abertura de capital? Como elas usarão os fundos arrecadados? Quais são os principais fatores de risco apresentados?

DISCUSSÃO EM AULA

1. Um investidor fornece a uma empresa empreendedora o capital necessário para a sua expansão. Sem considerar o capital investido, de que outras maneiras esse investidor poderia agregar valor à empresa? Quais são as possíveis desvantagens de se ter o capital de risco como investidor no negócio?

2. Vamos supor que você teve muita sorte e recebeu uma grande fortuna. Você quer se tornar um "investidor-anjo dos negócios" (imediatamente depois de se formar). Como você estabeleceria e administraria sua empresa de "investidor-anjo de negócio"? Seja específico quanto à geração do fluxo do negócio, aos critérios de seleção, ao nível almejado de controle e envolvimento na investida, etc.

3. O que move o mercado das IPOs? Por que ele é tão volátil?

4. Se fosse um empreendedor em um mercado "aquecido", você investiria bastante tempo, energia e outros recursos necessários para tentar abrir o capital de sua empresa antes do seu crescimento? Ou você preferiria utilizar esses recursos para construir sua empresa e gerar valor para os clientes?

NOTAS

1. "Profile: Richard Branson," *BBC News*, London, September 27, 2004.
2. "*Forbes* Billionaires 2011," *Forbes*, March 2011.
3. "Richard Branson: The P. T. Barnum of British Business," *Entrepreneur Media*, October 10, 2008, http://www.entrepreneur.com/article/197616.
4. Robert M. Grant, *Richard Branson and the Virgin Group of Companies in 2004*, Case 15 (Oxford: Blackwell Publishing, 2004).
5. "Richard Branson: The P. T. Barnum of British Business."
6. Grant, *Richard Branson and the Virgin Group of Companies in 2004*.
7. "Virgin," *Virgin—About Us*, September 20, 2011, http://www.virgin.com/about-us.
8. Zack O'Malley Greenburg, "Billionaire Richard Branson on Being a Rock Star Businessman," *Forbes*, September 19, 2011.
9. "Space Tickets," *Virgin Galactic*, September 20, 2011, http://www.virgingalactic.com/overview/space-tickets/.
10. "Virgin Unite," *About Virgin Unite*, September 21, 2011, http://www.virginunite.com/AboutVirginunite/Rest-of--World/.
11. Greenburg, "Billionaire Richard Branson on Being a Rock Star Businessman."
12. Richard Branson, "Richard Branson: Five Secrets to Business Success," *Entrepreneur*, September 9, 2010.
13. *Report of the Use of the Rule 146 Exemption in Capital Formation* (Washington, DC: Directorate of Economic Policy Analysis, Securities and Exchange Commission, 1983).
14. *An Analysis of Regulation D* (Washington, DC: Directorate of Economic Policy Analysis, Securities and Exchange Commission, 1984).
15. Charles River Associates, Inc., *An Analysis of Capital Market Imperfections* (Washington, DC: National Bureau of Standards, February 1976).
16. W. E. Wetzel, Jr., "Entrepreneurs, Angels, and Economic Renaissance," in R. D. Hisrich (ed.), *Entrepreneurship, Intrapreneurship, and Venture Capital* (Lexington, MA: Lexington Books, 1986), pp. 119–40. Outras informações sobre os "investidores-anjos" e seus investimentos são encontradas em W. E. Wetzel, Jr., "Angels and Informal Risk Capital," *Sloan Management Review* 24 (Summer 1983), pp. 23–24; e W. E. Wetzel, Jr., "The Informal Venture Capital Market: Aspects of Scale and Market Efficiency," *Journal of Business Venturing* (Fall 1987), pp. 299–314.
17. R. B. Avery and G. E. Elliehausen, "Financial Characteristics of High-Income Families," *Federal Reserve Bulletin* (Washington, DC, March 1986).
18. M. Gannon, "Financing Purgatory: An Emerging Class of Investors Is Beginning to Fill the Nether Regions of Start-Up Financing—The Murky World between the Angels and the Venture Capitalists," *Venture Capital Journal* (May 1999), pp. 40–42.
19. S. Prowse, "Angel Investors and the Market for Angel Investments," *Journal of Banking and Finance* 23 (1998), pp. 785–92.
20. Joseph Bell, Kenneth Huggins, and Christine McClatchey, "Profiling the Angel Investor," *Proceedings, Small Business Institute Directors Association 2002 Conference*, February 7–9, 2002, San Diego, CA, pp. 1–3.
21. Para o papel das SBICs, ver Farrell K. Slower, "Growth Looms for SBICs," *Venture* (October 1985), pp. 46–47; e M. H. Fleischer, "The SBIC 100—More Deals for the Bucks," *Venture* (October 1985), pp. 50–54.
22. A maior parte das informações sobre o setor de capital de risco nesta seção, além de outras informações, se encontra em PricewaterhouseCoopers/Thomson Venture Economics/National Venture Capital Association Money Tree™ Survey.
23. Para uma análise completa do processo de capital de risco formal, ver B. Davis, "Role of Venture Capital in the Economic Renaissance of an Area," in R. D. Hisrich (ed.), *Entrepreneurship, Intrapreneurship, and Venture Capital* (Lexington, MA: Lexington Books, 1986), pp. 107–18; Robert D. Hisrich and A. D. Jankowicz, "Intuition in Venture Capital Decisions: An Exploratory Study Using a New Technique," *Journal of Business Venturing* 5 (January 1990), pp. 49–63; Robert D. Hisrich and Vance H. Fried, "The Role of the Venture Capitalist in the Management of Entrepreneurial Enterprises," *Journal of International Business and Entrepreneurship* 1, no. 1 (June 1992), pp. 75–106; Vance H. Fried, Robert D. Hisrich, and Amy Polonchek, "Research Note: Venture Capitalists' Investment Criteria: A Replication," *Journal of Small Business Finance* 3, no. 1 (Fall 1993), pp. 37–42; e Vance H. Fried and Robert D. Hisrich, "The Venture Capitalist: A Relationship Investor," *California Management Review* 37, no. 2 (Winter 1995), pp. 101–13.
24. Uma análise de alguns dos importantes setores nesse processo de decisão é encontrada em I. MacMillan, L. Zemann, and Subba Narasimba, "Criteria Distinguishing Successful from Unsuccessful Ventures in the Venture Screening Process," *Journal of Business Venturing* 2 (Spring 1987), pp. 123–38; Robert D. Hisrich and Vance H. Fried, "Towards a Model of Venture Capital Investment Decision-Making," *Financial Management* 23, no. 3 (Fall 1994), pp. 28–37; e Vance H. Fried, B. Elonso, and Robert D. Hisrich, "How Venture Capital Firms Differ," *Journal of Business Venturing* 10, no. 2 (March 1995), pp. 157–79.
25. Para todos os detalhes dessa história, consulte John Kerr, "The 100-Day Makeover," *Inc.* (May 1996), pp. 54–63.

V

DO FINANCIAMENTO DO NEGÓCIO AO LANÇAMENTO, CRESCIMENTO E ENCERRAMENTO

Capítulo 13
Estratégias de crescimento e gerenciamento das implicações do crescimento

Capítulo 14
Acessando recursos para crescimento em fontes externas

Capítulo 15
Planejamento da sucessão e estratégias para colher os resultados e encerrar as atividades do empreendimento

13
ESTRATÉGIAS DE CRESCIMENTO E GERENCIAMENTO DAS IMPLICAÇÕES DO CRESCIMENTO

OBJETIVOS DE APRENDIZAGEM

▶ Aprender a procurar (ou a criar) as possíveis oportunidades de crescimento.

▶ Conhecer os desafios de gestão de recursos humanos e estar preparado para enfrentá-los com sucesso.

▶ Entender as pressões de tempo e como aplicar técnicas de gerenciamento de tempo.

▶ Reconhecer que as pessoas diferem e entender como essas diferenças afetam suas intenções e capacidades de expandir um negócio.

PERFIL DE ABERTURA

Brian e Jennifer Maxwell – olympics.powerbar.com

Brian Maxwell, maratonista de nível internacional e técnico na Universidade da Califórnia, Berkeley, estava liderando uma maratona na Inglaterra quando, na marca de 21 milhas, começou a sentir tontura e a perder a visão, o que o forçou a abandonar a competição. Seu consumo de bebidas energéticas no dia da prova não havia sido satisfatório, o que o motivou a encontrar a fórmula de uma melhor fonte de energia. Juntando-se a Jennifer Biddulph, aluna do curso de nutrição e ciência de alimentos (atualmente doutora em química), começou a pesquisar uma barra energética que fosse saborosa, saudável e nutritiva e fornecesse os ingredientes apropriados para otimizar o desempenho. Com 50 mil dólares em economias, ambos estavam determinados a encontrar uma solução.[1]

Durante três anos de pesquisa, especialistas lhes informaram que seria impossível produzir um produto saudável devido às grandes quantidades de gorduras saturadas necessárias para lubrificar o equipamento no processo de produção das barras energéticas. Entretanto, após muitos fracassos, eles encontraram a solução; isto é, perceberam a necessidade de desenvolver um processo de produção de barras energéticas que não exigisse a adição de gorduras para a lubrificação do equipamento, originando um produto que tivesse as características almejadas. O produto devia oferecer um equilíbrio entre carboidratos simples (para a aquisição rápida de energia), carboidratos complexos (para a energia de maior duração) e pouca gordura (para a fácil digestão. Centenas de receitas foram testadas com atletas até que o produto mais eficiente e de melhor sabor fosse encontrado. Constantes pedidos, entre os atletas, para a obtenção de mais "barras poderosas" levaram à criação do nome da marca e, em 1986, foi formada oficialmente a empresa PowerBar Inc.

Inicialmente, a empresa funcionava no porão de Brian e Jennifer. Os primeiros produtos, colocados à venda em 1987, tinham os sabores malte/nozes e chocolate. Após seu casamento, em 1988, eles se mudaram para novas instalações e começaram a contratar funcionários para atender à crescente demanda.

O objetivo de encontrar uma solução que atuasse como fonte de energia para um corredor profissional não foi o único fator na formação desse novo empreendimento. Brian e Jennifer estavam determinados a criar um ambiente de trabalho em que os funcionários se sentissem importantes e tivessem muito orgulho da empresa. Queriam uma empresa sem as características que tanto detestaram nos empregos anteriores. Assim, criaram um ambiente de trabalho em que os funcionários eram chamados de membros da equipe, com roupas informais e foco em esportes. Para Brian e Jennifer, era importante que seus funcionários apreciassem o local de trabalho e desenvolvessem lealdade e comprometimento sólidos com a missão da empresa.

No início da década de 1990, as vendas do novo empreendimento aumentaram entre 50 e 60%. Em 1997, as vendas aumentaram somente 23%. Em 1995, Brian e Jennifer recusaram uma oportunidade de comprar a Balance Bar, fabricante de uma barra energética direcionada para atletas mais informais e para quem desejava um lanche nutritivo. Acreditavam que a empresa não precisava acrescentar novos produtos e que continuaria a crescer com apenas um. Mais tarde, perceberam esse erro de estratégia e viram que o empreendimento não conseguiria sobreviver com um único produto, principalmente quando as vendas começaram a estagnar em 1995. Naquele momento, havia muitos concorrentes novos que reconheceram as oportunidades em um mercado maior, lançando barras energéticas para os que praticavam musculação e para os que preferiam lanches leves. Assim, em 1997, Brian e Jennifer começaram a busca por novos produtos. Em 1998, lançaram a PowerBar Harvest, uma barra energética crocante e texturizada, disponível em vários sabores, dirigida aos atletas informais e aos consumidores interessados em lanches nutritivos. Em 1999, foram lançadas uma nova barra cremosa, chamada Essentials, e uma nova linha de bebidas esportivas.

Hoje, a PowerBar ainda é líder no mercado de atletas profissionais, e a Harvest superou a barra Clif, tornando-se a marca número 3 nessa categoria. As vendas em 1999 atingiram 135 milhões de dólares. A empresa adquiriu uma moderna instalação para produção, em Idaho, e abriu dois centros de distribuição, em Idaho e na Carolina do Norte. Também estabeleceu duas subsidiárias, no Canadá e na Alemanha, à medida que surgiram oportunidades de crescimento das vendas em mercados internacionais.

Brian ainda corre de 64 a 80 km por semana. Jennifer recentemente foi reconhecida no primeiro concurso anual Working Women Entrepreneurial Excellence Awards, vencendo com a Harvest na categoria de Melhor Inovação. Em 2000, a PowerBar foi comprada pela Nestlé, que pretende desenvolvê-la e expandi-la internacionalmente. Brian Maxwell continuará a exercer um papel essencial na empresa.

Neste capítulo, são revisadas e discutidas áreas fundamentais de decisões administrativas. A formação de uma equipe administrativa sólida e de uma equipe leal de funcionários, vista como um fator primordial nos primeiros anos por empreendedores como Brian e Jennifer Maxwell, bem como decisões de controle financeiro e de marketing, serão discutidas em detalhes.

ESTRATÉGIAS DE CRESCIMENTO: ONDE BUSCAR OPORTUNIDADES DE CRESCIMENTO

No Capítulo 3, discutimos a nova entrada como uma ação fundamental do empreendedorismo. Uma nova entrada bem-sucedida propicia uma oportunidade para o empreendedor expandir seu negócio. Por exemplo, lançar um novo produto em um mercado já existente permite conquistar a fatia de mercado dos concorrentes; uma entrada em um novo mercado dá oportunidade de atender a um novo grupo de clientes; e uma nova organização tem a chance de fazer, e de se desenvolver com, suas primeiras vendas. Embora seja difícil fornecer orientação direta aos empreendedores sobre um processo passo a passo para gerar uma oportunidade altamente atrativa, apresentaremos neste capítulo um modelo com sugestões sobre onde procurar oportunidades de crescimento em que a empresa já tenha uma base para uma vantagem competitiva sustentável. Em seguida, investigaremos as implicações desse crescimento para uma economia, para a empresa e para o empreendedor, assim como a possível necessidade de negociar recursos de fontes externas para sustentar o crescimento da empresa.

No Capítulo 3, vimos que as oportunidades de nova entrada são geradas com o conhecimento do empreendedor e com o conhecimento organizacional. Usamos esse conhecimento como base para determinar o melhor local onde buscar oportunidades de expandir a empresa. A partir de uma perspectiva simples, presumimos que o empreendedor e a empresa têm conhecimento sobre o produto que estão produzindo e vendendo atualmente (o produto existente) e têm conhecimento sobre o grupo de clientes para o qual estão vendendo o produto (o mercado existente).

Na Figura 13.1 estão representadas as diversas combinações entre os diferentes níveis desses tipos de conhecimento e é fornecido um modelo das diferentes estratégias de crescimento.[2] A maioria dessas estratégias resulta em vantagem competitiva porque tiram proveito de algum aspecto da base de conhecimento do empreendedor e da empresa. Essas estratégias de crescimento são: (1) estratégias de penetração, (2) estratégias de desenvolvimento de mercado, (3) estratégias de desenvolvimento de produto e (4) estratégias de diversificação.

Estratégias de penetração

Uma *estratégia de penetração* é focada no produto existente da empresa em seu mercado existente. O empreendedor tenta penetrar esse produto ou mercado ainda mais, estimulando os clientes atuais a comprar um número maior dos produtos existentes da empresa. O marketing pode ser eficaz ao estimular compras repetidas com maior frequência. Por exemplo, uma

estratégia de penetração
Estratégia de crescimento que estimula os clientes existentes a comprar um número maior dos produtos atuais da empresa

	Produto Existente	Produto Novo
Mercado Existente	Estratégias de penetração	Estratégias de desenvolvimento de produto
Mercado Novo	Estratégias de desenvolvimento de mercado	Estratégias de diversificação

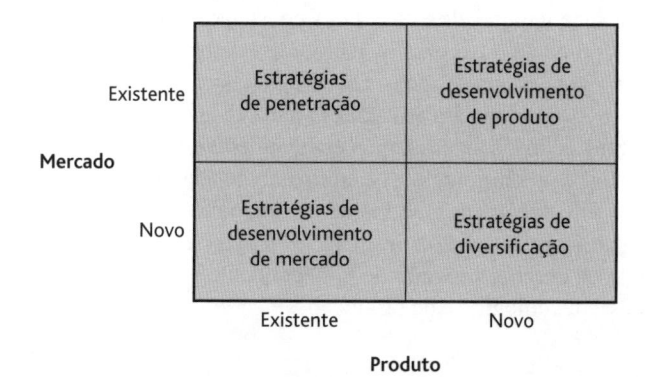

FIGURA 13.1 Estratégias de crescimento baseadas no conhecimento do produto e/ou do mercado.
Fonte: H. I. Ansoff, *Corporate Strategy: An Analytical Approach to Business Policy for Growth and Expansion* (New York: McGraw-Hill, 1965). Com permissão de Ansoff Family Trust.

pizzaria participa de uma ampla campanha de marketing para estimular sua atual base de clientes estudantes universitários a comer pizza três noites por semana, em vez de apenas duas vezes por semana. Essa estratégia de crescimento não envolve algo novo para a empresa e pretende tomar a fatia de mercado dos concorrentes e/ou expandir o tamanho do mercado existente. Portanto, essa estratégia de crescimento tenta explorar de modo mais eficiente sua entrada original.

Estratégias de desenvolvimento de mercado

O crescimento também ocorre por meio de estratégias de desenvolvimento de mercado. As *estratégias de desenvolvimento de mercado* abrangem a venda de produtos existentes da empresa para novos grupos de clientes, os quais podem ser classificados pela região geográfica, por dados demográficos e/ou com base no uso do novo produto.

estratégia de desenvolvimento de mercado
Estratégia de crescimento que visa à venda dos produtos existentes da empresa para novos grupos de clientes

Novo mercado geográfico O termo está relacionado apenas à venda do produto existente em novos locais. Por exemplo, uma empresa que vende seus produtos em Cingapura poderia começar a vendê-los na Malásia, Tailândia e Indonésia. Isso poderia aumentar as vendas, oferecendo os produtos a clientes que ainda não tiveram a oportunidade de comprá-los. O empreendedor deve conhecer as possíveis diferenças regionais nas preferências dos clientes, no idioma e nas exigências legais que talvez obriguem uma pequena mudança no produto (ou na embalagem).

Novo mercado demográfico A demografia caracteriza os (possíveis) clientes com base em sua renda, local onde vivem, nível educacional, idade, sexo e outros aspectos. Para um empreendedor que esteja vendendo atualmente o produto existente da empresa para um grupo demográfico específico, a empresa pode expandir oferecendo o mesmo produto para um grupo demográfico diferente. Por exemplo, um estúdio produz e vende atualmente jogos de computador (com especialização em jogos de beisebol e futebol americano) para homens na faixa etária de 13 a 17 anos. Contudo, há uma oportunidade para essa empresa expandir suas vendas, direcionando-as também para homens na faixa etária de 24 a 32 anos, com educação de nível superior, com altos rendimentos disponíveis e que desejam desfrutar do escapismo desses jogos para computador.

Novo uso do produto Uma empresa empreendedora pode descobrir que as pessoas estão utilizando seu produto de uma maneira não pretendida ou inesperada. Esse novo conhecimento do uso do produto permite pensar como o produto é valioso para novos grupos de compradores. Por exemplo, quando mudei da Austrália para Chicago, comprei um bastão de beisebol. Eu não utilizava esse bastão para jogar beisebol; em vez disso, eu o guardava ao lado da minha cama para me defender contra uma invasão em meu apartamento. Felizmente, nunca precisei usá-lo, mas dormia melhor sabendo que ele estava lá. A constatação do novo uso desse produto pode abrir um mercado totalmente novo para os fabricantes de bastões de beisebol. Outro exemplo são os veículos de tração nas quatro rodas. Os fabricantes originais desse produto imaginavam que ele seria usado basicamente para atividades *off-road*, mas descobriram que o veículo também era popular entre as donas de casa, pois era suficientemente amplo para levar as crianças à escola e carregar todas as suas mochilas e equipamentos desportivos. O conhecimento desse novo uso permitiu que os fabricantes modificassem um pouco seu produto para atender melhor aos clientes que o utilizam dessa maneira. Uma vantagem da estratégia de desenvolvimento de mercado é o fato de ela tirar proveito do conhecimento e da experiência existentes em um determinado processo tecnológico e de produção.

estratégia de desenvolvimento de produto
Estratégia de crescimento por meio do desenvolvimento e da venda de novos produtos para pessoas que já compram os produtos existentes da empresa

Estratégias de desenvolvimento de produto

As *estratégias de desenvolvimento de produto* para o crescimento abrangem o desenvolvimento e a venda de novos produtos para pessoas que já compram os produtos existentes da empresa. A experiência com um grupo de clientes específico é uma fonte de conhecimento sobre os problemas enfrentados pelos clientes com a tecnologia existente e sobre como atender melhor aos clientes. Esse conhecimento é um recurso importante quando surge um novo produto. Por exemplo, a Disney Corporation ampliou sua base de clientes espectadores de filmes da Disney e desenvolveu produtos de merchandising especificamente voltados para este público. Outra vantagem da estratégia de desenvolvimento de produto é a chance de tirar proveito dos sistemas de distribuição existentes e da reputação corporativa da empresa junto a esses clientes.

Estratégias de diversificação

As *estratégias de diversificação* abrangem a venda de um novo produto para um novo mercado. Mesmo que ambas as bases de conhecimento pareçam novas, algumas estratégias de diversificação estão relacionadas com o conhecimento do empreendedor (e da empresa). Na realidade, há três tipos de diversificações relacionadas, explicadas de modo mais eficiente com uma discussão da cadeia de valor agregado.

Como ilustra a Figura 13.2, uma cadeia de valor agregado reúne as etapas necessárias para transformar matérias-primas em um produto e lançar esse produto para o consumidor. O valor é agregado em cada estágio da cadeia. Para o valor agregado, a empresa gera algum lucro. Se focarmos no fabricante, as oportunidades de crescimento surgirão da integração ascendente, integração descendente e integração horizontal. A *integração ascendente* é dar um passo atrás (acima) na cadeia de valor agregado em direção às matérias-primas, o que neste caso significa que o fabricante também se torna um atacadista de matérias-primas. A empresa se transforma basicamente no próprio fornecedor. A *integração descendente* é dar um passo à frente (para baixo) na cadeia de valor agregado em direção aos clientes, o que neste caso significa que a empresa também se torna um atacadista de produtos finais. Basicamente, a empresa se transforma no próprio comprador.

A integração ascendente ou descendente oferece ao empreendedor uma oportunidade atrativa potencial para a expansão da empresa. Primeiro, essas oportunidades de crescimento estão relacionadas com a base de conhecimento existente da empresa, e o empreendedor pode, por conseguinte, ter alguma vantagem em relação aos outros sem essa experiência ou conhecimento. Segundo, ser o próprio fornecedor e/ou comprador oferece oportunidades de sinergia para conduzir essas transações de modo mais eficiente do que quando realizadas por empresas

estratégia de diversificação
Estratégia de crescimento por meio da venda de um novo produto para um novo mercado

integração ascendente
Passo atrás (acima) na cadeia de valor agregado em direção às matérias-primas

integração descendente
Passo à frente (para baixo) na cadeia de valor agregado em direção aos clientes

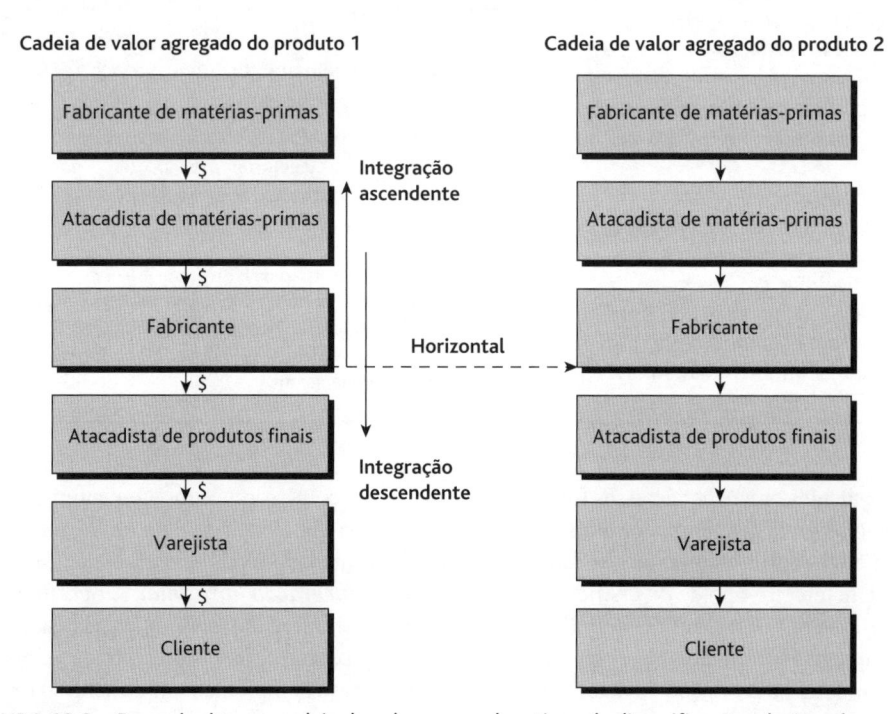

FIGURA 13.2 Exemplo de uma cadeia de valor agregado e tipos de diversificação relacionada.

SAIU NA *BUSINESS NEWS*

ACONSELHAR UM EMPREENDEDOR SOBRE COMO EXPANDIR PARA NOVOS MERCADOS POR MEIO DA INTERNET

A mania ponto-com pode ter acabado, mas a venda de produtos e serviços online mal começou. Na verdade, estimativas de diversas fontes dão conta de um aumento de cerca de 30% no total de vendas online no varejo em 2002. E depois de anos de crescimento com rapidez semelhante, os números absolutos também não são minúsculos: projeções baseadas em relatórios de dados cautelosos do Departamento de Comércio dos Estados Unidos indicam que as vendas online de produtos e serviços atingiram o patamar de 42 bilhões de dólares em 2002. E o Departamento de Comércio não inclui as vendas de viagens online, que em geral abrangem 40% ou mais da receita online.

Um aspecto que impulsiona o crescimento das vendas online é o número cada vez maior de pessoas acessando a Internet. Os rastreadores de mercado na Jupiter Media Metrix preveem que o número de americanos online dobrará em 5 anos, chegando a 132 milhões. Como cerca da metade dos usuários da Internet compra alguma coisa online em determinado ano, isso se converte em um crescimento sólido para o comércio online.

O mercado online não está apenas crescendo, mas também mudando. Para início de conversa, os próprios compradores (consumidores) estão mudando. Antes, a maioria era de homens; agora, é de mulheres. Embora a rede seja considerada uma mídia jovem, os mais velhos representam a faixa etária de maior crescimento. E ainda que os grupos étnicos tenham demorado a adotar a tecnologia online, eles estão alcançando a média rapidamente. "Enquanto o mercado geral tende a se estabilizar um pouco, o mercado étnico continua em rápido crescimento", afirma Derene Allen, vice-presidente do The Santiago Solutions Group, empresa de consultoria em marketing cultural sediada em San Francisco.

Todos esses grupos têm motivos próprios para comprar online, têm estilos próprios e compras preferenciais. Também compram uma grande variedade de produtos e serviços. Os produtos eram divididos em adequados e inadequados para venda na Internet. Supostamente, itens como mobília não se prestavam para vendas online, por exemplo. Entretanto, cada vez mais, praticamente tudo está sendo vendido online. A mobília compõe a maior parte do volume na PoshTots, loja online de 16 pessoas com sede em Glen Allen, Virgínia, que trabalha com produtos sofisticados para crianças. "Nossos clientes compram berços e camas", diz Karen Booth Adams, a cofundadora de 33 anos, "e vendemos muitas casinhas de brinquedo".

O crescimento contínuo do mercado online também requer estratégias comerciais em evolução. Aquele frenesi de alcançar a vantagem do pioneirismo que caracterizava os primeiros anos do varejo online recuou. Hoje, a venda online está menos relacionada com possuir a mais moderna tecnologia e mais com fazer a melhor análise dos clientes. "É um retorno aos princípios comprovados de marketing", diz Keith Tudor, professor de marketing na Universidade de Kennesaw, na Geórgia. "Examine os desejos, as necessidades e as motivações de seus clientes".

CONSELHO PARA UM EMPREENDEDOR

Um empreendedor que administra um negócio físico no varejo procura você e lhe pede um conselho:

1. Com todas as falhas associadas às empresas ponto-com, atualmente você considera seguro começar a anunciar e a vender meus produtos online?

2. Se eu não puder entrar nesse mercado e contar com as vantagens do pioneirismo ou com uma vantagem tecnológica, como poderei desenvolver uma vantagem competitiva na divisão online sugerida de meu negócio de varejo? Devo entrar apenas para ficar em condições de igualdade com meus concorrentes e manter a fatia do mercado?

3. Se isso fosse revertido aos princípios consagrados de marketing, como direcionar meu produto para um público específico quando todos estiverem usando a Internet?

Fonte: Reimpresso com permissão de Entrepreneur Media, Inc., "Net Meeting. Let Us Introduce You to the Most Important People on the Internet. If You Think You Know E-Commerce Consumers, This Might Surprise You," by Mark Henricks, February 2003, *Entrepreneur* magazine: www.entrepreneur.com.

---

integração horizontal
Ocorre no mesmo nível da cadeia de valor agregado e abrange apenas uma cadeia de valor agregado diferente, mas complementar

independentes preenchendo essas funções. Terceiro, atuar como fornecedor e/ou comprador do negócio original propicia oportunidades de aprendizagem que podem levar a novos processos e/ou a novos aprimoramentos de produto que não estariam disponíveis sem essa integração.

Um terceiro tipo de diversificação relacionada é a *integração horizontal*. A oportunidade de crescimento ocorre no mesmo nível da cadeia de valor agregado e abrange uma cadeia de valor agregado diferente, mas complementar. Por exemplo, uma empresa que fabrica máquinas de lavar entra na produção de detergentes. Esses produtos se complementam no sentido de que necessitam um do outro para funcionar. Mais uma vez, o relacionamento do nosso produto com o produto existente da empresa indica que a empresa terá provavelmente algumas competências nesse novo produto e propiciará oportunidades de aprendizagem. Além disso, a integração horizontal traz uma oportunidade de aumento de vendas do produto existente. Por exemplo, o produto existente e o novo produto seriam agregados e vendidos juntos, o que agregaria valor para os clientes e aumentaria as vendas. Exemplos de produtos agregados seriam hardware e software de computador, televisões e gravadores de vídeo e telefones e secretárias eletrônicas.

Que tal lançar um novo produto em um novo mercado que não esteja relacionado com a empresa existente (ou seja, sem integração descendente, ascendente ou horizontal)? A resposta curta é: "Não faça isso". Se não existir uma relação com a empresa atual, que possível vantagem essa empresa terá em relação aos concorrentes? O ego e a crença enganosa nos benefícios da empresa ao diversificar seu risco induzem alguns empreendedores a buscar uma diversificação não relacionada, aumentando seu próprio risco.

Exemplo de estratégias de crescimento

Ilustrando o uso do modelo citado anteriormente a fim de explorar possibilidades de crescimento da empresa, analisamos os primeiros dias de existência da Head Ski Company que, na época, só produzia e vendia esquis *high-tech* no mercado norte-americano. Uma *estratégia de penetração* para a Head seria alcançada por meio de um aumento em seu orçamento de marketing, focado em estimular os clientes existentes a "atualizar" seus esquis com mais frequência. Isso envolveria algum tipo de ditame de desempenho, que convencesse os clientes a desejarem os esquis mais atualizados, com os recursos tecnológicos mais modernos.

Uma *estratégia de desenvolvimento de mercado* seria a Head vender seus esquis na Europa, Argentina e Nova Zelândia. A vantagem de entrar na Argentina e na Nova Zelândia é o fato de esses mercados estarem no Hemisfério Sul e, por conseguinte, de as vendas ocorrerem na estação oposta àquelas realizadas nos Estados Unidos (e em outros mercados do Hemisfério Norte). A Head também poderia começar a vender seus esquis para o mercado de produção em massa – aqueles esquiadores menos ricos, que desejam um esqui de bom desempenho a um preço "razoável".

Para buscar uma *estratégia de desenvolvimento de produto*, a Head poderia desenvolver e vender novos produtos, como chapéus, luvas, botas e outros acessórios para esquiar, às pessoas que comprarem seus esquis. A Head também fabricaria raquetes de tênis ou equipamentos de *mountain bikes*, utilizados por seu grupo de clientes atual quando não estiverem esquiando. Esses novos produtos construiriam uma reputação em seus clientes quanto a produtos *high-tech* de alta qualidade e tirariam proveito dos sistemas de distribuição existentes. Por exemplo, as lojas de esquis venderiam raquetes de tênis e *mountain bikes* da Head durante os meses de verão, o que amenizaria a variabilidade sazonal nas vendas.

As *estratégias de diversificação* também oferecem oportunidades de crescimento. Por exemplo, a integração ascendente abrangeria a criação e a produção de equipamentos utilizados para fazer esquis, a integração descendente, o controle de uma cadeia de lojas de esquis no varejo, e a integração horizontal, a propriedade de montanhas de esqui (elevadores, alojamentos, etc.).

Como o exemplo demonstra, o modelo oferece uma ferramenta aos empreendedores para obrigá-los a pensar e a buscar, em direções diferentes, oportunidades de crescimento onde a empresa já tenha uma base para uma vantagem competitiva sustentável. Buscar e alcançar o crescimento surte impacto sobre a economia, a empresa e o empreendedor.

IMPLICAÇÕES DO CRESCIMENTO PARA A EMPRESA

Como o crescimento torna uma empresa maior, ela começará a se beneficiar das vantagens do tamanho. Por exemplo, um volume mais alto aumenta a eficiência da produção, torna a empresa mais atrativa para os fornecedores e, por conseguinte, aumenta seu poder de barganha. O tamanho também melhora a legitimidade da empresa, porque as empresas maiores são frequentemente percebidas pelos clientes, financistas e outras pessoas interessadas (stakeholders) como mais estáveis e de prestígio. Portanto, o crescimento proporcionar ao empreendedor mais poder de influência sobre o desempenho da empresa. Mas, com o crescimento, a empresa muda. Essas mudanças trazem vários desafios administrativos que se originam a partir das pressões analisadas a seguir.

Pressões sobre os recursos humanos

O crescimento também é alimentado pelo esforço dos empregados. Se o número de empregados alocados for muito baixo para permitir o crescimento, a empresa enfrentará problemas de motivação, esgotamento e uma maior rotatividade de empregados. Os problemas com os funcionários também causam um impacto negativo sobre a cultura corporativa da empresa. Por exemplo, a entrada de um grande número de novos empregados (exigida por um aumento na quantidade de tarefas e para substituir os que saíram da empresa) provavelmente diluirá a cultura corporativa, o que gera preocupação, principalmente se a empresa depender dessa cultura corporativa como fonte de vantagem competitiva.

Pressões sobre o gerenciamento dos empregados

Muitos empreendedores acreditam que, com o crescimento do empreendimento, é necessário mudar o estilo administrativo, isto é, mudar o tratamento concedido aos empregados. As tomadas de decisão administrativas que são de domínio exclusivo do empreendedor podem ser perigosas para o sucesso de um empreendimento em crescimento. Às vezes, o empreendedor tem dificuldade de perceber isso, pois está muito envolvido com todas as decisões importantes desde a fundação da empresa. Mas, para sobreviver, o empreendedor deverá considerar algumas mudanças administrativas.

Pressões sobre o tempo do empreendedor

Um dos maiores problemas na expansão de uma empresa está resumido na frase: "Se eu tivesse mais tempo". Embora isso seja um problema comum para todos os gestores, é particularmente aplicável aos empreendedores em processo de expansão de suas empresas. O tempo é o recurso mais importante, ainda que limitado, do empreendedor. É uma quantidade única: o empreendedor não pode guardá-lo, alugá-lo, contratá-lo ou comprá-lo. É também totalmente perecível e insubstituível. Não importa o que o empreendedor faça, a cota de tempo de que dispõe hoje é de 24 horas, e o tempo de ontem já passou. O crescimento exige o tempo do empreendedor, mas quando o empreendedor aloca tempo para crescer, esse tempo deve ser desviado de outras atividades, e isso gera problemas.

Existem atitudes que o empreendedor deve tomar para administrar melhor esses problemas e expandir sua empresa de modo mais eficaz. Discutiremos a seguir algumas dessas atitudes.

Pressões sobre os recursos financeiros existentes

O crescimento tem um apetite voraz por dinheiro. Investir no crescimento significa que os recursos da empresa são esticados ao limite. Com recursos financeiros muito esticados, a empresa ficará mais vulnerável a despesas imprevistas, que podem pressioná-la e levá-la à falência. É necessário manter uma reserva de recursos para se proteger contra a maioria dos impactos ambientais e fomentar mais inovações.

ÉTICA

LIÇÕES EXTRAÍDAS DA ENRON

ATÉ MESMO AS MENORES EMPRESAS PODEM APRENDER O QUE *NÃO* SE DEVE REPETIR DOS ATOS DESSA EMPRESA GIGANTE

P: O que um proprietário de empresa pode aprender com os erros da Enron?

R: Você queria ter uma corporação multibilionária e voar pelo mundo no mais moderno Lear jet. Então surge a Enron, a sétima maior empresa nos Estados Unidos, uma empresa sobre a qual a maioria das empresas sequer ouviu falar, e ela arruína seus sonhos. Provavelmente seu 401(k) também. Os excessos que causaram essa desintegração serão minuciosamente examinados pelos legisladores e órgãos reguladores. Quando esse trabalho estiver concluído, até mesmo os inocentes enfrentarão novas normas e regulamentos impostos pelo governo para dificultar as negociações. Bem, não se desespere – "foram cometidos erros", mas é possível aprender as lições.

E não pense nem por um minuto que o problema da Enron é enfrentado somente pelas corporações gigantescas. Embora a magnitude de seu colapso não seja correspondida pela gráfica ou pizzaria local, o colapso da menor das empresas afeta muitas pessoas. O fracasso de sua empresa afetará você, seus sócios, seus empregados, seus clientes e seus fornecedores, além das famílias de cada um desses grupos. Como proprietários de empresas, temos a obrigação de trabalhar de modo prudente, legal e ético.

Então, o que podemos fazer? Todo bom negócio tem um plano de negócio sólido e uma estrutura realista para implementá-lo. Enquanto a Enron está fresquinha em nossas mentes, a primeira coisa que podemos fazer é examinar nosso plano de negócio em termos de sua fidelidade com a prudência, com a legalidade e com a ética mencionadas anteriormente, e depois comparar esse plano com a realidade. As "necessidades" empresariais nos levam a ultrapassar os limites? Como os desvios do plano retornarão para atingir a nós e aqueles que dependem de nós? Tente se lembrar de seu primeiro dia na empresa. Nada tinha a ver com driblar as regras, não estava relacionado com viver numa boa com muito dinheiro (ou como se diz hoje em dia, viver grande) e nada tinha a ver com trair os outros. Aquele primeiro dia tinha tudo a ver com realizar um sonho e levar outras pessoas com você. Está na hora de reacender a chama.

Como já dissemos, em uma escala local, o colapso de uma pequena empresa corresponderá ao colapso de uma Enron para aqueles envolvidos. Se formos apanhados passando a perna nos negócios, não nos veremos no noticiário da TV, mas o vizinho do lado conhecerá esse lado de nosso caráter que tentávamos ocultar. Nossas famílias e os amigos mais próximos também saberão.

Vamos refletir sobre o que estamos fazendo agora, coisas que nunca constaram em nossos planos e nunca fizeram parte de nossos sonhos. Vamos expurgá-las de nossas práticas empresariais. Alguns dos erros legais e éticos que alguns proprietários de empresas costumam dar, e que devem ser banidos hoje em dia, são:

- Pagar despesas pessoais com os recursos da empresa e dar baixa delas.
- Não relatar todas as entradas no caixa
- Ludibriar os clientes no preço, na qualidade, na entrega ou na garantia
- Usar propaganda enganosa
- Deixar de pagar as contas da empresa em tempo hábil
- Mentir para os empregados, clientes e fornecedores

Alguns talvez até pensem que esses lapsos desaparecem diante das alegações contra a Enron. Mas isso não acontece. Se você age de modo ilegal ou antiético em sua empresa, dada a oportunidade, você também o faria se seu lastro fosse maior. Dê uma boa olhada nessa lista e pergunte a si mesmo: "Qual será a penalidade se eu for descoberto?". Depois, faça uma pergunta ainda mais importante: "É isso o que eu realmente sou?". Finalmente, corrija isso.

Também podemos voar naquele Lear jet, mas só mereceremos isso se formos proprietários de empresas honestos e batalhadores.

Fonte: Reimpresso com permissão de Entrepreneur Media, Inc., "Even the Smallest Business Can Learn What Not to Do from This Giant Company," by Rod Walsh and Dan Carrison, February 2002, *Entrepreneur* magazine: www.entrepreneur.com.

SUPERANDO AS PRESSÕES SOBRE OS RECURSOS HUMANOS EXISTENTES

O novo empreendimento em geral não possui a sofisticação de um departamento de recursos humanos que pode entrevistar, contratar e avaliar empregados. A maioria dessas decisões ficará por conta do empreendedor e, talvez, por conta de um ou dois funcionários importantes. O processo de gestão de recursos humanos não deve ser diferente do que foi discutido anteriormente, no Capítulo 9, quando descrevemos alguns procedimentos importantes para preparar as descrições do cargo e as especificações para novos empregados.

Alguns empreendedores estão utilizando PEOs (Professional Employer Organizations – Organizações de Empregadores Profissionais). Uma dessas empresas é a TriNet Employer Group Inc., que veio a calhar para Robert Teal, cofundador de uma empresa do Vale do Silício, a Quinta Corporation. Robert considerava lento e oneroso contratar e manter empregados. Seu banqueiro sugeriu que ele analisasse a TriNet. Após avaliar os serviços da TriNet, ele a contratou para assumir a maioria das tarefas relacionadas a recursos humanos do novo empreendimento. Isso abrangia atividades como recrutar, contratar, configurar programas de benefícios, folha de pagamento e até mesmo decidir demissões. Isso concedia a Robert mais tempo para se dedicar a outros aspectos de seu empreendimento em crescimento.[3]

Ao expandir a mão de obra, os empreendedores precisam determinar que proporção dessa mão de obra será efetiva e que proporção será temporária, e essa decisão exige algumas avaliações. Por um lado, uma porcentagem maior de empregados temporários representa um custo fixo mais baixo, o que permite mais flexibilidade à empresa ao lidar com as mudanças ocorridas no ambiente externo. Por outro, a instabilidade de pessoal ocorre com mais frequência com trabalhadores temporários, pois a rotatividade é geralmente maior[4], e os trabalhadores temporários são menos comprometidos com a empresa, uma vez que têm menos interesse pessoal em seu desempenho. Portanto, é mais difícil formar uma cultura organizacional funcional quando a mão de obra apresenta uma proporção mais alta de empregados temporários.

Independentemente da composição da mão de obra da empresa, serão cometidos erros na seleção e contratação de algumas pessoas. Isso leva a uma das decisões mais difíceis para um empreendedor – a demissão de empregados incompetentes. É fundamental que se tenha um processo de avaliação justo dos empregados a fim de justificar a demissão de um deles. Os empregados têm de receber avaliações de seu desempenho periodicamente, e todos os problemas devem ser identificados com uma proposta de solução conveniente para o empregado e para o empreendedor. Dessa maneira, será documentada a continuidade dos problemas relacionados ao empregado sujeito a uma decisão de demissão.

Uma parte fundamental da estratégia de recursos humanos da empresa para expandir efetivamente o negócio deve considerar a cultura corporativa, apesar do ingresso de novos empregados. Os novos empregados são imbuídos com essa cultura por meio de sessões de treinamento iniciais que perpetuem as histórias e os rituais que formam a base da cultura corporativa. Mas a maior parte dessa responsabilidade recai sobre o empreendedor, que deve ser a incorporação do andamento, da comunicação da cultura, embora nos casos de rápido crescimento, o trabalho do empreendedor possa ser complementado pelo trabalho de um embaixador cultural. Por exemplo, enquanto a IKEA se expandia internacionalmente, Ingvar Kamprad tomou uma série de medidas para garantir que a cultura corporativa ainda causasse impacto sobre as lojas estrangeiras. No caso, ele documentou o "estilo IKEA" e usou embaixadores culturais e sessões de treinamento para socializar os novos empregados das novas lojas em localizações estrangeiras.

SUPERANDO AS PRESSÕES SOBRE O GERENCIAMENTO DE EMPREGADOS

estilo participativo de gerenciamento
O administrador envolve outras pessoas no processo de tomada de decisão

Ao se expandir, o empreendimento muda. Geralmente, gerenciar a mudança é uma tarefa complexa, realizada com mais eficiência em um estilo participativo de gerenciamento. Um *estilo participativo de gerenciamento* é aquele em que o empreendedor envolve outras pessoas no processo de tomada de decisão. Há diversas vantagens no uso desse estilo de gerenciamento quando uma empresa está crescendo. Primeiro, a complexidade da expansão de uma empresa e o gerenciamento da mudança aumentam as demandas de processamento de informações sobre o empreendedor. A participação de outras pessoas no processo de tomada de decisão é uma maneira de reduzir essas demandas. Segundo, gerentes e empregados altamente qualificados são recursos importantes que ajudam a propor novas alternativas de combate aos problemas atuais. Terceiro, ao participar do processo de tomada de decisão, os empregados ficam mais

SAIU NA *BUSINESS NEWS*

UMA BREVE APRESENTAÇÃO DA eVEST

Uma amiga rica lhe pediu que ficasse de olho nas empresas atrativas nas quais ela pudesse investir. Sua amiga rica é muito ocupada, e você só deseja lhe apresentar as empresas realmente interessantes. Após ouvir a seguinte apresentação, você indicaria Scott à sua amiga rica?

Empreendedor: Scott Jordan, 38, fundador e CEO da Scott eVest LLC

Empresa: Empresa de peças de vestuário e licenciamento, com uma linha de coletes/jaquetas com 16 a 22 bolsos que guardam, discretamente, objetos tecnológicos

Projeção de vendas para o ano atual: 5 milhões de dólares.

Sobrepeso: "Estava trabalhando como advogado, sempre indo e voltando do trabalho, carregando as tralhas que a maioria dos homens de negócio carregam consigo hoje em dia: PDA, celular, teclado expansível. Trabalhando em um ambiente comercial informal, eu usaria jaquetas esportivas só para dispor dos bolsos extras para colocar minhas coisas. Comecei a fazer uma pesquisa por aí e detectei que a necessidade de mais bolsos era comum".

Estilo (des)organizado: Vendendo atualmente por meio do www.scottevest.com, no início Jordan não acreditava muito no *e-commerce* (comércio eletrônico), quando abriu sua empresa em 2001. "No dia em que o *site* entrou no ar, um *site* fez uma referência a ele, e eu consegui 50.000 acessos e mais de 100 pedidos. Eu sequer tinha contatado um fabricante. Eu tinha seis amostras e precisava decidir entre direcioná-las para varejistas, empresas de catálogo e para a Ásia (com vistas a calcular os preços de produção). Cada um deles valia ouro para mim".

Apelo do vestuário: Na exposição da Tomorrowland da Disneyland, a Scott eVest apareceu nos programas de TV *Plantão Médico* e *The Wire* (na HBO). "Dia sim, dia não, recebo uma ligação telefônica de uma agência das forças armadas, da CIA, do Serviço Secreto, do INS (Serviço de Imigração e Naturalização). Eles me informaram que o presidente ganhou uma jaqueta com o selo presidencial."

Fonte: Reimpresso com permissão de Entrepreneur Media, Inc., "This Entrepreneur Will Never Find His Pockets Empty—No Matter How Many of Them He Has," by April Y. Pennington, February 2003, *Entrepreneur* magazine: www.entrepreneur.com.

---

preparados e motivados para implementar o curso decidido de ações. Por último, na maioria das culturas, os empregados desfrutam da responsabilidade extra da tomada de decisão e de iniciativa. Nesse caso, um estilo participativo aumentará a satisfação no trabalho. A seguir são mostradas algumas atividades para que o empreendedor institua um estilo de gerenciamento mais participativo e expanda a empresa com êxito.

Estabelecer um espírito de equipe Um espírito de equipe envolve a crença de todos na organização de que eles estão "nesse barco juntos" e que ao trabalhar em equipe é possível realizar grandes feitos. Ações pequenas, mas importantes, do empreendedor podem gerar esse espírito de equipe. Por exemplo, o empreendedor deve estabelecer um clima do "nós" – não do "eu"– nas reuniões e nos memorandos enviados aos empregados, assim como para outros *stakeholders*.

Manter comunicação com os empregados A comunicação aberta e frequente com os empregados angaria confiança e reduz o medo. Geralmente, o medo da mudança, associado ao crescimento da empresa, é pior do que a realidade da mudança, e a comunicação aliviará uma parte dessa ansiedade. A comunicação aberta e frequente é uma via de mão dupla. O empreendedor deve ouvir o que seus empregados têm em mente e deve solicitar sugestões sobre como um departamento ou a empresa como um todo pode gerenciar o crescimento com mais eficiência e aumentar o desempenho.

Fornecer avaliação (*feedback*) O empreendedor tem de frequentemente emitir avaliações para os empregados. A avaliação deve ser construtiva, para que o empregado melhore a qualidade de uma tarefa específica, mas sem atacar a pessoa e fazê-la ficar com medo de errar. O empreendedor também precisa buscar avaliações das outras pessoas. Para ter importância, essa avaliação deve ser honesta, o que exige uma cultura que valorize a comunicação aberta e sincera. Um empreendedor confiante em sua capacidade e com predisposição para efetivamente expandir o negócio deve estar aberto e estimular esse tipo de relacionamento.

Delegar responsabilidade para os outros Com um número cada vez maior de tarefas para o empreendedor, ele não pode estar disponível para tomar cada decisão de gerenciamento. Os empregados mais importantes devem ter a flexibilidade de tomar iniciativas e decisões sem medo de errar. Isso exige que o empreendedor crie uma cultura que valorize e recompense os empregados por tomarem a iniciativa e por considerarem o fracasso uma tentativa positiva, e não um resultado negativo.

Oferecer treinamento contínuo aos empregados Ao treinar os empregados, o empreendedor aumenta a habilidade e a capacidade dos empregados para melhorar o próprio desempenho em determinada tarefa e, consequentemente, aumenta a chance de expandir a empresa com êxito. O treinamento deve refletir o novo estilo de gerenciamento ao envolver os empregados na decisão dos temas das sessões de treinamento.

SUPERANDO AS PRESSÕES SOBRE O TEMPO DO EMPREENDEDOR

Os empreendedores sempre podem utilizar seu tempo de modo mais eficiente, e quanto mais se esforçarem nesse sentido, mais enriquecerão seu empreendimento e sua vida. Como gerenciar o tempo com eficácia? O *gerenciamento do tempo* é o processo de melhorar a produtividade de uma pessoa pelo uso mais eficiente do tempo. O empreendedor obtém diversos benefícios com o gerenciamento efetivo de seu tempo, alguns dos quais são descritos a seguir.

gerenciamento do tempo
O processo de melhorar a produtividade de uma pessoa pelo uso mais eficiente do tempo

Mais produtividade O gerenciamento do tempo ajuda o empreendedor a determinar as tarefas de maior importância e volta sua atenção para concluir essas tarefas com êxito. Isso significa que sempre haverá tempo suficiente para fazer as coisas mais importantes.

Mais satisfação no trabalho O aumento da produtividade permite concluir tarefas mais importantes com êxito, o que, por sua vez, aumenta a satisfação do empreendedor no trabalho. Diminui a probabilidade de o empreendedor se sentir "sugado" e sobrecarregado pelo número cada vez maior de tarefas geradas com o crescimento da empresa. Ao concluir as atividades mais importantes e ter mais êxito na expansão e no desenvolvimento do empreendimento, o empreendedor sentirá mais satisfação no trabalho.

Mais relacionamentos interpessoais Mesmo que o tempo total gasto por um empreendedor com outras pessoas na empresa possa, na realidade, diminuir por meio do melhor gerenciamento do tempo, o tempo investido terá qualidade superior (qualidade do tempo), permitindo que ele aumente os relacionamentos com outras pessoas dentro e fora da empresa (inclusive com a família). Além disso, à medida que as outras pessoas na empresa experimentarem menos pressão de tempo, melhores resultados e mais satisfação no trabalho, os relacionamentos dentro da empresa se tornarão mais harmoniosos, e a empresa conseguirá gerar um espírito de equipe.

Menos ansiedade com o tempo e tensão A preocupação, a culpa e outras emoções costumam reduzir a capacidade de processamento de informações do empreendedor, o que leva a avaliações e decisões menos eficientes. O gerenciamento efetivo do tempo diminui as preocupações e ansiedades, o que "agiliza" o processamento de informações e melhora a qualidade das decisões do empreendedor.

Saúde melhor Reduzindo a ansiedade e a tensão e aumentando a produtividade, a satisfação no trabalho e os relacionamentos com as outras pessoas, haverá menos fadiga psicofisiológica sobre a mente e o corpo, o que resultará em uma saúde melhor. O gerenciamento do tempo também envolve agendar tempo para se alimentar bem e se exercitar. A boa saúde e a energia propiciada são fundamentais para o empreendedor expandir os negócios.

Princípios básicos do gerenciamento de tempo

O gerenciamento de tempo é um processo pelo qual o empreendedor se torna um economizador do tempo, e não um servidor do tempo. Esse uso eficiente do tempo permite expandir e fazer o empreendimento crescer de modo adequado, aumentar a produtividade pessoal e da empresa e reduzir a invasão dos negócios em sua vida particular. Para o empreendedor desenvolver um bom gerenciamento de tempo, basta adotar estes seis princípios básicos:

Princípio do desejo O *princípio do desejo* exige que o empreendedor reconheça que ele mesmo desperdiça seu tempo, que o tempo é um recurso importante e que é necessário mudar atitudes e hábitos pessoais relacionados à alocação do tempo. Assim, o efetivo gerenciamento de tempo depende da força de vontade, da autodisciplina e da motivação do empreendedor no sentido de otimizar o seu tempo.

princípio do desejo
Constatação da necessidade de mudar atitudes e hábitos pessoais relacionados à alocação de tempo

Princípio da eficácia O *princípio da eficácia* exige que o empreendedor se dedique às questões mais importantes mesmo quando estiver sob pressão. Sempre que possível, o empreendedor deve tentar concluir cada tarefa em uma única sessão, o que requer tempo alocado suficiente para realizar a atividade em questão. Isso evita o desperdício de tempo ao tentar descobrir onde foi que parou. A qualidade é evidentemente importante, mas o perfeccionismo não o é e só leva à protelação. O empreendedor não deve gastar tempo demais tentando fazer uma melhoria em uma área pequena quando o tempo seria investido melhor em outro setor.

princípio da eficácia
Foco sobre as questões mais importantes

Princípio da análise O *princípio da análise* fornece ao empreendedor informações sobre a atual distribuição do tempo, o que também destacará os investimentos ineficientes ou inadequados. O empreendedor deve rastrear seu tempo durante duas semanas, por meio de uma planilha de tempo com intervalos de 15 minutos e, depois, analisar como o tempo foi gasto, onde houve desperdício e como evitar essas "armadilhas do tempo" a partir de então (aplicando os outros princípios). Por exemplo, o empreendedor não deve "reinventar a roda", solucionando problemas semelhantes; em vez disso, tem de desenvolver formulários e procedimentos padronizados para eventos e operações repetitivos.

princípio da análise
Saber como o tempo está sendo distribuído atualmente e onde está sendo investido de modo ineficiente

Princípio do trabalho em equipe É provável que a análise do tempo revele ao empreendedor que apenas uma pequena fatia do tempo está efetivamente sob seu controle – a maior parte do tempo é ocupada pelas outras pessoas. O *princípio do trabalho em equipe* constata a importância cada vez maior da delegação para um empreendedor de uma empresa em crescimento, ou seja, o empreendedor deve exigir que os outros tenham responsabilidade pela conclusão das tarefas assumidas anteriormente por ele; também deve ajudar os integrantes da equipe da diretoria a se tornarem mais sensíveis ao conceito do gerenciamento de tempo ao lidar com as outras pessoas na empresa, principalmente com o empreendedor. Convém observar que gerenciar o tempo de alguém não significa que o empreendedor deva se tornar inacessível para as outras pessoas; em vez disso, a acessibilidade é aumentada, porque o tempo gasto com os outros já pode ser totalmente dedicado a essas pessoas.

princípio do trabalho em equipe
Constatação de que apenas uma pequena fatia do tempo está realmente sob o controle de alguém e que a maior parte do tempo de alguém é ocupada pelos outros

Princípio do planejamento priorizado O *princípio do planejamento priorizado* exige que o empreendedor classifique suas tarefas pelo grau de importância e, depois, aloque tempo para essas tarefas com base nessa classificação. Por exemplo, todos os dias o empreendedor deve fazer uma lista de todas as tarefas a fazer e indicar seu grau de relevância em uma escala de 1 a 3, sendo 1 – mais importante, 2 – relativamente importante, e 3 – de importância moderada. Assim, o empreendedor conseguirá se dedicar às tarefas de importância máxima (as de número 1). Além disso, o empreendedor pode priorizar seu tempo. Por exemplo, alguns empreendedores são mais produtivos na parte da manhã, alguns durante a tarde, e outros, à noite. O período mais eficiente do dia deve ser usado para solucionar as questões mais importantes.

princípio do planejamento priorizado
Classificação das tarefas pelo grau de importância e, em seguida, a alocação de tempo para as tarefas, com base nessa classificação

princípio da reanálise
Revisão periódica do processo de gerenciamento de tempo

Princípio da reanálise O *princípio da reanálise* exige que o empreendedor examine periodicamente seu processo de gerenciamento de tempo. Nessa reanálise, os empreendedores melhoram o gerenciamento do seu tempo investigando as questões mais sistêmicas (no nível do sistema) e reanalisando possíveis oportunidades de delegação. Por exemplo, a equipe administrativa e os assistentes diretos precisam estar treinados e estimulados a tomar iniciativas, como classificar a correspondência e retornar ligações telefônicas de acordo com a importância, tratar das questões de menor relevância para o empreendedor e instituir rotinas como cartas-padrão para o empreendedor assinar, diário cotidiano, listas de lembretes, quadro de operações e arquivo eficiente de "pendências". Todas as reuniões têm de ser analisadas para saber se estão transcorrendo de modo eficiente. Se isso não estiver ocorrendo, a pessoa que realiza a reunião precisa ser treinada para fazê-lo. O objetivo de todos os comitês também será reanalisado para verificar se ainda estão agregando valor.

SUPERANDO AS PRESSÕES SOBRE OS RECURSOS FINANCEIROS EXISTENTES

No Capítulo 10, detalhamos o papel do plano financeiro na gestão eficaz dos recursos financeiros de um empreendimento. Neste capítulo, reconhecemos que o crescimento gera pressões sobre os recursos financeiros da empresa. Para superar as pressões sobre os recursos financeiros existentes, o empreendedor adquire novos recursos. A aquisição de novos recursos é dispendiosa, seja em termos do patrimônio vendido, seja pagando os juros da dívida. A necessidade ou a grandeza dos novos recursos exigidos é reduzida ao administrar os recursos existentes de modo mais eficaz. Essas atividades importantes de gerenciamento abrangem aplicar um controle financeiro efetivo, gerenciar o estoque e manter bons registros.

Controle financeiro

O plano financeiro, como uma parte inerente do plano de negócio, foi discutido no Capítulo 10. Assim como preparamos os demonstrativos de rendimentos *pro forma* e de fluxo de caixa *pro forma* dos 3 primeiros anos, o empreendedor precisará de conhecimento sobre como fornecer os controles adequados para garantir o cumprimento das projeções e dos objetivos. São necessárias, portanto, algumas habilidades financeiras para que o empreendedor administre o empreendimento ao longo desses primeiros anos. Fluxos de caixa, demonstrativo financeiro e balanço patrimonial são as principais áreas financeiras que precisarão de gerenciamento e controle criteriosos. Como o Capítulo 10 explica a preparação desses demonstrativos *pro forma*, essa seção enfoca os controles e o gerenciamento desses componentes para aliviar os pânicos financeiros "crescentes".

Gerenciamento do fluxo de caixa Como a saída de caixa pode exceder a entrada de caixa quando da expansão de uma empresa, o empreendedor deve ter uma avaliação atualizada de sua posição de caixa. Para isso, é necessário preparar demonstrativos mensais do fluxo de caixa, como os apresentados na Tabela 13.1, e comparar os demonstrativos orçados, ou *pro forma*, com os resultados reais. Os valores orçados de julho são extraídos do demonstrativo de fluxo de caixa *pro forma* da MPP Plastics. O empreendedor pode indicar os valores reais ao lado dos orçados. Isso ajudará a ajustar a *pro forma* para os meses restantes, além de dar uma indicação de possíveis problemas de fluxo de caixa.

A Tabela 13.1 mostra algumas possíveis áreas problemáticas. Primeiro, as entradas de vendas foram inferiores às previstas. A administração precisa avaliar se isso ocorreu por inadimplência de alguns clientes ou por aumento das vendas a prazo. Se a redução do valor se deve à inadimplência de clientes, o empreendedor forçará uma antecipação dos pagamentos, enviando avisos ou ligando para os clientes com problemas. Os cheques sem fundo de clientes também afetam o fluxo de caixa, porque o empreendedor provavelmente creditou o valor na conta e presumiu que o dinheiro estaria disponível. Se a redução das entradas for resultante de

TABELA 13.1 MPP Plastics (demonstrativo de fluxo de caixa), julho, Ano 1 (milhares de dólares)

	Julho	
	Orçado	Real
Recebimentos		
Vendas	$ 24,0	$ 22,0
Desembolsos		
Equipamento	100,0	100,0
Custo dos produtos	20,8	22,5
Despesas com vendas	1,5	2,5
Salários	6,5	6,5
Anúncios	1,5	1,5
Material de escritório	0,3	0,3
Aluguel	2,0	2,0
Energia/água	0,3	0,5
Seguro	0,8	0,8
Impostos	0,8	0,8
Principal e juros de empréstimo	2,6	2,6
Total de desembolsos	$ 137,1	$ 140,0
Fluxo de caixa	(113,1)	(118,0)
Balanço inicial	275,0	275,0
Balanço final	161,9	157,0

um aumento nas vendas a prazo, o empreendedor talvez precise considerar um financiamento de curto prazo em um banco ou tentar ampliar o prazo de pagamento junto aos fornecedores.[5]

Os desembolsos de caixa para alguns itens foram maiores do que o valor orçado e indicam uma necessidade de controle dos custos mais altos. Por exemplo, o custo de mercadorias foi de 22.500 dólares, com 1.700 dólares acima do valor orçado. O empreendedor pode pensar que os fornecedores aumentaram seus preços, o que talvez exija uma pesquisa de fontes alternativas ou até um aumento dos preços dos produtos/serviços oferecidos pelo novo empreendimento. Se os custos mais altos das mercadorias resultaram da compra de mais suprimentos, o empreendedor deverá avaliar os custos do estoque no demonstrativo financeiro. É possível que o aumento no custo das mercadorias seja resultado da compra de mais suprimentos porque as vendas foram mais altas do que o previsto. Contudo, se essas vendas adicionais estiverem atreladas a um aumento nas vendas a prazo, talvez o empreendedor precise planejar um empréstimo para atender às necessidades de caixa de curto prazo. Uma avaliação das vendas a prazo e dos custos do estoque permitirá tirar conclusões.

As despesas de venda mais altas também precisam de avaliação. Se essas despesas incorreram para respaldar o aumento de vendas (mesmo que sejam vendas a prazo), a preocupação não precisará ser imediata. Contudo, se nenhuma venda adicional foi gerada, o empreendedor precisará examinar todas essas despesas e talvez instituir controles mais rígidos.

Projetar fluxos de caixa nos primeiros estágios também é benéfico, fazendo análises de sensibilidade. Para cada fluxo de caixa mensal previsto, o empreendedor pode usar +1 e -5% para obter uma estimativa de caixa otimista e pessimista, respectivamente. Assim, o exemplo da MPP Plastics (Tabela 13.1) projetou as entradas de vendas do mês anterior em 24.000 dólares e, usando +1 e -5%, teria uma coluna indicando um valor pessimista de 22.800 dólares, e outra indicando um valor otimista de 25.200 dólares. Essa análise de sensibilidade também seria computada para todos os desembolsos. Dessa maneira, o empreendedor verificaria as necessidades máximas de caixa em função de um resultado pessimista e se prepararia para todas as necessidades de caixa.

Para o empreendimento muito novo, talvez seja necessário preparar uma folha de caixa diária. Isso é útil principalmente em uma loja de varejo, um restaurante ou uma empresa prestadora de serviços. A Tabela 13.2 apresenta uma ilustração do caixa disponível no início do dia, com as inclusões e exclusões do caixa registradas como indicado. Isso indicaria o déficit de caixa diário e elucidaria onde estão os problemas ou onde ocorreram os erros.

Uma comparação entre os fluxos de caixa orçados, ou previstos, e os fluxos de caixa reais forneceria ao empreendedor uma importante avaliação das possíveis necessidades imediatas de caixa e indicaria eventuais problemas na gestão dos ativos ou no controle dos custos. Esses itens são discutidos com mais detalhes nas seções a seguir.

Gerenciamento do estoque Durante o crescimento de um novo empreendimento, o gerenciamento do estoque é uma tarefa fundamental. Estoque excedente pode drenar o fluxo de caixa, uma vez que o próprio empreendimento arca com os custos de produção, de transporte e de estocagem. Por outro lado, um estoque insuficiente para atender às demandas dos clientes talvez custe ao empreendimento a perda de vendas ou a insatisfação dos clientes que, provavelmente, escolherão outra empresa se suas necessidades não forem atendidas em tempo hábil.

Geralmente, os empreendimentos em crescimento comprometem mais caixa em seu estoque do que em qualquer outra parte do negócio. A Skolnik Industries, fabricante (de 10 milhões de dólares) de recipientes de aço para estocagem e descarte de materiais perigosos, desenvolveu um sistema de controle de estoque que permite enviar os produtos para seus clientes no prazo de 24 a 48 horas. Isso foi feito com um estoque muito enxuto graças à instalação de um sistema de controle de estoque computadorizado, por meio do qual a empresa consegue manter registros do estoque por produto. O sistema possibilita também monitorar o retorno da margem bruta sobre o investimento, a rotatividade do estoque, a porcentagem dos pedidos enviados dentro do prazo, o tempo necessário para atender aos pedidos pendentes e a porcentagem de reclamação dos clientes em relação aos pedidos enviados. O software para atender a esses objetivos está prontamente disponível e, em muitos casos, pode até ser modificado para atender às necessidades exatas do negócio. Os relatórios desse sistema são gerados a cada duas a quatro semanas em períodos de vendas normais, e semanalmente nos períodos de vendas intensas. Isso não só oferece à Skolnik um sistema de aviso prévio, como também libera o caixa normalmente investido em estoque e aumenta a lucratividade geral da empresa.[6] É possível estruturar sistemas de estoque permanente em computadores ou em um sistema manual. À medida que os itens forem vendidos, o estoque será reduzido. Para verificar o balanço do estoque, talvez seja necessário fazer uma contagem física do estoque periodicamente.

TABELA 13.2 Atividade de caixa diário (movimento do dia [data])

Saldo inicial do caixa do dia:	$XXX	
Mais:		
Vendas do caixa do dia (dinheiro, trocos, cheques)	$XXX	
Cobrança de contas a receber	*$XXX*	
Total		$XXX
Menos:		
Vendas em conta corrente (das vendas do caixa do dia)		*$XXX*
Total do caixa cobrado		$XXX
Caixa desembolsado:		
Caixa a restituir	$XXX	
Caixa a devolver	$XXX	
Pequenas despesas de caixa (como envio postal, viagem, material de escritório, consertos)	$XXX	
Total desembolsado do caixa (subtraído do total do caixa obtido)		*$XXX*
Quantia do caixa que deve estar disponível		$XXX
Conta real do caixa disponível		*$XXX*
Diferença entre o que deve estar disponível e o real		$XXX

Nota: Se o número final for negativo ou positivo, ocorreu um erro nos recebimentos ou nos pagamentos.

Intercâmbios de dados eletrônicos (EDI) eficientes entre fabricantes, atacadistas e varejistas permitem que essas empresas se comuniquem umas com as outras. Vincular as necessidades de um varejista com o atacadista e o fabricante agiliza a entrada de pedidos e a resposta. Esses sistemas também permitem rastrear as remessas em nível internacional.[7] A vinculação das empresas em um sistema computadorizado também foi desenvolvida pelos setores de alimentação e produtos farmacêuticos, que utilizam um sistema de software chamado ECR (Efficient Consumer Response). Os membros da cadeia de suprimentos trabalham em conjunto nesse sistema para gerenciar a demanda, a distribuição e o marketing de modo que os níveis mínimos de estoque sejam suficientes para atender às demandas dos consumidores. Geralmente, fazem parte desses sistemas máquinas de verificação computadorizadas, para que os membros vinculados consigam prever as necessidades de estoque antes de ocorrer uma falta.[8]

A escolha do meio de transporte também é importante na gestão do estoque. Alguns meios de transporte, como o transporte aéreo, são muito caros. Os transportes ferroviários e rodoviários são os mais utilizados quando não for necessário entregar no dia seguinte ao cliente. A gestão minuciosa do estoque em um sistema computadorizado e o trabalho com clientes e outros membros do canal minimizam os custos de transporte. Prever as necessidades dos clientes evita faltas no estoque e o custo inesperado de ter que atender a uma necessidade urgente do cliente, enviando um produto por transporte aéreo para entrega no dia seguinte. Esses erros são onerosos e, provavelmente, reduzirão bastante as margens em qualquer transação.

Gerenciamento de ativo imobilizado O ativo imobilizado em geral envolve compromissos de longo prazo e altos investimentos para o novo empreendimento. O ativo imobilizado, como os equipamentos na Tabela 13.3, terão custos específicos atrelados a eles. Os equipamentos exigirão manutenção e seguro e afetarão os custos de serviços básicos; além disso, eles também serão depreciados com o passar do tempo, o que se refletirá no valor do ativo no decorrer do tempo.

Se o empreendedor não puder comprar ativos ou equipamentos, o *leasing* é considerado uma boa alternativa para a compra, dependendo dos termos da operação, do tipo de ativo a ser arrendado e da demanda de uso sobre o ativo. Por exemplo, os *leasings* de automóveis envol-

TABELA 13.3 MPP Plastics Inc., demonstrativo de resultados, primeiro trimestre – Ano 1 (milhares de dólares)

		Real (%)	Padrão (%)
Vendas líquidas	$150,0	100,0%	100,0%
Menos custo de produtos vendidos	100,0	66,7	60,0
Margem bruta	50,0	33,3	40,0
Despesas operacionais			
Despesas com vendas	11,7	7,8	8,0
Salários	19,8	13,2	12,0
Anúncios	5,2	3,5	4,0
Material de escritório	1,9	1,3	1,0
Aluguel	6,0	4,0	3,0
Energia/água	1,3	0,9	1,0
Seguro	0,6	0,4	0,5
Impostos	3,4	2,3	2,0
Juros	3,6	2,4	2,0
Depreciação	9,9	6,6	5,0
Diversos	0,3	0,2	0,2
Total de despesas operacionais	$ 66,3	42,5	38,7
Lucro líquido (prejuízo)	(13,7)	(9,1)	1,3

vem uma entrada muito alta e possíveis taxas de uso ou quilometragem que podem torná-lo muito mais oneroso do que uma compra. Por outro lado, os pagamentos do *leasing* representam uma despesa para o empreendimento e podem ser usados como uma dedução fiscal. Os *leasings* também são importantes para equipamentos que se tornam rapidamente obsoletos. O empreendedor pode fazer um *leasing* por períodos curtos, reduzindo a obrigação de longo prazo com qualquer ativo específico. Como ocorre com qualquer outra decisão de fabricação ou de compra, o empreendedor deve considerar todos os custos associados à decisão, assim como seu impacto sobre os fluxos de caixa.

Gerenciamento de custos e lucros Embora a análise do fluxo de caixa discutida anteriormente neste capítulo ajude o empreendedor a avaliar e a controlar custos, ela também é útil para calcular o rendimento líquido em períodos intermediários durante o ano. O uso mais eficiente do demonstrativo financeiro interino define padrões de custo e compara o valor real com o orçado durante esse período de tempo. Os custos são orçados com base em porcentagens das vendas líquidas. Essas porcentagens são, então, comparadas com as porcentagens reais e avaliadas no decorrer do tempo para verificar onde são necessários controles de custos mais rígidos.

A Tabela 13.3 compara as porcentagens reais e previstas (padrão) do demonstrativo financeiro da MPP Plastics durante o primeiro trimestre de operação. Essa análise permite que o empreendedor gerencie e controle os custos antes que seja tarde demais. A Tabela 13.4 mostra que o custo das mercadorias vendidas é mais alto do que o padrão. Parte desse custo pode resultar de pequenas compras iniciais de estoque, que não ofereceram quaisquer descontos por volume. Se isso não proceder, o empreendedor deverá considerar a busca de outras fontes ou um aumento nos preços.

Parece que a maioria das despesas está razoavelmente próxima das porcentagens padrão ou previstas. O empreendedor deve avaliar cada item para saber se esses custos podem ser reduzidos ou se será necessário aumentar os preços para garantir lucros positivos futuros (apesar de a eficácia do aumento de preços ser determinada pelo mercado e poder reduzir significativamente o número de itens vendidos, reduzindo também a participação de mercado). À medida que o empreendimento começa a evoluir para o segundo e terceiro anos de funcionamento, o empreendedor também deverá comparar os custos reais atuais com os custos incorridos anteriores. Por exemplo, no segundo ano de funcionamento, talvez o empreendedor considere útil examinar as despesas de vendas incorridas no primeiro ano de operação. É possível fazer essas comparações mês a mês (por exemplo, de janeiro, ano 1, até janeiro, ano 2) ou até trimestral ou anualmente, dependendo da volatilidade dos custos do negócio em questão.

Quando as despesas ou os custos forem superiores aos valores orçados, talvez seja necessário que o empreendedor analise minuciosamente a conta para detectar o motivo exato do excesso. Por exemplo, os serviços básicos representam uma única conta de despesa, mesmo que envolvam alguns pagamentos específicos de itens, como aquecimento, eletricidade, gás, água quente, etc. Portanto, o empreendedor deve manter um balanço atualizado de todos esses pagamentos para averiguar a causa de uma despesa com serviços básicos surpreendentemente alta. Na Tabela 13.1, vemos que a despesa com serviços básicos foi de 500 dólares, ou seja, 200 dólares acima do valor orçado, um aumento de 67%. Qual foi a causa desse aumento? Algum serviço básico específico foi responsável pelo excesso ou isso foi resultado de custos mais altos de combustível, o que afetou todas as despesas com serviços básicos? Essas dúvidas devem ser dirimidas antes que o empreendedor aceite os resultados e implemente os ajustes necessários no período seguinte.

As comparações entre as despesas reais e as orçadas no demonstrativo financeiro podem ser enganosas para os novos empreendimentos em que existam vários produtos ou serviços. Para fins de relatório financeiro para acionistas, banqueiros ou outros investidores, o demonstrativo financeiro resumiria as despesas para todos os produtos e serviços. Essas informações, embora úteis para obter uma visão geral do sucesso do empreendimento, não indicam o custo de marketing de cada produto, o desempenho de determinados gestores ao controlar custos ou

TABELA 13.4 MPP Plastics Inc., balanço patrimonial, primeiro trimestre – Ano 1

Ativos		
Ativos circulantes		
Caixa	$ 13.350	
Contas a receber (40% de 60 mil em vendas do mês anterior)	24.000	
Estoque de mercadorias	12.850	
Materiais	2.100	
Ativos circulantes		$ 52.300
Ativo imobilizado		
Equipamento	$ 240.000	
Menos depreciação	9.900	
Total do ativo imobilizado		$ 230.100
Total dos ativos		282.400
Passivos e patrimônio líquido		
Passivo circulante		
Contas a pagar (20% de 40 custo de mercadorias vendidas)	$ 8.000	
Porção circulante de débito de longo prazo	13.600	
Total dos passivos circulantes		$ 21.600
Passivos de longo prazo		
Notas a pagar		223.200
Total dos passivos		244.800
Patrimônio líquido		
Capital de C. Peter	$ 25.000	
Capital de K. Peter	25.000	
Lucros retidos	(13.400)	
Total do patrimônio líquido		$ 37.600
Total do passivo e do patrimônio líquido		$ 282.400

o(s) produtos(s) mais rentável(is). Por exemplo, as despesas de vendas da MPP Plastics Inc. (Tabela 13.3) foram 11.700 dólares. Essas despesas de vendas podem ser aplicáveis a mais de um produto, e nesse caso o empreendedor precisaria averiguar o valor da despesa de venda de cada produto. O empreendedor talvez se sinta tentado a ratear proporcionalmente a despesa por todos os produtos, o que não daria um cenário realista do êxito relativo de cada produto. Assim, se a MPP Plastics Inc. produzisse três produtos diferentes, seria possível presumir a despesa de venda de cada um como 3.900 dólares por produto, quando as despesas de venda reais poderiam ser muito mais ou menos.

    Alguns produtos exigem mais publicidade, seguro, tempo de administração, transporte, estocagem e outros requisitos, o que talvez seja complicado se o empreendedor preferir distribuir essas despesas igualmente por todos os produtos. Em resposta a esse problema, recomenda-se que o empreendedor distribua as despesas da forma mais eficiente possível por produto. Isso é importante não somente para avaliar esses custos em cada produto, como também para avaliá-los por região, cliente, canal de distribuição, departamento e outros parâmetros. A distribuição arbitrária dos custos deve ser evitada a fim de obter uma perspectiva real dos lucros de cada produto comercializado pelo novo empreendimento.

Impostos Não se esqueça do fiscal de tributos! O empreendedor será obrigado a recolher os impostos federais e estaduais de seus empregados. Todo mês ou trimestre (dependendo da extensão da folha de pagamento) será necessário efetuar os depósitos ou pagamentos na agência adequada para a retenção dos fundos dos salários. Os impostos federais e estaduais, a Seguridade Social e o Medicare são descontados dos salários dos empregados e, posteriormente, depositados. O empreendedor deve ter o cuidado de não utilizar esses recursos porque se os pagamentos forem atrasados, incidirão altos juros e multas. Além da retenção dos impostos, o novo empreendedor pode ser obrigado a pagar algumas taxas, como as taxas federal e estadual de desemprego, uma taxa correspondente ao FICA e ao Medicare e outras taxas comerciais. Esses tributos deverão constar no orçamento porque afetarão o fluxo de caixa e os lucros. Para saber o valor exato, as datas de vencimento e os procedimentos, entre em contato com a agência de desemprego do Governo Federal e com o Estado ou departamento de tributos pertinente.

Os Governos Federal e Estadual também exigirão que o empreendedor registre os retornos do exercício da empresa. Se a empresa for uma corporação, certamente há impostos corporativos estaduais a serem pagos, apesar de o empreendimento ter tido lucros. Os períodos de recolhimento e as responsabilidades fiscais variarão para os outros tipos de organizações. O Capítulo 10 apresenta algumas análises dessas responsabilidades dos proprietários individuais, das sociedades e das corporações. Como já mencionado, o auxílio de um contador também deve ser considerado, a fim de evitar erros e dar conselhos sobre como lidar com essas despesas. O contador também ajudará o empreendedor a planejar ou a orçar os recursos adequados para atender a essas despesas.

Manutenção de registros Para respaldar esse esforço de controle financeiro, considere o uso de um pacote de software para aprimorar o fluxo desse tipo de informação. Com uma empresa em crescimento, talvez seja necessário contar com o apoio e com os serviços de um contador ou de um consultor para respaldar a manutenção de registros e o controle financeiro. As empresas externas de prestação de serviços treinam os empregados para utilizar a mais recente e mais adequada tecnologia a fim de atender às necessidades do empreendimento.

Um sistema para armazenar e usar informações dos clientes é crucial para uma empresa em crescimento. Geralmente, o crescimento requer marketing para obter novos clientes, e uma grande entrada de novos clientes derruba os sistemas mais primitivos. Por exemplo, é possível que as informações dos clientes tenham sido guardadas na memória de equipes de vendas diferentes. Contudo, com o aumento estrondoso do número de clientes, a capacidade de memorização de um vendedor talvez seja excedida e informações importantes (e vendas novas e existentes) acabem sendo perdidas.

Um banco de dados não somente aumentará a capacidade de armazenar e de processar informações, como também acumulará o conhecimento das diferentes pessoas em um ambiente organizacional acessível a todos da empresa. Ao formar o conhecimento organizacional, o empreendedor fica menos dependente de qualquer pessoa. Por exemplo, se o principal vendedor morresse ou, então, saísse da organização, uma grande quantidade de informações importantes poderia desaparecer. Em termos específicos, as informações dos clientes deveriam ser mantidas em um banco de dados que guardasse informações sobre um contato pessoal (como telefone e endereço), assim como dados relevantes sobre quantidades e valores das transações comerciais em cada conta. Também devem ser designadas novas contas de acompanhamento, para dar boas-vindas aos clientes e fornecer informações sobre a empresa, seus produtos e serviços.

IMPLICAÇÕES DO CRESCIMENTO DA EMPRESA PARA O EMPREENDEDOR

O crescimento da empresa traz alguns desafios administrativos para o empreendedor com os quais talvez ele não esteja familiarizado e para cuja solução ele esteja despreparado. Já indicamos algumas ferramentas para que os empreendedores enfrentem e gerenciem o processo de crescimento de modo mais eficaz. Alguns empreendedores não possuem a capacidade de fazer a transição para essa abordagem administrativa mais profissional. Outro grupo de empreendedores talvez o consiga, mas não esteja predisposto a dedicar atenção à realização das tarefas necessárias para alcançar o crescimento bem-sucedido da empresa.

Por exemplo, Pearce Jones, fundador e presidente da Design Edge, controlou o crescimento ao dar uma parada em todo o crescimento durante um ano inteiro. A empresa detectou que, se perdesse o controle sobre o crescimento, ocorreriam problemas graves. Nesse momento crítico, a empresa quadruplicara seu número de empregados e investira em um novo prédio. Embora cada empregado novo estivesse propiciando um aumento de 150.000 dólares nas vendas, as margens eram pequenas. A dívida adicional com a nova instalação e os custos adicionais com os empregados levaram a essa decisão brusca de interromper a contratação, desativar o marketing e vendas, rejeitar qualquer negócio novo e praticamente dedicar-se apenas aos clientes existentes. Mesmo que Pearce admitisse que a decisão fora dolorosa emocionalmente, ela gerou mudanças substanciais, porque os lucros realmente dobraram e não ocorreu rotatividade de empregados.[9]

Outro exemplo de relutância para expandir é ilustrado por estes comentários do fundador e CEO da Southwest Airlines (na época), Herb Kelleher: "A Southwest tinha mais oportunidades de crescimento do que aeronaves. Mesmo assim, ao contrário das outras empresas aéreas, ela evitava a armadilha do crescimento excessivo... Parecia que os empregados simplesmente não aprovavam a ideia de que o maior é o melhor."[10] O crescimento pode não ser buscado porque se acredita que, com isso, a lucratividade e as chances de sobrevivência da empresa serão sacrificadas.

Mesmo acreditando que a busca do crescimento aumentará o desempenho da empresa e a riqueza pessoal, alguns empreendedores ainda evitarão expandir seus negócios. Esses empreendedores não estão necessariamente motivados pelo ganho econômico. Pense em uma pessoa que decide abrir uma empresa porque está cansada de ser controlada pelos outros – essa pessoa quer a independência de ser o próprio chefe. O crescimento pode não ser uma opção atrativa para esse empreendedor, uma vez que a aquisição dos recursos necessários para o crescimento significará a venda do patrimônio líquido (por exemplo, para um investidor de risco) ou o levante de capital por endividamento (por exemplo, em um banco). Essas duas fontes de recursos restringem a possibilidade de o empreendedor tomar decisões estratégicas para a empresa. Nesse caso, o empreendedor talvez prefira deter a propriedade total, não ter dívidas e continuar pequeno.

Evan Douglas é professor de empreendedorismo na University of the Sunshine Coast, na Austrália. Seu sonho é criar e gerenciar um negócio que alugue um pequeno número de iates para turistas. O escritório (de preferência, uma cabana) seria localizado na praia, em algum lugar na Grande Barreira de Corais. Quando ele realizar esse sonho, a última coisa que vai querer fazer é expandir o negócio, pois sua tarefa de administrador profissional o afastaria da tarefa de "preguiçoso da praia". O negócio de seu sonho é um exemplo de negócio de estilo de vida. O crescimento é percebido pelos empreendedores do estilo de vida como uma ameaça à própria razão de se tornar um empreendedor acima de tudo.

Classificação de alguns empreendedores e o crescimento de suas empresas

Com base nesses argumentos, a Figura 13.3 classifica os empreendedores segundo duas dimensões: a primeira representa as habilidades de um empreendedor para realizar com êxito a transição para práticas administrativas mais profissionais, e a segunda, as aspirações ao crescimento por parte de um empreendedor. De acordo com a posição do empreendedor nessas duas dimensões, são identificados quatro tipos de resultados de crescimento da empresa.

Crescimento real da empresa Os empreendedores posicionados no quadrante superior direito têm as habilidades necessárias para fazer a transição para uma abordagem administrativa mais profissional bem como a aspiração para expandir suas empresas. Esses são os empreendedores com a mais alta probabilidade de alcançarem o crescimento da empresa.

Potencial de crescimento não utilizado Os empreendedores posicionados no quadrante superior esquerdo têm as habilidades necessárias para a transição, *mas* não aspiram a fazê-la. Esses são os empreendedores de empresas que possuem um potencial não utilizado. Uma proporção relativamente grande de todas as empresas de estilo de vida é representada por essa classificação.

		Não	Sim
Habilidade do empreendedor para instituir práticas administrativas profissionais	Alto	Potencial não utilizado	Crescimento real
	Baixo	Pouco potencial	Restrito

Aspirações ao crescimento por parte do empreendedor

FIGURA 13.3 Quatro tipos de empreendedores* e crescimento de empresas.
*Com base na habilidade de fazer uma transição para a administração profissional e de acordo com a aspiração.
Fonte: Adaptado de J. Wiklund and D. A. Shepherd, "Aspiring for and Achieving Growth: The Moderating Role of Resources and Opportunities," *Journal of Management Studies* (2003), vol. 40, no. 8, pp. 1919–42.

Crescimento restrito Os empreendedores posicionados no quadrante inferior direito aspiram ao crescimento de suas empresas, *mas* não têm habilidades suficientes para realizar com êxito essa aspiração. Esses empreendedores têm probabilidade máxima de se frustrarem com a falta de crescimento da empresa e correm o maior risco de fracasso, porque a empresa talvez seja pressionada a buscar oportunidades de crescimento que excedem a possibilidade de reação do empreendedor. Contudo, o empreendedor pode substituir-se no cargo de CEO por um administrador profissional, o que lhe permitirá preencher a aspiração (passar para o quadrante superior direito). Isso não significa necessariamente que o empreendedor deve sair do negócio, mas sim, que pode gerenciar P&D, novos produtos e/ou novos mercados, onde seus pontos fortes são altamente valorizados, e avançar em vez de limitar o crescimento da empresa.

Pouco potencial para o crescimento da empresa Os empreendedores posicionados no quadrante inferior esquerdo não possuem as habilidades necessárias para fazer uma transição para uma abordagem mais profissional *nem* as aspirações de expansão de suas empresas. Esses negócios têm pouco potencial de crescimento, mas, devido às habilidades restritas de gerenciamento do crescimento por parte do empreendedor, essas empresas podem efetivamente apresentar um desempenho melhor se permanecerem pequenas.

Mesmo que as habilidades do empreendedor e os recursos existentes da empresa restrinjam a busca efetiva de oportunidades de crescimento, é possível adquirir externamente os recursos necessários para esse crescimento – nos referimos a essas fontes como mecanismos de crescimento externos, que abrangem *joint ventures*, aquisições, fusões, etc., cada qual oferecendo vantagens e desvantagens diferentes ao fornecer os recursos para o crescimento efetivo, mas todas exigindo que o empreendedor negocie um novo relacionamento. Por exemplo, a negociação é um componente crucial para formar uma *joint venture*.

O Capítulo 14 apresenta os conceitos básicos e as aptidões necessárias para um empreendedor negociar o melhor acordo com esses possíveis sócios do crescimento – um acordo que maximize os interesses do empreendedor. Depois, esse mesmo capítulo descreve cada mecanismo de crescimento externo e suas vantagens e desvantagens.

REVISÃO

RESUMO

Este capítulo apresenta um modelo que sugere onde um empreendedor pode procurar (ou criar) oportunidades para expandir sua empresa – oportunidades que propiciam uma base para uma vantagem competitiva sustentável. As estratégias de crescimento relevantes são: (1) estratégias de penetração – estimulam os clientes existentes a comprar mais produtos da empresa; (2) estratégias de desenvolvimento de mercado – vendem os produtos existentes da empresa para novos grupos de clientes; (3) estratégias de desenvolvimento de produto – desenvolvem e vendem novos produtos para pessoas que já compram os produtos existentes da empresa; e (4) estratégias de diversificação – vendem um novo produto para um novo mercado. Essas estratégias de crescimento proporcionam uma vantagem competitiva porque tiram proveito de alguns aspectos da base de conhecimento do empreendedor e da empresa.

O crescimento tem implicações importantes para a empresa e o empreendedor. Como o crescimento torna uma empresa maior, a empresa começa a tirar proveito das vantagens do tamanho, mas esse crescimento também apresenta alguns desafios administrativos. Ele pressiona os recursos financeiros existentes, os recursos humanos, o gerenciamento dos empregados e o tempo do empreendedor. Existem ações que permitem ao empreendedor gerenciar melhor essas pressões e expandir sua empresa de modo mais eficaz.

Para superar as pressões sobre os recursos humanos existentes, o empreendedor deve solucionar a questão sobre qual proporção da mão de obra será permanente e qual será temporária, se preparar para demitir os empregados incompetentes e, ao mesmo tempo, cultivar e preservar uma cultura organizacional funcional. É importante que o empreendedor interaja com os empregados de modo a gerar um espírito de equipe; estabeleça uma comunicação aberta e frequente para cultivar a confiança e fazer avaliações construtivas; conceda aos principais empregados a flexibilidade de tomar iniciativas e decisões sem medo de errar; e forneça treinamento contínuo aos empregados.

Os empreendedores sempre podem fazer melhor uso de seu tempo, e quanto mais o fizerem, mais isso enriquecerá seu empreendimento e sua vida. O uso mais eficiente do tempo gera mais produtividade, mais satisfação no trabalho, relacionamentos interpessoais mais positivos com as pessoas dentro e fora da empresa, menos ansiedade e tensão e, possivelmente, uma saúde melhor. O uso eficiente do tempo permite que o empreendedor expanda e faça crescer seu empreendimento de modo adequado, aumente a produtividade pessoal e da empresa e reduza a invasão dos negócios em sua vida particular. O gerenciamento efetivo do tempo exige a adoção dos seis princípios básicos: desejo, eficácia, análise, trabalho em equipe, planejamento priorizado e reanálise. Para superar as pressões sobre os recursos financeiros existentes, o empreendedor deve aplicar técnicas mais eficazes de controle financeiro, manutenção de registros e gerenciamento de estoque.

Alguns empreendedores não possuem a habilidade de fazer a transição para essa abordagem administrativa mais profissional, enquanto outros talvez não estejam predispostos a fazê-lo. Os empreendedores que possuem as habilidades necessárias e a aspiração têm probabilidade máxima de alcançar o crescimento da empresa. Os empreendedores que dispõem das habilidades necessárias, mas não aspiram a agir assim, gerenciarão empresas que possuem um potencial não utilizado e/ou empresas de estilo de vida. Os empreendedores que aspiram à expansão de suas empresas, mas não possuem habilidades suficientes, têm probabilidade máxima de se frustrarem com a falta de crescimento da empresa e correm o risco de fracasso empresarial, a menos que abram mão de seu cargo para outro profissional. Por último, os empreendedores que não tiverem as habilidades necessárias nem a aspiração de expandir suas empresas conseguirão administrar empresas que proporcionarão rendimento suficiente se permanecerem pequenas.

ATIVIDADES DE PESQUISA

1. Quais são as três empresas de mais rápido crescimento no país? Que oportunidades elas têm buscado para alcançar esse nível de crescimento? Que mecanismo de crescimento elas utilizaram (interno, *joint venture*, aquisições, franquia, etc.)?

2. Use uma pesquisa para apresentar três exemplos de empreendedores-fundadores que abriram mão de seus cargos quando suas empresas se expandiram até um certo porte e introduziram "administradores profissionais". Em cada caso, que relacionamento o empreendedor continuou mantendo com a empresa, após a transição? Dê um exemplo de um empreendedor-fundador forçado a abrir mão de sua posição de CEO a favor de um administrador profissional.

3. Mantenha um registro de como você utiliza seu tempo, documentando o que faz a cada 15 minutos durante um período de dois dias. A seguir, analise esses registros para determinar onde você está desperdiçando seu tempo e como eliminar (ou minimizar) essas áreas problemáticas.

4. Quais são os diversos pacotes de software disponíveis para ajudar os empreendedores nas diversas atividades de manutenção de registros e controle? Em sua opinião, até que ponto o software é eficiente em cada uma dessas tarefas?

DISCUSSÃO EM AULA

1. A empresa precisa vender. Qual é a melhor maneira de motivar os vendedores a vender mais e a aumentar o desempenho da empresa? Como monitorar efetivamente o desempenho dos vendedores sob o sistema de motivação proposto? Quais são os prós e os contras de seu sistema de motivação e monitoramento?

2. Classifique as pessoas da turma que, em sua opinião, estariam preparadas para abrir uma empresa e gerenciar o crescimento inicial, mas seriam menos eficazes na condução de tarefas administrativas profissionais quando a empresa crescesse mais. O que elas podem fazer a fim de melhorar sua habilidade para fazer uma transição bem-sucedida na empresa? Classifique as pessoas de sua turma que, em sua opinião, estão preparadas para a função de gerenciamento profissional de uma empresa maior (mais sólida), mas são menos eficientes no estabelecimento de uma empresa e no gerenciamento do crescimento inicial. O que elas podem fazer para melhorar sua habilidade de gerenciar uma empresa no início de seu processo de desenvolvimento? Existe alguém na turma (exceto você, talvez) que, em sua opinião, seria igualmente eficaz nas duas tarefas?

3. Pense em uma empresa que fabrica um único produto e vende esse produto para um único grupo de clientes. Informe ao empreendedor as diversas oportunidades de crescimento existentes – oportunidades para estratégias de penetração, estratégias de desenvolvimento de mercado, estratégias de desenvolvimento de produto e estratégias de diversificação.

4. Você é um desperdiçador de tempo ou um servidor do tempo? Que técnicas de gerenciamento do tempo você utiliza? De que modo você pode gerenciar melhor o seu tempo?

5. Até que ponto o uso do software ajuda e impede o empreendedor de executar as tarefas importantes de manutenção de registros e controle financeiro?

NOTAS

1. Ver "PowerBar Reaps Bounty with New Harvest Bar; Crunched for Time, Americans Devour Energy Bars," *Business Wire,* August 4, 1998, p. 1; C. Adams, "A Lesson from PowerBar's Slow Start to Diversity," *The Wall Street Journal,* June 14, 1999, p. 4; e "The PowerBar Story," Company Web site www.powerbar.com.

2. H. I. Ansoff, *Corporate Strategy: An Analytical Approach to Business Policy for Growth and Expansion* (New York: McGraw-Hill, 1965).

3. "You Do the Work, They Do the Paperwork," *BusinessWeek,* November 17, 1997, p. 54.

4. K. Carley, "Organizational Learning and Personnel Turnover," *Organization Science* 3, no. 1 (1992), pp. 20–47.

5. E. Pofeldt, "Collect Calls," *Success* (March 1998), pp. 22–23.

6. J. Fraser, "Hidden Cash," *Inc.* (February 1991), pp. 81–82.

7. Ivan T. Hoffman, "Current Trends in Small Package Shipping," *International Business* (March 1994), p. 33.

8. "Unlocking the Secrets of ECR," *Progressive Grocer* (January 1994), p. 3.

9. I. Mochari, "Too Much, Too Soon," *Inc.* (November 1999), p. 119.

10. M. A. Hitt, R. D. Ireland, and R. E. Hoskisson, *Strategic Management: Competitiveness and Globalization*, 3rd ed. (London: South-Western College Publishing, 1999).

14
ACESSANDO RECURSOS PARA CRESCIMENTO EM FONTES EXTERNAS

OBJETIVOS DE APRENDIZAGEM

▶ Saber como as *joint ventures* ajudam um empreendedor a expandir sua empresa e constatar os desafios de descobrir e manter um relacionamento efetivo na *joint venture*.

▶ Conhecer os prós e os contras do uso de aquisições para expandir uma empresa e saber o que procurar em um candidato à aquisição.

▶ Conhecer as possibilidades de alcançar o crescimento por meio de fusões e de compras alavancadas e os desafios associados a cada uma dessas alternativas.

▶ Compreender a franquia da perspectiva tanto do empreendedor que busca a redução do risco da nova entrada quanto do empreendedor que procura expandir sua empresa.

▶ Entender as tarefas de negociação e desenvolver as habilidades para conduzir essas tarefas de modo mais eficiente.

PERFIL DE ABERTURA

Bill Gross – www.idealab.com

Como uma empresa iniciante tira vantagem das oportunidades aparentemente infinitas da Internet usando os talentos criativos de uma pessoa e deixando, depois, que outros empreendedores selecionados assumam a responsabilidade de dirigir os negócios? Isso parece a história de Thomas Edison, que transformou invenção em negócio. Mas sua nova versão é Bill Gross, cuja perspectiva é desenvolver a Idealab nutrindo e monitorando outros negócios da Internet que resultaram de sua engenhosidade. Ele se refere ao Idealab como novos empreendimentos pré-prontos na Internet. Basicamente, o conceito é simples. Bill apresenta a ideia de iniciar uma empresa na Internet; localiza alguém (seja um ex-executivo, seja um estudante de engenharia) que ele julga ser adequado para o trabalho, e essa pessoa toma as rédeas do negócio sob o teto de uma operação ao estilo incubadora, com Bill fornecendo a estrutura e os serviços necessários para que esse negócio iniciante cresça rapidamente e se torne uma empresa de sucesso.

Bill descreve a Idealab como uma combinação de incubadora, capital de risco e reservatório de pensamento criativo, pois ela fornece espaço e serviços administrativos compartilhados, financiamento inicial por uma posição de patrimônio líquido minoritária (até 49%) e utiliza todos para pensar nas aplicações mais oportunas da tecnologia. Iniciada em 1996, em Pasadena, na Califórnia, a empresa até o momento criou 30 empreendimentos na Internet, cada um em diferentes estágios de desenvolvimento. As ideias partiram de Gross ou de um de seus gerentes da equipe da Idealab. Para cada empresa, foi procurado e contratado um diretor por meio da rede de conhecimentos de Bill no setor da Internet e na Caltech, a universidade onde se formou. A seguir, a equipe de especialistas principal concentra-se em erguer e colocar em operação os empreendimentos com a maior rapidez possível. Isso envolve o desenvolvimento de tecnologia de pesquisa de marketing, a preparação de um plano de negócio, a contratação de administradores, o lançamento do empreendimento e, finalmente, a abertura de capital ou a venda do negócio. O financiamento inicial que a Idealab oferece a essas empresas não vai além de 250 mil dólares. Bill acredita que os negócios da Internet não precisam de grandes quantias de capital para começar, mas sim, precisam de conhecimento, inteligência e velocidade. O conhecimento e a inteligência são proporcionados por Bill e sua equipe de especialistas da Idealab, e a velocidade concentra-se na capacidade de fazer o empreendimento crescer rapidamente, mas com poucos erros. De acordo com Bill, esses dois elementos são muito mais importantes do que o capital no lançamento e no crescimento bem-sucedidos de uma empresa na Internet.

Bill Gross personifica o real significado de um empreendedor. Ele provavelmente mantém uma distinção única no campo do empreendedorismo: a de iniciar vários negócios e de transformá-los em empresas de sucesso. Como empreendedor, aos 12 anos de idade Bill observou que a loja da esquina estava vendendo balas por 9 centavos, enquanto, ali perto, na Sav-On, as balas custavam 7 centavos. Rapidamente ele percebeu que, sem uma despesa maior, conseguiria obter um lucro fácil sobre essa dispersão de preços. Bill foi, então, para seu próximo empreendimento de sucesso, colocando anúncios na *Popular Mechanics*, onde vendeu 25 mil dólares em projetos e equipamentos de energia solar. Os lucros dessa atividade foram usados para financiar o primeiro ano de estudos na Caltech. Enquanto esteve por ali, lançou a GNP Inc., fabricante de equipamentos estéreos. Esse empreendimento se saiu tão bem que foi reconhecido entre as 500 empresas em crescimento em 1982 e 1985 na revista *Inc*. Seu próximo empreendimento foi criado quando Bill e o irmão descobriram um modo de fazer o Lotus 1-2-3 obedecer comandos simples. Mitch Kapor, o fundador da Lotus, ficou impressionado com o software e comprou o negócio por 10 milhões de dólares.

O período de sucesso teve sequência com o lançamento da Knowledge Adventure, em 1991. Esse empreendimento desenvolveu e comercializou software educacional. Considerado seu empreendimento de maior sucesso até hoje, Bill o vendeu em 1997 por 100 milhões de dólares. A Idealab foi criada em 1996, quando Bill estava saindo da Knowledge Adventure e negociando sua venda.

Entre as empresas lançadas pela Idealab estão a CitySearch, que concorre com a Microsoft e oferece serviços online para comunidades urbanas; a EntertainNet, transmissora da Internet que apresenta notícias e informações; e o Answer.com, site que responde a qualquer pergunta que você fizer e que já foi adquirido por outra empresa. No ano passado, Bill expandiu sua atuação ao Vale do Silício, pois queria estar mais em contato com as operações e tirar vantagem da capacidade da Idealab de transformar rapidamente algumas dessas oportunidades na Internet em empreendimentos bem-sucedidos.

O crescimento desses empreendimentos iniciantes é um desafio para Bill Gross e, embora haja um alto risco no setor da Internet, Bill acha que a Idealab prosseguirá em sua missão.[1]

USO DE PARTES EXTERNAS PARA AJUDAR A EXPANDIR UMA EMPRESA

No Capítulo 13, detalhamos as pressões financeiras enfrentadas pelos empreendedores de empresas em crescimento. Muito além da boa administração dos próprios recursos, os empreendedores podem usar os recursos (financeiros, conhecimento, etc.) alheios para ajudar o negócio a crescer. Isso é possibilitado por *joint ventures*, aquisições e fusões. A primeira seção do capítulo explora esses modos de crescimento. Por meio da franquia, um empreendedor expande sua empresa fazendo outras pessoas pagarem pelo uso do nome, processo, produto, serviço, etc. O uso da franquia como mecanismo de crescimento é o enfoque principal deste capítulo. Devido à importância da franquia para a nova entrada e para o crescimento, o capítulo examina a franquia da perspectiva tanto do empreendedor que busca franquear para reduzir os riscos da nova entrada quanto do empreendedor que busca usar a franquia como uma forma de expandir os negócios. Por fim, independentemente do modo usado, os empreendedores precisam ser bons negociadores, já que negociarão com terceiros a fim de obter os recursos humanos e financeiros necessários para respaldar o crescimento da empresa. Oferecemos alguns conselhos úteis para quem deseja se tornar um negociador melhor.

JOINT VENTURES

Com o aumento dos riscos empresariais, da superconcorrência e das falências, as *joint ventures* têm ocorrido com mais regularidade e frequentemente envolvem uma ampla variedade de participantes.[2] As *joint ventures* não são um novo conceito e têm sido usadas como meio de expansão pelas empresas há muito tempo.

O que é uma *joint venture*? Uma *joint venture* é uma entidade separada que envolve a parceria entre dois ou mais participantes ativos. Às vezes chamadas alianças estratégicas, as *joint ventures* envolvem diversos parceiros, inclusive universidades, organizações sem fins lucrativos, empresas e o setor público.[3] As *joint ventures* ocorreram entre rivais, como a General Motors e a Toyota, assim como a General Electric e a Westinghouse, e entre os Estados Unidos e parceiros estrangeiros, a fim de penetrar em um mercado internacional, e são um bom condutor por onde um empreendedor pode entrar no mercado mundial.

Sempre que são desenvolvidas relações próximas entre duas empresas, surgem preocupações quanto à ética e ao comportamento ético do possível parceiro.

joint venture
Duas ou mais empresas formando uma nova empresa

Tipos de *joint ventures*

Embora haja muitos tipos diferentes de acordos de *joint venture*, o mais comum ainda ocorre entre duas ou mais empresas do setor privado. Por exemplo, a Boeing, a Mitsubishi, a Fuji e a Kawasaki entraram em uma *joint venture* para produzir pequenas aeronaves, compartilhando tecnologia e cortando custos. A Microsoft e a NBC Universal formaram uma parceria para criar um canal de notícias na TV a cabo (MSNBC). As diferentes entidades da parceria possuem um sistema complexo de divisão de custos.

Outras *joint ventures* do setor privado tiveram diferentes objetivos, como o ingresso em novos mercados (Corning e Ciba-Geigy, Kodak e Cetus), a entrada em mercados estrangeiros (AT&T e Olivetti) e o levantamento de capital e a expansão de mercados (U.S. Steel e Phong Iron and Steel).

Algumas *joint ventures* são formadas para pesquisa cooperativa. Provavelmente a mais conhecida entre elas seja a da Microelectronics and Computer Technology Corporation (MCC).

Sustentado por 13 grandes empresas norte-americanas, esse empreendimento com fins lucrativos faz pesquisas de grande alcance contando com cientistas emprestados para a MCC por até quatro anos antes de retornarem para suas empresas concorrentes a fim de aplicar os resultados de suas atividades de pesquisa. A MCC retém a posse de conhecimentos e patentes gerados, disponibilizando-os para licenciamento às empresas que participam do programa. Outro tipo de *joint venture* para desenvolvimento de pesquisa é a da Semiconductor Research Corporation, localizada em Triangle Park, Carolina do Norte. Organização de pesquisa sem fins lucrativos, ela começou com a participação de 11 fabricantes de chips e empresas de computadores dos Estados Unidos. A meta da corporação é patrocinar pesquisa básica e treinar engenheiros e cientistas profissionais para serem futuros líderes industriais. Os membros de programas da SRC investiram 1,1 bilhão de dólares em pesquisas de ponta sobre semicondutores, apoiando mais de 7.000 alunos e 1.598 docentes em 237 universidades ao redor do mundo.[4]

Os *acordos entre universidade e indústria* criados com o propósito de fazer pesquisa são outro tipo de *joint venture* cuja utilização tem aumentado muito. Entretanto, dois grandes problemas têm impedido que essas *joint ventures* proliferem mais rapidamente. Uma corporação com fins lucrativos tem o objetivo de obter resultados tangíveis, como uma patente, do seu investimento em pesquisa e quer todos os direitos de propriedade. As universidades querem compartilhar os possíveis retornos financeiros da patente, mas os pesquisadores universitários querem disponibilizar o conhecimento por meio de artigos/ensaios sobre a pesquisa. Apesar desses problemas, foram estabelecidas inúmeras equipes de indústrias e universidades. Em uma *joint venture* na área de robótica, por exemplo, a Westinghouse detém os direitos de patente enquanto a Carnegie-Mellon recebe uma porcentagem dos *royalties* da licença. A universidade também tem o direito de publicar os resultados da pesquisa, desde que não publique informações importantes que prejudiquem a patente.

O acordo de *joint venture* entre a Celanese Corporation e a Yale University, criado para pesquisar a composição e a síntese de enzimas, tomou uma forma um tanto diferente – o compartilhamento de custos. Embora a Celanese assuma a despesa de qualquer material e equipamento necessário para a pesquisa, bem como os salários de pesquisadores com nível de pós-doutorado, a universidade paga os salários dos professores participantes. Os resultados da pesquisa podem ser publicados somente depois de um período de carência de 45 dias.

As *joint ventures internacionais*, discutidas no Capítulo 5, estão aumentando rapidamente em número devido às suas vantagens relacionadas. Ambas as empresas compartilham os lucros e o crescimento, e a *joint venture* tem baixas necessidades de caixa se o conhecimento ou as patentes forem capitalizados como uma contribuição para o empreendimento. Além disso, a *joint venture* oferece acesso imediato a novos mercados internacionais que, de outro modo, não seriam facilmente atingidos. Como o talento e o financiamento provêm de todas as partes envolvidas, uma *joint venture* internacional causa menos drenagem dos recursos financeiros e administrativos de uma empresa do que uma subsidiária totalmente de sua propriedade.

Há vários obstáculos para o estabelecimento de *joint ventures* internacionais. Primeiro, se os objetivos empresariais dos parceiros na *joint venture* forem bastante diferentes, isso provavelmente resultará em problemas na orientação e no crescimento da nova entidade. Além disso, as diferenças culturais de cada empresa podem criar dificuldades administrativas na nova *joint venture*. Finalmente, as políticas governamentais talvez tenham um impacto negativo sobre a orientação e o funcionamento da *joint venture* internacional.

Apesar desses problemas, os benefícios geralmente superam os obstáculos, como fica evidenciado pela taxa de frequência de formação de *joint ventures* internacionais. Por exemplo, uma *joint venture* internacional foi estabelecida entre a Dow Chemical (Estados Unidos) e a Asaki Chemicals (Japão) para desenvolver e comercializar produtos químicos internacionalmente. Enquanto a Asaki fornecia as matérias-primas e era o único distribuidor, a Dow fornecia a tecnologia e obtinha a distribuição no mercado japonês. O acordo foi finalmente dissolvido devido aos interesses do governo japonês e à diferença fundamental de motivos entre os dois parceiros: a Dow estava interessada principalmente nos lucros da *joint venture*, enquanto a Asaki estava interessada em ter um comprador para seus produtos petroquímicos básicos.

Fatores para o sucesso de *joint ventures*

Evidentemente, nem todas as *joint ventures* são bem-sucedidas. O empreendedor precisa avaliar esse método de crescimento com cuidado e compreender os fatores que ajudam a garantir o sucesso, bem como os problemas relacionados, antes de utilizá-lo. Os fatores fundamentais para o sucesso são:

1. A avaliação acurada das partes envolvidas visando ao melhor modo de administrar a nova entidade à luz das relações decorrentes. Uma *joint venture* será mais eficaz se os administradores conseguirem trabalhar bem em conjunto. Sem essa química, a *joint venture* tem uma alta probabilidade de apresentar dificuldades ou mesmo de não dar certo.

2. O grau de simetria entre os parceiros. Essa simetria vai além da química, estendendo-se aos objetivos e às capacidades de recursos. Quando um dos parceiros percebe que está dando mais de si do que o outro ou quando um deles quer lucros e o outro deseja a saída dos produtos (como no caso da *joint venture* internacional entre a Dow e a Asaki), surgem problemas. Para que uma *joint venture* seja bem-sucedida, os administradores de cada empresa, bem como os da nova entidade, devem concordar quanto aos objetivos da *joint venture* e ao nível de recursos que fornecerão. As boas relações devem ser incentivadas entre os administradores da *joint venture* e os de cada matriz.

3. As expectativas dos resultados da *joint venture* devem ser razoáveis. Com muita frequência, pelo menos um dos parceiros acredita que a *joint venture* será a solução para todos os problemas da corporação. As expectativas de uma *joint venture* devem ser realistas.

4. O senso de oportunidade deve ser exato. Com os ambientes em constante mudança, as condições industriais sendo modificadas e os mercados em evolução, uma determinada *joint venture* poderia ser um sucesso em um ano e um fracasso no ano seguinte. A intensa concorrência leva a um ambiente hostil e aumenta os riscos da formação de uma *joint venture*. Alguns ambientes simplesmente não conduzem ao sucesso. O empreendedor deve determinar se a *joint venture* oferecerá oportunidades de crescimento ou se penalizará a empresa, por exemplo, ao impedi-la de ingressar em certos mercados.

Uma *joint venture* não é uma panaceia para expandir o empreendimento. Ao contrário, deve ser considerada uma das várias opções para a suplementação de recursos da empresa e a reação mais rápida aos desafios competitivos e às oportunidades de mercado. O uso eficiente da *joint venture* como estratégia de expansão exige que o empreendedor avalie com cuidado a situação e o(s) possível(is) parceiro(s). Outras alternativas estratégicas à *joint venture* – como aquisições, fusões e aquisições alavancadas – também têm de ser consideradas.

AQUISIÇÕES

Outro modo de o empreendedor expandir o empreendimento é pela aquisição de um negócio existente. As aquisições oferecem um excelente meio de expandir um negócio por meio da entrada em novos mercados ou em novas áreas de produtos. O empreendedor adquiriu uma indústria química depois de se familiarizar com seus problemas e operações atuando como fornecedor da empresa. A *aquisição* é a compra de toda uma empresa ou de parte dela; por definição, a empresa é completamente absorvida e não existe mais de maneira independente. A aquisição pode tomar muitas formas, dependendo das metas e da posição das partes envolvidas nas transações, da quantidade de capital investido e do tipo de empresa.

aquisição
Compra de toda uma empresa ou de parte dela

Embora uma das questões-chave na compra de um negócio seja o acordo quanto ao preço, a aquisição exitosa de uma empresa na verdade envolve bem mais. De fato, frequentemente a estrutura do acordo é mais importante para o sucesso da transação do que o preço real. Uma estação de rádio foi bem-sucedida depois de ser adquirida por uma empresa sobretudo porque o proprietário anterior emprestou os recursos e não cobrou o pagamento do principal (somente os juros) do empréstimo antes do terceiro ano de operação.

Do ponto de vista estratégico, um interesse central da empresa é manter o foco do novo empreendimento como um todo. Independentemente de a aquisição se tornar o centro do novo negócio ou representar uma capacidade necessária – como canal de distribuição, equipe de vendas ou instalações para produção –, o empreendedor deve garantir que ela vá se adaptar à direção e à estrutura globais do plano estratégico do atual empreendimento.

Vantagens de uma aquisição

Para o empreendedor, há muitas vantagens em adquirir uma empresa atuante:

1. *Empresa estabelecida.* A vantagem mais significativa na aquisição de uma empresa é a firma adquirida ter uma imagem estabelecida e um histórico. Se a empresa for lucrativa, o empreendedor só precisará continuar sua atual estratégia para ter sucesso com a base de clientes existente.
2. *Localização.* Os novos clientes já estão familiarizados com o local.
3. *Estrutura de marketing estabelecida.* Uma empresa adquirida já possui uma estrutura de vendas e de distribuição. Fornecedores, atacadistas, varejistas e representantes industriais conhecidos são ativos importantes para o empreendedor. Com essa estrutura já implantada, ele pode se concentrar em melhorar ou expandir a empresa adquirida.
4. *Custo.* O custo real da aquisição de uma empresa pode ser mais baixo do que o de outros métodos de expansão.
5. *Funcionários existentes.* Os funcionários de uma empresa são um ativo importante para o processo de aquisição. Eles sabem como fazer funcionar o negócio e ajudam a empresa a continuar sua trajetória de êxito. Eles já estabeleceram relações com os clientes, fornecedores e distribuidores e podem tranquilizar esses grupos quando um novo proprietário assumir o controle acionário do negócio.
6. *Mais oportunidade de ser criativo.* Como o empreendedor não tem que se preocupar com fornecedores, distribuidores, a contratação de novos funcionários ou a criação de consciência nos clientes, mais tempo pode ser dedicado à avaliação de oportunidades de expansão ou de fortalecimento da atual empresa e ao acesso às possíveis sinergias entre as empresas.

Desvantagens de uma aquisição

Embora sejam constatadas muitas vantagens na aquisição de uma empresa, também existem desvantagens. A importância de cada uma das vantagens e desvantagens deve ser analisada cuidadosamente em relação a outras opções de expansão.

1. *Histórico marginal de sucesso.* A maioria dos empreendimentos à venda tem um histórico errático, marginalmente bem-sucedido ou até mesmo não lucrativo. É fundamental avaliar o histórico e reunir-se com membros importantes para verificar o histórico marginal em termos de potencial futuro. Por exemplo, se o visual da loja não é bom, esse fator pode ser retificado; mas se a localização não for boa, o empreendedor se sairá melhor utilizando algum outro método de expansão.
2. *Excesso de confiança na capacidade.* Às vezes, o empreendedor supõe que poderá obter sucesso onde outros fracassaram. Essa é a razão por que uma autoavaliação é tão importante antes de ingressar em qualquer acordo de compra. Embora o empreendedor traga novas ideias e qualidades administrativas, o empreendimento talvez nunca terá sucesso por motivos que são impossíveis de corrigir. Frequentemente, os administradores têm um excesso de confiança em sua capacidade de superar as diferenças culturais entre sua empresa atual e aquela que está sendo adquirida.

3. *Perda de funcionários importantes.* Com frequência, quando um negócio passa para outras mãos, funcionários importantes também vão embora. A perda desses funcionários pode ser devastadora para um empreendedor que está adquirindo um negócio, já que o valor da empresa quase sempre é um reflexo dos esforços dos funcionários. Isso é particularmente evidente em uma empresa de serviços, na qual é difícil separar o serviço real da pessoa que o desempenha. Nas negociações de aquisição, convém que o empreendedor fale com todos os funcionários individualmente, para obter alguma garantia de suas intenções, bem como para lhes informar sua importância para o futuro do negócio. Às vezes, é aconselhável usar incentivos para assegurar-se de que os principais funcionários vão permanecer na empresa.

4. *Supervalorização.* O preço real de compra talvez seja inflado devido à imagem estabelecida, à clientela, aos distribuidores ou aos fornecedores. Se o empreendedor tiver que pagar demais por uma empresa, é possível que o retorno sobre o investimento seja inaceitável. É importante analisar o investimento exigido na compra de uma empresa e o seu potencial de lucro e estabelecer um prazo de retorno razoável para justificar o investimento.

Após ponderar os prós e os contras da aquisição, o empreendedor deve determinar um preço justo para o negócio.

Sinergia

O conceito de que "o todo é maior do que a soma de suas partes" se aplica à integração de uma aquisição à empresa de um empreendedor. A sinergia tem de ocorrer tanto no conceito do negócio, com a aquisição funcionando como veículo para avançar em direção às metas gerais, quanto no desempenho financeiro. A aquisição terá um impacto positivo nos resultados, afetando os ganhos de longo prazo e o crescimento futuro. A falta de sinergia é uma das causas mais frequentes de fracasso de uma aquisição na realização de seus objetivos.

Estruturando o acordo

Uma vez que o empreendedor tenha identificado uma boa candidata para aquisição, deve ser estruturado um acordo adequado. Muitas técnicas estão disponíveis para a aquisição de uma empresa, cada uma tendo um conjunto distinto de vantagens tanto para o comprador quanto para o vendedor. A estrutura do acordo envolve as partes, as propriedades, a forma de pagamento e o período para pagamento. Por exemplo, todos os ativos de uma empresa, ou parte deles, podem ser adquiridos por outra com alguma combinação de dinheiro, notas promissórias, ações e/ou contrato de emprego. Esse pagamento seria feito no momento da aquisição, no decorrer do primeiro ano ou se estenderia por vários anos.

Os dois meios mais comuns de aquisição são a compra direta pelo empreendedor de todos os ativos ou ações da empresa ou a compra desses ativos com os próprios recursos. Na compra direta da empresa, o empreendedor frequentemente obtém fundos por um empréstimo externo ou por meio do vendedor da empresa sendo comprada. O dinheiro é devolvido ao longo do tempo por meio do fluxo de caixa gerado nas operações. Embora seja uma transação relativamente simples e clara, ela costuma resultar em um ganho de capital de longo prazo para o vendedor e em tributação dupla sobre os recursos usados para devolver o dinheiro tomado emprestado para a aquisição da empresa.

A fim de evitar esses problemas, o empreendedor pode fazer uma compra com recursos próprios, adquirindo uma pequena parte da empresa, entre 20 a 30%, em dinheiro. Ele comprará, então, o restante da empresa com uma nota promissória de longo prazo, paga ao longo do tempo com os lucros da empresa adquirida. Esse tipo de acordo resulta em maiores vantagens tributárias, tanto para o comprador quanto para o vendedor.

SAIU NA *BUSINESS NEWS*

ACONSELHAR UM EMPREENDEDOR SOBRE COMO FAZER ACORDOS

Empreendedores: James Tiscione, 49, e Anthony Tiscione, 79, fundadores da ACM Enterprises em Tucson, Arizona.

Descrição do produto: O ACM (Auto Card Manager – ACM) é uma fina caixa de metal que guarda a carteira de motorista e até cinco cartões de crédito. Quando os usuários pressionam um dos seis botões na caixa, o cartão de crédito selecionado é liberado.

Custo inicial da empresa: 50 mil dólares, em 2000 e 2001, para pagar a primeira rodada de produção de 25 mil unidades

Vendas: 1,8 milhão de dólares em 2002.

O desafio: Introduzir um novo produto no mercado com um orçamento de marketing limitado

James Tiscione não tinha muito dinheiro quando abriu sua empresa, mas isso não o impediu de lançar seu produto incomum no mercado. Eis as etapas que ele seguiu:

1. *Obtenha uma patente.* Tiscione começou visitando o www.uspto.gov., o *site* oficial do Escritório de Patentes e Marcas Comerciais dos Estados Unidos, para verificar se existiam patentes semelhantes. "Examinei mais de mil patentes e encontrei apenas duas que lembravam remotamente a minha", disse ele. "Só depois que concluí a pesquisa procurei um advogado de patentes". Fazer uma pesquisa por conta própria fez muito mais do que economizar o dinheiro de Tiscione: "Eu estava tentando proteger meu dinheiro antes de investir em tarifas advocatícias, *design* de engenharia e protótipos. Também queria ver que outras ideias eu poderia encontrar. Fiquei surpreso com o fato de que ninguém tivera aquela ideia". Não demorou muito para que Tiscione solicitasse uma patente preliminar, que não concede aos inventores a proteção da patente, mas permite que ele exponha suas ideias ao público. Segundo Tiscione "É uma alternativa barata de proteção que permite aos inventores um ano de pesquisa e desenvolvimento". Em 2001, ele solicitou uma patente de utilidade.

2. *Decida qual a ajuda que você necessita.* Como Tiscione nunca desenvolvera um produto, ele pensava que não tinha a experiência necessária para lançar a ideia. Ele pediu ao pai, Anthony, inventor, ajuda para finalizar o *design* do produto. Tiscione também abordou Steve Pagac, guru de marketing que possuía uma imobiliária e uma empresa de investimentos. De acordo com Tiscione: "Steve investiu muito esforço em nosso empreendimento e foi responsável por organizar todos os nossos clientes".

3. *Crie um protótipo.* Tiscione sabia que as pessoas não entenderiam o ACM sem experimentá-lo, então ele fez um protótipo. Tiscione terminou escolhendo um fornecedor de protótipos na Califórnia. Assim que ele começou a usar o protótipo, as pessoas também começaram a perguntar onde poderiam comprar um deles. O *feedback* positivo teve um papel preponderante no avanço do negócio.

4. *Localize uma fonte de produção.* A primeira parada de Tiscione foi a Câmara de Comércio de Hong Kong, que tem um escritório em San Francisco. "Eles me enviaram uma lista de empresas para as quais enviei uma mensagem de e-mail", conta ele. Tiscione afunilou para uma única empresa – mas só assinou o acordo final após visitar a empresa várias vezes e acompanhar alguns testes das peças em produção.

Localizando candidatas à aquisição

corretores
Pessoas que vendem empresas

Se o empreendedor estiver planejando seriamente a compra de uma empresa, há algumas fontes de auxílio. Existem *corretores* profissionais de empresas que operam de modo semelhante ao dos corretores de imóveis. Eles representam o vendedor e se empenham ativamente na busca de compradores por meio de indicações, anúncios ou vendas diretas. Como esses corretores recebem uma comissão sobre a venda, muitas vezes dedicam-se com mais empenho aos melhores negócios.

Contadores, advogados, banqueiros, associados de entidades de classe e consultores também podem estar informados sobre boas empresas candidatas à aquisição. Muitos desses profissionais têm bons conhecimentos sobre negócios, o que é muito útil nessas transações.

Também há oportunidades de negócios nas seções de classificados em jornais ou revistas de negócios. Como as ofertas que constam nessas listas em geral são completamente desconhecidas, elas envolvem mais risco, mas talvez sejam adquiridas por um menor preço.

> 5. *Explore todas as possibilidades para encontrar pontos de distribuição.* Tiscione e Pagac não tinham certeza quanto a quais varejistas comprariam seu produto, de modo que começaram a abordar catálogos e lojas, como Brookstone, The Sharper Image e Things Remembered. "Embora as lojas não se interessassem, uma empresa de promoções se apresentou – a AMG de Plymouth, Wisconsin", disse Tiscione. "A AMG assinou um contrato de exclusividade conosco para o mercado de produtos promocionais em 2001". Tiscione e Pagac também abordaram a SkyMall, varejista de itens especiais que produz um catálogo com custos compartilhados, direcionado para os passageiros de linhas aéreas. Segundo Tiscione: "Após dois trimestres, terminados em setembro, a SkyMall informou que o ACM era o produto número 1 de vendagem no [catálogo] e concordaram em continuar com o produto até março". Tiscione e Pagac também contataram a MJ Media, uma empresa de marketing de TV em Phoenix, que assinou um contrato não exclusivo para vender o ACM por meio de anúncios na TV. "Reformulamos nosso acordo inicial com a MJ Media para incluir uma base mais abrangente de distribuição", diz Tiscione. "No início, o contrato cobria apenas os anúncios na TV. Depois, a MJ Media expandiu para vendas na Internet e uma grande distribuição para pequenos distribuidores." Atualmente, Tiscione dispõe de uma grande variedade de clientes vendendo seus produtos. Além disso, a Taylor Gifts, catálogo para grandes consumidores, escolheu o ACM para a temporada de Natal de 2002.
> 6. *Assine acordos que maximizem a exposição de marketing, mas restrinjam o risco financeiro.* As despesas de publicidade e marketing podem derrubar um produto – mas Tiscione evitava essas despesas, assinando contratos com risco limitado. A AMG e MJ Media assinavam acordos para comprar o produto da ACM e promovê-lo por conta própria. Além disso, a negociação de Tiscione com a SkyMall foi em bases colaborativas. Tiscione nada pagava para ser incluído na lista da SkyMall, mas todas as vendas (até certo nível) iam para a SkyMall. Assim que esse nível fosse alcançado, as vendas seriam divididas igualmente entre a SkyMall e a ACM. Quando da publicação deste artigo, a ACM havia migrado para um contrato padrão, que exigia o pagamento do anúncio, mas lhe permitia ficar com todas as vendas.
>
> **CONSELHO PARA UM EMPREENDEDOR**
>
> Um inventor leu este artigo e pede um conselho seu. "É exatamente isso que desejo fazer", diz ele. "Não tenho o conhecimento nem o dinheiro para fabricar o produto por conta própria ou lançá-lo no mercado e vendê-lo. Preciso que alguém faça isso para mim. Estas são as minhas dúvidas:
>
> 1. É assim tão fácil encontrar e depois estabelecer uma relação com alguém para produzir meu produto? O produtor precisa ter uma licença de fabricação ou devo entrar em uma *joint venture*?
> 2. Tenho o mesmo tipo de problema em relação ao marketing, mas também preciso saber quanto controle posso ter sobre o modo como o produto é comercializado e vendido. Ou não devo me preocupar com isso e deixar os especialistas fazerem seu trabalho?
> 3. Um dilema para mim é quanto devo investir em protótipos. Quanto mais dinheiro eu investir, melhor será o protótipo, mas não quero desperdiçar dinheiro também."
>
> Fonte: Reimpresso com permissão de Entrepreneur Media, Inc., "Play Your Cards Right. Presenting a Case Study in Striking the Best Deals to Launch Your Own Great Product on a Limited Budget," by Don Debelak, March 2003, *Entrepreneur* magazine: www.entrepreneur.com.

Determinar a melhor opção para um empreendedor requer muito tempo e esforço. O empreendedor deve reunir o máximo de informações possíveis, lê-las com cuidado, consultar conselheiros e especialistas, considerar sua própria situação e depois tomar uma decisão construtiva.

FUSÕES

A *fusão* – ou uma transação envolvendo duas ou, possivelmente, mais empresas em que só uma delas sobrevive – é outro método de expansão de um empreendimento. As aquisições são tão semelhantes às fusões que às vezes os dois termos são usados como sinônimos. Uma preocupação central em qualquer fusão (ou aquisição) é a legalidade da compra. O Departamento de Justiça dos Estados Unidos com frequência publica orientações para fusões horizontais, verticais e conglomeradas que melhor definem a interpretação que será feita com a entrada em vigor das leis Sherman e Clayton. Como as orientações são extensas e técnicas, o empreendedor deve recorrer a um aconselhamento legal adequado se surgirem dúvidas.

fusão
União de duas ou mais empresas

Por que o empreendedor deveria proceder a uma fusão? Existem estratégias defensivas e ofensivas para uma fusão, como indica a Figura 14.1. As motivações para uma fusão variam da sobrevivência à proteção e da diversificação ao crescimento. Quando ocorre no empreendimento alguma obsolescência técnica, a perda de mercado ou de matéria-prima ou a deterioração da estrutura de capital, uma fusão talvez seja o único meio para sua sobrevivência. A fusão também protege da transgressão de mercado, da inovação de produtos ou de uma aquisição sem garantias. A fusão oferece muita diversificação e crescimento de mercado, tecnologia e fortalecimento financeiro e administrativo.

Como ocorre uma fusão? Ela exige um bom planejamento por parte do empreendedor. Os objetivos da fusão, em especial os que se referem aos lucros, têm de ser explicados detalhadamente, com os ganhos resultantes para os proprietários de ambas as empresas delineados. Além disso, o empreendedor precisa avaliar com atenção a administração da outra empresa para garantir que, se ela for mantida, será competente para o desenvolvimento e o futuro da entidade combinada. O valor e a adequação dos recursos existentes também serão determinados. Isso abrange basicamente uma análise meticulosa de ambas as empresas para assegurar que os pontos fracos de uma não correspondam aos da outra. Finalmente, o empreendedor deve trabalhar para o estabelecimento de um clima de confiança mútua que ajude a minimizar qualquer ameaça ou turbulência administrativa.

Os mesmos métodos para avaliar uma aquisição servem para determinar o valor de uma candidata à fusão. O processo requer que o empreendedor observe a posição sinergética produto/mercado, a nova posição do mercado doméstico ou internacional, qualquer ponto financeiramente forte que tenha sido subestimado e qualquer propriedade da empresa que não esteja sendo explorada de forma adequada. Um procedimento comum para determinar o valor é calcular o valor presente dos fluxos de caixa descontados e dos lucros esperados depois dos impostos atribuíveis à fusão. Isso deve ser feito em cenários otimistas, pessimistas e prováveis de fluxos de caixa e de lucros, utilizando diversas taxas de retorno aceitáveis.

DEFENSIVA (Passiva) ←→ OFENSIVA (Ativa)

Necessidade de sobrevivência	Proteção contra...	Diversificação	Ganhos em...
Deterioração da estrutura financeira	Violação do mercado	Contracíclica	Posicionamento do mercado
Obsolescência tecnológica	Posição de custo inferior de um concorrente	Contrassazonal	Avanço tecnológico
Perda de matéria-prima	Inovações de produto por outros	Operações internacionais	Fortalecimento financeiro
Perda de mercado para produtos superiores	Tomada de controle não desejada	Planos estratégicos múltiplos	Talento administrativo

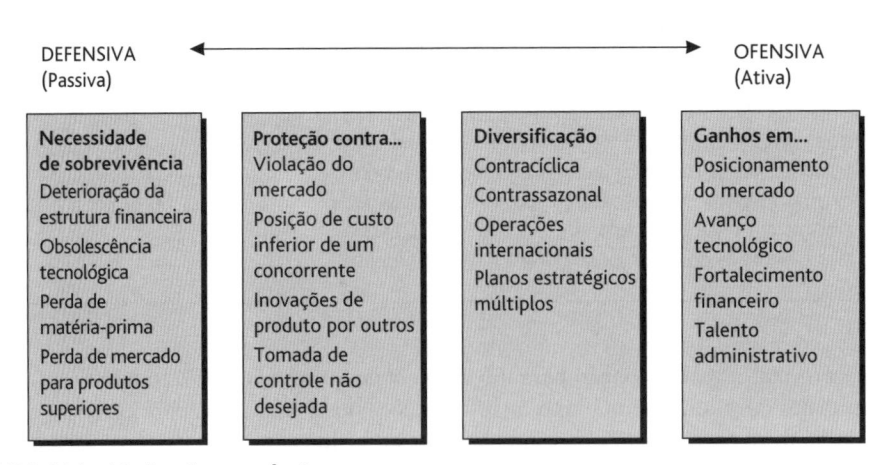

FIGURA 14.1 Motivações para fusão.
Fonte: F. T. Haner, *Business Policy, Planning, and Strategy* (Cambridge, MA: Winthrop, 1976), p. 399.

AQUISIÇÕES ALAVANCADAS

aquisição alavancada (LBO – Leveraged Buyout)
Compra de uma empresa já existente por um grupo de empregados

A *aquisição alavancada* (*LBO – leveraged buyout*) ocorre quando o empreendedor (ou um grupo de funcionários) utiliza recursos de empréstimo para comprar um empreendimento existente com dinheiro. A maioria das LBOs (aquisições alavancadas) ocorre porque o empreendedor que está comprando o empreendimento acredita que conseguirá dirigir a empresa de modo mais eficiente do que os atuais proprietários. O atual proprietário geralmente é um empreendedor ou outro proprietário que quer se aposentar. O proprietário também pode ser uma grande corporação que deseja se desfazer de uma subsidiária que é muito pequena ou que não se enquadra em seus planos estratégicos de longo prazo.

O comprador precisa de uma grande quantia de financiamento externo, já que os recursos financeiros pessoais necessários para adquirir a empresa diretamente quase sempre são limitados. Como utilizar a emissão de ações adicionais para obter recursos costuma não ser possível, o capital é adquirido na forma de financiamento por dívida de longo prazo (cinco anos ou mais), e os ativos da empresa que está sendo adquirida servem de garantia. Quem fornece esse financiamento por dívida de longo prazo? Bancos, investidores de risco formais e companhias de seguros têm sido os maiores fornecedores dos fundos necessários nas LBOs.

O pacote financeiro efetivo usado em uma LBO reflete o perfil de risco/compensação do agente de empréstimo. Enquanto os bancos tendem a usar dívidas com preferência de resgate (sênior), os investidores de risco adotam dívidas subordinadas com *warrants** ou opções. Independente do instrumento escolhido, o plano de pagamento estabelecido deve estar de acordo com os fluxos de caixa *pro forma* que a empresa espera que sejam gerados. As taxas de juros em geral são variáveis e coerentes com os atuais rendimentos de um investimento de risco semelhante.

Na maioria das LBOs, o capital financiado geralmente excede o capital próprio em um índice de 5 por 1, com alguns índices chegando a 10 por 1. Em uma LBO, há significativamente mais dívida em relação ao capital próprio do que em uma típica estrutura de capital de uma empresa. Embora isso torne alto o risco financeiro, a chave para uma LBO bem-sucedida não é o índice endividamento/capital próprio (*debt-to-equity*), mas sim, a capacidade do empreendedor de fazer a aquisição para cobrir o pagamento do principal e dos juros com maiores vendas e lucros. Essa capacidade depende das habilidades do empreendedor e da força e estabilidade da empresa.

Como o empreendedor sabe se uma determinada empresa é uma boa candidata à LBO? Essa determinação é feita por meio do procedimento de avaliação a seguir.

1. O empreendedor determinará se o preço pedido pelo atual proprietário é razoável. Muitas técnicas subjetivas e quantitativas são usadas nessa determinação. Serão feitas avaliações subjetivas sobre os seguintes tópicos: a competitividade do setor e a posição competitiva da empresa nesse setor, o aspecto único da oferta da empresa e o estágio do ciclo de vida do produto e as habilidades da administração e de outros funcionários importantes que permanecerão na empresa. São usadas técnicas quantitativas previamente discutidas para avaliar se o preço pedido é justo. O índice preço/lucro do prospecto da LBO deve ser calculado e comparado com o de empresas semelhantes, bem como o valor presente de lucros futuros do prospecto e seu valor contábil.

2. O empreendedor avaliará a capacidade de endividamento da empresa. Isso é particularmente importante, já que o empreendedor quer levantar o máximo de capital possível na forma de dívida de longo prazo. O quanto de dívida de longo prazo uma potencial LBO pode suportar dependerá do risco provável da empresa e da estabilidade de seus futuros fluxos de caixa. O fluxo de caixa deve cobrir a dívida de longo prazo exigida para financiar a LBO. Qualquer quantia financeira que não puder ser assegurada na dívida de longo prazo devido à inadequação do fluxo de caixa precisará estar na forma de capital próprio do empreendedor ou de outros investidores.

3. O empreendedor desenvolverá um pacote financeiro adequado para atender às necessidades e aos objetivos dos provedores dos fundos, e esse pacote tem de ser adequado à situação do empreendedor e da empresa. Embora cada pacote financeiro de LBO seja moldado de acordo com a situação específica, geralmente há algumas restrições, como ausência de pagamento de dividendos. Com frequência, um acordo de LBO com investidores de risco formais tem *warrants* passíveis de serem convertidos em ações ordinárias em uma data posterior. Em geral, é exigido o pagamento do fundo de amortização da dívida de longo prazo.

---

* N. de R.T.: *Warrants* são títulos garantidos.

Há muitos exemplos de LBOs bem-sucedidas e malsucedidas. Um dos mais comentados envolveu a R. H. Macy and Co., cadeia bastante conhecida de lojas de departamento. A Macy's não estava em más condições em termos das medidas tradicionais de vendas por metro quadrado, lucratividade e retorno sobre ativos. Entretanto, tinha passado por uma queda significativa nos lucros e estava perdendo talentosos executivos intermediários. A LBO foi realizada por cerca de 345 executivos que participaram e compartilharam 20% de propriedade na varejista de 4,7 bilhões de dólares. Em última análise, a LBO trouxe os seguintes benefícios: um novo espírito empresarial na administração, que promoveu mais lealdade entre os funcionários; aumento da motivação entre os funcionários, com os gerentes intermediários realmente vendendo e ganhando bonificação por vendas na área sob sua gerência, mesmo durante o período de folga; e uma orientação de planejamento de longo prazo para o conselho administrativo, que se reúne cinco vezes por ano, em vez de uma vez por mês.

FRANQUIAS

franquia
Acordo por meio do qual o franqueador concede direitos exclusivos de distribuição local a um franqueado em troca do pagamento de *royalties* e em conformidade com procedimentos operacionais padronizados

franqueador
A pessoa que oferece a franquia

franqueado
A pessoa que compra a franquia

A *franquia* é definida como "um acordo em que o fabricante ou único distribuidor de um produto ou serviço de marca registrada concede direitos exclusivos de distribuição local para lojistas independentes em troca do pagamento de *royalties* e em conformidade com procedimentos operacionais padronizados".[5] A pessoa que oferece a franquia é conhecida como *franqueador*. O *franqueado* é a pessoa que compra a franquia e tem a oportunidade de ingressar em um novo negócio com maior chance de sucesso do que começando um empreendimento desde o início.

Vantagens da franquia – para o franqueado

Uma das principais vantagens na compra de uma franquia é o empreendedor não ter que incorrer em todos os riscos associados à criação de uma empresa. A Tabela 14.1 sintetiza as principais vantagens de uma franquia. Geralmente, as áreas em que os empreendedores têm problemas ao iniciar uma nova empresa são aceitação do produto, experiência administrativa, necessidades de capital, conhecimento do mercado e controles operacionais e estruturais. Na franquia, os riscos associados a cada uma dessas áreas são minimizados pelas relações de franquia, conforme discutido a seguir.

Aceitação do produto Em geral, o franqueado ingressa em um negócio que tem um nome, produto ou serviço aceito. No caso da Subway, qualquer pessoa que compra uma franquia estará usando o nome da Subway, que é conhecido e já estabelecido nos Estados Unidos. O franqueado não precisa despender recursos tentando estabelecer a credibilidade do negócio. Essa credibilidade já existe com base nos anos de existência da franquia. A Subway também gastou milhões de dólares em propaganda para construir uma imagem favorável dos produtos e serviços oferecidos. O empreendedor que tentasse dar início a um restaurante especializado em sanduíches seria desconhecido para os possíveis clientes e precisaria fazer um esforço significativo e gastar recursos para adquirir credibilidade e reputação no mercado.

TABELA 14.1 O que você pode comprar em uma franquia

1. Um produto ou serviço com mercado estabelecido e imagem favorável.
2. Uma fórmula ou design patenteado.
3. Nomes ou marcas registradas.
4. Um sistema de administração financeira para controle de receitas.
5. Assessoria administrativa de especialistas no ramo.
6. Economias de escala em propaganda e compras.
7. Serviços oferecidos pela sede.
8. Um conceito empresarial comprovado.

Experiência administrativa Outra vantagem importante para o franqueado é a assistência administrativa fornecida pelo franqueador. Cada novo franqueado em geral participa de um programa de treinamento sobre todos os aspectos de operação da franquia. Esse treinamento inclui aulas de contabilidade, administração de pessoal, marketing e produção. O McDonald's, por exemplo, exige que todos os seus franqueados passem algum tempo em sua escola, onde recebem aulas nessas áreas. Além disso, alguns franqueadores exigem que seus novos franqueados trabalhem com o proprietário de uma franquia ou em uma loja ou instalação da empresa para obter experiência prática no trabalho. Assim que começa a franquia, a maioria dos franqueadores oferece assistência administrativa de acordo com a necessidade. Números para ligação gratuita também estão disponíveis para que o franqueado faça perguntas a qualquer momento. Os escritórios locais das franquias maiores continuamente visitam os franqueados para oferecer aconselhamento e manter os proprietários informados sobre as novidades desenvolvidas.

O treinamento e o aprendizado oferecidos são aspectos essenciais que o empreendedor deve considerar ao avaliar qualquer oportunidade de franquia. Porém, se a assistência inicial não for boa, o empreendedor terá de procurar outras oportunidades, a menos que já tenha uma extensa experiência na área.

Exigências de capital Como vimos em capítulos anteriores, iniciar um novo empreendimento é oneroso em termos de tempo e dinheiro. A franquia oferece a oportunidade de começar um novo empreendimento com um apoio inicial que poupa muito tempo e, possivelmente, capital do empreendedor. Alguns franqueadores fazem análise de localização e pesquisa de mercado da área, o que inclui avaliação de tráfego, demografia, condições comerciais e concorrência. Em alguns casos, o franqueador também financiará o investimento inicial para a operação da franquia. O capital inicial exigido para a compra da franquia geralmente consiste em uma taxa de franquia, custos de construção e compra de equipamento.

O layout da instalação, o controle de matéria-prima e do estoque e o poder de compra potencial de toda a operação da franquia representam uma economia significativa para o empreendedor. O tamanho da matriz pode ser vantajoso na hora de obter assistência médica e seguro empresarial, já que o empreendedor seria considerado um participante de toda a organização da franquia. A economia inicial também se reflete nas quantias destinadas à propaganda e à promoção de vendas. A contribuição de cada franqueado costuma ser calculada em função do volume e do número de franquias possuídas. Isso permite a propaganda em nível local e nacional para promover a imagem e a credibilidade da empresa, algo que seria impossível para uma operação isolada.

Conhecimento do mercado Qualquer franquia estabelecida oferece ao empreendedor anos de experiência no negócio e conhecimento do mercado. Esse conhecimento em geral se reflete em um plano, fornecido ao franqueado, que detalha o perfil do cliente-alvo e as estratégias que devem ser implementadas logo que a operação tiver início. Isso é de especial importância devido às diferenças regionais e locais dos mercados. A concorrência, a eficácia da mídia e os gostos podem variar muito de um mercado para outro. Dada sua experiência, os franqueadores oferecem aconselhamento e assistência na acomodação dessas diferenças.

A maioria dos franqueadores avalia constantemente as condições de mercado e determina as estratégias mais eficazes a serem comunicadas aos franqueados. Boletins e outras publicações que refletem novas ideias e aperfeiçoamentos no mercado costumam ser continuamente enviados aos franqueados.

Controles operacionais e estruturais Dois problemas que muitos empreendedores enfrentam ao iniciar um empreendimento são a manutenção do controle de qualidade dos produtos e serviços e o estabelecimento de controles administrativos eficientes. O franqueador, em especial no ramo de alimentos, identificará fornecedores que atendam aos padrões de qualidade estabelecidos. Em alguns casos, os suprimentos são fornecidos pelo próprio franqueador. A padronização nos suprimentos, produtos e serviços oferecidos ajuda a assegurar que o empreendedor manterá os padrões de qualidade, que são tão importantes. A padronização também sustenta uma imagem coerente da qual a franquia depende para sua expansão.

Os controles administrativos em geral envolvem decisões financeiras relativas a custos, estoque e fluxo de caixa, e questões de pessoal, como critérios para contratação e demissão, horários e treinamento para garantir a coerência dos serviços ao cliente. Esses controles geralmente são delineados em um manual fornecido ao franqueado no fechamento do contrato de franquia.

Embora sejam vantagens para o franqueado, tais controles também representam considerações estratégicas importantes para o empreendedor que está considerando o crescimento do negócio por meio da venda de franquias. Como existem diversas opções de franquia para o empreendedor, o franqueador precisará oferecer todos os serviços descritos para obter sucesso na venda da franquia. Um dos motivos para o sucesso de franquias como McDonald's, Burger King, KFC, Boston Market, Subway, Midas, Jiffy Lube, Holiday Inn, Mail Boxes Etc. e Merry Maids é que todas essas empresas estabeleceram um excelente sistema que efetivamente oferece os serviços necessários para o franqueado.

Vantagens da franquia – para o franqueador

As vantagens que o franqueador obtém por meio da franquia relacionam-se ao risco de expansão, às necessidades de capital e às vantagens de custos que resultam do grande poder de compra. Examine o sucesso da cadeia Subway. Fica claro, a partir do exemplo da Subway, que Fred DeLuca não teria conseguido alcançar o tamanho e o escopo de seu negócio sem franqueá-lo. A fim de utilizar a franquia como método de expansão, o franqueador deve ter valor e credibilidade estabelecidos que outros estejam dispostos a comprar.

Risco de expansão A vantagem mais óbvia da franquia para um empreendedor é que ela permite que o empreendimento se expanda rapidamente e com pouco capital. Essa vantagem é significativa quando refletimos sobre os problemas e as questões que o empreendedor enfrenta ao tentar gerenciar e desenvolver um novo empreendimento (ver Capítulo 13). O franqueador pode expandir uma empresa em nível nacional, e até mesmo internacional, ao autorizar e vender franquias em locais selecionados. O capital necessário para essa expansão é muito menor do que seria sem a franquia. Tente imaginar o capital necessário para DeLuca construir 8.300 lojas da Subway.

O valor da franquia depende do histórico do franqueador até o momento e dos serviços oferecidos ao empreendedor ou franqueado. A baixa taxa de franquia da Subway aumentou as oportunidades de expansão, já que mais pessoas podem pagar por ela.

A operação de uma franquia requer menos funcionários do que uma empresa não franqueada. A sede e os escritórios regionais podem ter pouco pessoal, somente o necessário para atender as necessidades dos franqueados. Isso permite que os franqueadores mantenham baixas folhas de pagamento e minimiza questões trabalhistas.

Vantagens de custos Só o tamanho de uma empresa franqueada já oferece muitas vantagens para os franqueados. O franqueador consegue comprar suprimentos em grandes quantidades, obtendo economias de escala que não seriam possíveis de outro modo. Muitas empresas de franquias produzem peças, acessórios, embalagens e matérias-primas em grandes quantidades e os vendem para os franqueados, que geralmente devem comprar esses itens como parte do acordo de franquia, beneficiando-se dos preços mais baixos.

Uma das maiores vantagens em termos de custos de uma franquia é a capacidade de destinar mais recursos para propaganda. Cada franqueado contribui com uma porcentagem de vendas (1 a 2%) para um *pool* de propaganda. Esses recursos do grupo permitem que o franqueador conduza campanhas publicitárias na mídia em uma ampla área geográfica. Se a empresa não fosse franqueada, teria que fornecer os recursos para todo o orçamento publicitário.

SAIU NA *BUSINESS NEWS*

OS EMPREENDIMENTOS FAVORITOS DO CAPITAL DE RISCO

Durante os últimos quatro trimestres, mesmo enquanto a magnitude dos problemas econômicos dos Estados Unidos se tornavam evidentes, os investidores de capital de risco investiram mais de 7 bilhões de dólares em empresas em seus estágios iniciais, totalizando mais de 1.400 acordos, segundo o MoneyTree Report da National Venture Capital Association. O valor é maior do que o capital levantado por jovens empresas em qualquer ano corrido desde que a bolha das ponto-com estourou em 2001.

Nos maiores acordos do último ano, as empresas de capital de risco injetaram dinheiro em organizações que enfrentam os problemas globais da mudança climática e das doenças. Os desafios são grandes (e os investidores apostam que as recompensas também serão) para as empresas iniciantes que forem bem-sucedidas na comercialização de ideias como energia solar, carros com baixos índices de emissão e novos medicamentos.

Quem são esses novos empreendimentos tão desejados? Para descobrir, fomos atrás do dinheiro. Analisamos os acordos que aconteceram nos quatro trimestres mais recentes, de outubro de 2007 a setembro de 2008, com base no relatório MoneyTree, que utiliza dados da Thomson Reuters. A seguir, contatamos algumas das empresas em estágio de lançamento e inicial que levantaram mais dinheiro e criamos uma apresentação de *slides* sobre elas.

Em primeiro lugar ficaram alguns empreendedores veteranos que já fundaram empresas que levaram a aquisições e, assim, demonstraram seu sucesso para os investidores. A equipe por trás da Relypsa, empresa desenvolvedora de medicamentos de Santa Clara, Califórnia, trabalhava em um tratamento para hipercalemia em pacientes com problemas cardíacos e renais; seu último empreendimento foi vendido para a Amgen (AMGN) em 2007 por 420 milhões de dólares. A Relypsa, fundada poucos meses depois da aquisição, levantou 33 milhões de dólares no final de 2007.

Mesmo as novas empresas com bom nível de capitalização e histórico de sucesso enfrentam um ambiente de financiamento incerto e precisam fazer valer cada dólar. Gerrit Klaerner, diretor de operações da Relypsa, diz que os novos empreendimentos que estão apenas começando a enxugar seus orçamentos podem estar em apuros. "Acho que quem opera uma empresa pequena precisa ser esguio e estar sempre com fome. Se você começou a pensar sobre a eficiência do capital só hoje, é tarde demais", ele afirma.

Para outros negócios, a recessão representa uma oportunidade. Ron Gonen, cofundador e CEO do RecycleBank, afirma que a necessidade súbita de conservação de dinheiro por parte das cidades e residências significa que sua empresa está posicionada para crescer. A organização de 85 funcionários com sede em Nova York administra sistemas de reciclagem para cidades nos quais os moradores ganham pontos com base no volume reciclado; os pontos podem ser trocados por produtos e serviços em lojas. "Agora que as cidades precisam poupar bastante e as pessoas estão procurando uma maneira de ganhar renda extra, chegamos a um momento especial em nossa curva de crescimento", Gonen afirma. Segundo ele, as famílias podem ganhar até 400 dólares por ano em pontos RecycleBank. A empresa, que levantou 30 milhões de dólares no ano passado, além de 15 milhões em uma rodada anterior, fica com parte da economia que as cidades obtêm ao reduzir o volume de lixo destinado a aterros sanitários.

Para os investidores de capital de risco, as empresas que se concentram na conservação de recursos, na energia renovável e na redução das emissões que causam o aquecimento global são consideradas boas apostas mesmo em uma economia ruim.

"Não importa o quanto a economia piore nos próximos seis a 12 meses, muita gente acredita que a tecnologia limpa meio que fica além da incerteza econômica", explica Mark Heesen, presidente da National Venture Capital Association. A demanda por energia limpa entre os governos de todo o mundo, além da atenção redobrada ao corte de emissões por parte da nova administração Obama, convenceu os investidores a apostar em energia solar e eólica, e também em carros híbridos.

Heesen diz que as empresas de biotecnologia e dispositivos médicos também continuam a atrair investidores, pois a promessa de seus produtos de estender a expectativa de vida dos usuários é muito importante. "Todos estamos vivendo mais e todos queremos viver vidas mais longas e produtivas. A biotecnologia está na vanguarda disso". Heesen prevê que as iniciantes que mais sofrerão com a recessão econômica são as empresas de TI que vendem seus produtos para consumidores ou negócios, já que ambos estão em fase de corte de custos.

Mas desenvolver medicamentos ou tecnologia limpa ainda exige bastante dinheiro, com longos períodos de espera para a saída do investimento que podem ficar ainda mais longos devido à falta de ofertas públicas iniciais e a um mercado difícil para aquisições. Uma empresa de desenvolvimento de produtos farmacêuticos, a IRX Therapeutics, de Nova York, levantou mais de 60 milhões desde sua fundação, mais de 10 anos atrás, quase todo de indivíduos ricos e alguns investidores de capital de risco, para desenvolver tratamentos que restauram o sistema imunológico de pacientes com câncer no pescoço e na cabeça. "Obviamente, somos uma empresa sem receita em um negócio que devora capital", diz Jeffrey Hwang, diretor financeiro da IRX. Ele afirma que a empresa precisou reduzir a equipe em um terço e atrasar os testes clínicos programados para 2009, pois não tinha certeza de que teria os fundos necessários para completá-los. "Não vamos começar algo que não podemos terminar", ele explica. ▶

> Heesen afirma que muitos novos empreendimentos podem enfrentar o mesmo problema no próximo ano. Sua expectativa é que menos empresas receberão financiamento. Os empreendedores que conseguirem levantar capital precisarão demonstrar o valor de suas ideias e a capacidade de executá-las mesmo durante uma recessão.*
>
> **CONSELHO PARA UM EMPREENDEDOR**
>
> Um indivíduo que está pensando em começar e expandir um negócio o aborda e faz as seguintes perguntas:
>
> 1. Se não tenho um histórico de fundar e administrar um negócio de sucesso, o que mais posso fazer para aumentar minha probabilidade de levantar capital para iniciar e expandir um novo negócio?
> 2. Por que as "oportunidades verdes" são tão atraentes durante uma recessão? Elas vão "desaparecer" quando a economia "esquentar"?
> 3. A biotecnologia exige conhecimento científico e bastante dinheiro. Considerando a tendência que torna a biotecnologia atraente, que outros negócios provavelmente também terão altos índices de crescimento?
>
> *Fonte: Reimpresso da edição de 19 de dezembro de 2008 da revista *BusinessWeek* com permissão especial. Copyright © 2008 by The McGraw-Hill Companies, Inc., "Venture Capital's Favorite Startups," by John Tozzi, http://www.businessweek.com/smallbiz/content/dec2008/sb20081218_856857.htm.

Desvantagens da franquia

Nem sempre a franquia é a melhor opção para o empreendedor. Qualquer pessoa que estiver investindo em uma franquia deve investigar a oportunidade de modo abrangente. Problemas entre o franqueador e o franqueado são comuns e recentemente têm recebido mais atenção do governo e das associações comerciais.

As desvantagens da franquia em geral se concentram na incapacidade do franqueador de oferecer serviços, propaganda e locais. Quando as promessas feitas no contrato de franquia não são mantidas, a franquia poderá ficar sem apoio em áreas importantes. Por exemplo, Curtis Bean comprou uma dezena de franquias da Checkers of America Inc., empresa que oferece serviços de autoinspeção. Após perder 200 mil dólares, Bean e outros franqueados iniciaram um processo reclamando que o franqueador havia adulterado os custos de publicidade e feito afirmações falsas, incluindo a de que não era necessário ter experiência para possuir uma franquia.[6]

O franqueado também poderá enfrentar o problema de falência do franqueador ou da sua compra por outra empresa. Ninguém sabe disso melhor do que Vincent Niagra, proprietário de três franquias da Window Works. Niagra havia investido cerca de 1 milhão de dólares quando a franquia foi vendida para a Apogee Enterprises e então revendida para um grupo de investidores. Isso fez muitas franquias falirem. O fracasso dessas franquias tornou difícil para Niagra continuar, pois os clientes ficaram apreensivos quanto às negociações feitas com ele, temendo que abandonasse o negócio. Nenhum dos serviços que haviam sido prometidos estava disponível.[7]

O franqueador também corre certos riscos e desvantagens ao escolher essa alternativa de expansão. Em alguns casos, o franqueador talvez ache muito difícil encontrar franqueados de qualidade. A má administração, apesar de todo o treinamento e controle, ainda pode ser a causa do fracasso individual de algumas franquias, o que repercute negativamente em todo o sistema de franquia. À medida que aumenta o número de franqueados, fica mais difícil manter controles rigorosos.

Tipos de franquias

Existem três tipos de franquias disponíveis.[8] O primeiro tipo é o revendedor, uma forma comumente encontrada na indústria automobilística. Aqui, os fabricantes utilizam franquias para distribuir suas linhas de produtos. Esses revendedores atuam como lojas de varejo para o fabricante. Em alguns casos, exige-se que sejam atingidas quotas estabelecidas pelos fabricantes, mas, no caso de franquias em geral, elas se beneficiam do apoio publicitário e administrativo fornecido pelo franqueador.

O tipo mais comum de franquia é aquele em que se oferecem o nome, a imagem e o método de fazer negócios, como McDonald's, Subway, KFC, Midas, Dunkin' Donuts e Holiday Inn. Há muitas dessas franquias, e seus nomes, com informações pertinentes, são encontrados em diversas fontes.[9]

Um terceiro tipo de franquia é a que oferece serviços, como agências de empregos, firmas de preparação de imposto de renda e imobiliárias. Essas franquias já têm nome, reputação e método estabelecidos. Em alguns casos, como as imobiliárias, o franqueado já atua na área e se inscreve para se tornar membro da franquia.

As oportunidades de franquia têm evoluído bastante com as mudanças no ambiente, bem como com as tendências sociais importantes. Várias dessas tendências são discutidas a seguir.[10]

- *Boa saúde.* Hoje as pessoas estão ingerindo alimentos mais saudáveis e dedicando mais tempo para se manter em forma. Muitas franquias se desenvolveram em resposta a essa tendência. Por exemplo, a Bassett's Original Turkey foi criada em resposta ao interesse dos clientes em consumir alimentos com níveis menores de colesterol, e a Booster Juice para oferecer sucos fresquinhos e batidas como uma alternativa saudável a outros lanches e bebidas. Peter Taunton fundou a Snap Fitness Inc. em 2003 para oferecer aos clientes uma maneira conveniente e barata de se exercitar, enquanto Gary Heavin criou a Curves for Women, academia de ginástica apenas para mulheres.
- *Conveniência ou economia de tempo.* Cada vez mais consumidores preferem que as coisas sejam entregues a eles, em vez terem de sair para comprá-las. Na verdade, muitas lojas de alimentos oferecem serviço de entrega domiciliar. Em 1990, a Auto Critic of America Inc. iniciou um serviço móvel de inspeção de veículos. Quase na mesma época, Ronald Tosh inaugurou a Tub To Go, empresa que entrega banheiras de hidromassagem em quase todos os lugares por uma média de 100 a 200 dólares por noite.
- *Saúde.* O número de oportunidades em serviços de saúde para idosos não para de crescer. Por exemplo, a Senior Helpers, fundada em 2001 e que começou as franquias em 2005, oferece serviços para clientes idosos que desejam ter vidas independentes no conforto da própria casa. A HealthSource Chiropractic and Progressive Rehab começou a abrir franquias em 2006; a empresa oferece serviços de quiropraxia com "Reabilitação Progressiva", na qual os quiropraxistas trabalham lado a lado com terapeutas, massagistas e preparadores físicos.
- *O segundo "baby boom".* Os baby boomers tiveram seus filhos, gerando a necessidade de uma série de franquias relacionadas a serviços para crianças. As franquias de cuidados infantis, como a KinderCare e a Living and Learning, estão prosperando. Em 1989, dois advogados, David Pickus e Lee Sandoloski, abriram a Jungle Jim's Playland. Trata-se de um parque de diversões em local fechado, com brinquedos menores, em uma instalação de 1.800 a 2.500 metros quadrados. A Computertots é uma franquia que dá aulas de computação para crianças em idade pré-escolar e que se disseminou em 25 locais em 15 Estados.

Investindo em uma franquia

A franquia envolve muitos riscos para o empreendedor. Embora leiamos várias coisas sobre o sucesso do McDonald's ou do Burger King, para cada um desses sucessos há muitos fracassos. A franquia, como qualquer outro empreendimento, não é para pessoas passivas, pois exige esforço e muitas horas de trabalho, como qualquer negócio, já que as tarefas de contratação, agendamento, compras e contabilidade ainda são de responsabilidade do franqueado.

Nem toda franquia é adequada para todo empreendedor, que deve avaliar as alternativas de franquia para decidir qual é a melhor. Alguns fatores precisam ser avaliados antes de tomar a decisão final.

1. *Franquia comprovada* versus *franquia não comprovada.* Há algumas trocas e conflitos quando se investe em uma franquia comprovada ou não comprovada. Embora a franquia não comprovada seja um investimento mais barato, o menor investimento é contrabalançado por mais risco. Em uma franquia não comprovada, é provável que o franqueador cometa erros à

medida que desenvolve o negócio. Esses erros inevitavelmente levam ao fracasso. A constante reorganização de uma nova franquia pode resultar em confusão e má administração. Contudo, uma nova franquia não comprovada talvez oferece mais dinamismo e desafios e leve a importantes oportunidades de grandes lucros se o negócio crescer rapidamente. Uma franquia comprovada oferece menos risco, mas exige maior investimento financeiro.

2. *Estabilidade financeira da franquia.* A compra de uma franquia deve acarretar uma avaliação da estabilidade financeira do franqueador. Um possível franqueado deve encontrar respostas para as seguintes perguntas:

   - Quantas franquias existem na organização?
   - Qual é o nível de sucesso de cada membro da organização da franquia?
   - A maior parte dos lucros da franquia existe em função das taxas de venda ou dos *royalties* decorrentes dos lucros dos franqueados?
   - O franqucador possui conhecimento administrativo em produção, finanças e marketing?

   Algumas dessas informações estão disponíveis nos demonstrativos de lucros e prejuízos da organização da franquia. O contato pessoal com o franqueador também sinaliza o sucesso da organização. Da mesma forma é valido comunicar-se diretamente com alguns dos franqueados para avaliar seu sucesso e identificar quaisquer problemas que tenham ocorrido. Se as informações financeiras do franqueador não estiverem disponíveis, o empreendedor poderá adquirir uma classificação financeira de uma fonte, como a Dun & Bradstreet. Em geral, são boas fontes externas de informações:

   - Associação de franquias
   - Outros franqueados
   - Contadores e advogados
   - Bibliotecas
   - Guias e revistas de franquias
   - Exposições empresariais

3. *Mercado potencial para a nova franquia.* É importante que o empreendedor avalie o mercado que a franquia vai atrair. Um ponto de partida é avaliar o fluxo de tráfego e os aspectos demográficos dos residentes a partir de um mapa da área. As informações sobre fluxo de tráfego não são obtidas ao visitar a área. A direção do tráfego, a facilidade de entrada no local do negócio e a quantidade de tráfego (de pedestres e de automóveis) podem ser estimadas por meio da observação. A demografia da área é determinada a partir de dados do censo, obtidos em bibliotecas locais ou na prefeitura. Também é vantajoso localizar os concorrentes no mapa para estimar seu efeito potencial sobre a franquia. A pesquisa de marketing na área de mercado é proveitosa. Atitudes e interesses relativos ao novo negócio podem ser avaliados na pesquisa de mercado. Em alguns casos, o franqueador faz um estudo de mercado como vantagem para o franqueado.

4. *Potencial de lucro de uma nova franquia.* Como em qualquer negócio novo, é importante confeccionar demonstrativos de resultados e de fluxo de caixa *pro forma*. O franqueador deve fornecer projeções para o cálculo das informações necessárias.

Em geral, a maior parte dessas informações apresentadas deve ser fornecida na declaração de abertura ou no prospecto. A Franchise Rule da Federal Trade Commission exige que os franqueadores façam uma divulgação completa antes da venda em um documento que apresenta informações sobre 20 aspectos individuais de uma oferta de franquia.[11] As informações exigidas nessa divulgação estão sintetizadas na Tabela 14.2. Algumas das informações serão abrangentes, e outras, superficiais. Sempre há pontos fracos que devem ser avaliados antes de um comprometimento. A declaração de divulgação representa um bom recurso, mas também é importante avaliar os outros serviços mencionados neste capítulo.

Comissões, pagamento de *royalties*, despesas e outras informações têm de ser comparadas com outras franquias do mesmo ramo, bem como com franquias de áreas empresariais

ÉTICA

MUITO JUSTO

PARA SER UM NEGOCIADOR MELHOR, APRENDA A RECONHECER A DIFERENÇA ENTRE UMA MENTIRA E UM TRUQUE

Na verdade, ninguém gosta de refletir sobre o quanto se mente em uma mesa de barganha. É claro que não – é complicado. Por um lado, desejamos uma negociação de princípios, soluções com benefícios para todas as partes, e uma conduta civilizada com nossos oponentes. Por outro lado, toda a ideia que temos de negociação está associada a uma areia movediça ética: para ganhar, você tem que passar a perna em alguém.

Não estou me referindo aos casos óbvios, como uma mentira deslavada. Todos nós condenamos essas condutas e, na verdade, nossos tribunais oferecem soluções para isso – se bem que lentas, irritantes, incoerentes e onerosas. Para mim, as mais curiosas são as pequenas mentiras, as omissões e as evasões.

Em uma negociação, exagerar benefícios, ignorar defeitos ou dizer "Não sei" quando, na realidade, você sabe não é considerado exatamente mentir. Ao contrário, é uma habilidade comercial. Declarar que seus lucros são inegociáveis (mesmo que isso lhe preocupe) não é mentir. É uma exibição de força. Fingir que está fazendo um grande esforço para concessões insignificantes não é mentir. É psicologia aplicada. Os comerciantes espertos aceitam esses rituais sem a indevida introspecção. É evidente que quem é patologicamente honesto entre nós acha perturbador. Mas temos um lugar para essas pessoas... o quarto dos fundos, bem longe de qualquer mesa de negociação.

Ainda assim, consideramos fora dos limites algumas evasivas e trapaças. Examine a seguir algumas dicas para permanecer dentro dos limites sem ser massacrado.

Na defesa, o ceticismo vigilante é um ativo importante. Reflita sobre tudo o que você ouvir. Reflita sobre tudo o que não ouvir. Se suspeitar, faça perguntas, principalmente aquelas que exigem mais do que um simples sim ou não como resposta. Continue colocando à prova até estar satisfeito. J. P. Morgan dizia que "Um homem sempre tem dois motivos para justificar o que faz – um bom e um real". Portanto, assim que você tiver os bons motivos, procure os motivos reais, dizendo: "E por que mais?". Além disso, documente por escrito as promessas importantes e examine com cuidado o seu conteúdo, com e sem o advogado. Para desestimular a desonestidade, diga a seu oponente que você mesmo examinará todo o material importante. Se puder, faça isso. A propósito, os especialistas dizem que é mais fácil detectar a mentira pelo telefone do que pessoalmente. A voz por si só (sem os indícios visuais que desviam a atenção) denuncia tudo.

Para o terminantemente honesto, eu digo: a negociação não é uma terapia de grupo. Geralmente, quando se abre o coração, alguém te depena. Respeite as regras – ou peça a alguém que negocie para você. Se você é um mentiroso (e você se conhece), espero muito que seja "pego". E se você for moralmente resistente e não estiver certo sobre o que deve dizer ou omitir, basta se lembrar dos comentários de Richard Nixon sobre o Watergate: "Eu não estava mentindo. Eu só disse coisas que, mais tarde, se revelaram inverdades".

Fonte: Reimpresso com permissão de Entrepreneur Media, Inc., "To Be a Better Negotiator, Learn to Tell the Difference between a Lie and a Lie," by Marc Diener, January 2002, *Entrepreneur* magazine: www.entrepreneur.com.

diferentes. Se uma franquia parece um bom investimento, o empreendedor pode solicitar ao franqueador um pacote sobre a franquia, o que contém uma minuta de acordo ou contrato de franquia. Em geral, esse pacote requer um depósito de 400 a 600 dólares, que deverá ser totalmente reembolsável.

O contrato ou acordo é a etapa final no estabelecimento de uma franquia. Nesse momento, deve ser consultado um advogado com experiência em franquias. O contrato de franquia contém todas as exigências e obrigações específicas do franqueado. Aspectos como a exclusividade de cobertura de território protegerão o franqueado contra a concessão, pelo franqueador, de outra franquia dentro de determinado raio de ação. Os termos renováveis indicarão a extensão e as exigências do contrato. Os quesitos financeiros estipularão o preço inicial para a franquia, o cronograma de pagamentos e os *royalties* a serem pagos. O término das exigências da franquia deve indicar o que acontecerá se o franqueado se tornar incapaz ou morrer e que medidas serão tomadas em favor da família. O fim de uma franquia geralmente resulta em mais processos do que qualquer outra questão nessa área. Esses termos também permitirão que o franqueado obtenha um valor justo de mercado se a franquia for vendida. Embora o contrato seja padrão, o franqueado deve tentar negociar itens importantes para reduzir o risco do investimento.

TABELA 14.2 Informações exigidas na declaração de divulgação

1. Identificação do franqueador e de seus afiliados e sua experiência empresarial.
2. Experiência empresarial de cada um dos executivos, diretores e administradores do franqueador responsáveis por serviços, treinamento e outros aspectos dos programas de franquia.
3. Os processos legais em que o franqueador e seus executivos, diretores e administradores estiveram envolvidos.
4. Qualquer falência anterior em que o franqueador e seus executivos, diretores e administradores estiveram envolvidos.
5. A taxa inicial de franquia e outros pagamentos iniciais exigidos para obtenção da franquia.
6. Os pagamentos contínuos que os franqueados devem efetuar depois de abrirem a franquia.
7. Quaisquer restrições sobre a qualidade das mercadorias e dos serviços usados na franquia e onde eles podem ser adquiridos, incluindo restrições que exijam compras do franqueador ou de seus afiliados.
8. Assistência disponível do franqueador ou de seus afiliados no financiamento da compra da franquia.
9. Restrições quanto às mercadorias e aos serviços com permissão para serem vendidos.
10. Quaisquer restrições quanto aos clientes com quem os franqueados poderão negociar.
11. Qualquer tipo de proteção de território que será concedida ao franqueado.
12. As condições sob as quais a franquia pode ser recomprada, ter a renovação negada por parte do franqueador, ser transferida para um terceiro pelo franqueado e ser encerrada ou modificada por qualquer uma das partes.
13. Os programas de treinamento oferecidos aos franqueados.
14. O envolvimento de quaisquer celebridades ou figuras públicas na franquia.
15. Qualquer assistência na seleção de um local para a franquia a ser oferecida pelo franqueador.
16. Dados estatísticos sobre o atual número de franquias; o número de franquias projetado para o futuro e o número de franquias encerradas; o número que o franqueador decidiu não renovar; e o número de franquias readquiridas no passado.
17. Os demonstrativos financeiros do franqueador.
18. O grau de participação pessoal esperado dos franqueados na operação da franquia.
19. Uma declaração completa da base de quaisquer reivindicações de lucros feitas ao franqueado, incluindo a porcentagem de franquias existentes que realmente atingiram os resultados esperados.
20. Uma lista de nomes e endereços de outras franquias.

SUPERANDO RESTRIÇÕES AO NEGOCIAR MAIS RECURSOS

tarefa de distribuição
Negociar como os benefícios da relação serão distribuídos entre as partes

tarefa de integração
Examinar os possíveis benefícios mútuos da relação, para permitir que o "tamanho do bolo" seja aumentado

preço de reserva
Preço (o pacote de recursos do acordo) diante do qual o empreendedor fica indiferente entre aceitar o acordo ou optar por uma alternativa

Quando um empreendedor negocia com a outra parte, há duas tarefas básicas pertinentes para ter acesso a um mecanismo de crescimento externo. A *tarefa de distribuição* é a primeira – o modo de distribuição dos benefícios da relação entre as partes. Ou seja, dado o tamanho do bolo, as partes determinam quem obterá que parte desse bolo. A segunda é a *tarefa de integração*, pela qual são explorados os benefícios mútuos da relação. Isso exige uma mentalidade de colaboração para que o "tamanho do bolo" seja aumentado.

É frequente as pessoas se empenharem na primeira tarefa e ignorarem a segunda. Contudo, o aumento do tamanho do bolo antes da distribuição permite gerar mais benefícios para ambas as partes e aumenta a probabilidade de se estabelecer um acordo. Além disso, os aspectos de colaboração e criação do trabalho em conjunto para descobrir maneiras de aumentar o tamanho do bolo são mais desfrutáveis e mais benéficos do que a abordagem de resolução de conflitos, o que envolve apenas alocar os resultados por meio de um método puramente distributivo.

Para negociar de modo a maximizar os benefícios, é necessário que o empreendedor use informações sobre as próprias preferências e sobre as da outra parte para gerar um resultado mutuamente benéfico. Isso exige uma avaliação inicial de si mesmo e da outra parte e o uso de estratégias para obter mais informações durante as interações de negociação, a fim de informar melhor essas avaliações iniciais. Com base no trabalho de Max Bazerman e Margaret Neale, dois importantes especialistas sobre negociação, existem várias avaliações que um empreendedor deve fazer ao negociar com um sócio do crescimento.[12]

Avaliação 1: o que você fará se não for possível chegar a um acordo? A resposta a essa pergunta propicia uma base importante para qualquer estratégia de negociação, isto é, representa a "melhor alternativa para um acordo negociado" do empreendedor. Essa alternativa mais adequada ajuda a determinar o preço de reserva para a negociação. O *preço de reserva* é o preço (o pacote de recursos do acordo) diante do qual o empreendedor fica indiferente quanto a aceitar o acordo ou optar por uma alternativa. Por exemplo, a melhor alternativa para um acordo negociado com um parceiro de *joint venture* seriam os benefícios da busca do crescimento a um ritmo mais lento usando os recursos existentes (conhecimento, dinheiro, rede de relacionamentos, etc.). Reconhecer que existe uma alternativa para essa relação de *joint venture*, apesar de um percurso mais lento, proporciona o nível mínimo aceitável de benefícios que o resultado negociado deve alcançar.

Avaliação 2: o que a outra parte na negociação fará se não for fechado um acordo? Se já é difícil para o empreendedor avaliar seus preços de reserva, é ainda mais difícil avaliar os do parceiro na negociação. Se conseguir determinar esses preços, o empreendedor terá uma boa ideia da *zona de barganha*, ou margem de lucros entre os preços de reserva do empreendedor e da outra parte. A análise da zona de barganha estimula o empreendedor a não se prender prematuramente a um preço fechado, mas, em vez disso, a ponderar sobre a margem dos possíveis lucros dentro da zona de barganha. Se essa zona puder ser determinada pelo empreendedor enquanto mantém seu preço de reserva oculto da outra parte, ele estará em posição de negociar um resultado bastante favorável a si mesmo e apenas marginalmente favorável para a outra parte (ou seja, um pouco acima do preço de reserva da outra parte). Essa abordagem evidentemente se concentra no estágio de distribuição, e não no estágio de integração.

zona de barganha
Margem de resultado entre os preços de reserva do empreendedor e os da outra parte

Avaliação 3: quais são os pontos básicos desta negociação? Qual é a importância de cada um deles para você? As respostas a estas perguntas enfocam a negociação para atingir os aspectos do relacionamento mais interessantes para o empreendedor, equilibrando os aspectos menos e mais importantes. Por exemplo, é possível que um empreendedor tenha mais interesse no controle sobre uma *joint venture* do que em sua fatia dos lucros gerados por essa *joint venture*. Reconhecer a importância relativa desses aspectos do relacionamento permite que o empreendedor "sacrifique" o capital próprio (talvez por meio de participações sem poder de voto), mas obtenha o controle (por exemplo, detendo 51% das ações e/ou mais uma cadeira no conselho de administração e a posição de presidente do conselho).

Avaliação 4: quais são os pontos básicos desta negociação? Qual é a importância de cada um deles para a outra parte? Ao compreender mais a outra parte, o empreendedor tem mais oportunidade de alcançar a integração – de aumentar o tamanho do bolo. Essas informações permitem que o empreendedor sacrifique os aspectos menos importantes para ele, mas de grande importância para a outra parte. De modo semelhante, o empreendedor consegue obter da outra parte os aspectos de alta importância para ele, mas de pouca importância para a outra parte. Se essas informações forem do conhecimento de ambas as partes, é provável que o resultado seja mutuamente benéfico (porque o tamanho do bolo aumentou).

Ter conhecimento das avaliações que devem ser feitas é uma etapa importante para uma negociação bem-sucedida, mas exige estratégias para obter informações da outra parte que beneficiem os elementos de distribuição e/ou integração de uma negociação. Mais uma vez, com base no trabalho de Bazerman e Neale (1992),[13] apresentamos algumas dessas estratégias, consideradas ferramentas. Uma ferramenta não é perfeita para todos os trabalhos; alguns trabalhos exigem o uso simultâneo de algumas ferramentas diferentes, enquanto outros exigem que elas sejam utilizadas em sequência. O empreendedor determinará quais estratégias devem ser usadas e quando. É possível que esses aspectos não sejam conhecidos antecipadamente e que o empreendedor precise testar algumas estratégias para ter uma ideia de quais funcionarão com mais eficiência na negociação em andamento.

Estratégia 1: angariar confiança e compartilhar informações Como discutido anteriormente, é provável que o melhor resultado da negociação surja com a integração, onde as partes descobrem um equilíbrio mutuamente benéfico. Para isso, é necessário que as duas partes tenham informações sobre os pontos básicos da outra e sobre a importância relativa desses pontos. Fornecer informações beneficia a integração, mas também pode prejudicar o empreendedor ao distribuir os benefícios se a outra parte tiver omitido suas preferências (por exemplo, a outra parte conhece o preço de reserva do empreendedor, mas o empreendedor desconhece o preço de reserva da outra parte). Portanto, a liberação de informações exige confiança – a certeza de que a outra parte não terá uma conduta oportunista para prejudicar o empreendedor.

Angariar a confiança é um aspecto fundamental da negociação e de um relacionamento contínuo se for obtido um acordo. Uma maneira de iniciar esse processo é compartilhar com a outra parte algumas informações, como a importância relativa de determinada questão (não o preço de reserva). A outra parte talvez tenha um comportamento de reciprocidade, compartilhando também informações como parte de um processo gradativo de conquista de confiança. Se possível, o empreendedor deve avaliar a confiabilidade da outra parte (por exemplo, ao investigar seus relacionamentos anteriores). Se a outra parte não parece confiável, o pior resultado para o empreendedor seria fechar um acordo, porque um relacionamento com um parceiro não confiável prejudicará o desempenho da empresa ao longo do tempo.

Estratégia 2: fazer muitas perguntas Se você fizer perguntas, terá a oportunidade de conhecer melhor as preferências da outra parte, porque essas informações são a base para alcançar o equilíbrio necessário a fim de obter acordos com integração. Mesmo que a outra parte não responda a determinadas perguntas, o silêncio em si pode transmitir algumas informações. Por exemplo, um empreendedor negociando um contrato de licença exclusivo poderia perguntar ao possível licenciado quanto lhe custaria sair do contrato atual celebrado com a empresa YY para ser liberado e licenciar a sua tecnologia.

Estratégia 3: fazer várias ofertas simultaneamente Os relacionamentos são raramente definidos por uma única dimensão e, portanto, há diversas ofertas baseadas em combinações de diferentes níveis em diferentes dimensões. Ao reconhecer esse aspecto, o empreendedor pode fazer várias ofertas simultaneamente. Quando determinar qual oferta estará mais próxima da aceitação, o empreendedor deduzirá os aspectos mais importantes para a outra parte. Essas informações, além de serem preciosas para obter um acordo integrado, sinalizam para a outra parte que o empreendedor é flexível.

Estratégia 4: usar as diferenças para gerar compensações que são uma fonte de resultados mutuamente favoráveis Todas as diferenças entre o empreendedor e a outra parte, em termos de expectativas, preferências de risco e de tempo, permitem atingir um acordo com integração. Investigamos essas diferenças no contexto de um empreendedor que está negociando um contrato de licença. Uma diferença poderia ser na expectativa – o empreendedor espera a introdução da tecnologia licenciada no produto da outra parte para disparar as vendas muito mais do que a outra parte. Essa diferença em termos de expectativa pode respaldar um acordo com integração. Por exemplo, as duas partes prefeririam ter uma taxa "inicial" mais baixa para a tecnologia e uma porcentagem superior no *royalty*. As duas partes percebem que se saem melhor com base em suas expectativas de venda.

Um contrato de licença semelhante seria favorável para ambas as partes quando o empreendedor tem menos aversão ao risco do que a outra parte – isto é, quando o empreendedor está mais predisposto a abrir mão de um ganho maior inicial, porém incerto, por um fluxo de receita obtido com o aumento do pagamento do *royalty*. Como alternativa, as diferenças na preferência de tempo podem levar ao contrato de licença negociado anteriormente. O empreendedor prefere aceitar menos agora para ganhar mais depois, enquanto o licenciado está preparado para pagar mais posteriormente, quando os rendimentos oriundos da licença forem gerados.

REVISÃO

RESUMO

Neste capítulo, vimos meios alternativos pelos quais um empreendedor consegue expandir seu negócio. Um desses meios é o uso de *joint ventures*. O uso efetivo das *joint ventures* como uma estratégia de expansão exige que o empreendedor avalie criteriosamente a situação e o(s) possível(is) parceiro(s). Primeiro, o empreendedor precisa fazer uma avaliação apurada da outra parte para gerenciar a nova entidade de modo mais eficiente, considerando o relacionamento subsequente. Segundo, deve haver simetria entre as duas (ou mais) empresas quanto à "química" e à combinação de seus recursos. Terceiro, as expectativas dos resultados da *joint venture* devem ser razoáveis. Ocorre com muita frequência que pelo menos um dos parceiros considera uma *joint venture* a solução definitiva de todos os outros problemas corporativos. As expectativas de uma *joint venture* têm de ser realistas. Por último, o momento deve ser oportuno.

Outra maneira de expandir o empreendimento é adquirir uma empresa já existente. Para um empreendedor, há muitas vantagens na aquisição de uma empresa existente, como ter acesso a uma imagem e a um histórico já estabelecidos, uma localização familiar, canais sólidos de distribuição e de recursos e empregados experientes e com conhecimento. Além disso, o custo de uma aquisição pode ser inferior ao de outros mecanismos de crescimento. Contudo, a história sugere que as aquisições só têm um sucesso marginal. Parece que os empreendedores confiam demasiadamente em sua capacidade de alcançar as sinergias vislumbradas, de integrar as culturas organizacionais e de manter os principais empregados. Após ponderar os prós e os contras da aquisição, o empreendedor deve calcular um preço justo para a empresa. Fusões e aquisições alavancadas são outras formas de crescimento que o empreendedor tem à disposição.

A franquia foi discutida como um meio de nova entrada que reduz o risco de uma perda negativa para o franqueado e também como uma maneira de o empreendedor expandir sua empresa, fazendo os outros pagarem pelo uso da fórmula do negócio. Para o franqueado, as vantagens da franquia são entrar em um negócio com nome, produto ou serviço aceito; ter acesso à assistência administrativa fornecida pelo franqueador; receber suporte prévio, o que economiza muito tempo e dinheiro do empreendedor; ter acesso a informações abrangentes sobre o mercado; e dispor de outros controles operacionais e estruturais para auxiliar na gestão efetiva da empresa. Contudo, existem algumas possíveis desvantagens, que geralmente envolvem a impossibilidade de o franqueador fornecer os serviços, a propaganda e a localização como prometido.

Para o franqueador, a principal vantagem da franquia é a possibilidade de expansão rápida usando pouco capital próprio. Mas o franqueador também corre certos riscos ao escolher essa alternativa de expansão. Em alguns casos, talvez seja difícil para o franqueador encontrar franqueados qualificados. Apesar de todo treinamento e controle, uma administração deficiente pode ocasionar fracassos de franquias individuais, e isso repercute negativamente no sistema de franquia inteiro. Com o aumento do número de franquias, fica mais difícil manter controles rígidos.

Uma habilidade fundamental para todas essas alternativas é que o empreendedor precisa saber negociar. Uma boa negociação envolve duas tarefas. A primeira é a determinação de como os benefícios da relação serão distribuídos entre as partes. A segunda é o exame dos benefícios mútuos que serão obtidos com a relação. Para negociar a fim de maximizar esses benefícios, é necessário que o empreendedor use as informações sobre as próprias preferências e sobre as da outra parte para gerar um resultado favorável às duas partes. Isso requer uma avaliação inicial de si mesmo e da outra parte, e o uso de estratégias para obter mais informações durante as interações da negociação a fim de compor melhor essas avaliações iniciais. Para tanto, este capítulo forneceu quatro avaliações importantes para o empreendedor aplicar e quatro estratégias para realizar uma negociação bem-sucedida.

ATIVIDADES DE PESQUISA

1. Encontre informações sobre três *joint ventures* que fracassaram e prepare uma discussão sobre os motivos básicos do fracasso em cada caso.

2. Procure na Internet franquias à venda. Escolha três. O que há em comum entre as empresas e as informações fornecidas? Quais são as diferenças? De uma dessas empresas, obtenha todas as informações de franquia. Para essa empresa, quais são os benefícios de ser um franqueado em vez de estabelecer uma empresa independente? Quais são os custos associados para ser um franqueado dessa empresa?

3. Entreviste três franqueados para entender melhor sua relação com o franqueador.

4. Encontre três tipos de contrato de licença de empresa (somente um deles deve ser um contrato de licença de software). Quais são as semelhanças e diferenças entre esses contratos de licença? Por que essas empresas decidiram licenciar seu produto ou tecnologia, em vez de simplesmente vendê-lo?

5. Encontre três relatórios de aquisições que não obtiveram êxito. Por que essas aquisições foram consideradas malsucedidas?

DISCUSSÃO EM AULA

1. Ser um franqueador é um mecanismo de crescimento, mas quais são as perspectivas de crescimento para os empreendedores que são franqueados? O empreendedor não fica limitado em sua possibilidade de buscar tipos diferentes de estratégias de crescimento? Ser um franqueado é tão-somente substituir um tipo de emprego por outro? Como um franqueado pode expandir seu(s) negócio(s)?
2. Recentemente, o governo chinês tem estimulado empresas estrangeiras a entrar em relações de *joint ventures* com empresas locais (chinesas). Quais são os benefícios dessas relações com *joint ventures* para a economia chinesa? Quais são os benefícios para a empresa chinesa local? Quais são os benefícios para a empresa estrangeira? Qual é o impacto da *joint venture* sobre a economia doméstica da empresa estrangeira?
3. Identifique uma franquia local em sua área e descubra onde estão localizados os concorrentes e as outras franquias da mesma organização. Avalie o potencial existente para a franquia.
4. Por que existem tantas técnicas diferentes para determinar o valor de uma empresa? Em uma situação específica, há somente uma resposta certa para o valor de uma empresa? Quais são os efeitos de suas respostas para essas perguntas sobre o empreendedor que estiver fazendo uma aquisição?

NOTAS

1. Ver J. Useem, "The Start-up Factory," *Inc.*, February 9, 1997, pp. 40–52; E. Matson, "He Turns Ideas into Companies—at Net Speed," *Fast Company* (December 1996), p. 34; e Idealab Web site, www.idealab.com.
2. Para algumas perspectivas diferentes sobre *joint ventures*, consulte R. D. Hisrich, "Joint Ventures: Research Base and Use in International Methods," in Donald L. Sexton and John D. Kasarda (eds.), *The State of the Art of Entrepreneurship* (Boston: PWS-Kent, 1992), pp. 520–79; e J. McConnell and T. J. Nantell, "Corporate Combinations and Common Stock Returns: The Case of Joint Ventures," *Journal of Finance* 40 (June 1985), pp. 519–36.
3. Para uma discussão de alguns tipos diferentes de *joint ventures*, consulte R. M. Cyert, "Establishing University–Industry Joint Ventures," *Research Management* 28 (January–February 1985), pp. 27–28; F. K. Berlew, "The Joint Venturer—A Way into Foreign Markets," *Harvard Business Review* (July–August 1984), pp. 48–49 and 54; e Kathryn Rudie Harrigan, *Strategies for Joint Ventures* (Lexington, MA: Lexington Books, 1985).
4. Semiconductor Research Corporation, www.src.org/member/about/src.asp.
5. D. D. Seltz, *The Complete Handbook of Franchising* (Reading, MA: Addison-Wesley, 1982), p. 1.
6. L. Bongiorno, "Franchise Fracas," *BusinessWeek,* March 22, 1993, pp. 68–71.
7. F. Huffman, "Under New Ownership," *Entrepreneur* (January 1993), pp. 101–5.
8. W. Siegel, *Franchising* (New York: John Wiley & Sons, 1983), p. 9.
9. *Directory of Franchising Organizations* (Babylon, NY: Pilot Industries, 1985).
10. K. Rosenburg, "Franchising, American Style," *Entrepreneur* (January 1991), pp. 86–93.
11. D. J. Kaufmann and D. E. Robbins, "Now Read This," *Entrepreneur* (January 1991), p. 100.
12. Max H. Bazerman and Margaret A. Neale, *Negotiating Rationally* (New York: Free Press, 1992).
13. Ibid.

15

PLANEJAMENTO DA SUCESSÃO E ESTRATÉGIAS PARA COLHER OS RESULTADOS E ENCERRAR AS ATIVIDADES DO EMPREENDIMENTO

OBJETIVOS DE APRENDIZAGEM

▶ Compreender o planejamento necessário para possibilitar a sucessão eficaz e eficiente da propriedade ou liderança de um negócio.

▶ Examinar as opções de saída de um negócio, como a venda do negócio para empregados (ESOP) ou para uma fonte externa.

▶ Ilustrar os direitos dos credores e dos empreendedores em diferentes casos de falência.

▶ Fornecer ao empreendedor a compreensão dos sinais típicos de alerta de falência.

▶ Ilustrar como os empreendedores podem transformar a falência em um negócio bem-sucedido.

PERFIL DE ABERTURA

David Hartstein – www.kabloom.com

Não é sempre que um empreendedor alcança sucessos estrondosos com uma nova empresa, vende-a, acompanha sua decadência e volta para levá-la a uma nova era de sucesso. David Hartstein, junto com seu sócio, Thomas G. Stemberg, abriu a primeira floricultura Kabloom em dezembro de 1998. Hartstein era ex-CEO e cofundador da Super Office, a primeira *superstore* de material de escritório de Israel. Stemberg era ex-presidente e CEO da Staples, Inc., na qual orquestrou a expansão dessa rede de sucesso para 1.300 lojas ao redor do mundo.

O modelo de negócio da Kabloom era oferecer benefícios ausentes nas floriculturas tradicionais, como conveniência para os clientes (pontos acessíveis para pedestres e motoristas), lojas abertas em mais horários, flores expedidas diretamente dos cultivadores para garantir frescor e qualidade e a capacidade de comprar flores pela Internet (www.kabloom.com), por telefone ou diretamente nas lojas. O plano era oferecer um mercado mais europeu, convidando os clientes a experimentar uma ampla variedade de plantas e flores recém-cortadas a cada semana. A meta da empresa era operar 150 lojas dentro de 3-4 anos. A estratégia para esse crescimento se baseava nos mesmos controles de estoque e métodos de distribuição que cada um dos cofundadores implementara no ramo de material de escritório.

A ideia da Kabloom remonta a um jantar de Hartstein e Stemberg em 1997. Hartstein estava atrás de uma ideia para uma nova rede de varejo. A primeira alternativa considerada foi um restaurante no estilo Boston Chicken, com um cardápio de alimentos saudáveis. Durante o jantar, entretanto, os dois conversaram sobre uma rede de floriculturas que Stemberg conhecera na Alemanha e que poderia se adaptar ao mercado americano. A pesquisa sobre a ideia indicou que os americanos não tinham o mesmo interesse no consumo de flores demonstrado pelo público europeu. Hartstein descobriu que a discrepância se devia às diversas camadas de intermediários que tornavam as flores significativamente mais caras nos Estados Unidos. Hartstein acreditava que conseguiria eliminar muitas dessas camadas, permitindo assim que o consumidor poupasse muito com cada compra. Por exemplo, com um sistema de distribuição mais direto, uma dúzia de rosas de caule longo teria cerca de metade do custo do que em um canal de distribuição tradicional. Com essa estratégia e os benefícios exclusivos, a Kabloom se tornou um sucesso imediato e transformou a cultura do setor em termos de comercialização de flores. Hartstein foi um dos finalistas do New England Entrepreneur of the Year Award em 2001.

Em 2003, Hartstein decidiu vender franquias para alcançar mais mercados geográficos com rapidez e usando menos recursos internos. A visão de Hartstein era ser o Starbucks das floriculturas. Ao final de 2004, um total de 55 lojas franqueadas estavam em operação em 13 Estados. Nesse momento, o objetivo era abrir mais 100 lojas franqueadas e aumentar a receita para cerca de 50 milhões de dólares, quase o quádruplo dos 12,7 milhões gerados em 2002. Em 2004, Hartstein introduziu a tecnologia móvel exclusiva da MobileLime™ para que os consumidores recebessem notificações sobre promoções especiais, conquistassem prêmios para compras futuras e comprassem pelo celular para que seus pedidos estivessem prontos quando chegassem na loja.

Em 2006, Hartstein decidiu vender a empresa. A rede já tinha mais de 120 lojas em 29 Estados, com receita de quase 40 milhões de dólares por *e-commerce*. Sob a nova liderança, as vendas da rede diminuíram devido à recessão econômica e à falência de diversas franquias. Depois de ver a empresa reduzida a 24 lojas, Hartstein decidiu readquiri-la. Sua intenção não era apenas ajudá-la a se recuperar, mas também levar ao negócio sua mais nova inovação, batizada de Moses Miracle.

O Moses Miracle é basicamente um balão de água preso ao redor dos caules do buquê, que garante que as flores ficarão sempre frescas, mesmo quando transportadas de um lado ao outro do país. A concorrência normalmente transporta as flores secas, o que pode murchá-las. Sua inovação patenteada é um balão à prova de vazamentos que é colocado ao redor dos caules de forma rápida e barata.

Para Hartstein, uma das principais vantagens de sua inovação é a capacidade de vender as flores em quiosques com custos fixos pequenos, que não precisam de encanamento complexo ou um fornecimento de grandes quantidades de água. Além disso, ao instalar os quiosques em áreas com bastante tráfego de pedestres, os consumidores podem comprar flores no caminho do trabalho, já que o sistema patenteado Moses Miracle permite que o produto permaneça fresco o dia inteiro. Hartstein também planeja contratar veteranos das Forças Armadas para trabalhar nos quiosques, oferecendo-os a oportunidade de se tornarem empreendedores e receberem 17% das vendas. O sucesso futuro da Kabloom vai depender, além dessa nova estratégia de negócio, da capacidade da empresa de concorrer com gigantes da Internet, como 1-800-Flowers.com, Teleflora e FTD.[1]

SAIU NA *BUSINESS NEWS*

CONSELHO PARA UM EMPREENDEDOR: CUIDE BEM DO CARTÃO E PRESERVE SEU CRÉDITO NA PRAÇA

A facilidade de obter um cartão de crédito pode ser um problema para os empreendedores. Muitas vezes, a dificuldade de obter empréstimos e linhas de crédito para financiar as contas a receber ou expandir o novo empreendimento faz o empreendedor buscar o dinheiro necessário nos cartões de crédito, mas as dívidas acumuladas com os juros e as tarifas nesses cartões podem se acumular a tal ponto que o empreendedor não consiga mais pagar. Se a dívida de cartão de crédito ficar alta demais, sócios ou investidores futuros talvez achem que sua empresa está sobrevivendo à custa de um crédito, o que afetaria suas oportunidades futuras de conquistar recursos adicionais. Algumas dicas vão ajudá-lo a reduzir esse problema.

Antes de mais nada, se precisa utilizar um cartão de crédito em uma feira, viagem ou anúncio, seria uma boa ideia garantir que você conseguirá, realisticamente, pagar a dívida. Lembre-se de que os juros e a amortização mensal se tornarão um problema para o fluxo de caixa caso fiquem altos demais. Assim, considere essa questão em todos os orçamentos de caixa. Se as contas a receber estão lentas, talvez faça mais sentido implementar um plano para cobrar as contas inadimplentes e oferecer descontos para pagamentos adiantados. Em alguns casos, o seguimento regular dessas contas também ajuda a acelerar os pagamentos.

Segundo, não tenha muitos cartões de crédito ao mesmo tempo. Os birôs de crédito levam esse fator em conta para calcular sua avaliação de crédito. É melhor ficar com um único cartão, com uma taxa de juros razoável, para realizar seus pagamentos em dia e não preocupar algum possível credor futuro com sua qualidade enquanto devedor.

Terceiro, não fique constantemente transferindo dinheiro de um cartão para outro só porque a taxa de juros de um deles é menor. Os birôs de crédito também consideram essa prática um mau sinal, que impacta negativamente sua avaliação.

Quarto, evite qualquer anúncio de consolidação de dívida de empresas que afirmam poder eliminar todas ou quase todas as suas dívidas. Elas quase sempre pioram uma situação que já vai mal e arruínam sua avaliação de crédito e a da empresa, quando não o levam à falência.

Quinto, sempre revise suas avaliações de crédito. É fácil obter um relatório de avaliação de crédito gratuitamente. Revise-os com cuidado para garantir que eles não contenham erros. As pesquisas indicam que cerca de 79% dos relatórios contêm erros, sendo que 25% deles são graves o suficiente para afetar sua capacidade de obter crédito.

Finalmente, não declare falência pessoal para evitar o pagamento de dívidas em cartões de crédito que possam estar em seu nome. A capacidade de recomeçar a vida parece uma boa ideia, já que você acredita que terá como salvar o empreendimento, mas as empresas de crédito ao consumidor não são tão misericordiosas. Uma falência pessoal pode manchar suas avaliações de crédito por até 10 anos.

Em suma, os cartões de crédito são fontes úteis de caixa no curto prazo, mas devem ser utilizados com muita cautela. Tente empregá-los de modo que pagamentos regulares e dentro do prazo não afetem seu orçamento. Mantenha pequenos saldos positivos em todos eles. Em alguns casos, é mais prudente procurar outras fontes de caixa de curto prazo para empréstimos, como familiares ou até mesmo um segundo emprego. Dar atenção à responsabilidade financeira é uma parte fundamental para evitar desastres futuros em novos empreendimentos. Manter boas práticas orçamentárias e revisar continuamente suas metas de receita são maneiras de garantir que você pode mesmo pagar as dívidas nas quais incorre.

CONSELHO PARA UM EMPREENDEDOR

Depois de ler esse texto, um amigo empreendedor lhe pede conselhos:

1. Recentemente, descobri que há uma feira na Europa que oferece uma boa oportunidade para fazer contato com clientes em potencial e expandir meu negócio globalmente. No momento, não tenho os fundos necessários para a viagem. Faz sentido usar um cartão de crédito que acabei de receber pelo correio para fazer essa viagem e talvez aumentar as vendas da empresa?
2. Tenho um segundo cartão de crédito em meu nome com saldo de 5.000 dólares. Devo usá-lo? Ou devo considerar o segundo cartão que recebi pelo correio, com uma taxa de juros menor? Ou devo transferir as dívidas para o cartão com juros menores e utilizar este para minha viagem de negócios à Europa?
3. Por que devo me preocupar com dívidas pessoais, desde que não estejam no nome de minha empresa?

Fonte: Adaptado de Rosalind Resnick, "Keep Your Credit Clean," *Entrepreneur* (July 2010), p. 74; J. D. Roth, "Give Yourself Some Credit," *Entrepreneur* (August 2011), p. 82; e Rosalind Resnick, "A Debt-Free Philosophy," *Entrepreneur* (October 2010), p. 118.

Este livro oferece uma visão detalhada de todo o processo empreendedor, desde a ideia e o plano de negócio até estratégias bem-sucedidas de financiamento e expansão. Entretanto, o empreendedor também deve estar preparado para diversos problemas cruciais que podem surgir nos anos posteriores de operação. Como vimos, David Hartstein inicialmente teve bastante sucesso com seu negócio, mas depois de vendê-lo descobriu que a empresa passara a avançar na direção errada. Em geral, os empreendedores enfrentam a questão de vender ou não seu negócio, ter familiares ou empregados de confiança preparados para sucedê-los, tentar alterar a estratégia e aproveitar as oportunidades do momento ou entrar com pedido de falência. Essas estratégias de saída serão discutidas neste capítulo.

ESTRATÉGIA DE SAÍDA

Todo empreendedor que inicia um novo empreendimento deve refletir sobre uma estratégia de saída. Algumas estratégias de saída possíveis serão discutidas nos parágrafos a seguir. As estratégias de saída abrangem uma IPO (oferta pública inicial), a venda privada de ações, a sucessão por um membro da família ou por outra pessoa, a fusão com outra empresa ou a liquidação da empresa. A venda da empresa pode ser feita para os empregados (uma ESOP) ou para uma fonte externa (uma ou mais pessoas, ou uma empresa). A IPO, a venda privada de ações e as opções de fusão foram discutidas em outras partes deste livro (consulte os Capítulos 12 e 14).

Cada uma dessas estratégias de saída tem vantagens e desvantagens, discutidas a seguir e nos Capítulos 12 e 14. A questão principal é que os empreendedores tenham uma estratégia de saída ou um plano em vigor no estágio inicial, em vez de esperar até que seja tarde demais para efetivamente implementar uma opção almejada.

SUCESSÃO DA EMPRESA

Até 2015, milhões de membros da geração *Baby Boomer* terão se aposentado, criando uma lacuna significativa entre a população economicamente ativa. Será um problema crítico para as pequenas empresas que estão em busca de sucessores. Apenas cerca de 60% das empresas possuem um plano de sucessão. Entre as menores, essa porcentagem provavelmente é muito mais baixa.[2] Nas seções a seguir, discutiremos questões importantes que ajudam o empreendedor a preparar a sucessão da empresa para um membro da família, um empregado ou uma parte externa. A Tabela 15.1 apresenta um resumo das dicas relevantes que devem ser consideradas em qualquer plano de sucessão.

Se não existe alguém da família interessado em assumir a empresa, é importante para o empreendedor vender a empresa ou treinar uma pessoa de dentro da organização para fazê-lo. Cada uma dessas possibilidades será discutida nas próximas seções.

TABELA 15.1 Dicas para o planejamento da sucessão

- Dê tempo suficiente para o processo, começando bem cedo.
- Faça uma estimativa do valor da empresa ou contrate um consultor para fazer isso por você.
- Avalie os méritos dos possíveis sucessores – e não se eles o fazem lembrar de você mesmo.
- Ao considerar os membros da família, verifique se eles têm as aptidões e a motivação necessárias para administrar o negócio.
- Conceda um período de transição para que o sucessor possa conhecer a empresa.
- Leve em consideração opções como os ESOPs (Employee Stock Option Plans – Planos de opções de ações para os empregados) para a sucessão da gestão.
- Defina e mantenha uma data de término da transição.

Transmissão para membros da família

É difícil passar um negócio para um familiar. As pesquisas do Family Business Institute indicam que apenas 30% das empresas familiares sobrevivem até a segunda geração e apenas 12% sobrevivem até a terceira. Os dados claramente apoiam a necessidade de criar um plano de sucessão.[3]

Também é preciso comunicar um plano de sucessão eficaz com clareza para todos os funcionários. A questão é particularmente relevante para os membros cruciais da equipe que podem ser afetados pela transição. Ter um bom plano de sucessão é a solução para minimizar o transtorno emocional e financeiro que talvez seja criado durante a transferência para membros da família.

Um plano de sucessão eficaz precisa considerar os seguintes fatores principais:

- O papel do proprietário no estágio de transição: ele continuará a trabalhar em tempo integral, em meio turno ou se aposentará?
- A dinâmica familiar: alguns membros da família não conseguem trabalhar juntos?
- A renda para os membros da família que trabalham e para os acionistas.
- O ambiente empresarial durante a transição.
- Tratamento de funcionários leais.
- Consequências em termos tributários.

A transferência de um negócio para um membro da família também pode criar problemas internos com os funcionários. Isso ocorre com frequência quando um filho recebe a responsabilidade de dirigir o negócio sem treinamento suficiente. Um jovem membro da família será mais bem-sucedido ao assumir o empreendimento se também assumir diversas responsabilidades operacionais logo de início. É benéfico para o membro da família passar por diferentes áreas da empresa a fim de obter uma boa perspectiva da operação como um todo. Outros funcionários nesses departamentos ou áreas poderão auxiliar no treinamento e ficar conhecendo seu futuro líder.

Também é útil que o empreendedor permaneça na empresa por algum tempo para atuar como conselheiro de seu sucessor. Entretanto, como consta na Tabela 15.1, é necessário definir uma data de término para essa transição. Ainda que a atuação do empreendedor como conselheiro no estágio de transição seja proveitosa para o sucessor na tomada de decisões empresariais, isso também resultará em maiores conflitos se as personalidades envolvidas não forem compatíveis. Além disso, os funcionários que estão na empresa desde o início podem se ressentir com a liderança do membro mais jovem da família. No entanto, se estiver trabalhando na organização durante o período de transição, o sucessor conseguirá justificar seu futuro papel ao provar suas capacidades.

Transmissão para outras pessoas

Com frequência constata-se que os familiares não estão interessados em assumir a responsabilidade pela empresa. Quando isso ocorre, o empreendedor tem três opções: treinar um funcionário-chave e manter uma participação acionária, manter o controle e contratar um administrador ou vender a empresa.

A passagem do negócio para um funcionário garante que o sucessor (ou proprietário) será alguém familiarizado com o negócio e com o mercado. A experiência do funcionário minimiza os problemas de transição. Além disso, o empreendedor pode usar seu tempo para tornar o processo menos problemático.

A principal questão ao passar o negócio para um funcionário é a da propriedade. Se o empreendedor pretende manter parte da propriedade, a questão do quanto deseja manter torna-se uma área importante de negociação. O novo diretor talvez prefira ter o controle, com o empreendedor original permanecendo como proprietário minoritário, acionista ou consultor. A capacidade financeira e a habilidade administrativa do funcionário serão fatores importantes na decisão de quanto da propriedade será transferido. Em muitos casos, a transferência ou sucessão de um empreendimento leva vários anos para atender a todas as exigências das partes envolvidas. Como as evidências indicam que a maioria dos empreendedores espera até que seja tarde demais, é importante iniciar o processo bem antes de haver necessidade de vender ou transferir a propriedade do empreendimento. O Departamento de Comércio dos Estados Unidos indica que cerca de 70% dos empreendimentos bem-sucedidos nunca conseguem passar para a segunda geração de proprietários.

Jim Holland, cofundador e CEO da varejista Backcountry.com, acredita que é uma das exceções nesse aspecto, ainda que só o tempo poderá confirmar essa opinião. Jim entregou o controle da empresa a Jill Layfield, funcionária de longa data, em 2011. Jim ainda está envolvido com a empresa, mas encoraja Jill a pensar por si mesma. Ele acredita que sua experiência é imprescindível durante a transição, mas quando ela pede sua opinião sobre uma questão importante, ele sempre coloca a decisão final de volta nas mãos da sucessora.[4]

Se a empresa está com a família por algum tempo e a sucessão para um de seus membros é mais provável no futuro, o empreendedor poderá contratar um administrador para dirigir a empresa. Entretanto, encontrar alguém para administrar a empresa da mesma maneira e com a mesma experiência do empreendedor é difícil. Se essa pessoa for encontrada, os prováveis problemas serão a compatibilidade com os proprietários e a disposição dessa pessoa em administrar o negócio por algum tempo sem a promessa de propriedade na empresa. Empresas de seleção de executivos podem ajudar no processo de procura, sendo necessária uma descrição de cargo bem-definida para auxiliar na identificação da pessoa certa.

Em cenários de empresas não pertencentes a membros da família, o planejamento da sucessão é um pouco diferente. Nessas empresas, um administrador-chave experiente ou um grupo de administradores pode estar se afastando ou deixando a empresa. Como não há membros da família envolvidos, talvez seja necessário considerar substituições de fontes externas ou internas. Para uma parceria, o processo pode ser descrito no acordo de parceria e simplesmente abranger uma opção predefinida. Contudo, talvez seja necessário ir além da parceria e procurar um sucessor para ela. Nesse caso, assim como em uma S corporation ou em uma LLC, onde só pode haver um pequeno número de acionistas, o plano de sucessão deve levar em conta as seguintes questões relevantes:[5]

- A administração superior da empresa deve estar comprometida com um plano de sucessão. A estratégia precisa ser compartilhada por todos.
- É importante ter descrições de cargo bem-definidas e uma designação transparente das aptidões necessárias para preencher todos os cargos.
- O processo tem de ser aberto. Todos os empregados devem ser convidados a participar, para que se sintam seguros com a transição e, dessa forma, minimizem a possibilidade de saírem da empresa.

A última opção é vender a empresa para um funcionário ou para uma pessoa de fora. As principais considerações nessa alternativa são de ordem financeira, o que provavelmente exigirá o auxílio de um contador e/ou advogado. Essa alternativa também exige que o valor da empresa seja determinado (ver Capítulo 12).

OPÇÕES PARA VENDER A EMPRESA

Existem diversas alternativas disponíveis para o empreendedor vender a empresa. Algumas delas são diretas; outras, envolvem uma estratégia financeira mais complexa. Cada um desses métodos deve ser cuidadosamente considerado, e um deles será selecionado de acordo com as metas do empreendedor.

Venda direta

Este é provavelmente o método mais comum de venda do empreendimento. O empreendedor decide vender a empresa porque deseja investir em outra atividade ou simplesmente porque acredita que está na hora de se aposentar. A venda para uma empresa maior injeta capital, oferecendo novas oportunidades de crescimento e mercados maiores para a organização. Se o empreendedor decidiu vender a empresa, mas não for necessário vendê-la imediatamente, há algumas estratégias a serem examinadas no início do processo.[6]

- Um negócio pode ser mais valioso se estiver voltado para um segmento limitado e bem-definido. Em outras palavras, uma fatia maior em um pequeno nicho do mercado pode ser mais importante do que uma fatia menor em um grande mercado.
- O empreendedor deve se concentrar em manter os custos sob controle e focar margens e lucros mais altos.
- Mantenha todos os demonstrativos financeiros em ordem, inclusive orçamentos e projeções de fluxo de caixa.
- Prepare uma documentação administrativa da empresa explicando como está organizada e como funciona.
- Avalie as condições dos meios de produção. Equipamentos modernos e atualizados aumentam o valor da empresa.
- Obtenha uma consultoria sobre impostos, porque a venda de uma corporação envolverá considerações tributárias diferentes daquelas de uma sociedade, LLC ou S corporation.
- Faça acordos de confidencialidade com os principais empregados.
- Tente manter uma boa equipe administrativa, permitindo que ela tenha contato cotidiano com os principais clientes para diminuir a dependência da empresa na relação proprietário-cliente.
- Nada substitui a preparação e o planejamento prévios.

Uma das principais considerações sobre qualquer venda de empresa é o tipo de pagamento que o comprador utilizará. Frequentemente, os compradores adquirem uma empresa usando notas baseadas em lucros futuros. Se os novos proprietários fracassam no negócio, o vendedor pode não receber o pagamento e até ser forçado a assumir de volta a empresa que está lutando para sobreviver.

Em alguns casos, os corretores de empresas são úteis, já que tentar vender uma empresa toma parte do tempo necessário para administrá-la. Os corretores são discretos em relação à venda e dispõem de uma rede estabelecida para anunciá-la, recebendo uma comissão pela venda da empresa. Geralmente, essas comissões são baseadas em uma escala variável, iniciando em cerca de 10% para os primeiros 200 mil dólares. A melhor maneira de informar os possíveis compradores é por meio do plano de negócio. Um plano de negócio abrangente para cinco anos oferece aos compradores da empresa uma perspectiva futura e a precisão do valor da empresa (ver Capítulos 7 e 8).

Como indicado, o empreendedor pode decidir que vender a organização para uma empresa maior é uma maneira de adquirir recursos essenciais para alcançar objetivos de mercado importantes. Essa opção também se tornou uma estratégia de saída mais comum, já que as ofertas públicas iniciais, que são a fonte de financiamento mais tradicional para o crescimento, ficaram mais raras no ambiente econômico atual.

Gurbaksh Chahal, empreendedor de muito sucesso, fundou e vendeu dois negócios para empresas maiores. Em ambas as ocasiões, ele utilizou os recursos da venda para dar início a um novo empreendimento. Seu primeiro projeto, aos 16 anos de idade, foi a ClickAgents, rede publicitária que se concentrava em anúncios baseados em desempenho. Aos 18 anos, ele vendeu o negócio para a ValueClick por 40 milhões de dólares em uma fusão de ações. Chahal tinha um acordo de não concorrência de três anos com a ValueClick. Após esse período, ele fundou a BlueLithium, especializada em segmentação comportamental de banners. O serviço acompanhava e controlava os hábitos de resposta online dos indivíduos. Em 2007, ele vendeu a empresa para o Yahoo! por 300 milhões de dólares e continuou como CEO durante o período de transição. Em 2009, Chahal fundou seu terceiro empreendimento, a gWallet, empresa de publicidade centrada em levar marcas às mídias sociais. Ele levantou 12,5 milhões de dólares em capital de risco e, depois que o contrato de não concorrência expirou, rebatizou a empresa de RadiumOne e lançou uma rede publicitária que combinava dados sociais e de intenção. Em 2011, sua empresa levantou outros 21 milhões de dólares depois que investidores a avaliaram em 200 milhões de dólares.[7]

Ao contrário do exemplo anterior de Jim Holland, que continua como CEO da Backcountry.com, o papel do empreendedor que vende a empresa para um funcionário ou a transfere para um familiar depende do acordo ou do contrato de venda com o(s) novo(s) proprietário(s). Muitos compradores querem que o vendedor permaneça na empresa por algum tempo para possibilitar uma transição mais amena. Sob tais circunstâncias, o vendedor (empreendedor) deve negociar um contrato de trabalho que especifique tempo, salário e responsabilidade. Se o empreendedor não for necessário na empresa, é provável que o novo proprietário lhe solicite a assinatura de um acordo para não se envolver no mesmo ramo de negócios por um determinado número de anos. Esses acordos têm escopo variado e exigem um advogado para esclarecer os detalhes.

O empreendedor também pode planejar manter a empresa por um período especificado de tempo com a intenção de vendê-la para os funcionários. Isso envolveria um plano de opção por ações para funcionários (ESOP) ou uma aquisição administrativa, o que permite que a venda seja feita para apenas parte dos administradores do empreendimento.

Plano de opção de ações para funcionários

plano de opção de ações para funcionários (ESOP)
Plano de 2 a 3 anos para vender a empresa aos empregados

Sob um *plano de opção de ações para funcionários* (*ESOP – employee stock option plan*), o negócio é vendido para os funcionários passado um período de tempo. O ESOP estabelece uma nova entidade legal, a ESOT (employee stock ownership trust, ou um consórcio de empregados donos das ações da empresa), que toma dinheiro emprestado por conta de lucros futuros. Esse dinheiro tomado emprestado compra as ações do proprietário e as distribui nas contas de aposentadoria de cada empregado à medida que o empréstimo é amortizado. O ESOP tem a obrigação de restituir o empréstimo, acrescido dos juros, com o fluxo de caixa da empresa. Geralmente, esses ESOPs são uma maneira de recompensar os empregados e de esclarecer o processo de sucessão. Além disso, os ESOPs resultam em valores de ações significativos para os empregados, desde que a empresa continue bem-sucedida.

Existem atualmente quase 11.500 empresas ESOP nos Estados Unidos, das quais 3 mil são totalmente pertencentes ao ESOP. Os ESOPs respondem por cerca de 50% dos 10 milhões de empregados do país (cerca de 10% da mão de obra do setor privado). Além disso, cerca de 330 (ou 3%) são empresas negociadas no mercado de ações.[8]

O ESOP tem algumas vantagens. Primeiro, oferece um incentivo único aos funcionários, o que aumenta a motivação para dedicarem mais de seu tempo e esforço à empresa. Os funcionários reconhecem que estão trabalhando para si próprios e, assim, concentram seus esforços em inovações que contribuem para o sucesso de longo prazo do empreendimento. Segundo, oferece um mecanismo para pagar os funcionários que foram leais ao empreendimento, especialmente durante os momentos mais difíceis. Terceiro, permite a transferência da empresa sob um acordo por escrito cuidadosamente planejado. Por último, a empresa conta com a vantagem de deduzir as contribuições para o ESOP ou quaisquer dividendos pagos sobre a ação.

Nos Estados Unidos, os ESOPs, graças a uma nova lei de 1996, agora são possíveis para as S Corporations. Contudo, existem algumas diferenças no aspecto fiscal entre a C corporation e a S Corporation, devido ao recurso de transferência da S corporation (consulte o Capítulo 9). De acordo com a nova lei de tributos, a S corporation não paga imposto de renda sobre a parte das ações pertencentes ao ESOP.

Apesar de seus atributos favoráveis, o ESOP tem algumas desvantagens. Esse tipo de plano de opção de ações é bastante complexo, e exige uma completa avaliação do empreendimento para que se estabeleça a quantia do pacote ESOP. Além disso, levanta questões como os impostos, os índices de pagamento, a quantidade de ações a ser transferida por ano e a quantia

ÉTICA

ENVOLVENDO FUNCIONÁRIOS, BANQUEIROS E SÓCIOS NO PROBLEMA

Quem deve ser informado quando um empreendimento enfrenta problemas? Qual é a responsabilidade do empreendedor em relação a seus empregados? O quanto você deve revelar a seu banqueiro? Os clientes devem ficar sabendo de seus problemas? Essas são questões reais, mas difíceis para o empreendedor enfrentar quando a empresa está à beira da falência.

Alguns acreditam que suas responsabilidades se restringem apenas a suas famílias e a si mesmos. Tentar fugir desse dilema com um mínimo impacto sobre sua reputação pessoal e bem-estar financeiro na realidade piora a situação. Em termos éticos e morais, o empreendedor é o líder da organização, e tentar fugir da responsabilidade não corrigirá a situação.

Na realidade, há indícios de que envolver os empregados, o banqueiro ou outros associados da empresa talvez melhore a situação. Os empregados podem aceitar cortes salariais ou opções de ações para permanecer na empresa e tentar dar uma virada nos negócios. Os banqueiros provavelmente se tornarão seus melhores amigos financistas e lhe darão sugestões sobre como economizar dinheiro e gerar mais fluxo de caixa. Seus clientes e fornecedores também apoiarão os esforços de recuperação, ajudando a fornecer o caixa necessário durante a crise. Um exemplo foi um empreendedor que ficou sem caixa para fabricar um produto que era vendido para uma grande cadeia de supermercados. Uma reunião com o cliente importante, que revelou a situação (divulgada por um processo de um concorrente, que foi instaurado) conduziu a uma solução simples. O supermercado aprovou a honestidade do empreendedor e concordou em pagar antecipadamente todos os pedidos para que houvesse caixa suficiente a fim de fabricar o produto.

O empreendedor deve levar em conta os esforços anteriores dos empregados que geraram seu sucesso em primeiro lugar. Assim, a melhor solução é a participação. Obtenha ajuda em vez de usar uma alternativa egoísta e provavelmente imoral. A honestidade é a melhor estratégia.

---

realmente investida pelos funcionários. O acordo também deve especificar se os funcionários podem comprar ou vender cotas adicionais de ações assim que o plano estiver completo. Fica claro, a partir da complexidade desse tipo de plano, que o empreendedor necessitará da orientação de especialistas. Um método mais simples seria uma compra mais direta pelos funcionários do empreendimento.

Aquisição administrativa

O empreendedor talvez queira vender ou transferir o empreendimento apenas para funcionários importantes e leais. Já que o ESOP descrito é um tanto complicado e caro, o empreendedor certamente considerará uma venda direta mais simples de realizar.

As aquisições administrativas geralmente envolvem uma venda direta do empreendimento por algum preço predeterminado. Seria semelhante à venda de uma casa. Para estabelecer um preço, o empreendedor faria uma avaliação de todos os ativos e depois determinaria um valor pelo conceito da empresa estabelecido a partir das receitas passadas.

A venda de um empreendimento para funcionários-chave pode ser à vista ou financiada de diversas maneiras. Uma venda à vista será improvável se o valor da empresa for alto. O financiamento da venda do empreendimento pode ser conseguido por meio de um banco, ou o empreendedor talvez concorde em receber os pagamentos. Isso seria desejável para o empreendedor, pois o fluxo de recursos da venda seria disseminado por um determinado período de tempo, promovendo o fluxo de caixa e diminuindo o impacto dos impostos. Outro método de venda da empresa seria o uso de ações como no método de transferência. Os administradores que estiverem comprando o negócio podem vender ações, com ou sem direito de voto, para outros investidores. Esses fundos seriam usados como pagamento total ou parcial do empreendimento. O motivo de outros investidores estarem interessados em comprar ações ou de um banco emprestar dinheiro aos administradores é que a empresa continuaria com a mesma equipe administrativa e com seu histórico já estabelecido.

Outros métodos de transferência ou de venda de uma empresa são a abertura de capital ou mesmo uma fusão com outra empresa, tópicos discutidos no Capítulo 14. Antes de escolher a estratégia de venda adequada, o empreendedor precisa buscar aconselhamento de outras pessoas. Cada circunstância é diferente, e a verdadeira decisão dependerá das metas do empreendedor. Histórias de casos relativos a cada um dos métodos citados também podem ser examinadas a fim de determinar com eficácia a melhor opção para cada circunstância.

FALÊNCIA – UMA VISÃO GERAL

O fracasso é comum em muitos empreendimentos novos, principalmente considerando o ambiente econômico mundial recessivo, as guerras no Iraque e Afeganistão e a luta contínua contra o terrorismo. De acordo com a Small Business Administration, cerca de metade de todas as novas empresas fecha as portas nos primeiros anos de vida. Os fracassos são particularmente dolorosos para o empreendedor, mas com muita frequência poderiam ter sido evitados prestando-se mais atenção a certos fatores fundamentais na operação da empresa. É importante entender as questões envolvidas na falência, pois ela não é impossível para empresa nenhuma; as opções de falência até mesmo representam uma oportunidade para restabelecer a saúde financeira da organização.

Antes de o Congresso americano restringir a legislação de falência em 2005, havia 1,6 milhão de pedidos de falência por ano no país. Em 2006, os pedidos totais caíram para 618.000, um reflexo claro das novas leis. Entretanto, os pedidos aumentaram significativamente desde 2006 devido à recessão mundial. Em 2010, os pedidos alcançaram o patamar de 1,6 milhão novamente, com mais de 56.000 deles sendo corporativos, em comparação com os 1,47 milhão de pedidos em 2009 e 1,12 milhão em 2008. Em 2011, os pedidos de falência de pessoas jurídicas foram 12% menores do que em 2010. Entretanto, é preciso observar que muitos dos pedidos de falência de pessoas físicas podem ser relativos a propriedades individuais, sociedades ou negócios domésticos. Também é importante entender que ambos os tipos de pedidos de falência são divididos por capítulos, que serão explicados posteriormente.

O tipo mais comum de falência empresarial é a de Capítulo 7, ou liquidação, que representou cerca de 70% do total em 2011. A falência de Capítulo 11 representa uma oportunidade para as empresas se reorganizarem, prepararem um novo plano de negócio (que o tribunal considere aceitável) e então, com o tempo e a conquista de novos objetivos, voltarem à operar normalmente. Essas falências representaram cerca de 21% de todos os pedidos de pessoa jurídica em 2011. As falências empresariais restantes (cerca de 9%) foram de Capítulo 13, que permitem que os credores sejam pagos com um plano parcelado acordado entre as partes.[9]

Falência é um termo ouvido com muita frequência pelos empreendedores, uma vez que as empresas têm enfrentado uma economia nacional e internacional fraca, o aumento da concorrência e o aumento dos custos para ter um negócio. Como vimos, a falência nem sempre acaba com a empresa, pois oferece aos empreendedores uma oportunidade de reorganização sob o Capítulo 11, ou de fusão com outra empresa. Os resultados de cada pedido de falência podem ser muito diferentes devido à natureza do negócio e às características especiais do setor. Alguns dos exemplos a seguir descrevem o possível mix de resultados ou experiências que podem ocorrer após um pedido falência.

Apesar de os pedidos de falência de Capítulo 11 terem sido criados para permitir que as empresas se reorganizem e voltem a operar, alguns críticos expressaram preocupações graves com as novas restrições implementadas pela legislação de 2005. A Sharper Image entrou com pedido de falência de Capítulo 11 em fevereiro de 2008, com a intenção de fechar 90 de suas 184 lojas e poupar custos operacionais significativos. Entretanto, como a nova lei reduziu o tempo durante o qual as empresas em Capítulo 11 permanecem sob o controle dos tribunais, a administração da Sharper Image acreditou que não haveria tempo para financiar a reestocagem das lojas remanescentes, assim, a empresa escolheu a liquidação para preservar o valor parcial dos ativos. Outros varejistas, como Wickes Furniture, Whitehall Jewelers, Levitz e Bombay

Company, tiveram experiências similares. Está ficando claro que as novas restrições de tempo são especialmente difíceis para organizações de varejo.

Em 2011, a Think Global AS, uma das principais fabricantes de carros 100% elétricos, foi adquirida por Boris Zingarevich, empreendedor bem-sucedido de tecnologia internacional. A montadora norueguesa entrara com pedido de falência de Capítulo 11 depois de não conseguir levantar capital quando precisava. Sem conseguir resolver seus problemas financeiros, a empresa foi colocada à venda e foi em busca de investidores interessados. Zingarevich, cujas operações de investimento estão baseadas na Rússia, deu o lance vencedor. Depois de vencer o leilão, Zingarevich assinou um contrato de parceria com uma das principais fabricantes de baterias automotivas dos Estados Unidos. Ele acredita que com essa parceria e o melhor da engenharia automotiva europeia, a nova empresa será bastante competitiva no mercado global.[10]

Em fevereiro de 2004, o desastre atingiu 72 lojas de franquia quando a Ground Round Grill & Bar anunciou que estava entrando com pedido de falência. As lojas da franquia pertenciam a proprietários locais, sob uma licença da cadeia. A empresa também possuía 59 restaurantes. Fundado em 1969, o restaurante fora um pioneiro no setor de jantar informal, mas estava atolado em dívidas, avaliadas entre 10 e 50 milhões de dólares. A venda de alguns restaurantes (por um preço baixo) proporcionou alguns recursos, mas qualquer possibilidade de sobreviver à falência enfrenta problemas quando o financiamento chega atrasado e a empresa não cumpre os pagamentos dos empréstimos. Contudo, os franqueados tomaram algumas decisões rápidas e inovadoras e decidiram se organizar em cooperativa. Com essa nova organização, a Independent Owners Cooperative, LLC, conseguiram levantar recursos internos e externos para resgatar a marca do tribunal de falências. Em 2011, a cooperativa anunciou que não tinha mais dívidas após pagar a última parcela bancária. A cooperativa hoje opera 30 restaurantes em 13 Estados. Parece que o novo modelo de negócio de cooperativa está funcionando, uma vez que alguns proprietários de franquia já abriram novos restaurantes.[11]

A Bankrate foi uma das poucas ações da Internet que sobreviveram ao estouro da bolha das ponto-com. Após uma IPO a 13 dólares por ação em maio de 1999, a ação despencou até 1 dólar por ação em agosto de 2002. A partir desse ponto baixo, a empresa deu uma virada total, principalmente devido à liderança de Elizabeth DeMarse. O site da empresa lista tabelas de taxas comparativas e informações de tarifas sobre 100 produtos financeiros, como hipotecas, cartões de crédito, empréstimos para comprar carros e mercados de capital. Entretanto, a maior parte de sua receita é acumulada com anúncios do site. Sob nova liderança, a empresa expandiu sua linha de produtos com a ajuda de uma rede de empresas como Interest.com, Mortgage--calc.com, Nationwide Card Services e Savingforcollege.com. As receitas ultrapassam 300 milhões de dólares, mas os lucros continuam inconsistentes e negativos, ainda que pequenos.[12]

Examine a seguir algumas lições a serem aprendidas com aqueles que enfrentaram a falência:

- Muitos empreendedores gastam muito tempo e esforço tentando diversificar em mercados que não conhecem. Eles deveriam se concentrar somente nos mercados conhecidos.
- A falência protege os empreendedores apenas dos credores, não dos concorrentes.
- É difícil separar o empreendedor de sua empresa. Os empreendedores colocam tudo na empresa, inclusive a preocupação com o futuro de seus funcionários.
- Muitos empreendedores acreditam que sua empresa não vai fechar as portas, até ser tarde demais. Eles deveriam abrir logo falência.
- A falência é emocionalmente penosa. Mas esconder-se depois dela é um grande erro. A falência precisa ser compartilhada com os funcionários e com todos os outros envolvidos.

Como indicam os exemplos citados, a falência é coisa séria e necessita de uma importante compreensão de suas aplicações. A Lei de Falência dos Estados Unidos de 1978 (com emendas em 1984 e 2005) foi criada para assegurar uma distribuição justa dos ativos aos credores e para proteger os devedores da utilização iníqua dos ativos bem como das exigências

falência sob o Capítulo 11
Oferece a oportunidade de reorganizar e de tornar o empreendimento mais solvente

falência sob o Capítulo 13
Oferece às pessoas com renda regular a oportunidade de estender o prazo dos pagamentos voluntariamente

falência sob o Capítulo 7
Exige que o empreendimento seja liquidado voluntária ou involuntariamente

injustas dos credores. A lei oferece três cláusulas alternativas para uma empresa em posição de insolvência: (1) reorganização, ou *falência sob o Capítulo 11*, (2) extensão de prazo de pagamento, ou *falência sob o Capítulo 13*, e (3) liquidação, ou *falência sob o Capítulo 7*. Todas tentam proteger o empreendedor em dificuldades e apontar um modo razoável de organizar os pagamentos ou de finalizar o negócio.

CAPÍTULO 11 – REORGANIZAÇÃO

Essa é a alternativa menos grave para a falência. Nessa situação, a Justiça tenta dar ao empreendimento tempo "para respirar" e pagar suas dívidas. Geralmente, essa situação ocorre quando o empreendimento tem problemas de fluxo de caixa, e os credores começam a pressionar a empresa com processos. O empreendedor percebe que, com algum tempo, o negócio pode tornar-se mais solvente e líquido para atender às exigências das dívidas. Como vimos em exemplos anteriores neste capítulo, contudo, as novas restrições de tempo relativas ao período durante o qual uma empresa em falência de Capítulo 11 permanece sob controle judicial tornaram particularmente difícil para que empresas de varejo se reorganizem. Entretanto, esta continua a ser a melhor opção para a empresa que possui alguma chance de se tornar solvente.

Um grande credor, qualquer parte que tiver interesse ou um grupo de credores geralmente apresenta o caso à Justiça. Então, será preparado um plano de reorganização para indicar como o empreendimento será recuperado. O plano separará a dívida e os interesses da propriedade em dois grupos: aqueles que serão afetados pelo plano e aqueles que não o serão. Depois disso, serão especificados os interesses afetados e como os pagamentos serão feitos.

Quando o plano estiver completo, ele deverá ser aprovado pela Justiça. Todas as falências atualmente são controladas pela U.S. Bankruptcy Court, cujos poderes foram reestruturados sob o Bankruptcy Amendments and Federal Judgeship Act de 1984. A aprovação do plano também exige que todos os credores e proprietários concordem com o plano de reorganização apresentado à Justiça. As decisões tomadas no plano de reorganização em geral refletem uma das posições a seguir ou uma combinação delas:[13]

1. *Extensão*. Ocorre quando dois ou mais dos maiores credores concordam em adiar suas queixas. Isso funciona como um estímulo para os credores menores também concordarem com o plano.

2. *Substituição*. Se o futuro do empreendimento parecer promissor o suficiente, ações ou algo mais poderão ser dadas em troca da dívida existente.

3. *Acordo de composição*. A dívida é rateada proporcionalmente entre os credores como um acordo para qualquer débito.

Embora somente entre 20 e 25% das empresas registradas sob o Capítulo 11 completem o processo, ele oferece uma oportunidade de solucionar os problemas da empresa. Alguns desses problemas são passíveis de resolução e, sem a proteção do Capítulo 11, até mesmo esses 20 a 25% nunca teriam tido a oportunidade de se recuperar. Também é preciso observar que algumas empresas que entram nesse processo descobrem que o sucesso não está mais a seu alcance e que precisam ser liquidadas ou encontrar um comprador.

Muitos motivos explicam por que as empresas não conseguem sair da falência sob o Capítulo 11. Algumas esperam tempo demais antes de entrar com o pedido, outras enfrentam mercados ruins, concorrência forte ou, como no caso atual, uma economia mundial em recessão. Mesmo setores inteiros podem ser afetados por condições econômicas ruins e concorrência forte. Por exemplo, o mercado de energia alternativa ou limpa nos Estados Unidos passou por falências recentes devido à recessão econômica e também à força da concorrência chinesa. A Solyndra LLC, empresa de energia solar da Califórnia que recebia subsídios pesados do governo, talvez não consiga evitar a liquidação sob a falência de Capítulo 11, pois dependia demais dos subsídios que desapareceram. A empresa demitiu 1.100 funcionários e está sob investigação devido à maneira como os fundos concedidos pelo governo foram utilizados. No Estado de Massachusetts, diversas empresas desse setor estão em processo de falência. A

SAIU NA *BUSINESS NEWS*

UMA BREVE APRESENTAÇÃO DA nPOWER PERSONAL ENERGY GENERATOR

Seu ex-sócio, que sempre foi um investidor de muito sucesso em novos empreendimentos, ligou para perguntar se você sabe de alguma oportunidade. Ele acaba de vender sua participação em uma empresa, uma transação muito lucrativa que o deixou com dinheiro a ser reinvestido. Sabendo que ele gosta de caminhadas, depois de ler sobre o empreendimento a seguir, você acredita que pode ser uma boa proposta a seu ex-sócio. O que você acha?

Aaron LeMieux adora caminhar pelo campo, mas sempre reclama das baterias adicionais que precisa levar para o iPod, celular e outros aparelhos eletrônicos. Um dia, ele começou a pensar em maneiras de coletar toda a energia que a pessoa emite com a caminhada. Na época, LeMieux era engenheiro mecânico e trabalhava em uma consultoria de administração. Ele considerou a ideia bastante viável, então convenceu a esposa de que daria certo, largou a consultoria, esvaziou a poupança e começou a desenvolver um protótipo. O aparelho original pesava 310g e tinha o dobro do comprimento de um smartphone. A unidade coletava a energia da passada humana e a transformava em 2,5 watts de eletricidade, energia suficiente para alimentar um aparelho eletrônico por um período curto de tempo.

Em 2007, ele formou a Tremont Electric e começou a levantar capital junto a amigos, familiares e o banco local para montar suas operações de produção e marketing. O processo demorou dois anos, mas em meados de 2011, a empresa começou a aceitar pedidos, e vende a unidade por 159 dólares. O público-alvo é composto de mochileiros ou pessoas que estão sempre em movimento, mas sem acesso a carregadores. De acordo com a empresa, 26 minutos de caminhada são suficientes para completar a carga de um smartphone com 3G para um minuto de conversa por meio da entrada USB. Também especula-se que fabricantes de baterias portáteis e células de combustível se interessem por essa tecnologia exclusiva no futuro.

Fontes: Rachel Z. Arndt, "America's Most Promising Startups: Tremont Electric," www.businessweek.com/smallbiz; http://www.wired.com/gadgetlab/tag/npower-peg/; e Jefferson Graham, "Talking Tech at CES: Recharge Devices Naturally with nPower PEG," January 5, 2011, www.usatoday.com.

Evergreen Solar Inc., antes avaliada em mais de 1 bilhão de dólares, precisou completar um leilão de falência de seus ativos que gerou apenas 34 milhões de dólares. Outras terão dificuldade de sair da falência sob o Capítulo 11, pois os subsídios desapareceram e a China intensificou seus esforços de marketing internacionais, oferecendo seus produtos a preços muito menores. Apesar desses fracassos recentes, os investidores de capital de risco ainda consideram esse setor um foco importante de investimentos, desde que tenha a linha de produtos certa e tecnologias exclusivas.[14]

Em geral, os empreendedores tendem a ignorar os sinais de alerta da falência. Esses sinais podem ser evitados ou ignorados até que haja uma emergência, como falta de caixa. Na economia global volátil da atualidade, o problema é ainda mais evidente, como vimos nos exemplos. O reconhecimento dos sinais é essencial para dar ao empreendedor a chance de desenvolver um novo plano e estratégias alternativas.

Sobrevivendo à falência

A maneira mais óbvia de sobreviver à falência é evitá-la de todas as formas. Entretanto, como ela está se tornando uma ocorrência comum, é útil o empreendedor possuir um plano se for necessário declarar falência. Eis algumas sugestões para sobreviver a uma falência:

- A falência pode ser usada como barganha para permitir que o empreendedor voluntariamente reestruture e reorganize o empreendimento.
- A falência deve ser declarada antes que o empreendimento fique sem recursos ou não haja entrada de caixa, para que as despesas não protegidas pela falência sejam pagas.
- A falência não deve ser registrada sob a proteção do Capítulo 11 a menos que o empreendimento tenha uma chance real de recuperação.
- É preciso estar preparado para deixar os credores examinarem todas as transações financeiras dos últimos 12 meses à procura de possíveis fraudes do devedor.

- É preciso manter os registros adequados.
- Deve-se compreender completamente como funciona a proteção contra os credores e o que é necessário para mantê-la.
- Se houver algum litígio em vigência, ele deverá ser transferido para o órgão judicial encarregado das falências (um fórum mais favorável para o empreendedor).
- É preciso concentrar esforços na preparação de um plano realista de reorganização financeira.

Seguir as sugestões dadas e estar preparado para o caso de uma falência são os melhores conselhos que alguém pode dar a um empreendedor. A preparação impedirá condições desfavoráveis e aumentará a probabilidade de uma recuperação bem-sucedida.

CAPÍTULO 13 – PLANOS DE PAGAMENTO COM DILATAÇÃO DE PRAZO

A partir de 17 de outubro de 2005, a possibilidade de um empreendedor registrar uma falência sob o Capítulo 7 foi dificultada. As reformas implementadas no Código de Falências e transformadas em lei em abril de 2005 basearam-se na argumentação de que uma pessoa deve ser obrigada a amortizar uma parte de sua dívida (falência do Capítulo 13); portanto, essas reformas dificultam ainda mais a fuga de uma dívida pelo registro de uma falência sob o Capítulo 7. Segundo essa nova lei, as pessoas são obrigadas a obter um aconselhamento de crédito no prazo de seis meses a partir do registro e a fazer uma avaliação dos recursos para saber se são elegíveis à falência sob o Capítulo 7 ou 13. Essa avaliação declarará que as pessoas não poderão dar entrada no processo de falência sob o Capítulo 7 se seu rendimento estiver na ou acima da mediana de rendimentos declarada do Estado.

Sob a falência do Capítulo 13, a pessoa cria um plano de amortização em cinco anos, sob a supervisão da Justiça. Em cada caso, um curador indicado pela Justiça recebe o dinheiro do devedor e fica responsável por efetuar os pagamentos programados para todos os credores. Essa reforma é mais favorável aos credores do que a lei antiga. O único problema é que, de acordo com o Bankruptcy Institute, 2 em cada 3 solicitantes sob o Capítulo 13 definitivamente deixam de cumprir as obrigações previstas, resultando em um registro sob o Capítulo 7.

As pesquisas agora indicam que essas reformas produzem resultados mistos. Recentemente, o American Enterprise Institute publicou uma pesquisa indicando que os empreendedores que declararam falência pessoal ou empresarial conseguiram começar novos negócios sem grandes dificuldades ou restrições. A rentabilidade dessas empresas reestruturadas foi semelhante à daquelas que nunca declararam falência. Contudo, a pesquisa também indica que os empreendedores que declararam falência tinham mais dificuldade em obter empréstimos ou precisavam pagar taxas de juros maiores. Para se recuperar e gerar bons índices de lucro, eles tiveram de encontrar outras maneiras de financiar suas novas empresas. Ainda não há consenso se as reformas facilitaram ou dificultaram a capacidade dos empreendedores de se recuperarem de uma falência.[15]

CAPÍTULO 7 – LIQUIDAÇÃO

O caso mais extremo de falência exige que o empreendedor liquide, voluntária ou involuntariamente, todos os ativos não isentos do negócio.

Se o empreendedor apresenta um pedido de *falência voluntária* sob o Capítulo 7, isso determina que o empreendimento está em processo de falência. Em geral, a Justiça também exigirá um demonstrativo atualizado de rendimentos e despesas.

A Tabela 15.2 sintetiza algumas das principais questões e exigências sob o pedido de *falência involuntária*. Como indica a tabela, a falência involuntária é muito complicada e leva um longo tempo para se resolver. No entanto, a liquidação é do maior interesse do empreendedor se não houver esperança de reverter a situação.

falência voluntária
Decisão tomada pelo empreendedor no sentido de pedir falência

falência involuntária
Pedido de falência solicitado por credores, sem o consentimento do empreendedor

TABELA 15.2 Liquidação sob falência involuntária com base no Capítulo 7

Exigências	Número e reclamações dos credores	Direitos e deveres do empreendedor	Curador
Dívidas não estão sendo pagas no prazo devido.	Se 12 ou mais credores, pelo menos 3 com direitos não segurados totalizando 5 mil dólares devem assinar a petição.	Os danos devem ser recuperados se o credor fizer o registro de má-fé.	Eleito pelos credores. Curador interino indicado pela justiça.
Depositário indicado dentro de 120 dias do registro da petição.	Se menos de 12 credores, um credor cuja reivindicação não segurada seja de pelo menos 5 mil dólares deve assinar a petição.	Se a petição involuntária for dispensada pela justiça, custos, taxas ou danos podem ser compensados.	Torna-se por lei proprietário de toda a propriedade considerada não isenta para liquidação.
Considerada insolvente quando o valor justo de todos os bens é menor do que as dívidas. Solicitado teste de balancete.	Uma prova da reivindicação deve ser registrada dentro de 90 dias da primeira reunião dos credores.	Deve registrar uma lista de credores na justiça. Deve registrar um demonstrativo atual de lucros e despesas.	Pode excluir petições; transferência de propriedade para um credor sob certas condições.

ESTRATÉGIA DURANTE A REORGANIZAÇÃO

A reorganização de acordo com o Capítulo 11, ou um plano de pagamento com dilatação de prazo de acordo com o Capítulo 13, normalmente leva bastante tempo. Durante esse período, o empreendedor pode acelerar o processo tomando a iniciativa na preparação de um plano, apresentando-o aos credores hipotecários, comunicando-se com grupos de credores e não emitindo cheques que não possam ser cobertos.

O segredo para melhorar o processo de falência é manter os credores a par do andamento da empresa, enfatizando a importância de seu apoio durante o processo. Melhorar a credibilidade do empreendedor junto aos credores ajudará o empreendimento a emergir de suas dificuldades financeiras sem o estigma de fracasso. Mas as tentativas de reunião presencial com grupos de credores geralmente resultam em transtorno e má vontade, de modo que esses encontros devem ser evitados.

A falência deve ser o último recurso para o empreendedor. Todo esforço deve ser feito para evitá-la e manter o negócio em funcionamento.

MANTENDO O EMPREENDIMENTO

Nem todas as falências têm desfechos desfavoráveis. A Ground Round Grill & Bar e a Think Global AS sobreviveram a suas falências, mas emergiram com novos proprietários e uma estratégia de negócio modificada.

Todo empreendedor que começa um empreendimento deve prestar atenção aos erros dos outros e aprender com eles. Há certos fatores que ajudam a manter um novo empreendimento e a reduzir o risco de fracasso. Não podemos garantir o sucesso, mas podemos aprender a evitar o fracasso.

A Tabela 15.3 sintetiza alguns dos fatores-chave que reduzem o risco de fracasso de um empreendimento. O empreendedor deve estar sensível a cada uma dessas questões, não importando o tamanho ou o tipo de negócio.

TABELA 15.3 Requisitos para permanência de um novo empreendimento

- Evite excesso de otimismo quando a empresa parece bem-sucedida.
- Sempre prepare bons planos de marketing, com objetivos claros.
- Faça projeções de caixa adequadas e evite a capitalização.
- Mantenha-se à frente do mercado.
- Identifique pontos de tensão que possam ameaçar o empreendimento.

Muitos empreendedores têm confiança na sua capacidade, o que é necessário para que sejam bem-sucedidos em seus respectivos campos. Essa confiança permite que enfrentem as condições inconstantes do mercado, implementando novas estratégias e direções em suas empresas para conquistar sucessos futuros onde outros fracassaram. Eli e Sheri Gurock e Hendrik e Lorette Vosloo são dois exemplos dessa abordagem. Eli e Sheri Gurock viram as duas grandes lojas de brinquedos de marca fecharem as portas em sua comunidade de Massachusetts. Eles acreditaram que poderiam ter sucesso com uma loja comunitária se incluíssem uma seção que oferecesse uma ampla variedade de vestuário e necessidades para bebês. Sua estratégia era que as grávidas que comprassem na loja (batizada de Magic Beans) saíssem com a ideia de que ela também era um ótimo lugar para comprar brinquedos. Além disso, apesar das vendas de brinquedos tenderem a uma forte sazonalidade, as vendas de necessidades para bebês criariam um bom ambiente de negócios durante todo o ano. Enfatizar o caráter comunitário da empresa com excelente serviço de venda e pós-venda levou à expansão para quatro lojas, 34 funcionários, um site de sucesso e vendas líquidas estimadas em 3 milhões de dólares.[16]

Hendrik e Lorette Vosloo estavam em busca de um novo negócio e se interessaram muito por uma loja de azeite de oliva e vinho gourmet que visitaram, a Cork and Olive Store. Os dois decidiram comprar uma franquia. Cerca de um ano depois, o franqueador passou por problemas financeiros tamanhos que Hendrik e Lorette não conseguiam mais receber entregas de seus vinhos mais vendidos ou obter novos itens. Quando o franqueador declarou falência sob o Capítulo 11, Hendrik e Lorette decidiram continuar por conta própria. Eles mantiveram o nome, mas reformaram a loja, estocaram vinhos melhores e realizaram mais eventos de degustação. Um ano depois de seus esforços, o franqueador original vendeu a franquia para outro grupo, que esperava tirar a organização do Capítulo 11. Entretanto, a reforma não durou, e o novo franqueador declarou falência sob o Capítulo 7. Apesar de Hendrik e Lorette terem perdido uma vantagem importante de pertencer a uma franquia, isto é, os preços menores por compras de alto volume, os dois decidiram adicionar uma segunda fonte de receita e criaram um bar de degustação de vinhos e comida gourmet. A nova empresa está sobrevivendo em uma economia difícil. Os dois estão felizes em serem independentes e poderem experimentar novas estratégias para que o negócio seja bem-sucedido.[17]

Os empreendedores nesses exemplos reconheceram a necessidade de desenvolver estratégias diferentes para evitar o fracasso. No primeiro caso, a necessidade envolvia desenvolver um mix de produtos exclusivo que ajudasse a construir forte uma imagem de loja. No segundo, os empreendedores perceberam que precisavam continuar por conta própria quando o franqueador declarou falência sob o Capítulo 11. Com uma nova estratégia e uma reforma, os dois sobreviveram mesmo quando o franqueador foi forçado a liquidar sob o Capítulo 7. Como vimos no Capítulo 8 deste livro, o planejamento de mercado é fundamental para ajudá-lo a se preparar para situações como essas.

Boas projeções de caixa também são aspectos importantes a serem considerados pelo empreendedor. O fluxo de caixa é uma das maiores causas de declaração de falência. Desse modo, ao preparar as projeções de caixa, os empreendedores devem buscar assistência de contadores, advogados ou de um órgão federal, como a Small Business Administration, o que talvez impeça que a situação chegue a um ponto que inviabilize qualquer esperança de recuperação.

Muitos empreendedores evitam reunir informações suficientes sobre o mercado (ver Capítulo 7), mas as informações são recursos importantes para todo empreendedor, em especial com relação ao futuro potencial de mercado e à previsão da dimensão do mercado imediato. Frequentemente, os empreendedores tentam adivinhar o que está acontecendo no mercado e ignoram as mudanças. Isso acarretará um desastre, principalmente se os concorrentes estiverem reagindo de forma mais positiva às mudanças do mercado.

Nos estágios iniciais de uma empresa, é útil que o empreendedor esteja ciente dos pontos de tensão, isto é, pontos em que o empreendimento cresce, exigindo novas estratégias de sobrevivência. Os rápidos aumentos nas vendas podem ser interpretados incorretamente, e a empresa começará a acrescentar capacidade de produção assinando contratos com fornecedores ou aumentando os estoques, o que resultará em menores margens e em supercrescimento. Para compensar essa situação, os preços aumentam ou a qualidade diminui, levando a níveis inferiores de vendas. Isso se torna um círculo vicioso que pode levar à falência.

Os pontos de tensão são identificados com base no montante de vendas. Por exemplo, é possível reconhecer que vendas de 1 milhão, 5 milhões e 25 milhões de dólares representam marcos de decisão em termos de grandes investimentos de capital e de despesas operacionais, como a contratação de novos funcionários. Os empreendedores devem estar conscientes da carga dos níveis de vendas sobre o investimento de capital e sobre as despesas operacionais.

SINAIS DE ALERTA DE FALÊNCIA

Os empreendedores têm de estar atentos aos sinais, no empreendimento e no ambiente, que podem ser alertas iniciais de problemas. Com frequência, o empreendedor não está consciente do que está acontecendo e não se mostra disposto a aceitar o inevitável. A Tabela 15.4 lista alguns dos primeiros sinais de alerta importantes de falência. Eles costumam estar inter-relacionados, e um frequentemente leva ao outro.

Por exemplo, quando a administração de assuntos financeiros afrouxa, há uma tendência a fazer qualquer coisa para gerar caixa, como reduzir preços, cortar suprimentos para atender a pedidos ou dispensar funcionários importantes, como representantes de vendas. Um novo empreendimento de móveis para escritório dirigido a empresas de pequeno e médio porte ilustra de que modo isso acontece. A alta administração da empresa decidiu que a movimentação de mercadorias era sua prioridade máxima. Os representantes de vendas recebiam comissões-padrão sobre cada venda e tinham liberdade para reduzir os preços quando necessário para efetivar a venda. Assim, sem qualquer consciência de custos e da relação investimento/lucro, os representantes de vendas muitas vezes reduziam os preços abaixo dos custos diretos. Ainda recebiam suas comissões, mesmo com o preço cobrado abaixo do custo. Assim, o empreendimento acabou perdendo quantias significativas e teve que declarar falência.

Quando o empreendedor constatar algum dos sinais da Tabela 15.4, deverá imediatamente procurar o aconselhamento de um auditor público ou de um advogado. É possível evitar a falência com mudanças operacionais imediatas para melhorar o fluxo de caixa e a lucratividade do negócio. Mais adiante, neste capítulo, serão discutidas as estratégias de recuperação (estratégias da virada).

TABELA 15.4 Sinais de alerta de falência

- A administração financeira frouxa, de modo que ninguém consegue explicar como o dinheiro está sendo gasto.
- Os diretores não conseguem documentar ou explicar as principais transações.
- Os clientes recebem grandes descontos para promover os pagamentos devido ao baixo fluxo de caixa.
- Os contratos são aceitos abaixo das quantias-padrão para gerar caixa.
- O banco solicita subordinação de seus empréstimos.
- Funcionários importantes deixam a empresa.
- Há falta de materiais para atender aos pedidos.
- Os impostos da folha de pagamento não são pagos.
- Os fornecedores exigem pagamento à vista.
- Aumentam as reclamações dos clientes com relação à qualidade dos serviços e produtos.

RECOMEÇANDO

A falência e a liquidação não precisam ser o fim para o empreendedor. A história está repleta de exemplos de empreendedores que fracassaram várias vezes antes de alcançarem o sucesso.

Na lápide de Gail Borden está escrito: "Tentei e fracassei, tentei novamente e obtive sucesso". Uma de suas primeiras invenções foi o Terraqueous Wagon, carro projetado para viajar na terra e na água. A invenção afundou na primeira tentativa. Borden também contou com três outras invenções que não conseguiram patentes. Uma quarta invenção obteve patente, mas arrasou com ele devido à falta de capital e às poucas vendas. Porém, Borden era persistente e estava convencido de que seu processo de condensação a vácuo, que dava ao leite um longo prazo de validade, seria um sucesso. Aos 56 anos, Borden obteve seu primeiro sucesso com o leite condensado.

Ao longo dos anos, outros empreendedores famosos também suportaram muitos fracassos antes de, finalmente, atingirem o sucesso. Rowland Hussey Macy (das lojas Macy's), Ron Berger (da National Video) e Thomas Edison são outros exemplos de empreendedores persistentes que sobreviveram a muitos fracassos.

As características dos empreendedores foram discutidas no Capítulo 3. Segundo as informações do capítulo, sabemos que os empreendedores tendem a iniciar novos empreendimentos mesmo depois de fracassar. Há evidências de que eles aprendem com seus erros, e os investidores costumam ver de forma favorável alguém que fracassou antes, supondo que não incorrerá no mesmo erro outra vez.[18]

Em geral os empreendedores, em suas tentativas após os fracassos, melhoram sua compreensão e avaliação da necessidade de pesquisa de mercado, de mais capitalização inicial e de mais habilidades empresariais. Infelizmente, nem todos os empreendedores desenvolvem essas habilidades com suas experiências; muitos tendem a fracassar várias vezes.

No entanto, o fracasso do negócio não deve ser um estigma quando se trata de buscar capital de risco. Os eventos passados virão à tona revelados por ocasião dos novos empreendimentos, mas o empreendedor cuidadoso explicará por que fracassou e como evitará o fracasso no futuro, restaurando a confiança dos investidores. Como discutido no Capítulo 7, o plano de negócio ajuda a vender o conceito do empreendimento para os investidores. É no plano de negócio que o empreendedor, mesmo após vários fracassos, mostra como este seu empreendimento será bem-sucedido.

A REALIDADE DA FALÊNCIA

Infelizmente, o fracasso acontece, mas não é necessariamente o fim. Muitos empreendedores são capazes de transformar o fracasso em sucesso, sendo essa uma das importantes características históricas dos empreendedores que continuamente identificamos neste livro. Mas como o fracasso pode acontecer, também há algumas considerações importantes a serem mencionadas caso ele ocorra.

Antes de mais nada, o empreendedor deve consultar sua família. Se é difícil para o empreendedor lidar com a falência, é mais ainda para seu cônjuge. Os problemas ocorrem porque o cônjuge em geral não tem controle sobre as operações da empresa, a menos que se trate de um empreendimento familiar. Como resultado, essa pessoa pode nem mesmo estar ciente das ameaças de falência. Assim, a primeira coisa que o empreendedor deve fazer é sentar com seu cônjuge e explicar-lhe o que está acontecendo. Essa discussão também ajudará a aliviar um pouco o estresse de lidar com a falência.

Em segundo lugar, o empreendedor deve buscar assistência externa de profissionais, amigos e associados nos negócios. Embora nem todas essas pessoas venham a ser solidárias, não é difícil encontrar indivíduos capazes de oferecer apoio entre esses grupos. O auxílio profissional também está disponível na Small Business Administration (SBA), em universidades, na SCORE (Senior Corps of Retired Executives – associação de executivos aposentados) e nos Small Business Development Centers.

Terceiro, é importante não tentar se agarrar a um empreendimento que continuamente drenará recursos se o fim for inevitável. É melhor considerar o tempo gasto tentando salvar um negócio como um custo de oportunidade. O tempo gasto poderia ser usado de forma mais eficaz e lucrativa para recomeçar ou fazer outra coisa. Se a recuperação for possível (ver discussão a seguir), é útil estabelecer um cronograma e, se ela não for alcançada nesse período, é melhor encerrar as atividades da empresa.

RECUPERAÇÃO EMPRESARIAL

Este capítulo apresentou diversos exemplos de recuperação empresarial, como o perfil de abertura da Kabloom, a Bankrate e a Cork and Olive Store. Todas enfrentaram a queda das vendas e dos ganhos, que resultaram em falência ou ameaça de falência. O que aprendemos com os exemplos bem-sucedidos de recuperação é resumido e discutido nos próximos parágrafos.[19]

Durante o ciclo de vida de um negócio, é provável que o empreendedor enfrente adversidades, talvez por causa de fatores externos (economia, concorrência, mudanças nas necessidades do consumidor, tecnologia ou ocorrências imprevisíveis, como guerras, terrorismo ou fenômenos climáticos); ou a adversidade é autoimposta (isto é, devido à má administração). A gravidade da adversidade talvez resulte na falência ou na necessidade de refocar o negócio e buscar uma recuperação. O processo de recuperação pode tomar vários rumos, mas existem alguns princípios e apoios básicos que ajudarão o empreendedor.

Primeiro e acima de tudo é importante que o empreendedor reconheça os sinais de alerta de falência, discutidos anteriormente e listados na Tabela 15.4. Contudo, o reconhecimento desses sinais não soluciona o problema; em vez disso, é o ponto em que devem ser considerados os princípios discutidos. Se o empreendedor não se sentir em condições de lidar com esses sinais de alerta, é recomendável que ele consulte um auditor público ou um advogado. Existem também algumas empresas de consultoria para o gerenciamento de recuperação que dão apoio a empresas de todos os portes. É possível encontrar essas empresas com uma simples pesquisa na Internet. A Business Finance Turnaround Association também oferece apoio nessa situação.

Em qualquer recuperação bem-sucedida (presente em todos os nossos exemplos anteriores), o primeiro princípio é um gerenciamento prático agressivo. Em todos esses casos, a liderança direcionou os esforços iniciais para esclarecer os empregados, reunindo-se e comunicando-se com eles. Essa estratégia de alta visibilidade é crucial para identificar as raízes de todos os problemas que estão contribuindo para a ameaça de falência ou para a necessidade de um ressurgimento bem-sucedido da falência. O empreendedor deve manter todos os empregados estimulados e focados em fazer a empresa retornar a uma posição de mercado, à estabilidade financeira e depois, se possível, direcioná-la para um crescimento gerenciado. O empreendedor deve ser honesto e direto com todos os empregados, quanto à situação, para que eles participem da identificação dos problemas que precisam ser solucionados. Em geral, nesse estágio não bastará uma gestão ausente nem uma mentalidade arredia em que a diretoria trabalha longas horas a fio de maneira isolada.

O segundo princípio é que a diretoria deve ter um plano. Já discutimos várias vezes neste livro que há três questões a serem tratadas em todo processo de planejamento (consulte o Capítulo 8). As mesmas questões se aplicam aqui como parte de um plano de recuperação. Nesse plano, a etapa 1 é envolver-se no negócio e tentar entender o problema, conforme descrito no parágrafo anterior. Isso levará à análise da situação ou à pergunta "Onde estamos agora?". A segunda pergunta em todo plano é "Para onde vamos?". É nesse momento que o plano se torna importante, porque será necessário desenvolver metas e objetivos para a virada da empresa. Mais uma vez, todos na organização precisam participar da busca de oportunidades para melhorar o mercado existente e a situação financeira da empresa, cortando custos, aumentando a eficiência, melhorando o atendimento ao cliente e a sua lealdade, e adotando estratégias para aumentar as vendas.

A terceira e última etapa (ou princípio) no processo de recuperação é a ação. Isso está relacionado à terceira pergunta no processo de planejamento, que é "Como chegaremos lá?". O plano deve abranger uma ação corretiva agressiva. Aqui, o tempo é fundamental, seja para evitar a falência, seja para provar aos credores ou ao tribunal de falências que é possível recuperar a empresa. A essa altura, um consultor de recuperação pode apoiar essas ações caso o empreendedor não se sinta em condições de fazê-lo.

REVISÃO

RESUMO

Este capítulo lida com as estratégias de saída que o empreendedor precisará considerar. Essas decisões envolvem a identificação de um sucessor para o empreendimento, a venda parcial ou total do negócio ou o encerramento da empresa devido à falência. Todos esses cenários prováveis são reais e comuns entre pequenas empresas. Assim, para estar preparado, o empreendedor deve compreender cada uma dessas questões e ter um plano de saída elaborado antes que seja tarde demais. Entre as decisões que um empreendedor enfrentará para encerrar as atividades de uma empresa está a sucessão. Se a empresa pertence à família, o empreendedor provavelmente procurará um dos membros para sucedê-lo. Outras opções, caso um membro da família não esteja disponível ou interessado, são a transferência de parte ou de toda a empresa para um funcionário ou uma pessoa de fora, ou ainda a contratação de outra pessoa para administrar o empreendimento. A venda direta, o plano de opção de ações para funcionários e a aquisição administrativa também são alternativas para o empreendedor vender o empreendimento. Todas essas são opções de estratégia de saída para o empreendedor e precisam ser planejadas com antecedência para que as crises sejam minimizadas.

Embora a intenção de todos os empreendedores seja estabelecer uma empresa por muito tempo, muitos problemas arruínam seus planos. Como cerca de metade de todas as novas empresas fracassa em seus primeiros quatro anos de operação, é importante que o empreendedor entenda as opções para encerrar ou salvar um empreendimento.

A falência oferece três opções para o empreendedor. Sob o Capítulo 11 da Lei de Falências dos Estados Unidos de 1978 (com emendas em 1984 e, novamente, em 2005), o empreendimento será reorganizado de acordo com um plano aprovado pela Justiça. Com esse plano, o empreendedor tentará revitalizar as condições financeiras do empreendimento e voltar ao mercado com novas estratégias.

O Capítulo 13 da Lei de Falências dos Estados Unidos oferece um plano de pagamento com dilatação de prazo para a quitação das dívidas pendentes. As emendas efetuadas na Lei de Falências em 2005 tornaram essa opção uma candidata mais forte à primeira opção – e uma opção que deve ser exaurida antes de o empreendedor poder se registrar na liquidação sob o Capítulo 7. Perante a Justiça, as pessoas devem ser obrigadas a devolver uma parte de suas dívidas e, portanto, essa emenda dificulta ainda mais o registro para a liquidação sob o Capítulo 7. Se a pessoa não conseguir a dilatação do prazo para o pagamento, então a liquidação voluntária ou involuntária será a última opção.

Manter a empresa ativa é a principal intenção de todos os empreendedores. Evitar otimismo excessivo, preparar bons planos de marketing, elaborar boas projeções de caixa, manter-se familiarizado com o mercado e estar atento aos pontos de tensão na empresa são medidas úteis para manter a empresa funcionando.

Os empreendedores também têm de ficar atentos aos principais alertas de possíveis problemas. Administração frouxa das finanças, descontos para a geração de caixa, perda de funcionários importantes, falta de matéria-prima, não pagamento dos impostos da folha de pagamento, exigência de pagamento à vista por parte dos fornecedores e aumento das reclamações dos clientes quanto à qualidade dos serviços e produtos são alguns dos sinais que apontam à falência. Se a empresa realmente fracassar, porém, o empreendedor sempre deve considerar o recomeço. O fracasso é considerado um processo de aprendizagem, como foi evidenciado pelo exemplo de muitos inventores famosos que alcançaram o sucesso depois de vários fracassos.

ATIVIDADES DE PESQUISA

1. Encontre três relatos de empreendedores nos quais eles descrevem suas experiências com a má administração das empresas e o processo de passar pela falência. O que há em comum entre essas experiências? O que há de diferente? As emoções desempenharam algum papel? Os empreendedores aprenderam com a experiência?
2. Entreviste um membro de uma empresa familiar e conheça melhor as questões que envolvem a administração dessa empresa, principalmente as relacionadas com a sucessão.
3. Faça um relato das emoções que você sentiu quando alguém ou alguma coisa perto de você desapareceu para sempre (você não precisará fazer uma apresentação em aula). De que modo essas emoções afetam sua possibilidade de administrar outras tarefas? Como você superou essas emoções negativas? Em sua opinião, até que ponto os empreendedores passam por um processo semelhante quando suas empresas fracassam?

DISCUSSÃO EM AULA

1. Se sua família tivesse uma empresa altamente bem-sucedida, a sucessão para a geração seguinte (você e/ou seus irmãos) seria tranquila ou ocorreriam conflitos e ressentimentos? Qual seria uma forma "justa" de realizar uma sucessão?
2. Em sua opinião, as leis deveriam ser modificadas a fim de facilitar, para os empreendedores, um registro de falência e a respectiva recuperação? Quais são as implicações de sua resposta para o empreendedor, para os credores e para a economia nacional?
3. Quais são os problemas enfrentados por um empreendedor ao determinar se a empresa precisa ou não entrar com um pedido de falência imediatamente?
4. As seguintes atividades de dinâmica de grupo exigem que você raciocine e tome uma atitude como se você fosse a pessoa sendo descrita em cada situação.
    a. *Dinâmica de grupo 1.* Um estudante prepara e apresenta uma palestra como se fosse um empreendedor informando aos empregados que a empresa faliu e não funcionará mais a partir do dia seguinte. O restante da turma pode responder e fazer perguntas como se fossem empregados dedicados, mas irritados com a perda de seus empregos.
    b. *Dinâmica de grupo 2.* Em pequenos grupos, faça uma atividade de dinâmica de grupo sobre o intercâmbio entre um empreendedor de uma empresa falida que expressa seus ressentimentos e um amigo que dá conselhos sobre como enfrentar melhor a situação.

NOTAS

1. Ver www.kabloom.com; Chris Reidy, "The Balloon That May Save Kabloom," *The Boston Globe,* July 19, 2010, pp. B5, B7; www.foxvideo.foxbusiness.com; Eve Tahmincioglu, "Small Business: How to Grow Without a Lot of Capital," *The New York Times,* January 8, 2004, p. B1; e Chris Reidy, "Flower Power Kabloom Says It Aims to Be Floral World's Starbucks," *The Boston Globe,* October 19, 2002, p. D1.
2. Emily Osbun Bermes, "Succession Planning for the Small Business," *Business People* (February 2011), p. 60.
3. www.ffi.org.
4. Jennifer Alsever and Adam Bluestein, "What Not to Do When You Decide It's Time to Step Aside," *INC* (October 2011), p. 67.
5. John Knowlton, "Building a Successful Succession Plan for a Financial Service Practice," *Journal of Financial Service Professionals* (January 2010), pp. 60–65.
6. Clyde E. Witt, "Plan Ahead, Stay Ahead," *Material Handling Management* (January 2006), pp. 33–35.
7. Ver Arik Hesseldahl, Olga Kharif, Douglas MacMillan, and Rachael King, "Best Young Tech Entrepreneurs 2010: The Finalists," April 20, 2010, www.bloombergbusinessweek.com; e Ari Levy and Cory Johnson, "RadiumOne Raises $21 Million Backers Led by Crosslink," March 10, 2011, www.bloombergbusinessweek.com.
8. The ESOP Association, www.esopassociation.org.
9. Ver American Bankruptcy Institute's Web site, www.abiworld.org; e www.uscourts.gov/bankruptcystats.
10. Steve Barclay, "Electric Car Maker THINK Resets for a New Start," *Automotive Industries* (July 2011), p. 9.
11. Carlye Adler, "The Grand Rebound," *Fortune Small Business* (February 2005), pp. 56–60; e "Ground Round Franchise Group to Become Debt Free Later This Month," *Associated Press Newswire,* April 16, 2011.
12. www.bankrate.com.

13. David Twomey and Marianne Jennings, *Anderson's Business Law and the Legal Environment, Standard Volume*, 21st ed. (Mason, OH: South-Western Cengage Learning, 2011), pp. 765–86.
14. Erin Ailworth, "Clean-tech Firms Lose Luster," *The Boston Globe*, November 13, 2011.
15. Karen Klein, "Succeeding in Business after Bankruptcy," April 18, 2011, www.businessweek.com.
16. www.mbeans.com; e Nichole L. Torres, "Underdog Days," *Entrepreneur* (April 2008), p. 94.
17. Jason Daley, "A Franchisor Bankruptcy," *Entrepreneur* (January 2010), p. 106.
18. L. M. Lament, "What Entrepreneurs Learn from Experience," *Journal of Small Business Management* (1972), p. 36.
19. Ver Paul Nunes and Tim Breene, "Reinvent Your Business Before It's Too Late," *Harvard Business Review* (January/February 2011), pp. 80–87; e Jonathan Byrnes, "How to Manage a Profitability Turnaround," *MWorld* (Spring 2011), pp. 32–35.

VI

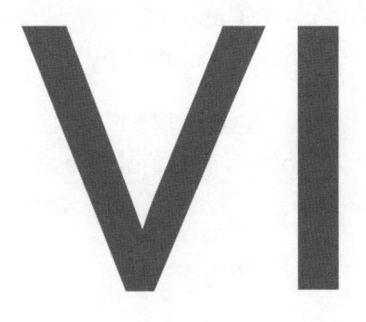

CASOS

Caso 1*
Turner Test Prep Co.

Caso 2*
Jim Boothe, Inventor

Caso 3*
A. Monroe Lock and Security Systems

Caso 4*
Beijing Sammies

Caso 5
Intelligent Leisure Solutions

Caso 6*
The Beach Carrier

Caso 7
Gourmet to Go

Caso 8A
Intervela d.o.o. Koper—Victory Sailmakers

Caso 8B
Intervela Victory Sailmakers

Caso 9*
A Gril-Kleen Corporation

---

* Os casos com W após o número de página estão disponíveis apenas online. Busque pelo título do livro no site **www.grupoa.com.br** e clique em Conteúdo Online.

Caso 10
Masi Technology

Caso 11*
NeoMed Technologies

Caso 12
Mayu LLC

Caso 13*
Nature Bros. Ltd.

Caso 14*
Amy's Bread

Caso 15
Supply Dynamics

Caso 16*
Datavantage Corporation

Caso 17
Tire Valet: A Mobile Tire Company

---

* Os casos com W após o número de página estão disponíveis apenas online. Busque pelo título do livro no site **www.grupoa.com.br** e clique em Conteúdo Online.

CASO 5
INTELLIGENT LEISURE SOLUTIONS

INTRODUÇÃO

A Intelligent Leisure Solutions (ILS) é um grupo de cinco empresas brasileiras que está tentando criar, implementar e administrar soluções inteligentes. Por ser uma empresa de soluções totalmente tecnológicas, a ILS possui uma abordagem exclusiva a questões no setor de viagens, imóveis, tecnologia e turismo sustentável. Com o alto crescimento do setor de turismo, Robert Phillips, o empreendedor que fundou a Intelligent Leisure Solutions, está trabalhando para encontrar a estratégia de crescimento mais apropriada e inovadora para a expansão e sustentabilidade do negócio.

CONTEXTO GEOGRÁFICO

O Brasil é um país da América do Sul, localizado na costa do Oceano Atlântico, com área geográfica ligeiramente menor que a dos Estados Unidos (ver Quadro 1). Com a quinta maior população do mundo, o país possui mais de 200 milhões de habitantes. A economia brasileira é maior que a de todos os outros países do continente, caracterizada por setores desenvolvidos de mineração, indústria, agricultura e serviços, com uma presença cada vez maior nos mercados mundiais. Após a recessão mundial de 2008, o Brasil foi um dos primeiros mercados emergentes a começar a recuperação, com crescimento de cerca de 5% em 2010 (Central Intelligence Agency [CIA], 2010).

A economia brasileira é atualmente a oitava maior do mundo. O país adquiriu um assento não permanente no Conselho de Segurança das Nações Unidas até o final de 2011 e agora busca aumentar sua presença internacional e influência geopolítica (Economist Intelligence Unit, 2010a). O governo brasileiro, liderado por Dilma Rousseff, do Partido dos Trabalhadores, vê com bons olhos as concessões para o setor privado, apesar de a burocracia ainda prejudicar a eficiência no país. Os investimentos estrangeiros diretos são bem-vindos, ainda que os investidores domésticos recebam prioridade em certas áreas, em especial nos setores de energia e de petróleo. O desenvolvimento da exportação continua a ser prioridade e espera-se que as barreiras comerciais sejam reduzidas. O sistema tributário brasileiro é mal-estruturado e a evasão fiscal é comum; as alíquotas reduzidas aplicadas para combater a crise financeira de 2008 devem ser eliminadas no futuro próximo, mas a carga tributária continuará alta. Empresas nacionais e estrangeiras dedicam recursos significativos à administração de questões fiscais. O cumprimento da nova legislação ambiental é um aspecto crucial para quem pretende trabalhar no Brasil e os direitos de propriedade intelectual devem ser respeitados (Economist Intelligence Unit, 2010b). A Copa do Mundo de 2014 e as Olimpíadas de 2016 devem levar a um aumento do número de parcerias público-privadas (Economist Intelligence Unit, 2010a).

A classe média brasileira está se expandindo devido à prosperidade criada por políticas macroeconômicas sólidas desde 2000 (Euromonitor International, 2010). Pela primeira vez na história do país, 50% de seus cidadãos, mais de 94 milhões de pessoas, pertencem à classe média. Muitos brasileiros de baixa renda se beneficiaram com as novas oportunidades de empregos estáveis durante a última década. Como mais pessoas estão se juntando à economia formal, aumentou o acesso a benefícios como seguro-saúde, transporte e alimentação. A renda média mensal real cresceu 2,3% entre 2008 e 2009 (Euromonitor International, 2010); essa nova classe média tem acesso a certos produtos e serviços pela primeira vez em sua vida e agora exige cada vez mais produtos e mais qualidade nos serviços.

Os índices de natalidade reduzidos também estão contribuindo para o aumento da renda disponível. O índice de fertilidade de 1,9 filho por mulher em 2009 permitiu que os pais gastassem mais dinheiro com bens de consumo e serviços (Euromonitor International, 2010), além de resultar em uma maior demanda por serviços de viagem, já que as famílias cada vez mais têm os recursos necessários para sair de férias.

O Brasil possui uma população bastante jovem, com 33,2% entre 20 e 39 anos (ver Quadro 2). Esse segmento é interessado em tecnologia, financeiramente independente e possui os recursos necessários para viajar (Euromonitor International, 2010). Eles tendem a viajar para diferentes regiões do Brasil e outros países durante as férias e dão atenção ao conforto e à eficiência nos serviços. A renda disponível anual aumentará até 2020 (ver Quadro 3). O número de famílias com renda acima de 75 mil dólares por ano vai mais do que dobrar, de 1,7 milhão em 2010 para 3,6 milhões em 2020 (Euromonitor International, 2010).

O turismo no Brasil cresceu 22% entre 2003 e 2007, quase 3% mais que a economia como um todo durante o mesmo período (Euromonitor International, 2010). Espera-se que os gastos com lazer e entretenimento aumentem 65% até 2020 (ver Quadro 4), com cada vez mais brasileiros viajando durante o Carnaval, o Natal e outros períodos de férias. Muitos brasileiros começaram a comprar

Fonte: Este estudo de caso foi preparado por Robert D. Hisrich e Cristina Ricaurte com o propósito de estabelecer uma base para discussão em aula. Ele foi publicado anteriormente em Robert D. Hisrich, *International Entrepreneurship,* 2nd edition, SAGE, 2013, pp 255–276.

QUADRO 1   Mapa do Brasil

Fonte: CIA (2010).

pacotes de viagem em agências de turismo e companhias aéreas, que podem ser parcelados; o montante gasto nessa área cresceu 27,5% desde 2005, alcançando 5 bilhões de reais em 2009 (ver Quadro 5) (Euromonitor International, 2010). As famílias de classe alta e média-alta são os principais compradores desses pacotes.

QUADRO 2   Segmentação dos consumidores brasileiros, 2010–2020 (em milhares)

	2010	2015	2020	Crescimento (%)
Bebês (0–2 anos)	9.084	8.070	7.656	−15,7
Crianças (3–8 anos)	20.236	17.859	16.005	−20,9
Jovens adolescentes (9–12 anos)	13.928	13.490	11.865	−14,8
Adolescentes (13–19 anos)	23.347	24.104	23.627	1,2
Vinte e poucos anos	35.258	33.749	33.335	−5,5
Trinta e poucos anos	29.875	33.207	34.611	15,9
Adultos de meia-idade (40–64 anos)	50.359	56.508	62.662	24,4
Terceira idade (65+ anos)	13.335	15.877	19.290	44,6

Fonte: Euromonitor International (2010).

HISTÓRICO DO EMPREENDEDOR E DA EMPRESA

Robert Phillips, fundador e CEO da Intelligent Leisure Solutions, é formado em engenharia elétrica e possui mestrado em energia espacial. Ele trabalhou com energia espacial e exploração de petróleo nos Estados Unidos e obteve seu MBA pela Thunderbird School of Global Management em 1994. Phillips é cidadão americano, mas passou quase toda a infância na América do Sul, mais especificamente no Brasil, na Bolívia e na Colômbia (Guthry, 2010).

Phillips fundou a Intelligent Leisure Solutions em 1998, enquanto trabalhava na Odebrecht, a maior empresa de engenharia, construção e produtos químicos e petroquímicos da América Latina. Enquanto consultor interno de projetos de turismo, desenvolvimento turístico e imóveis no Brasil, Phillips atuava como intermediador entre a McKinsey e a Ernst & Young, duas grandes consultorias americanas, contratadas para avaliar possibilidades no setor de turismo para a Odebrecht. Quando a Odebrecht decidiu não investir em turismo, Phillips viu uma oportunidade de mercado e desenvolveu uma empresa de viagens na Web para vender o Brasil para o resto do mundo. Concentrada totalmente em marketing online, essa estratégia de marketing inovadora a diferenciava das outras empresas de viagem brasileiras. Em 2003, Phillips saiu da Odebrecht e fundou a DiscoverBrazil.com, uma empresa de viagem na Web autofinanciada (a atual Intelligent Travel Solutions, ou ITS), com a ajuda de dois sócios, ambos colegas da Odebrecht.

QUADRO 3 Renda disponível anual por residência, 2010–2020

	2010	2015	2020	Crescimento (%)
Acima de US$500	55.224	60.306	65.374	18,4
Acima de US$1.000	54.662	59.873	65.026	19,0
Acima de US$5.000	45.673	52.420	58.709	28,5
Acima de US10.000	32.705	40.290	47.466	45,1
Acima de US$25.000	11.969	16.801	22.052	84,3
Acima de US$45.000	4.535	6.696	9.238	103,7
Acima de US$75.000	1.790	2.654	3.697	106,6
Acima de US$150.000	569	798	1.069	87,9

Fonte: Euromonitor International (2010).
Observação: Valor constante a preços de 2009.

QUADRO 4 Despesas de consumidores por categoria geral (em bilhões de reais), 2010–2020

Produto	2010	2015	2020	Crescimento (%)	TCAC[a] (%)
Comida e bebidas não alcoólicas	527	678	839	59,3	4,8
Bebidas alcoólicas e tabaco	40	50	61	51,2	4,2
Vestuário e calçados	68	80	90	31,5	2,8
Imóveis	313	397	492	57,4	4,6
Bens e serviços domésticos	107	135	163	52,8	4,3
Produtos de saúde e serviços médicos	95	126	160	68,9	5,4
Transporte	281	372	469	67,1	5,3
Comunicação	118	160	209	77,8	5,9
Lazer e recreação	72	95	119	65,1	5,1
Educação	153	204	259	69,6	5,4
Hotéis e alimentação	56	68	79	40,5	3,5
Bens e serviços diversos	296	390	487	64,6	5,1
TOTAL	2.124	2.755	3.426	61,3	4,9

Fonte: Euromonitor International (2010).
Observação: Valor constante a preços de 2009.
[a]TCAC = Taxa de crescimento anual composta.

QUADRO 5 Despesas de consumidores em pacotes de viagem (em milhões de reais), 2005–2009

Produto	2005	2006	2007	2008	2009	Crescimento (%)
Pacotes turísticos	3.976	4.301	4.635	4.941	5.071	27,5

Fonte: Euromonitor International (2010).
Observação: Valor constante a preços de 2009.

DiscoverBrazil.com começou a vender viagens do escritório doméstico de Phillips e depois se expandiu para oferecer pacotes de luxo nas Américas do Sul e Central. A empresa contava com 11 consultores de viagem, quatro sites e vendas mensais de 300 mil dólares. A equipe adquiriu conhecimento especializado em marketing de Internet e tecnologia com a aplicação exclusiva de marketing online durante os primeiros anos de operações, tornando-a o primeiro resultado nas páginas de resultados dos mecanismos de busca (SERPs) do Google e do Yahoo para as palavras-chave do negócio.

Phillips e sua equipe começaram a criar sites para empresas brasileiras utilizando as técnicas de marketing online desenvolvidas para os sites da Discover Brazil. Em poucas semanas, esses sites alcançaram o primeiro lugar em suas SERPs, algo que normalmente leva 3-6 meses no setor de viagens em inglês. Em 2007, esses resultados levaram à criação da Intelligent Web Solutions (IWS), seguida pela Intelligent Content Solutions (ICS), quando Phillips formou uma parceria com outro empreendedor, este com experiência em tradução. O resultado foi um serviço integrado que conquistou prêmios no setor. A empresa oferece serviços de Web marketing e de negócio Web, criação de conteúdo Web e tradução (ver Quadro 6).

ESTRUTURA ORGANIZACIONAL

Intelligent Leisure Solutions Consulting (ILSC) é um serviço de terceirização eficiente, com uma ampla rede de parceiros especializados para cada serviço terceirizado. Uma demanda é identificada, e soluções inovadoras e inteligentes são criadas para transformar essa demanda em oportunidades de negócios. A ILSC começou com dois funcionários. Em 2007, a empresa tinha 26. Ela foi reestruturada devido à crise financeira de 2008 e a problemas de dívida em moeda estrangeira, passando para 12 funcionários, mas crescendo novamente para 16 em 2009 (Guthry, 2010).

Durante toda a criação da IWS, ICS, ITS e IRES (Intelligent Real Estate Solutions), Phillips continuou a trabalhar com a ILSC, que ajudou a financiar novos projetos. Em 2009, Phillips recrutou três novos sócios para a ILSC, que ajudaram a Discover Brazil a evoluir e a se transformar em um grupo de cinco empresas. Devido aos requisitos de estrutura tributária brasileiros, as empresas precisam se manter separadas para não perderem determinados incentivos fiscais.

O grupo incorporou tecnologias de Internet a uma rede de lazer horizontalmente integrada. As empresas do grupo oferecem uma ampla variedade de serviços, desde desenvolvimento de lazer a marketing e distribuição de produtos. A organização utiliza o conhecimento compartilhado entre as cinco empresas, o que resulta em uma vantagem estratégica. O grupo se considera especial em termos de ter seu próprio laboratório de negócios (ITS), no qual testa e desenvolve serviços integrados e técnicas Web.

A Intelligent Leisure Solutions é composta de cinco empresas, cada uma das quais enfoca seu próprio nicho de mercado:

A **Intelligent Leisure Solutions Consulting (ILSC)** é uma consultoria de desenvolvimento de lazer, imóveis, viagem, turismo e entretenimento, com clientes que incluem donos de projetos independentes, bancos, fundos de investimento, universidades e governos municipais, estaduais e federais. A empresa possui uma forte equipe internacional e multicultural trabalhando no Brasil. Sua vantagem estratégica é o conhecimento de todo o terreno imobiliário e suas soluções integradas que reúnem consultoria de turismo, Web marketing, corretagem de imóveis e consultoria de viagem. Com o crescimento rápido do setor imobiliário e do turismo no Brasil, a ILSC espera capitalizar com o aumento do número de investidores estrangeiros na próxima década. Os clientes da empresa incluem o Ministério do Turismo do Brasil, a Secretaria de Turismo da Bahia, o Banco Mundial, o Banco Interamericano de Desenvolvimento, a Fundação CERT, Sapiens Park e Zank Boutique Hotel. A ILSC também é a representante executiva da Odebrecht e Gehry Technology no Brasil e recentemente venceu uma licitação para prestar serviços no Panama Metro e nos estádios das Olimpíadas e da Copa do Mundo no Brasil.

QUADRO 6 Prêmios conquistados por empresas da Intelligent Leisure Solutions

- Vencedor – 2008 UN World Tourism Org Ulysses Award for Innovation in Tourism Enterprises
- Indicado – 2009 e 2010 World Travel Award, World's Leading Travel Agency
- Indicado – 2010 World Travel Award, World's Leading Travel Management Company
- Vencedor – 2009 e 2010 World Travel Award, S. America's Leading Travel Agency
- Vencedor – 2008, 2009 e 2010 World Travel Award, S. America's Leading Travel Management Company
- Vencedor – 2008 e 2010 World Travel Award, Central America's Leading Travel Agency
- Robert Phillips, sócio diretor, eleito Presidente da American Society of Travel Agents (ASTA), Divisão Brasileira
- Selecionada como membro afiliado da Organização Mundial de Turismo pelo Ministério do Turismo do Brasil

A **Intelligent Real Estate Solutions (IRES)** oferece soluções completas de corretagem imobiliária no Brasil, com clientes que incluem investidores internacionais, bancos e fundos que investem em imóveis e projetos imobiliários no Brasil. A empresa também possui uma equipe multicultural e poliglota, capaz de oferecer serviços a investidores estrangeiros em seus próprios idiomas. Como a maioria dos clientes da ILSC precisa de consultoria imobiliária e serviços de corretagem, a IRES consegue oferecer esses serviços adicionais como parte de uma solução integrada.

A **Intelligent Web Solutions (IWS)** oferece consultoria e desenvolvimento de marketing de Internet e plano de negócio, especializando-se em otimização para mecanismos de busca e marketing de mecanismos de busca. Os clientes da IWS desejam criar uma presença online e incluem empresas de pequeno, médio e grande porte, artistas, bancos, universidades e governos. Como poucas empresas do setor de turismo vendem soluções de criação de conteúdo, a IWS as oferece combinadas com gerenciamento de projetos e conhecimento de serviços globais.

A IWS acredita que conseguirá crescer com eficiência devido aos custos reduzidos do marketing de Internet em comparação com o marketing tradicional, com economias de custo que chegam a 90%. O marketing de Internet alcança pessoas de todo o mundo, desde que tenham acesso à Internet. Como toda empresa interessada em utilizar o marketing de Internet é um cliente em potencial da IWS, a empresa decidiu aproveitar essa oportunidade e realizou seu segundo Internet Marketing Road Show em 2010. Com isso, a Intelligent Leisure Solutions entrou no mercado europeu em 2009 ao obter dois grandes novos clientes.

Os clientes incluem: na Espanha, Universitat Oberta de Catalunya (www.uoc.edu) e Costa Brava de Girona (www.costabrava.org); na Argentina, Festival de Verão e Pepsi (www.sociallize.com.br) e Finca don Otaviano (www.FincadonOtaviano.com.ar); no Brasil, Carlinhos Brown (www.CarlinhosBrown.com.br), Physio Pilates (www.PhysioPilates.com) e projetos imobiliários e de turismo da Odebrecht, incluindo Reserva do Paiva (www.reservadopaiva.com), Hangar Business Park (www.hangarsalvador.com.br), Boulevard Side (www.boulevardside.com.br), Quintas Private (www.quintasprivate.com.br), Mitchell (www.mitchell.com.br) e The Planet Fashion Wear (www.theplanet.com.br).

A **Intelligent Content Solutions (ICS)** presta serviços completos de criação e tradução de conteúdo Web para indivíduos e empresas que precisam de serviços de redação e tradução para a Web. A empresa oferece a tradução de sites para qualquer idioma, trabalhando com uma equipe internacional dentro do Brasil e consultores espalhados por todo o mundo. Apenas técnicas testadas no laboratório de negócios (ITS) são oferecidas aos clientes. Como as empresas cada vez mais desejam vender seus produtos em todo o mundo, a ICS tem muitas oportunidades de crescimento.

A **Intelligent Travel Solutions (ITS)** oferece soluções de viagem de luxo personalizadas nas Américas do Sul e Central para viajantes individuais, agências de turismo, operadores, escolas, universidades, igrejas, outras instituições, empresas de diversos setores e países que oferecem viagens de incentivos. Todos os funcionários da ITS são consultores multiculturais e poliglotas, não agentes de turismo, e aplicam técnicas internas de Web marketing para estabelecer a imagem das Américas do Sul e Central como destinos para viagens de luxo.

A ITS é a primeira operadora de turismo Web do Brasil e promove o desenvolvimento local de atividades turísticas sustentáveis por meio da excelência de seus serviços. As oportunidades de crescimento vêm da aplicação desse modelo de baixo custo a sites de viagem regionais e especializados menores.

OBSTÁCULOS ENFRENTADOS

- **Crise econômica de 2008:** O fato representou um desafio significativo para a Intelligent Leisure Solutions, pois a queda na procura levou a uma perda de receita. Para enfrentar o problema, a empresa reestruturou o negócio de modo que os consultores trabalhassem em casa e não em escritórios corporativos. Isso permitiu que a empresa reduzisse os custos e implementasse uma estrutura de comissão diferenciada (Guthry, 2010).

- **Recursos humanos:** Nas palavras de Phillips: "Descobri um dos principais obstáculos dos recursos humanos e da seleção de recursos humanos. Se eu fosse contratar um advogado ou um cara de finanças, tudo seria muito normal. Mas quando você quer montar uma empresa de viagens na Internet, qual é a base do processo?". Phillips identificou uma equipe competente e implementou treinamento e procedimentos de qualidade e uma cultura corporativa apropriada para cada empresa.

- **Pouco entendimento da necessidade dos produtos:** Como a IWS oferece uma solução de viagem integrada, algo que atualmente não se encontra no mercado, muitos clientes em potencial precisam ser ensinados sobre os produtos da empresa. A estratégia de vendas da Intelligent Leisure Solutions foi projetada para, primeiro, educar os clientes sobre o produto, superar o ceticismo em relação a uma abordagem Web e comunicar com sucesso a qualidade dos produtos. Uma rede de clientes passados foi construída para demonstrar credibilidade e gerar novos clientes.

- **Padrões de gerenciamento de projeto:** Esses padrões, ainda não desenvolvidos no setor, foram criados pelo grupo por um processo de tentativa e erro.

INFORMAÇÕES FINANCEIRAS

Inicialmente, o próprio Phillips financiou a Intelligent Leisure Solutions em 2005, quando a entidade recebeu investimentos de dois indivíduos. Ela também obteve investimentos periódicos durante toda sua existência. Atualmente, o negócio é financiado pelas operações do grupo (ver Quadro 7).

VISÃO GERAL DOS SETORES

Visão geral do setor de consultoria de marketing

O mercado de consultoria de administração e marketing nos Estados Unidos foi avaliado em 106,9 bilhões de dólares em 2009 (Quadros 8 e 9), com uma taxa de crescimento anual composta (TCAC) de 4,4% entre 2005 e 2009 (Datamonitor, 2010d). O mercado teve crescimento estável e espera-se que atinja 161,2 bilhões de dólares em 2014, um aumento de 50,7% em relação a 2009, o que representa uma TCAC de 8,6% no período (Quadro 10). O maior segmento do mercado de consultoria de administração e marketing nos Estados Unidos é o de estratégia corporativa, com 27,8% do total, enquanto o segmento de gestão de operações representa 26,5% (Quadro 11). Os Estados Unidos representam 39,3% do valor do mercado global (Datamonitor, 2010d).

O tamanho desse mercado é o total das receitas recebidas por serviços de estratégia corporativa, serviços de gestão de operações, soluções de tecnologia da informação, serviços de gestão de recursos humanos e serviços de terceirização. Como as consultorias de administração e marketing oferecem conselhos externos objetivos sobre como melhorar o desempenho do negócio, o serviço envolve conhecimento profissional específico, um elemento que pode sair bastante caro.

Reputações de marca fortes são cruciais nesse setor, como fica evidente pelo sucesso de grandes organizações globais, como a PriceWaterhouseCoopers e a Deloitte. O tempo e a experiência necessários para construir essa reputação representam uma importante barreira à entrada no setor. Além disso, muitas grandes organizações empregam analistas e equipes de marketing internos como substitutos para os serviços de consultoria.

As grandes consultorias de administração e marketing empregam economias de escala e são multinacionais e multidisciplinares. A reputação de terem uma boa relação custo-benefício e um excelente histórico são essenciais para o sucesso nesse mercado. O nível de fragmentação do mercado é alto, com empresas menores que se concentram em mercados e setores específicos e que atendem apenas determinados compradores, aos quais estão mais adaptadas (Datamonitor, 2010d).

Visão geral do setor de marketing de Internet

O setor de marketing de Internet é composto das áreas de marketing de mecanismos de busca e de mídias sociais. O setor de marketing de mecanismos de busca é segmentado pelo dinheiro gasto com marketing de buscas pagas e otimização de mecanismos de busca (SEO), além dos gastos com tecnologias de marketing de mecanismos de busca (Econsultancy, 2010). O setor de marketing de mecanismos de busca na América do Norte cresceu de 13,5 bilhões de dólares em 2008 para 14,6 bilhões de dólares em 2009. A recessão dificultou as condições do mercado e 2009 foi um ano relativamente fraco para o setor (Quadro 12) (Econsultancy, 2010).

Das quatro formas de mídia (Internet/mídias sociais, jornais, revistas e televisão), apenas a porcentagem de tempo dedicada à Internet/mídia está aumentando, enquanto a porcentagem gasta com o uso das outras formas está diminuindo. Isso levou a um aumento no número de empresas que dedicam recursos a marketing de mecanismos de busca em relação a outras atividades de marketing e TI (Quadro 13) (Econsultancy, 2010). Em 2009, havia 1,8 bilhão de usuários da Internet em todo o mundo, um aumento de 13% em relação a 2008, com pouco menos da metade (46%) concentrados em apenas cinco países: Brasil, China, Índia, Rússia e Estados Unidos. Os Estados Unidos contam com 240 milhões de usuários, um aumento de 4% em relação a 2008, indicando um índice de penetração de 76%. O Brasil, com 76 milhões de usuários, teve

QUADRO 7 Lucro operacional líquido estimado da Intelligent Leisure Solutions, 2005–2009 (em dólares)

	2005	2006	2007	2008	2009
Lucro operacional estimado (líquido)	$120.000	$360.000	$480.000	$390.000	$640.000

Fonte: Guthry (2010).

QUADRO 8 Valor do mercado americano de consultoria de administração e marketing, 2005–2009

Ano	Dólares (em bilhões)	Euros (em bilhões)	Crescimento (%)
2005	90,0	64,7	–
2006	99,7	71,7	10,8
2007	108,4	78,0	8,8
2008	113,6	81,7	4,8
2009	106,9	76,9	5,9
TCAC 2005–2009			4,4

Fonte: Datamonitor (2010d).

QUADRO 9 Valor do mercado americano de consultoria de administração e marketing, 2005–2009

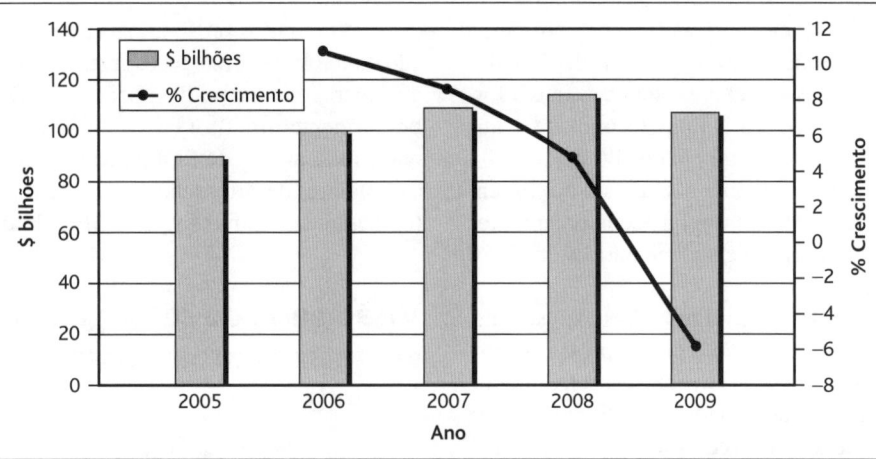

Fonte: Datamonitor (2010d).

QUADRO 10 Estimativa do valor do mercado americano de consultoria de administração e marketing, 2009–2014

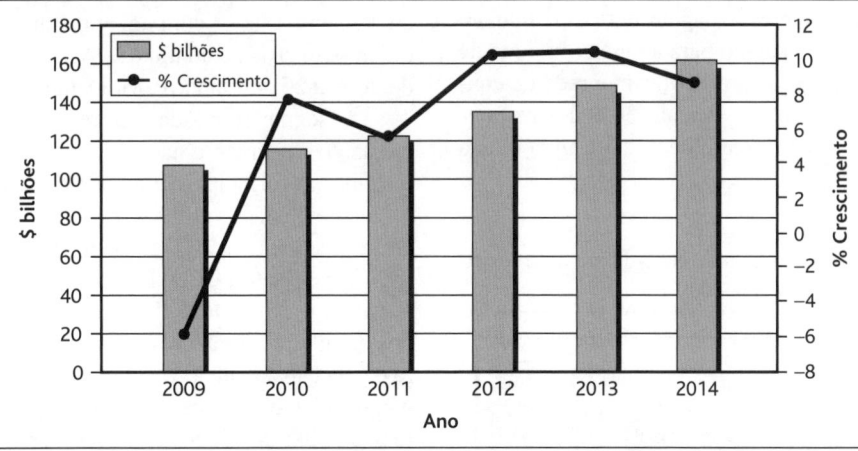

Fonte: Datamonitor (2010d).

um aumento de 17% em relação a 2008, indicando um índice de penetração de 39% (Meeker, Devitt, & Wu, 2010).

De acordo com uma pesquisa de 1.500 clientes anunciantes e agências realizadas pela Econsultancy, o número de empresas que utiliza SEO permanece no patamar de 90% desde 2007, enquanto o marketing de busca pago aumentou de 78% em 2009 para 81% em 2010 (Quadro 14). Mais de metade das empresas pesquisadas esperavam gastar mais com buscas pagas e SEO em 2010 do que gastaram em 2009, com um aumento médio esperado de 37 e 43%, respectivamente (Econsultancy, 2010).

QUADRO 11 Segmentação do mercado americano de consultoria de administração e marketing

Categoria	Participação (%)
Estratégia corporativa	27,8
Administração de operações	26,5
Gestão de recursos humanos	10,6
Tecnologia da informação	8,8
Outros	26,3
Total	**100**

Fonte: Datamonitor (2010d).

Um quinto das empresas pesquisadas gastou mais de 1 milhão de dólares com buscas pagas em 2009, em comparação com um orçamento modesto de menos de 25 mil dólares para marketing em mídias sociais de 73% das empresas (Quadro 15). Isso inclui as empresas que informaram orçamento zero de marketing em mídias sociais e que representam 23% do total (Econsultancy, 2010). Ainda assim, o uso do marketing social está em ascensão: 59% das empresas afirmaram que seus orçamentos para marketing em mídias sociais aumentariam em 2010 (Econsultancy, 2010).

Com 1,5 bilhão de visitas diárias às redes sociais, (Parker & Thomas, 2010), 74 e 73% das empresas afirmaram que usam o Facebook e o Twitter, respectivamente, para promover suas marcas (Quadro 16) (Econsultancy, 2010). O Facebook é a maior rede social nos países anglófonos, com 620 milhões de visitantes globais em 2009, enquanto o Twitter conta com 102 milhões de usuários (Meeker et al., 2010).

O domínio do Google enquanto mecanismo de busca é claro: 97% das empresas pagam para anunciar no Google AdWords e 71% pagam para anunciar na rede de busca do Google, sendo que 56% utilizam a rede de conteúdo do Google (Quadro 17). Apenas 50% dos respondentes utilizaram o Yahoo! Search em 2010, uma queda de 68% em relação a 2009 e de 86% em relação a 2008 (Econsultancy, 2010).

Para muitos profissionais de marketing, a mensuração do retorno sobre o investimento (ROI) para buscas pagas, marketing em mídias sociais e SEO é um desafio particularmente difícil: 43% dos respondentes informaram que a mensuração do ROI para buscas pagas é um de seus três maiores desafios, enquanto 42% dizem o mesmo para marketing em mídias sociais e SEO (Econsultancy, 2010).

Visão geral do setor global de gerenciamento e desenvolvimento de imóveis

O tamanho do setor global de gerenciamento e desenvolvimento de imóveis é de 461 bilhões de dólares, o que representa uma queda de 8% desde 2009. A taxa de mudança composta foi de -0,3% desde 2005. Não se esperava crescimento em 2010, mas em 2011projetava-se um crescimento estável com um aumento para 511 bilhões de dólares até 2014, com uma TCAC de 2,1% para o período de 2009 a 2014 (Quadro 18) (Datamonitor, 2010c).

O segmento residencial representa 56,7% do setor, enquanto o segmento não residencial comporta os 43,3% restantes. As principais empresas do setor têm sede na Europa e nos Estados Unidos, com 36,3 e 33,7% do mercado, respectivamente (Quadro 19) (Datamonitor, 2010c).

Nesse setor, os compradores variam em termos de tamanho e capacidade financeira, de modo que o poder dos grandes compradores é atenuado pela saúde financeira e pela capacidade de negociação dos principais participantes, elementos que moderam o poder dos compradores. O poder dos fornecedores é mediano, com inúmeras empreiteiras disponibilizando serviços essenciais. É necessário quantidades significativas de capital para entrar nesse mercado, mas empréstimos comerciais e hipotecas dão acesso a esse capital; assim, a probabilidade de novas entradas no mercado também é mediana. A concorrência no setor é forte, o que reflete o ambiente de negócios incerto e a situação financeira instável do momento.

Os participantes do mercado tentam se diferenciar por tipo de propriedade ou serviço oferecido, como cor-

QUADRO 12 Valor do setor de marketing de mecanismos de busca na América do Norte, 2004–2010

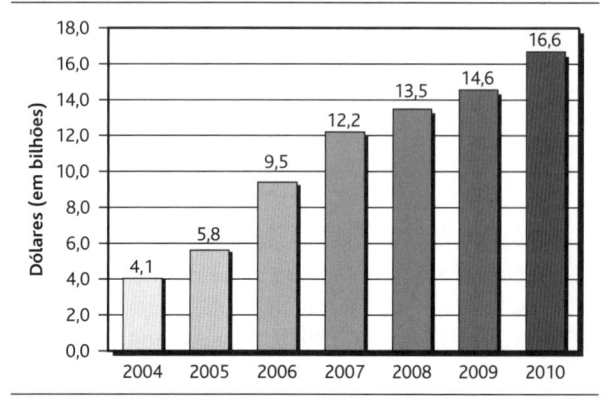

Ano	Dólares (em bilhões)
2004	4,1
2005	5,8
2006	9,5
2007	12,2
2008	13,5
2009	14,6
2010	16,6

Fonte: Econsultancy (2010).

QUADRO 13 Fundos para programas de marketing de busca sendo transferidos de que programas de marketing/TI?

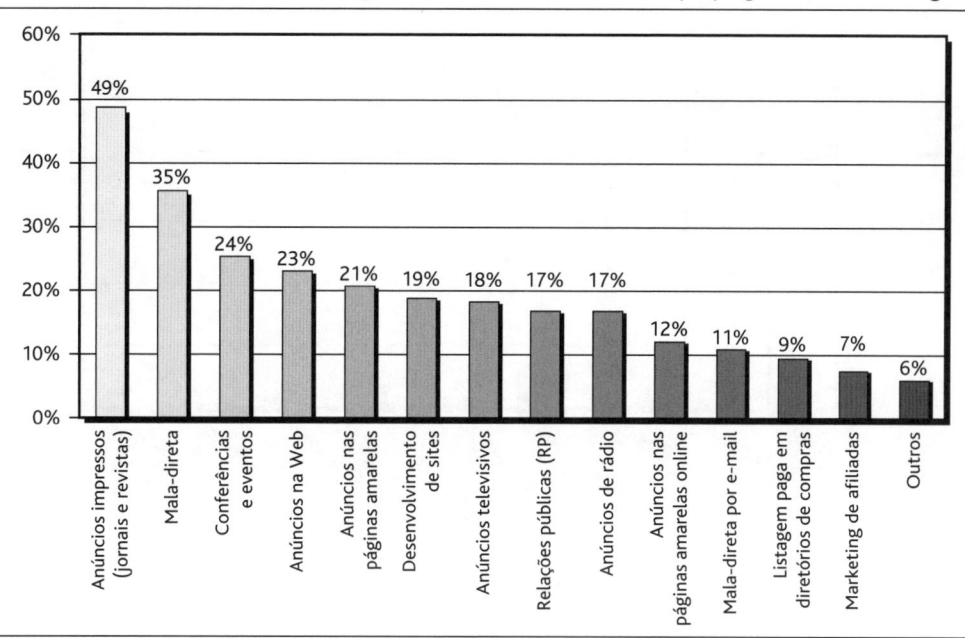

Categoria	%
Anúncios impressos (jornais e revistas)	49%
Mala-direta	35%
Conferências e eventos	24%
Anúncios na Web	23%
Anúncios nas páginas amarelas	21%
Desenvolvimento de sites	19%
Anúncios televisivos	18%
Relações públicas (RP)	17%
Anúncios de rádio	17%
Anúncios nas páginas amarelas online	12%
Mala-direta por e-mail	11%
Listagem paga em diretórios de compras	9%
Marketing de afiliadas	7%
Outros	6%

Fonte: Econsultancy (2010).

retagem. O setor global de gerenciamento e desenvolvimento de imóveis é altamente fragmentado e o reconhecimento do nome é importante. As quatro maiores empresas do setor representam apenas 3,9% do total. Dessas quatro, uma tem sede nos Estados Unidos e as outras três no Japão (Datamonitor, 2010c).

Visão geral do setor de consultoria de TI

Em 2009, o tamanho do mercado global de consultoria de tecnologia da informação (TI) e outros serviços foi de 498,2 bilhões de dólares, com uma TCAC de 5,1% entre 2005 e 2009. O mercado diminuiu 0,6% em 2009, mas espera-se que volte a aumentar nos próximos anos. As projeções indicam que o setor alcançará 561,5 bilhões de dólares em 2014 (Quadro 20) (Datamonitor, 2010b).

As vendas de serviços de integração e desenvolvimento foram o segmento mais significativo do setor, com receitas de 246,7 bilhões, totalizando 49,5% do valor do mercado. Os mercados principais foram as Américas (51,9%) e a Europa (27,8%).

O setor é altamente fragmentado, com grandes multinacionais que operam ao lado de inúmeras empresas pequenas. Os principais clientes são corporações e

QUADRO 14 Tipo de atividade de marketing de Internet organizacional

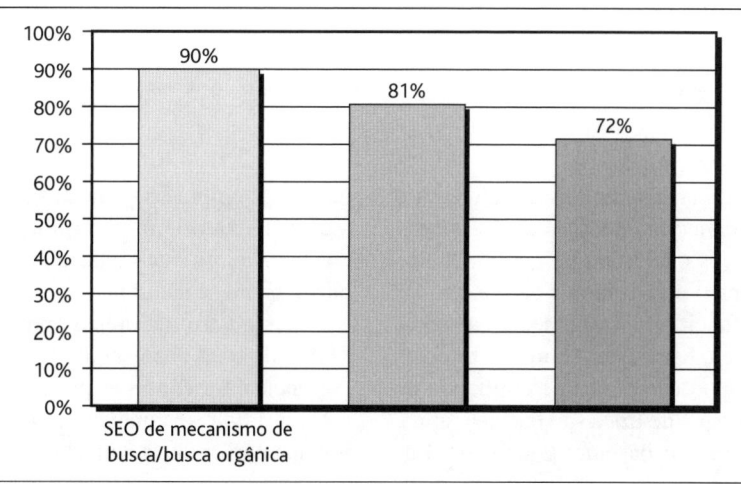

	%
SEO de mecanismo de busca/busca orgânica	90%
	81%
	72%

Fonte: Econsultancy (2010).

QUADRO 15 Orçamentos de marketing de mídias sociais de empresas, 2009

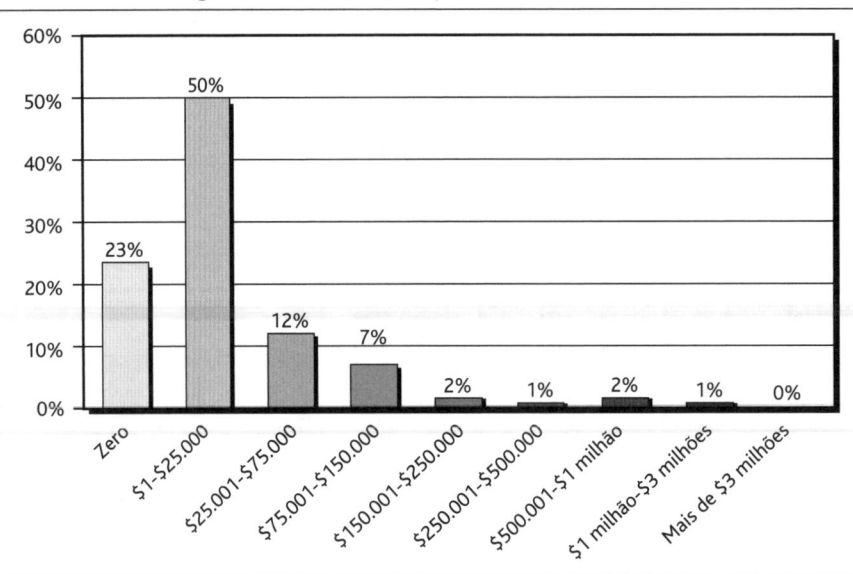

Faixa	%
Zero	23%
$1-$25.000	50%
$25.001-$75.000	12%
$75.001-$150.000	7%
$150.001-$250.000	2%
$250.001-$500.000	1%
$500.001-$1 milhão	2%
$1 milhão-$3 milhões	1%
Mais de $3 milhões	0%

Fonte: Econsultancy (2010).

QUADRO 16 Sites de mídias sociais usados para promover marca/empresa por índice de utilização das empresas, 2010

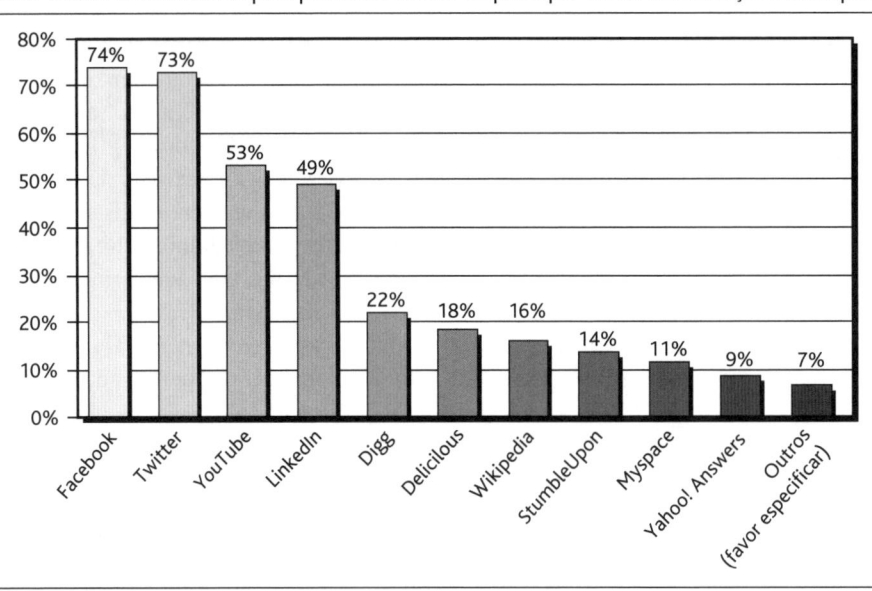

Site	%
Facebook	74%
Twitter	73%
YouTube	53%
LinkedIn	49%
Digg	22%
Delicious	18%
Wikipedia	16%
StumbleUpon	14%
Myspace	11%
Yahoo! Answers	9%
Outros (favor especificar)	7%

Fonte: Econsultancy (2010).

agências estatais, que variam em termos de tamanho e força financeira. O reconhecimento de marca é essencial no setor, pois serviços de TI de alta qualidade são um fator crucial no sucesso dos negócios do cliente. Os fornecedores possuem funcionários altamente capacitados e oferecem software e hardware. Como os clientes dependem do recebimento de serviços de confiança de seus fornecedores e os custos de troca são bastante altos, em geral, os fornecedores são bastante poderosos. Enquanto as empresas pequenas podem se diferenciar com a especialização em determinados setores, como serviços financeiros e de saúde, a probabilidade total de novos participantes é mediana.

As quatro maiores empresas do setor representam 13,8% do total das vendas (Datamonitor, 2010b). A concorrência é forte, pois as principais empresas continuam a crescer e hoje se concentram na diversificação como estratégia para reduzir o nível de competição.

QUADRO 17 Porcentagem de empresas que pagam para anunciar em cada mecanismo de busca

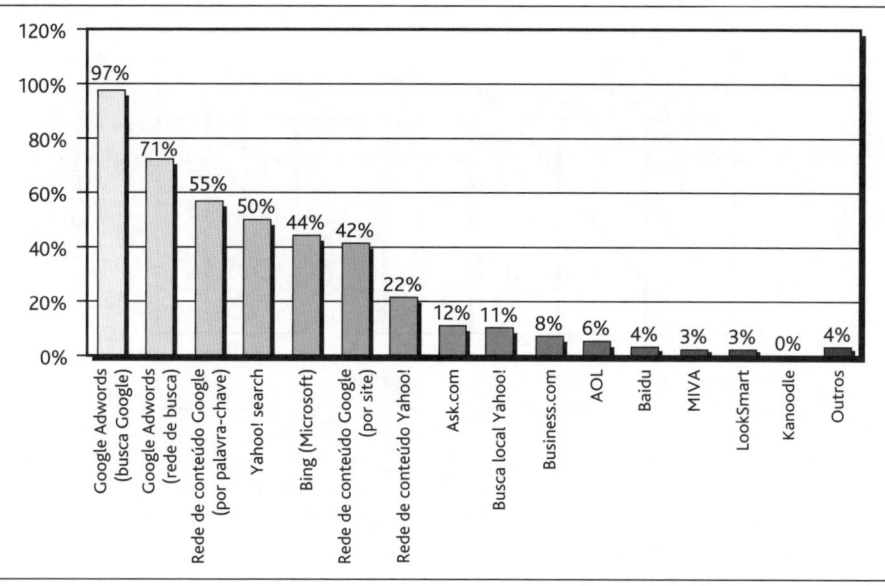

Mecanismo	%
Google Adwords (busca Google)	97%
Google Adwords (rede de busca)	71%
Rede de conteúdo Google (por palavra-chave)	55%
Yahoo! search	50%
Bing (Microsoft)	44%
Rede de conteúdo Google (por site)	42%
Rede de conteúdo Yahoo!	22%
Ask.com	12%
Busca local Yahoo!	11%
Business.com	8%
AOL	6%
Baidu	4%
MIVA	3%
LookSmart	3%
Kanoodle	0%
Outros	4%

Fonte: Econsultancy (2010).

QUADRO 18 Projeção de valor do setor global de gerenciamento e desenvolvimento de imóveis, 2009–2014

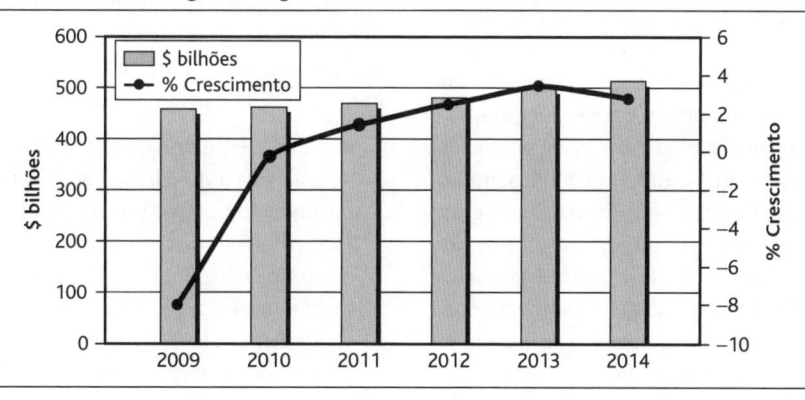

Fonte: Datamonitor (2010c).

Visão geral do setor mundial de software e serviços de Internet

O setor é composto de empresas que estão desenvolvendo e comercializando software de Internet e/ou prestando serviços de Internet, incluindo bancos de dados online e serviços interativos, serviços de registro de endereços na Internet, construção de bancos de dados e serviços de web design (Datamonitor, 2010a). O tamanho do setor é de 893,7 bilhões de dólares (Quadro 21), um aumento de 9,1% em 2009 que representa uma TCAC de 14,7% (Datamonitor, 2010a). Projeta-se que o setor aumente em 75,4% e alcance 1.567,7 bilhão de dólares até 2014 (Quadro 22).

O setor é dividido em dois segmentos: o de banda larga, que é de longe o maior (74,4% do tamanho total do setor), e o de banda estreita (25,6%). A Ásia-Pacífico é o maior segmento regional do setor mundial de software e serviços de Internet, abarcando 41,2% do volume do mercado, seguido pela região das Américas, com 33,2% do setor mundial. Projeta-se que o número de assinantes do setor

QUADRO 19 Segmentação do setor global de gerenciamento e desenvolvimento de imóveis, 2009

Região	Participação (%)
Europa	36,3
Estados Unidos	33,7
Ásia-Pacífico	20,9
Resto do mundo	9,1
Total	**100**

Fonte: Datamonitor (2010c).

QUADRO 20 Estimativa do valor do mercado global de consultoria de TI e outros serviços, 2009–2014

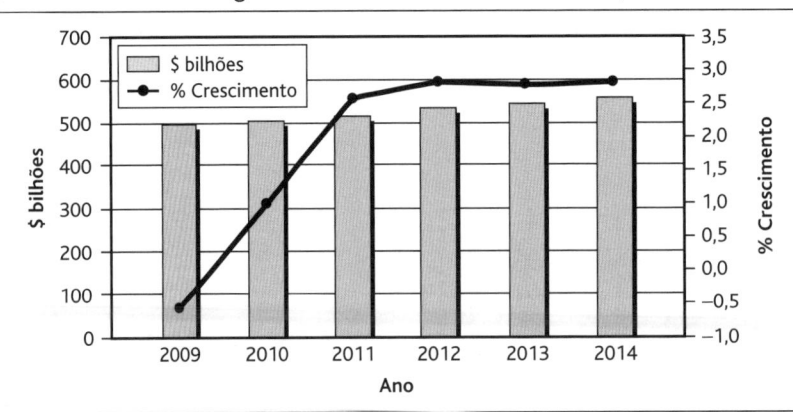

Fonte: Datamonitor (2010b).

aumente para 2 bilhões de usuários até 2014, um aumento de 55% desde 2009 (Quadro 23) (Datamonitor, 2010a).

O setor é altamente fragmentado, sendo que as grandes multinacionais representam apenas 8% do mercado mundial. Como o reconhecimento de marca é tão importante no setor, empresas como Google e Yahoo! possuem reconhecimento global e compradores, como consumidores individuais, tendem a frequentar a marca. Os compradores comerciais não consideram o reconhecimento de marca como um fator significativo nas compras. O poder de compra é moderado pela grande quantidade de clientes em potencial.

O poder dos fornecedores é alto, pois muitas empresas tendem a confiar em fornecedores únicos, com grandes habilidades de negociação. A entrada no setor depende de altos níveis de conhecimento técnico especializado e investimentos em P&D. A tendência de crescimento forte costuma atrair novos participantes, mas a propriedade intelectual é uma barreira forte, assim como os custos para cumprir regulamentações como o Digital Millennium Copyright Act (DMCA, Lei dos Direitos Autorais do Milênio Digital) (Datamonitor, 2010a).

SOLUÇÕES

Robert Phillips acredita que a empresa pode crescer com operações maiores, novos projetos, novos investidores e mais consultoria. Para tanto, Phillips propõe o seguinte para cada uma das empresas do grupo (Guthry, 2010):

- **ILSC**: Para aproveitar as oportunidades oferecidas pela Copa do Mundo de 2014 no Brasil e as Olimpíadas de 2016, Phillips pretende solidificar as relações da empresa com organizações estrangeiras, como a espanhola Advanced Leisure Services, a italiana Target Euro e a americana Gehry Technology. Além disso, deve ser criado um novo site para a ILSC utilizando as técnicas de Web marketing inovadoras da empresa.

QUADRO 21 Valor do setor mundial de software e serviços de Internet, 2005–2009

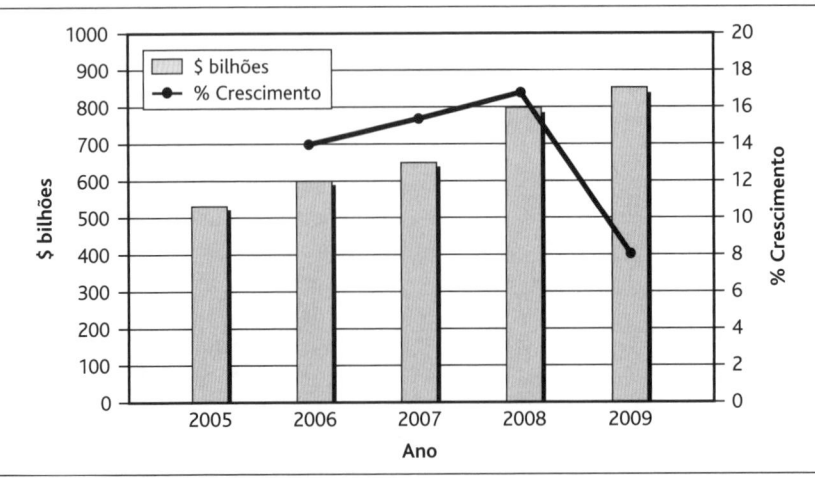

Fonte: Datamonitor (2010a).

QUADRO 22 Previsão do setor mundial de software e serviços de Internet, 2009–2014

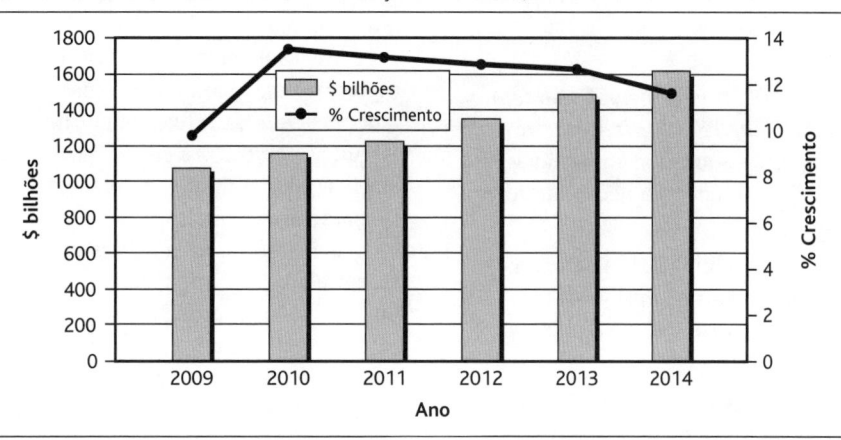

Fonte: Datamonitor (2010a).

- **IRES**: Nesse grupo, é preciso identificar um líder para assumir o controle e expandir o negócio, terminar o site do IRES e começar a oferecer propriedades brasileiras de alto nível na Internet.
- **IWS**: Nesse grupo, é preciso criar um portfólio de histórias de sucesso e implementar uma estratégia para alcançar prêmios e reconhecimento internacionais, atualizar o site, traduzi-lo para diversos idiomas a fim de alcançar novos clientes e formar sociedades com prestadores de serviços de valor agregado. Além disso, a IWS tentará fortalecer o Internet Marketing Road Show, realizado pela organização para ajudar as empresas a entender o que a ILS faz e por que seus serviços são necessários.
- **ITS**: Nesse grupo, é preciso realizar uma revisão completa dos sites atuais da ITS, além de criar uma nova estrutura de site com o uso das novas tecnologias e tendências que surgiram desde o lançamento do site, permitindo a expansão rápida para novos mercados e áreas de destinos por meio da replicação. Além disso, as oportunidades no setor de turismo brasileiro oferecidas pela Copa do Mundo de 2014 e pelas Olimpíadas de 2016 devem ser aproveitadas.
- **ICS**: Nesse grupo, é preciso desenvolver e oferecer dublagem e legendagem de filmes, documentários e vídeos de treinamento como parte da carteira de serviços.
- **Geral**: Phillips se propõe a continuar mantendo as sinergias entre as empresas e aproveitar o conhecimento compartilhado, manter-se atualizado sobre as tendências e os avanços no turismo e na tecnologia de Internet por meio da pesquisa contínua, manter a sustentabilidade financeira do grupo e replicar suas histórias de sucesso ao implementar o modelo de negócio e o sistema operacional bem-sucedido a novos sites. Além disso, muitos dos sites da empresa, alguns dos quais têm mais de 8 anos, não são reformados desde sua criação inicial e precisam ser atualizados em breve.

REFERÊNCIAS

Central Intelligence Agency. (2010). *The world factbook.* Acessado em https://www.cia.gov/library/publications/the-world-factbook/index.html

Datamonitor. (2010a). *Global Internet software & services: Industry profile.* Acessado em http://www.marketresearch.com/Datamonitor-v72/Global-Internet-Software-Services-6445589/

Datamonitor. (2010b). *Global IT consulting & other services.* Acessado em http://www.datamonitor.com/store/Product/global_it_consulting_other_services?productid=D3F44101-8292-4FBE-9614-1C6ED508C2CA

Datamonitor. (2010c). *Global real estate management & development.* Acessado em http://www.

QUADRO 23 Previsão do setor mundial de software e serviços de Internet, 2009–2014

Ano	Assinantes (bilhões)	Crescimento (%)
2009	1,3	11,6
2010	1,4	11,0
2011	1,6	9,7
2012	1,7	9,1
2013	1,9	8,5
2014	2,0	7,9
TCAC: 2009–2014		**9,2**

Fonte: Datamonitor (2010c).

companiesandmarkets.com/Market-Report/global-
-real-estate-management-development-market-
-report-624768.asp

Datamonitor. (2010d). *Management & marketing consultancy in the United States: Industry profile.* Acessado em http://www.amazon.com/Management-Marketing-Consultancy-United-States/dp/B004FFWN4W

Economist Intelligence Unit. (2010a). *Country forecast Brazil.* Acessado em http://www.eiu.com/index.asp?layout=displayIssue&publication_id=490003649

Economist Intelligence Unit. (2010b). *Country report Brazil.* Acessado em http://www.eiu.com/index.asp?layout=displayIssue&publication_id=1720000972

Econsultancy. (2010). *State of search engine marketing report 2010.* Acessado em http://econsultancy.com/us/reports/sempo-state-of-search-2010

Euromonitor International. (2010). *Consumer lifestyles in Brazil.* Acessado em http://www.euromonitor.com/consumer-lifestyles-in-brazil/report

Guthry, D. (2010). *Thunderbird 2010 Alumni Entrepreneur of the Year nomination: Robert Phillips.* Glendale, AZ: Walker Center for Global Entrepreneurship.

Meeker, M., Devitt, S., & Wu, L. (2010, November 16). *Ten questions Internet execs should ask & answer.* San Francisco: Morgan Stanley. Acessado em http://www.morganstanley.com/institutional/techresearch/pdfs/tenquestions_web2.pdf

Parker, G., & Thomas, L. (2010). *The socialisation of brands:* Wave 5. New York: Universal McCann. Acessado em http://www.umww.com/global/knowledge/download?id=1791&hash=F1C9F17E9E5CB4A2681D74 4A9AD018B3413C00BFad20708460e4 4685b4e8a7cb5612c496&fileName=Wave%205%20-%20The%20 Socialisation%20Of%20Brands.pdf

CASO 7
GOURMET TO GO

INTRODUÇÃO

Hoje em dia, muitas famílias contam com duas rendas. No final do dia, surge a pergunta: "Quem vai cozinhar?" ou "O que faço para o jantar?". O tempo é limitado. Depois de um longo dia de trabalho, poucas pessoas querem encarar as filas no supermercado. Muitas vezes, a opção é comer fora. Mas a despesa de jantar em um restaurante ou a monotonia do fast food logo se tornam insustentáveis. As entregas de pizza ou de fast food resolvem o problema de ter que sair para comer, mas nem sempre satisfazem a necessidade de refeições nutritivas e de boa qualidade. Algumas pessoas preferem uma refeição caseira, mas sem a aflição das compras, do planejamento de cardápio e da preparação demorada.

Jan Jones é uma dessas pessoas. Ela é uma profissional esforçada que gostaria de chegar em casa e fazer uma refeição caseira. Não se importaria de prepará-la ela mesma, mas, já em casa, fazer uma viagem extra até o supermercado é um grande incômodo. Jones achou que seria ótimo ter uma refeição planejada com todos os ingredientes à mão. Pensou em outras pessoas em sua situação e percebeu que talvez haveria uma necessidade de mercado para esse tipo de serviço. Depois de pensar sobre os tipos de refeições que poderiam ser comercializadas, Jones discutiu o plano com seus colegas de trabalho. A resposta entusiasmada levou-a a acreditar que tivera uma boa ideia. Após meses de pesquisa de marketing, planejamento de cardápios e projeções financeiras, Jones estava pronta para lançar seu novo negócio. A seguir, temos o plano de negócio para a Gourmet to Go.

RESUMO EXECUTIVO

A Gourmet to Go é um novo conceito em comercialização de produtos alimentícios. O produto é uma combinação de planejamento de cardápios e entrega dos ingredientes necessários para prepará-los; um pacote completo de produtos e receitas para as refeições de uma semana é entregue na porta do cliente. O mercado-alvo consiste em jovens profissionais urbanos de famílias com duas rendas em que os indivíduos têm tempo livre limitado, alta disponibilidade de renda e disposição para pagar pelos serviços.

O objetivo é desenvolver uma clientela de 400 famílias até o final do terceiro ano de operação. Esse nível de atuação produzirá uma nova receita de cerca de 120 mil dólares por ano e oferecerá uma base sólida para penetração de mercado no futuro.

O objetivo será atingido com a criação de consciência do produto por meio de intensa campanha promocional inicial e do fornecimento de serviços e mercadorias de primeira qualidade para os clientes.

O capital necessário para alcançar os objetivos é de 258.000 dólares. Jones investirá 183.000 dólares; ela administrará e será a proprietária do negócio. O restante do capital será financiado por empréstimos bancários.

Fonte: Este estudo de caso foi preparado por Robert D. Hisrich com o propósito de estabelecer uma base para discussão em aula.

PRODUTO

O produto consiste em serviços de planejamento de cardápios e compra dos ingredientes, e oferece uma seleção limitada de pacotes de cinco jantares pré-planejados entregues diretamente ao cliente.

Os critérios para os pacotes de refeições serão nutrição equilibrada, preparação fácil e alta qualidade. Para garantir as exigências nutricionais, a Gourmet to Go contratará um nutricionista como consultor. Informações nutricionais constarão em cada pedido, bem como o método mais eficiente de preparação da refeição completa. As refeições se limitarão a receitas que não exijam mais do que 20 minutos de preparação. Os ingredientes de alta qualidade serão um diferencial, e o cliente deverá perceber que está obtendo ingredientes de qualidade melhor que a dos produtos comprados nos supermercados.

PRODUÇÃO E EMBALAGEM

Como o cliente não fará as compras na empresa, a Gourmet to Go precisará somente de um espaço para armazenar os ingredientes. A localização ou decoração da loja não serão importantes para atrair clientes. Haverá menos despesas de estoque, já que o cliente não escolherá entre várias marcas, sendo oferecidas somente marcas de alta qualidade.

Será importante estabelecer uma conexão confiável com um distribuidor de produtos de alta qualidade e manter os ingredientes frescos para entrega ao cliente.

À medida que os pedidos forem processados, os jantares serão montados. As carnes serão embrulhadas e ficarão prontas para serem colocadas no congelador doméstico. Todos os ingredientes terão rótulos de acordo com o jantar do qual fizerem parte. Os ingredientes serão classificados e embalados segundo as exigências de armazenamento: congelador, refrigerador e prateleira. Será feito todo o possível para minimizar o trabalho do cliente. Na embalagem estarão incluídas as informações nutricionais e as instruções de preparo.

Os clientes terão a opção de selecionar suas refeições no cardápio mensal ou de escolher uma seleção semanal elaborada pela empresa.

CRESCIMENTO FUTURO

Várias opções serão exploradas a fim de expandir o negócio. Alguns clientes talvez preferirão um plano de três ou quatro refeições se comem fora ou viajam com mais frequência. Outra possibilidade seria a "refeição de última hora", isto é, o cliente telefonaria em um dia qualquer encomendando uma única refeição.

O aumento da clientela incrementará as vendas futuras. A expansão da Gourmet to Go incluiria filiais em outros locais ou mesmo futuras franquias em outras cidades. Com a expansão e o sucesso, a Gourmet to Go tornaria-se um bom alvo de compra por parte de uma grande empresa de alimentos.

SETOR

O conceito da Gourmet to Go é uma nova ideia no próprio nicho de mercado. Os concorrentes mais próximos seriam os supermercados e restaurantes com serviços de entrega.

Dos 660 supermercados da região da cidade e do condado de Tulsa, nos Estados Unidos, somente dois oferecem o serviço de entrega: são estabelecimentos de preços mais altos, que fazem entregas por quatro dólares, não importando o valor do pedido. Entretanto, não oferecem assistência no planejamento de refeições.

Várias cadeias de pizzarias entregam pizzas a domicílio, bem como frango frito. Também há um novo serviço que recolhe e entrega pedidos de diversos restaurantes. Porém, a Gourmet to Go não estaria concorrendo diretamente com esses serviços, pois as refeições daqueles estabelecimentos ou são do tipo fast food ou são muito mais caras do que as refeições da Gourmet to Go.

PREVISÃO DE VENDAS

O segmento de mercado será o de residências com uma renda mínima de 65.000 dólares por ano. Na cidade e no condado de Tulsa, o mercado cobrirá uma área que inclui 16.600 residências que atendem às exigências de renda e cujas idades variam entre 24 e 50 anos. No final do terceiro ano, terá sido desenvolvida uma clientela de 400 residências (2,3% do mercado-alvo). Com uma taxa de crescimento de 2,73% ao ano, o mercado-alvo deverá se expandir para 18 mil residências após três anos.

FINANÇAS

Nos Quadros de 1 a 8, há vários demonstrativos financeiros.

MARKETING

Distribuição

O produto será entregue diretamente ao cliente.

QUADRO 1 Despesas iniciais

Campanha publicitária		
Agência de publicidade*	$3.000	
Folhetos†	7.000	
Propagandas de rádio‡	8.000	
Anúncios de jornal§	7.000	
Total		$25.000
Salários antes do lançamento**		16.000
Consultoria de nutricionista		6.000
Consultorias diversas (jurídica, etc.)		1.500
Aluguel e depósitos antes do lançamento		4.000
Equipamentos e materiais em geral antes do lançamento		2.000
		$54.500

*40 h a $75/h
† 20.000 brochuras; impressão, desenvolvimento, etc. a $ 0,35/cada.
‡ Quatro semanas de intensa campanha: 20 anúncios/semana (30 segundos); $ 100/anúncio.
§ 50 anúncios a uma média de $100/anúncio.
** Salário de 3 meses para Jan Jones, e de 2 semanas para dois atendentes.

Estratégia de vendas

A propaganda incluirá anúncios em jornais e no rádio, uma página na Internet e folhetos em mala-direta. Os quatro sistemas serão usados durante as operações normais, mas uma intensa campanha precederá o lançamento do negócio. Uma série de anúncios "provocadores" será publicada nos jornais antes do lançamento, referindo-se a uma revolução nas compras de alimentos. Durante o lançamento, os anúncios de jornais evoluirão para uma real apresentação do produto, tendo início os anúncios de rádio. Durante as primeiras quatro semanas de funcionamento da empresa, será usada uma intensa programação publicitária. Após o lançamento, uma mala-direta fará descrições detalhadas do serviço e do planejamento de cardápios.

Anúncios de jornal dirigidos aos mercados visados serão postos nas seções de entretenimento e de negócios. Propagandas de rádio serão veiculadas pelas estações que têm mais apelo junto ao mercado-alvo. Como o produto é novo, será possível conceder entrevistas para jornais e obter publicidade gratuita.

Promoções de vendas oferecerão grandes descontos para novos clientes. Essas promoções se estenderão aos primeiros seis meses de operação.

Serão cobrados 10 dólares por semana para entrega e planejamento, com o preço dos ingredientes ao nível do estabelecido no varejo. De acordo com a pesquisa por telefone, sabe-se que a maioria das pessoas interessadas no serviço estaria disposta a pagar a taxa semanal.

ADMINISTRAÇÃO

A administração será exercida pela proprietária/gerente. Os demais funcionários serão os entregadores e os aten-

QUADRO 2 Lista de equipamentos básicos

Computadores:		
Apple, Macintosh Office System		
3 Mac systems	$3.000	
Impressora a laser HP2300	1.000	
Operação em rede	2.000	
Software	3.000	
Total		$ 9.000
Furgões para entrega, Chevrolet Astro		66.000
Armários e congeladores para os alimentos		15.000
Sistema telefônico (AT&T)		1.500
Móveis e acessórios		3.500
		$95.000

QUADRO 3 Demonstrativo de resultados *pro forma*

	Ano 1											
	Mês 1	Mês 2	Mês 3	Mês 4	Mês 5	Mês 6	Mês 7	Mês 8	Mês 9	Mês 10	Mês 11	Mês 12
Vendas[1]	2.600	3.900	6.500	13.000	19.500	23.400	26.000	28.600	31.200	33.800	36.400	39.000
Menos: Custo de mercadorias vendidas[2]	1.700	2.550	4.250	8.500	12.750	15.300	17.000	18.700	20.400	22.100	23.800	25.500
Lucro bruto	900	1.350	2.250	4.500	6.750	8.100	9.000	9.900	10.800	11.700	12.600	13.500
Menos: Despesas operacionais												
Salários[3]	7.400	7.400	7.400	7.400	7.400	7.400	9.800	9.800	9.800	9.800	9.800	9.800
Materiais de operação	300	300	300	300	300	300	300	300	300	300	300	300
Consertos e manutenção	250	250	250	250	250	250	250	250	250	250	250	250
Publicidade e promoção[4]	130	195	325	650	975	1.170	1.300	1.430	1.560	1.690	1.820	1.950
Inadimplência	100	100	100	100	100	100	100	100	100	100	100	100
Aluguel[5]	1.667	1.667	1.667	1.667	1.667	1.667	1.667	1.667	1.667	1.667	1.667	1.667
Energia/água	1.000	1.000	1.000	1.000	1.000	1.000	1.000	1.000	1.000	1.000	1.000	1.000
Seguro	600	600	600	600	600	600	600	600	600	600	600	600
Escritório geral	150	150	150	150	150	150	150	150	150	150	150	150
Licenças	200	0	0	0	0	0	0	0	0	0	0	0
Juros[6]	310	310	310	310	310	310	530	530	530	530	530	530
Depreciação[7]	1.271	1.271	1.271	1.271	1.271	1.271	1.271	1.271	1.271	1.271	1.271	1.271
Total de despesas operacionais	13.378	13.243	13.373	13.698	14.023	14.218	16.968	17.098	17.228	17.358	17.488	17.618
Lucro (prejuízo) antes dos impostos	(12.478)	(11.893)	(11.123)	(9.198)	(7.273)	(6.118)	(7.968)	(7.198)	(6.428)	(5.658)	(4.888)	(4.118)
Menos: Impostos	0	0	0	0	0	0	0	0	0	0	0	0
Lucro líquido (prejuízo)	(12.478)	(11.893)	(11.123)	(9.198)	(7.273)	(6.118)	(7.968)	(7.198)	(6.428)	(5.658)	(4.888)	(4.118)

[1] A média de vendas por unidade é de 43 dólares, mais 10 dólares por entrega semanal (Quadro 1), perfazendo o total de 212 dólares mensais em vendas unitárias por residência (duas pessoas).

[2] Custo de mercadorias vendidas – 80% do preço dos supermercados, ou 32 dólares por residência, por semana (170 dólares/mês/residência). (80% de margem média nos ingredientes.)

[3] Pagamentos e salários – O salário de Jones será de 5.000 dólares por mês. Os atendentes de pedidos receberão 1.300 dólares/mês, e os de entregas, 1.100 dólares/ mês. Atendentes adicionais, um para pedidos e outro para entregas, serão contratados quando as vendas atingirem 100 residências e novamente quando chegarem a 200. Os salários serão aumentados em 6%/ano.

[4] Publicidade e promoção – O padrão do setor de vendas de alimentos é 1%. Entretanto, a Gourmet to Go, sendo uma empresa nova, exigirá um nível mais alto; o valor de 5% de vendas será usado neste plano. (A publicidade especial pré-lançamento será coberta com outras despesas iniciais.)

[5] Aluguel – 600/m² a $10,00/m²; $1.667/mês; acréscimo de 6%/ano.

[6] Juros – Empréstimos para computadores (10 mil dólares) e veículos de entrega (22 mil dólares cada) em 12,0%/ano. (Os veículos de entrega serão adquiridos conforme contratação de funcionários para entregas.) (Serviço de financiamentos – baseado em amortização de três anos de empréstimos com pagamentos de ⅓ no final de cada um dos 3 anos.)

[7] Depreciação – Todo o equipamento será depreciado pelo método ACRS: veículos e computadores – 3 anos; móveis e acessórios – 10 anos. A sigla ACRS, do inglês, Accelerated Cost Recovery System, significa método para aceleração da depreciação.

QUADRO 4 Demonstrativo de resultados *pro forma*

	Ano 2				Ano 3			
	T1	T2	T3	T4	T1	T2	T3	T4
Vendas[1]	136.500	156.000	194.698	234.000	253.500	273.000	292.500	312.000
Menos: Custo de mercadorias vendidas[2]	89.250	102.000	127.302	153.000	165.750	178.500	191.250	204.000
Lucro bruto	47.250	54.000	67.395	81.000	87.750	94.500	101.250	108.000
Menos: Despesas operacionais								
Salários[3]	31.164	38.796	38.796	38.796	41.124	41.124	41.124	41.124
Materiais de operação	900	900	900	900	900	900	900	900
Consertos e manutenção	750	750	750	750	750	750	750	750
Publicidade e promoção[4]	6.825	7.800	9.735	11.700	12.675	13.650	14.625	15.600
Inadimplência	300	300	300	300	300	300	300	300
Aluguel[5]	5.301	5.301	5.301	5.301	5.619	5.619	5.619	5.619
Energia/água	3.000	3.000	3.000	3.000	3.000	3.000	3.000	3.000
Seguro	1.800	1.800	1.800	1.800	1.800	1.800	1.800	1.800
Escritório geral	450	450	450	450	450	450	450	450
Juros[6]	1.280	1.940	1.720	1.720	1.410	1.190	970	970
Depreciação[7]	6.910	6.910	6.910	6.910	7.493	7.493	7.493	7.493
Total de despesas operacionais	58.680	67.947	69.662	71.627	75.520	76.275	77.030	78.005
Lucro (prejuízo) antes dos impostos	(11.430)	(13.947)	(2.267)	9.373	12.230	18.225	24.220	29.995
Menos: Impostos	0							
Lucro líquido (prejuízo)	(11.430)	(13.947)	(2.267)	9.373	12.230	18.225	24.220	29.995

[1] A média de vendas por unidade é de 43 dólares, mais 10 dólares por entrega semanal (Quadro 1), perfazendo o total de 212 dólares mensais em vendas unitárias por residência (duas pessoas).

[2] Custo de mercadorias vendidas – 80% do preço dos supermercados, ou 32 dólares por residência, por semana (138 dólares/mês/residência). (80% de margem média nos ingredientes – *Progressive Grocer;* April 1984; p. 94.)

[3] Pagamentos e salários – O salário de Jones será de 5.000 dólares por mês. Os atendentes de pedidos receberão 1.300 dólares/mês, e os de entregas, 1.100 dólares/mês. Atendentes adicionais, um para pedidos e outro para entregas, serão contratados quando as vendas atingirem 100 residências e novamente quando chegarem a 200. Os salários serão aumentados em 6%/ano.

[4] Publicidade e promoção – O padrão do setor de vendas de alimentos é 1%. Entretanto, a Gourmet to Go, sendo uma empresa nova, exigirá um nível mais alto; o valor de 5% de vendas será usado neste plano. (A publicidade especial pré-lançamento será coberta com outras despesas iniciais.)

[5] Aluguel – 600/m² a $8,00/m²; $1.333/mês; acréscimo de 6%/ano.

[6] Juros – Empréstimos para computadores (10 mil dólares) e veículos de entrega (12 mil dólares cada) em 12,5%/ano. (Os veículos de entrega serão adquiridos conforme contratação de funcionários para entregas.) (Serviço de financiamentos – baseado em amortização de três anos de empréstimos com pagamentos de ⅓ no final de cada um dos 3 anos.)

[7] Depreciação – Todo o equipamento será depreciado pelo método ACRS: veículos e computadores – 3 anos; móveis e acessórios – 10 anos. A sigla ACRS, do inglês, Accelerated Cost Recovery System, significa método para aceleração da depreciação.

QUADRO 5 Demonstrativo de fluxo de caixa *pro forma*

	\multicolumn{13}{c}{Ano 1}	
	Mês 1	Mês 2	Mês 3	Mês 4	Mês 5	Mês 6	Mês 7	Mês 8	Mês 9	Mês 10	Mês 11	Mês 12	Total
Recebimentos de caixa													
Vendas	2.600	3.900	6.500	13.000	19.500	23.400	26.000	28.600	31.200	33.800	36.400	39.000	263.900
Outros													
Total de recebimentos de caixa	2.600	3.900	6.500	13.000	19.500	23.400	26.000	28.600	31.200	33.800	36.400	39.000	263.900
Desembolsos de caixa													
Custo de produtos vendidos	1.700	2.550	4.250	8.500	12.750	15.300	17.000	18.700	20.400	22.100	23.800	25.500	172.550
Salários	7.400	7.400	7.400	7.400	7.400	7.400	9.800	9.800	9.800	9.800	9.800	9.800	103.200
Materiais de operação	300	300	300	300	300	300	300	300	300	300	300	300	3.600
Consertos e manutenção	250	250	250	250	250	250	250	250	250	250	250	250	3.000
Publicidade e promoção	130	195	325	650	975	1.170	1.300	1.430	1.560	1.690	1.820	1.950	13.195
Inadimplência	100	100	100	100	100	100	100	100	100	100	100	100	1.200
Aluguel	1.667	1.667	1.667	1.667	1.667	1.667	1.667	1.667	1.667	1.667	1.667	1.667	20.004
Energia/água	1.000	1.000	1.000	1.000	1.000	1.000	1.000	1.000	1.000	1.000	1.000	1.000	12.000
Seguro	600	600	600	600	600	600	600	600	600	600	600	600	7.200
Escritório geral	150	150	150	150	150	150	150	150	150	150	150	150	1.800
Licenças	200	0	0	0	0	0	0	0	0	0	0	0	200
Juros	310	310	310	310	310	310	530	530	530	530	530	530	5.040
Serviço de dívida (principal)												10.333	10.333
Total de desembolsos de caixa	13.807	14.522	16.352	20.927	25.502	28.247	32.697	34.527	36.357	38.187	40.017	52.180	353.322
Fluxo de caixa líquido	(11.207)	(10.622)	(9.852)	(7.927)	(6.002)	(4.847)	(6.697)	(5.927)	(5.157)	(4.387)	(3.617)	(13.180)	(89.422)

QUADRO 6 Demonstrativo de fluxo de caixa *pro forma*

	Ano 2				Ano 3			
	T1	T2	T3	T4	T1	T2	T3	T4
Recebimentos de caixa								
Vendas	136.500	156.000	194.698	234.000	253.500	273.000	292.500	312.000
Outros								
Total de recebimentos de caixa	136.500	156.000	194.698	234.000	253.500	273.000	292.500	312.000
Desembolsos de caixa								
Custo de produtos vendidos	89.250	102.000	127.302	153.000	165.750	178.500	191.250	204.000
Salários	31.164	38.796	38.796	38.796	41.124	41.124	41.124	41.124
Materiais de operação	900	900	900	900	900	900	900	900
Consertos e manutenção	750	750	750	750	750	750	750	750
Publicidade e promoção	6.825	7.800	9.735	11.700	12.675	13.650	14.625	15.600
Inadimplência	300	300	300	300	300	300	300	300
Aluguel	5.301	5.301	5.301	5.301	5.619	5.619	5.619	5.619
Energia/água	3.000	3.000	3.000	3.000	3.000	3.000	3.000	3.000
Seguro	1.800	1.800	1.800	1.800	1.800	1.800	1.800	1.800
Escritório geral	450	450	450	450	450	450	450	450
Licenças	0	0	0	0	0	0	0	0
Juros	1.280	1.940	1.720	1.720	1.410	1.190	970	970
Serviço de dívida (principal)		7.333		10.333	7.333	7.333		10.333
Total de desembolsos de caixa	141.020	170.370	190.054	228.050	241.111	254.616	260.788	284.846
Fluxo de caixa líquido	(4.520)	(14.370)	4.643	5.950	12.389	18.384	31.712	27.154

QUADRO 7 Balanço patrimonial *pro forma*

Final de:	Ano 1	Ano 2	Ano 3		Ano 1	Ano 2	Ano 3
Ativos				**Passivos**			
Ativos circulantes				Contas a pagar	12.750	21.217	31.875
Caixa	3.000	5.000	7.000	Notas a pagar	0	0	0
Contas a receber	19.500	32.450	48.750	Total dos passivos circulantes	12.750	21.217	31.875
Estoque	12.750	21.217	31.875	Passivos de longo prazo			
Materiais	300	300	300	Empréstimos bancários a pagar	42.667	47.000	22.000
Despesas antecipadas	1.667	1.767	1.873	Empréstimos pessoais a pagar	0	0	0
Total dos ativos circulantes	37.217	60.734	89.798	Total dos passivos de longo prazo	42.667	47.000	22.000
Ativo imobilizado				Total dos passivos	55.417	68.217	53.875
Móveis e acessórios	18.000	16.000	14.000	Patrimônio líquido			
Veículos	33.000	32.780	8.140	Capital social	133.889	62.897	28.068
Equipamento	6.750	3.330	0	Lucros retidos	(94.339)	(18.271)	29.995
Total do ativo imobilizado	57.750	52.110	22.140	Total do patrimônio líquido	39.550	44.627	58.063
Total dos ativos	94.967	112.844	111.938	Total dos passivos e patrimônio líquido	94.967	112.844	111.938

QUADRO 8	Origens e aplicações de recursos
Origens de recursos	
Jan Jones (fundos pessoais)	$182.913
Empréstimos bancários para computadores e veículos	75.000
Total de recursos	$257.913
Aplicações de recursos	
Computador, periféricos e software	$9.000
Armários e congeladores para os alimentos	15.000
Veículos de entrega*	66.000
Sistema telefônico	1.500
Móveis e acessórios variados	3.500
Despesas iniciais	54.600
Capital operacional[†]	108.313
Total de aplicações[‡]	$257.913

* Ver detalhes, a seguir.
[†]Para cobrir o fluxo de caixa negativo no período inicial de 1 ano e meio de operação. (Ver demonstrativos de fluxo de caixa *pro forma*.)
[‡]Total para o período inicial de três anos. O computador e o veículo de entrega serão adquiridos antes do lançamento do negócio, dois furgões de entrega serão acrescentados 6 e 15 meses após o início, respectivamente. O financiamento será tratado simultaneamente com a aquisição.

dentes de pedidos. É provável que, com o crescimento da empresa, seja contratado um gerente de operações para supervisionar os funcionários.

CASO 8A
INTERVELA D.O.O. KOPER – VICTORY SAILMAKERS, PARTE A

Zvonko e Zeljko caminharam até a porta de vidro da oficina de velas que iniciaram há uma década e pararam nas escadas de ferro azuis. Olharam de relance para o mar, que tremulava ao pôr-do-sol. Os navios na Baía de Koper seguiam para o sul. Os veleiros na marina estavam amarrados em silêncio, como se aguardassem pacientemente que os timoneiros e a tripulação finalmente os desamarrassem e soltassem as velas. As nuvens escuras vindas do sudeste não interrompiam seus pensamentos; eles continuavam pensando, depois do jantar, sobre o dia seguinte, quando os limites de tempo novamente os pressionariam. Seu ano empresarial de maior sucesso estava indo embora e várias opções novas já estavam surgindo.

Fonte: O caso foi escrito por Bostjan Antoncic, Faculdade de Administração na Universidade de Primorska. Copyright 2001 do autor. Publicado com autorização do autor.

O caso foi elaborado como base para discussão em aula, e não para ilustrar como lidar com situações administrativas com ou sem sucesso.

NAVEGANDO

Zvonko Bezic e Zeljko Perovic nasceram em 1962 e encontraram-se no início dos anos 1970, quando começaram a navegar no Galeb Sailing Club em Rijeka, Croácia. Quando estudantes, navegaram juntos na classe Flying Dutchman. Na época, eles já estavam mudando seus veleiros de regata, basicamente de fabricação estrangeira, ajustando-os ao peso e ao estilo de navegação dos dois. Eles concluíram seus estudos universitários no final dos anos 1980 (Zvonko Bezic formou-se em pedagogia, e Zeljko Perovic, em engenharia de tráfego marítimo).

Em 1988, os dois estavam empregados; Zvonko Bezic como jornalista e editor para a região de Rijeka junto ao jornal do sindicato, *Radnicke novine*, e Zeljko Perovic (ou apenas Huck, seu apelido de navegação) como instrutor de navegação em Galeb. Zeljko Perovic às vezes trabalhava com o Sr. Grego, que fabricava velas. Foi aí que ele aprendeu a fabricar velas para grandes veleiros, o que exigia conhecer a curva necessária para cada painel horizontal e saber como fazer o recorte final da vela. Além disso, ele leu livros em inglês sobre o assunto, que considerou extremamente interessante. Em 1988, Zvonko Bezic e Zeljko Perovic começaram a fabricar velas por conta própria, no início somente para os menores veleiros da classe Optimist. Eles elaboraram seu primeiro projeto para esses veleiros desmontando uma vela fabricada pela Green, o fabricante de velas mais renomado entre os velejadores e instrutores na classe Optimist da época. Essa mesma vela também era adequada para os veleiros maiores, o que era muito importante. O primeiro conjunto de velas para a escola de navegação em Rijeka foi uma cópia fiel dessa vela.

A CRIAÇÃO DA EMPRESA

Na ocasião, um amigo de Rijeka, que já era um negociante experiente e com uma posição sólida no mercado, convenceu Zvonko Bezic a abrir seu próprio negócio. Inclusive ele sugeriu o ramo de negócio (produtos químicos) e um sócio, mas eles terminaram não entrando nesse campo. Em vez disso, aliado a Zeljko Perovic, a dupla decidiu estabelecer um negócio de velas. O amigo citado lhes ofereceu um empréstimo de 2.000 francos suíços sob as seguintes condições: se a empresa sobrevivesse por dois anos, eles não devolveriam o empréstimo, mas se falisse e não fosse bem-sucedida, eles pagariam o empréstimo acrescido de juros. A proposta foi aceita. O amigo também lhes deu cartões de visita e material promocional.

Em 1989, os dois começaram a fabricar velas de regata para a Classe Optimist juvenil. Eles adaptaram o projeto básico e recortaram os painéis da vela Green desmontada para atender às demandas de velas mais leves.

Zeljko Perovic disse que "eles começaram a brincar com a forma das velas"; simultaneamente eles iniciaram a fabricação de velas para veleiros maiores e iates. As velas eram recortadas no ginásio da escola, que eles alugavam nos finais de semana; durante a semana, as velas eram costuradas em casa, junto com a avó de Zeljko Perovic. Ele recorda: "... ocupávamos uma parte da casa dela, primeiro um pequeno cômodo e, depois, um andar inteiro e até a garagem". Na produção de velas para veleiros maiores, o *know-how* e as informações assimiladas com o Sr. Grego ajudaram bastante.

Em 1990, os dois decidiram entrar no negócio de velas em tempo integral; estudaram livros e revistas especializadas e obtiveram muitas informações sobre: (1) os materiais usados na fabricação de velas, (2) o processo de produção em si, sua história e tendências de desenvolvimento, e (3) outros fabricantes de vela. Aprenderam o recorte de velas auxiliado por computador e conseguiram informações direto com os fabricantes de velas, principalmente com os da Eslovênia e do Norte da Itália. Em uma fábrica relativamente grande, na época, para a produção em massa de velas, sediada em Forli, Itália, onde os dois se ofereceram para vender as velas da empresa italiana na antiga Iugoslávia, aprenderam como ela organizava a produção de velas e quais equipamentos eram utilizados. "Eles empregavam um especialista da Nova Zelândia e usavam um programa de computador. Em Forli, procuramos aprender basicamente o que eles faziam e como faziam", conta Zeljko Perovic. Eles também aprenderam muito durante a visita à recém-aberta oficina de velas do maior fabricante global, North, em Monfalcone, Itália, acompanhando Dusan Puh que, na ocasião, fazia um pedido de velas para a "Equipe de Elan" da qual Zvonko Bezic era membro, e para o veleiro Elan, denominado "Packa" na época. Obtiveram informações úteis sobre os equipamentos utilizados e sobre onde poderiam ser solicitados. Quando procurava uma oficina de velas na Sardenha para consertar suas velas, Zeljko Perovic se deparou com uma que fabricava velas confiáveis. Ele pôde constatar a simplicidade com que finalizavam alguns detalhes na vela (por exemplo, bordas e reforços) e o modo como adaptaram suas máquinas para esse processo.

Os dois decidiram comprar um programa de computador para recortar as velas. Durante seis meses, obtiveram informações sobre o programa que deviam comprar e testaram as versões de demonstração de cinco programas diferentes. No final de 1990, compraram um computador pessoal e o Sailmaker Software (SMSW) da Autometrix, Estados Unidos. Mesmo sabendo que os renomados fabricantes de vela estavam usando plotadoras e cortadores, além dos computadores, eles não podiam comprar esses equipamentos. Também enfrentaram dificuldades para financiar a produção e cobrir os custos permanentes, uma vez que tinham alugado instalações de produção em Rijeka.

PARALISAÇÃO E UM NOVO COMEÇO

Em 1991, eles aceitaram cargos de marinheiros contratados, na Itália, para levantar algum dinheiro. Ao mesmo tempo, o mercado de velas na Croácia e na Eslovênia se retraiu naquele ano; não houve nova produção de velas, somente o controle das atividades de revenda. Como o mercado praticamente não existia na Croácia, eles começaram a procurar um novo local para seu negócio de velas – um lugar mais perto da Itália. Estavam prestes a decidir entre Portorose, na Eslovênia, e Ravenna, na Itália, quando o Sr. J. Kosmina lhes ofereceu a oportunidade de assumir o serviço de reparos de vela durante uma competição em Koper, Eslovênia (Match Race). Decidiram ficar em Koper e alugaram instalações na Marina de Koper para começar a fabricar velas novamente. No início de 1992, usaram suas economias para comprar uma plotadora Autometrix de segunda mão. "Fomos um dos primeiros no mercado local (ou seja, Eslovênia, Croácia e Norte da Itália) a começar a aplicar tecnologia de computador na produção de velas; em toda a Itália, apenas o maior fabricante, a North, tirava proveito da tecnologia de computador", explica Zeljko Perovic.

Em 1992, enquanto fabricavam velas em Koper, lançaram uma atividade adicional: criar placas de publicidade. Quando começaram a plotar as letras, aprenderam com outros fabricantes de placas os programas que deveriam usar e como ler os esboços e transferi-los para a plotadora (em termos de tamanho e forma). Eles usaram também esse *know-how* no projeto de reforços auxiliado por computador. A empresa estava se tornando conhecida nesse mercado local e podia estabelecer contatos mais facilmente e trocar informações com os outros fabricantes de vela locais. No final de 1992, a empresa mudou para instalações maiores na marina e modernizou o processo de produção com a compra de novas máquinas de costura.

ESTRATÉGIA DE MARKETING

Em 1993, as vendas aumentaram, e a empresa ganhava clientes na Itália, Alemanha e Áustria. Na época, os principais concorrentes locais da Intervela (a empresa deles) eram: Olimpic Trieste, Itália (com vendas em torno de US$ 900.000 em 1993), Ulmer Kolius Lignano, Itália (US$ 600.000), North Monfalcone, Itália (US$ 180.000), Seaway Portorose, Eslovênia (US$ 180.000) e Zadro Trieste, Itália (US$ 90.000). No final desse ano, um marinheiro de Koper que era pesquisador iniciante na Faculdade de Economia na Universidade de Ljubljana, Eslovênia, preparou, com a colaboração dos dois proprietários, um plano de marketing para a Intervela, que até aquele momento mal tinha esboçado uma estratégia de marketing. Com base em uma análise da demanda atual e da concorrência, foram definidos os seguintes aspectos: (1) como meta primordial, um aumento nas vendas de 58% pelos três anos seguintes (1994-1996), associado a um aumento gradativo na fatia de mercado; (2) a promoção da empresa e de seus produtos para os possíveis clientes; (3) a melhoria da eficiência interna da empresa e da qualidade dos produtos. Os pontos fortes (preço e qualidade, inclusive o acabamento das velas e a garantia de dois anos), os pontos fracos (comunicação de marketing, padronização, design), as oportunidades (venda de grandes quantidades para as empresas, produção de velas para iates maiores) e as ameaças (retração do mercado, publicidade deficiente das velas, mudanças tecnológicas essenciais) também foram estabelecidos para as velas, o principal produto da empresa.

Desenvolvimento e penetração no mercado eram o foco principal do plano de negócio da empresa. A estratégia de marketing foi formulada: produto (padronização, melhorias no design, transferência dos aprimoramentos das velas de regata para as outras velas, seguindo de perto as tendências, lançamento e aprimoramento dos serviços pós-venda – por exemplo, como ajustar velas e instruir clientes); preço (preços competitivos para clientes individuais); local (a abrangência da rede de distribuição); e promoção (promoção por meio de um veleiro de primeira classe – *Gaia Cube* – em competições, contatos pessoais, distribuição de material promocional para proprietários de veleiros e anúncios publicitários na revista náutica eslovena *Val*). Eles focaram na promoção da marca comercial da vela Victory.

Em 1993, a Intervela foi pioneira no lançamento de uma novidade na produção de velas maiores: bolsos de ripa dupla. Esse conceito só tinha sido aplicado anteriormente a veleiros menores Olympic e citado em jornais especializados. Alguns concorrentes locais logo copiaram a ideia.

Mesmo com a retração no mercado italiano, a empresa desfrutou de modo consistente de um aumento nas vendas até 1994. A qualidade de suas velas e a publicidade positiva obtida quando o veleiro *Gaia Cube* ganhava corridas contribuíram muito para os resultados comerciais. Nesse ano, Vencato, um rival de Trieste e fabricante das velas Ullman, propôs uma cooperação parcial para aprender a usar o programa de computador e a plotadora e o modo como trabalhavam. Logo em seguida, Vencato comprou uma versão superior do mesmo software e a plotadora que, na época, funcionava como cortador.

UMA DECISÃO SOBRE O CORTADOR E A SITUAÇÃO EM 1995

Em 1995, após outro ano comercial de sucesso (outro aumento para $128.300 nas vendas – ver Quadro 1), os gerentes-proprietários da Intervela decidiram, entre outros novos investimentos, comprar uma nova plotadora de corte para cortar o pano da vela (lona). Também visitaram o Sr. DeMartisu, da oficina de velas Olimpic, em Trieste, que tinha comprado uma nova plotadora de corte naquele ano. Em 1995, mais concorrentes visitaram a Intervela do que no ano anterior.

A Intervela d.o.o. Koper é uma empresa de responsabilidade limitada, relativamente pequena, pertencente totalmente a Zvonko Bezic e Zeljko Perovic. Em 1995, a empresa fabricou principalmente velas para veleiros de competição e chatas (barcaças).[1] As vendas sob o nome comercial Victory responderam por 90% do total das vendas em 1995 (dos quais 65% eram velas de regata), enquanto os reparos de velas, a fabricação de painéis de

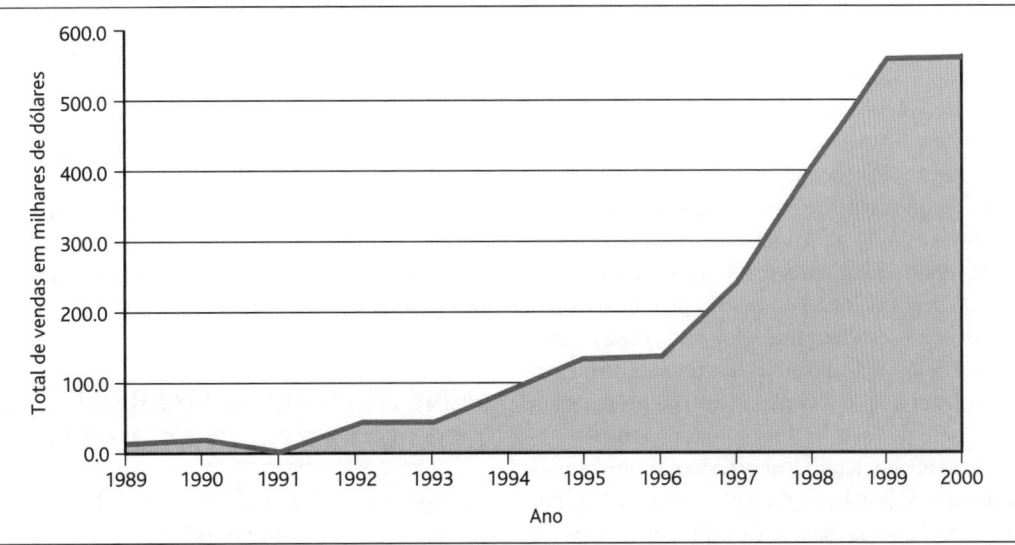

QUADRO 1 Crescimento da Intervela d.o.o.

Fonte: Dados da empresa e contas anuais da Intervela d.o.o.

anúncios e a produção de capas de tela, sacolas e trapézios para veleiros respondiam pelos 10% restantes. Em 1994, a Intervela obteve US$ 86.300 em receitas de vendas, com uma equipe de seis pessoas em tempo integral (inclusive os donos), e US$ 128.300 em receitas de vendas, com cinco funcionários efetivos, em 1995. Zvonko Bezic é o principal responsável pelo marketing, enquanto Zeljko Perovic é o encarregado da produção.

A COMPRA DE UM CORTADOR

Em 1995, a Intervela comprou um cortador de pano para vela (lona) e dois pacotes de software para planejar e projetar velas, totalizando o uso de três pacotes de software: SMSW, ProSail e Crain. De acordo com um dos proprietários da oficina de velas, o software American ProSail é muito fácil de usar, principalmente em projetos para velas de cruzeiro. Os pacotes de software SMSW (americano) e Crain (francês) são mais complicados, exigem mais tempo para elaborar as velas e são adequados para as velas mais complexas usadas em competições. A empresa começou a usar o SMSW na primeira metade dos anos 1990.

A AQUISIÇÃO DA OFICINA DE VELAS KUTIN

Devido ao rápido aumento na demanda de velas Victory, os dois sócios procuraram espaço e equipe adicionais em 1996. Quando a oficina de velas Kutin, em Rijeka, declarou falência, a empresa adquiriu a oficina e mudou a antiga plotadora para Rijeka. O novo local, na Croácia, iniciou as operações em maio de 2000.

ELAN

Antes da falência, a Kutin fabricava velas para a Elan, o maior produtor de veleiros na Eslovênia. A relação Kutin-Elan enfrentou dificuldades devido aos problemas de qualidade e às reclamações dos clientes. Um dos proprietários da Intervela explicou que cerca de 60% das queixas recebidas pela Elan na época estavam relacionadas a velas produzidas pela Kutin, obrigando a Elan a procurar um novo fornecedor.

A Elan queria um fornecedor local e tentou Rado Pelajic na fabricação de velas para veleiros da classe Zeta, mas essa cooperação não durou. A empresa entrou em contato com a Intervela, e Zvonko e Zeljko prepararam um contrato. Como as velas Victory tinham qualidade superior às fabricadas pela Kutin, foi orçado um preço mais alto, acima do preço de entrega da Kutin para a Elan. Por meio de algumas negociações, foi estipulado um preço mais baixo no contrato final.

Na opinião de Zvonko e Zeljko, "isso seria um negócio para preencher lacunas – no inverno, quando o mercado está estável", e envolvia a simples produção em massa de velas. Um cliente habitual também "ofereceria certo grau de segurança". Contudo, ao lidar com um cliente tão grande quanto a Elan, ocorreram dificuldades de pagamento. Apesar do prazo de pagamento, estipulado em 60 dias, o pagamento só era recebido após 120 dias ou mais. Em 1998, foi recebido um veleiro para compensar as faturas sem quitação. Em 2000, esse veleiro, um Elan 36, comandado por Franci Stres, afundou em uma tormenta na costa da Croácia. Em um segundo acordo de pagamento, em 1999, um navio cruzeiro Elan 333 foi aceito como pagamento. Naquele ano, a Elan "enfrentou a falência".

A Elan enviou para a Intervela uma proposta para dar baixa nas queixas das contas a receber, mas Zvonko e Zeljko não concordaram. As negociações sobre a distribuição da massa falida se arrastaram até meados de 2001. "Como estávamos entre os fornecedores mais importantes, eles nos mantiveram como fornecedores e não anularam nossas contas a receber", disse Zvonko Bezic. Em 2001, a Intervela continuou fazendo negócios com a Elan, mas exigia um pagamento antecipado das velas fornecidas. Os pedidos da Elan aumentaram. De 60 veleiros por ano, as vendas de veleiros Elan (e de velas Victory) aumentaram para cerca de 110 veleiros no ano de 2000, e havia uma previsão de 150 veleiros para 2001. As vendas para a Elan eram responsáveis por aproximadamente ¼ (quase US$ 137.500) do total de vendas (cerca de US$ 550.000) da Intervela em 2000.

O PROJETO *GAIA CUBE*

A Intervela produziu suas primeiras velas para o barco de corrida *Gaia Cube* (posteriormente, *Gaia Legend*) Consortium em 1995. No período de 1995-1997, eles também faziam parte da tripulação e venceram corridas no famoso evento de navegação, Barcolana, na baía de Trieste. Mais adiante, em 1998, a família Kosmina, que desempenhava o papel principal no consórcio, decidiu usar as velas produzidas pela empresa Olimpic de Trieste. Por ser a maior empresa local na época, a Olympic ofereceu preços muito baixos. A empresa sobrevivia fabricando velas para veleiros menores, motivo pelo qual era importante entrar nesse projeto, apesar do preço baixo.

PENETRANDO NO MERCADO GLOBAL COM VELAS DA CLASSE FINN

No final de 1997 e início de 1998, a Intervela começou a fabricar velas para o veleiro Olympic da classe Finn. Karlo Kuret, conhecido velejador croata na classe, encomendou uma vela porque em seu programa olímpico o preço das velas era muito alto. Ele propôs a fabricação de uma cópia da vela Sobstadt, mas Zvonko e Zeljko decidiram desenvolver uma vela totalmente nova, que foi um grande sucesso internacional. Usando a vela Victory, Kuret venceu a corrida Semanal Olímpica em Atenas, em fevereiro de 1998.

O campeão olímpico Mateusz Kusnierewicz, da Polônia, desejava testar uma nova vela na regata Pré-Olímpica em Medemblik, na Holanda. A vela foi produzida pela Intervela durante a noite e, no dia seguinte, Kusnierewicz estava correndo com ela. Na regata Pré-Olímpica seguinte, em Kiel, Alemanha, Kusnierewicz venceu sete das nove corridas. De 1999 a 2001, usando a vela Victory, ele foi o velejador nº 1 do mundo – seu pior resultado foi um segundo lugar nos campeonatos mundial e europeu (campeonato mundial de 1999, na Grécia, e de 2000, na Inglaterra); ele ficou em quarto lugar nos Jogos Olímpicos de Sydney.

Paralelamente ao início da produção de velas da classe Finn, a Intervela também começou a colaborar com a Universidade de Zagreb, Croácia, onde eram realizadas as primeiras análises da lona. Foi feita uma comparação entre vários materiais, analisando 26 parâmetros. Essa análise ajudou a empresa a avaliar a qualidade dos materiais e a adequação de um material a seus produtos.

Zvonko e Zeljko acreditavam que, além do desenvolvimento de um novo produto, da garantia de que os principais velejadores na classe Finn tivessem bons resultados e da aplicação de novos materiais, os três fatores seguintes também eram importantes para entrar no mercado de velas da classe Finn:

- *Desenvolvimento de velas.* Os representantes das velas Victory visitam regatas, observam as corridas e coletam informações e comentários; a Intervela formou uma equipe de velejadores de alto nível (quatro deles estavam entre os 10 primeiros no ranking mundial em 2000 e em meados de 2001) e oferece a eles condições especiais, como ajustar as velas às suas necessidades específicas.
- *Novidade na tecnologia de design de velas.* A Intervela usava um software sofisticado na elaboração e construção das velas para os veleiros do tipo "design único", como os Finn.
- *Análise da qualidade da vela.* Para testar as velas, a empresa acopla sensores à vela e a uma câmera afixada na parte superior do mastro para gravar o desempenho da vela durante a navegação; depois, as velas são aperfeiçoadas segundo a análise de seu desempenho.

A Intervela estava se expandindo para uma empresa de renome global, com a marca comercial Victory. Nos Jogos Olímpicos de Sydney, 18 dos 25 velejadores na classe Finn usavam velas Victory. Atualmente, as velas estão sendo vendidas no mundo inteiro: Canadá, Estados Unidos, Brasil, Austrália, Nova Zelândia, República da África do Sul, China, Japão, Suécia, Dinamarca, Polônia, Rússia, Bielorrússia, Ucrânia, Lituânia, Alemanha, Grã-Bretanha, Bélgica, França, Espanha, Itália, Irlanda, Áustria, Croácia, Eslovênia, Hungria, Grécia e Turquia.

CLASSE EUROPE

A empresa também obteve êxito ao penetrar no mercado europeu da classe Dinghy. Em 1999, as velas da empresa dominaram os mercados esloveno, croata e italiano, e foram vendidas inclusive na Polônia e na Bielorrússia. Nos Jogos Olímpicos de 2000, as representantes femininas dos Estados Unidos, da Itália, da Bielorrússia e da Polônia concorreram com as velas Victory.

A CLASSE OPTIMIST

Em 2001, a Intervela começou a desenvolver uma vela para o bote juvenil da classe Optimist. Em fevereiro e março de 2001, a nova vela foi concluída. A empresa empregou Karel Kuret, importante velejador e autoridade entre os velejadores croatas, que ajudou no desenvolvimento da vela.

A empresa fez um contrato com Sime Fantella, campeão mundial de 2000, e com seu pai, que também era seu treinador, para testar a vela no estágio de preparação (de fevereiro a abril de 2001), mesmo que ele estivesse concorrendo com velas fabricadas pela Olimpic, de Trieste. Sime e seu pai ficaram satisfeitos com a vela e, logo, outros membros do time croata começaram a usar as velas Victory nas corridas. Em abril de 2001, Fantella venceu o campeonato sul-americano. O segundo competidor croata ficou em terceiro lugar; na competição feminina, o primeiro lugar ficou com a velejadora croata. O time croata também venceu a competição de equipes. Apesar de, em meados de 2001, a Olimpic ter desfrutado de uma fatia de mercado de 50%, seguida pela North, da Dinamarca, e pela Toni Tio, da Espanha, a empresa definiu o objetivo de atingir 50% do mercado croata no prazo de dois anos.

Mesmo antes de fabricar velas para a classe Optimist, a empresa enfrentou alguns problemas relacionados à concorrência. Após produzir uma vela para um italiano, que obteve uma excelente classificação em uma regata, um representante da Olimpic deu de presente ao italiano uma de suas velas. De modo semelhante, quando a empresa tentou colaborar com Milan Morgan, que fabrica botes Optimist em Portorose, Eslovênia, a Intervela deu a ele algumas velas promocionais. Milan usou essas velas como base para negociar com a Olimpic. Devido a essas e outras experiências desagradáveis, a Intervela decidiu agir de modo diferente na Croácia. "Nossa primeira meta é o mercado croata – e não desistiremos; atingiremos essa meta até setembro (2001). Se você não controla seu mercado doméstico, não conseguirá controlar os estrangeiros", afirmou Zvonko Bezic. Em 2001, já existiam muitos possíveis agentes de venda na Croácia, e a empresa recebia ligações de agentes do Peru, do Brasil, da Suécia, da Inglaterra e dos Estados Unidos.

CLASSE 470

Outra meta definida foi fabricar para o campeão da classe 470 Olympic. A empresa começou a desenvolver as velas com a colaboração do instrutor das velejadoras da Rússia. Na Eslovênia, eles começaram a cooperar com a atleta olímpica Vesna Dekleva, e na Croácia, com a Bulaja, que participou dos Jogos Olímpicos de Sydney.

VELAS PARA IATES DE CRUZEIRO & DE CORRIDA

Além de velas para botes menores de design único, como Finn, Europe, Optimist e 470, que em meados de 2001 representavam cerca de 30% das vendas da Intervela, e das velas produzidas para a Elan, que respondiam por cerca de 30% da receita de vendas, a empresa avaliava continuamente novas oportunidades de mercado. Os empreendedores examinavam sempre os produtos de seus concorrentes e o modo como fabricavam velas. No final do século XX, o desenvolvimento independente e o design de velas, auxiliados por computador, ganharam importância. Os principais mercados para as suas velas eram a Eslovênia e a Croácia, e em menor escala, a Itália.

PROMOÇÃO E MARKETING EM 2000 E 2001

No início, a Intervela contava basicamente com a propaganda boca a boca (os proprietários de velas satisfeitos contavam suas experiências a outros velejadores). A empresa realizou promoção e publicidade mais formais em 2000 e 2001; participou de feiras náuticas na Eslovênia e na Croácia; anunciou em publicações náuticas especializadas, como *Val* e *Navtika*, na Eslovênia, e *More*, na Croácia, e em revistas especializadas de classes de navegação internacionais, como Finnfare e Optimist Dinghy; promoveu suas velas em artigos de jornais, que a própria dupla redigia ou que eram escritos por jornalistas. Artigos sobre as preparações dos velejadores e sua colaboração com a Intervela, o sucesso das velas Victory e a empresa Intervela apareciam principalmente nos jornais da Eslovênia, *Primorske novice* e *Slovenske novice*, no croata *Novi list* e nos jornais italianos *Fare Vela* e *Giornale della vela*.

Em 1998, foi criado o site da empresa. O número de visitas aumentou com a publicação de notícias sobre regatas e a informação dos resultados online. Ao mesmo tempo, clubes de navegação, organizadores de corridas e associações de navegação começaram a usar a Internet para fornecer informações online, em tempo real, sobre os resultados das corridas.

A empresa padronizou as capas e embalagens das velas (principalmente as bolsas das velas). O logotipo Victory foi ampliado, e a marca e o fundo receberam uma combinação das cores vermelho e branco, uma vez que o vermelho aumentava a visibilidade do logo.

A empresa também criou uma identidade mais clara para a marca comercial Victory, usando um material especial. Contrataram, de uma das fábricas, uma lona especial fabricada exclusivamente para as velas Victory. O material é o Kevlar, e a cor da linha, geralmente preto, mudou para vermelho. Assim, sem custos adicionais, ocorreu um reconhecimento mais fácil e mais nítido de suas velas. Com o lançamento dessa novidade pela primeira vez na classe Finn, diversos velejadores acreditaram que era um novo tipo de vela, não apenas um novo material.

Os dois começaram a realizar mais palestras e apresentações em clubes de navegação e durante as corridas. Nos clubes de navegação, eles discutiam principalmente o modo como as velas funcionavam e como eram cortadas. Quando voltaram dos Estados Unidos, no outono de 2000, eles apresentaram ao organizador da regata da classe Europe o material usado durante a corrida daquele dia. Foram exibidas fotos digitais, e a apresentação se concentrou nas velas e no aconselhamento técnico sobre como cortar o mastro. Após estabelecer a cooperação com Karlo Kuret, a Intervela decidiu organizar campos de formação para os melhores instrutores e velejadores da classe.

VISITA AOS ESTADOS UNIDOS NO OUTONO DE 2000

No outono de 2000, Zvonko Bezic e Zeljko Perovic visitaram algumas das fábricas mais importantes de lonas para velas da Costa Leste dos Estados Unidos. "No início, sequer conseguíamos conversar com ou visitar essas fábricas ou conversar com os representantes comerciais desse tipo de material... Hoje em dia, os representantes comerciais nos visitam pelo menos uma vez a cada três meses", explicou Zvonko Bezic.

Quando chegaram à maior produtora do mundo de lonas para velas, a Bainbridge International, o gerente geral passou o dia inteiro com eles. Em uma apresentação em PowerPoint, contendo uma seção sobre a cooperação entre a Bainbridge International e a Intervela, e um *slide*, mostrando os logos das duas marcas comerciais e uma ligação entre eles, demonstrou a futura cooperação entre as duas empresas. Eles foram hospedados pela Bainbridge International durante três dias, e foi exatamente ali que tiveram a ideia de começar a usar apresentações comerciais para promover suas velas.

PRINCIPAIS MUDANÇAS NO MERCADO

Em 10 anos de existência, a Intervela cresceu e se tornou uma empresa importante no mercado de velas. Ela cresceu mais rápido do que a concorrência, atingindo-a e superando-a em sua maioria. Em 2001, o mercado náutico ainda estava em crescimento. "Não há recessão, muitas pessoas estão comprando iates, velas... O mercado continua em franca expansão... E a Intervela está crescendo ainda mais rápido", comentou Zvonko Bezic.

EQUIPE, TERCEIRIZAÇÃO E REORGANIZAÇÃO

Até meados de 2001, a Intervela tinha 15 funcionários efetivos trabalhando com contratos de trabalho na Eslovênia e 5 na Croácia. Como não havia espaço suficiente na empresa para a produção, foi necessário terceirizar a fabricação de algumas peças, como sacolas e reforços, para fornecedores em Koper. Um subcontratado recebeu duas máquinas de costura e começou a costurar para a Intervela em sua garagem.

A empresa criou um cargo especial de operador de plotadora para usar suas instalações de modo mais eficiente. A função dessa pessoa era trabalhar no computador ou em alguma outra operação da plotadora. "Procuramos pessoas novas o tempo todo. Também contratamos pela Agência de Emprego da Eslovênia. Mas, na realidade, o número de profissionais empregados por meio da Agência é muito baixo", comentou Zvonko Bezic.

O amigo que os ajudou pela primeira vez, na fase inicial da empresa, decidiu – após a falência de sua empresa relativamente grande na Croácia – ajudar a estabelecer padrões de produção e a aperfeiçoar a organização da oficina. Ele analisou quanto um operário poderia produzir por hora, o tempo necessário para cada componente do processo de produção, e as capacidades dos trabalhadores. Zvonko Bezic explica: "um empreendedor experiente entrou em nossa oficina e detectou centenas de erros... Estamos sobrecarregados de problemas complexos... Contudo, quanto aos problemas mais simples, como a apresentação adequada do material, é possível encontrar melhorias nos detalhes, o que, no final das contas, acrescenta muito".

PRODUÇÃO INTERNACIONAL

Após assumir a oficina em Rijeka, Croácia, a empresa também iniciou a produção nesse local. Com essa instalação de produção, a empresa atendia ao mercado croata e também produzia velas para a classe Optimist. Duas opções para estabelecer instalações de produção na Itália foram avaliadas.

A empresa examinou primeiramente um local em Gorizia, no International Business Center (uma incubadora comercial em Trieste, com filial em Gorizia). A incubadora oferecia assistência, como equipe de vendas com 50% do pagamento subsidiado, serviços de Internet a taxas irrisórias, assistência na obtenção de empréstimos e de outras modalidades de financiamento e aluguel mais baixo para instalações comerciais.

Em 2001, a Intervela considerou a aquisição de outra empresa, de um velejador italiano do local que possuía máquinas e trabalhadores, mas não era bem-sucedido e não pretendia continuar no ramo. Com a intenção de expandir suas atividades na Itália, eles começaram a treinar um italiano em sua oficina de velas em Koper, para que ele gerenciasse o trabalho na Itália.

OUTROS PLANOS PARA O FUTURO E OPÇÕES

Em 2001, a Intervela pretendia expandir suas instalações de 450 m² na Croácia. "Principalmente para velas de cruzeiro... o negócio de fretamento está em ascensão: 120% mais turistas, 300% a mais do que em 1999... Precisamos investir aqui também", concluiu Zvonko Bezic. Eles começaram a procurar um novo local, com cerca de 1.000 m² de área.

A empresa também estava considerando a possibilidade de usar a marca comercial Victory em peças de vestuário (jaquetas, camisetas, etc.). A ação promoveria a marca e ainda geraria renda adicional. Eles começaram a procurar parceiros que fabricassem roupas desportivas e estivessem dispostos a executar esse projeto. Em 1999, a empresa chegou a negociar com um possível parceiro, que se retirou do projeto. Em 2001, a Intervela ainda se opunha a continuar o projeto sem um bom parceiro interessado.

Ao mesmo tempo, a empresa mantinha contato com alguns importantes fabricantes de velas, principalmente nos Estados Unidos. Eles começaram a discutir sobre uma possível fusão ou, pelo menos, uma associação com um grupo já estabelecido. As duas condições necessárias eram dinheiro e menos trabalho operacional. Naquele momento, Zvonko Bezic e Zeljko Perovic estavam diante de um dilema em relação a essas três alternativas:

- Desenvolver uma marca comercial internacional e trabalhar como membro de um grupo;
- Fazer uma fusão com uma empresa estrangeira; ou
- Vender a empresa – encontrar um possível parceiro com capital disponível para comprar uma parte dela ou a empresa inteira.

NOTA

1. Chatas (barcaças) são barcos de navegação de tamanhos médio e grande, que predominam em todas as marinas do mundo. Elas devem ser diferenciadas dos barcos menores (escaleres) com um só remo que, geralmente, são veleiros desportivos de um único tipo, fabricados segundo normas internacionais rigorosamente definidas para evitar o máximo possível quaisquer diferenças ocorridas dentro da mesma classe (por exemplo, classe: 470, Finn, Laser, Europe, Optimist, etc.).

CASO 8B
INTERVELA VICTORY SAILMAKERS, PARTE B

O ano era 2011 e Zeljko Perovic dirigia pela estrada entre Materija e a Baía de Koper, um caminho que era seu velho conhecido. Ele estava dedicando o fim de semana à vela, seu hobby favorito. Enquanto observava o interior da Eslovênia pelo para-brisa, Zeljko refletia sobre como a vela definira sua vida, tanto pessoal quanto profissionalmente. Sua mente vagava pelos últimos 10 anos, um período que parecia ter passado voando. Ele pensou em como a Intervela começara como um projeto pequeno, uma parceria com seu amigo Zvonko, e então se tornara algo muito maior do que os dois poderiam ter imaginado. Mesmo quando finalmente chegou à baía e sentiu a brisa fria do mar no rosto, Zeljko ainda não conseguia parar de pensar no negócio. Ele continuou a lembrar dos últimos 10 anos da Intervela, uma década repleta de ganhos consideráveis, mas também de algumas perdas bastante significativas.

DECISÃO SOBRE A NOVA OFICINA DE VELAS

Enquanto o negócio continuava a se expandir após 2001, Zvonko e Zeljko começaram a sentir que seu espaço atual na marina de Koper estava ficando pequeno para eles. Além do tamanho inadequado da oficina de velas de Koper, a marina começou a aumentar os custos de aluguel para os dois empreendedores, uma maneira de exigir sua própria parcela dos lucros das velas Victory, e os dois precisavam de um lugar mais barato para continuar fabricando o produto. Durante o último ano, Zvonko e Zeljko planejaram a compra de uma oficina de velas na Itália e estavam até treinando um italiano para administrar a nova oficina. Quando ficou claro que a Eslovênia se juntaria à União Europeia em 2004, entretanto, Zvonko e Zeljko decidiram que não seria mais necessário estabelecer uma presença concreta na Itália. Seria melhor aproveitar o mercado único europeu e centralizar sua produção. Os dois começaram então a buscar novas instalações dentro do próprio país.

Eles descobriram uma oferta interessante na cidade eslovena de Materija, a cerca de 32 quilômetros do mar e de Koper e a 30-45 minutos de carro de Rijeka, na Croácia, e Trieste, na Itália. Uma fábrica têxtil falira recentemente e as autoridades municipais de Materija desejavam matar dois coelhos com uma cajadada só. Primeiro, a cidade simplesmente queria encontrar uma empresa que empregasse os trabalhadores dispensados da indústria têxtil. O segundo problema tinha relação com uma casa noturna no local, pois o proprietário anterior alugara o espaço para obter uma fonte adicional de receitas. A casa noturna supostamente estava envolvida em atividades questionáveis, então a cidade queria encontrar um comprador para o terreno que concordasse em expulsar o negócio anterior. Com a cidade tão ansiosa por novos proprietários, os dois empreendedores estavam bastante otimistas quanto à fábrica em Materija.

Zvonko e Zeljko consideravam a mudança para Materija uma oportunidade de ouro por vários motivos. Por ficar distante do litoral, o preço seria baixo, o que com certeza ajudaria os resultados financeiros da Intervela. Eles estariam lidando com um governo municipal bastante positivo, em vez das autoridades da Baía de Koper, que haviam se tornado exigentes demais e estavam afetando seus lucros. O tamanho também seria fundamental para as novas instalações de produção. A fábrica de Materija tinha cerca de 2.500 m², muito mais espaço do que em Koper. Eles poderiam até mesmo continuar alugando parte do espaço para um jardim de infância, o que representaria uma nova fonte de receitas. Materija ficava mais próxima do outro centro de produção, em Rijeka, na Croácia, o que facilitaria a coordenação entre as duas instalações. O fato de as habilidades de costura dos trabalhadores têxteis serem diretamente transferíveis para a fabricação de velas era quase um milagre. Finalmente, Zvonko e Zeljko estavam ansiosos por escapar do ambiente da marina: durante a primavera e o verão, os dois sofriam muita pressão para atender os pedidos constantes de consertos por parte dos marinheiros. Em uma área mais calma, os dois acreditavam que conseguiriam se concentrar melhor no negócio. Zvonko e Zeljko decidiram comprar a fábrica de Materija. A nova aquisição foi financiada pelo fluxo de caixa positivo e por um empréstimo bancário. Eles transferiram as plotadoras, os cortadores e outros equipamentos de produção para Materija, onde montaram um chão de fábrica significativamente maior para a produção de velas também muito maiores. Em 2003, a sede oficial das velas Victory foi transferida para Materija oficialmente.

DE VENTO EM POPA

A mudança para Materija foi um grande sucesso. Zvonko e Zeljko ficaram muito contentes com a nova sede, o ambiente mais calmo e o espaço de produção mais amplo. Agora era possível aumentar a produção e iniciar a fabricação de velas para barcos maiores.

Os dois empreendedores continuaram com muitos aspectos de sua estratégia de marketing (publicidade em publicações náuticas especializadas, participação em feiras náuticas, apoio a competidores que usassem velas Victory em regatas), mas começaram a expandir seu alcance geográfico. Na tentativa de aumentar a presença internacional da marca Victory, Zvonko começou a visitar algumas das principais regatas europeias. Ele viajou para competições em Hyeres (França), Medimblick (Holanda) e Kiel (Alemanha), as três principais regatas da Europa. Ele esteve presente nos campeonatos continental e mundial para promover as velas da classe Finn em diversos locais. Quanto mais marinheiros ganhavam corridas usando velas Victory, mais crescia o prestígio internacional da Intervela.

Zvonko também conquistou mais atenção na Eslovênia quando começou a trabalhar com a seleção eslovena de vela. Ele se tornou o selecionador da federação de vela da Eslovênia, responsável por determinar quem representaria o país nas grandes regatas. Além da Eslovênia, os dois se concentraram no mercado croata. Os dois promoveram bastante a classe Optimist e colaboraram com Sime Fantela, o campeão olímpico croata. Os dois também colaboraram com Karlo Kuret, marinheiro olímpico croata da classe Finn (que continua sua parceria com a Intervela até hoje, ajudando a empresa com vendas e promoção).

Enquanto expandia seus esforços promocionais e publicitários, a Intervela conquistava receitas cada vez maiores. Exceto por seu único cliente corporativo, a Elan (fabricante de veleiros), Zvonko e Zeljko continuavam a produzir velas customizadas para cada velejador, sempre sob demanda. O negócio continuava a crescer em meados dos anos 2000, então Zvonko e Zeljko começaram a delegar parte do trabalho operacional e administrativo para outros funcionários e a aproveitar o novo tempo livre. Os dois até compraram motocicletas para se divertirem. O negócio ia bem, mas não continuaria de vento em popa por muito tempo.

18:00, 06/06/2006

Na tarde de 6 de junho de 2006, Zvonko Bezich estava passeando de moto pela península croata de Istria quando, aproximadamente às seis horas, ocorreu uma tragédia. Zvonko sofreu um acidente grave e não sobreviveu. Obviamente, sua morte significou a perda de um dos líderes da Intervela, mas para Zeljko isso não foi nada em comparação com a perda de seu melhor amigo. Apesar da tristeza, Zeljko não teve escolha: era preciso continuar trabalhando na empresa que fundara com o falecido Zvonko.

A DECISÃO PELA VELA ONE

Além de único encarregado da produção e do desenvolvimento de velas, Zeljko Perovic também teve que assumir as responsabilidades de marketing e distribuição que eram de Zvonko. Para superar a perda, Zeljko mergulhou no trabalho e conseguiu manter o sucesso da Intervela. A empresa continuou a crescer e a lucrar. A posição solitária no mercado de velas competitivas, no entanto, estava começando a afetar o negócio.

Antes da morte de Zvonko, os dois empreendedores começaram a considerar duas opções para o futuro do negócio: (1) expandir a fábrica e começar a produzir o próprio material, incluindo lona e tecido; ou (2) formar uma parceria com outros fabricantes de velas e estabelecer um grupo empresarial. Ambas as opções tinham suas vantagens e desvantagens. Expandir a fábrica e começar a integração vertical permitiria que a Intervela estendesse o alcance de sua marca e daria a Zeljko mais autonomia para administrar a empresa. Essa estratégia também envolveria muitos riscos e uma quantidade considerável de trabalho e estresse. Juntar-se a um grupo, por outro lado, significaria que a marca Victory seria substituída pelo nome e pela marca registrada do grupo, e Zeljko teria menos controle sobre a comercialização dos produtos da Intervela. Os benefícios de se juntar a um grupo seriam tornar a empresa mais conhecida internacionalmente, ter um maior poder de compra junto aos fornecedores e minimizar os custos para cada membro do grupo em termos de promoção e publicidade. Ponderando os prós e contras de cada opção, Zeljko decidiu se juntar ao grupo de velas ONE. As velas ONE reúnem 15 fabricantes, quase todos italianos. Zeljko tinha vários motivos para acreditar que tomara a decisão certa ao se juntar ao grupo ONE. Apesar de a Intervela e as velas Victory terem conquistado reconhecimento internacional, as velas ONE aumentavam ainda mais a visibilidade internacional da empresa. As velas da Intervela agora se beneficiariam da famosa marca ONE e conseguiriam penetrar em mais mercados. Devido ao tamanho e volume de compras do grupo ONE, Zeljko obteria materiais por preços menores. Zeljko também descobriu que terceirizar boa parte do trabalho promocional e de marketing permitia que ele se concentrasse no desenvolvimento e na produção de velas, que eram suas especialidades.

A TEMPESTADE PERFEITA

Zeljko ficou feliz com a decisão de se juntar ao grupo de velas ONE. Seu negócio pareceu se beneficiar com as novas capacidades da rede de velas ONE: os preços do tecido eram menores e a Intervela ganhou acesso a um mercado ainda mais internacional. Zeljko também ficou grato pelo fato de a maior parte das responsabilidades de marketing serem executadas por outros, que dedicavam mais tempo à atividade.

E então veio a crise financeira. A recessão econômica mundial de 2008 não poupou o mercado de velas. As receitas da Intervela haviam alcançado 2,6 milhões de dólares em 2008, antes da crise, mas caíram para 1,4 milhão até 2010 (ver Quadro 1). Além da queda na procura por velas entre os velejadores, a Elan, o maior cliente corporativo da Intervela, também passou a sofrer problemas financeiros. Devido à crise, os pagamentos à Intervela começaram a chegar atrasados ou simplesmente sumiram. Em alguns casos, a Intervela foi paga com veleiros; um gesto simpático, talvez, mas ativos com tão pouca liquidez em nada ajudavam as necessidades de negócios da empresa. A persistência da recessão global só piorou a situação, garantindo que a crise continuaria a impactar o mercado de vendas e a Intervela.

INTERVELA EM 2011

A Intervela continua funcionando e Zeljko Perovic ainda administra a oficina de velas de Materija. Zeljko tem várias ideias para novos projetos e expansões, mas os bancos ainda estão se recuperando da crise financeira e hesitam em fazer empréstimos. As políticas conservadoras dos bancos indicam que, ao contrário de anos passados, as projeções de fluxo de caixa futuro não adiantam muito na hora de obter um empréstimo. É preciso oferecer ativos como garantia. Apesar dessa inconveniência, a Intervela foi forçada a financiar algumas operações com empréstimos de curto prazo devido a pagamentos atrasados persistentes por parte de alguns clientes. Dadas essas dificuldades, como a Intervela pode voltar a suas receitas pré-crise e superá-las? E como Zeljko pode guiar a Intervela em direção ao crescimento no longo prazo?

CASO 10
MASI TECHNOLOGY

SETOR DE PESCA DOS ESTADOS UNIDOS

O setor de pesca dos Estados Unidos é grande e fragmentado, caracterizado por uma crescente escassez de recursos e uma supervisão regulatória extremamente baixa. Ele é composto igualmente de "peixes de barbatana"[1] e "frutos do mar"[2], com valor agregado "desembarcado" de aproximadamente 8,5 bilhões de dólares, representando 8,6 bilhões de quilogramas de produto.

A indústria pesqueira americana é composta por um elemento doméstico, atendido pelos 25.000 barcos registrados que operam a uma distância máxima de 320 quilômetros do território federal, a chamada ZEE (zona econômica exclusiva), e um elemento importado de países como México, Chile, Equador, África do Sul, Filipinas e Sri Lanka, entre outros.

Estima-se que o setor doméstico gere 4 bilhões de dólares em renda e 5,4 bilhões de quilos de produto desembarcado. Estima-se também que esse peso seja dividido igualmente entre peixes de barbatana (peixes tradicionais) e frutos do mar. Cerca de 98% desse total é originário da ZEE. Também há 55.000 barcos de pesca esportiva domésticos registrados e estima-se que eles capturem entre 4,5 e 6,8 milhões de quilos de peixe por ano. Como esses produtos praticamente não passam por sistemas de processamento e distribuição americanos, é impossível gerar números confiáveis sobre a pesca esportiva. O componente importado, que tem crescido por causa da sobrepesca nos mares americanos, representa cerca de 4,5 bilhões de dólares em valor de varejo, mas apenas 3,2 bilhões de quilos, pois a grande maioria é importada inteiro. Cerca de 20% do produto é transportado "fresco", de avião, e 80% chega de barco como produtos congela-

---

Fonte: Este estudo de caso foi preparado por Michael P. Peters com o propósito de estabelecer uma base para discussão em aula.

dos ou "ultracongelados". Nenhum desses valores inclui os produtos da piscicultura ou atum enlatado.

PREOCUPAÇÕES COM MERCÚRIO (METIL MERCÚRIO)

O mercúrio em peixes é um problema muito comum e extremamente grave. A substância causa problemas físicos e neurológicos sérios, especialmente em crianças e mulheres grávidas. A vasta maioria das pessoas não faz ideia do que causa a contaminação por mercúrio em peixes. O mercúrio é o efluente de instalações de queima de carvão (por exemplo, usinas de energia, produção de tijolos e fábricas de papel) em todo o mundo. O denominador comum é o carvão macio. Os subprodutos (cinzas) dos fornos de produção sobem pelas chaminés e entram diretamente no ambiente local ou em correntes de jato, que por sua vez transportam o mercúrio por milhares de quilômetros e o depositam em corpos de água ao redor do mundo.

A chuva ácida, mais conhecida do leitor comum, também é causada por produtos químicos lançados na atmosfera por essas indústrias que consomem combustível fóssil, além de veículos com motores de combustão interna tradicionais. Esses produtos químicos se misturam e reagem com a água, o oxigênio e outros produtos para formar poluentes ácidos que afetam nossas plantações, suprimentos de água e florestas.

No caso do mercúrio, as cinzas são depositadas na superfície de lagos ou oceanos, onde são convertidas em metil mercúrio. O produto é absorvido por plânctons, que são a principal fonte de alimento dos peixes pequenos. A molécula também é assimilada pela estrutura de guelras dos peixes. O resultado final é que os peixes menores ingerem metil mercúrio e são, por sua vez, devorados por peixes predatórios maiores. Os peixes contêm mercúrio, mas as concentrações são relativamente insignificantes em todos, exceto nos grandes predadores no fim da cadeia alimentar. Assim, peixes-espada, atuns, marlins, tubarões, cavalinhas ou linguados gigantes, garoupas e bacalhau-negro entram na categoria de peixes que provavelmente contêm altos níveis de mercúrio. Apesar de a presença de mercúrio depender principalmente de tamanho, a localização também costuma ser um fator relevante. Por exemplo, os peixes-espada mexicanos geralmente contêm concentrações significativamente maiores de mercúrio do que aqueles capturados nas Filipinas. Em geral, o atum azul, que é o atum grande (> 54 kg) para sushi, tem níveis significativamente maiores de mercúrio do que as variedades menores, como o atum-de-olho-grande e a albacora-cachorra. Quando se trata de atum enlatado, o atum "light" ou a albacora são as melhores variedades. Enquanto a maioria dos peixes (não predatórios) costuma não causar problemas, em alguns casos ainda encontramos robalos, lorchas, linguados, garoupas e até salmões com níveis inaceitáveis de mercúrio, sinais claros de que é necessário implementar testes abrangentes para uma parte significativa da população de peixes.

Em 2004, a EPA e a FDA publicaram um aviso sobre o consumo de peixes. Apesar de reconhecer que o consumo de peixes e frutos do mar é uma parte importante de uma dieta saudável, as agências recomendaram que indivíduos de alto risco, como crianças, bebês, mulheres grávidas e mães que estão amamentando reduzam seu consumo e exposição aos efeitos nocivos do mercúrio. O Quadro 1 apresenta um resumo dessas recomendações. Mais recentemente, entretanto, a FDA retrocedeu e revogou seu aviso sobre o mercúrio em peixes. A nova declaração afirmava que o consumo de peixes com mercúrio não representava mais uma ameaça à saúde de crianças, mulheres grávidas, bebês e mães que estão amamentando. O documento sugeria que os benefícios nutricionais do consumo de peixes eram muito maiores que os riscos. A EPA, por outro lado, logo respondeu que a nova declaração se baseava em pesquisas científicas de má qualidade e que continham falhas graves. A mídia também afirmou que a FDA realizara sua nova declaração principalmente para proteger sua posição de que as obturações de mercúrio são seguras. Independentemente do que você acredita, está claro que a ameaça da exposição a mercúrio é real e que os consumidores devem tomar precauções ao planejarem sua alimentação.[3]

Com todas as incertezas associadas ao consumo de peixes, os consumidores muitas vezes não têm certeza do que fazer. Em geral, a FDA e outras agências que supervisionam a regulamentação sugerem que os consumidores sejam moderados no consumo de qualquer peixe de alto risco. Por exemplo, comer sushi de atum uma vez ao mês não é problema. Também recomenda-se que os apaixonados por sushi se concentrem no buri e no salmão, que tendem a conter níveis muito menores de mercúrio. Para os fãs de sanduíche de atum, recomenda-se o uso de variedades mais leves do que o atum azul.

Encontrar uma maneira de impedir a migração de mercúrio para nossos corpos de água é uma questão mais importante. Uma solução seria instalar purificadores no alto das chaminés que lançam os produtos nocivos. Entretanto, a um custo de 3-5 milhões de dólares por chaminé, essa opção provavelmente não interessa às inúmeras economias emergentes das quais se origina a maior parte da contaminação por mercúrio. Uma segunda opção seria adotar formas alternativas de energia, como energia nuclear, solar, eólica e carvão gaseificado. A China, que no passado foi um dos principais responsáveis pela produção de carvão macio, deu início à construção de 18 usinas nucleares.

QUADRO 1 Resumo das recomendações da FDA e EPA sobre o consumo de peixes e frutos do mar por indivíduos de alto risco

Mensagem para os consumidores:

- Peixes e frutos do mar são partes importantes de uma dieta saudável e balanceada. Ambos são boas fontes de proteínas de alta qualidade e outros nutrientes. Contudo, dependendo da quantidade e do tipo de peixe que você consome, é melhor modificar sua dieta caso esteja planejando engravidar, grávida ou amamentando, ou se for uma criança pequena. Com alguns simples ajustes, você pode continuar a consumir esses alimentos de maneira saudável e benéfica e ao mesmo tempo reduzir a exposição de seu filho pequeno ou feto aos efeitos nocivos do mercúrio.

Partes principais do aviso:

- Peixes e frutos do mar são uma parte importante de uma dieta saudável. Os peixes e frutos do mar contêm proteínas de alta qualidade e outros nutrientes essenciais, têm baixo teor de gordura saturada e contêm ácidos graxos ômega 3. Uma dieta balanceada, incluindo uma ampla variedade de peixes e frutos do mar, contribui para a saúde cardíaca e para o crescimento e desenvolvimento correto das crianças. Assim, mulheres e crianças pequenas devem incluir peixes e frutos do mar em suas dietas, pois oferecem diversos benefícios nutricionais.
- Ao seguir essas três recomendações para a seleção e o consumo de peixes e frutos do mar, mulheres e crianças pequenas obterão os benefícios do consumo de peixes e frutos do mar e terão certeza de que reduziram sua exposição aos efeitos nocivos do mercúrio.
    1. Não coma tubarão, peixe-espada, cavala-verdadeira ou lofolátilo, pois estes contêm alto teor de mercúrio.
    2. Coma até 340 g (2 refeições médias) por semana de diversos peixes e frutos do mar com baixo teor de mercúrio.
        - Cinco dos peixes e frutos do mar mais populares que têm baixos índices de mercúrio são o camarão, o atum enlatado, o salmão, o escamudo e o bagre.
        - Outro peixe bastante popular, a albacora (ou atum-amarelo) possui mais mercúrio do que o atum enlatado. Assim, ao escolher suas duas refeições de peixe ou frutos do mar, coma apenas até 170 g (uma refeição média) de albacora por semana.
    3. Consulte os avisos locais sobre a qualidade dos peixes pescados por amigos e familiares em lagos, rios e praias das redondezas. Se não houver um aviso disponível, coma até 170 g (uma refeição média) de peixe das águas locais por semana, mas não consuma outros peixes durante o mesmo período.
- Siga as mesmas recomendações ao dar peixes e frutos do mar para seus filhos pequenos, mas sirva porções menores.

ENCONTRANDO UMA SOLUÇÃO E DESENVOLVENDO UM PROTÓTIPO

No ano 2000, Mal Wittenberg, advogado de patentes com experiência em engenharia, além de uma paixão por sanduíches de atum, decidiu tentar inventar um teste simples para detectar o nível de mercúrio em peixes. Ele criou uma série de kits domésticos, reconhecendo que ninguém quer usar produtos químicos na cozinha e muito menos se livrar de peixes reprovados no teste depois de comprados. Assim, seu objetivo era desenvolver uma máquina que testasse peixes de maneira confiável e em pouco tempo. A metodologia dominante era, e continua sendo, a de enviar uma amostra do peixe para um laboratório externo; com sorte, você recebe uma resposta antes de duas semanas. Além disso, se você enviar o mesmo peixe para três laboratórios, é quase garantido que obterá três respostas diferentes.

Mal estabeleceu a Masi Technology e, em 2003, já tinha uma máquina confiável que funcionaria como serviço de processamento doméstico em dois turnos por dia. Como precisava de uma máquina mais acabada para ser comercializada, Mal começou a trabalhar no laboratório de um amigo. A ideia era construir um protótipo de qualidade comercial com boa relação custo-benefício. Após um período de cinco anos e o teste de pelo menos cinco protótipos diferentes, milhares de testes com peixes e milhões de dólares em investimento, a Masi Technology possuía uma máquina viável. O resultado foi um aparelho de qualidade comercial que testaria um peixe em 40 segundos e, mais importante ainda, replicaria os resultados (estatisticamente precisos) várias vezes.

A máquina estava pronta para comercialização, mas ainda havia perguntas mais difíceis para responder: Quem era o cliente principal? Como comercializar o aparelho? Qual seria o preço para o usuário? Essas, entre outras perguntas, precisavam ser resolvidas no plano de negócio.

Enquanto a Masi Technology continuava com seu plano, diversos fatos conhecidos precisariam ser considerados no desenvolvimento da estratégia. Primeiro, a máquina final que a empresa desenvolvera era extremamente sofisticada e sua replicação seria muito dispendiosa. O custo estimado de produção era de 60.000 dólares por máquina, com a necessidade adicional de manter um estoque de 15.000 dólares em peças de reposição. Seria preciso cobrar um preço final de aproximadamente 150.000 dólares para vender o aparelho para os clientes. Também não era certo que um processador/distribuidor de peixe se disporia a gastar tanto com uma máquina. Além disso, se a máquina fosse vendida, a Masi Technology corria o risco de que a concorrência realizasse engenharia reversa e duplicasse o aparelho. A empresa explorara a opção das patentes, mas acreditava que seria fácil contorná-las e que a proteção seria ao mesmo tempo limitada e não duradoura.

Outra consideração importante era o operador do aparelho. A pessoa precisaria de muito treinamento para operar a máquina com eficácia. A Masi Technology ofereceria o treinamento para os funcionários do cliente como parte do pacote. Por outro lado, havia a possibilidade de alugar a máquina e fornecer um funcionário treinado pela Masi para conduzir os testes, o que evitaria o problema de imitação mencionado. Isso também ajudaria as oportunidades de marketing. Por exemplo, se a empresa decidisse alugar a máquina com um operador da Masi, seria possível cobrar honorários com base no peso dos peixes testados. Com um preço de cerca de 0,45 dólares por quilo, um atum de 45 quilos geraria mais de 20 dólares nos 40 segundos necessários para conduzir o teste. A máquina também é capaz de testar mais de 200 kg de peixe durante um turno de oito horas, gerando cerca de 10.000 dólares em receitas no período.

A possibilidade de alugar a máquina levantava outras questões: Onde ela ficaria localizada? Faria sentido colocar o aparelho no ponto de origem ou onde o peixe é desembarcado? Ou seria melhor colocar a máquina nas processadoras? Os peixes a serem testados precisariam ser marcados com um registro permanente da embarcação, o local da captura, a linha de mão ou espinhel e o nível de mercúrio envolvido. A decisão seria complicada por outras considerações, analisadas a seguir. Cada opção estratégica parecia conter problemas que precisariam ser ponderados na tomada das decisões estratégicas finais.

COMPLICAÇÕES NA TOMADA DE DECISÕES ESTRATÉGICAS

A FDA é a agência responsável por monitorar e estabelecer limites seguros para o conteúdo de mercúrio em peixes importados e nacionais. Por exemplo, a FDA determinou que atuns que contêm menos de 1,0 parte por milhão (ppm) eram seguros para o consumo. O Canadá e a Europa, no entanto, decidiram rejeitar qualquer atum que contivesse mais de 0,5 ppm de mercúrio. Inicialmente, o Japão fixou a norma em 0,3 ppm para atum, mas a rescindiu devido ao fato que 90% dos atuns que poderiam ser importados não atendiam o requisito. O problema com essas diferentes normas é que se um pescador chileno captura atuns com 0,4 ppm de mercúrio, este muito provavelmente seria vendido para o Canadá ou a Europa em vez de para os Estados Unidos.

Em resposta a esses diferentes requisitos, a Masi Technology decidiu desenvolver seu próprio conjunto de normas e um processo de certificação chamado Certificação Safe Harbor. Essa norma de certificação é significativamente mais exigente do que os padrões atuais da FDA (ver Quadros 2, 3 e 4 para uma comparação entre as normas da FDA e da Certificação Safe Harbor). Os dados também mostram as espécies que têm os maiores e menores níveis de mercúrio com base nos testes da FDA. O objetivo principal de longo prazo da Masi Technology com essa certificação é testar todos os peixes oferecidos em qualquer ponto de varejo, de modo que o consumidor possa comprar despreocupado sempre que encontrar a Certificação Safe Harbor.

MERCADO-ALVO DA SAFE HARBOR

O Quadro 5 resume a aquacultura mundial por espécie e oferece uma maneira eficaz de estimar o mercado de testes para peixes. Por exemplo, a maior espécie é a de camarões e pitus, com 3,13 bilhões de quilogramas, com valor monetário estimado em cerca de 12,5 bilhões de dólares.

A Masi Technology teria um mercado potencial de 627 milhões de dólares apenas nessa espécie. O Quadro 5 também resume o mercado de aquacultura para todas as outras espécies, com um total de 34,7 bilhões de dólares, ou cerca de 8,4 bilhões de quilogramas. O mercado mundial total de peixes e frutos do mar é de 100 bilhões de dólares, ou cerca de 135 bilhões de quilogramas. Entretanto, é preciso observar que muitas das espécies incluídas na outra categoria precisariam ser testadas em lote e inicialmente não são consideradas como parte do mercado principal da Certificação Safe Harbor.

A receita potencial é claramente significativa. Os problemas reais enfrentados pela empresa serão decidir uma estratégia eficaz que maximize a receita potencial. O Quadro 6 resume os dados iniciais de custos e receitas da organização. Espera-se que a empresa dê lucro em seu primeiro ano de operações. A maior parte da receita foi acumulada levando o aparelho a locais específicos nos quais os peixes são testados no momento do desembarque. As parcerias com grandes distribuidoras de alimentos e varejistas foram o foco inicial para atingir essas metas de receitas.

A empresa parece estar em uma encruzilhada. Ela provou que consegue testar grandes quantidades de peixe a baixos custos. Agora é preciso considerar estratégias e problemas de marketing de longo prazo para alcançar os níveis maiores de receitas necessários a fim de satisfazer os primeiros investidores.

NOTAS

1. Exemplos de peixe de barbatana incluem bacalhau, escamudo, salmão e linguado gigante.
2. Exemplos de frutos do mar incluem camarão, lagosta, vieiras, ostras, amêijoas e caranguejo.
3. Mike Adams, "FDA Stuns Scientists, Declares Mercury in Fish to be Safe for Infants, Children, Expectant Mothers," December 17, 2008, www.naturalnews.com/news_000622_mercury_FDA_fish.html; e Sharon Begley, "Smackdown! EPA, FDA and Mercury in Fish," April 24, 2009, http://blog.newsweek.com/blogs/labnotes/archive/2009/04/24/smackdown-epa-fda-and-mercury-in-fish.aspx.

QUADRO 3 Peixes e frutos do mar com os menores níveis de mercúrio

Espécie	Concentração de mercúrio (PPM)	
	Média	Máximo
Amêijoa	Sem dados	Sem dados
Salmão (enlatado)	Sem dados	Sem dados
Badejo	Sem dados	Sem dados
Atum (enlatado, light)	0,22	0,85
Escamudo	0,04	0,78
Truta (água doce)	0,07	0,68
Caranguejo	0,06	0,61
Jacksmelt	0,11	0,50
Bacalhau	0,10	0,42
Lula	0,07	0,40
Pampo	0,06	0,36
Anchovas	0,04	0,34
Bagre	0,05	0,31
Savelha	0,07	0,31
Lagosta	0,01	0,27
Ostras	0,01	0,25
Vieira	0,05	0,22
Sável-americano	0,07	0,22
Cavalinha (Pacífico)	0,09	0,19
Salmão (fresco/congelado)	0,01	0,19
Linguado	0,05	0,18
Cavala (Atlântico Norte)	0,05	0,16
Corcoroca (Atlântico)	0,07	0,15
Arenque	0,04	0,14
Tainha	0,05	0,13
Tilápia	0,01	0,07
Lagostim	0,03	0,05
Camarão	Sem dados	0,05
Abrótea	0,01	0,05
Eglefim (Atlântico)	0,03	0,04
Sardinha	0,02	0,04
Perca (oceano)	Sem dados	0,03

Observação: A norma da FDA para mercúrio em todos os frutos do mar é de 1,0 ppm.
Fonte: www.fda.gov/food/foodsafety/.

QUADRO 2 Peixes e frutos do mar com os maiores níveis de mercúrio

Espécie	Concentração de mercúrio (PPM)		
	Média	Máximo	Padrão Safe Harbor[a]
Tubarão	0,99	4,54	0,80
Lofolátilo (Golfo do México)	1,45	3,73	S/D
Peixe-espada	0,98	3,22	0,80
Cavala-verdadeira	0,73	1,67	S/D
Merluza-negra	0,39	2,18	0,30
Cavalinha (Golfo do México)	0,45	1,56	S/D
Linguado gigante	0,25	1,52	0,50
Vermelho	0,19	1,37	0,40
Peixe-escorpião	0,29	1,35	S/D
Lagosta (América do Norte)	0,31	1,31	0,10
Atum (fresco/congelado)	0,38	1,30	0,40
Garoupas (todas as espécies)	0,47	1,21	0,50
Atum (fresco/congelado, albacora-cachorra)	0,33	1,08	0,40
Atum (fresco/congelado, atum-de-olho-grande)	0,64	1,04	0,40
Tamboril	0,18	1,02	0,20
Robalo (água salgada, black bass, riscado)	0,22	0,96	0,50
Marlim	0,49	0,92	0,80
Peixe-relógio	0,55	0,86	S/D
Atum (enlatado, albacora)	0,36	0,85	0,40
Atum (fresco/congelado, albacora)	0,36	0,82	S/D
Truta marisca	0,26	0,74	S/D
Serra-espanhola	0,18	0,73	S/D
Peixe-carvão-do-Pacífico	0,22	0,70	S/D
Enchova	0,34	0,63	S/D
Sargo-de-dentes	0,13	0,63	S/D
Lofolátilo (Atlântico)	0,14	0,53	S/D
Peixe-búfalo	0,19	0,43	S/D
Corvina (Pacífico)	0,29	0,41	S/D
Raia	0,14	0,36	S/D
Perca (água doce)	0,14	0,31	S/D
Lagosta (espécie desconhecida)	0,17	0,31	S/D
Carpa	0,14	0,27	S/D
Atum (fresco/congelado, Barriga-listada)	0,21	0,26	S/D

Observação: A norma da FDA para mercúrio em todos os frutos do mar é de 1,0 ppm.
[a] Algumas espécies têm níveis de mercúrio naturalmente baixos ou sempre altos demais para que um Padrão Safe Harbor seja relevante.
Fonte: www.fda.gov/food/foodsafety/.

QUADRO 4 Normas de Certificação Safe Harbor

CERTIFICAÇÃO SAFE HARBOR: As normas Safe Harbor identificam o nível máximo de concentração de mercúrio permitido em cada espécie de peixe vendida com o selo Safe Harbor. As normas de certificação Safe Harbor variam por espécie, pois cada uma contém níveis médios diferentes de mercúrio. Nossas normas são informadas em partes por milhão (ppm), que é a maneira como o governo mede a concentração de mercúrio nos peixes. O nível de ação da FDA para mercúrio em todos os peixes e frutos do mar é de 1,0 ppm.

Testado individualmente Espécie de peixe	Safe Harbor Padrão de mercúrio (ppm)	Testado em lote Espécie de peixe	Safe Harbor Padrão de mercúrio (ppm)
Black bass	0,50	Salvelino-ártico	0,20
Liro-antártico	0,30	Perca-gigante	0,10
Merluza-negra	0,30	Robalo (Swal)	0,10
Corvinata-branca	0,30	Bagre	0,10
Robalo-riscado	0,50	Bacalhau (Alaska)	0,20
Corvina	0,30	Bacalhau (Bacalhau verdadeiro)	0,20
Escolar	0,50	Caranguejo	0,20
Garoupas	0,50	Galo-negro	0,30
Linguado gigante	0,50	Enguia	0,30
Lorcha	0,40	Lagosta	0,10
Marlim	0,80	Mexilhões	0,10
Tamboril	0,20	Opakapaka	0,20
Dourado	0,40	Pitus	0,10
Cavala-da-índia	0,40	Bodião	0,30
Peixe-galo	0,70	Salmão, Atlântico	0,10
Bacalhau-negro	0,50	Salmão-prateado	0,10
Salmão-rei	0,20	Salmão-vermelho	0,10
Tubarão-raposo-do-Índico	0,80	Vieiras	0,10
Vermelho (Tailândia)	0,40	Camarão	0,10
Peixe-espada	0,80	Vermelho caranha	0,40
Atum, Albacora (Tombo)	0,40	Solha-de-Dover	0,30
Albacora-cachorra	0,40	Solha-inglesa	0,20
Savelha	0,20	Solha-da-Califórnia	0,20
Buri (Hamachi)	0,40	Solhão-americano	0,30
		Lula	0,10
		Truta-arco-íris	0,10
		Tilápia	0,10
		Truta	0,10

Fonte: www.fda.gov/food/foodsafety/.

QUADRO 5 Aquacultura mundial por espécie: mercado-alvo da Safe Harbor

Espécie	$ U.S. (000s)	Libras (000s)	Safe Harbor Testes Preço	$ Potencial Mercado (000s)
Atuns, Bonitos, Peixes-boi	163.256	32.245	0,25	8.062
Lagosta	322.118	86.552	0,19	16.445
Demersais (diversos)[a]	202.970	61.769	0,16	9.883
Pelágicos (diversos)[b]	1.405.366	438.760	0,16	70.202
Linguados e Solhas	708.778	279.107	0,13	36.284
Salmão, Truta e Eperlano	9.893.798	4.725.913	0,10	47.259
Crustáceos de água doce	4.714.823	2.350.067	0,10	235.007
Enguias de água doce	1.100.321	587.269	0,09	52.824
Camarões, Pitus	12.485.834	6.977.467	0,09	627.972
Bacalhaus, Abróteas e Eglefins	50.667	29.269	0,09	2.634
Caranguejos, Aranhas-do-mar	656.718	495.684	0,07	34.698
Peixes costeiros diversos	3.083.345	2.410.499	0,06	144.630
Total	$34.787.994	18.474.601		
Porcentagem do mercado	34,79%	6,16%		
Outros peixes e frutos do mar	65.214.017	281.525.400		
Porcentagem do mercado	65,21%	93,84%		

O mercado mundial de peixes total é de aproximadamente 100 bilhões de dólares, com cerca de 135 bilhões de quilogramas vendidos.
O mercado americano é de cerca de 4% ou aproximadamente 4,5 bilhões de quilogramas.
[a] Os peixes demersais vivem no fundo de mares ou lagos.
[b] Os peixes pelágicos vivem em colunas de água, mas não no fundo de mares ou lagos.

QUADRO 6 Receitas e despesas mensais reais e projetadas ($000s): de agosto do ano 1 a dezembro do ano 2

	Real			Projeção													
	AGO	SET	OUT	NOV	DEZ	JAN	FEV	MAR	ABR	MAI	JUN	JUL	AGO	SET	OUT	NOV	DEZ
Receita	45	48	51	65	68,6	104,6	120	150	152	192	197	217	257	257	254	327	325
G & A	38	33	43	33	33,0	39,0	39	60	57	57	57	62	62	62	87	67	67
Salários, impostos e saúde	57	56	59	61	60,6	62,6	71,9	73,5	86,9	88,9	89,2	90,2	92,2	92,2	92,0	109,7	109,6
Lucro/ prejuízo	(50)	(41)	(51)	(29)	(25)	3,0	9,1	16,7	8,1	46,1	50,8	64,8	102,8	102,8	75,0	150,3	148,4

CASO 12
MAYU LLC

INTRODUÇÃO

Kate Robertson se formou em administração, mas não estava interessada em um emprego tradicional dentro de um escritório. Ela queria aventuras, algo que preenchesse seu desejo eterno por viagens e que desse asas a seu espírito empreendedor. Ela entrou para o Corpo da Paz como Voluntária de Desenvolvimento de Pequenos Negócios e foi enviada a uma comunidade rural nos Andes, no interior do Peru. Durante os dois anos e meio em que morou no Peru, Kate se apaixonou pelo país. Depois de meses de despedidas chorosas, ela voltou para Chicago no início de 2010 com uma ideia. Kate criaria a Mayu LLC, uma empresa que venderia acessórios de malha com 100% fibra de alpaca peruana feitos a mão pelas artistas com as quais trabalhara como membro do Corpo da Paz. Kate acreditava que com o estabelecimento de um pequeno empreendimento social, ela permaneceria ligada à sua comunidade do Corpo da Paz. A empresa ofereceria renda extra às mulheres peruanas e também atenderia a uma necessidade de mercado por produtos de malha exclusivos e cheios de estilo.

Fonte: Este estudo de caso foi preparado por Kate Robertson com o propósito de estabelecer uma base para discussão em aula. Ele foi publicado anteriormente em Robert D. Hisrich, *International Entrepreneurship*, 2nd edition, SAGE, 2013, pp. 299-310.

Para testar a ideia, Kate voltou do Corpo da Paz com dois sacos de arroz gigantes recheados de xales, lenços e cobertores de alpaca. Com a reação positiva de amigos e familiares, Kate decidiu que fundar a Mayu seria mesmo uma excelente ideia. Como a demanda era real e o clima era frio, ela mergulhou de cabeça, sem criar um plano de negócio formal. Um ano depois, enquanto a Mayu crescia, Kate precisava enfrentar uma série de desafios e percebeu que era melhor responder algumas perguntas antes de seguir em frente.

1. Partindo do princípio de que a procura continuaria a crescer, como ampliar a escala das operações no Peru? Ela já havia aceitado um emprego em tempo integral em Chicago e trabalharia meio período na Mayu.
2. Como transformar a Mayu, uma empresa pessoal e baseada em eventos, em uma loja online bem-sucedida se as pessoas não tinham como enxergar e sentir a fibra de alpaca? Seria preciso uma nova estratégia de marketing online.
3. Kate admitia que as finanças não eram seu lado bom e se preocupava com a possibilidade de que faltavam elementos nos dados financeiros *pro forma* que calculara. Ela buscava feedback sobre seu trabalho.
4. Que parcela da participação acionária precisaria ser distribuída caso a Mayu buscasse capital externo para a expansão?
5. Kate deveria formar parcerias com os diversos indivíduos que haviam pedido sua ajuda para importar malhas peruanas? Ela queria proteger seu "segredo comercial" – as artesãs que treinara com tanto esforço no Peru.

EMPRESA E PRODUTO

A Mayu, palavra que significa "rio" em quechua, a língua-mãe das artesãs peruanas da Mayu, importa e vende acessórios de alpaca, incluindo lenços, chapéus, xales, mantos, luvas e cobertores. O advogado pro bono da Mayu incorporou a empresa como uma LLC e Mayu hoje é uma marca registrada. Kate desenvolveu a seguinte missão para a empresa:

> A Mayu busca ser líder no setor de venda de acessórios de alpaca de alta qualidade, exclusivos e ultraclássicos. A Mayu oferece valor social ao aumentar os rendimentos e contribuir para o desenvolvimento pessoal e profissional de suas fornecedoras peruanas. Ao mesmo tempo, a Mayu educa os consumidores americanos de forma honesta e transparente sobre as origens dos acessórios de moda éticos da empresa. Atendimento excelente, respeito mútuo e iniciativas do tripé da sustentabilidade (pessoas, planeta, lucros) são os elementos que orientam as atividades de negócio da Mayu.

Depois de muitas excursões de compras aos mercados de Lima e buscas na Internet pelos acessórios de alpaca que já estavam no mercado, Kate definiu as proposições de venda exclusivas dos produtos da Mayu. Os designs exclusivos e estilosos eram feitos à mão, com fibra de alpaca ambientalmente correta, adquiridos por comércio justo (a Mayu participa da Fair Trade Federation) e da mais alta qualidade, para durar a vida inteira. O produto era diferente dos acessórios produzidos à máquina, em sistemas de produção em massa, encontrados em lojas físicas e online no Peru e nos Estados Unidos. Kate também notou que a maior parte desses produtos não era de lã de alpaca pura. Em vez disso, as malhas combinavam alpaca e outras lãs de menor qualidade. Outra característica exclusiva é que os produtos da Mayu utilizavam matéria-prima e mão de obra 100% peruanas, com uma história interessante por trás de cada um. A história refletia a experiência de Kate no Corpo da Paz e seu relacionamento direto com as artesãs.

SETOR E TENDÊNCIAS ATUAIS

Vestuário e acessórios

A pesquisa de Kate indicou que a procura por vestuário e acessórios era motivada por renda pessoal e tendências de moda e que as mulheres compravam aproximadamente 64 itens de vestuário por ano. De acordo com as projeções de varejo de 2010 da IBISWorld Clothing & Accessories, o setor estava avaliado em 7 bilhões de dólares, com lucros de 772,8 milhões; de todos os acessórios vendidos, 18% envolviam lenços, acessórios de pescoço e chapéus. O mercado de acessórios tivera crescimento anual de 5,1% durante os últimos cinco anos, com a expectativa de alcançar crescimento anual de 7% entre 2010 e 2015. O tamanho do mercado de roupas e vestuário externo feminino teve crescimento consistente entre 2003 e 2008. A crise econômica recente impactou o mercado de acessórios, pois o índice de confiança do consumidor caíra 4,1% durante os anos anteriores, mas esperava-se que aumentasse em 13,6% em 2010. A renda disponível per capita nos Estados Unidos também estava aumentando em relação aos mínimos de 2008. O resultado é que Kate achou que seu mercado-alvo não seria afetado com muita gravidade. Os estudos indicam que mesmo em períodos de recessão, os consumidores transferem seus comportamentos de compra para peças mais clássicas e duradouras, que são exatamente os produtos oferecidos pela Mayu.

E-Commerce

O setor de e-commerce teve crescimento firme, com taxas anuais de 6,6% entre 2005 e 2010 e receitas anuais acima de 93,8 bilhões de dólares. Felizmente, esperava-se que as vendas online crescessem ainda mais rápido, a uma taxa de 10,5% entre 2010 e 2015. Essas estatísticas sugerem que o varejo online era uma mídia em crescimento para a compra de itens especializados, como os produtos de malha das artesãs peruanas da Mayu. Em 2010, de todos os negócios online, 15% eram varejistas de vestuário e acessórios. Devido ao aumento da conectividade, às percepções positivas de segurança online e à facilidade de realizar transações, empresas online como a Mayu se beneficiariam com esse crescimento.

Tendências

Kate sabia que o crescimento do comércio justo e da moda ética e os sinais recentes de uma "revolução verde" seriam benéficos para a Mayu. Não havia dúvida de que os consumidores estavam se tornando mais responsáveis, e a Mayu oferecia uma solução para a demanda crescente por produtos com valor social. Com isso, o mercado consumidor estava desenvolvendo uma necessidade por transparência e rastreabilidade em todas as cadeias de suprimentos, especialmente no caso de produtos fabricados nos países em desenvolvimento. A implementação de programas de responsabilidade social e o estabelecimento de organizações sem fins lucrativos de ativismo social eram prova de que o ambiente de negócios do século XXI estava mudando e que as empresas não conseguiriam sobreviver sem considerar as consequências de seus comportamentos. O site da Mayu continha informações sobre o ciclo de vida dos produtos. Kate também pretendia expandir o site para aumentar ainda mais a transparência.

De acordo com pesquisas administradas pela Fair Trade Federation, a tendência em prol do comércio justo nos Estados Unidos crescia com força. Em 2010, 71,4% dos consumidores americanos conheciam o comércio justo e 88% deles se consideravam consumidores conscientes. Em 2009, as organizações de comércio justo tinham vendas anuais médias de 517.384 dólares, em comparação com 499.892 em 2006. Além disso, 72,4% delas eram entidades com fins lucrativos, o que mostra que empresas sociais e motivadas por uma missão são substitutos válidos para as organizações sem fins lucrativos "baseadas em caridade". As empresas de comércio justo tradicionais estavam crescendo, com números cada vez maiores de funcionários e voluntários e um impacto crescente nos países onde ocorre a produção de suas mercadorias.

Quanto a tendências de consumo, a organização A.T. Kearney indicou que, em 2009, o mercado para produtos sustentáveis era estimado em 118 bilhões de dólares, enquanto o Boston Consulting Group afirmava que empresas com um "comprometimento real com a sustentabilidade" tinham desempenho superior a seus colegas no mesmo setor, especialmente no varejo. Essas tendências reiteravam o desejo da sociedade americana de usar seus hábitos de consumo para causar mudanças positivas.

O conceito de moda ética também estava ganhando força, o que deveria beneficiar os produtos ecologicamente corretos da Mayu. A Cone Consumer Environmental Survey de 2009, conduzida pela Opinion Research Corporation, indicou que 34% dos consumidores americanos provavelmente comprariam produtos ambientalmente responsáveis e que 25% mais americanos tinham interesse maior pelo meio ambiente hoje do que um ano antes. O resultado era uma expectativa ainda maior de que as empresas produzissem e vendessem produtos ambientalmente conscientes; 70% dos americanos indicaram que prestavam atenção no que as empresas faziam em relação ao meio ambiente. Esse interesse indica que a "revolução verde" é muito mais do que um modismo passageiro.

Um estudo de 2008 da Conscious Innovation afirmou que produtos e serviços criados para que os consumidores levassem vidas sustentáveis e realizassem seu desejo de "me ajudar a ser um consumidor consciente" também estavam em ascensão. Os comportamentos dos consumidores na compra de vestuário e presentes mudaram em relação aos anos anteriores e esperava-se que continuassem a ser influenciados por escolhas conscientes.

Concorrência

O setor incluía uma ampla gama de concorrentes que vendiam acessórios, tanto em lojas físicas quanto online. Alguns dos produtos eram feitos à mão, mas a maioria era produzida por máquinas. Todos estavam disponíveis em diversas matérias-primas, incluindo alpaca, casimira, lã e algodão.

Kate definiu a concorrência direta como varejistas online que vendiam acessórios e vestuário de alpaca. Diversos sites de e-commerce vendiam acessórios de alpaca, mas nenhum tinha produtos tão exclusivos quanto os da Mayu. Os seguintes sites exemplificavam a concorrência:

- Peruvian Connection: www.peruvianconnection.com
- Alpaca Direct: www.alpacadirect.com
- Purely Alpaca: www.purelyalpaca.com
- Alpaca Boutique: www.alpacaboutique.com

A Mayu se diferenciava da concorrência primária pela qualidade e exclusividade de seus produtos. Kate acreditava que o site da Mayu era de alto nível e conquistaria uma clientela mais consciente e mais atenta à última moda. Depois que chegassem ao site da Mayu, os clientes ficariam atraídos por seu estilo, simplicidade e elegância. O site era profissional, personalizado, esteticamente agradável e, acima de tudo, atualizado com as mídias sociais do momento e as tendências de compra "verdes". Os preços da Mayu eram semelhantes aos da concorrência, mas os clientes receberiam mais valor com suas compras. A Mayu oferecia pronto atendimento e alta qualidade de serviço, com um toque personalizado, tanto para os clientes em potencial quanto para os antigos. A facilidade de comunicação com a Mayu criava uma experiência de compra positiva, apesar da natureza online do negócio.

Kate definiu a concorrência secundária como as lojas de varejo físicas e online que vendem produtos de malha feitos de matérias-primas como algodão, casimira, seda ou lã. Quase todas essas empresas têm uma vantagem em relação à Mayu por serem mais estabelecidas e, logo, terem marcas mais conhecidas e presença maior na Internet. Essas empresas maiores têm capital de sobra e orçamentos dedicados a atividades de marketing e desenvolvimento de negócio. A Mayu se diferencia por sua história pessoal e missão social. Kate queria que a Mayu atraísse clientes interessados em apoiar empresas locais e independentes, ao contrário daqueles que compram de lojas de rede que costumam pecar por falta de transparência, originalidade, personalidade e comportamento ético. As empresas a seguir estavam entre aquelas consideradas concorrentes secundários:

- Anthropologie: www.anthropologie.com
- Nordstrom: www.nordstrom.com
- Neiman Marcus: www.neimanmarcus.com

Marketing

Mercado-alvo Com base em sua pesquisa, Kate planejava buscar mulheres de nível superior com 32 a 62 anos, um grupo que representa 67% do mercado de acessórios. Essa faixa permitiria que a Mayu buscasse a maioria das mulheres entre 15 e 65 anos, que representam 90% dos gastos totais dos consumidores. Kate esperava que esse mercado seria mais socialmente consciente, atento a questões globais e composto de consumidores mais responsáveis. As pesquisas indicam que os consumidores de luxo, definidos como aqueles com renda superior a 100 mil dólares por ano, têm maior escolaridade e são mais exigentes, de modo que a qualidade do trabalho e a longevidade e qualidade artística do produto são importantes em seus comportamentos de compra.

Como a Mayu está batalhando para se tornar uma empresa de Internet, ela tem acesso ao mundo todo. Para enfocar melhor seu marketing online, Kate decidiu se concentrar em três áreas metropolitanas: Chicago, Nova York e San Francisco. Seus motivos para escolher essas cidades específicas é que elas têm climas apropriados e populações grandes de consumidoras ricas e de alta escolaridade. Chicago era um ponto de partida natural, pois é a base da Mayu e já possui relacionamentos existentes. San Francisco possui uma forte concentração de consumidoras socialmente conscientes, enquanto as novaiorquinas são atentas às tendências da moda e criam várias delas para o resto do país.

Preço A estrutura de preço tradicional da Mayu se baseia em custos. Kate usou o markup tradicional do setor, de 200 a 250%, para calcular os preços de varejo e atacado. O preço-base é o que a Mayu paga às artesãs peruanas, o que cobre a mão de obra, a matéria-prima e o transporte no país. Depois que os produtos chegam aos Estados Unidos, Kate adiciona o frete internacional do Peru e as tarifas alfandegárias para gerar o custo total de cada item (custo dos produtos vendidos). Em alguns casos, entretanto, a Mayu recebe margens ligeiramente menores ou maiores do que o padrão do setor, dependendo do produto e do que ela acha que o mercado pagaria por item.

Distribuição

A distribuição será analisada em termos de eventos presenciais, online e atacado.

Eventos presenciais Até hoje, a maior fonte de receitas da Mayu foram os eventos de luxo presenciais durante fins de semana e feriados. A Mayu foi convidada a participar de pelo menos 10 desses eventos, com vendas que variaram de 0 a 2.500 dólares por ocasião. Os honorários de participação geralmente são de 10% da receita. Como Kate trabalha em período integral, um de seus familiares ou sua futura funcionária de tempo integral trabalhavam nos eventos em dias úteis na primavera e no outono. A Mayu se disponibilizava para "festas de compra" privadas na área de Chicago. Durante festas do tipo, a anfitriã convida amigas para uma noite de compras na Mayu. Para incentivar as anfitriãs a organizar as festas, os itens são oferecidos com descontos de 10% em relação aos preços online e as organizadoras são compensadas com um cartão-presente generoso da Mayu.

Online A maioria das vendas da Mayu ocorria durante eventos de compras, mas a meta de Kate era aumentar as vendas online e diminuir sua dependência desses eventos, que envolvem muita mão de obra e têm alta variabilidade. Ela sabia que seria um desafio vender produtos de luxo pela Internet, especialmente sem uma marca estabelecida. A melhor maneira de mostrar a beleza da alpaca era quando as clientes podiam encostar nos materiais e experimentar os produtos. Ela oferecia amostras da malha para consumidoras interessadas, mas o principal problema era levar as usuárias ao site com um orçamento de marketing limitado e convencê-las de que os itens mais caros eram um bom investimento.

Kate adquiriu uma plataforma de mídias sociais por 1.000 dólares por ano. Com essa plataforma, a Mayu trabalharia com vários sites de mídias sociais apenas com o clique de um botão. Foi uma estratégia excelente para construir links e aumentar sua presença online. Kate também administrava um blog, parte do site da Mayu. Nele, ela escrevia sobre temas relacionados ao Peru, à alpaca, ao comércio justo e à história da Mayu, além de postar fotos, vídeos, artigos e outros materiais. Kate também sabia que o Google AdWords ofereceria orientações em termos de marketing online. Ela pagava 250 dólares por mês, sazonalmente, para que um grupo de profissionais criasse uma conta no AdWords; ela também teria que começar com um orçamento mensal de 500 dólares mensais para os anúncios em si, com valores pagos por clique.

Kate planejava comprar certos banners em sites durante os meses de inverno, especialmente antes do Natal. O custo desses anúncios seria de cerca de 100 dólares por mês. Os banners seriam veiculados em publicações de segundo nível com um público ligado em moda e causas ambientalistas. Seu orçamento destinava 500 dólares por mês aos anúncios.

Kate já tinha um site em funcionamento, criado pelo preço bastante razoável de 1.000 dólares, incluindo seis meses de ajustes e modificações. A logística do site, incluindo nomes de domínio, criptografia de segurança, serviços de pagamento e outros custos relacionados eram todos baixos, o que levava a um custo inicial bastante reduzido. O total desses custos mensais era de cerca de 50 dólares.

Atacado Kate recebeu requisições de varejistas interessados em estocar produtos da Mayu, mas os pedidos foram muito pequenos durante o primeiro ano, e as margens ainda menores. O pedido mínimo era de 500 dólares e o tempo de ciclo normalmente não passava de 6 semanas, dependendo da época. Com uma pequena mudança nos preços, Kate acreditava que aumentaria os pedidos de atacado e se beneficiaria com o volume de vendas. Mas ainda não era certo que as artesãs conseguiriam acompanhar o aumento da demanda. A chance de diminuir o preço pago às artesãs peruanas era minúscula, então as economias de custo precisariam vir de outros pontos da cadeia de valor.

Para aumentar as contas de varejo, a Mayu planejava contratar três representantes de venda. Uma trabalharia na Costa Oeste, uma na Costa Leste, a outra no Centro-Oeste do país. As pesquisas indicavam que as representantes de venda seriam remuneradas com pelo menos 10% do total das vendas. Ela ouvira histórias de terror de amigos sobre suas experiências com representantes de vendas, então era importante encontrar as profissionais perfeitas para representar a linha Mayu. Um intermediário adicional reduziria os lucros da Mayu, mas os ganhos em reconhecimento de marca, distribuição do produto e aumento de volume significavam que o investimento em uma equipe de vendas era necessário, em especial quando lembramos que Kate não podia "bater perna" por conta própria.

A Mayu também continuaria a abrir sistemas de *drop shipping* (marketing de afiliadas) com butiques online que postassem os produtos da Mayu em seus sites. Quando um produto é vendido, a Mayu envia o item de seu armazém de Chicago e é compensada por um preço definido, geralmente de 55 a 60% do preço de venda de varejo. Essas relações de *drop shipping* são convenientes, sem risco e sem custo para a Mayu.

Com o tempo, Kate planeja participar de feiras do setor, como a StyleMax de Chicago, para mostrar os acessórios de alpaca da Mayu a milhares de varejistas. Esses eventos custam no mínimo 5.000 dólares por 4 dias e a rentabilidade não é garantida. Kate decidiu não participar deles nos primeiros anos a menos que formasse parcerias com outras pequenas empresas que aceitassem dividir os custos e o estande nos eventos.

Promoção A Mayu recebeu publicidade gratuita na mídia durante sua breve existência, o que ajudou diretamente as vendas. A empresa foi mencionada em blogs respeitados e publicações impressas e também apareceu em revistas locais. Os relações públicas pareciam gostar da história da Mayu e os leitores ficaram intrigados pelas histórias de Kate no Corpo da Paz. A atenção da mídia levou a vendas adicionais, mas apenas em pequena escala. Kate considerou contratar uma amiga que era especialista em RP. Seus honorários por temporada seriam de 3.000 dólares, com o objetivo de exibir a Mayu nos guias de presentes de Natal de publicações de moda. Claro, não havia garantia de que os editores escolheriam destacar a marca Mayu em seus veículos.

A Mayu implementou um programa de indicações para ajudar a informar as clientes em potencial sobre sua existência por meio de recomendações interpessoais. As clientes antigas da Mayu ganham um cartão-presente no valor de 25 dólares cada vez que uma pessoa indicada por elas compra algo da loja.

Operações

Peru Kate sabia que seria difícil administrar a Mayu de sua base em Chicago sem visitas frequentes ao Peru. Felizmente, ela podia se comunicar com as produtoras por telefone e, ocasionalmente, por e-mail. O fato de as artesãs não saberem usar computadores e não terem acesso consistente a telefones celulares (sem contar as faltas constantes de energia elétrica) tornavam a comunicação um grande desafio. Por ter morado no Peru, Kate aprendeu a ser flexível e se adaptar ao ambiente operacional peruano. Ela realizava os pedidos e lidava com os problemas logísticos junto com a artesã designada como líder do grupo, Maria Rosemberg de Huerta. Outro obstáculo enfrentado era garantir que os produtos teriam um certo nível de qualidade e consistência. As peruanas eram menos exigentes e tinham ideias diferentes sobre o que significava ter alta qualidade. Além disso, as artesãs muitas vezes eram desonestas, afirmando que certos produtos chegariam em um determinado dia quando na verdade a produção sequer começara.

A cidade regional mais próxima fica a 3 horas de ônibus. Lima, a capital peruana, fica a 8 horas de viagem do vilarejo onde as artesãs moram. Isso significa que as artesãs da Mayu precisam viajar muitas horas para acessar suas contas bancárias e enviar os pedidos para Kate em um escritório da Federal Express. Elas sempre enfrentam o risco de que as grandes quantidades de dinheiro ou os produtos acabados que transportam serão roubados durante a viagem. Da mesma forma, as matérias-primas precisam ser encomendadas pela Internet e entregues em sua comunidade por um ônibus de Lima. O custo da matéria-prima varia de 27 a 30 dólares por quilograma de lã de alpaca pura, pago pelo grupo de artesãs. A variação de preço depende da fibra ser tingida ou natural, mas os preços também são ligeiramente suscetíveis às condições econômicas gerais do Peru. Kate e as artesãs decidem em conjunto a estrutura de preços dos produtos e Kate remunera as artesãs por unidade produzida. O preço inclui os custos de mão de obra e de materiais. Kate paga as artesãs por transferências bancárias, com valores de 11 a 85 dólares por item produzido. Em geral, Kate paga adiantado pelos produtos para que as artesãs possam comprar as matérias-primas.

Quando se tornou necessário ampliar a escala, Kate sabia que o controle da qualidade, a logística e a criação de uma estrutura organizacional sólida seriam os maiores desafios. Ela achou que poderia contratar um funcionário para trabalhar meio expediente durante 5 meses de cada ano e receber 1.750 dólares enquanto o trabalho durasse.

Estados Unidos Kate era responsável pelas operações nos Estados Unidos e por supervisionar a produção no Peru. Em casa, ela administrava o site, o conteúdo online, as mídias sociais, o marketing e o atendimento ao cliente da Mayu, além de participar de eventos de vendas. Ela criou um programa de estágio e começou a empregar estudantes para realizar trabalho não remunerado de 10 a 15 horas por semana. Apesar de eles consumirem bastante tempo, Kate acreditava que o uso de estagiários poderia ser mutuamente benéfico e que "duas cabeças pensam melhor do que uma". Depois que os produtos chegavam do Peru, a mãe de Kate era responsável por contar, passar e etiquetar os itens e por cuidar da logística externa, incluindo frete e expedição. Kate sabia que sua mãe faria isso para sempre, então planejava contratar auxiliares sazonais por três meses (novembro a janeiro). Os funcionários de meio expediente receberiam cerca de 1.200 dólares por mês.

Equipe

Kate estava recebendo conselhos de diversos indivíduos, mas não tinha um conselho formal de assessores. Seu pai oferecia assessoria jurídica, seu tio era o contador e sua web

QUADRO 1 Demonstrativo de resultados projetado de 3 anos da Mayu (em dólares)

	Ano 1	Ano 2	Ano 3
Vendas líquidas	32.000	44.800	58.240
Custo de produtos vendidos	6.400	8.960	11.648
Receita bruta	**25.600**	**35.840**	**46.592**
Despesas operacionais			
Anúncios (*5 meses)	2.500	2.500	2.500
Marketing & promoção			
(AdWords *5 meses & RP)	6.750	6.750	6.750
Plataforma de mídias sociais	1.000	1.000	1.000
Mensalidades & assinaturas (FTF etc.)	300	300	300
Despesas de folha de pagamento			
Funcionário temporário Peru	1.750	1.750	1.750
Funcionário temporário Estados Unidos	3.600	3.600	3.600
Honorários de criação de produto	5.000	5.000	5.000
Despesas administrativas			
Logística e design do site	600	700	800
Viagem ao Peru	1.000	1.000	1.000
Despesas de escritório	500	700	900
Total de despesas operacionais	**23.000**	**23.300**	**23.600**
Renda operacional	**2.600**	**12.540**	**22.992**
Renda antes dos impostos	2.600	12.540	22.992
Receita líquida	**2.600**	**12.540**	**22.992**

QUADRO 2 Demonstrativo de resultados projetado do primeiro ano da Mayu por mês (em dólares)

	T1			T2			T3			T4			
	Janeiro	Fevereiro	Março	Abril	Maio	Junho	Julho	Agosto	Setembro	Outubro	Novembro	Dezembro	Ano 1
Vendas líquidas	3.500	3.000	2.000	500	500	0	0	500	1.000	3.000	10.000	8.000	32.000
Custo dos produtos vendidos	700	600	400	100	100	0	0	101	200	600	2.000	1.600	6.400
Receita bruta	**2.800**	**2.400**	**1.600**	**400**	**400**	**0**	**0**	**400**	**800**	**2.400**	**8.000**	**6.400**	**24.600**
Despesas operacionais													
Anúncios (*5 meses)	500	500	0	0	0	0	0	0	0	500	500	500	2.500
Marketing & promoção (AdWords*5 meses & RP)	1.350	1.350	0	0	0	0	0	0	0	1.350	1.350	1.350	6.750
Plataforma de mídias sociais	1.000	0	0	0	0	0	0	0	0	0	0	0	1.000
Mensalidades & assinaturas (FTF etc.)	300	0	0	0	0	0	0	0	0	0	0	0	300
Despesas de folha de pagamento													
Funcionário temporário Peru	583	0	0	0	0	0	0	0	0	0	583	583	1.750
Funcionário temporário Estados Unidos	1.200	0	0	0	0	0	0	0	0	0	1.200	1.200	3.600
Honorários de criação de produto	0	0	0	0	0	0	2.500	2.500	0	0	0	0	5.000
Despesas administrativas													
Logística e design do site	600	0	0	0	0	0	0	0	0	0	0	0	600
Viagem ao Peru	0	0	0	0	0	0	1.000	0	0	0	0	0	1.000
Despesas de escritório	500	0	0	0	0	0	0	0	0	0	0	0	500
Total de despesas operacionais	**6.033**	**1.850**	**0**	**0**	**0**	**0**	**3.500**	**2.500**	**0**	**1.350**	**3.133**	**3.133**	**23.000**
Renda operacional	**(3.233)**	**550**	**1.600**	**400**	**400**	**0**	**(3.500)**	**(2.100)**	**800**	**1.050**	**4.867**	**3.267**	**2.600**
Renda antes dos impostos	(3.233)	550	1.600	400	400	0	(3.500)	(2.100)	800	1.050	4.867	3.267	2.600
Receita líquida	**(3.233)**	**550**	**1.600**	**400**	**400**	**0**	**(3.500)**	**(2.100)**	**800**	**1.050**	**4.867**	**3.267**	**2.600**

designer a orientava em todos os aspectos da gestão de um site. Kate queria ampliar sua rede de apoio e começou a pensar na ideia de contratar um designer de produtos especializado em itens de malha, um fotógrafo profissional, uma modelo e uma equipe que otimizasse seu site. Ela sabia que não teria o orçamento necessário para contratar alguém para trabalhar exclusivamente na Mayu, então decidiu que obteria os serviços necessários para cada projeto quando apropriado. Kate sabe muito bem fazer *networking* e encontrar profissionais de alta qualidade pelo menor preço.

Plano e curto prazo da Mayu

Para levar a Mayu para o próximo nível, Kate planeja contratar uma designer de moda e já está em contato com uma profissional especializada em malhas. Os honorários por coleção seriam de aproximadamente 5.000 dólares, incluindo contratos com um fotógrafo profissional, uma modelo e uma equipe de maquiagem e cabeleireiros. A designer cuidaria da visão criativa por trás da Mayu. Kate vai visitar o Peru periodicamente para trabalhar com as artesãs na criação de novas coleções. Cada viagem ao Peru custará entre 700 e 1.000 dólares.

Finanças

Os demonstrativos contábeis da empresa incluem demonstrativos de resultados *pro forma* de três anos (Quadro 1); o demonstrativo de resultados *pro forma* do primeiro ano dividido por mês (Quadro 2); e um demonstrativo de fluxo de caixa *pro forma* de três anos (Quadro 3).

CASO 15
SUPPLY DYNAMICS

INTRODUÇÃO

Trevor Stansbury olhava para a paisagem congelada do inverno pela janela do escritório, absorto em ideias sobre o futuro. Como fundador da Supply Dynamics, uma consultoria industrial, ele deveria comemorar sua aquisição pela O'Neal Steel, mas o empreendedor dentro de si estava muito ocupado analisando novas oportunidades de negócios e as consequências de se tornar repentinamente parte do maior centro de serviços metálicos de capital fechado dos Estados Unidos. Stansbury sabia que poderia replicar o modelo de negócio da Supply Dynamics em ou-

QUADRO 3 Fluxo de caixa projetado de 3 anos da Mayu (em dólares)

	Ano 1	Ano 2	Ano 3
Entrada de caixa			
Vendas em caixa	32.000	44.800	58.240
Entrada de caixa total	32.000	44.800	58.240
Total de caixa disponível	32.000	44.800	58.240
Saída de caixa			
Estoque	6.400	8.960	11.648
Despesas operacionais			
Anúncios (*5 meses)	2.500	2.500	2.500
Marketing & promoção			
(AdWords *5 meses & RP)	6.750	6.750	6.750
Plataforma de mídias sociais	1.000	1.000	1.000
Mensalidades & assinaturas (FTF etc.)	300	300	300
Despesas de folha de pagamento			
Funcionário temporário Peru	1.750	1.750	1.750
Funcionário temporário Estados Unidos	3.600	3.600	3.600
Honorários de criação de produto	5.000	5.000	5.000
Despesas administrativas			
Logística do site	600	700	800
Viagem ao Peru	1.000	1.000	1.000
Despesas do escritório (materiais, etc.)	500	700	900
Imposto de renda estimado	0	0	0
Saída de caixa total	29.400	32.260	35.248
Balanço de caixa inicial	500	3.100	15.640
Balanço de caixa final	3.100	15.640	38.632

tras indústrias e dentro dos setores que a empresa atende atualmente. Como o processo proprietário de agregação da Supply Dynamics ainda estava em desenvolvimento, ele via as oportunidades em potencial no horizonte. A Supply Dynamics começou agregando materiais em barras, folhas e chapas; as oportunidades de fazer o mesmo com fixadores, itens estruturais de aço carbono (ou seja, vigas em L, canais, cantoneiras) e até certos plásticos e compostos eram igualmente promissoras. A questão era: como fazer tudo isso sem perder o foco e dispersar os recursos? Como sua nova afiliação com um grande distribuidor alteraria o modelo de negócio existente? Como sua relação com as outras nove afiliadas de propriedade da O'Neal se traduziria em sinergias operacionais para a Supply Dynamics?

SUPPLY DYNAMICS

A Supply Dynamics foi criada em 2001, depois que Trevor Stansbury largou o cargo de diretor da organização de compras internacionais da Honeywell e transferiu sua família para Loveland, Ohio. A transferência foi motivada pela oportunidade de lançar uma consultoria especializada com os proprietários da Aerospace International Materials (AIM), distribuidor de metais especializados de médio porte no Estado. O novo empreendimento trabalharia um aspecto específico das compras internacionais e a AIM funcionaria como incubadora. O objetivo principal da Supply Dynamics seria auxiliar grandes *Original Equipment Manufacturers* (OEMs) com os desafios originários de administrar grandes cadeias de suprimentos estendidas globalmente que precisam do fornecimento de matérias-primas e outros insumos materiais, incluindo chapas metálicas, plásticos, componentes eletrônicos e fixadores. Desde então, a Supply Dynamics foi pioneira em uma abordagem inovadora ao modo como as grandes multinacionais administram interações relativas a insumos materiais em seus negócios, incluindo fornecedores externos, distribuidores de usinas e até clientes. Assim, a Supply Dynamics foi criada como uma espécie de centro de inovação incubada dentro da AIM.

INCUBAÇÃO E INDEPENDÊNCIA

A atividade principal da AIM centrava-se na distribuição de produtos metálicos para a indústria aeroespacial, enquanto o negócio de Stansbury se concentrava na administração de toda a cadeia de suprimentos de insumos materiais, da qual a distribuição é apenas uma parte. Enquanto Stansbury administrava as operações cotidianas da consultoria incubada, ainda sem nome, seus sócios, Kennard e Bucher, passavam a maior parte do tempo administrando a AIM. Em 2003, a combinação do trauma do 11 de setembro, da recessão econômica e da epidemia de gripe aviária na Ásia abalou a indústria de aviação e, por associação, o negócio de distribuição da AIM. Em meio a essas dificuldades, a Supply Dynamics conquistou seu primeiro contrato multimilionário para agregar requisitos de chapas metálicas de níquel e cobalto para a General Electric e conseguiu orientar esse negócio de distribuição para a AIM. Ao mesmo tempo, a Supply Dynamics gerava centenas de milhares de dólares em honorários de consultoria para diversas atividades de compras globais e contratos de contrapartida. Essas receitas eram providenciais para a AIM, mas Stansbury estava preocupado com a ideia de que os interesses da Supply Dynamics ficariam eternamente subordinados aos da empresa que incubava seu novo negócio. Stansbury e seus sócios ainda não haviam incorporado a nova empresa oficialmente e, em meados de 2003, sua paciência e entusiasmo estavam começando a diminuir. Depois de três anos de incubação na AIM, chegara a hora de a Supply Dynamics se tornar independente.

Em outubro de 2003, a Supply Dynamics foi incorporada como empresa de responsabilidade limitada (LLC). Sem os benefícios financeiros de estar em um ambiente de "incubadora", Stansbury estava atento à necessidade de minimizar os custos. Ele terceirizou os serviços de folha de pagamento, contabilidade e RH para a AIM e conseguiu que os escritórios da Supply Dynamics fossem transferidos para uma escola reformada. Até sua incorporação, a Supply Dynamics não tinha um único serviço definitivo que prestava. Em vez disso, Stansbury (e seus outros três funcionários) simplesmente realizavam serviços de consultoria experimentais que variavam desde a implementação de um "processo de transição de peça padronizada" para migração do trabalho de produção para regiões de baixo custo até atividades de atendimento de pedidos em contratos de contrapartida. Apesar de a empresa ser ligeiramente lucrativa, Stansbury determinou que para ter sucesso e crescer de verdade, seria preciso adotar uma abordagem mais focada e que oferecesse um valor significativo para os clientes. A Supply Dynamics oferecia diversos serviços, mas um superava todos os outros em seu potencial audacioso de realizar mudanças expressivas no desempenho de OEMs: o serviço era chamado "Agregação de Demanda de Materiais".

AGREGAÇÃO DE DEMANDA DE MATERIAIS

Durante os últimos 20 anos, a maioria dos *Original Equipment Manufacturers* (OEMs) terceirizaram a maior parte das peças que compõem seus produtos finais. O resultado

Fonte: Este estudo de caso foi preparado por Tiffany Tirres com o propósito de estabelecer uma base para discussão em aula.

foi uma série de consequências inesperadas, incluindo o fato de os fornecedores externos muitas vezes comprarem (independentemente) as mesmas matérias-primas em quantidade subótimas de múltiplas fontes a preços altíssimos.

Stansbury e Kennard reconheceram essa ineficiência e imaginaram um serviço e processo de negócio que permitiria que um OEM recuperasse a exposição às matérias-primas que compõem suas peças e usasse essa visibilidade para influenciar os níveis de custo e serviço. "É uma questão de visibilidade e controle", Stansbury afirmou. "Damos a nossos clientes visibilidade em algo que muitos não enxergam e depois os ajudamos a usar essas informações para controlar coisas que nunca foram capazes de controlar".

A Agregação de Demanda de Materiais (MDA, *Material Demand Aggregation*) é um processo que utiliza um software proprietário para dar a OEMs visibilidade e controle em tempo real sobre os níveis de custo e serviços associados aos metais e outros "insumos materiais" que compõem suas peças acabadas. Na produção das peças acabadas de OEMs, os "insumos materiais" são insumos como aço em barras, chapas metálicas, peças fundidas e forjadas, plásticos, componentes eletrônicos e fixadores. Coletivamente, esses itens contribuem entre 30% e 60% do custo do produto final do OEM, independentemente de quem fabrica as peças. O processo MDA envolve a identificação, a análise, o rastreamento e a alavancagem de todos esses insumos materiais em comum para obter os melhores níveis de preço e serviço para o OEM e seus fornecedores externos. Ele também envolve a integração de estruturas de produtos (BOM, *bills of material*) independentes para milhares de números de peças em um aplicativo Web (em múltiplas empresas) que "liga os pontos" entre todas as partes envolvidas em uma cadeia de suprimentos estendida de matérias-primas. Com esse sistema de suporte à decisão, os OEMs projetam e administram a compra e entrega sem atrasos de requisitos de matérias-primas consolidados para si mesma e para seus fornecedores externos.

MODELO DE NEGÓCIO DA SUPPLY DYNAMICS: TRANSPARÊNCIA INÉDITA POR MEIO DA CARACTERIZAÇÃO DE ESTRUTURAS DE PRODUTOS

A Agregação de Demanda de Materiais poupa milhões de dólares para cada OEM. Devido à sua complexidade, entretanto, e à necessidade de uma plataforma sofisticada para múltiplos empreendimentos de modo a "ligar os pontos" metafóricos, a opção da OEM de realizar MDA por conta própria é repleta de riscos e geralmente não tem boa relação custo-benefício.

Como é impossível controlar o que não se vê, as OEMs contratam a Supply Dynamics para restaurar a visibilidade das estruturas de produtos (BOMs). Nos casos em que as BOMs detalhadas associadas às peças terceirizadas não estão disponíveis para a OEM (a maioria deles), a Sypply Dynamics oferece serviços de Caracterização e Validação de BOM. Para tanto, a Supply Dynamics utiliza uma solução tecnológica sofisticada, aperfeiçoada ao longo dos últimos oito anos, e um exército de engenheiros de produção aposentados para transformar esquemas físicos e eletrônicos em uma BOM de múltiplos níveis. As BOMs detalhadas são então associadas eletronicamente aos números de peças acabadas individuais e ligadas às projeções de peças acabadas da OEM para produzir uma visualização agregada detalhada dos materiais comuns aos diversos locais da OEM e até de centenas de fornecedores externos. Essas informações são então atualizadas dinamicamente e em tempo real sem que a OEM precise alterar ou substituir qualquer um de seus sistemas internos de TI ou MRP/ERP existentes.

Na próxima fase de um programa de MDA, a Supply Dynamics licencia uma solução de TI sofisticada chamada OASIS, oferecida com base em um modelo hospedado de SaaS (software como serviço). O OASIS permite que a OEM visualize e analise a demanda agregada de materiais em tempo real e então negocie grandes contratos consolidados de insumos materiais para e em nome de seus fornecedores externos. Muitas vezes, os preços são 7-25% menores do que os de mercado, dependendo do produto. A OEM a seguir orienta seus fornecedores externos a obter materiais em comum por meio da "fonte de agregação" designada. O resultado é que todos saem ganhando: a OEM, o fornecedor do próximo nível e o distribuidor e/ou usina escolhido para fornecer os insumos materiais. Ao contrário de abordagens semelhantes que não deram certo, como as de consórcios de compra, o OASIS permite que a OEM monitore e, quando necessário, obrigue o cumprimento das regras do programa.

Para o OEM médico, os benefícios da MDA são resumidos à seguir:

- Visibilidade da demanda consolidada total por insumos materiais em toda a cadeia de suprimentos do OEM, de acordo com requisitos de liga, grau, especificação, tamanho e qualidade e/ou segurança.
- Economia de custo devido ao volume alavancado.
- Economias de custo devido à eliminação da incerteza quanto a tamanhos de pedidos e quantidade na usina ou no distribuidor.
- Otimização de compras (em toda a cadeia de suprimentos do OEM) que se qualificam para descontos por quantidade.
- Introdução de um sistema de suporte à decisão que permite que o OEM acelere proativamente a compra e o fornecimento tempestivos de insumos materiais para fabricantes terceirizados de peças, na prática eliminando um dos motivos mais comuns para os atrasos no processo de produção.

- Não há necessidade de substituir ou modificar os sistemas existentes de MRP/ERP ou TI.
- Identificação de oportunidades de padronização de insumos materiais.
- Oportunidades de usar informações consolidadas de estruturas de produtos e dados sobre demanda para eliminar fontes únicas de suprimento.
- Melhor previsibilidade e continuidade do fornecimento.
- Melhor rastreabilidade e controle dos materiais que compõem as peças.

O CRESCIMENTO DA SUPPLY DYNAMICS

Em junho de 2004, Stansbury e seus sócios venderam um quarto da empresa para um investidor-anjo em troca de um investimento milionário. O acordo foi significativo por três motivos: ele redistribuía a participação igualmente entre os quatros sócios, transferia os direitos de propriedade intelectual do software proprietário e estabelecia um valor para a empresa. A participação redistribuída era importante porque criava um equilíbrio mais saudável no conselho de administração, reduzindo a probabilidade de os interesses da Supply Dynamics ficarem subordinados aos da AIM. Além disso, a Supply Dynamics agora possuía todos os direitos de propriedade intelectual sobre o software proprietário da empresa. Finalmente, o estabelecimento de uma avaliação real da empresa se revelaria crucial alguns anos mais tarde, quando a Supply Dynamics foi alvo de uma aquisição por duas grandes distribuidoras de metais. Com sua nova independência, Stansbury concentrou seus esforços no desenvolvimento da plataforma multiempreendimentos OASIS. Ele aumentou o número de desenvolvedores que trabalhavam no OASIS e ampliou a funcionalidade do software, com o objetivo de um dia licenciá-lo comercialmente para os clientes externos. Antes de 2008, a maior parte da receita da Supply Dynamics era derivada de uma mistura de taxas de caracterização de BOMs e honorários de consultoria consideráveis (tradicionais) cobrados para administrar basicamente todo o processo de agregação em nome de um cliente OEM, incluindo a implementação do programa e a seleção de usinas/distribuidores. A partir de 2008, no entanto, a Supply Dynamics começou a licenciar o OASIS, oferecendo às OEMs a opção de implementar a agregação por conta própria, utilizando os processos e sistemas da Supply Dynamics.

O investimento contínuo da empresa na solução de software OASIS resultou em um produto que se tornou uma parte essencial da proposição de valor, um fator de diferenciação importante para a Supply Dynamics e um obstáculo incrível para possíveis concorrentes. Além disso, a capacidade da Supply Dynamics de reduzir os custos e evitar dívidas significativas, aliada a uma proposição de valor simples e clara, contribuiu para o crescimento da organização.

FATORES-CHAVE DO SUCESSO DA SUPPLY DYNAMICS

Software Oasis

O software OASIS oferece às OEMs visibilidade e controle sobre os níveis de custo e serviço associados aos insumos materiais que compõem as peças acabadas. Além disso, ele permite que as OEMs monitorem proativamente e garantam a participação dos fornecedores externos no programa de agregação. Um mecanismo de monitoramento e cumprimento adequado é essencial para as OEMs e seus fornecedores, mas também para as usinas, os fabricantes e/ou os distribuidores selecionados para atender os requisitos de insumos materiais agregados. Além disso, qualquer tentativa de consolidar materiais comuns em um ambiente sempre em mutação, entre dezenas e até centenas de fornecedores externos, seria praticamente impossível sem um sistema multiempreendimentos robusto como o OASIS.

Simplicidade

O conceito de MDA é novo e exclusivo. Desenvolver uma abordagem eficaz a um segmento de mercado totalmente inédito é um grande desafio e exige foco ao convencer os possíveis clientes de que eles têm um problema antes de poder ajudá-los a entender como resolvê-lo. Uma combinação de conferências via web, marketing viral e uma análise simples e direta de retorno sobre o investimento é utilizada para educar e envolver os clientes.

Talento e retenção

Stansbury entendia a necessidade de contratar e reter as pessoas certas em sua organização e de criar um ambiente de trabalho saudável e envolvente. Ele se dedica à tarefa de ajudar seus funcionários a entenderem como alinhar seus talentos e objetivos individuais aos da empresa. Ele defende os valores da empresa, não suas regras, e cultiva um ambiente de trabalho aberto, honesto e respeitoso. A Supply Dynamics oferece remuneração acima da média, incentivos de bonificações generosos e, acima de tudo, a oportunidade de os funcionários contribuírem com suas ideias e se tornarem líderes dentro da organização, independentemente de título ou cargo. Stansbury gosta de dizer que é "diretor de derrubada de barreiras" e sempre busca oportunidades de ajudar um funcionário a encontrar soluções criativas para os problemas. Ao mesmo tempo, Stansbury tenta introduzir flexibilidade e um pouco de leveza, permitindo horários flexíveis e organizando uma "sexta-feira temática" uma vez por mês; eventos passados incluíram "Dia de Fingir um Acidente de Trabalho" e a "Olimpíada do Escritório" anual. O resultado é que a Supply Dynamics tem altos níveis de retenção e aumentos consistentes em sua produtividade.

A AQUISIÇÃO PELA O'NEAL STEEL

No início de 2006, a AIM foi colocada à venda e publicou um prospecto buscando compradores por meio de um corretor famoso. Ironicamente, o prospecto atribuía boa parte de o sucesso recente da AIM e a maior parte de seu potencial de rendimento futuro aos Programas MDA. O fato do sucesso da AIM ser tão diretamente atribuível às atividades da Supply Dynamics fez os possíveis compradores também se interessarem pela Supply Dynamics. A relação simbiótica entre a agregadora de materiais (Supply Dynamics) e a distribuidora de materiais (AIM) representava uma sinergia de aquisição muito atraente, especialmente se a empresa adquirente conseguisse alavancar a proposição de valor da Supply Dynamics para gerar negócios com outros produtos de matérias-primas em seu portfólio e não apenas com os materiais distribuídos pela AIM. No dia 20 de novembro de 2006, a AIM e a Supply Dynamics foram adquiridas pela O'Neal Steel, a maior operação de distribuição de metais de capital fechado dos Estados Unidos, por um valor de mais de 30 milhões de dólares. A Supply Dynamics hoje opera como subsidiária integral da O'Neal Industries.

SUPPLY DYNAMICS, UMA SUBSIDIÁRIA DA O'NEAL STEEL

Como parte de um contrato associado à aquisição, Stansbury concordou em permanecer no cargo de presidente e operar a Supply Dynamics como subsidiária integral, respondendo diretamente ao presidente da O'Neal. Seguindo a cultura da O'Neal de investir em novas empresas e permitir que operem de maneira independente, a Supply Dynamics manteve uma autonomia considerável durante os últimos três anos. A aquisição abriu portas para inúmeros clientes em potencial devido às relações existentes das diversas empresas do grupo O'Neal, e vice-versa. Além disso, a aquisição permitiu que a Supply Dynamics eliminasse quase todos os honorários de consultoria iniciais e encurtasse seu ciclo de vendas, passando de uma média de 12-14 meses para uma média de 4-6 meses. Outro benefício da aquisição é que a O'Neal se dispôs a manter um nível de investimento médio em P&D na Supply Dynamics de 1,5 milhão de dólares por ano. Isso permitiu que a Supply Dynamics aumentasse seu quadro de lotação, aprimorasse o software e ampliasse seu escopo de trabalho, buscando setores complementares como as indústrias nucleares, automotiva e médica.

POSSÍVEIS PRÓXIMOS PASSOS: UMA DECISÃO ESTRATÉGICA DEVE SER TOMADA

Stansbury sabe que esse modelo de negócio especial pode ser replicado em outros setores e para outros produtos dentro dos setores que já atendem. Por exemplo, há oportunidades grandes e ainda não realizadas de agregação de materiais em mercados como energia nuclear, medicina, semicondutores e eletroeletrônicos. O desafio, segundo Stansbury, é aproveitá-las sem perder o foco ou dispersar demais seus recursos. É um desafio formidável devido às diferenças desconhecidas entre o setor aeroespacial e os outros mercados que Stansbury considera bons candidatos, que incluiriam diferentes níveis e disponibilidade de especialistas necessários para as caracterizações de BOMs de cada setor. Além disso, apesar de Stansbury e a Supply Dynamics terem uma vantagem competitiva como fundadores e líderes incumbentes em seu próprio nicho de mercado, é possível que venham a enfrentar imitadores "caseiros". Por exemplo, talvez os equivalentes de Stansbury em outros setores, como diretores de cadeias de suprimentos ou aquisições internacionais na indústria nuclear ou médica, considerem a Supply Dynamics um modelo a ser seguido e a imitem em nível geral, mas adaptando a estrutura às especificações de seus próprios setores.

Mais atraentes para Stansbury são as oportunidades de monetizar as informações que a Supply Dynamics possui quanto a quem usa quais materiais, em que quantidades e durante qual período de tempo. Essas informações (quando combinadas entre diversas OEMs e os mais de 1.400 fornecedores secundários no OASIS) têm um enorme valor potencial para bancos de investimento, usinas e outras partes interessadas na demanda por metais e preços e tendências relacionados de *commodities*. A Supply Dynamics atualmente está explorando diversas opções para combinação de dados, possivelmente em alianças estratégicas com diversas outras empresas, para desenvolver uma ferramenta de benchmarking de metais e/ou previsão/projeção de metais genéricos com a intenção de vendê-la para o setor financeiro e possivelmente outras usinas/distribuidores para uso em estratégias de hedge ou investimento.

Stansbury está decidido a expandir as atividades de caracterização de BOM da Supply Dynamics e o licenciamento do OASIS, além de continuar a gerar oportunidades de distribuição de metais para as empresas do grupo. Ele também reconhece a necessidade de se manter atento ao futuro, que está sempre mudando, e de se adaptar constantemente a essas mudanças. Em um mundo cada vez mais transparente e hiperconectado, Stansbury acredita que a

Supply Dynamics ajudará a transformar o negócio de distribuição tradicional da O'Neal no maior negócio de distribuição de metais da América do Norte em 5 a 10 anos.

APÊNDICE 1: O HISTÓRICO DO FUNDADOR

Stansbury começou sua educação formal no Lynchburg College de Virgínia, onde se formou em Relações Internacionais, com ênfase em Economia, recebendo a láurea acadêmica. Em 1992, fez seu MBA na Thunderbird School of Global Management de Glendale, Arizona. Durante seu tempo como estudante de pós-graduação, Stansbury obteve um estágio de meio período na McDonnell Douglas (atual Boeing) Helicopter Company e teve a oportunidade de testar suas predileções empreendedoras. Stansbury escreveu um plano de negócio para uma empresa importadora/exportadora chamada Ecotech International, o qual acreditava seria um veículo mais eficiente para realizar obrigações e contrapartidas no comércio internacional para seu empregador. Sem os recursos necessários para lançar o empreendimento, Stansbury solicitou e obteve uma bolsa do Departamento de Comércio criada para promover o comércio bilateral entre os Estados recém-independentes da antiga União Soviética e os Estados Unidos. Esse "primeiro experimento" com o empreendedorismo foi um precursor profundamente influente para seus esforços posteriores na Supply Dynamics.

Entre 1992 e 1996, a Ecotech trabalhou como importadora/exportadora ligada indiretamente à McDonnell Douglas e se juntou à Arizona Technology Incubator. Durante esse "período de incubação", a Ecotech estabeleceu quatro *joint ventures* nos Emirados Árabes Unidos, abriu uma importadora/exportadora completa em Moscou e conseguiu exportar centenas de milhares de dólares em tecnologia de limpeza de derramamento de petróleo para a Rússia e Taiwan. Em 1997, entretanto, a Boeing comprou a McDonnell Douglas. O resultado é que Stansbury e toda a sua equipe americana foram, na práticas, absorvidos pela organização de contrapartida comercial da Boeing Helicopter, sendo que Stansbury assumiu brevemente a responsabilidade por obrigações comerciais recíprocas no Oriente Médio.

Depois de trabalhar para a Boeing, Stansbury foi recrutado pela Allied Signal (que mais tarde se tornou Honeywell) para ser diretor de programas internacionais. Durante seus cinco anos na Honeywell, Stansbury orquestrou a aquisição de uma empresa tcheca que se tornaria a maior produtora de baixo custo de componentes fabricados da Honeywell em todo o mundo. Em 2001, depois de boatos de uma fusão entre a GE e a Allied Signal, Stansbury começou a avaliar suas opções e oportunidades de carreira, incluindo uma oferta espontânea da Cessna Aircraft Company. Enquanto pensava nessas opções, ele foi procurado por Tom Kennard, proprietário de uma distribuidora de metais com sede em Ohio, a Aerospace International Materials (AIM). Kennard estava interessado no conhecimento de Stansbury sobre os processos de compra da Honeywell e queria unir forças para atender as compras de chapas metálicas da GE e da Honeywell por meio da AIM. Juntos, Stansbury e Kennard tiveram a ideia de formar uma consultoria de alto nível especializada em compras globais e gerenciamento de materiais. Stansbury não formou uma parceria com Kennard em nome da GE e/ou da Honeywell. Em vez disso, ele saiu de seu cargo na Honeywell, convenceu a Cessna a contratá-lo como consultor em vez de funcionário e seu uniu a Kennard e Barry Bucher, da AIM, para lançar o empreendimento que viria a se tornar a Supply Dynamics.

APÊNDICE 2: HISTÓRICO DAS RECEITAS

	Receita não advinda de produtos (taxas de licenciamento, taxas de caracterização de produtos relativas a BOM, honorários de afiliadas, etc.)	Receita de produtos relacionados a MDA para afiliados (vendas de insumos materiais)
2010	$560.000	$15.000.000,00
2009	$510.000	$13.100.000,00
2008	$540.000	$10.000.000,00
2007	$900.000	$6.900.000,00
2006	$1.200.000	$5.500.000,00
2005	$900.000	$4.000.000,00
2004	$250.000	$2.000.000,00
Total	$4.480.000	$40.400.000,00

Observação: Todos os valores são estimativas arredondadas para o múltiplo de $500 mais próximo.

CASO 17
TIRE VALET: A MOBILE TIRE COMPANY

Em qualquer dia da semana, em qualquer horário, é fácil encontrar um caminhão branco e quadrado nos bairros mais nobres dos subúrbios de Boston, trabalhando no automóvel, no utilitário esportivo ou na caminhonete de um morador. O motorista do caminhão, que também é mecânico, está trocando os pneus de um veículo ou realizando algum outro serviço técnico. Dentro do caminhão estão

Fonte: Este estudo de caso foi preparado por Michael P. Peters com o propósito de estabelecer uma base para discussão em aula.

equipamentos para trocar, balancear e consertar pneus, ou ferramentas e peças para consertar freios, trocar óleo e realizar outros consertos básicos.

Depois de uma hora e meia, o proprietário do veículo aparece para pagar o motorista com um cartão de crédito ou cheque de 600 dólares, mais o custo de substituir quatro pneus em seu utilitário esportivo. O serviço foi realizado em frente à sua própria garagem, economizando algumas horas preciosas que teriam sido consumidas com uma viagem à loja de pneus e a espera pela colocação. Nessa situação, o cliente entende que o valor está um pouco acima do que seria cobrado em uma loja, mas vale a pena por causa da economia de tempo e da conveniência de ter o serviço realizado em frente à sua garagem, mesmo durante os meses frios de inverno.

A empresa é a Tire Valet: A Mobile Tire Company, sediada em Waltham, Massachusetts (um subúrbio de Boston), um novo empreendimento lançado na primavera passada. Seu proprietário se chama Jack Welch e, de acordo com suas pesquisas, é a única que realiza esse serviço na região de Boston. Welch descobriu que há muitos serviços móveis de troca de pneus em outros Estados, especialmente em locais com climas mais quentes, mas nenhum no Nordeste dos Estados Unidos. Sua inspiração de fundar a nova empresa ocorreu após dois eventos: o primeiro foi substituir um para-brisa danificado em frente à sua garagem em janeiro e o segundo foi quando teve que esperar mais de duas horas pela colocação de quatro novos pneus em seu utilitário esportivo. Sua frustração com a longa espera pela colocação dos pneus o fez perceber que se para-brisas podiam ser substituídos em qualquer época do ano, o mesmo valeria para os pneus na casa do cliente ou em seu local de trabalho. Ele também descobriu que muitas pequenas empresas móveis de troca de pneus na Flórida e na Califórnia estavam começando a vender franquias de suas operações. Welch interpretou esse fato como um sinal de que esses empreendimentos estavam crescendo o suficiente para que a decisão de franquear suas operações valesse a pena.

Welch decidiu lançar sua versão de uma empresa de troca móvel de pneus durante a primavera. Ele começou com um caminhão usado, comprado de uma grande locadora de caminhões, e adquiriu os equipamento para trocar, consertar e balancear os pneus de uma concessionária GMC que estava fechando. Assim, foi possível comprar o veículo e equipá-lo com todos os aparelhos necessários por menos de 40.000 dólares. A conveniência e a economia de tempo por um custo razoável seriam os destaques da Tire Valet.

Welch é um exemplo clássico de empreendedor que teve sucesso e fracassou em suas experiências passadas. Ainda no ensino fundamental, ele vendia camisetas e teve sua própria empresa de paisagismo com dois outros amigos. O paisagismo fez muito sucesso em seu primeiro e segundo anos, mas, no último ano de escola, os amigos se envolveram mais com outras atividades e perderam o interesse no negócio, forçando-o a encerrá-lo. Após se formar na faculdade, em 1995, ele começou a colecionar antiguidades enquanto trabalhava em uma empresa de produtos de limpeza industriais. As antiguidades eram muito mais interessantes que o emprego como agente de compras, assim, ele decidiu abandonar a empresa em 2001 e se tornar antiquário. No início, ele adquiriu espaço em mercados de pulgas de antiguidades, continuando a colecionar e comprar sempre que encontrava uma oportunidade. Liquidações de espólios, leilões e mercados de pulgas eram suas melhores fontes de antiguidades de alto nível. Suas especialidades eram tapetes e móveis, que ocupavam espaço demais em sua garagem e porão adaptados, então, ele abriu uma loja em um subúrbio rico de Boston. Seu sucesso com um ponto levou à abertura de uma segunda loja de antiguidades em outra comunidade. Após oito anos de sucesso e mudanças significativas em sua vida pessoal, incluindo o nascimento de dois filhos, Jack cansou das viagens constantes para participar de leilões, vendas e eventos e decidiu vender seu negócio. Foi nessa época que enxergou a oportunidade de começar uma empresa móvel de troca de pneus.

Em janeiro, Welch começou a testar sua ideia. Ele se dirigia a edifícios de escritórios, entrava em empresas aleatórias e se oferecia para trocar os pneus dos funcionários. Ele removia as rodas do cliente, colocava-as em seu utilitário esportivo, levava-as a um posto de gasolina local para trocar os pneus e levava-as de volta. "Testei a demanda do mercado desse jeito por dois meses antes de decidir comprar o caminhão", ele explica. Foi nessa época que ele descobriu que havia outras empresas semelhantes em outras regiões do país, mas nenhuma no Nordeste. Ele também não entendia por que nenhuma das grandes redes nacionais de mecânica, como Goodyear, National Tire and Battery e Sears, nunca haviam tentado entrar no mercado. Talvez, ele considerou, houvesse uma forte resistência devido ao clima do Nordeste americano. A maioria das empresas que prestavam esse serviço estava em climas mais quentes, como na Flórida, no Arizona e na Califórnia. Como mencionamos, ele refletiu que muitas também estavam começando a vender franquias, um indício de que as oportunidades eram excelentes. Welch acreditava que se as empresas que substituem para-brisas podiam prestar seus serviços de janeiro a dezembro, apesar do clima frio, nada impediria as trocadoras móveis de pneus de fazer o mesmo.

A proposta de marketing de Welch é simples, focada no fato de que a maioria das pessoas é ocupada demais e não gosta de desperdiçar seu tempo em lojas de pneus, esperando um serviço ser finalizado. Sua estratégia de comunicação de marketing inicial envolvia imprimir folhetos que destacassem a economia de tempo e conveniência do serviço. Ele visitaria sua casa ou local de trabalho e realizaria o serviço. Os folhetos foram deixados em cafés e todos os lugares que Welch convencia a aceitá-los. Recentemente, ele desenvolveu um site com a ajuda de um colega de faculdade. Além disso, ele comprou um anúncio nas páginas amarelas (1/8 de página). Ele estava disposto a fazer ligações telefônicas não solicitadas e até visitar empresas locais durante o horário do almoço. Por ora, ele não utilizou outras estratégias de marketing, mas planejar dedicar mais dinheiro a promoções no futuro.

A maioria dos clientes não se importa muito com a marca de pneu fornecida; Welch compra os pneus para cada trabalho de um distribuidor local. Quase todo o mundo quer pneus confiáveis, mas, em alguns casos, o cliente especifica uma marca e Welch o atende com um pedido especial junto a seu distribuidor. O valor médio do serviço para automóveis de passageiros e utilitários esportivos, incluindo pneus e mão de obra, é de aproximadamente 600 dólares (o valor reflete a chamada média, incluindo 1-4 pneus). Welch recebia cerca de seis chamadas por semana nos primeiros dois meses de operação, mas projeta uma média de 10 chamadas semanais no terceiro mês. Com o tempo, Welch explica, ele pretende oferecer a substituição do disco do freio e do rotor, permitindo que a empresa cobre mais 400 dólares por serviço. Welch afirma que todas as chamadas são lucrativas, mas que o resultado final melhoraria significativamente se oferecesse a cada cliente mais do que o serviço de pneus.

Welch estima que gastou cerca de 10.000 dólares em marketing até o momento, mas sabe que é preciso aprimorar sua estratégia de marketing e também elaborar outras estratégias mais eficazes para que o negócio se expanda. Ele considerou a possibilidade de oferecer descontos ou recompensas para os clientes que recomendarem amigos. Contudo, ele não tem certeza de como a ideia seria aceita. É importante considerar uma estratégia mais estruturada nesse momento caso deseje expandir seu negócio. A meta é adicionar caminhões e continuar a expandir a cobertura geográfica do mercado. Por ora, ele se concentra em três comunidades (residenciais e comerciais): Waltham, Wellesley e Framingham (o Quadro 1 apresenta a demografia dessas comunidades). Welch tem um escritório doméstico, mas acha que precisa encontrar um espaço comercial até o início do segundo trimestre.

O Quadro 2 apresenta as projeções de vendas do ano 1. Welch acredita que sua média no primeiro mês será de um cliente por dia. A fatura média por cliente é de 600 dólares. No segundo mês e nos meses subsequentes, ele projeta um aumento no número de clientes. No oitavo mês, ele espera adicionar um segundo caminhão, por um custo semelhante de 40.000 dólares. Nos primeiros três meses, Welch realizara todos os serviços de troca de pneus sozinho, mas planeja contratar um motorista/mecânico no começo do quarto mês, por um salário de 20 dólares por hora. Ele também contratará uma secretária para que possa dedicar mais tempo a marketing e estratégias de crescimento futuro. Welch acredita que pode começar a pagar um salário a si mesmo a partir do quarto mês, dada a receita que conseguiu gerar até o momento. O Quadro 3 apresenta as projeções de receitas e despesas operacionais dos próximos 12 meses. Dada a sua previsão de sucesso no período, Welch acredita que precisará buscar investidores para continuar a expandir sua empresa. Ele também precisará elaborar um plano de negócio mais detalhado para apresentar a possíveis investidores. O Quadro 4 apresenta alguns dos custos dos pneus, além do valor de mão de obra que será cobrado dos clientes, com um tempo mínimo de trabalho de uma hora por chamada.

Além de ajuda na preparação do plano de negócio, Welch também precisa lidar com as seguintes questões: A necessidade por esse serviço está crescendo? Quais con-

QUADRO 1 Perfil demográfico do mercado atual

Dados demográficos	Waltham	Wellesley	Framingham	Total do Estado
População	59.226	26.613	66.910	6,4 milhões
Residências	23.207	8.594	26.153	2,44 milhões
Porcentagem com filhos menores de idade	20,3	39,9	29,1	
Porcentagem com casais casados	41,3	67,2	50,0	
Porcentagem com pai(mãe) solteiro(a)	8,9	7,1	10,2	
Porcentagem não familiar	46,3	23,9	36,6	
Renda mediana - residências	$60.434	$125.814	$54.288	$50.502
Renda mediana - família	$79.877	$155.539	$67.420	
Veículos registrados per capita: 0,56	33.100	14.900	37.400	3,58 milhões
Veículos registrados - Massachusetts				
Privados & comerciais[a]				3,6 milhões
Caminhões registrados, Massachusetts				
Privados & comerciais				1,8 milhão

[a] Inclui táxis.

QUADRO 2 Projeções de vendas do ano 1: número de clientes por mês

	Mês											
	1	2	3	4	5	6	7	8[a]	9	10	11	12
# de clientes	5	7	10	13	17	21	25	30	33	37	42	48

[a] Segundo caminhão adicionado, investimento de 40.000 dólares.

dições econômicas e de mercado apoiariam o crescimento desse serviço? Quem são seus principais concorrentes? Quais são os principais pontos fortes e fracos? Que mudanças no ambiente poderiam afetar negativamente as oportunidades futuras desse empreendimento? Qual deve ser o mercado-alvo do empreendimento? Além de pessoas em suas casas ou locais de trabalho, existe algum outro mercado específico que poderia precisar desse serviço?

De que outras informações você precisaria para completar um plano de negócio de alta qualidade? Como ele deveria proceder para fazer seu negócio crescer? Você acha que ele deveria pensar em vender franquias desse negócio? Por quê? Por que não? Você acha que seria possível adicionar outros serviços ao de troca de pneus? Por quê? Por que não?

QUADRO 3 Projeções financeiras para os próximos 12 meses

TRIMESTRE	T1	T2	T3[a]	T4	Total
RECEITA DE VENDAS	$52.000	$120.400	$205.200	$300.000	$677.600
CDMV (40%)	20.800	48.160	82.080	120.000	271.040
LUCRO BRUTO	31.200	72.240	123.120	180.000	406.560
DESPESAS OPERACIONAIS					
Salários	00	26.400[b]	31.200	36.000	93.600
Seguro	4.500	5.500	9.000	9.000	28.000
Energia/água	1.000	3.000	3.500	3.500	11.000
Aluguel	00	4.500	4.500	4.500	13.500
Custos de viagem	1.200	1.600	2.200	2.800	7.800
Anúncios	10.000	3.000	3.000	3.500	19.500
Material de escritório	500	1.200	1.500	1.700	3.900
Honorários legais	10.000	1.000	5.000	1.000	17.000
Manutenção	1.000	1.000	1.600	2.000	5.600
Depreciação	2.600	2.600	5.200	5.600	16.000
Impostos	00	2.600	3.100	3.600	9.300
Misc.	1.500	1.500	1.500	1.500	6.000
TOTAL DE DESPESAS	32.300	53.900	71.300	74.700	232.200
LUCRO LÍQUIDO ANTES DOS IMPOSTOS	(1.100)	18.340	51.820	105.300	174.360
IMPOSTOS (30%)	000	5.500	15.560	31.590	52.650
LUCRO LÍQUIDO	(1.100)	12.838	36.260	73.710	121.710

[a] Segundo caminhão e motorista de meio turno adicionados.
[b] Adicionar motorista em turno integral a $20/hora, secretária a $2.400/mês e salário inicial de Welch de $3.200/mês.

QUADRO 4 Informações de preços e custos

Mão de obra $60/hora (mínimo de uma hora).

Os preços dos pneus de automóveis no atacado variam de 45 a 150 dólares para produtos da BF Goodrich, Cooper ou Falken e passam de 350 dólares para certos pneus de caminhões e caminhonetes. Os pneus grandes de utilitários esportivos variam de 120 a 200 dólares por pneu, dependendo da marca. Os pneus da Bridgestone, Firestone e Michelin são 10 a 20% mais caros. O preço médio dos pneus de automóveis era de 75 a 80 dólares por pneu. Normalmente, o markup dos pneus era determinado dobrando o preço de atacado para cobrir os custos fixos e o lucro.

Os motoristas de caminhão e os mecânicos ganham cerca de 18-20 dólares por hora em dias de trabalho de 8 horas ou semanas de 40 horas.

(Ver Quadro 3 para mais projeções financeiras.)

ÍNDICE

Os números de página seguidos pela letra W são casos online.
Os números de página seguidos pela letra n são notas.

A

A. Monroe Lock and Security Systems (AMLSS) (estudo de caso), C–6–8W
Aarons, Martha, 83–84
Abertura de capital
   apoio pós-mercado após, 309–310
   custos da, 302–304
   declaração de registro e cronograma, 305–309
   definição, 301–302
   desvantagens da, 301–304
   período de silêncio, 308–309
   questões legais relativas à, 308–309
   relacionamento com a comunidade financeira, 309–310
   requisitos de relatórios, 309–310
   seleção do subscritor, 304–306
   tempo de, 303–305
   vantagens da, 300–302
Abordagem de fator à avaliação da empresa, 297–298
Abordagem de ganhos à avaliação da empresa, 297–298
Abordagens gerais de avaliação, 296–299
Acacia Research (ACTG), 136–137
Ação empreendedora, 6–7
Acedo, F., 116–117n
Acidente de trabalho, seguro contra, 145
Acordo de Livre Comércio Norte-Americano (NAFTA), 124–125
Acordo Geral de Tarifas e Comércio (GATT), 123–124
Acordos de não concorrência, 138–142
   empreendedores nas horas vagas e, 268
Acordos entre universidade e indústria, 342
Acordos sem participação acionária, 119–121
Active Capital, 103–104
Adams, Karen Booth, 320
Adams, Robert V., 29
Adaptabilidade cognitiva, 11–17
   aumentando, 15–16
   explicação da, 11–13
   teste para medir a, 14–15
Adaptação, pioneiros e, 55–56
Administração. *Ver também* Administração empreendedora
   comprometimento da alta administração com o empreendedorismo, 38–39
   conduta ética da, 33
   controle da, e forma de negócio, 215–217
   crescimento e pressões sobre, 322, 324–326
   estilo participativo de, 324–325
   franquias e experiência de, 350–351
Administração empreendedora
   comparada com a tradicional, 31
   comprometimento de recursos e controle de recursos, 32
   cultura, 34–38
   estrutura administrativa, 32–35
   filosofia de recompensas, 34–35
   orientação à oportunidade, 31–32
   orientação estratégica, 31
   orientação para o crescimento, 34–35
Advanced Scientific Corporation, 29
Advogado
   necessidade de, 130
   seleção, 130–132
Agência de Recenseamento dos Estados Unidos, 161–162, 182–183
Agricultura, Departamento de, 266–267
Allen, Glen, 320
Amazon, 92–93
Ambiente político-jurídico, empreendedorismo internacional e, 107–109
Ameaças, mercado-alvo e, 192–195
American Consumer Satisfaction, 184
American Research and Development Corporation, 282–283
American Steel, 159
American Tourister, 122–123
Amigos, como fonte de capital, 259–260
Ampex, 53–54
Amy's Bread (estudo de caso)
   histórico da, C–52–54W
   operações atuais da, C–53–56W
   oportunidades futuras, 430–431
   resultados financeiros, C–55–57W
   técnicas de marketing, C–56–58W
Análise, princípio da, 326–327
Análise da situação, 192–193
Análise de índices, 294–297
Análise de inventário de problemas, 76–78
Análise de parâmetros, 81–83
Análise de riscos políticos, 108
Análise do ambiente, no plano de negócio, 168–170
Análise do ponto de equilíbrio, 244–246
   fórmula do ponto de equilíbrio, 245
Análise do setor
   análise da concorrência, 181–182
   função da, 181
   no plano de marketing, 181–182
   no plano de negócio, 169–171
Anderson, Steven, 21–22W
AngelList, 279–280
Anokhin, Sergey, C–45Wn
Ansoff, H. I., 317n
Antoncic, Bostjan, 401–402, 407n
Apogee Enterprises, 352–354
Apple, 29, 114–115, 136–138
Apreciação significativa de capital, 290–291
Aprovação final, processo de capital de risco e, 291–292
Aquisição administrativa, 371
Aquisição alavancada, 348–350
   financiamento, 278–279
Aquisições
   desvantagens das, 344–345
   estrutura do acordo, 345–346
   localizando candidatas a, 346–348
   sinergia e, 345
   vantagens das, 344
   visão geral das, 343–344
Ardesta, 40–41
Ardichvili, Alexander, 8W
Áreas de livre-comércio, 123–125
Arndt, Rachel Z., 375n
Arnolite Pallet Company, Inc., 74–76

Arranjos de terceiros, 107
Asaki Chemicals, 342
Associações comerciais, 19–20, 104–106
AT&T, 36–37, 341
Atacadistas, seleção de canal de distribuição e, 198–199
Ativo imobilizado, 331–332
Ativos
  balanço patrimonial *pro forma*, 243
  de empresas novas, 63–65
  definição, 243
  gerenciamento do ativo imobilizado e crescimento, 331–332
Ato de presentear, 112–113
Audits and Surveys' National Market Indexes, 182–183
Auto Card Manager (ACM), 346–347
Auto Critic of America Inc., 354–355
Autoeficácia empreendedora, 16–17
Autorrenovação, no empreendedorismo corporativo, 30–31
Avaliação da empresa, 293–300
  abordagens gerais de avaliação, 296–299
  de empresa da Internet, 299–300
  fatores na, 293–294
  índices de alavancagem, 295–297
  índices de atividade, 295–296
  índices de liquidez, 294–296
  índices de lucratividade, 296–297
  métodos gerais de avaliação, 298–300
Avaliação de risco, 173–174

B

Baker, Bud, 19W
Baker, Ted, 1W, 8W
Balanço, projeção de, no plano de negócio, 173–175
Balanço patrimonial, balanço patrimonial *pro forma*, 242–244
Balmer, J., 110–111n
Bancos comerciais
  decisões para empréstimos de, 262–264
  financiamento de fluxo de caixa, 261–262
  tipos de empréstimos de, 259–261
Bankrate, 373–374
Barganha, zona de, 359
Barnes & Noble, 92–93
Barney, Jay, 1–2W, 8W
BarNir, Anat, 9–10W
Baron, Robert, 1–2W, 12W
Barreiras à entrada, pioneiros e, 58–60
Barreiras comerciais, 124–125
Bartes, František, 15W
Baskin-Robbins, 63–64
Baum, J. Robert, 26W
Bazerman, Max, 357–358, 29W
Bean, Curtis, 352–354
Beijing Sammies (estudo de caso), C–7–21W
  clientes corporativos e premiações da Sammies, C–11–13W
  concorrência, C–13–15W
  demonstrativo de resultados, C–16W
  evolução da, C–12–15W
  histórico da, C–7–21W
  patrocínio de eventos beneficentes, C–12–13W
Bekiaris, Maria, 15W
Bengtsson, Ola, 284n
Berger, Ron, 380
Better Batter Gluten Free Flour, 226–227
Bewayo, Edward D., 15W

Bezic, Zvonko, 401–402, 407–408, 413–415
Bhuiyan, Mohammad, 23–24W
Bic, 53–54
Big-dream, método do, 81–82
Bigelow, Fran, 224–225
BillMatrix Corporation, 254–255
Bizware, 179–180
Blackman, Irv, 19W
Blake, Stuart, 220–221
Blakely, Sara, 83–84
Blocos comerciais, 123–124
Bloomberg, 184
BlueLithium, 369
Blum, Jonathan, 13W
Boehret, Katherine, 247n
Boeing, 341
Bombay Company, 372–373
Boothe, Jim, C–5–6W
Borden, Gail, 379–380
Borders, 92–93
Boston Market, 351–352
Boulding, William, 8W
Boyles, Trish, 17W
BP Deepwater Horizon, 110–111
BPO (*business process outsourcing*, terceirização de processos de negócio), 98–99
Bradley, Don B., III, 19W
Brainstorming
  inverso, 78–79
  para geração de ideias, 74–77
  para solução de problemas, 77–79
  regras para, 76–77
Brainwriting, 76–77
Branson, Richard, 275–278
Breene, Tim, 33W
Breeze Technology Incorporated, 48–49
Bricolagem, 7–9
Brin, Sergey, 128–129, 224–225
Broadcastr, 247
Brogan, Chris, 183–185n
Brokers, 198–200, 346–347, 369
Brooks, Neil, 17W
Brown, T., 31n, 35–36n, 5W
Brozovsky, John, 21W
Bruton, Gary D., 8–9W
Bryan, Lowell, 59
Bryce, Michael, 139
Bucar, Branko, 33n
Burger King, 143–144, 351–352, 355–356
Burns, Cathleen S., C–52–53Wn
Burroughs, 55–56
Busenitz, Lowell, 1–3W, 9–10W
Business Source Complete, 103–104, 181, 184
Business-to-business, estratégia de mercado, 200–202
  plano de marketing para, 206

C

C corporation, 210
Cadeia de valor agregado, 319
Caixing, Liu, 13–14W
Canais de distribuição
  como fonte de novas ideias, 73–74
  estratégia de marketing e, 197–200

Canepa, Matt, 174–175
Capital
   inicial, 278–279
      franquias e requisitos de, 350–352
      lançamento, 278–279
Características de liderança no empreendedorismo corporativo, 37–39
Cardon, Melissa, 6–7W
Cardozo, Richard, 8W
Cargill, 115–117
Carnegie, Andrew, 17–18
Carrison, Dan, 323n
Carta de deficiências, 308–309
Carteira de iniciativas, estratégia, 59
Casillas, J., 116–117n
Castellano, Joseph, 19W
Causal, processo, 8–9
Celanese Corporation, 342
Cetus, 341
Chahal, Gurbaksh, 369
Chakravarthy, Bala, 8–9W
Chalker, Margarete, 19–20W
Chang, Sea Jin, 29W
Charles Krug Winery, 26–27
Chawla, Sudhir, 17W
Checkers of America Inc., 352–354
Cheesecake Factory, 143–144
Chen, Robert, 158
Chen, Roger R., 30W
Chen, Steve, 128–129
Chickowski, Ericka, 247n
Chile, Start-Up, 259–260
China, ato de presentear, 112–113
China National Aviation Fuel Group (CNAF), 256
Chong Lim, Boon, 3W
Chrisman, James, 26W
Christie, Nancy L., 21W
Ciba-Geigy, 341
Ciclo de vida do produto, 87–88
Claris, 70–71
Cláusula de preço, 308–309
ClickAgent, 369
ClickZ, 184
Clientes
   fidelidade do cliente, como barreira à entrada, 58–60
   incerteza dos, e pioneiros, 55–58
Cloutier, George, 241n, 21W
Coca Cola, 142–143
Código de ética, 20–22. *Ver também* Ética
Colapinto, Robert, 17W
Coleman, H. D., 134–135n
Collegiate Entrepreneurs' Organization, 103–104
Comerciais, barreiras, 123–125
Comércio, Departamento de, 117–118, 182–183, 266–267
Commercial Marine Products, 58–60
Componentes do plano de negócio, 165–175
   análise do ambiente, 168–170
   análise do setor, 169–171
   apêndice, 174–175
   avaliação de risco, 173–174
   descrição do empreendimento, 170–172
   esquema de, 167
   página introdutória, 166–168
   plano de marketing, 173
   plano de produção, 172
   plano financeiro, 173–175
   plano operacional, 172–173
   plano organizacional, 173–174
Computertots, 355–356
Comunicação com funcionários, 325
Comunidade Europeia (CE), 124–125
Concessionária, 354–355
Concorrência
   análise da, para plano de marketing, 181–182
   informações sobre empresas e produtos concorrentes, 103–104
   na análise do setor do plano de negócio, 169–170
   política de preços e, 197–198
Confiança, criação e manutenção da, 88–89
Conhecimento
   conhecimento prévio e pesquisa de informações sobre nova entrada, 50–51
   em pacote de recursos, 49–50
   mercado, 49–50
   tecnológico, 50
Conley, William, 253–254, 255
Conselho de consultores, 227–229
Conselho diretor, 225–227
Consortium for Entrepreneurship Education, 103–104
Consumidores
   como fonte de novas ideias, 73–74
   visão de novos produtos, 84–86
Conta corrente, empreendedorismo internacional e, 107
Contrato de confidencialidade, 139–141, 160
Contrato de *factoring*, 259–261
Contratos
   condições e resultados da quebra de, 147
   definição, 146
   empreendedorismo internacional e, 108–109
Contratos de gerenciamento, 120–121
Controle de estoque, 175–176
Controle de produção, 175–176
Controle de qualidade, 175–176
Controle de vendas, 175–176
Controle financeiro
   gerenciamento de ativo imobilizado, 331–332
   gerenciamento de custos e lucros, 331–333
   gerenciamento do fluxo de caixa, 328–331
   gestão de estoques, 330–331
   impostos e, 333–334
   manutenção de registros, 334
Cook, Tom, 32W
Corbett, Andrew, 2W
Cork and Olive Store, 378
Corning, 341
Corporação. *Ver também* S corporations
   atratividade para levantamento de capital, 216–217
   continuidade da, 214–215
   controle administrativo da, 216–217
   custos iniciais, 213–214
   definição, 213–214
   distribuição de lucro e prejuízo na, 216–217
   exigências de capital para, 215–216
   propriedade, 213–214
   questões tributárias para, 217–219
   responsabilidade do proprietário na, 213–214
   transferência de participação, 215–216
   visão geral de atributos da, 212

Costco, 92–93
Costumes, 112–113
Covin, Jeffrey G., 5–7W
Crescimento
  controle financeiro e, 327–334
  empreendedor e tipos de crescimento, 334–336
  evitando, 335
  gerenciamento de ativo imobilizado, 331–332
  gerenciamento de custos e lucros, 331–333
  gerenciamento do fluxo de caixa, 328–331
  gestão de estoques, 330–331
  impostos e, 333–334
  manutenção de registros, 334
  pressões de tempo e, 322, 326–328
  pressões sobre gerenciamento dos empregados, 322, 324–326
  pressões sobre recursos financeiros, 322
  pressões sobre recursos humanos, 322–324
Critérios, estabelecimento de, para avaliação de produtos, 87–89
Cultura
  ato de presentear, 112–113
  cultura organizacional, 223–226
  educação, 112–113
  em organizações empreendedoras, 34–38
  empreendedorismo internacional e, 109–113
  estrutura social, 111–112
  filosofia política, 112–113
  hábitos e costumes, 112–113
  na análise do ambiente do plano de negócio, 168–169
  religião, 111–113
Cultura organizacional, 223–226
Curhan, Jared R., 29W
Curry in a Hurry, restaurante, 8–13
Curves for Women, 354–355
Custos
  crescimento e gerenciamento de, 331–333
  custos da migração, 58–60
  franquias e vantagens de custo, 352–354
  política de preços e, 196–197
Custos da migração, 58–60
Cyr, Linda A., 23–24W

D

Daley, J., 104–106n
Danneels, Erwin, 26W
Datavantage Corporation (estudo de caso)
  clientes, C–61–63W
  cultura administrativa, C–64–67W
  financiamento, C–64–67W
  fusão de duas culturas, C–67W
  help desk/call center, C–63–64W
  histórico, C–58–60W
  marketing e vendas, C–62–63W
  mercado-alvo, C–59–60W
  modelo de negócio, C–63–67W
  setor e concorrência, C–59–61W
  XBR, software de prevenção contra perdas, C–60–62W
Davidsson, Per, 31n, 35–36n, 5W, 26W, 27–28W
Davies, Mark A. P., 29W
Dayton Hudson, 122–123
DeBaise, Colleen, 23W
Debelak, Don, 346–347n
Declaração de missão, 170–171
Declaração de registro
  definição, 306–307
  procedimento de, 307–309
  prospecto e, 306–308
Deeter-Schmelz, Dawn R., 15W, 17–18W
Defesa, Departamento de, 266–269
Definição do negócio, 170–171
Delegação
  crescimento e, 326
  fatores-chave a serem considerados, 211
Dell, 142–143, 196–201
Dell, Michael, 155
Delmar, Frédéric, 26W, 27–28W
DeLuca, Fred, 351–352
Demanda do setor, na análise do setor do plano de negócio, 169–170
DeMarie, Samuel, 2W
DeMarse, Elizabeth, 373–374
Demonstrativos de resultados *pro forma*, 235–239
Der Foo, Maw, 3W, 8–9W
Descrição, de plano de negócio internacional, 127–127
Descrição do empreendimento, 170–172
Desembolsos, 175–176
DesiCrew, 98–99
Design Edge, 335
Despesas, projeção de, no plano de negócio, 173–174
Despesas fixas, 234–235
Dess, Gregory, 5W
Diamond Chain, 122–123
Diener, Marc, 356–357n
Dietmeyer, Brian J., 29W
Diligência devida, processo de capital de risco e, 290–291
Dino, Richard N., 27W
Direitos autorais, 138–140
  Internet e questões de, 129, 138–140
  licenciamento, 142–143
  visão geral de, 138–140
Direitos de propriedade, empreendedorismo internacional e, 108
Diretor, conselho, 225–227
Disney, 142–144, 318
Dívida de cartão de crédito, 365
Dividendos, impostos e, 217–219
Documento de divulgação, para franquias, 357–358
Docutel, 55–56
Donahey, Scott M., 13–14W
Doriot, Georges, 282–283
Douglas, Evan, 335
Dow Chemical, 342
DreamWorks, 142–144
Driscoll, Suzanne, 32W
Duden, Antje, 19W
Duff, Amy, 17–18W
Dun and Bradstreet, 162–164
Dunkin' Donuts, 142–143, 354–355
Dupree, Toy Kim, C–52–54W
Durant, William, 17–18
Dutch Boy, 136–138

E

Earley, Christopher, 1–2W
eBay, 69–71, 134–135
Eblin, Scott, 211n
Echambadi, R. A. J., 31W
Eckhardt, Jonathan T., 26W
E-commerce
  crescimento em, 90–93
  empresas empreendedoras fazendo, 94–95

Índice **443**

início do negócio e, 90-95
   operações de back-end, 92-93
   operações de front-end, 92-93
   rastreando informações do cliente, 94-95
   site e, 92-95
   uso criativo, 92-93
Economia
   cultura e filosofia econômica, 112-113
   empreendedorismo internacional e, 106-107
   estágio de desenvolvimento econômico, 106-107
   na análise do ambiente do plano de negócio, 168-169
Economias de escala, 122-123
Ecotech Institute, 227-228
Edison, Thomas, 380
Educação, cultura e, 112-113
Educação, Departamento de, 266-267
Efetuação, processo de, 8-13
Efficient consumer response (ECR), 330-331
Eficácia, princípio da, 326-327
Efrati, Amir, 11W
Eisenhardt, Kathleen, 29-30W
El-Hagrassey, Gall M., 9-10W
Ellis, Paul, 12W
EMC Corporation, 142-143
Empreendedores
   adaptabilidade cognitiva dos, 11-17
   categorização dos, e crescimento das empresas, 334-336
   conduta ética dos, 33
   delegação de responsabilidades, 211
   educação e, 17-18
   gerenciamento do tempo, 322, 326-328
   histórico profissional, 18-19
   idade dos, 17-18
   modelos de conduta para, 18-20
   nas horas vagas, 268
   parcerias para negócios internacionais, 122-124
   rede de apoio para, 19-22
Empreendedorismo, natureza do, 6-7
Empreendedorismo corporativo, 26-43
   características de liderança no, 37-39
   definição, 29
   dimensões administrativas para, 30-39
   elementos do, 30-31
   estabelecimento, 38-43
   estabelecimento cultural para, 34-38
   histórias de sucesso, 40-42
   maior interesse no, 29-31
   problemas do, 39-42
Empreendedorismo internacional
   ambiente político-jurídico, 107-109
   ambiente tecnológico e, 109
   barreiras ao comércio internacional, 123-125
   conta corrente e, 107
   cultura e, 109-113
   definição, 104-106
   economia e filosofia econômica, 112-113
   efeitos estratégicos do, 114-117
   em comparação com o empreendedorismo doméstico, 106-109
   empresas familiares e, 115-117
   escolha do mercado estrangeiro, 115-118
   estágio de desenvolvimento econômico, 106-107
   estratégias de entrada, 118-123
   idioma e, 109-111
   importância do, 106-107
   maior interesse em, 100

   motivações para, 113-115
   natureza do, 104-107
   parceria empreendedora, 122-124
   sistemas de distribuição disponíveis, 113-114
Empreendedorismo sustentável, 19-22
Empresa, avaliação da, 293-300
Empresa de responsabilidade limitada
   características da, 220-222
   comparação com S corporation, 217-220
   vantagens da, 220-223
Empresas iniciantes
   custos de, 213-214
   e-commerce e, 90-95
   iniciativas favoritas do capital de risco, 353-354
   sem patente, 135-136
   trabalho externo e, 234-235
Empresas privadas de capital de risco, 283-285
Empresas SBIC, 283-285
Empréstimos
   de família e amigos, 259-260
   empréstimo bancário convencional, 261
   empréstimo pessoal, 262
   empréstimos a prazo, 261
   empréstimos comerciais diretos, 261
   empréstimos de longo prazo, 262
   empréstimos por contas a receber, 259-261
   empréstimos por equipamento, 261
   empréstimos por estoque, 261
   empréstimos por imóvel, 261
   por meio da Small Business Administration, 263-265
Energia, Departamento de, 266-269
Engel, J., 75n
English, Paul, 224-225
Enron, 323
Entrevistas, para pesquisa de marketing, 183-185
Environmental Protection Agency (EPA), 266-267
EPIC Aviation, 255-256
Equipe administrativa, 190-191
   desenvolvimento da, 210
   investimentos de capital de risco e, 287-290
Ernst & Young, 46-47
Erro de comissão, 52
Erro de omissão, 52
Escopo, 60-61
eShop, 70-71
Espírito de equipe, 325-327
Estágio de malha de realimentação de nova entrada, 47-48
Estágio de teste de mercado, 90-92
Estágio do conceito do desenvolvimento de produtos, 89-92
Estágio do desenvolvimento de produto, 90-92
Estes, Jim, 21W
Estilo participativo de administração, 324-325
Estoque, crescimento e gerenciamento de, 330-331
Estratégia de escopo limitado, 60-62
Estratégia de marketing
   definição, 195-196
   distribuição, 197-200
   mercado consumidor versus business-to-business, 200-202
   orçamento, 201-202
   políticas de preço, 196-198
   produto ou serviço e, 196-197
   promoção, 199-200
Estratégia de negócios, cultura organizacional e, 224-225
Estratégia de saída. *Ver também* Fusões
   sucessão de negócio para familiares e outras pessoas, 366-368

vendendo a empresa, 368-371
visão geral da, 366-367
Estratégia do "eu também", 62-64
Estratégia empreendedora, etapas da, 47-48
Estratégias de crescimento
　estratégias de desenvolvimento de mercado, 318
　estratégias de desenvolvimento de produto, 318
　estratégias de diversificação, 319-321
　estratégias de penetração, 317
　exemplos de, 321
　vendas na Internet e, 320
Estratégias de entrada
　estratégias de imitação, 61-64
　para empreendedorismo internacional, 118-123
Estratégias de imitação, 61-64
Estratégias do escopo do mercado, 60-62
　escopo amplo, 61-62
　escopo limitado, 60-62
Estridge, Philip, 40-42
Estrutura do acordo, 299-301
Estrutura social, 111-112
eSurveysPro, 200-201
Etapa de exploração de nova entrada, 47-48, 52-60
Ética
　acordos de não concorrência e segredos comerciais, 139
　código de ética, 20-22
　conduta de gerentes versus empreendedores, 33
　criação e manutenção da confiança, 88-89
　direito à privacidade dos funcionários, 191-192
　empreendimentos em crises financeiras e, 371
　ética de negócios, 57-58
　lições extraídas da Enron, 323
　negociação, 356-357
　passos quando sócio descumpre obrigação, 220-221
　responsabilidade social, 109-111
　trabalho externo em negócio paralelo, 234-235
Euromonitor, 103-104
Evergreen Solar Inc., 374-375
Eversharp, 53-54
Ewing Marion Kauffman Foundation, 103-104
Expedia, 135-136
Experimentação, 35-36
Exportação
　como estratégia de entrada para negócios internacionais, 118-120
　direta, 119-120
　indireta, 119-120

F

Facebook, 72-73, 75, 180
Factiva, 181
Fadel, Stephen, 11W
Fairchild, Gregory, 234-235
Falência
　dicas de sobrevivência, 375-376
　incidência de, 372-373
　involuntária, 376-377
　liquidação, 376-377
　mantendo o empreendimento durante, 377-380
　planos de pagamento com dilatação de prazo, 376
　recomeçando após, 379-380
　recuperação empresarial, 381-382
　reorganização, 374-377
　sinais de alerta de, 379-380
　sob o Capítulo 11, 372-376
　sob o Capítulo 13, 372-373, 376
　sob o Capítulo 7, 372-373, 376
　visão geral, 372-374
　voluntária, 376
Família
　como fonte de capital, 259-260
　rede de apoio moral, 19-20
　transferência de negócio para, 366-367
Farmacologia inversa, 80
Farrell, Christopher, 23W
FastTrac, 103-104
Fatores em avaliação, 293-294
Fatores-chave para o sucesso, 53-55
Feedback, oferecendo, para funcionários, 325-326
Fernandez-Ribas, Andrea, 13-14W
Ferziger, Rubin, 220-221
Fidelidade do cliente, 58-60
Fillis, Ian, 11W
Filosofia política, 112-113
Financial Industry Regulatory Authority (FINRA), 306-307
Financiamento
　abertura de capital, 300-310
　avaliação da empresa, 293-300
　bancos comerciais, 259-264
　capital de risco, 282-301
　consignação, 272-273
　estágios de, 278-279
　estrutura do acordo, 299-301
　família e amigos como fonte de capital, 259-260
　financiamento de aquisições ou de aquisição alavancada, 278-279
　financiamento de expansão ou de desenvolvimento, 278-279
　financiamento do estágio inicial, 278-279
　financiamento por capital próprio, 256-257
　financiamento por endividamento, 256-257
　investidores privados, 269-272
　mercado de capital de risco informal, 278-283
　recursos externos para, 256-258
　recursos internos para, 256-258
　recursos pessoais para, 258-260
　Small Business Administration, 263-265
　sociedades com participação limitada em pesquisa e desenvolvimento, 264-267
　subsídios públicos, 266-270
　visão geral de, 256-258
Financiamento com recursos próprios, 271-273
Financiamento de linhas de crédito, 261
Financiamento em consignação, 272-273
Financiamentos baseados em ativos, 256
Finley, Daniel C., 15W
Finnell, Kelly, 32W
Fiol, C. Marlene, 8-9W
Firestone, Paul, 193-194
Firmas de investimento para pequenas empresas, 282-285
First, Tom, 199-200
Fischer, Eileen, 27W
Fiserv, 254-255
Fit Flops, 72-73
Flat World Knowledge Inc., 142-143
Flexibilidade
　cultura organizacional e, 224-225
　tecnologia para melhorar, 39-40
Floyd, Steven, 5W
FluidSurveys, 200-201
Fluxo de caixa
　conselhos para solução de problema de, 241

crescimento e gerenciamento do, 328–331
financiamento, 261–262
fluxo de caixa *pro forma*, 238–243
folha de caixa diária, 329–330
projeção, no plano de negócio, 173–174
Fontes de informação comerciais, 182–184
Fontes de informações
    fontes primárias para pesquisa de marketing, 182–188
    fontes secundárias para pesquisa de marketing, 181–183
    para o reconhecimento de oportunidade, 102–106
    para plano de negócio, 160–165
Fontes de referência, 280–281
Ford, Henry, 17–18, 193–194
Formulário 10-K, 309–310
Formulário 10-Q, 309–310
Formulário 8-K, 309–310
Fornecedores, 190–192
Forrester, 161–163, 184
Foster, Mark R., 19–20W
Fox, 142–143
Fracasso, aprendendo com, 40–43
Fran's Chocolates, 224–225
Franklin, Neil, 59
Franquias
    aceitação do produto, 349–351
    como estratégia de imitação, 62–63
    conhecimento de mercado, 351–352
    controles operacionais e estruturais, 351–352
    declaração de divulgação, 357–358
    definição, 349–350
    desvantagens das, 352–355
    exigências de capital para, 350–352
    experiência administrativa, 350–351
    investimento em, 355–358
    risco de expansão, 352–354
    tendências e, 354–356
    tipos de, 354–356
    vantagem de custo, 352–354
    vantagens das, 349–354
Fredrick, Wang, 284n
Free Demographics, 184
Frese, Michael, 27W
Friedman, Matt, 104–106
Frost and Sullivan, 103–104
Fry, Arthur, 40–42
Fuji, 341
Fujitsu, 142–143
Funcionários
    comunicação com, 325
    crescimento e gerenciamento de, 324–326
    direito à privacidade, 191–192
    espírito de equipe, 325
    feedback, 325–326
    treinamento, 326
Fundo estadual de capital de risco, 283–285
Fusão de atividades diversificadas, 122–123
Fusão horizontal, 121–123
Fusão vertical, 122–123
Fusão voltada para a ampliação do mercado, 122–123
Fusão voltada para a extensão de produto, 122–123
Fusões
    como estratégia de entrada para negócios internacionais, 121–123
    determinando o valor de, 347–349
    motivações para, 347–348
    tipos de, 121–123
    visão geral das, 347–348

G

Gabinete de Estatísticas do Trabalho, 161–162, 184
Gaglio, Connie Marie, 1–2W
Gale Directory Library, 103–104
Gallagher, Scott, 30W
Gallo & Associates, 220–221
Gallo, Ray, 220–221
Gardner, Timothy M., 13–14W
Gartner, 103–104
Gartner, William B., 26W
Gassenheimer, Jule B., 15W, 17–18W
Gates, Bill, 155
GC Micro Corporation, 153–154
Geiger, Scott W., 23–24W
Genentech, 266–267
General Electric, 341
General Foods, 76–78
Geográfico, mercado, 318
George, Gerard, 29W
Geração, etapa, de nova entrada, 47–53
Gerenciamento do tempo
    benefícios do, 326–327
    definição, 326
    empreendedores nas horas vagas e, 268
    princípios do, 326–328
Gerlach, Christopher S., 32W
Geron, T., 279–280n
Gielnick, Michael M., 27W
Gimmon, Eli, 23–24W
Girard, Lisa, 11W
Giro de estoque, 295–296
Gjerde, Thomas J., 15W
Glass, Jeff, C–31Wn
GM, 341
Gonen, Ron, 353–354
Gonzalez-Diaz, Manuel, 29–30W
Goodman, M., 268n
Goodman, Sam, C–7–21W
Google, 75, 128–129, 224–225
GoPicnic, 226–227
Gourmet to Go (estudo de caso)
    crescimento futuro, 400–401
    gerenciamento e, 401–402, 407
    histórico, 400–401
    informações financeiras, 401–402, 407
    marketing, 401–402, 407
    previsão de vendas, 401–402
    produção e embalagem, 400–401
    setor, 400–402
Government-Owned Inventories Available for License, 75
Governo
    como fonte de novas ideias, 73–76
    fontes de informações do, 104–105
Graham, Jefferson, 375n
Graham, Stuart J. H., 131n
Graphisoft, 114–115
Grayson, Tim, 7–8
Green Mountain Digital, 72–73
Gregoire, Denis, 6–7, 1–2W
Greyser, S., 110–111n

Gril-Kleen Corporation (estudo de caso)
  concorrência, C–30W
  distribuição, C–27–28W
  evolução do produto, C–25–27W
  patente e marca comercial, C–30W
  plano de marketing, C–30W
  políticas de preço, C–27–28W
  promoção, C–29W
Grinds, 174–175
Grokster, 138–140
Gross, Bill, 339–341
Ground Round Grill & Bar, 373–374, 377
Groupon, 75
Grove, Andrew S., 12
Grove, Hugh, 32W
Grupos de discussão
  para geração de ideias, 74–76
  para pesquisa de marketing, 186–188
Guadarrama, Belinda, 153–154
Gulati, Ranjay, 29–30W
Gupta, Udayan, 25W
Gurock, Eli, 378
Gurock, Sheri, 378
Gustafson, Anna, 72–73
Gustavsson, Helena, 26W
gWallet, 369

H

Häagen-Dazs, 63–64
Hábitos, 112–113
Hall, Jeremy, 26W
Hamm, J., 88–89n
Hampton Inn/Suites, 92–93
Hanes Corporation, 84–85
Hann, Christopher, 234–235n
Hansen, Corey, 19–20W
Hargis, Michael, 19W
Harlow, Thomas J., 15W
Harrison, Jeffrey S., 31W
Harriston, Michael, C–58–59Wn
Harryson, Sigvald J., 11W
Hart, David, 13–14W
Hartstein, David, 363–364
Hatemi-J., Abdulnasser, 26W
Hatfield, Louise, 30W
Haynie, J. Michael, 8–9W
Haynie, M., 15n, 1–2W
Head Ski Company, 321
HealthSource Chiropractic and Progressive Rehab, 354–355
Heesen, Mark, 353–354
Hegdde, Githa, 32W
Heineken, 115–117
Henricks, Mark, 13n, 59n
Hewlitt Packard, 40–42, 142–143
Hicks, Sam, 21W
Higgins, Monica C., 29–30W
Hillenbrand Industries, 122–123
Hillman, Alan L., 9–10W
Hisrich, Robert D., 33n, 87–88n, 90n, 91n, 387n, C–31Wn, 423–424n
Histórico profissional, 18–19
Hitt, Michael, 2W
Hmieleski, Keith, 2W
Holiday Inn, 351–352, 354–355

Holland, Amanda, C–31Wn
Holland, Jim, 368
Holmberg, Stevan R., 29–30W
Holmes, Tamara, 211n
Honeywell, 55–56
Honig, Benson, 1–2W
Hoovers, 103–104, 181
Hornsby, Jeffrey, 5–6W
Hot & Cold Inc., 241
Hour Power Watch, 83–84, 114–115
House, Charles, 40–42
Hsieh, Tony, 231–233
Hunter, Andy, 247
Hurley, Chad, 128–129
Hwang, Jeffrey, 353–354

I

IBM, 40–42, 55–56, 142–143
Idealab, 339–340
Ideias
  determinando a necessidade de um novo produto, 90–91
  e-commerce e o início do negócio, 90–95
  estágio da ideia do desenvolvimento de produtos, 89
  inovação e, 75, 80, 82–87
  métodos de geração, 74–78
  processo de planejamento e desenvolvimento do produto, 87–92
  reconhecimento de oportunidade, 86–87
  solução criativa de problemas para, 77–83
  tendências que influenciam, 71–74
Idioma
  empreendedorismo internacional e, 109–111
  linguagem não verbal, 110–111
IKEA, 324
Impostos
  corporação e, 217–219
  crescimento e, 333–334
  dividendos e, 217–219
  empresa de responsabilidade limitada e, 217–219
  fusões e, 122–123
  imposto sobre valor agregado, 107
  propriedade e, 217–219
  sociedade e, 217–219
Incerteza quanto à demanda, pioneiros e, 54–55
Independent Owners Cooperative, LLC, 373–374
Índia, 97–99
  inovação gandhiana, 80
Índice atual, 294
Índice de endividamento, 295–296
Índice endividamento/capital próprio, 295–297
Índices de alavancagem, 295–297
Índices de atividade, 295–296
Índices de liquidez, 294–296
Índices de lucratividade, 296–297
Informação sobre operações, 162–165
Informações de mercado, 103–104
Informações sobre o setor, 103–104
Information Resources, Inc., 182–183
InfoTrends, 184
Inimitável, em pacote de recursos, 48–50
Ink Development, 70–71
Inovação
  classificação de novos produtos, 84–86
  conselhos para, 59, 75

definição de novos, 83–85
gandhiana, 80
importância da, 82–83
no empreendedorismo corporativo, 30–31
tipos de, 82–84
Inovação comum, 83–84
Inovação revolucionária, 82–84
Instabilidade ambiental, desvantagem do pioneiro, 53–56
Integração ascendente, 319
Integração descendente, 319
Integração horizontal, 320–321
Intel Corp., 12, 283–285
Intelligent Leisure Solutions (estudo de caso)
    contexto geográfico, 387–389
    estrutura organizacional, 390–391
    histórico do empreendedor e da empresa, 389–390
    informações financeiras, 391–393
    introdução, 387
    obstáculos enfrentados, 390–393
    visões gerais dos setores, 391–399
Intenções empreendedoras, elementos de, 16–17
Intercâmbio de dados eletrônicos (EDIs), 330–331
Internet
    avaliação de empresa da Internet, 299–300
    como recurso do plano de negócio, 164–166
    estratégia de vendas e crescimento, 320
    levantamento, 183–186
    para pesquisa de marketing, 185–186
    para promoção, 199–200
    pesquisa de marketing, 182–184, 200–201
    questões de direitos autorais, 129, 138–140
Intervela d.o.o. Koper—Victory Sailmakers (estudo de caso)
    decisão do cortador e, 408–410
    Elan, 409–411
    equipe, terceirização e reorganização, 412–414
    estratégia de marketing, 408–409
    Gaia Cube, projeto, e, 410–411
    histórico, 401–402, 407–409
    Kutin, oficina de velas, e, 409–411
    nova oficina de velas, 414–416
    promoção e marketing, 411–413
    vela ONE, decisão, 415–416
    velas e, 410–412
Investidores privados
    ofertas privadas, 270–271
    plano de negócio e argumentos, 159–160
    Regulamentação D, 270–272
    tipos de, 269–271
Investidores-anjos dos negócios. *Ver também* Investidores privados
    características dos, 280–282
    definição, 278–279
    estatísticas sobre, 278–282
Investimento estrangeiro direto, 120–123
Investimentos de capital de risco
    estratégias de obtenção, 291–293
    histórico de, 282–286
    iniciativas favoritas de, 353–354
    localização, 291–292
    natureza dos, 282–283
    plano de negócio e, 159
    por estágios de investimento, 285–288
    por região, 287–289
    por setor, 285–287
    preferência dos empreendedores em, 284

processo, 287–292
risco e retorno, 287–290
tipos de empresas, 283–285
Invocare, 100
Ireland, R. Duane, 2W, 5–6W
IRX Therapeutics, 353–354
Ittelson, Thomas R., 21W

J

Jameson Inns, 73–74
Janela de oportunidade, 51–52
Janney, Jay, 5W
Jarillo, J. Carlos, 7W
Jelaca, Pam, 226–227
Jhunjhunwala, Ashok, 97–98
Jiffy Lube, 351–352
Jin, Chen, 17W
Jin, Liiyin, 17–18W
Jobs, Steve, 155
Joint venture, 265–266
    como estratégia de entrada para negócios internacionais, 120–122
    definição, 341
    fatores no sucesso de, 343
    motivos para formar, 121–122
    perspectiva histórica sobre, 121–122
    tipos de, 341–342
Joint ventures internacionais, 342
Jones, Jan, 400–401
Jones, Pearce, 335
Jungle Jim's Playland, 355–356
Just, Joel, 139
JustMed, Inc., 139
JVC, 53–54

K

Kabloom, 363–364
Kamangar, Salar, 128–129
Kamprad, Ingvar, 324
Kapor, Mitch, 340–341
Katila, Riitta, 29–30W
Katz, Jerome, 1–2W
Kauffman, Ewing Marion, 3–5
Kauffman Foundation, 282–283
Kawasaki, 341
Kayak, 224–225
Kearns, Suzanne, 21W
Keats, Barbara, 2W
Keh, Hean, 3W, 8–9W
Kelleher, Herb, 335
Kenis, Patrick, 29–30W
KFC, 351–352, 354–355
Khanna, Dan, 17W
Kiedrowski, Claire, 17–18W
Kimberly, John R., 9–10W
KinderCare, 355–356
King, Martin Luther, Jr., 37–38
Kirchhoff, Bruce, 26W
Klaerner, Gerrit, 353–354
Klein, Karen E., 158n, 220–221n, 32W
Knoke, David, 29–30W
Knowledge Adventure, 340–341
Knowlton, John, 32W
Kobylanski, Andrzej, 17–18W

Kocailski, Cynthia, 227–228
Kodak, 341
Komoszewski, Jim, 15–16W
Kooser, Amanda C., 40–41n
Kopin, Sheldon, 158
Korn, Melissa, 11W
Kotler, Philip, 8–10
Kronmiller, Bill, 159
Krueger, Norris, 3W, 5–7W
Kuemmerle, Walter, 3W
Kuratko, Don F., 5–7W
Kwiatek, Harlan J., 19–20W

L

Lader, Marvin, C–58–67W
Lakhani, Dave, 12–13
Lane, Peter, 5W
Langley Research Center, 7–8
Lant, Theresa, 3W
Lassar, Walfried, 29W
Layfield, Jill, 368
Lear, William, 17–18
Lei Clayton, 347–348
Lei de Investimento para Pequenas Empresas (Small Business Investment Act), 282–283
Lei de Proteção de Empregos em Pequenas Empresas (Small Business Job Protection Act), 219–220
Lei de Segurança de Produtos do Consumidor (Consumer Product Safety Act), 143–144
Lei de Títulos Mobiliários (Securities Act), 300–301
Lei de Valores Mobiliários (Securities and Exchange Act), 306–307
Lei para Melhorias de Mercados de Títulos Nacionais (National Securities Markets Improvements Act), 308–309
Lei Sarbanes-Oxley, 146, 225–228, 301–302, 309–310
Lei Sherman, 347–348
Lei sobre a Prática de Corrupção no Exterior (Foreign Corrupt Practices Act), 33
Leis contra fraude, 308–309
Leland, Thomas, 13–14W
LeMieux, Aaron, 375
Levantamento por correio, 183–186
Levantamento por telefone, 183–186
Levantamentos, para pesquisa de marketing, 183–186
Levi Strauss, 136–138
Levitz, 372–373
LexisNexis, 181, 184
Licenciamento
  como estouro de receita, 142–144
  como estratégia de entrada para negócios internacionais, 119–120
  definição, 140–142
Lieberman, Marvin B., 8–9W
Lightle, Susan S., 19W
Lim, Boon C., 8–9W
Lindenbaum, Scott, 247
Linguagem não verbal, 110–111
LinkedIn, 72–73, 93–94
LinkExchange, 231–232
Liquidação, 376–377
Listagem de atributos, 81–82
Lister, Kate, 21–22W
Liu, Chung-Chiun, 82–86
Living and Learning, 355–356
Livre associação, 79–81
Local, descrição do empreendimento e, 170–172
Local de trabalho, cultura organizacional e, 224–225
Locke, Edwin A., 26W
Longevity Alliance, 72–73
Lorenzo-Gómez, José-Daniel, 12W
Lotus, 340–341
Lowry, Adam, 208–210
Lubatkin, Michael H., 27W
Lucro
  crescimento e gerenciamento de, 331–333
  distribuição de, e forma do negócio, 216–217
  empreendedorismo internacional e, 113–114
Lupin, 80
Lymburner, Candice, 13–14W

M

MacMillan, Ian, 3W
Macy, Rowland Hussey, 380
Macy's, 349–350
Madan, Sanjay, 231–233
Madden, Ellen K., 19–20W
Mail Boxes Etc., 351–352
Malhotra, Saloni, 97–99
Manolis, Chris, 29W
Manutenção de registros, crescimento e, 334
Marcas registradas, 135–138
  benefícios das, 136–138
  definição, 135–136
  licenciamento, 142–143
  registro, 136–138
Marcial, Gene, 136–137n
Margem de lucro líquido, 296–297
Margens, 196–198
Marino, Louis, 29–30W
Marion Laboratories, 4–5
Marketing for Success, 184
MarketingSherpa, 184
Markowitz, Stephen, 13
Markup, 196–198
Markus, Christen, 8W
Marshall, Samantha, 241n
Mashelkar, R., 80n
Masi Technology (estudo de caso)
  complicações na tomada de decisão estratégica, 418–419
  desenvolvimento de protótipos, 417–419
  histórico do setor pesqueiro, 416
  mercado-alvo, 418–423
  mercúrio, preocupações com, 417–418
Matsushita, 53–54
Mattel, 122–123
Maxwell, Brian, 315–317
Maxwell, Jennifer, 315–317
Mayu LLC (estudo de caso), 423–430
McDonald's, 59n, 122–123, 136–138, 143–144, 350–352, 354–356
McDougall, Patricia, 3W
McEvily, Susan K., 8–9W
McGrath, Rita, 3W
McKenzie, Meredyth, 19–20W
McKinsey & Co., 59
McMullan, Ed, 26W
McMullen, J., 6–7n, 3W, 8–9W
Mecanismos de busca, 104–105
Mediamark Research, 184
Medina-Garrido, José-Aurelio, 12W
Medtronics, 55–56

Mehrotra, Devi, 23–24W
Mentalidade empreendedora, 11–13
Mentor, 19–20
Mercado
    conhecimento de, e franquias, 351–352
    plano de negócio e informações de mercado, 161–164
    seleção de, estrangeiro, 115–118
Mercado de capital de risco formal, 278–279
Mercado de capital de risco informal
    investidores-anjos envolvidos no, 280–281
    definição, 278–279
    tamanho do mercado, 279–282
    visão geral do, 278–280
Mercado de participação acionária pública, 278–279
Mercado demográfico, 318
Mercado-alvo
    definição, 192–193
    oportunidades e ameaças, 192–195
    pontos fortes e fracos, 195–196
    segmentação do mercado, 192–195
Mercados de capital de risco, 278–279
Mercados de consumidores, estratégia de mercado para, 200–201
Mercer, Christopher Z., 32W
MercExchange, 134–135
Mergent, 103–104
Merges, Robert P., 131n
Merry Maids, 351–352
Messmer, Max, 21n
Metas, no plano de marketing, 195–196
Method Products Inc., 208–210
Método checklist, 78–81
Método de anotações coletivas, 79–81
Método Gordon, 78–79
Metro-Goldwyn-Mayer, 136–138
Michael, Steven C., 30W
Michelin, 115–117
Microelectronics and Computer Technology Corporation (MCC), 341–342
Microsoft, 136–137, 142–143, 341
Midas, 142–143, 351–352, 354–355
Middleton, Quintin, 199–200
Milgram, Stanley, 88–89
Miller, Toyah L., 25W
Miller Brewing, 122–123
Min, Sungwook, 9–10W
Mintel Reports, 184
Missão da empresa, 191–192
Mitchell, Robert J., 9–10W
Mitchell, Ron, 3W
Mitsubishi, 341
Mix de marketing
    decisões críticas para, 192–193
    definição, 191–192
Mixon, Mal, 100
Modelos de conduta, 18–20
Mokhtarzada, Haroon, 227–228
Mondavi, Michael, 26–27
Mondavi, Robert, 26–28
MoneyTree, 353–354
Monroe, Ray, C–6–8W
Monsanto, 283–285
Montgomery, David B., 8–9W
Moreno, A., 116–117n
Morgan, Kathryn Boe, 29–30W
Morris, Dale, C–45–46W
Morris, Michael H., 5–6W
Morse, Eric, 3W
Mosakowski, Elaine, 1–2W
Moses Miracle, 364
MPP Plastics Inc., 328–329, 331–333
MySpace, 72–73

N

Nakamura, Karen, 19–20W
Nanotecnologia, 40–41
Nantucket Nectars, 199–200
Napoli, Chaz, C–58–67W
Napster, 138–140
NASDAQ Global Market, 308–309
National Aeronautics and Space Administration (NASA), 266–269
National Association of Small Business Investment Companies, 103–104
National Basketball Association, 143–144
National Business Incubation Association, 103–104
National Science Foundation (NSF), 266–269
National Testing Services, C–3W, C–5W
National Trade Data Bank (NTDB), 117–118
National Venture Capital Association, 103–104, 291–292, 353–354
Nature Bros. LTD (estudo de caso)
    ativo imobilizado, C–49–53W
    desenvolvimento de novos produtos, C–49–52W
    histórico, 423–425
    necessidades financeiras, C–49–52W
    objetivos, C–46–52W
    projeções gerais, C–46–48W
    situação atual, 424–425
Nazur, Muhammad Suhail, 17–18W
NBC Universal, 341
Neale, Margaret, 357–359
Negociação
    avaliações para, 357–360
    estratégias para, 359–361
    honestidade e trapaça em, 356–357
    tarefas de distribuição e integração, 357–358
Negócio global. *Ver* Empreendedorismo internacional
Negócios. *Ver também* Organizações
    atratividade para levantamento de capital, 216–217
    continuidade dos, 214–215
    controle administrativo dos, 215–217
    cultura organizacional, 223–226
    custos iniciais, 213–214
    desenvolvimento da equipe administrativa, 210, 223–226
    distribuição de lucro e prejuízo nos, 216–217
    empresa de responsabilidade limitada, 217–223
    exigências de capital para, 215–216
    formas legais de, 210–217
    propriedade, 213–214
    questões tributárias para, 216–219
    responsabilidade do proprietário nos, 213–214
    S corporations, 217–222
    sucessão de, 366–368
    transferência de participação, 214–216
    venda, 368–371
Nelson, Reed, 1W
Neomed Technologies (estudo de caso), C–38–40W
    conclusões e, C–43–45W
    concorrência, C–35–36W
    financiamento e, C–39–41W
    financiamento por capital de risco, C–40–45W

geração de imagens nucleares de diagnóstico, C–34–36W
histórico e fundadores da empresa, C–31–33W
modelo de negócio, C–35–37W
procedimentos de diagnóstico da CAD, C–34–35W
situação da empresa, C–37–40W
visão geral da doença das artérias coronárias, C–32–35W
Neubaum, Donald O., 9–10W
Neutgens, Paul, 159
Niagra, Vincent, 352–355
Nielsen Indexes, 182–183
North American Industrial Classification System (NAICS), 104–105
NorthPath, 179–180
Nova entrada
   administrando as empresas novas (novatas), 63–65
   avaliação da atratividade da, 50–53
   criação de pacote de recursos valioso, raro e inimitável, 48–50
   decisão de explorar ou não, 52–53
   decisões em um ambiente de incerteza, 52
   definição, 46–47
   estratégia de entrada para, 52–60
   estratégias do escopo do mercado, 60–62
   etapa de exploração, 47–48, 52–60
   etapa de geração, 47–53
   incerteza dos clientes e, 55–58
   informação sobre, 50–52
   instabilidade ambiental, 53–56
   janela de oportunidade, 51–52
   recursos como fonte de vantagem competitiva, 47–49
   redução de riscos para, 60–65
   tempo de espera, 57–60
Novas empresas da Internet, orçamento de capital e despesas operacionais, 238–239
Novas ideias, fontes de, 73–76
Novo empreendimento, 30–31
Nuclear Regulatory Commission, 266–267
Nunes, Paul, 33W

O

O'Connor, Edward J., 8–9W
O'Neill, Sean, 136–137
Objetivos, no plano de marketing, 195–196
Observação, para pesquisa de marketing, 182–185
Occupational Safety and Health Act (OSHA), 74–76
Oferta pública inicial (IPO), 301–302
Ofertas privadas, 270–271
Official Gazette (U.S. Patent Office), 75
Olivetti, 341
Omidyar, Pierre, 69–72
one2one Learning Foundation, 253–255
Oportunidade
   mercado-alvo e, 192–195
   orientação empreendedora à, 31–32
   visão geral de, 100
Oportunidades empreendedoras, 6–7
Orçamento
   de operação e de capital, 233–236
   estratégia de marketing, 201–202
   para o plano de negócio, 164–165
Orçamento de produção, 233–234
Orçamento de vendas, 233–234
Orcutt, John L., 13–14W
Organização Mundial da Propriedade Intelectual (OMPI), 132–133
Organizações. *Ver também* Negócios
   atratividade para levantamento de capital, 216–217
   conselho de consultores, 227–229
   conselho diretor, 225–227
   continuidade de, 214–215
   controle administrativo de, 215–217
   cultura organizacional, 223–226
   custos iniciais, 213–214
   desenvolvimento da equipe administrativa, 210, 223–226
   distribuição de lucro e prejuízo nas, 216–217
   empresa de responsabilidade limitada, 217–223
   exigências de capital para, 215–216
   projeto de, 222–224
   propriedade, 213–214
   questões tributárias para, 216–219
   responsabilidade do proprietário nas, 213–214
   S corporations, 217–222
   transferência de participação, 214–216
Orientação estratégica, 31
Orientação para o crescimento, 34–35
Orientação pela perda, 42–43
Orientação restaurativa, 42–43
Origens e aplicações de recursos *pro forma*, 246, 248

P

Pacific Trade International, 195–196
Packard, David, 40–42
Page, Larry, 224–225
Página introdutória, no plano de negócio, 166–168
Paine, Katharine, 12
Panera Bread, 143–144
Panikar, Sunitha Vilakshan, 32W
Paramount, 142–143
Paranoia, 12–13
Parer, Justin, 45–47
Park, Choelsoon, 27W
Park, Seung H., 30W
Parker, 53–54
Participação majoritária, 121–122
Participação minoritária, 120–121
Participação no patrimônio líquido, 282–283
Passivos
   balanço patrimonial *pro forma*, 243–244
   de empresas novas, 63–65
   definição, 243
Patente de design, 131–133
Patente de utilidade, 131–132
Patentes, 131–136
   como fonte de novas ideias, 73–75
   definição, 131–132
   empresas de software iniciantes, 131
   finalidade de, 48–49
   iniciar sem patente, 135–136
   internacional, 132–133
   licenciamento, 140–143
   minimização de riscos de patente, 135–136
   patente de método de negócio, 134–136
   solicitação de, 133–134
   solicitação provisória, 132–134
   tipos de, 131–133
   violação de, 134–137
Patentes de método de negócio, 134–136
Patentes de plantas, 132–133
Patrimônio de sangue, 258
Patrimônio líquido
   avaliação da empresa e, 293

balanço patrimonial *pro forma*, 244
definição, 244
Patzelt, Holger, 3–4W, 6–7W, 27–28W
Pearce, John A., II, 30W
Pennington, April Y., 51n, 325n
Pensamento empreendedor, 6–8
   adaptabilidade cognitiva, 11–17
   bricolagem, 7–9
   efetuação, processo de, 8–13
   pensamento estrutural, 6–8
Pepsi-Cola, 107, 142–143
Per, Davidsson, 1–2W
Perguntas de conhecimento, 15–16
Período de silêncio, 308–309
Período médio de cobrança, 295–296
Permuta, 107
Perovic, Zeljko, 401–402, 407–408, 413–415
Pesquisa de marketing, 181–188
   análise e interpretação de resultados, 186–188
   coleta de dados de fontes primárias, 182–188
   coleta de dados de fontes secundárias, 182–183
   definição de propósitos ou objetivos, 181–183
   entrevistas e levantamentos, 183–186
   grupos de discussão, 186–188
   Internet para, 185–186, 200–201
   observação, 182–185
   questionários, 185–187
Pesquisa e desenvolvimento (P&D), como fonte de novas ideias, 74–76
Peters, Michael P., 87–88n, 90n, 91n, C–6Wn, C-25Wn, 416n, 436n
Pettus, Michael L., 27W
Pezet, Pat, 174–175
Philip Morris, 114–115, 122–123
Philips, Michael, 21–22W
Phillips, Robert, 387, 389–393, 397–399
Phillips Petroleum, 122–123
Phong Iron and Steel, 341
Pickus, David, 355–356
Pikas, Anastasia, 13–14W
Pikas, Bohdan, 13–14W
Pioneiro
   adaptação e, 55–56
   incerteza dos clientes e, 55–58
   incerteza quanto à demanda, 54–55
   incerteza tecnológica, 54–56
   instabilidade ambiental, 53–56
   tempo de espera, 57–60
   vantagens de, 52–54
Pixar Animation Studios, 143–144
Plano de avaliação de oportunidades, 101–103
Plano de marketing
   análise da concorrência, 181–182
   análise da situação, 192–193
   análise do setor, 181–182
   características do, 189–192
   como componente do plano de negócio, 173
   comparação com plano de negócio, 186–188
   definição, 173, 189–190
   esquema de, 188–189
   estratégia e plano de ação, 195–202
   etapas na preparação, 192–202
   exemplos de, 205–207
   função de, 186–189
   implementação, 201–202
   mercado-alvo, 192–196
   metas e objetivos, 195–196
   mix de marketing e, 191–192
   monitoramento do progresso, 201–202
   para empresa de business-to-business, 206
   para empresa de produtos de consumo, 205
   para empresa de serviços, 207
   pesquisa de marketing, 181–188
Plano de negócio
   apresentação, 160
   atualização, 176–177
   avaliação por agentes de financiamento e investidores do, 158–160
   avaliando o andamento do plano, 175–177
   como parte da operação empresarial, 155
   comparação com plano de marketing, 186–188
   componentes do, 165–175
   definição, 155
   escopo e valor do, 157–158
   esquema de, internacional, 127–127
   fracasso comercial e, 176–177
   informação sobre operações de, 162–165
   informações de mercado do, 161–164
   Internet como recurso para, 164–166
   necessidades de informação do, 160–165
   necessidades financeiras do, 164–165
   preparação para redação, 156–157
   processo de capital de risco e, 290–291
   uso e implementação do, 174–177
Plano de opção de ações para funcionários (ESOP), 370
Plano de produção, 172
Plano financeiro, 190–191
   análise do ponto de equilíbrio, 244–246
   balanço patrimonial *pro forma*, 242–244
   como componente do plano de negócio, 173–175
   demonstrativos de resultados *pro forma*, 235–239
   fluxo de caixa *pro forma*, 238–243
   orçamentos de operação e de capital, 233–236
   origens e aplicações de recursos *pro forma*, 246, 248
   pacotes de software para, 248
   projeções de vendas, 235–236
   visão geral do, 232–234
Plano operacional, 172–173, 188–189
Plano organizacional, 173–174
Plunkett, 103–104
Poe, Naomi, 226–227
Políticas de preço
   concorrência e, 197–198
   custos e, 196–197
   markups e margens, 196–198
Pontos fortes, mercado-alvo e, 195–196
Pontos fracos, mercado-alvo e, 195–196
Pool de capital próprio, 282–283
PoshTots, 320
Powell, S., 110–111n
PowerBar Inc., 315–317
Prahalad, C., 80
Precept Business Services, 253–254
Preço de reserva, 357–359
Predisposição percebida, 16–17
Prejuízo, distribuição de, e forma do negócio, 216–217
Prescott, Gregory L., 19–20W
Priceline, 135–136
Prince, Melvin, 29W
Princípio da análise, 326–327
Princípio da eficácia, 326–327
Princípio da reanálise, 327–328
Princípio do desejo, 326–327

Princípio do planejamento priorizado, 327–328
Princípio do trabalho em equipe, 326–327
Privacidade, direito dos funcionários à, 191–192
Proatividade, no empreendedorismo corporativo, 30–31
Processo de capital de risco formal, 287–292
Processo de contratação, cultura organizacional e, 224–225
Processo de planejamento e desenvolvimento do produto, 87–92
    determinando a necessidade de um novo produto, 90–91
    estabelecendo critérios de avaliação, 87–89
    estágio da ideia do, 89
    estágio de teste de mercado, 90–92
    estágio do conceito, 89–92
    estágio do desenvolvimento do produto, 90–92
Processo duplo para aprendizagem com o fracasso, 42–43
ProCore Laboratories, 254–255
Produtividade, gerenciamento do tempo e, 326
Produtos
    ciclo de vida dos, 87–88
    classificação de novos produtos, 84–86
    como fonte de novas ideias, 73–74
    definição de novos, 83–85
    determinando a necessidade de um novo produto, 90–91
    estratégias de crescimento para, 317–321
    franquias e aceitação de, 349–351
    informações sobre empresas e produtos concorrentes, 103–104
    na estratégia de marketing, 196–197
    novo uso e estratégias de desenvolvimento de mercado, 318
    plano de marketing para, 205
    processo de planejamento e desenvolvimento, 87–92
Programa de Pesquisa de Inovações de Pequenas Empresas, 266–270
Projetos do tipo *turn-key*, 120–121
Promoção, 199–200
Propriedade
    forma do negócio e, 213–214
    responsabilidade dos proprietários, 213–214
    transmissão para membros da família, 366–367
    transmissão para outras pessoas, 367–368
Propriedade individual
    atratividade para levantamento de capital, 216–217
    continuidade de, 214–215
    controle administrativo de, 215–216
    custos iniciais, 213–214
    definição, 213–214
    distribuição de lucro e prejuízo em, 216–217
    exigências de capital para, 215–216
    propriedade, 213–214
    questões tributárias para, 217–219
    responsabilidade do proprietário em, 213–214
    transferência de participação, 214–215
    visão geral de atributos de, 212
Propriedade intelectual
    advogados e, 130–132
    definição, 130
    empreendedorismo internacional e, 108
Prospecto, 306–308
Publicações especializadas, 104–106
Puhakka, Vesa, 12W

Q

Qian, Gongming, 27W
Questionário, para pesquisa de marketing, 185–186–187
QuestionPro, 200–201
Questões legais
    abertura de capital e, 308–309
    contratos, 146–147
    direitos autorais, 138–140
    escolha de um advogado, 130–132
    estabelecimento da organização, 131–132
    formas de empresas, 210–217
    Lei Sarbanes-Oxley, 146
    licenciamento, 140–144
    marcas registradas, 135–138
    na análise do ambiente do plano de negócio, 168–170
    necessidade de um advogado, 130
    para empreendedorismo internacional, 107–109
    patentes, 131–136
    propriedade intelectual, definição, 130
    segredos comerciais e acordos de não concorrência, 138–142, 160
    segurança e responsabilidade pelo produto, 143–145
    seguro, 144–145
Quocientes
    índice atual, 294
    índices de alavancagem, 295–297
    índices de atividade, 295–296
    índices de liquidez, 294–296
    índices de lucratividade, 296–297
    quociente de liquidez imediata, 295–296

R

R&H Safety Sales Company, 74–76
RadiumOne, 369
Ramos-Rodriguez, Antonio-Rafael, 12W
Ramsey, Rosemary P., 15W, 17–18W
Raro, em pacote de recursos, 48–50
Ray, Sourav, 8W
Reconhecimento de oportunidade
    definição, 86–87
    empreendedorismo internacional versus empreendedorismo doméstico, 106–109
    fontes de informações para, 102–106
    modelo de, 86–87
    plano de avaliação de oportunidades, 101–103
Recursos
    como fonte de vantagem competitiva em nova entrada, 47–49
    comprometimento de recursos e controle de, 32
    criação de pacote de, valioso, raro e inimitável, 48–50
    definição, 48–49
    recurso empreendedor, 48–49
Recursos humanos, pressões do crescimento sobre, 322–324
RecycleBank, 353–354
Red herring, 307–309
Rede de apoio moral, 19–20
Rede de apoio profissional, 19–22
Redução de riscos para exploração da nova entrada, 60–65
Reebok, 193–194
Reed, Nelson E., 8W
Regra 124–125, 278–279
Regra 504, 270–272
Regra 505, 270–272
Regra 506, 270–272
Regulamentação D, 270–272, 279–280
Relações forçadas, 79–81
Relatórios de recenseamento, 104–105
Religião, 111–113
Relypsa, 353–354
Rentschler, Ruth, 11W
Reorganização, 374–377
Representantes de fabricantes, 198–200

Resnick, Rosalind, 365n
Responsabilidade, seguro de, 145
Responsabilidade de produto, empreendedorismo internacional e, 109
Responsabilidade social corporativa, 109–111
Resultados, demonstrativos de resultados *pro forma*, 235–239
Resumo executivo
  no plano de negócio, 166–169
  processo de capital de risco e, 290–291
Retorno sobre o investimento, 296–297
Reuber, Rebecca A., 27W
Reuter Business Insights Statistical Abstracts, 161–162
Revelação completa e justa, 306–307
Reynolds, 53–54
Ricaurte, Cristina, 387n
Ricci, Mary, C–22–24W
Risco
  avaliação de, 173–174
  definição, 60–61
  investimentos de capital de risco e, 287–290
Risco de expansão, franquias e, 352–354
Robert Mondavi Winery, 26–27
Robertson, Kate, 423–424
Robertson, S., 139n
Robertson, Scott, 14W
Robertson, Thomas, 85–86n
Robinson, Sherry, 15–16W
Robinson, William T., 9–10W
Roche, Shelly, 225–226
Rogers, Steven, 21–22W
Rohrbach, Bernd, 76–77
Rosenberger, Jeff, 29–30W
Roth, J. D., 365n
Rothstein, Russell, 179–180
Rubanik, Yuri, 8W–8–9W
Ruiz-Navarro, José, 12W
Rússia, prática, 112–113
Ryan, Eric, 208–210
Ryan, Paul, 136–137
Ryan, Warren, C–25–30W

S

S corporations, 217–222
  comparação com empresa de responsabilidade limitada, 217–220
  definição, 219–220
  desvantagens das, 220–222
  transferência de participação, 215–216
  vantagens das, 219–220
Saario, Tristan, 21–22W
SaleSpider, 179–180
Samsung, 115–117
Samuelson, Pam, 131n
Sarasvathy, Saras, 8–13, 3–4W
Sarkar, M. B., 31W
Satisfação no trabalho, gerenciamento do tempo e, 326
Saúde e Serviços Humanos, Departamento de, 266–269
Savich, Richard S., 21W
SC Johnson, 115–117
Scherber, Amy, C–52–58W
Schnuer, Jenna, 15–16W
Schreiber, Jeff, 258
Schulz, William S., 27W
Schwartz, J. Stanford, 9–10W
SCORE (Senior Corps of Retired Executives), 102–103, 156
Scott, Marlo, 161

Scott eVest LLC, 325
SeaRail International Inc., 57–58
Securities and Exchange Commission (SEC), 300–301
  ofertas privadas, 270–271
Segmentação do mercado, 192–195
Segredos comerciais, 138–142
Segurança do produto, empreendedorismo internacional e, 109
Segurança e responsabilidade pelo produto, 143–145
Seguro, 144–145
  tipos de, 145
Seguro de propriedade, 145
Seguro de vida, 145
Seguro-saúde, 144–145
Semelhanças estruturais, 6–8
Senior Helpers, 354–355
Serviços
  como fonte de novas ideias, 73–74
  definição de novos, 83–85
  determinando a necessidade de um novo serviço, 90–91
  na estratégia de marketing, 196–197
  plano de marketing para, 207
7-Eleven, lojas de conveniência, 122–123
Setores emergentes, 54–55
Shaikh, Faiz M., 17–18W
Shane, Scott A., 26W
Sharper Image, 372–373
Sheila, R., 259–260n
Shell, 142–143
Shepherd, D. A., 6–7n, 15n, 1–10W, 27–28W, 30–31W, 33W
Sichelman, Ted, 131n
Silicon Storage Technology, 303–304
Silver, Spencer, 40–42
Simkin, Lyndon, 17W
Sinergia
  aquisições e, 345
  joint ventures e, 121–122
Singular Research, 136–137
Sinistro/acidente, seguro contra, 145
Sistema de marketing, 189–191
Sistema de recompensa em ambiente empreendedor, 34–37, 39–40, 222–223
Sistemas de distribuição, empreendedorismo internacional e, 113–114
Sites. *Ver também* Internet
  características de, bem-sucedidos, 92–94
  controle, 176–177
  hospedagem gratuita de sites para empreendedores, 93–95
Skolnik Industries, 330–331
SkyMall, 346–347
Small Business Administration (SBA), 102–103, 156
  Emerging Leaders, programa, 159
  programas de empréstimo, 154, 263–265
Small Business Development Centers, 102–103, 156
Small Business Technology Transfer (STTR), programa, 267–270
Smith, Brock, 3W
Smith, Ken G., 26W
Snap Fitness Inc., 354–355
Snyder, Rick, 40–41
Sociedade
  atratividade para levantamento de capital, 216–217
  como estratégia de entrada para negócios internacionais, 122–124
  continuidade da, 214–215
  controle administrativo de, 215–216
  custos iniciais, 213–214
  definição, 213–214
  distribuição de lucro e prejuízo na, 216–217

exigências de capital para, 215–216
propriedade, 213–214
questões tributárias para, 217–219
responsabilidade do proprietário em, 213–214
sucessão em, 368
transferência de participação, 214–215
visão geral de atributos da, 212
Sociedade com *royalties*, 265–266
Sociedade de responsabilidade limitada
continuidade da, 214–215
controle administrativo da, 215–216
distribuição de lucro e prejuízo na, 216–217
propriedade, 213–214
questões tributárias para, 217–219
responsabilidade do proprietário e, 213–214
sucessão na, 368
transferência de participação, 214–215
Sociedade de subscritores, 304–305
Sociedades com participação limitada em pesquisa e desenvolvimento
benefícios e custos, 265–266
componentes de, 264–265
exemplo de, 265–267
procedimento de, 265–266
Sócios gerais, 264–265
Sócios limitados, 264–265
Software
para plano financeiro, 248
patentes e empresas de software iniciantes, 131
Solicitação provisória de patente, 132–134
Solis-Rodriguez, Vanesa, 29–30W
Solução criativa de problemas
análise de parâmetros, 81–83
big-dream, método do, 81–82
brainstorming, 77–79
brainstorming inverso, 78–79
listagem de atributos, 81–82
livre associação, 79–81
método checklist, 78–81
método de anotações coletivas, 79–81
método Gordon, 78–79
relações forçadas, 79–81
Solyndra LLC, 374–375
Sony, 53–54, 142–143
Souder, William E., 81–82n
Southland Stores, 122–123
Southwest Airlines, 335
Stamberger, Julia, 226–227
Stamper, Connie, 19–20W
Standard and Poor's, 162–164
Standard Industrial Classification (SIC), códigos, 104–105
Stansbury, Jason, 13–14W
Stansbury, Trevor, 431–435
Staples, Inc., 363–364
Start-Up Chile, 259–260
Statistical Abstracts of the United States, 184
Steensma, Kevin H., 29–30W
Stemberg, Thomas G., 363–364
Stemmle, Dennis, 29
Stevenson, Howard, 30–31, 7W
Stewart, Wayne, Jr., 9–10W
Stodder, Gayle Sato, 57–58n
StonyField Farm, 109–110
STP (segmentation, targeting, positioning), 9–10
Strand, John L., 14W
Strandholm, Karen, 29–30W
StreamCast, 138–140
Stubberud, Hans Anton, 15–16W
Subscrição
sociedade, 304–305
subscritor administrativo, 304–305
Subsídios públicos
com recursos próprios, 271–273
explicação de, 266–269
procedimento de, 267–269
Programa de Pesquisa de Inovações de Pequenas Empresas, 266–270
Subway, 349–352, 354–355
Sucessão
dicas para o planejamento da, 366–367
para membros da família, 366–367
para outras pessoas, 367–368
Super Office, 363–364
Supply Dynamics (estudo de caso)
crescimento, 433–434
fatores-chave do sucesso, 433–435
histórico, 431–433
modelo de negócio, 432–434
próximas etapas, 434–435
subsidiária da O'Neal Steel, 434–435
SurveyGizmo, 200–201
SurveyMonkey, 200–201
Sweet Revenge, 161
Syntex Corporation, 265–266
Szulc, Radoslaw, 17–18W

T

Tang, Jintong, 12W
Tarefa de distribuição, 357–358
Tarefa de integração, 357–358
Tarefas de reflexão, 15–16
Tarefas estratégicas, 15–16
Tarefas para conexão, 15–16
Tata Motors, 80
Tauber, Edward M., 77–78
Taunton, Peter, 354–355
Taylor, Audrey, 21–22W
Taylor, Mandie, 21–22W
Teal, Robert, 324
Tecnologia
inovação gandhiana e, 80
inovações tecnológicas, 83–84
mercado internacional e, 109
na análise do ambiente do plano de negócio, 168–169
para melhorar a flexibilidade, 39–40
pioneiros e incerteza tecnológica, 54–56
small technology, 40–41
Tehan, Jim, 254–255
TelePay, 254–255
Tempo, cultura e, 110–111
Tempo de espera, 57–60
Tendência de energia limpa, 72–73
Tendência de orientação orgânica, 72–73
Tendência de saúde, 72–73
Tendência econômica, 72–73
Tendência social, 72–73
Tendência verde, 71–72
Tendência Web, 73–74

Tendências
  fontes de dados sobre, e planos de negócio, 162–164
  franquia e, 354–356
  influência em novas ideias, 71–74
Teplensky, Jill D., 9–10W
Terraqueous Wagon, 379–380
Terrazas, Alexis, 225–226n
The Beach Carrier (estudo de caso), C–22–24W
The Delahaye Group Inc., 12
Think Global AS, 372–373, 377
Thompson-Dolberry, Michelle, 211n
Thunderbird Angel Network, 282–283
Tire Valet (estudo de caso), 436–438
Tirres, Tiffany, 431–432n
Tiscione, Anthony, 346–347
Tiscione, James, 346–347
Tolshchikova, Nadya, C–31Wn, C–58–59Wn
Tomada de decisão administrativa *versus* empreendedora, 30–39
Toyota, 110–111, 341
Tozzi, John, 21–22W, 353–354n
Trabalho em equipe, princípio do, 326–327
Trabalho em equipe multidisciplinar, 36–39
Trademark Electronic Application System (TEAS), 136–138
Transporte, Departamento de, 266–267
Tratado de Cooperação em Matéria de Patentes (PCT), 132–133
Treinamento, para estabelecer empreendedorismo corporativo, 39–40
Tremont Electric, 375
3M, 36–37, 40–42, 283–285
Triagem preliminar, processo de capital de risco formal, 290–291
Trilogy Limited, 266–267
TriNet Employer Group Inc., 324
Truls, Erikson, 8–9W
Tubs To Go, 354–355
Turner, Jessica, C–3–5W
Turner Test Prep Co. (estudo de caso), C–3–5W
Twitter, 180

U
U.S. Chamber of Small Business Center, 102–103
U.S. Steel, 341
Ucbasaran, Deniz, 9–10W
Umeno, Marc, C–31W
Unilever, 283–285
USAA, 92–93

V
Valioso, em pacote de recursos, 48–50
Valor contábil, 293
  na avaliação da empresa, 297–298
Valor de liquidação, 298–299
Valor de reposição, 297–298
Valor presente do fluxo de caixa futuro, 296–298
ValueClick, 369
Vandenberg, J. D., 134–135n
Vantagem competitiva, recursos como fonte de, em nova entrada, 47–49
Vantagem da familiaridade, 59
Vapur, Inc., 200–201
Varejistas, seleção de canal de distribuição e, 198–199
Venda do negócio
  aquisição administrativa, 371
  plano de opção de ações para funcionários, 370
  venda direta, 368–370

Vendas
  demonstrativos de resultados *pro forma* e, 236–238
  projeção, 235–236
  projeção, no plano de negócio, 173–174
Vibrant Brains, 72–73
Villano, Matt, 174–175n
Violação de direitos autorais, 129
Virginia State University, 142–143
Volker, John, 21–22W
Volkswagen, 114–115

W
Walker, Frank, 57–58
Walker, Scott B., 253–256
Walmart, 73–74
Walsh, Michael, C–58–59Wn
Walsh, Rod, 323n
Walton, Sam, 73–74
Ward, John L., 19–20W
Warne, Dan, 15W
Warner Brothers, 142–143
Waterford, 114–115
Watson, Warren, 9–10W
Weaver, Mark K., 29–30W
Weber, James E., C–52–53Wn
Weber, Paula S., C–52–53Wn
Welch, Jack, 436–438
Wenger, Sean, C–58–59Wn
Wesley, Curtis L., II, 25W
Westerlund, Elnar J., 19–20W
Westerman, James W., 23–24W
Western Publishing, 122–123
Westhead, Paul, 9–10W
Westinghouse, 341
Whitehall Jewelers, 372–373
Wickes Furniture, 372–373
Wii Fit, 72–73
Wiklund, Johan, 31n, 35–36n, 5W, 27–28W, 30–31W
Wilson, Charlie, 57–58
Window Works, 352–355
Wing Zone, 104–106
Winsor, Robert, 29W
Wolfe, Marcus, 6–7W
Wong, Jamie, 225–226
Wood, D. Robley, Jr., 29W
Wood, Robert W., 33W
Woolston, Tom, 134–135
Wozniak, Steven, 40–42
Wright, Mike, 9–10W

X
Xerox, 29, 36–37, 283–285

Y
Yahoo, 369
Yale, Universidade de, 342
Yallapragada, RamMohan R., 23–24W
Yang, David, 13–14W
Yeh, Bing, 303–304
Yosloo, Hendrik, 378
Yosloo, Lorette, 378

Youngwirth, Joni, 21–22W
YouTube, 128–129, 138–140

Z
Zacher, Hannes, 27W
Zackarakis, Andrew, 33W
Zahra, Shaker A., 5W, 9–10W, 29W
Zappos, 231–233
Zeitz, Gerald J., 27–28W
Zhang, Junfu, 25W
Zheng, Yanfeng, 25W
Ziegler, Robert W., 81–82n
Zimmerman, Monica A., 27–28W
Zingarevich, Boris, 372–374

edelbra

Impressão e Acabamento
E-mail: edelbra@edelbra.com.br
Fone/Fax: (54) 3520-5000

IMPRESSO EM SISTEMA CTP